Office 2021
&
Microsoft 365

111 Office-Vorlagen zum Download

Auf der Webseite zu diesem Buch finden Sie 111 Office-Vorlagen für Word, Excel, PowerPoint und Outlook. Gehen Sie einfach auf *www.mut.de/2277*

Office 2021

Schritt für Schritt einfach erklärt

Philip Kiefer, Günter Born

Markt+Technik

ISBN 978-3-95982-277-0

Produktmanagement Christian Braun, Burkhardt Lühr
Lektorat, Herstellung Jutta Brunemann
Covergestaltung David Haberkamp
Coverfoto © weyo – stock.adobe.com
Satz inpunkt[w]o, Haiger (www.inpunktwo.de)
Druck mediaprint solutions GmbH, Paderborn
Printed in Germany

Foto: Tanja Binder

Liebe Leserin, lieber Leser,

Microsoft Office 2021 (und Microsoft 365) erhält im Vergleich zur Vorgängerversion viel Altbewährtes und manch nützliches Neues.

Die Office-Suite ist weiterhin weltweiter Standard, insbesondere zum Erstellen von Dokumenten mit dem Programm Word, zum Arbeiten mit Tabellen im Programm Excel, zum Designen von Präsentationen mit dem Programm PowerPoint oder für die Selbstorganisation und E-Mail-Verwaltung mit dem Programm Outlook. Auch das clevere Notizen-Tool OneNote, ein Tool für die Online-Zusammenarbeit, kommt zur Sprache. Die Nutzung der Office-Programme bietet sich sowohl im privaten als auch im geschäftlichen Bereich an.

Mit diesem Buch gelingt Ihnen der Ein- oder Umstieg spielend. Die einzelnen Office-Programme werden Ihnen Schritt für Schritt und Bild für Bild vorgestellt. Vollziehen Sie die Schritte am besten direkt am Computer nach, um den größten Lerneffekt zu erzielen. Langwieriges Probieren und Experimentieren ist dank dieses Buches nicht mehr notwendig. Übrigens: Dieses Buch basiert auf dem Vorgängertitel von Günter Born, wurde aber vollständig aktualisiert und angepasst.

Eine erhellende und erfolgreiche Lektüre wünscht Ihnen

Ihr Autor
Philip Kiefer

1 Wichtige Office-Grundlagen im Überblick 11

Die Office-Programme auf einen Blick 12
Starten und Beenden der Office-Programme unter Windows 11 14
Aufbau eines Anwendungsfensters 16
Die Backstage-Ansicht 20
Bedienelemente im Anwendungsfenster 22
Dokumente neu anlegen und speichern 26
Dokumente wiederfinden und laden 30
Mit einem Microsoft-Konto anmelden 32
Office-Design anpassen 34
Drucken und PDF-Ausgabe 36
Office-Dateien freigeben 38
Hier gibt es Hilfe 40
Tastatur im Griff 42
Maus und Touchpad 44

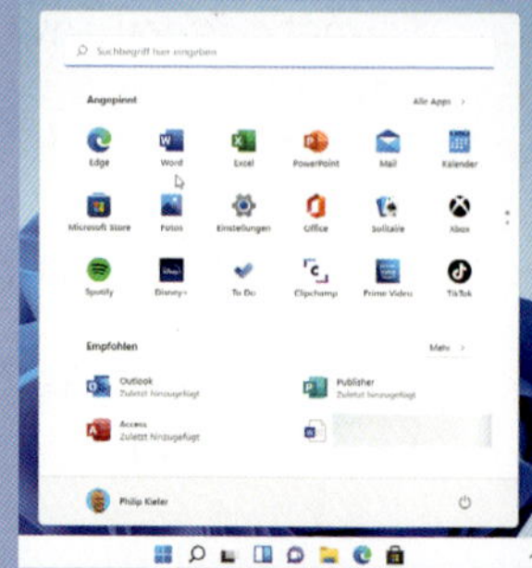

2 Mit Word Texte erfassen 47

Überblick über das Word-Fenster 48
Ansichtsoptionen in Word 50
So erfolgt die Texteingabe 52
Text positionieren und markieren 54
Fehler im Text korrigieren 56
Suchen und Ersetzen 58
Rechtschreibfehler korrigieren 60
Synonyme und AutoKorrektur-Optionen 62
Inhalte kommentieren 64
Änderungen nachverfolgen 66
Der Überarbeitungsbereich 68
Dokumente vergleichen 70

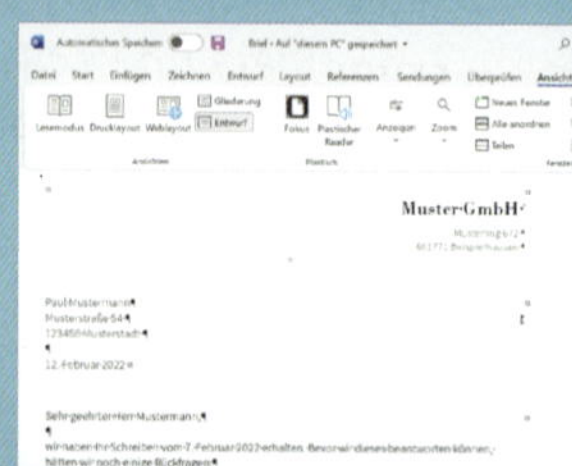

3 Texte mit Word gestalten 73

Texte formatieren 74
Aufzählungen erstellen 78
Nummerierte Listen anlegen 80
Einzüge und Abstände anpassen 82
Tabellen einfügen und bearbeiten 84
Bilder vom PC einfügen 88
Onlinebilder verwenden 90
Bildbearbeitung in Word 92
Formen zeichnen 96
Textfelder frei positionieren 100

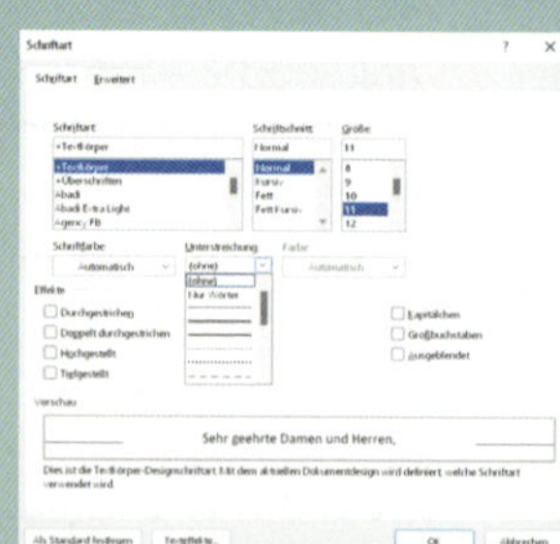

WordArt und SmartArt verwenden 102
Daten in Diagrammen darstellen 106
Screenshots und Onlinevideos einfügen 108
Dokumentvorlagen anlegen 110
Formatvorlagen anwenden 112
Kopf- oder Fußzeilen einfügen 116
Sonderzeichen und Felder einfügen 120
Schnellbausteine anlegen 122
Formeln in Word erstellen 124
Infos in Fuß-/Endnoten 126
Querverweis auf Textmarke 128
Inhalts- und Stichwortverzeichnis erstellen 132

4 Die Excel-Basics 135

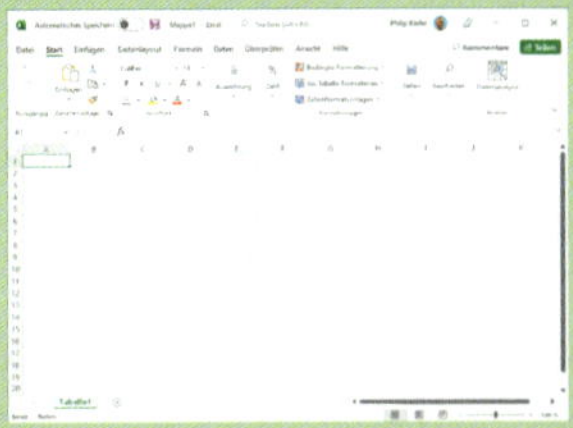

Überblick über das Excel-Fenster 136
Mehrere Arbeitsblätter verwalten 138
Ihre Daten eingeben 140
Zellen anwählen und markieren 142
Zellen einfügen oder löschen 144
Zellen kopieren oder verschieben 146
Tabelleninhalte formatieren 150
Zellformate und Zellenformatvorlagen 154
Einfache Berechnungen durchführen 156

5 Wichtige Excel-Features erkunden 159

Zellen automatisch ausfüllen lassen 160
Zellbezüge herstellen 162
Namen zuweisen 164
Mit Funktionen arbeiten 166
Fehlersuche in Excel-Tabellen 170
Mit Listen arbeiten 174
Listen sortieren 176
Listen filtern 180
Diagramme erstellen 182
Datenbereich anpassen 184
Diagramme formatieren 186
Diagrammtyp ändern 188
Datenbeschriftungen anpassen 190
Darstellungsoptionen bearbeiten 192
Tabelleninhalte drucken 194
Fenster und Tabellen verwalten 198
Schnellanalyse von Tabellen 200
Speichern und Importieren 202

6 Präsentationen erstellen mit PowerPoint 205

PowerPoint im Überblick 206
Neue Präsentation anlegen 208
Folien mit Inhalten füllen 210
Folienlayout und Design anpassen 212
Folien erstellen und bearbeiten 214
Folieninhalte formatieren 218
Fotoalbum erstellen 222
Folienübergänge und -wechsel 224
Folieninhalte animieren 226
Präsentation wiedergeben 228
Präsentation drucken und exportieren 230

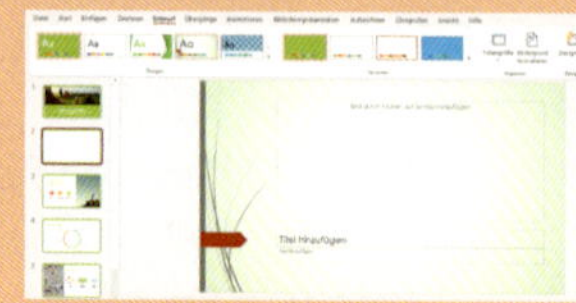

7 OneNote für Notizen und Ideen 233

Die OneNote-Benutzeroberfläche 234
Notizbuch anlegen bzw. öffnen 236
Notizbücher verwalten 238
Text erfassen und formatieren 240
Medieninhalte einfügen 244
Ihre Notizen organisieren 250
Drucken, Exportieren, Teilen 252

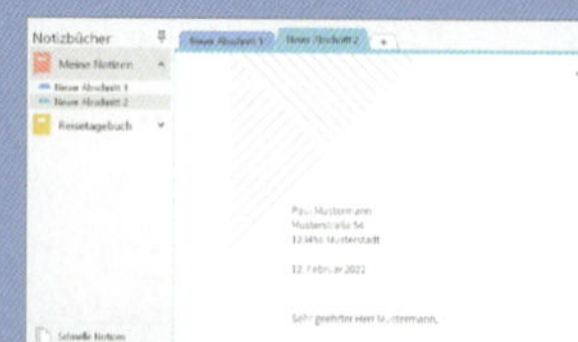

8 E-Mails verwalten mit Outlook 255

Outlook im Überblick 256
Arbeiten mit dem Ordnerbereich 258
Verknüpfungen im Ordnerbereich anlegen 260
E-Mail-Konten einrichten 262
Einstellungen anpassen 264
Nachrichten senden/empfangen und lesen 266
Nachrichten verwalten 268
Antworten oder weiterleiten 274
Neue Nachrichten erstellen 276
Signatur hinzufügen 280
Phishing- und Spamschutz 282
E-Mail-Sicherheit 286

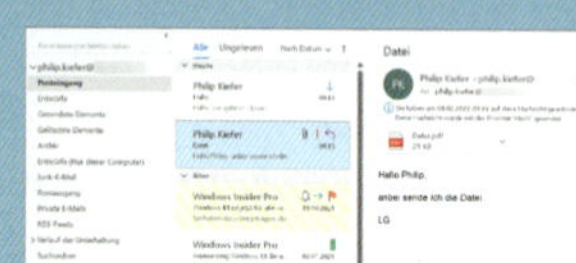

9 Gut organisiert mit Outlook 289

Kontakte verwalten 290
Neue Kontakte anlegen und bearbeiten 292
Notizen erstellen und verwalten 296
Aufgaben verwalten 298
Neue Aufgaben anlegen 300
Aufgaben zuweisen 302
Terminverwaltung im Kalender 304

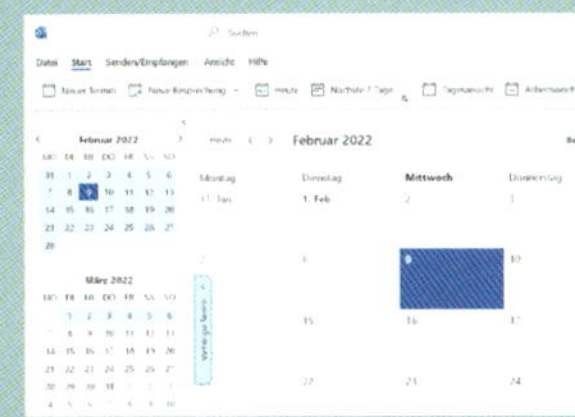

10 Office für Fortgeschrittene 309

Serienbriefe erstellen 310
Datenaustausch in Office-Anwendungen 316
Makros erstellen 318
Makros bearbeiten 324
Add-ins installieren 326
Add-ins verwalten 328
Kennwortschutz einrichten 330

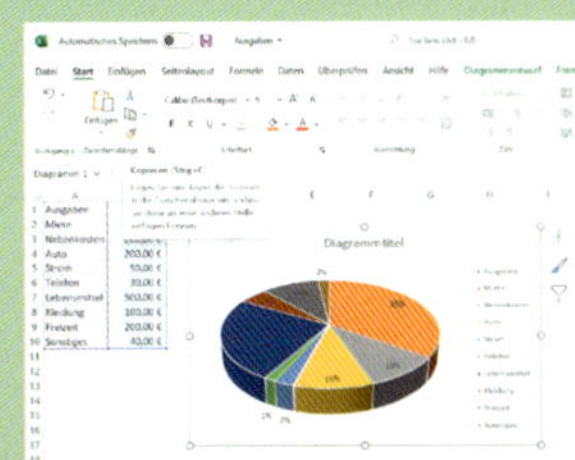

11 Microsoft Office anpassen 333

Word-Optionen 334
AutoFormat und AutoKorrektur 336
Excel-Optionen 338
Benutzerdefinierte Listen in Excel 340
PowerPoint-Optionen 342
Outlook-Optionen 344
OneDrive-Optionen 346
Dateien auf OneDrive verwalten 348
Office reparieren 350

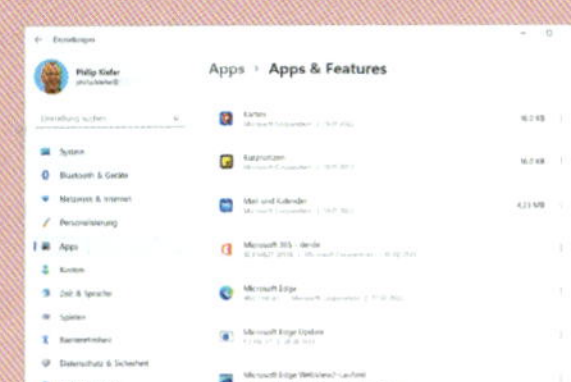

Stichwortverzeichnis 352

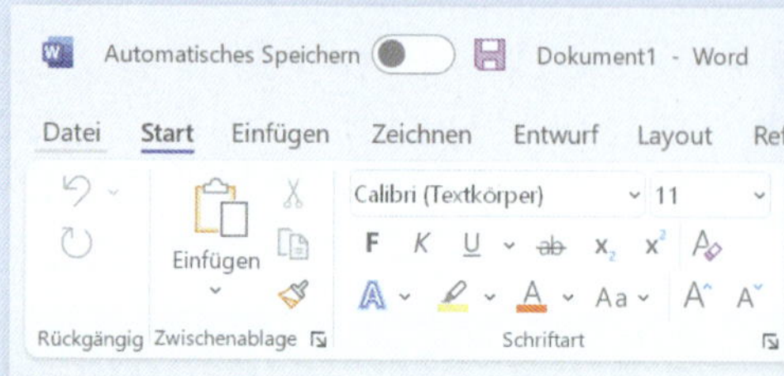
Automatisches Speichern
Dokument1 - Word
Datei
Start
Einfügen
Zeichnen
Entwurf
Layout
Calibri (Textkörper)
11
Einfügen
Rückgängig
Zwischenablage
Schriftart

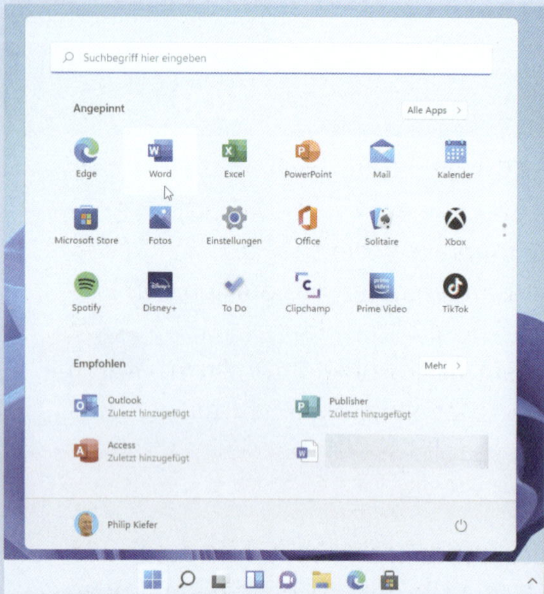
Suchbegriff hier eingeben
Angepinnt
Alle Apps
Edge
Word
Excel
PowerPoint
Mail
Kalender
Microsoft Store
Fotos
Einstellungen
Office
Solitaire
Xbox
Spotify
Disney+
To Do
Clipchamp
Prime Video
TikTok
Empfohlen
Mehr
Outlook
Zuletzt hinzugefügt
Publisher
Zuletzt hinzugefügt
Access
Zuletzt hinzugefügt
Philip Kiefer

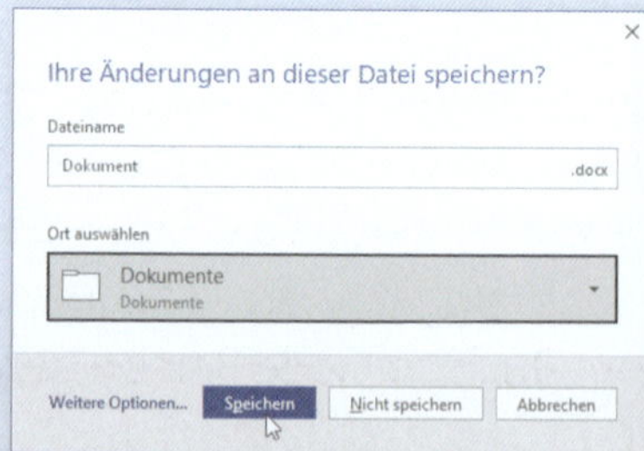
Ihre Änderungen an dieser Datei speichern?
Dateiname
Dokument
.docx
Ort auswählen
Dokumente
Dokumente
Weitere Optionen...
Speichern
Nicht speichern
Abbrechen

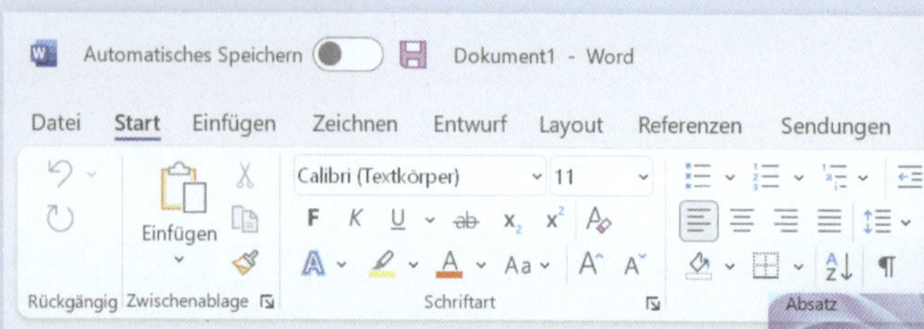
Automatisches Speichern
Dokument1 - Word
Datei
Start
Einfügen
Zeichnen
Entwurf
Layout
Referenzen
Sendungen
Calibri (Textkörper)
11
Einfügen
Rückgängig
Zwischenablage
Schriftart
Absatz

PowerPoint

1 Wichtige Office-Grundlagen im Überblick

Microsoft Office 2021 bzw. Microsoft 365 besteht aus mehreren Einzelprogrammen, die jedoch viel Gemeinsames haben. In diesem Kapitel erhalten Sie zunächst einen Überblick über wichtige Grundlagen, die sich auf alle Office-Programme beziehen. Da geht es also unter anderem um das Starten von Programmen, den Umgang mit Anwendungsfenstern, das Anlegen und Speichern von Dateien oder das Anmelden mit einem Microsoft-Konto. Auch Grundlagen im Umgang mit Tastatur und Maus werden kurz angeschnitten, denn in diesem Buch soll jede Person genau dort abgeholt werden, wo sie im Moment steht.

Wir gehen davon aus, dass Sie Microsoft Office 2021 bzw. Microsoft 365 bereits auf Ihrem Computer installiert haben. Falls dies noch nicht geschehen sein sollte, werden Sie auf dieser Website fündig: *www.microsoft.com/de-de/microsoft-365/microsoft-office*.

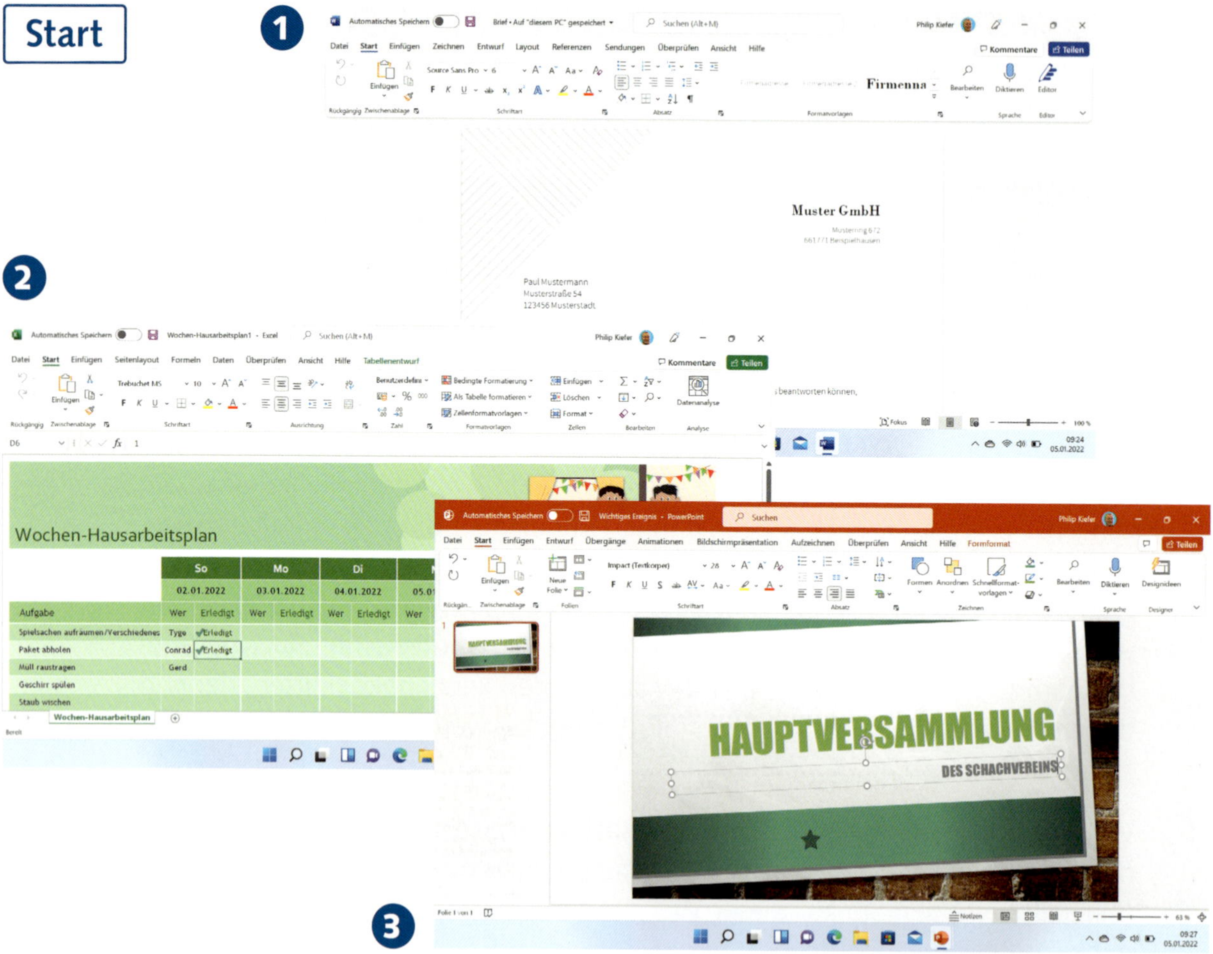

1. Das Textverarbeitungsprogramm **Word** dient dazu, Textdokumente zu erfassen und zu bearbeiten. Sie können damit z. B. Briefe oder Rechnungen erstellen, ansprechend gestalten, speichern und ausdrucken.
2. Mit dem Tabellenkalkulationsprogramm **Excel** erfassen Sie Daten in Tabellen, führen Berechnungen durch und zeigen Ergebnisse in Form von Diagrammen und Berichten an.
3. Präsentationen für Meetings oder Referate erstellen Sie mit dem Programm **PowerPoint**. Die Präsentationen lassen sich direkt auf dem PC-Monitor, mithilfe eines Beamers aber auch auf einer Leinwand wiedergeben.

WISSEN

Microsoft Office 2021 ist die Kaufversion der aktuellen Office-Suite von Microsoft. Es gibt auch eine Abo-Variante, die als Microsoft 365 bezeichnet wird. Beachten Sie, dass in der niedrigsten Kaufversion »Office Home & Student 2021« das in diesem Buch ebenfalls vorgestellte Programm Outlook nicht enthalten ist.

4

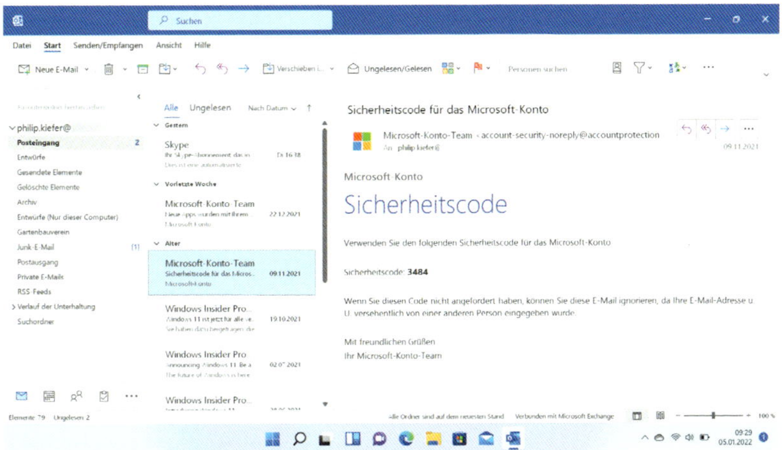

5

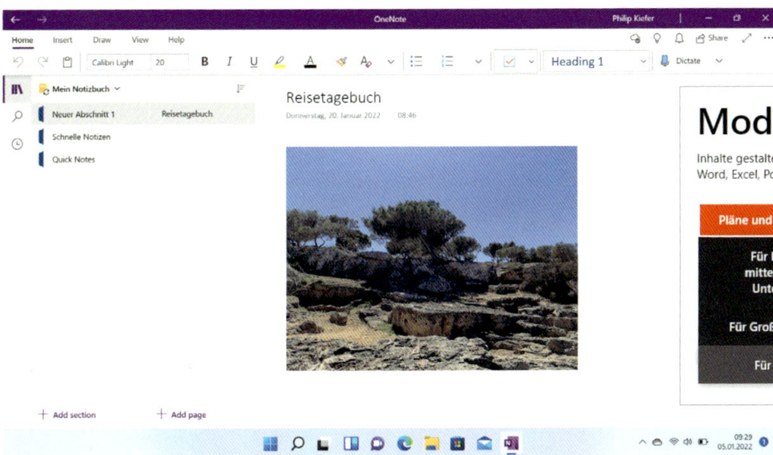

6

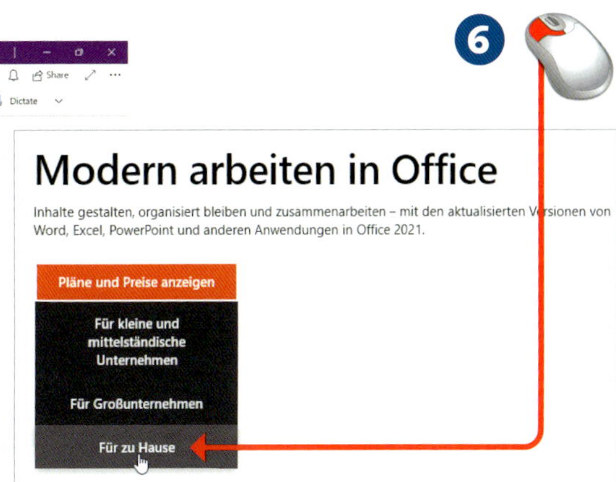

4 Microsoft **Outlook** ist ein sogenannter Personal Information Manager, der dazu dient, E-Mails, Termine und Aufgaben stets im Blick zu behalten.

5 Das Notizen-Tool **OneNote** ermöglicht es Ihnen, Notizen, Ideen, Recherchen, Reiseaufzeichnungen usw. in sehr freier Form festzuhalten.

6 Es gibt verschiedene Office-Versionen, die sich durch die Anzahl der enthaltenen Programme unterscheiden. Eine Übersicht können Sie hier finden: *www.microsoft.com/de-de/microsoft-365/get-started-with-office-2021*.

Ende

HINWEIS

Erst ab der Professional-Kaufversion von Microsoft Office 2021 sowie in Microsoft 365 enthalten sind das Datenbankprogramm **Access** und der **Publisher**.

HINWEIS

Neben den auf Ihrem Computer installierten Programmen können Sie bei Bedarf auch Web-Apps von Word, Excel, PowerPoint, Outlook und OneNote nutzen, und zwar unter *www.office.com*.

Start

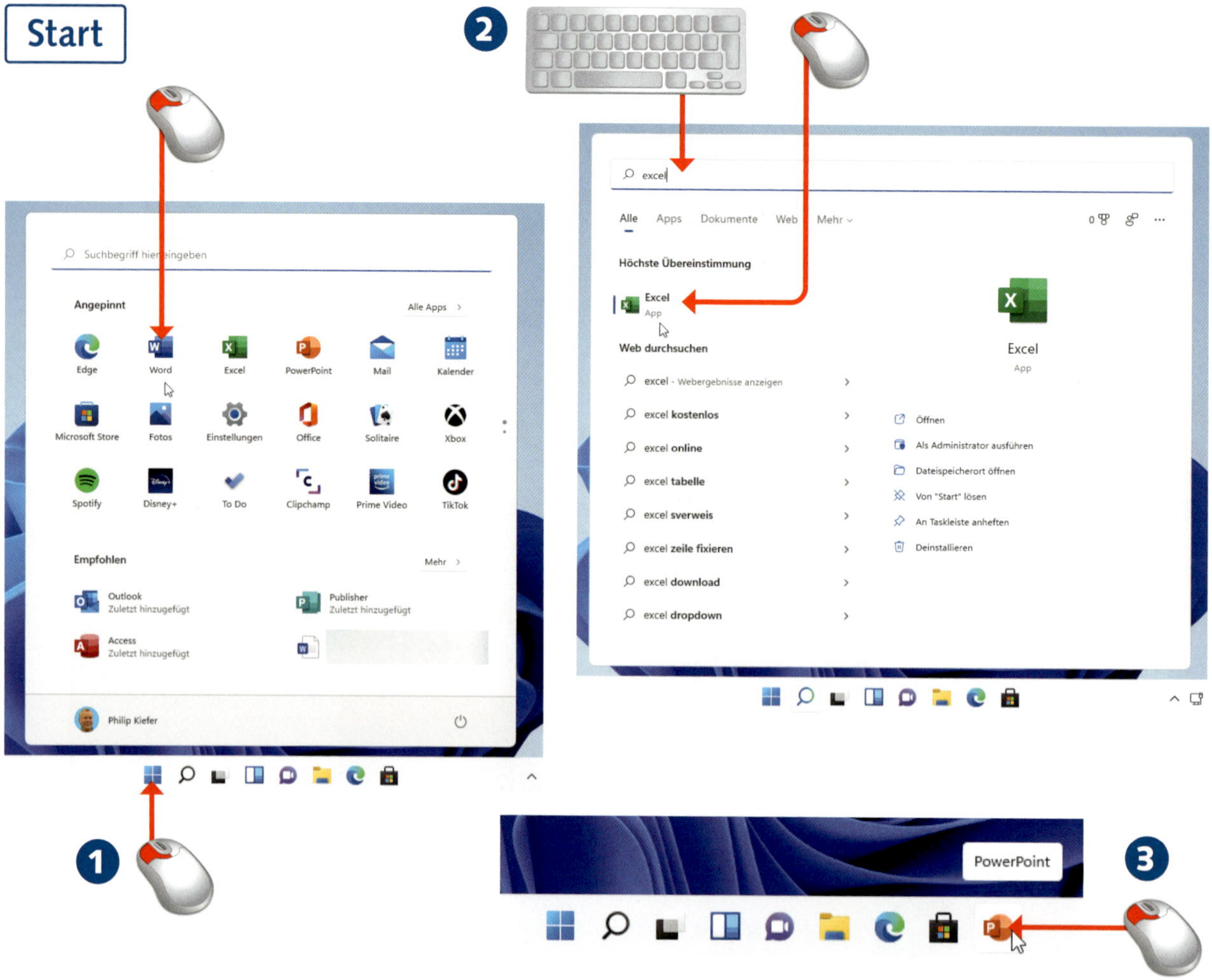

1. Öffnen Sie das Startmenü und starten Sie die gewünschte Office-Anwendung, indem Sie auf den betreffenden Eintrag klicken.
2. Alternativ geben Sie den Namen der Anwendung in das Suchfeld der Taskleiste ein. Klicken Sie auf den passenden Eintrag.
3. Ist ein Programm an die Taskleiste angeheftet, klicken Sie das entsprechende Icon an, um das Programm aufzurufen.

WISSEN

Sie können die einzelnen Programme von Office 2021 auf unterschiedliche Weise öffnen: Starten Sie eine Office-Anwendung über das Startmenü (oder per Icon in der Taskleiste). Beim Doppelklick auf eine Dokumentdatei wird deren Inhalt in der passenden Office-Anwendung geladen.

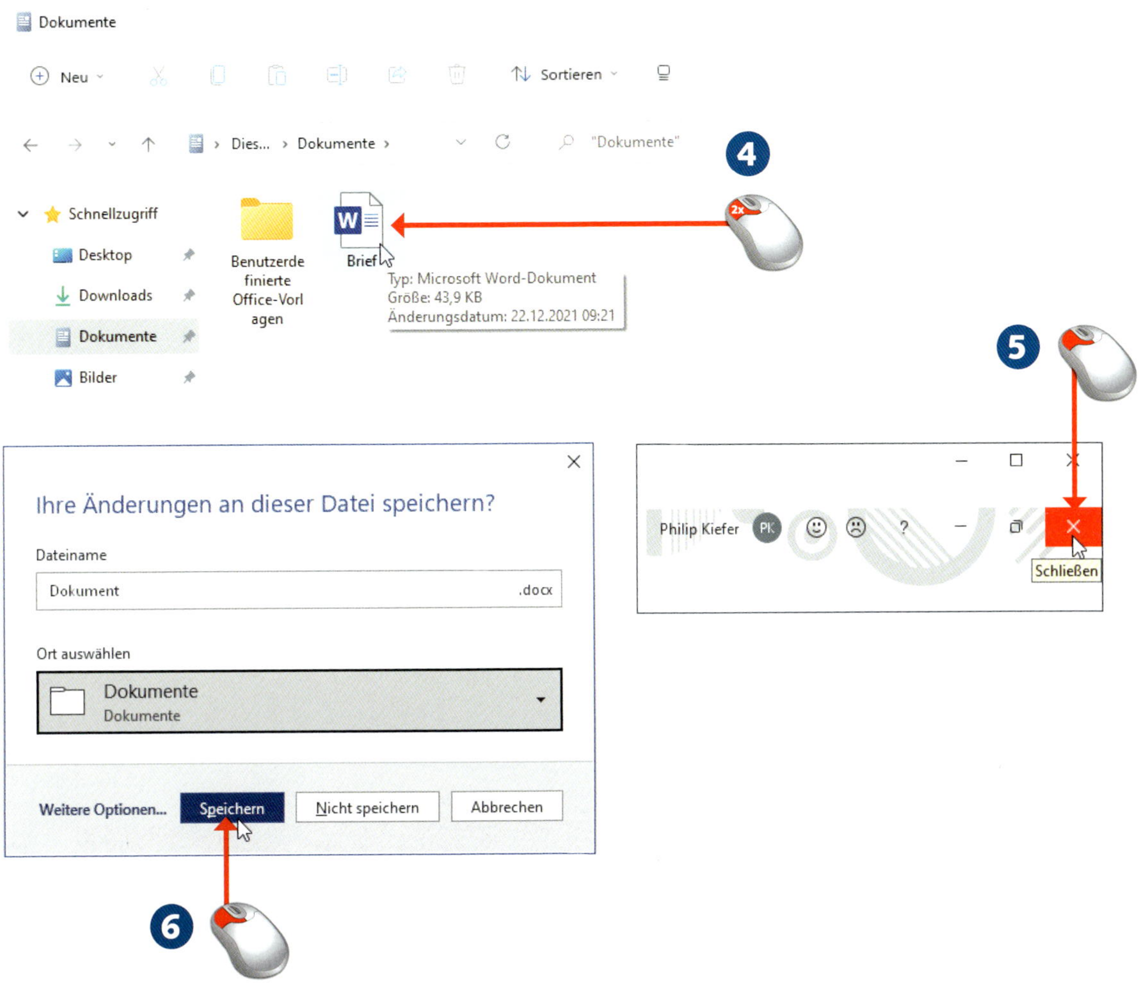

4 Ein Doppelklick auf das Symbol einer Dokumentdatei öffnet diese in der zugehörigen Office-Anwendung.

5 Zum Beenden einer Office-Anwendung bzw. des Dokumentfensters klicken Sie in der rechten oberen Fensterecke auf die *Schließen*-Schaltfläche. Zum Schließen eines geöffneten Dokuments können Sie auch auf *Datei* klicken und den Menübefehl *Schließen* wählen.

6 Liegen noch ungesicherte Dokumentänderungen vor, können Sie diese über die Schaltflächen des Zusatzdialogfelds speichern, verwerfen oder das Beenden abbrechen.

Ende

TIPP

Um ein Programm an die Taskleiste anzuheften, klicken Sie es im Startmenü mit der rechten Maustaste an und wählen im Kontextmenü *An Taskleiste anheften*.

TIPP

Per Rechtsklick auf ein Office-Symbol im Startmenü und die Auswahl des Kontextmenübefehls *Dateispeicherort öffnen* öffnen Sie den Ordner mit den Programmverknüpfungen, die Sie z. B. auch auf den Desktop kopieren können.

Start

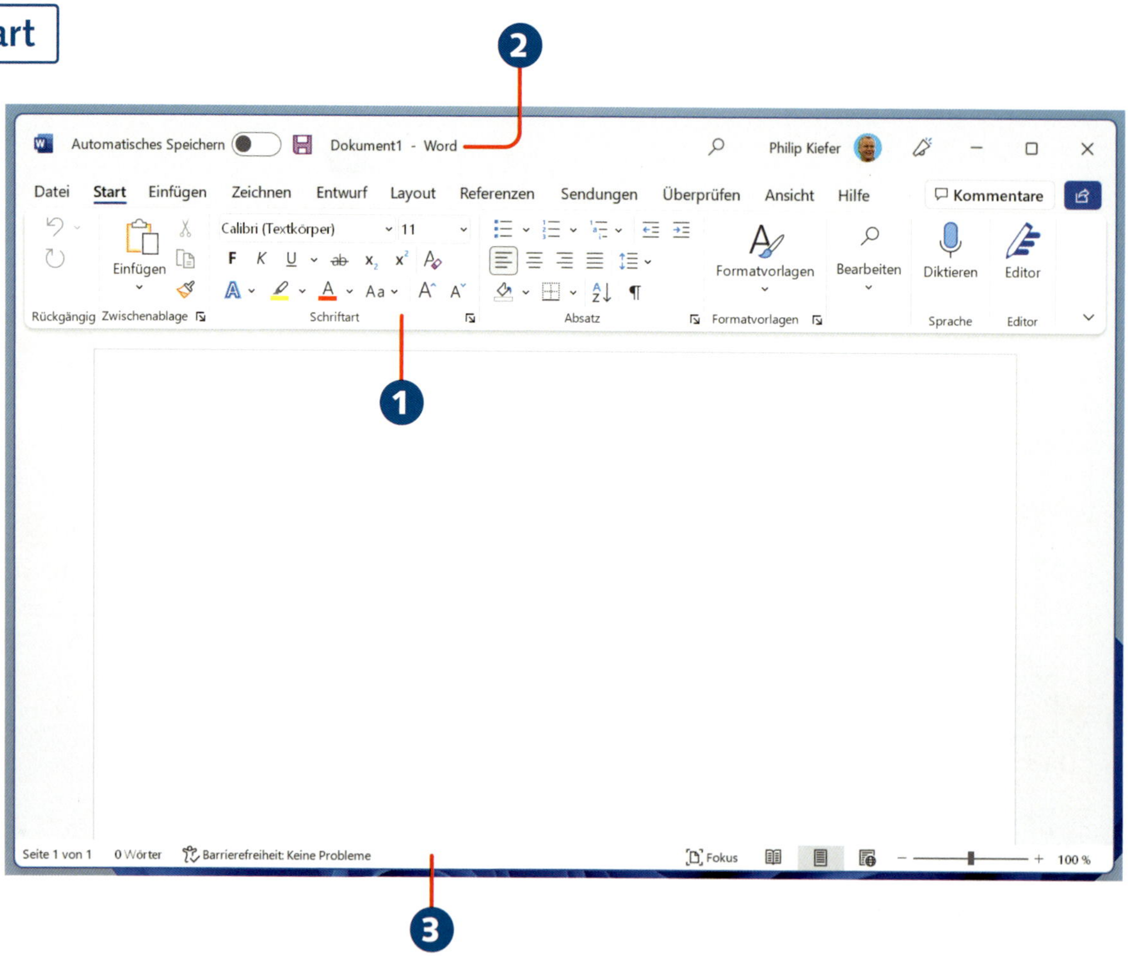

1. Das Menüband oberhalb des Darstellungsbereichs ermöglicht über verschiedene Registerkarten den Zugriff auf die Programmfunktionen.
2. In der Titelleiste am oberen Fensterrand werden der Titel der gerade geöffneten Datei, aber auch eine Suchfunktion, der Zugriff auf Ihr Benutzerkonto sowie grundlegende Fensterfunktionen angeboten.
3. Die Statusleiste am unteren Fensterrand enthält – abhängig von der Anwendung – Statusinformationen sowie Elemente zur Anpassung der Dokumentdarstellung.

WISSEN

In den Office-Anwendungen sind alle Bedienfunktionen über die Registerkarten des Menübands abrufbar. Auch eine vermisste Symbolleiste für den Schnellzugriff lässt sich mit wenigen Handgriffen einblenden.

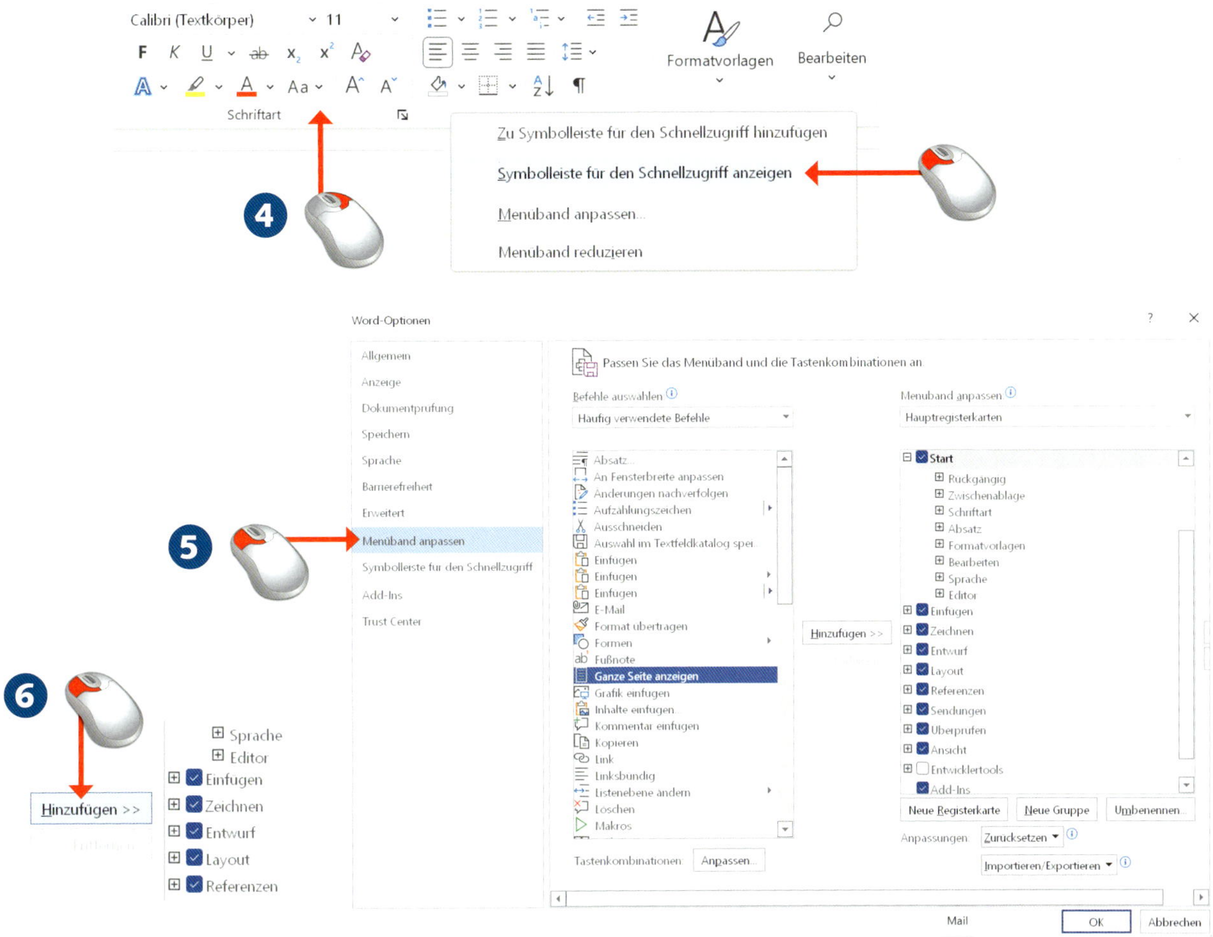

4 Eine zusätzliche Symbolleiste für den Schnellzugriff lässt sich einblenden, indem Sie mit der rechten Maustaste auf eine freie Fläche des Menübands klicken und im Kontextmenü *Symbolleiste für den Schnellzugriff anzeigen* wählen.

5 Entscheiden Sie sich im Kontextmenü aus Schritt 4 für den Eintrag *Menüband* anpassen, können Sie außerdem das Menüband Ihren Wünschen entsprechend einrichten.

6 Verwenden Sie *Hinzufügen* und *Entfernen*, um die Einträge zwischen den Listen zu übertragen. Die Reihenfolge lässt sich anpassen, indem Sie Einträge bei gedrückter Maustaste in eine andere Position ziehen.

TIPP

Im rechten Bereich der Statusleiste lässt sich über den Schieberegler der Zoomfaktor für die Dokumentanzeige anpassen (Seite 23).

HINWEIS

Die Menübefehle der *Zurücksetzen*-Schaltfläche des *Optionen*-Dialogfelds (Schritt 5) stellen das Menüband auf die Werkseinstellungen zurück.

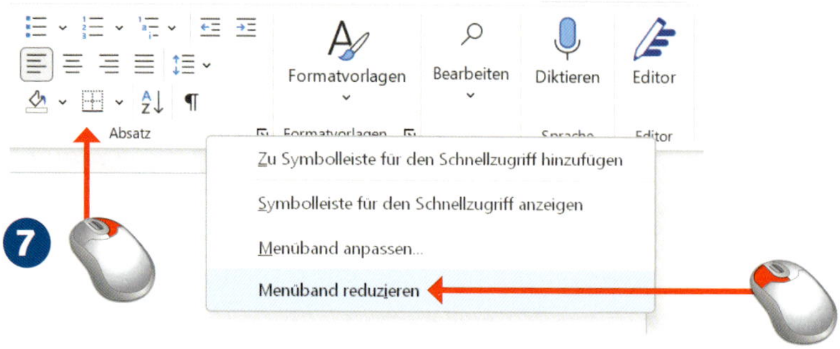

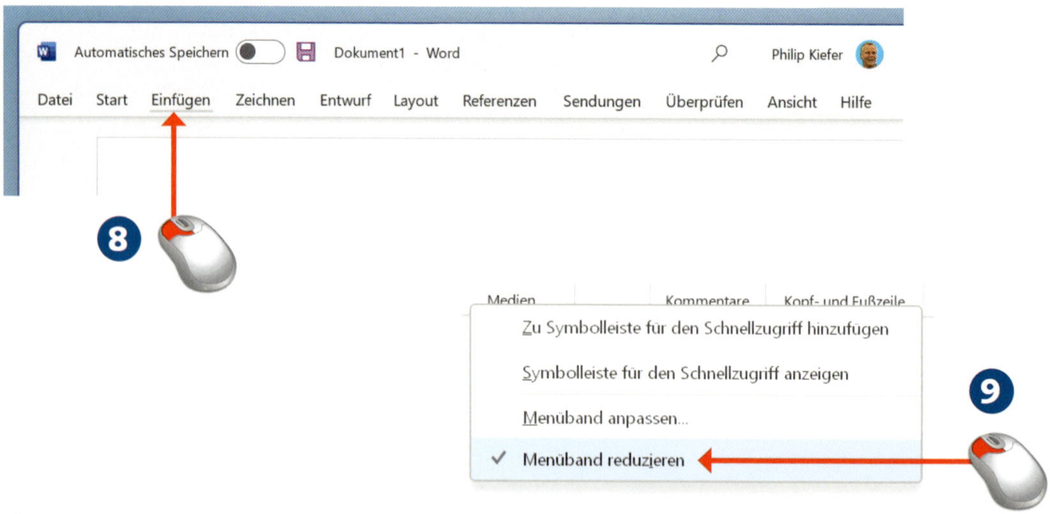

7 Benötigen Sie etwas mehr Platz für das Dokument, blenden Sie das Menüband über den Kontextmenübefehl *Menüband reduzieren* aus.

8 Bei einem minimierten Menüband klicken Sie auf einen der angezeigten Registerreiter, um das Menüband samt Registerkarte einzublenden.

9 Um das Menüband wieder dauerhaft einzublenden, klicken Sie den Kontextmenüeintrag *Menüband reduzieren* aus Schritt 7 einfach erneut an.

WISSEN

Auf kleinen Displays ist der Anzeigeplatz begrenzt. Stellen Sie bei Bedarf ein, ob und wie das Menüband sowie die Registerreiter angezeigt werden.

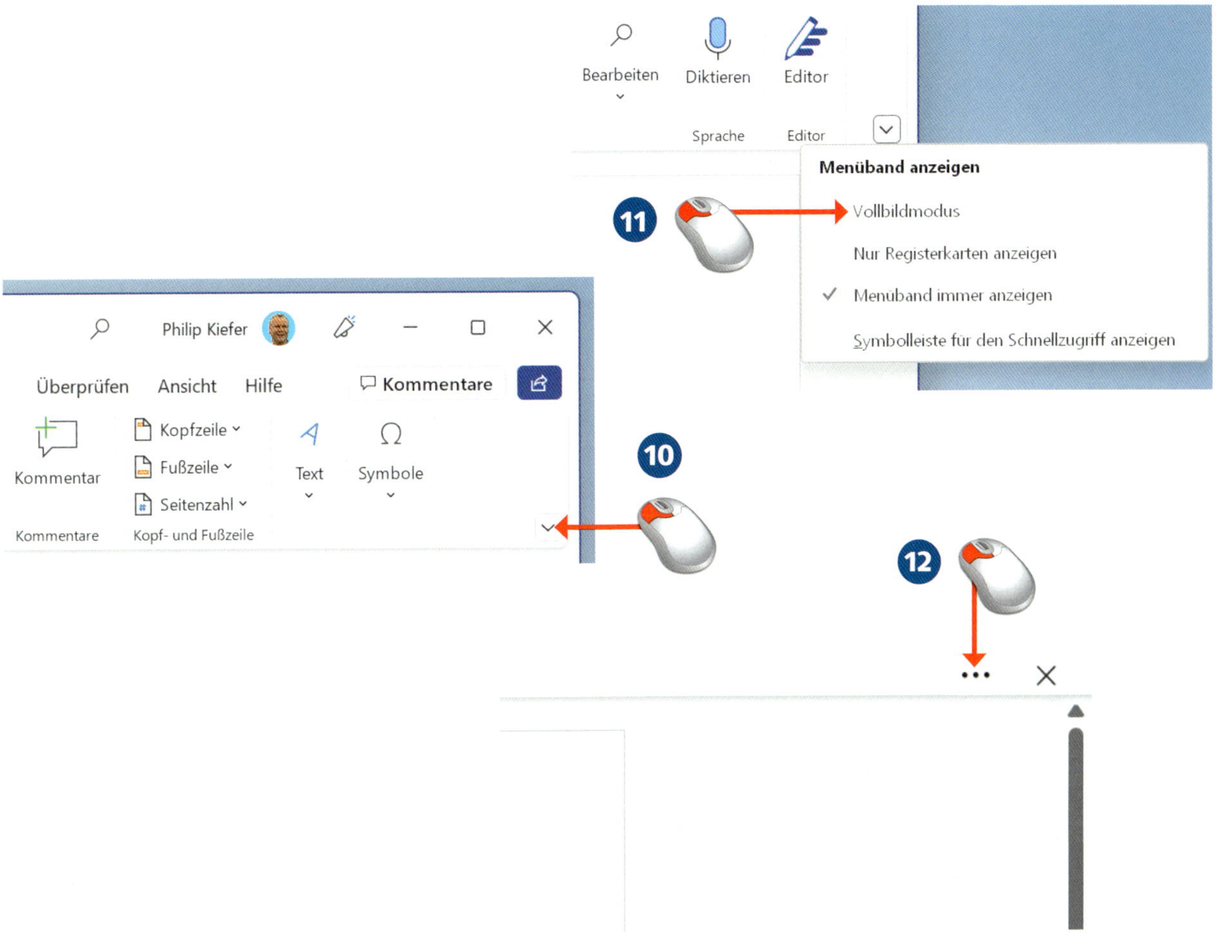

10 Die Anzeigeoptionen für das Menüband finden Sie auch in einem Menü, das Sie über das Pfeilsymbol am rechten Rand des Menübands aufrufen.

11 Hier finden Sie den zusätzlichen Befehl *Vollbildmodus*, bei dem sowohl die Registerkarten als auch die Befehle ausgeblendet werden, um den Darstellungsbereich maximal zu vergrößern.

12 Verwenden Sie das Symbol mit den drei Pünktchen, um das Menüband im *Vollbildmodus* vorübergehend einzublenden.

Ende

TIPP

Das Menüband können Sie auch über die Tastenkombination Strg+F1 ein- und ausblenden.

HINWEIS

Das vorübergehend eingeblendete Menüband verschwindet bei Anwahl eines Elements oder des Dokumentbereichs.

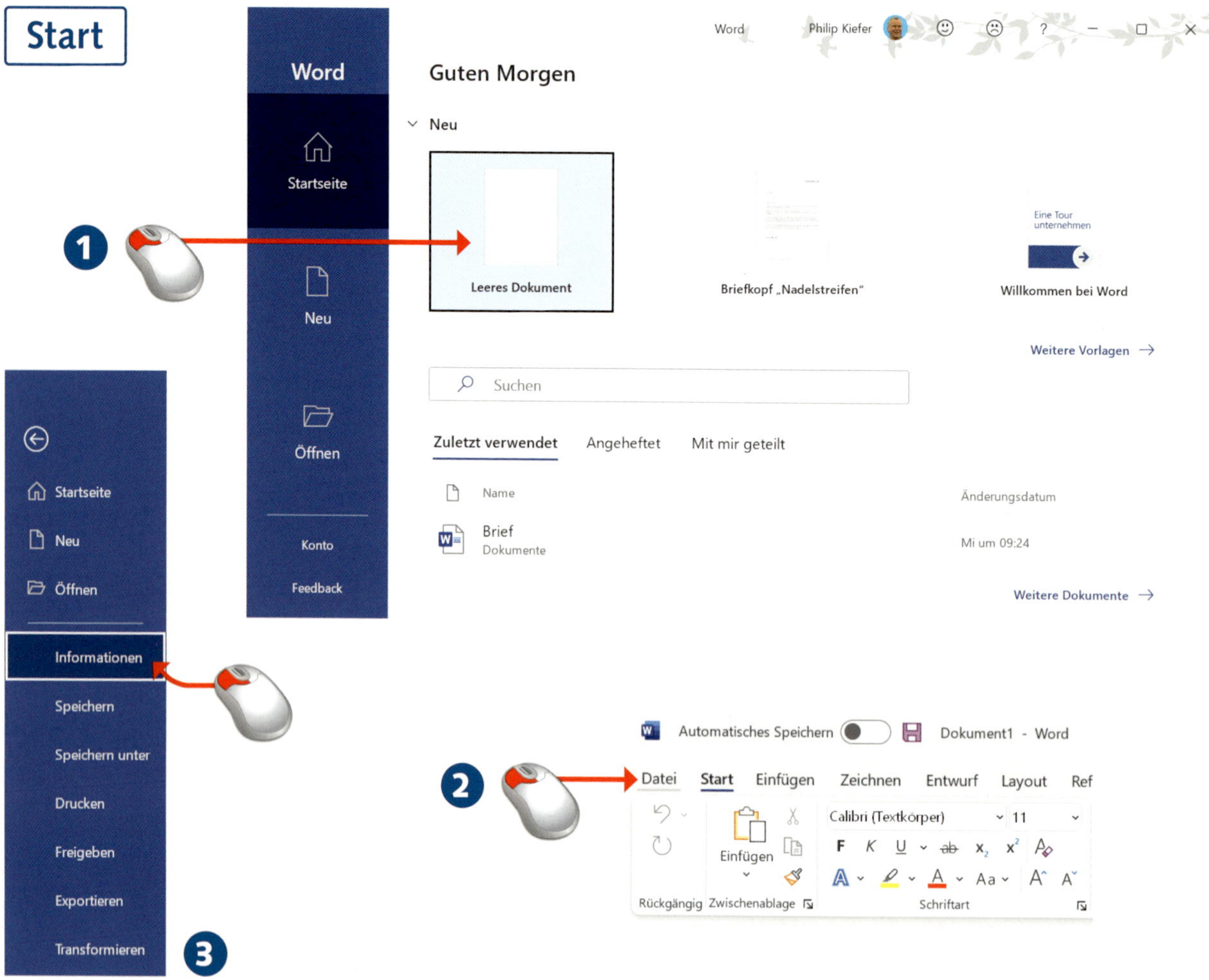

1. Wenn Sie Word, Excel oder PowerPoint starten, wird Ihnen automatisch eine Backstage-Ansicht angezeigt, in der Sie eine bestehende Datei zum Öffnen auswählen oder eine neue Datei erstellen können.
2. Haben Sie bereits ein Dokument geöffnet, rufen Sie die Backstage-Ansicht auf, indem Sie im Menüband den Befehl *Datei* wählen.
3. Klicken Sie im linken Bereich der Backstage-Ansicht einen Eintrag an, z. B. *Informationen*.

WISSEN

Die Backstage-Ansicht stellt Ihnen alle Befehle zum Verwalten der Dokumente (Speichern, Öffnen, Drucken etc.) bereit.

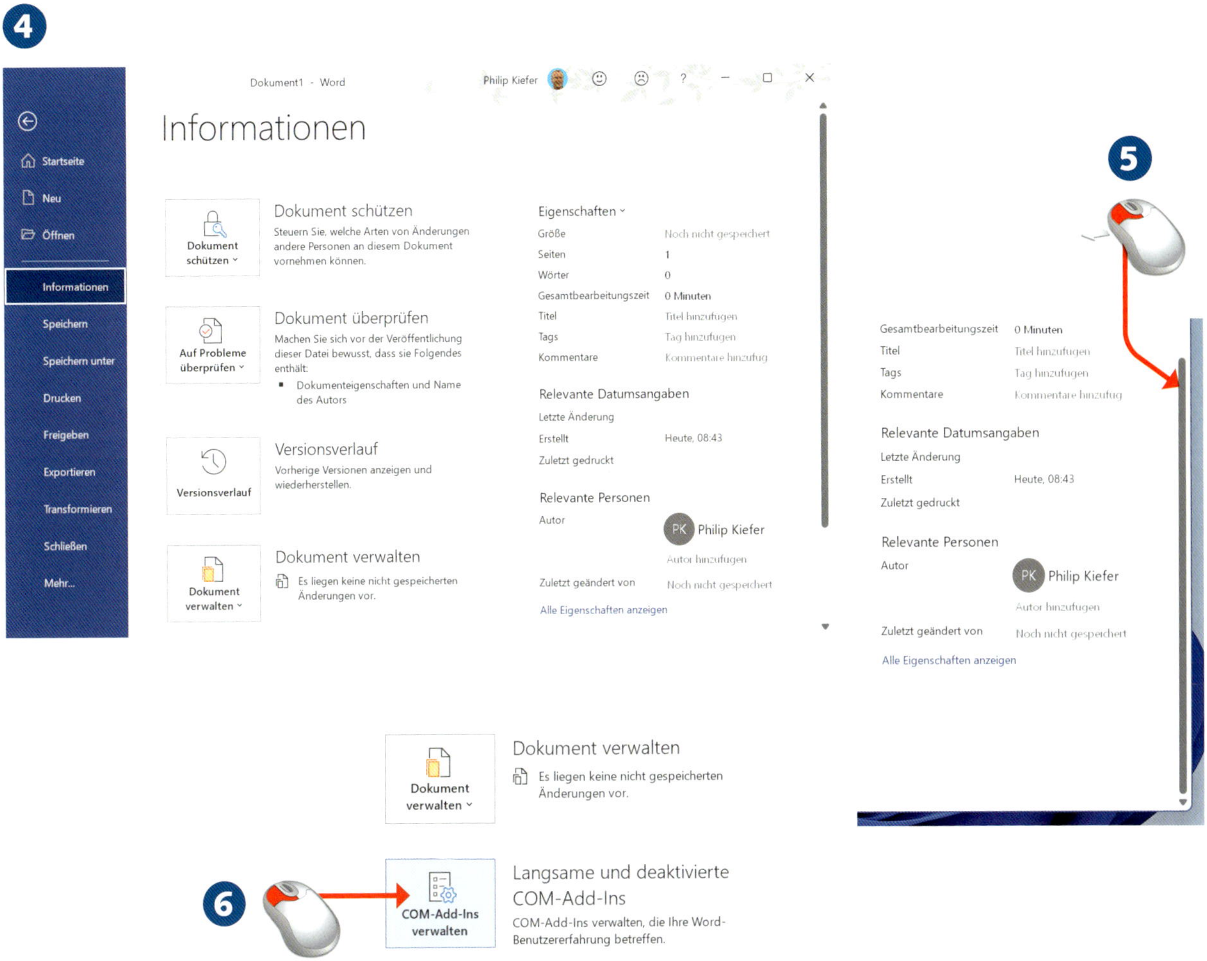

4 Im rechten Bereich werden Ihnen daraufhin die entsprechenden Informationen und Optionen angeboten.

5 Werden im Fenster nicht alle Inhalte eingeblendet? Dann ziehen Sie den Scrollbalken am rechten Fensterrand bei gedrückter Maustaste nach unten.

6 Die Auswahl einer Option erfolgt jeweils per Mausklick darauf.

Ende

HINWEIS

Mit der Alt-Taste lassen sich Tastenabkürzungen einblenden, um Optionen auch ohne Maus aufrufen zu können.

HINWEIS

Die Backstage-Ansicht lässt sich alternativ mit der Tastenkombination Alt+D aufrufen.

Start

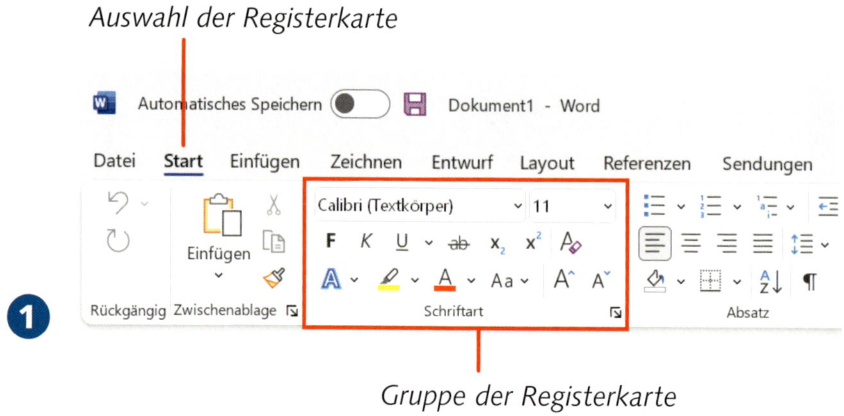

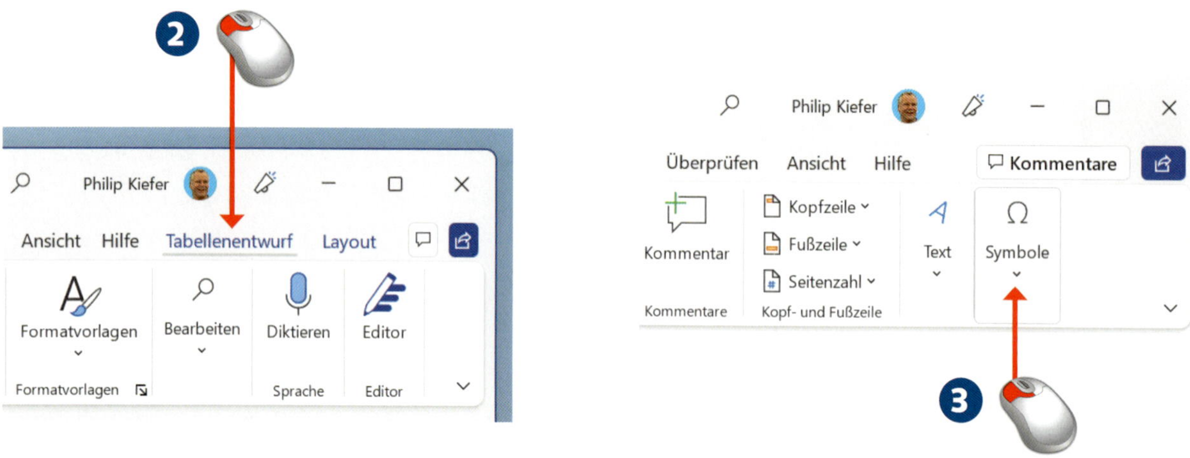

1. Das Menüband enthält unterschiedliche Registerkarten mit Bedienelementen, die zusätzlich in Gruppen zusammengefasst sind. Klicken Sie auf den Registerreiter einer Registerkarte, um deren Bedienelemente einzusehen und ggf. abzurufen.

2. Bei Anwahl bestimmter Dokumentinhalte (z. B. Grafiken oder Tabellen) erscheinen zusätzliche kontextbezogene Registerkarten, etwa *Tabellenentwurf* oder *Bildformat*, zum Abrufen der jeweiligen Funktionen.

3. Ist das Fenster zu schmal, werden die Gruppen – vom rechten Fensterrand des Menübands ausgehend – zur Gruppenschaltfläche reduziert (durch Zeigen mit der Maus lässt sich eine QuickInfo abrufen).

WISSEN

Im Menüband erhalten Sie auf einen Blick die auf einer Registerkarte verfügbaren Funktionen. Diese sind in Gruppen eingeteilt.

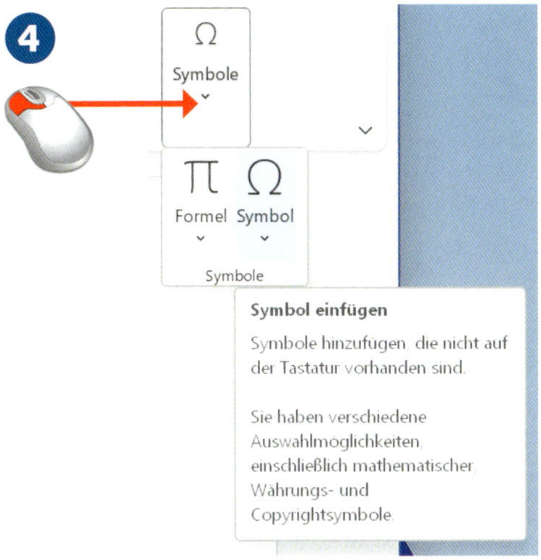

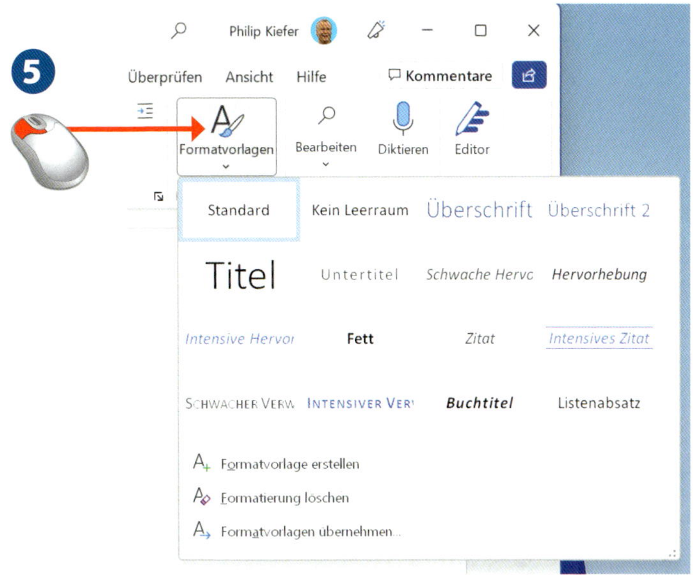

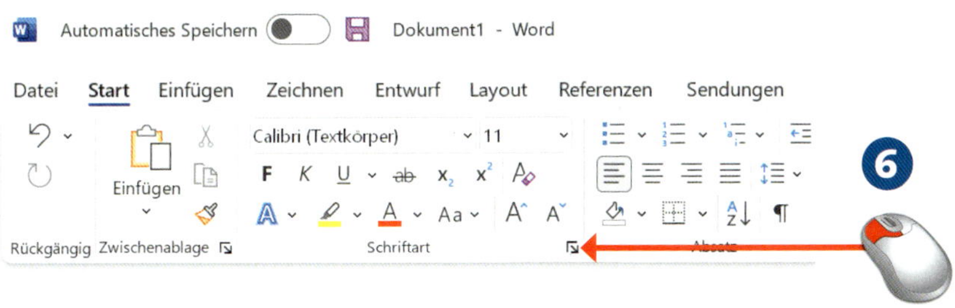

4 Klicken Sie auf die Schaltfläche einer reduzierten Gruppe, erscheint in den meisten Fällen ein Menü, über dessen Befehle Sie auf die Funktionen der Gruppe zugreifen können.

5 Bei anderen Gruppenschaltflächen zeigt ein Mausklick einen sogenannten Katalog (Palette) zur Auswahl von Optionen an.

6 Am unteren rechten Rand mancher Gruppen erscheint ein nach rechts unten weisender Pfeil. Zeigen Sie auf das Symbol, um die QuickInfo abzurufen. Klicken Sie auf das Symbol, um das entsprechende Dialogfeld bzw. eine Seitenleiste einzublenden.

TIPP

Wenn Sie das Menüband anpassen (Rechtsklick ins Menüband und Kontextmenüwahl *Menüband anpassen*), können Sie auch die Registerkarten und Gruppen verschieben sowie weitere Registerkarten und Gruppen hinzufügen.

HINWEIS

Erkennbar ist eine verkleinerte Gruppe an dem kleinen Pfeil unterhalb des Symboltitels. Dieser Pfeil steht für *Weitere Optionen einblenden*.

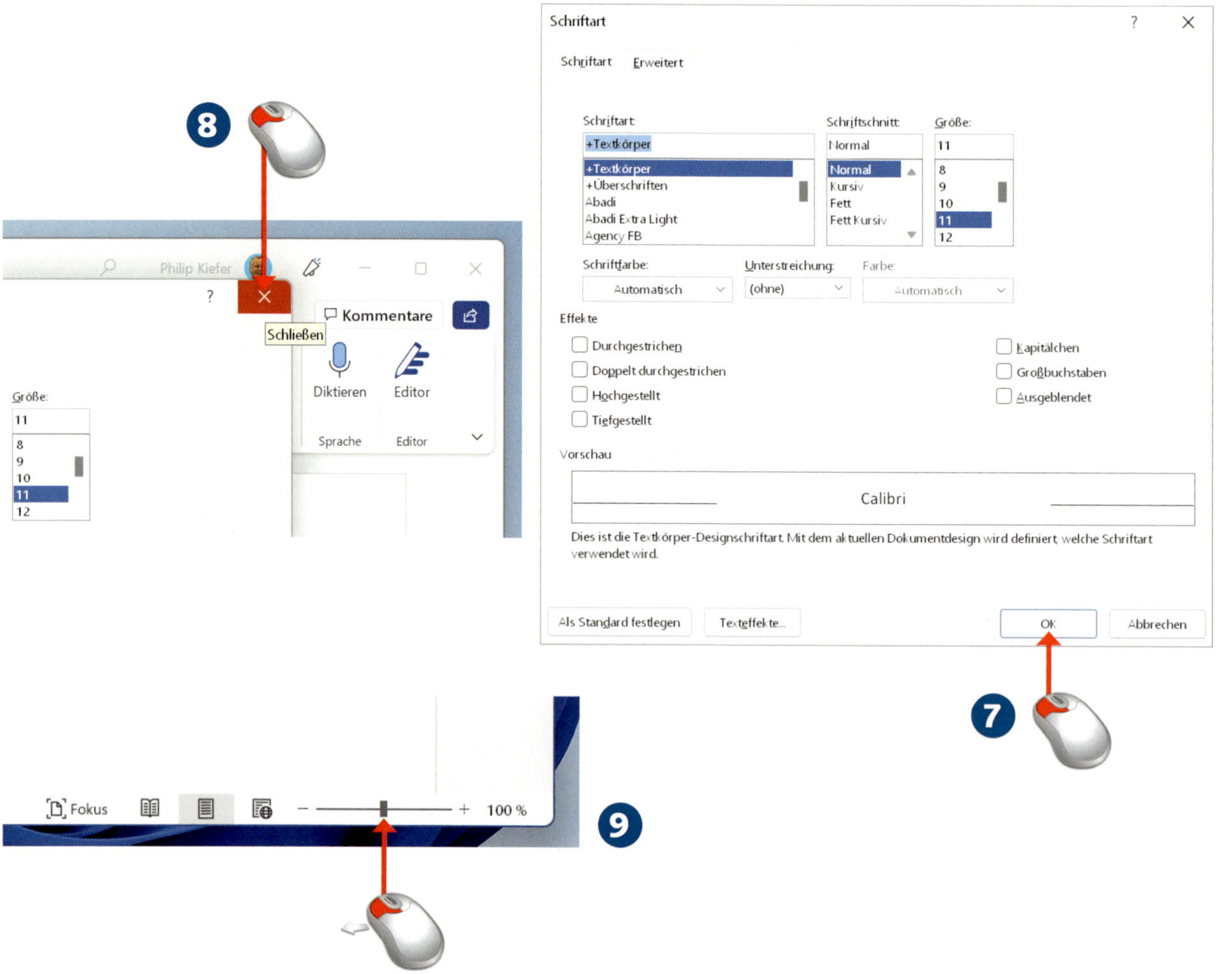

7 Nehmen Sie die gewünschten Anpassungen vor und bestätigen Sie mit *OK*.

8 Das Schließen ohne Änderungen erfolgt, indem Sie rechts oben auf das Kreuzsymbol klicken.

9 Ist die Darstellung im Anzeigebereich zu klein oder zu groß? Über den Schieberegler *Zoom* in der rechten unteren Ecke des Anwendungsfensters verändern Sie dessen Dokumentansicht stufenlos.

WISSEN

Über das Symbol *Startprogramm für Dialogfelder* einer Gruppe greifen Sie auf die Dialogfelder der Anwendung zu. Viele Dialogfelder und Eigenschaftenfenster lassen sich auch über Kontextmenübefehle öffnen.

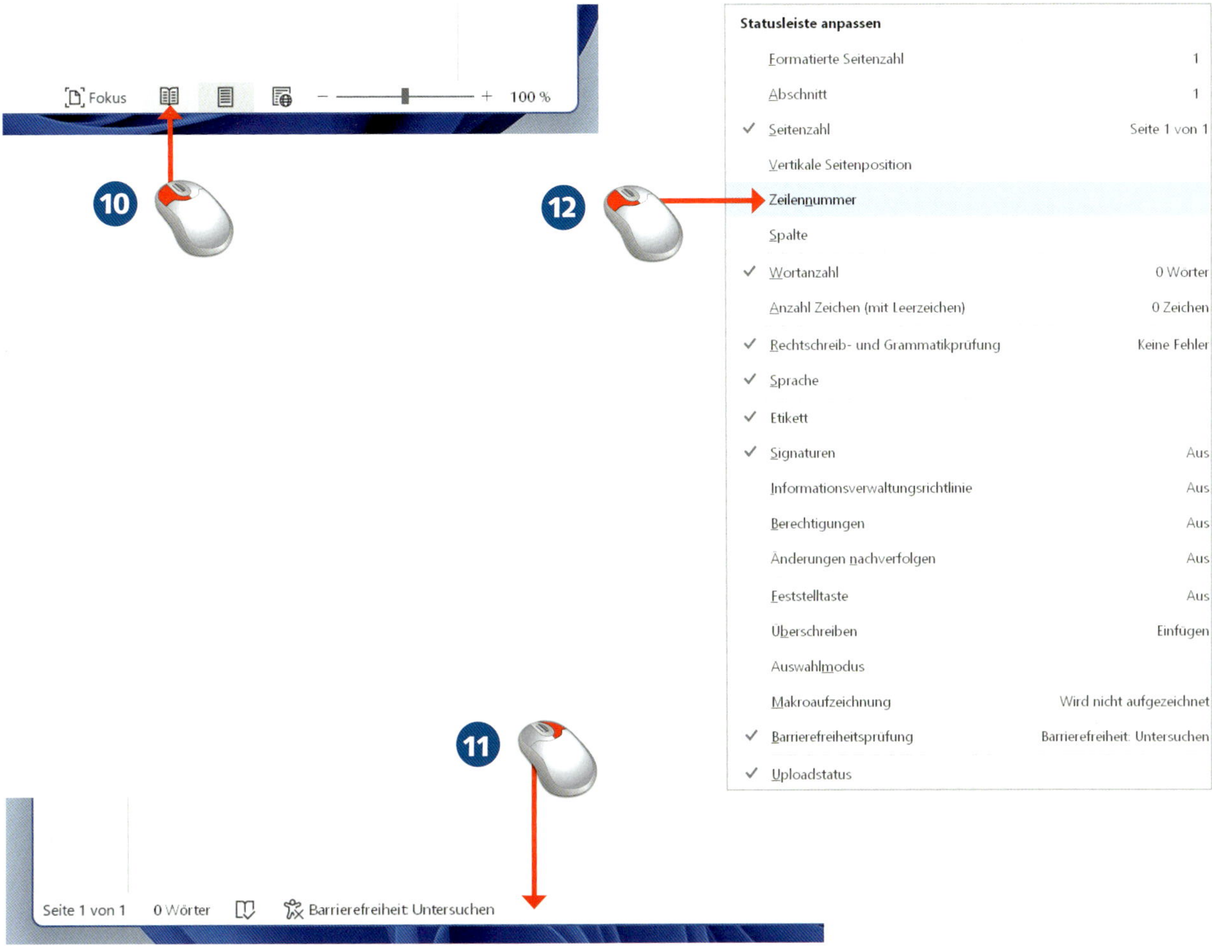

10 Sie finden in der Statusleiste außerdem Schaltflächen, um zwischen unterschiedlichen Darstellungsmodi im Dokumentbereich umzuschalten.

11 Möchten Sie weitere Elemente in der Statusleiste einblenden? Dann klicken Sie mit der rechten Maustaste auf eine freie Fläche der Statusleiste.

12 Es öffnet sich ein Kontextmenü, über das Sie verschiedene Infofelder in der Statusleiste ein- oder ausblenden können.

Ende

HINWEIS

Das *Drucklayout* (siehe Kapitel 2) ermöglicht die Beurteilung, wie das Dokument ausgedruckt aussieht.

TIPP

Auch mit einem Doppelklick auf einen Registerreiter (außer *Datei*) können Sie das Menüband aus- und wieder einblenden.

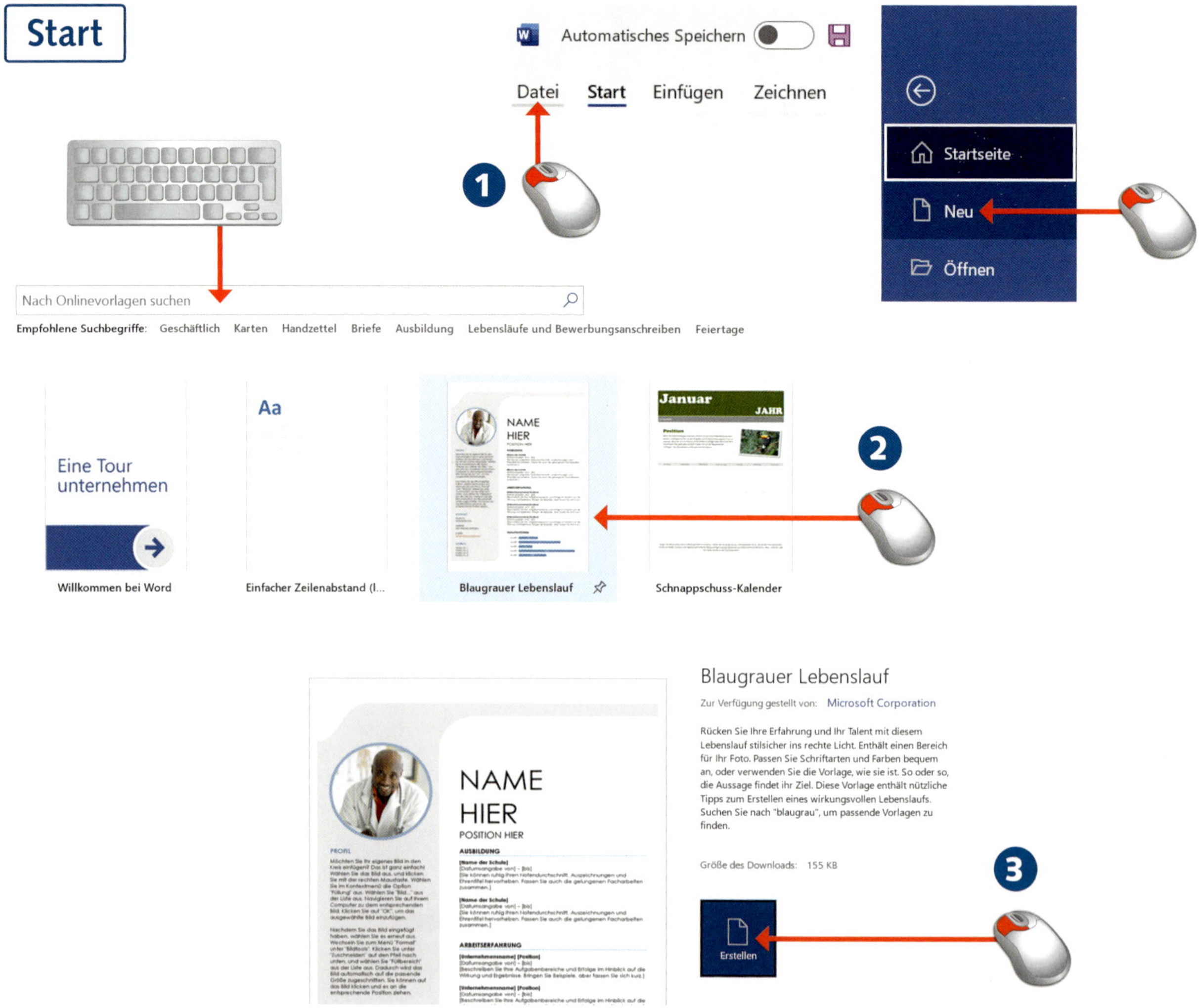

1. Um in einer Office-Anwendung ein neues Dokument anzulegen, wählen Sie den Registerreiter *Datei* und in der Backstage-Ansicht den Befehl *Neu*.
2. Wählen Sie in der rechten Spalte der Backstage-Ansicht eine Vorlage aus (z. B. für einen Brief oder Lebenslauf) oder geben Sie einen Suchbegriff ein, um eine passende Vorlage aufzuspüren.
3. Bestätigen Sie die gewünschte Vorlage über die Schaltfläche *Erstellen*.

WISSEN

Vorlagen ermöglichen es Ihnen, neue Dokumente aus vorgefertigten Elementen (z. B. Briefbogen, Präsentationen, Kalkulationsblättern) abzuleiten. Über ein Suchfeld lässt sich nach weiteren Vorlagen fahnden.

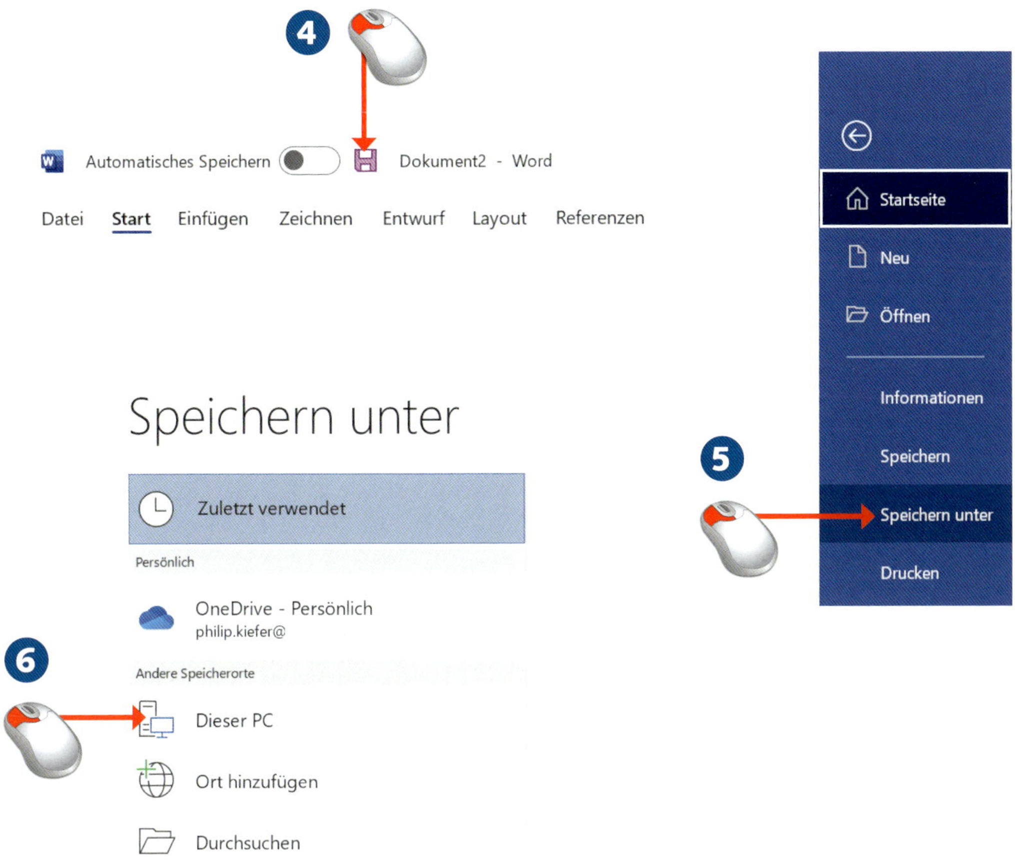

4 Zum Speichern eines neuen Dokuments genügt ein Klick auf das Diskettensymbol in der Titelleiste.

5 Alternativ wählen Sie den Registerreiter *Datei* und dann den Befehl *Speichern unter* in der Backstage-Ansicht, um beim Speichern einen neuen Dateinamen vorzugeben.

6 Wählen Sie in der rechten Seite der Backstage-Ansicht einen Speicherort wie *Dieser PC* oder einen OneDrive-Ort.

TIPP

Mit [Strg]+[N] erzeugen Sie ein neues leeres Dokument.

HINWEIS

Bestehende Dokumente sichern Sie über das Diskettensymbol in der Titelleiste bzw. über den Befehl *Speichern* in der Backstage-Ansicht.

HINWEIS

Über den Befehl *Speichern unter* sichern Sie bestehende Dokumente unter einem neuen Namen oder in anderen Dateiformaten.

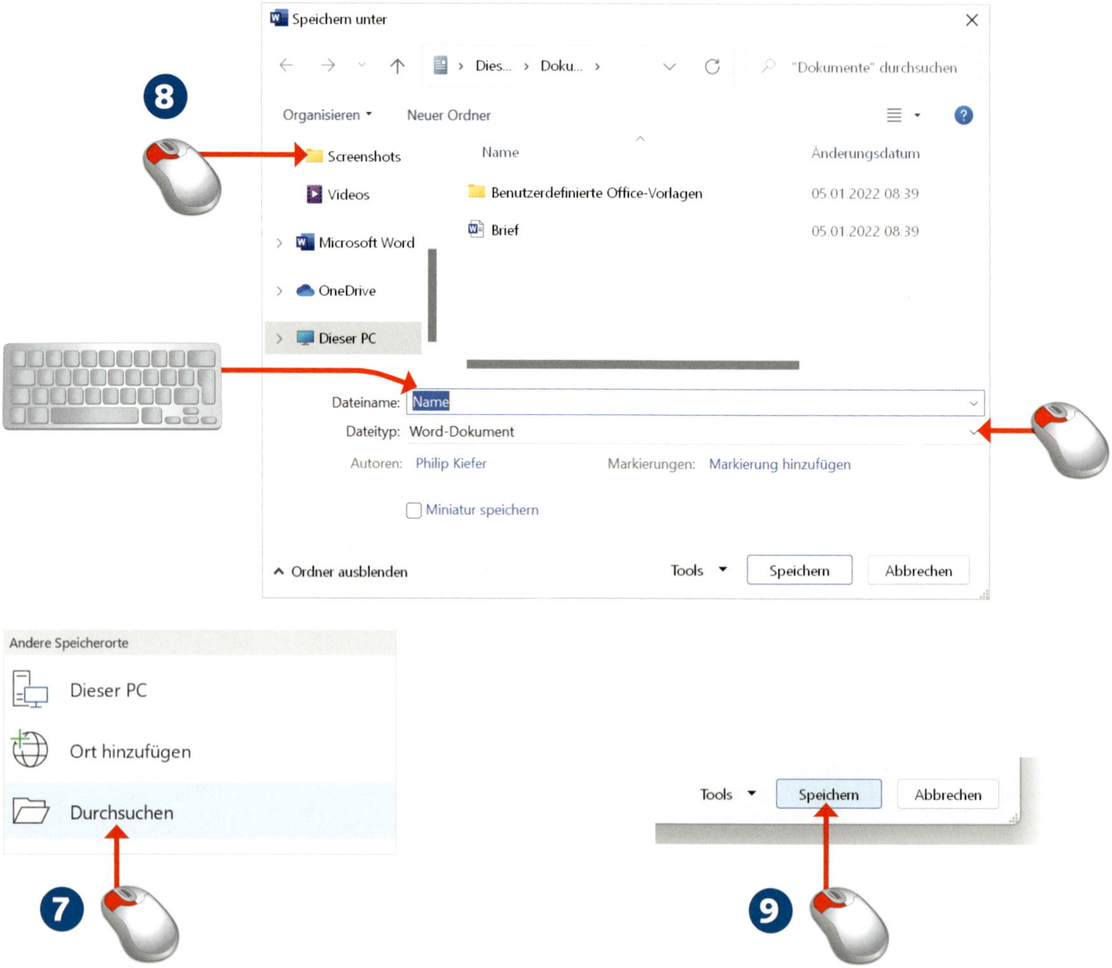

7. Um einen beliebigen lokalen Speicherort auf Ihrem Computer auszuwählen, klicken Sie auf die Schaltfläche *Durchsuchen*.
8. Wählen Sie im Dialogfeld *Speichern unter* den Zielordner in der linken Spalte aus, ergänzen Sie den Dateinamen und legen Sie ggf. den Dateityp fest.
9. Bestätigen Sie die Schaltfläche *Speichern*, um das Dialogfeld zu schließen und die Datei zu sichern.

WISSEN

OneDrive ist ein Onlinespeicher im Internet, den Microsoft kostenlos bereitstellt. Zum Zugriff ist ein Microsoft-Konto erforderlich.

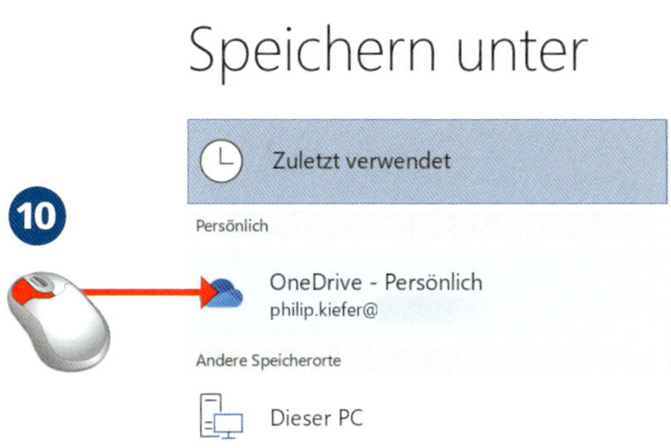

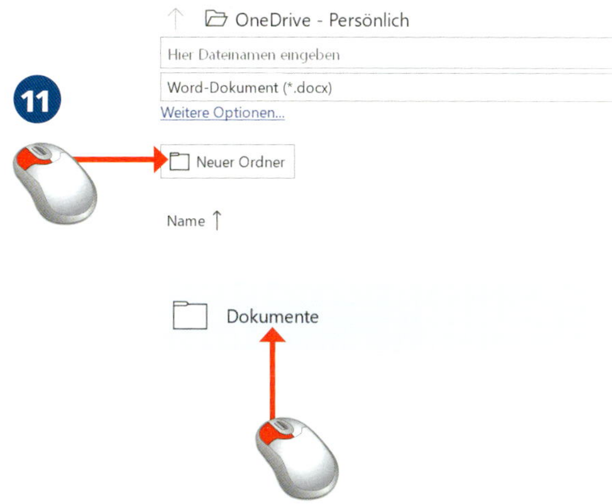

10 Zum Speichern auf dem OneDrive-Laufwerk wählen Sie den Eintrag *OneDrive* ...

11 Wählen Sie einen OneDrive-Ordner aus. Mit *Neuer Ordner* können Sie auch einen neuen Ordner auf dem OneDrive-Laufwerk anlegen.

12 Geben Sie den Dateinamen ein, legen Sie ggf. das Speicherformat fest und klicken Sie auf die *Speichern*-Schaltfläche.

Ende

HINWEIS

Unter *Zuletzt verwendet* werden Ihnen die zuletzt verwendeten Speicherorte angezeigt, egal ob lokal oder auf dem OneDrive-Laufwerk.

TIPP

Alternativ verwenden Sie die Tastenkombination Strg+S zum Speichern.

Start

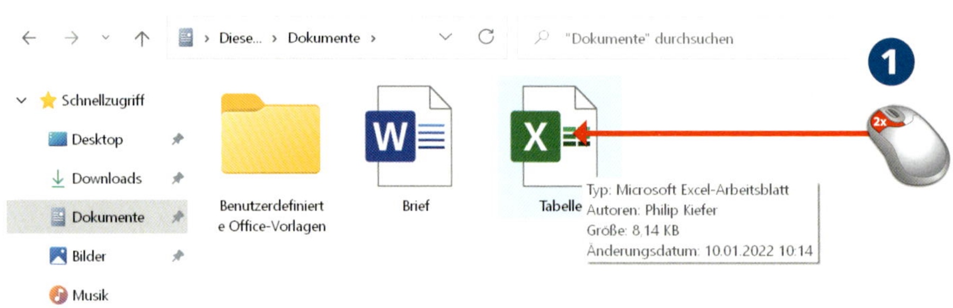

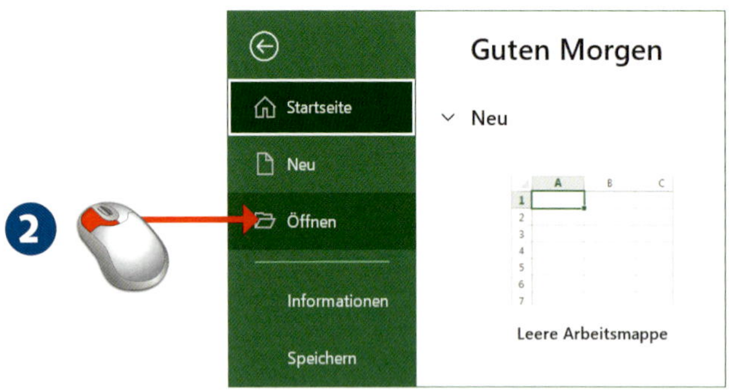

1. Haben Sie einen Ordner mit Dokumenten geöffnet, doppelklicken Sie auf die Dokumentdatei, um sie in die zugehörige Office-Anwendung zu laden.
2. Um ein Dokument direkt im Office-Programm zu laden, wählen Sie im Menüband den Registerreiter *Datei* und in der Backstage-Ansicht den Menübefehl *Öffnen*.
3. Entscheiden Sie sich in der Spalte *Öffnen* der Backstage-Ansicht für einen Eintrag wie *Dieser PC* oder *OneDrive*.

WISSEN

Office 2021 unterstützt sowohl die aktuellen Dokumentformate (z. B. *.docx*, *.xlsx*, *.pptx*) als auch Dokumente aus älteren Office-Versionen (z. B. *.doc*, *.xls*, *.ppt*). Ihre Dokumente speichern Sie am besten in *Dokumente*.

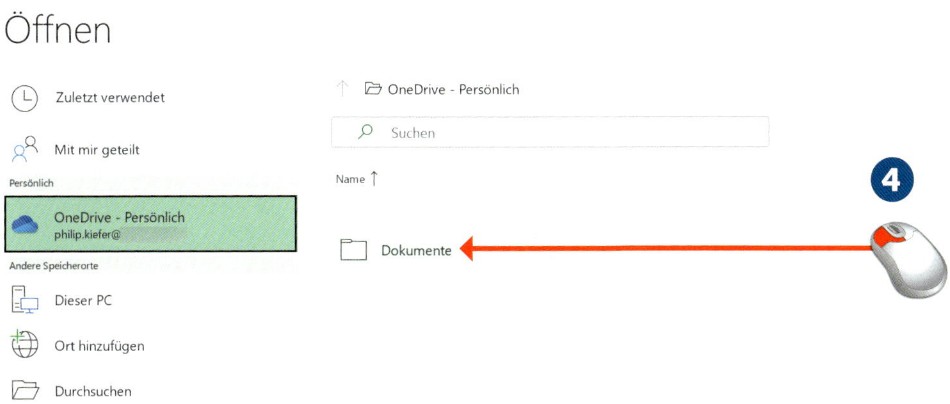

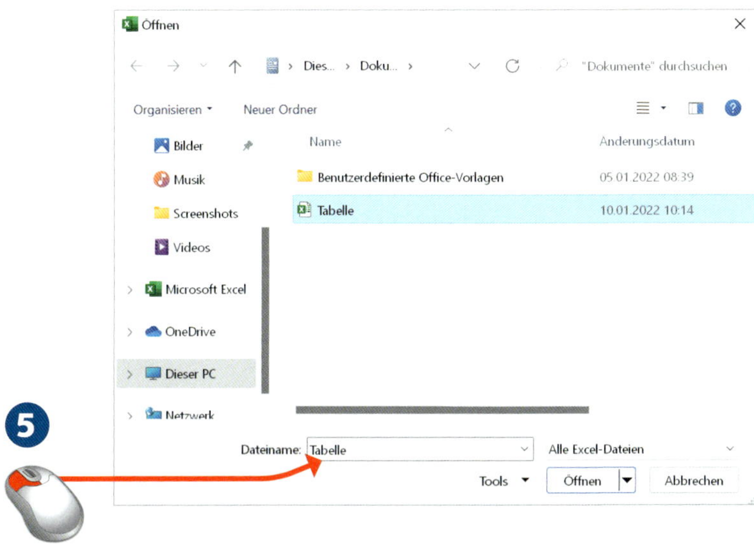

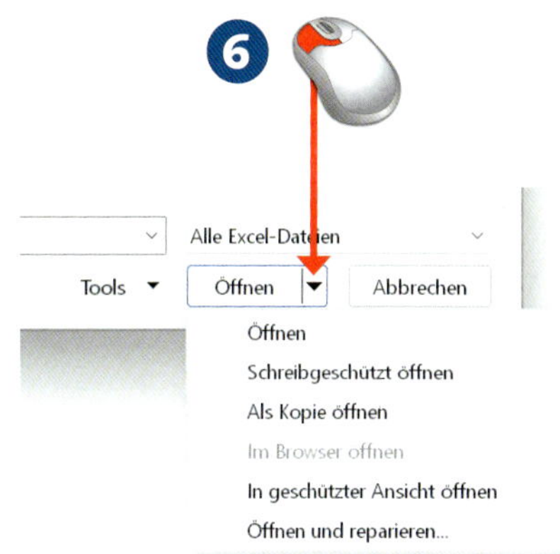

4 Wählen Sie unter *Dieser PC* oder *OneDrive* den Dokumentordner aus oder klicken Sie auf die Schaltfläche *Durchsuchen*.

5 Unter *Durchsuchen* wählen Sie den Speicherort und dann das zu öffnende Dokument aus.

6 Wählen Sie die Schaltfläche *Öffnen* bzw. im Menü der Schaltfläche einen der gezeigten Befehle, um das Dokument in die Anwendung zu laden.

Ende

TIPP

In der Rubrik *Zuletzt verwendet* der Kategorie *Öffnen* lassen sich zuletzt verwendete Dokumente durch Anklicken öffnen (Schritt 3).

TIPP

Mit der Tastenkombination Strg+O rufen Sie direkt die Backstage-Ansicht *Öffnen* auf.

HINWEIS

Das Dokumentformat filtert die Einträge, passend zur Anwendung, nach *Alle Dokumente*, *Alle Word-Dokumente* oder einzelnen Formaten.

Start

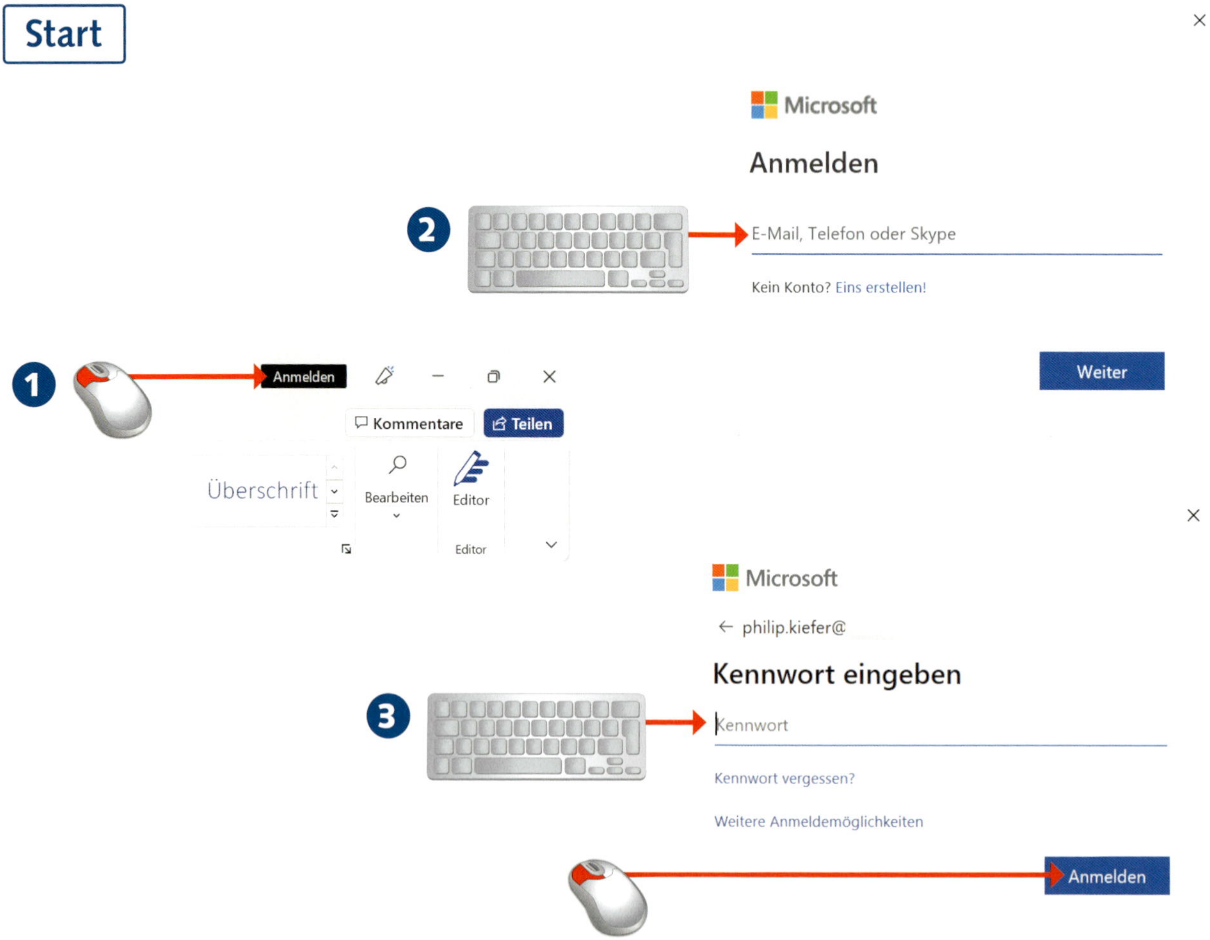

1. Zur einmalig erforderlichen Anmeldung wählen Sie den Befehl *Anmelden* rechts oben in einem Anwendungsfenster (Word, Excel etc.).
2. Tragen Sie im Textfeld die E-Mail-Adresse des Microsoft-Kontos ein und klicken Sie auf *Weiter*. Alternativ können für die Anmeldung auch ein Skype-Name bzw. die für das Microsoft-Konto verwendete Telefonnummer genutzt werden.
3. Tippen Sie im Kennwortfeld Ihr Kennwort ein. Bestätigen Sie anschließend über die Schaltfläche *Anmelden*.

WISSEN

Um auf in OneDrive abgelegte Dokumente (z. B. von unterwegs) zuzugreifen (speichern, laden), ist eine Internetverbindung sowie eine Anmeldung am Microsoft-Konto erforderlich.

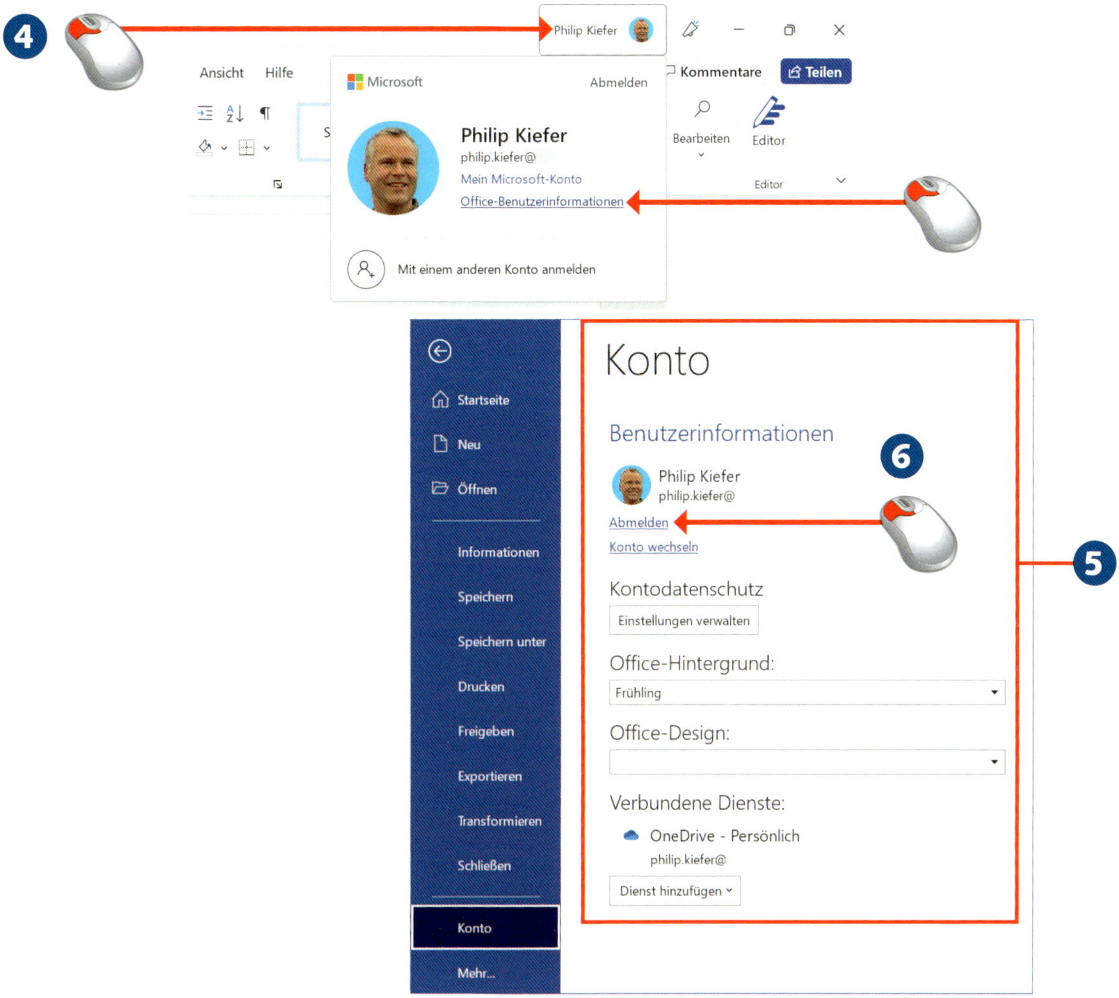

4 Öffnen Sie das Menü des Microsoft-Kontos und wählen Sie *Office-Benutzerinformationen*, um diese einzusehen oder anzupassen.

5 Passen Sie bei Bedarf die Benutzerinformationen in der Backstage-Ansicht über die Hyperlinks und Felder an.

6 Wählen Sie den Hyperlink *Abmelden*, um die Verbindung zum Microsoft-Konto gezielt zu trennen.

Ende

TIPP

Klicken Sie auf den Link *Eins erstellen* (Schritt 2), falls Sie noch kein Microsoft-Konto besitzen, um dieses kostenlos einzurichten.

HINWEIS

Die Anmeldung in einer Office-Anwendung ist auch für die anderen Office-Anwendungen gültig. Die Anmeldung braucht nur einmal zu erfolgen und gilt bis zur Abmeldung.

Start

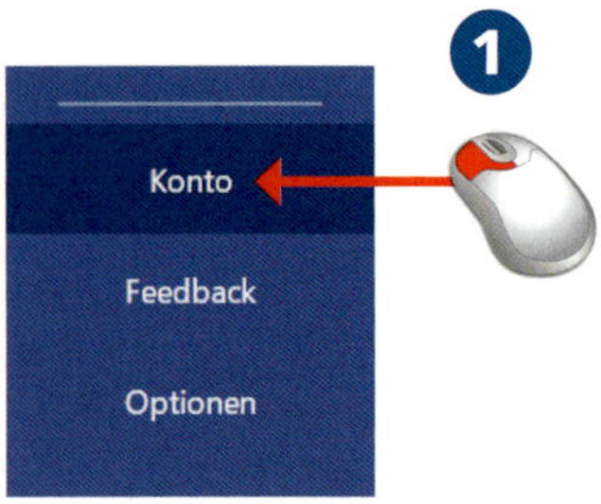

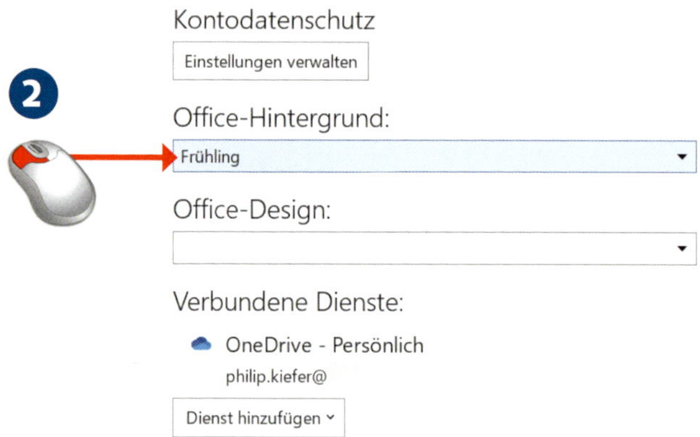

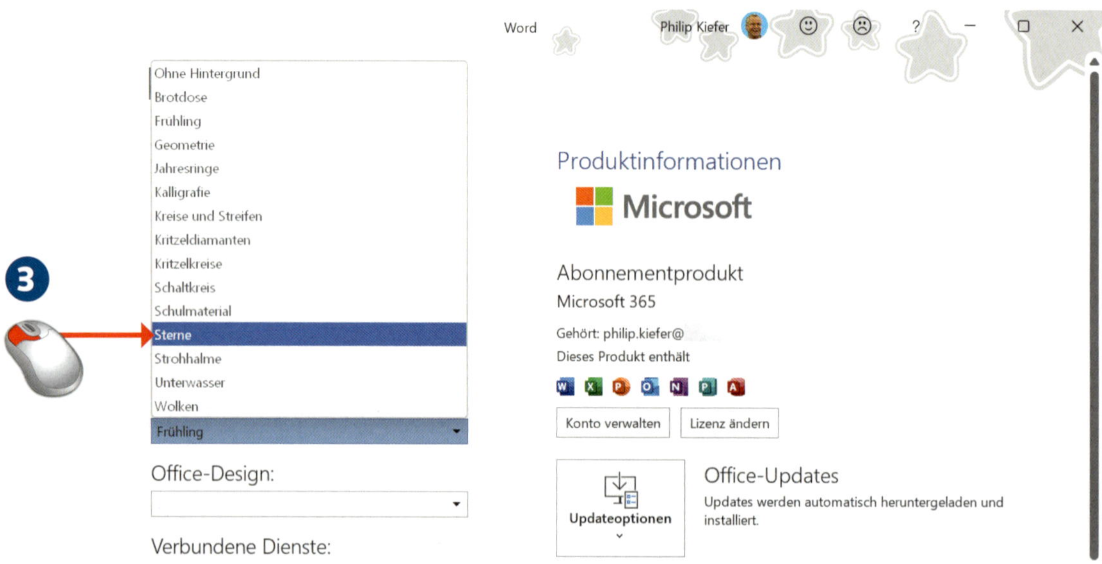

1. Wählen Sie nach dem Starten eines Office-Programms, z. B. Word, im Menüband unter *Datei* den Eintrag *Konto*.
2. Der Hintergrund wird rechts oben in den Office-Programmen angezeigt. Zum Ändern öffnen Sie das Menü *Office-Hintergrund*.
3. Zeigen Sie auf einen Hintergrund, um eine Vorschau zu erhalten. Um einen Hintergrund auszuwählen, klicken Sie diesen an.

WISSEN

Falls Sie sich hin und wieder einen Tapetenwechsel wünschen oder Ihre Augen bei einer dunklen Benutzeroberfläche entspannter sind, passen Sie mit wenigen Handgriffen in einem Office-Programme, hier im Beispiel Word, Hintergrund und Design an.

4

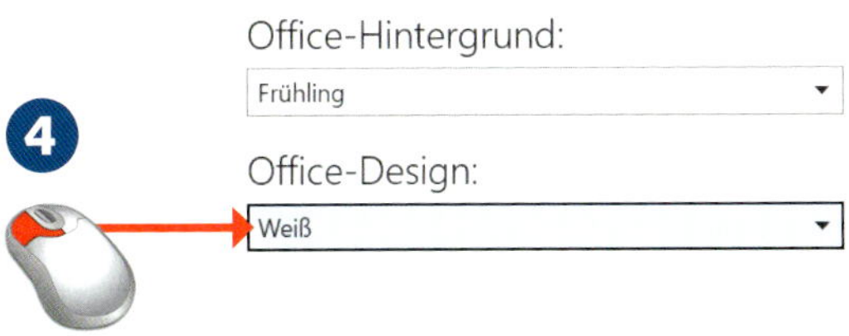

5

6

4 Bevorzugen Sie statt des hellen ein dunkles Office-Design? Dann öffnen Sie das Menü *Office-Design*.

5 Wählen Sie eines der dunklen Office-Designs, also *Dunkelgrau* oder *Schwarz*.

6 Die Änderung wird prompt umgesetzt. Bei Nichtgefallen wählen Sie einfach einen anderen Menüeintrag.

Ende

TIPP

Lenkt Sie der Hintergrund eher ab? Dann wählen Sie im Menü aus Schritt 3 den Eintrag *Ohne Hintergrund*.

HINWEIS

Die Änderungen im Hinblick auf Hintergrund und Design werden für alle Office-Programme übernommen, unabhängig davon, in welchem Programm Sie die Anpassungen vornehmen.

Start

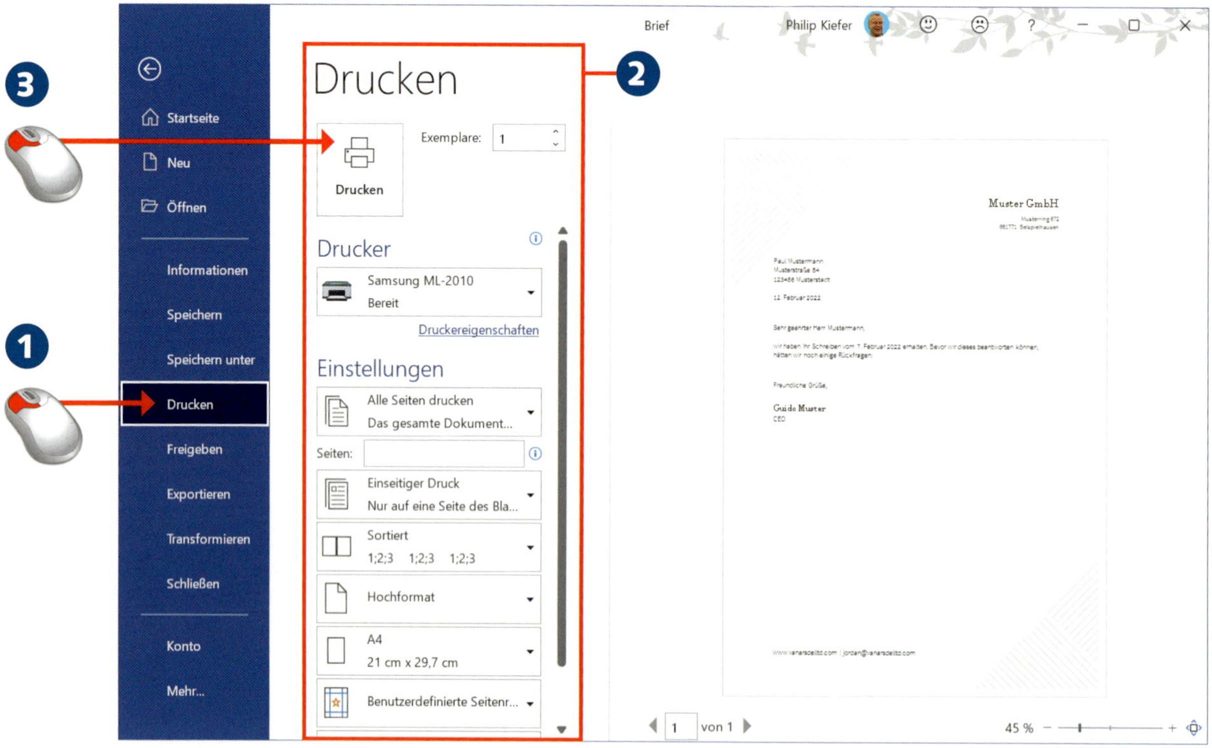

1 Wählen Sie den Registerreiter *Datei* und in der Backstage-Ansicht den Menübefehl *Drucken*.

2 Wählen Sie in der Backstage-Ansicht ggf. den gewünschten Drucker (Gruppe *Drucker*) und legen Sie die Druckeinstellungen in der Gruppe *Einstellungen* fest.

3 Klicken Sie in der Spalte *Drucken* der Backstage-Ansicht auf die Schaltfläche *Drucken*, um den Ausdruck zu starten.

WISSEN

Der Befehl *Drucken* der Backstage-Ansicht stellt Ihnen alle Druckoptionen sowie eine Druckvorschau zur Verfügung. PDF- und XPS-Dokumente können Sie auch über den Befehl *Exportieren* erzeugen. Die Dateien werden z. B. im Edge-Browser angezeigt. Die Backstage-Ansicht zum Drucken lässt sich auch direkt mit der Tastenkombination Strg+P öffnen.

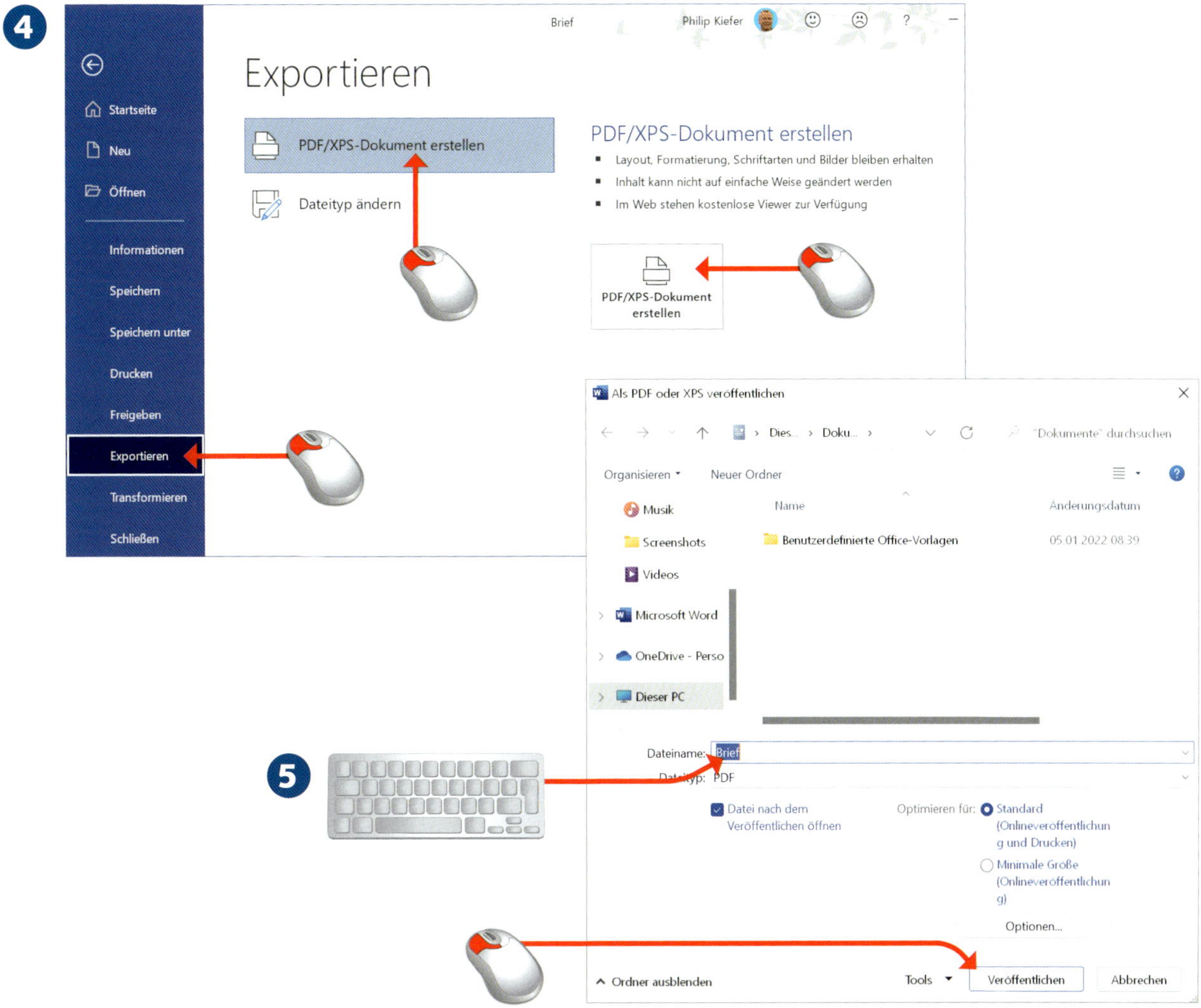

4 Für PDF- und XPS-Ausgaben wählen Sie im Menü der Backstage-Ansicht den Befehl *Exportieren*, dann *PDF/XPS-Dokument erstellen* und nun die gleichnamige Schaltfläche.

5 Navigieren Sie zum Zielordner, wählen Sie den Dateityp, legen Sie den Dateinamen sowie ggf. weitere Optionen fest und klicken Sie auf *Veröffentlichen*.

Ende

HINWEIS

Die Schaltfläche *Optionen* des Dialogfelds *Als PDF oder XPS veröffentlichen* ermöglicht es Ihnen, die Ausgabeeinstellungen anzupassen.

TIPP

Der Schieberegler *Zoom* in der rechten unteren Ecke passt die Größe der Druckvorschau an.

Start

1

2

3

1. Öffnen Sie die Datei, die Sie freigeben möchten (hier z. B. ein Word-Dokument), und klicken Sie rechts oben auf der Benutzeroberfläche auf die Schaltfläche *Teilen*.
2. Geben Sie die E-Mail der Person ein und bestätigen Sie mit der [↵]-Taste. Sie können auch mehrere E-Mail-Adressen eingeben und jeweils mit [↵] bestätgen.
3. Um zu bestimmen, ob die Personen die Datei bearbeiten oder nur ansehen dürfen, klicken Sie auf das Stiftsymbol und treffen im Menü Ihre Auswahl.

WISSEN

Haben Sie eine Office-Datei auf dem OneDrive-Laufwerk gespeichert, können Sie diese mit anderen teilen und so eine gemeinsame Bearbeitung ermöglichen. Wie einfach das mit der Freigabe funktioniert, lesen Sie auf dieser Doppelseite.

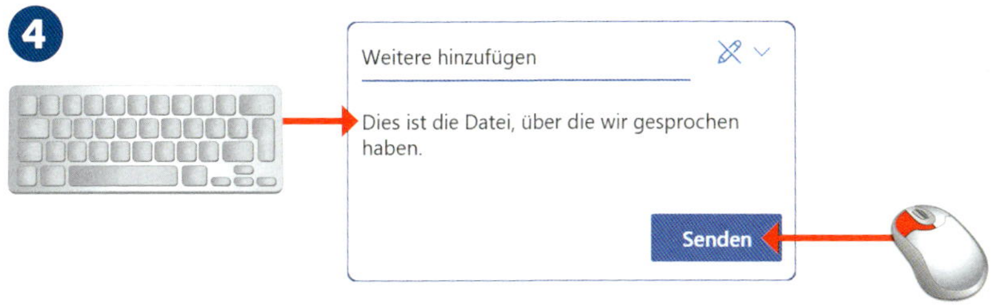

4 Verfassen Sie zur Freigabe ggf. noch einen kurzen Text, der an die Person übermittelt wird. Bestätigen Sie mit *Senden*.

5 Um die Freigaben zu verwalten, wählen Sie erneut die Schaltfläche *Teilen* (Schritt 1). Klicken Sie rechts oben auf das Symbol mit den drei Punkten und wählen Sie *Zugriff verwalten*.

6 Öffnen Sie bei einer Person das zugehörige Menü, um die Zugriffsrechte anzupassen oder eine Freigabe zu beenden.

Ende

TIPP

Wählen Sie im Fenster aus Schritt 2 die Schaltfläche *Outlook*, wird direkt eine neue E-Mail mit dem eingefügten Freigabe-Link geöffnet.

HINWEIS

Wählen Sie im Fenster aus Schritt 2 die Option *Kopie senden*, wird eine E-Mail mit dem entsprechenden Dateianhang erstellt.

Start

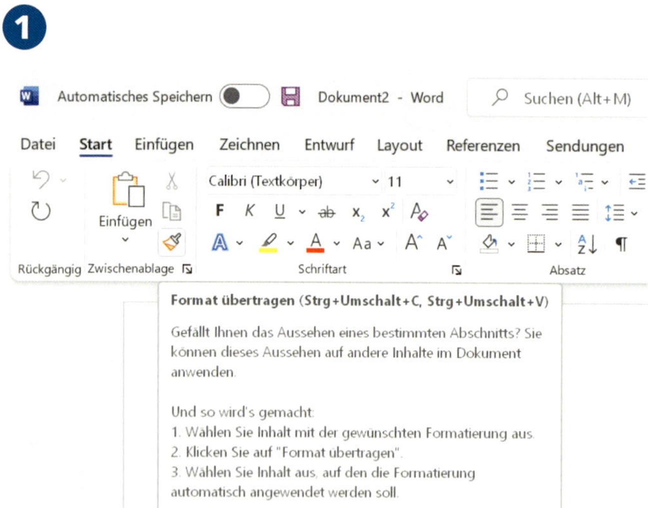

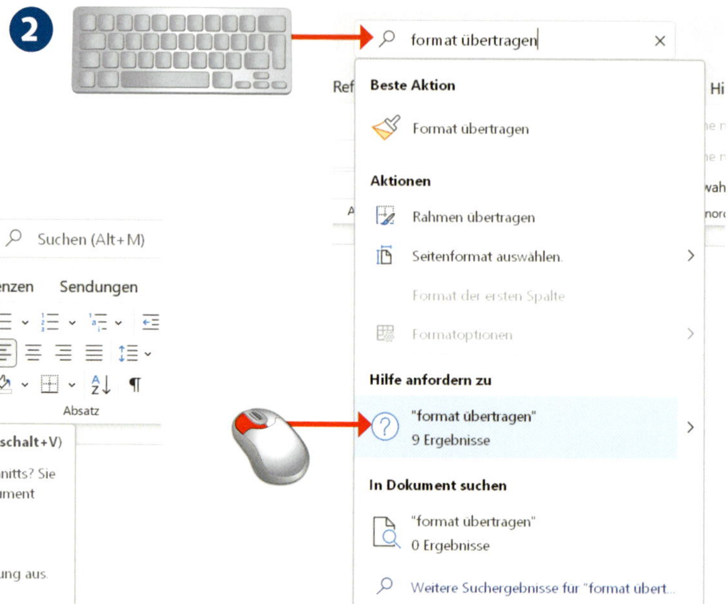

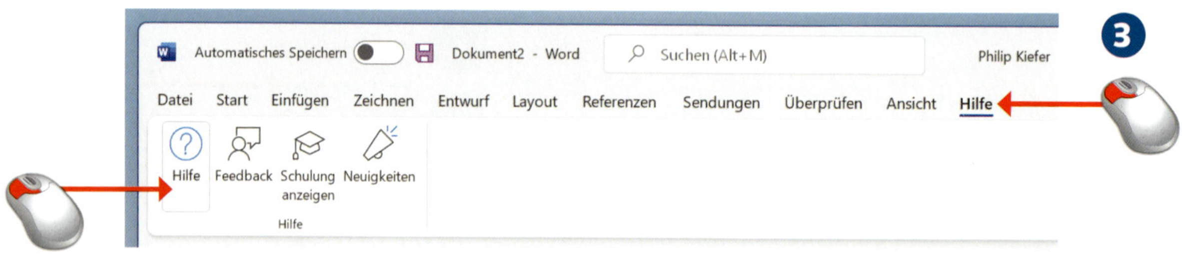

1. Benötigen Sie Informationen zu einem Bedienelement, rufen Sie eine QuickInfo mit Zusatzinformationen durch Zeigen per Maus ab.
2. Um Hilfe zu einem bestimmten Befehl zu erhalten, tippen Sie diesen in das Suchfeld oben in Office 2021. Tippen Sie im Ergebnisfenster auf den Eintrag *Hilfe anfordern zu*.
3. Um den Hilfekatalog aufzurufen, klicken Sie auf den Registerreiter *Hilfe* und dann auf das *Hilfe*-Symbol.

WISSEN

Die QuickInfo bietet kurze Informationen zu bestimmten Funktionen und steht für fast alle Bedienelemente zur Verfügung. Die Hilfe enthält hingegen eine umfassende Beschreibung der Anwendungsfunktionen.

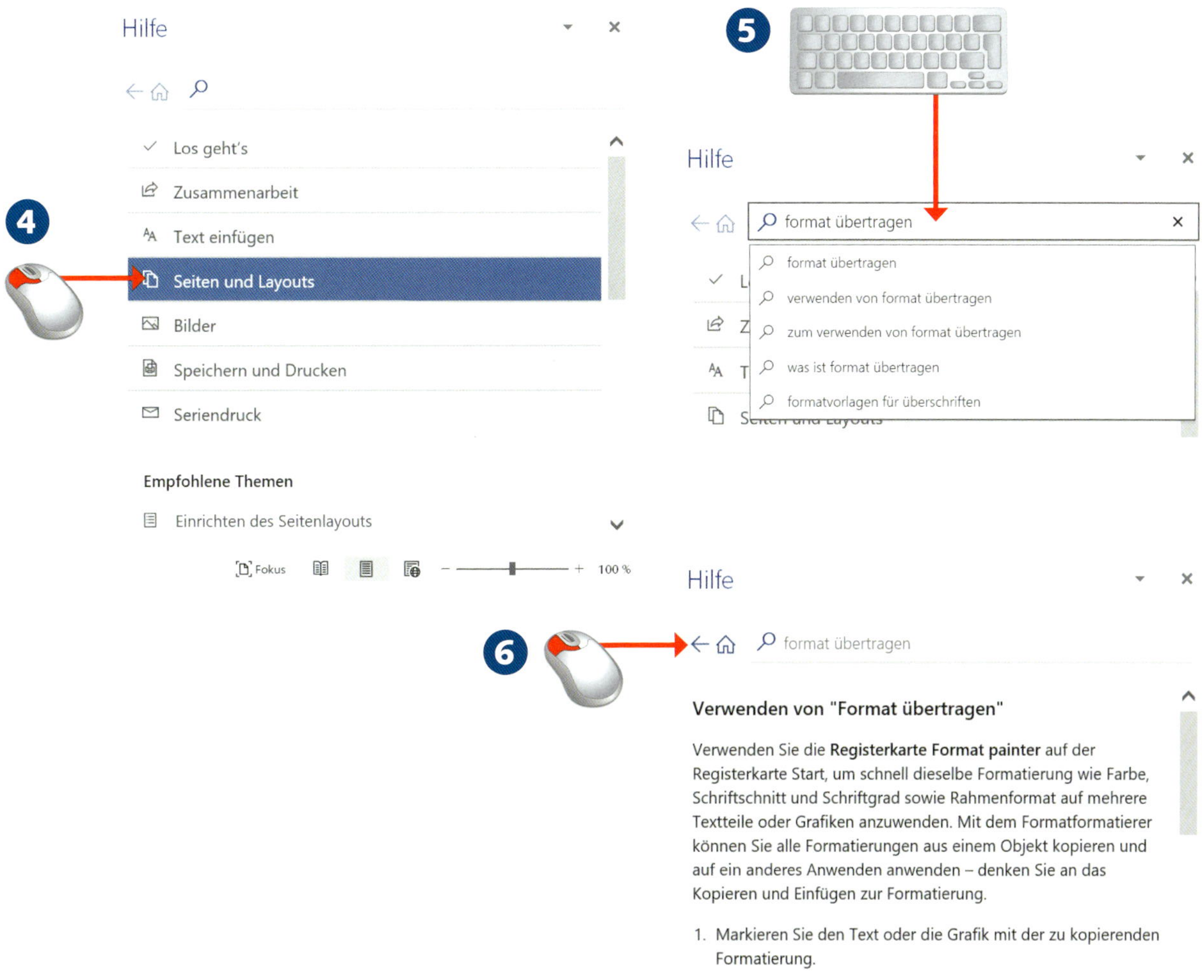

4 In der eingeblendeten Hilfeleiste reicht ein Anklicken der angezeigten Hyperlinks, um die Hilfethemen und -seiten aufzurufen.

5 Zum Suchen nach Themen tippen Sie den Suchbegriff in das Textfeld ein und klicken dann auf das Lupensymbol bzw. drücken die [↵]-Taste. Danach navigieren Sie innerhalb der Trefferliste.

6 Klicken Sie auf den nach links weisenden Pfeil, um zur vorherigen Seite zu gelangen. Über das Home-Icon geht es direkt zur Hilfe-Startseite.

Ende

TIPP

Die Hilfe können Sie auch durch Drücken der Funktionstaste [F1] öffnen.

HINWEIS

Die Suchfunktion ist hilfreich, wenn Sie wissen möchten, wie eine bereits bekannte Funktion genau verwendet wird.

Start

1. Mit der ↵-Taste (Eingabetaste) schließen Sie Eingaben ab oder leiten einen Zeilenwechsel ein.
2. Die ⇧-Taste (Umschalttaste) drücken Sie, um Großbuchstaben oder die Sonderzeichen der obersten Tastenreihe im Buchstabenblock einzugeben.
3. Mit der Taste ⇩ (Feststelltaste) schalten Sie die Großschreibung dauerhaft ein und wieder aus.
4. Die ⇆-Taste (Tabulatortaste) bewegt die Eingabemarke in Tabellen zur nächsten Zelle, in Dialogfeldern zur nächsten Option und in Texten zur nächsten Tabulatorposition.
5. Die Tasten Strg, Alt und AltGr werden oft in Kombination mit anderen Tasten gedrückt, um spezielle Funktionen aufzurufen.
6. Die Leer-Taste erzeugt Leerzeichen (Wortzwischenraum bei Texten).

WISSEN

Die Tasten mit den Buchstaben und Ziffern dienen zur Eingabe von Texten. Die Funktionstasten am oberen Tastaturrand rufen Spezialfunktionen (z. B. die Hilfe) auf.

7 Mit der [Esc]-Taste lassen sich Befehle abbrechen oder Dialogfeldeingaben verwerfen.

8 Die [Windows]-Taste öffnet das Startmenü, die [Menü]-Taste ein Kontextmenü.

9 Mit der Taste [⇦] (Backspace) lässt sich das Zeichen links von der Einfügemarke löschen.

10 Die [Entf]-Taste löscht das Zeichen rechts von der Einfügemarke oder schaltet bei einigen Anwendungen zwischen dem Einfügen-/Überschreiben-Modus um.

11 Die Tasten [Bild ↑], [Bild ↓], [Pos 1] und [Ende] dienen zur Positionierung der Einfügemarke innerhalb des Dokumentfensters.

12 Die vier Cursortasten ermöglichen es, die Einfügemarke im Text nach oben/unten bzw. nach rechts/links zu bewegen.

Ende

HINWEIS

Die meisten Tastaturen besitzen zusätzlich einen numerischen Zifferneingabeblock am rechten Rand. Auf einem Notebook werden die entsprechenden Optionen per [Fn]-Taste aufgerufen.

TIPP

Hilfreiche Tastenkombinationen:

[AltGr]+[Q]	@-Zeichen
[AltGr]+[E]	€-Zeichen
[AltGr]+[+]	~-Zeichen

HINWEIS

Die [Num]-Taste schaltet den numerischen Ziffernblock zwischen Zifferneingabe und Cursorsteuerung um.

Start

1

2

3

4

5

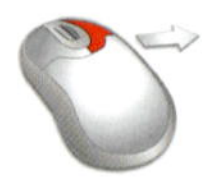

1. Dieses Symbol steht im Buch für »Klicken mit der linken Maustaste«, d. h. die linke Taste der Maus einmal kurz drücken.
2. Das Symbol »Doppelklicken« bedeutet, dass Sie die linke Maustaste zweimal kurz hintereinander drücken müssen.
3. Wird das Symbol »Klicken mit der rechten Maustaste« verwendet, bedeutet dies, dass Sie die rechte Taste der Maus kurz drücken müssen.
4. Ein Symbol »Ziehen mit der Maus« bedeutet, dass Sie die Maus bei gedrückt gehaltener linker Maustaste bewegen (ziehen).
5. Wenn das Symbol »Ziehen mit der rechten Maustaste« im Text vorkommt, müssen Sie beim Ziehen die rechte Maustaste gedrückt halten.

WISSEN

Mit der Maus werden in Microsoft Office viele Funktionen abgerufen. Die meisten Notebooks besitzen statt der Maus ein sogenanntes Touchpad (oder einen Trackball) zum Simulieren der Mausbedienung. Die hier gezeigten Arbeitstechniken kommen im Buch zum Einsatz.

6

7

8

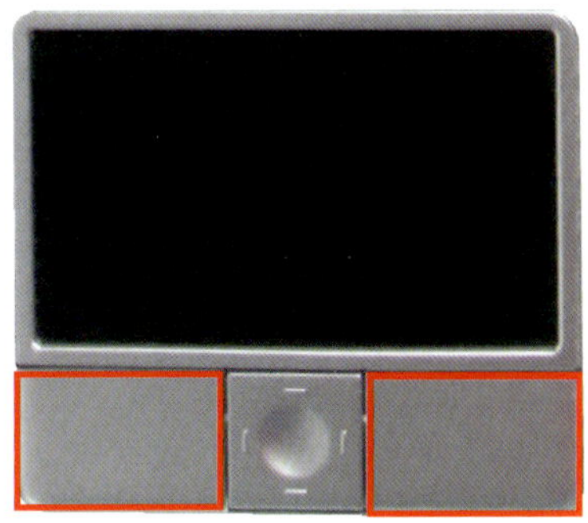

6 Viele Notebooks besitzen ein Touchpad zur »Mausbedienung«. Klicken und Doppelklicken erfolgen durch Antippen der berührungssensitiven Fläche des Touchpads.

7 Streichen Sie mit dem Finger über die berührungssensitive Fläche des Touchpads, um den Mauszeiger zu bewegen.

8 Über die linke und rechte Taste des Touchpads können Sie das Klicken, Doppelklicken und Ziehen mit der Maus simulieren. Zusätzlich lässt sich mit der rechten Taste ein Kontextmenü öffnen.

Ende

HINWEIS

Zur besseren Bedienung können Sie an Notebooks eine zusätzliche Maus anschließen.

TIPP

Klappt das Doppelklicken nicht, markieren Sie das Element per Mausklick und drücken die ↵-Taste. Dies hat die gleiche Wirkung.

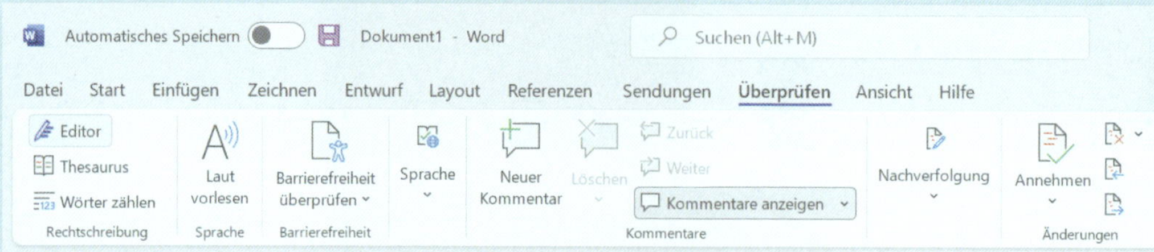
Automatisches Speichern
Dokument1 - Word
Suchen (Alt+M)
Datei Start Einfügen Zeichnen Entwurf Layout Referenzen Sendungen Überprüfen Ansicht Hilfe
Editor
Thesaurus
Wörter zählen
Rechtschreibung
Laut vorlesen
Sprache
Barrierefreiheit überprüfen
Barrierefreiheit
Sprache
Neuer Kommentar
Löschen
Zurück
Weiter
Kommentare anzeigen
Kommentare
Nachverfolgung
Annehmen
Änderungen

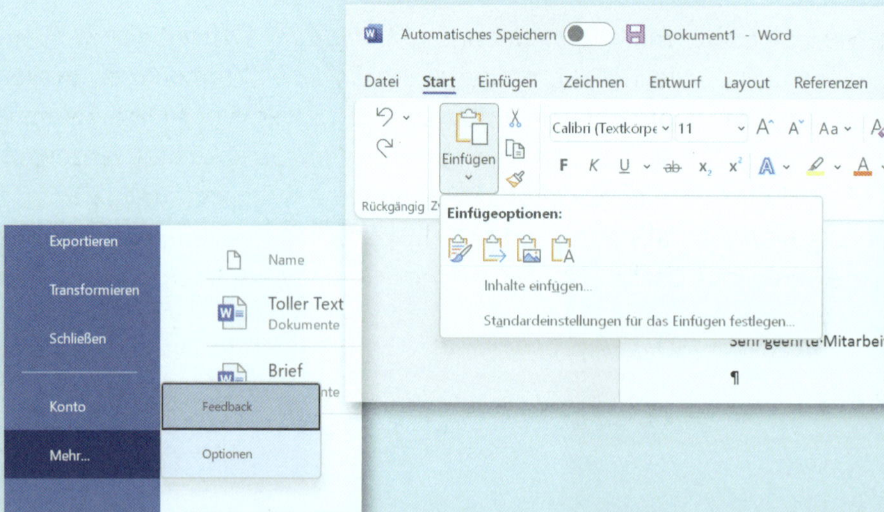
Automatisches Speichern
Dokument1 - Word
Datei Start Einfügen Zeichnen Entwurf Layout Referenzen
Einfügen
Calibri (Textkörpe
11
F K U
Rückgängig
Einfügeoptionen:
Inhalte einfügen...
Standardeinstellungen für das Einfügen festlegen...
Sehr geehrte Mitarbeit
Exportieren
Transformieren
Schließen
Konto
Mehr...
Name
Toller Text
Dokumente
Brief
Feedback
Optionen

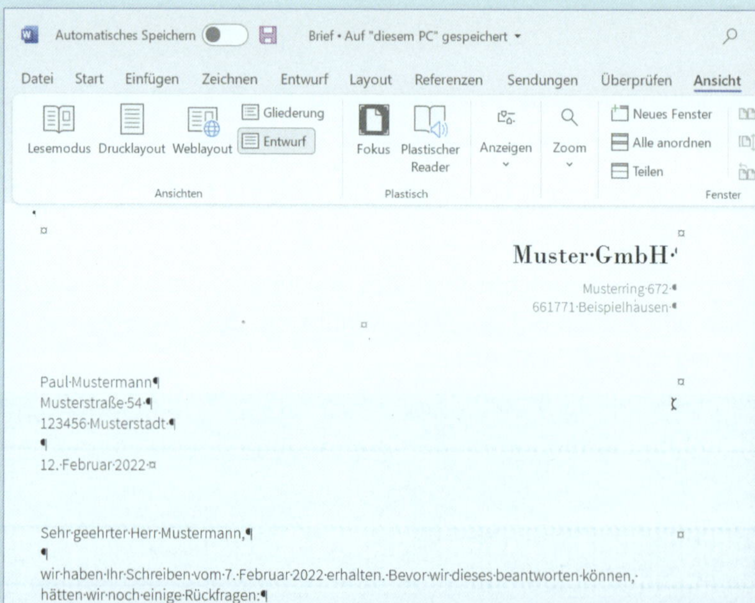
Automatisches Speichern
Brief • Auf "diesem PC" gespeichert
Datei Start Einfügen Zeichnen Entwurf Layout Referenzen Sendungen Überprüfen Ansicht
Lesemodus
Drucklayout
Weblayout
Gliederung
Entwurf
Ansichten
Fokus
Plastischer Reader
Plastisch
Anzeigen
Zoom
Neues Fenster
Alle anordnen
Teilen
Fenster
Muster GmbH
Musterring 672
661771 Beispielhausen
Paul Mustermann
Musterstraße 54
123456 Musterstadt
12. Februar 2022
Sehr geehrter Herr Mustermann,
wir haben Ihr Schreiben vom 7. Februar 2022 erhalten. Bevor wir dieses beantworten können,
hätten wir noch einige Rückfragen:

2x

2

Mit Word Texte erfassen

Nachdem Sie sich bisher mit allgemeinen Funktionen der Office-Suite vertraut gemacht haben, lernen Sie in diesem Kapitel die Grundfunktionen des Textverarbeitungsprogramms Word kennen. Erfassen Sie in einer Word-Datei beliebig viel Text und lassen Sie sich diesen in unterschiedlichen Ansichten anzeigen. Erfahren Sie außerdem, wie Sie den eingegebenen Text positionieren, markieren sowie gegebenenfalls korrigieren. Sehr praktisch: Sie können über Ihre Texte auch eine automatische Rechtschreibkorrektur laufen lassen.

Start

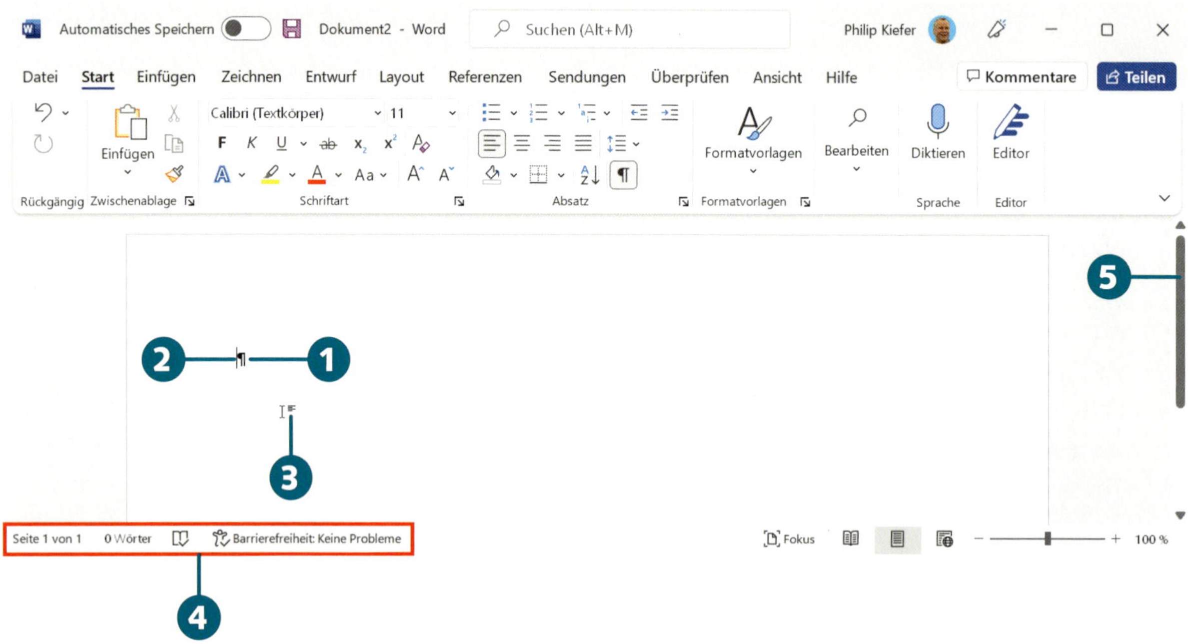

1. Dieses Zeichen ist die optional im Word-Dokumentbereich einblendbare Absatzmarke.
2. Der senkrecht blinkende Strich ist die Schreib- bzw. Einfügemarke.
3. Befindet sich der Mauszeiger im Dokumentbereich, nimmt er das Symbol des Textcursors an. Außerhalb des Dokumentbereichs erscheint wieder ein Mauszeiger.
4. In der Statusleiste zeigt Word verschiedene Dokumentinformationen (z. B. Seitenzahl, Wörterzahl, Barrierefreiheit etc.).
5. Um in sehr breiten bzw. mehrseitigen Texten zu blättern, blenden Sie am Rand die Bildlaufleiste(n) ein.

WISSEN

Der Dokumentbereich dient zur Aufnahme des Textes, der beim Tippen an der Einfügemarke erscheint. Über das Menüband greifen Sie auf die Word-Funktionen zu (siehe Seite 16). Der als Schreib- oder Einfügemarke bezeichnete blinkende Strich markiert die Position im Dokument, an der Text eingegeben werden kann.

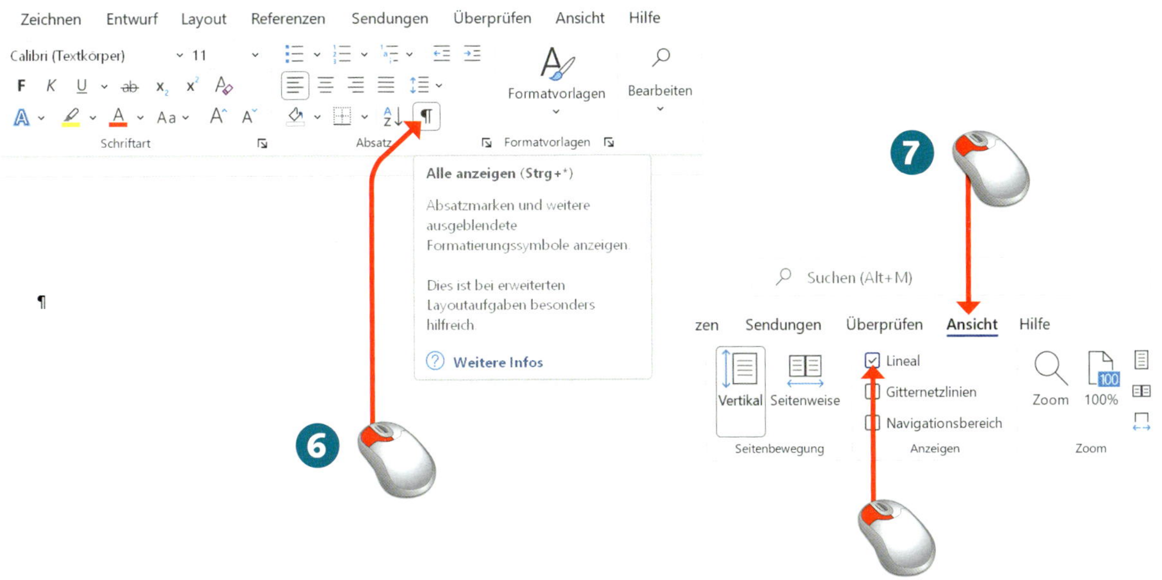

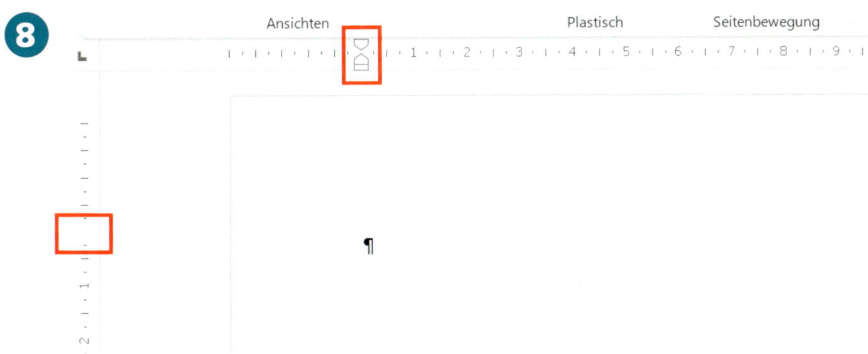

6 Über diese Schaltfläche auf der Registerkarte *Start* lässt sich die Anzeige versteckter Zeichen (also auch der Absatzmarke) ein- oder ausschalten.

7 Hilfreich für die passgenaue Dokumentgestaltung: Blenden Sie unter dem Registerreiter *Ansicht* ein *Lineal* ein.

8 Der Übergang zwischen Grau und Weiß im horizontalen und vertikalen Lineal zeigt die linken/rechten bzw. oberen/unteren Textränder (Seitenränder) an.

Ende

TIPP

Auf der Registerkarte *Ansicht* lässt sich in der Gruppe *Anzeigen* auch das Kontrollkästchen *Gitternetzlinien* aktivieren. Damit erhalten Sie eine Art »Karopapier«.

HINWEIS

Die Seitenränder passen Sie durch Verschieben des farbigen Bereichs im Lineal per Maus an.

Start

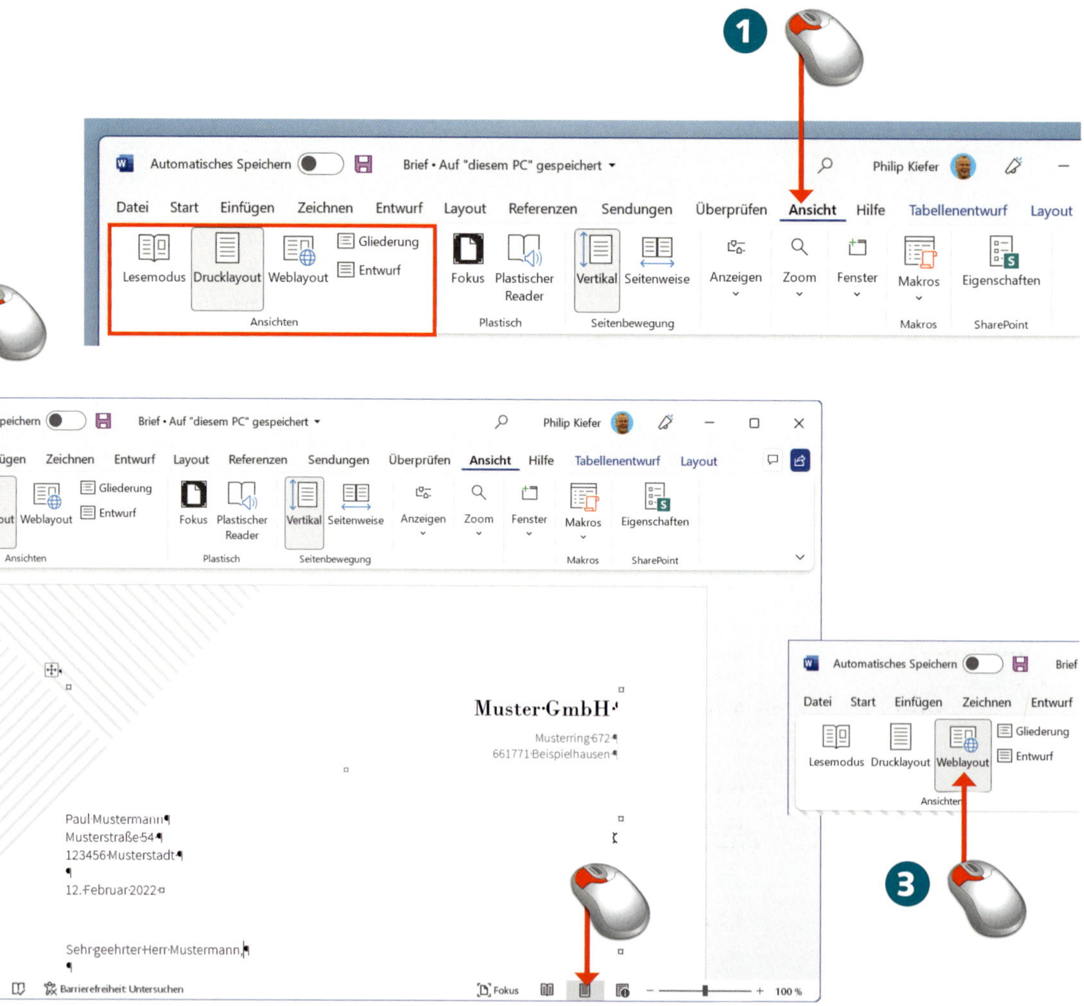

1. Die Dokumentdarstellung schalten Sie (neben den Schaltflächen der Statusleiste) über die Registerkarte *Ansicht*, Gruppe *Ansichten*, des Menübands um.
2. Im Modus *Drucklayout* erhalten Sie eine Übersicht über die Seiten des Textdokuments mit Seitenrändern und Seitenwechseln angezeigt.
3. Verwenden Sie das *Weblayout*, um das Dokument so anzuzeigen, wie eine Webseite aussehen würde (Seitenwechsel werden z. B. nicht angezeigt).

WISSEN

Die Darstellungsmodi für Textdokumente ermöglichen die optimale Abstimmung der erwünschten Arbeitsumgebung (z. B. Fließtext bei der Eingabe, Beurteilung des Seitenlayouts etc.). Über die Gruppe *Anzeigen* der Registerkarte *Ansicht* lassen sich Lineal, Gitternetzlinien etc. im Dokumentfenster ein- und ausblenden.

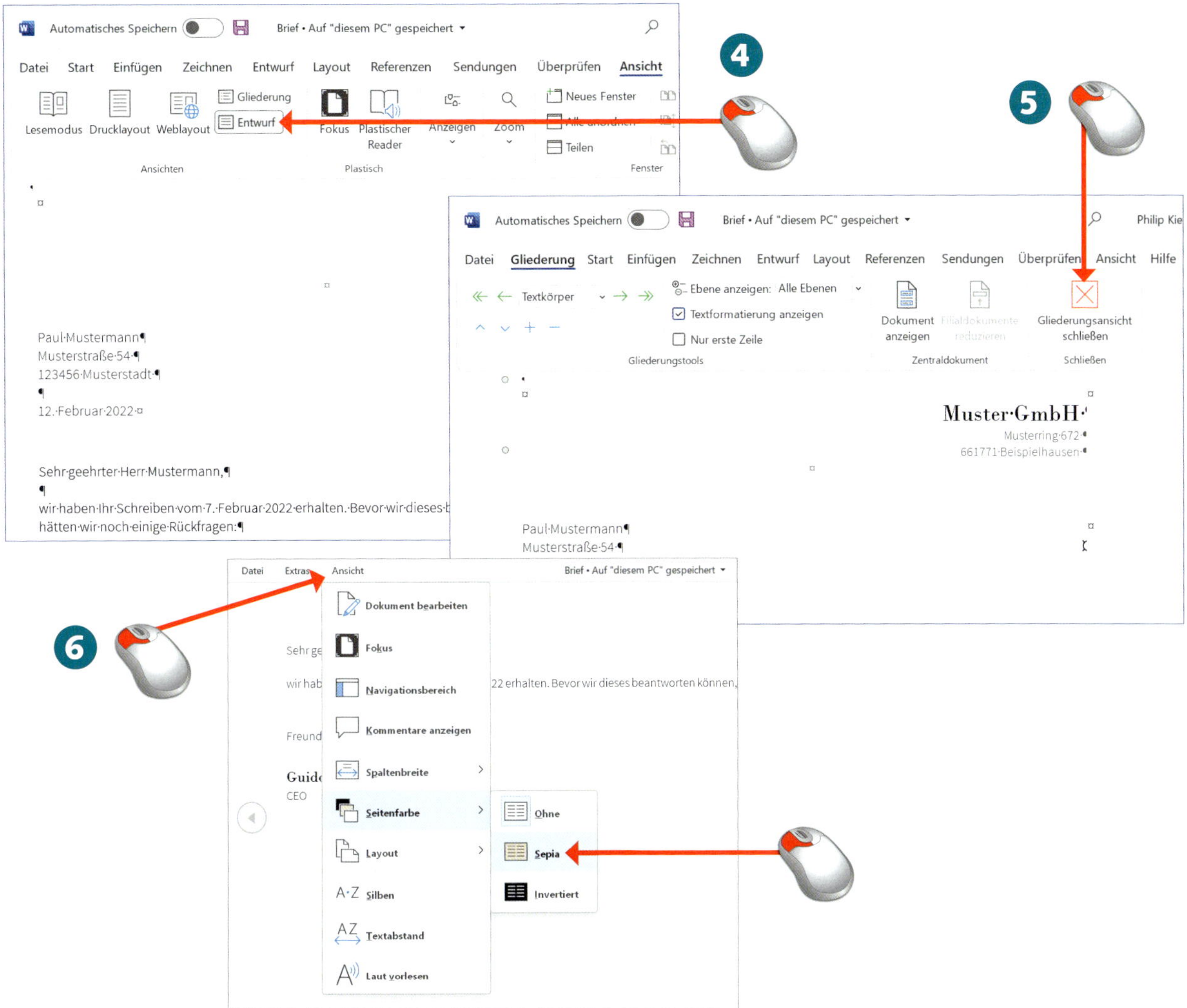

4 Verwenden Sie zur Texteingabe ggf. den Modus *Entwurf*, da Seitenwechsel nur als gestrichelte Linie erscheinen und die Layoutdarstellung weggelassen wird.

5 Die über eine Schaltfläche abrufbare Ansicht *Gliederung* zeigt Überschriften bzw. Gliederungselemente und wird über eine eigene Schaltfläche beendet.

6 Der *Lesemodus* eignet sich optimal zum Lesen am Bildschirm. Über die Registerkarte *Ansicht* passen Sie die Darstellung an.

Ende

TIPP

Ein Seitenumbruch lässt sich in Word durch Drücken der Tastenkombination Strg+↵ einfügen.

HINWEIS

In der Gruppe *Zoom* der Registerkarte *Ansicht* finden Sie Schaltflächen, um die Dokumentanzeige auf Seitenbreite oder eine bzw. mehrere Seiten umzustellen.

Start

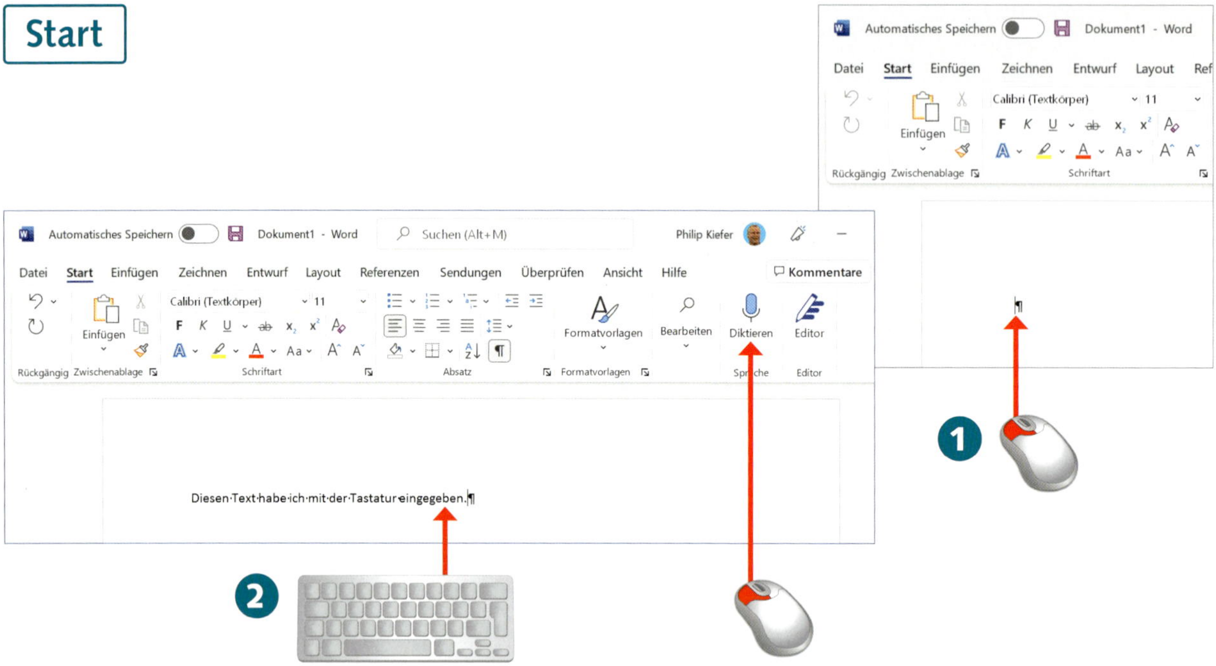

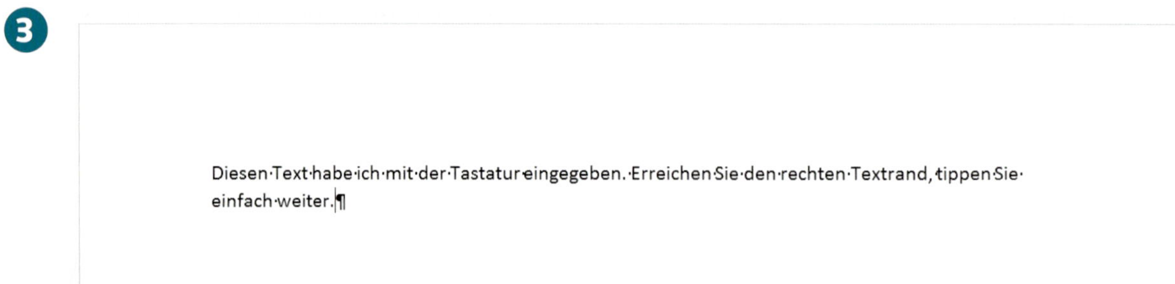

1. Um Text einzugeben, klicken Sie im Dokumentbereich auf die Absatzmarke oder in den ggf. bereits vorhandenen Text.
2. Tippen Sie den gewünschten Text über die Tastatur ein. Die als blinkender Strich dargestellte Einfügemarke wandert mit. Alternativ können Sie den Text per Mikrofon diktieren, wenn Sie auf der Registerkarte *Start* die Schaltfläche *Diktieren* wählen.
3. Erreichen Sie den rechten Textrand, tippen Sie einfach weiter. Word umbricht den Text automatisch und setzt den Satz in der nächsten Zeile fort.

WISSEN

Text wird im Word-Dokumentfenster in Absätzen, die durch einblendbare Absatzmarken (siehe Seite 48) angezeigt werden, eingegeben. Klicken Sie auf das Dokument, um die Einfügemarke zu positionieren. Hinweise zum Umgang mit Tastatur und Maus finden Sie ab Seite 42. Der Überschreiben-Modus ist in Word 2021 standardmäßig deaktiviert und wird daher im Buch nicht besprochen.

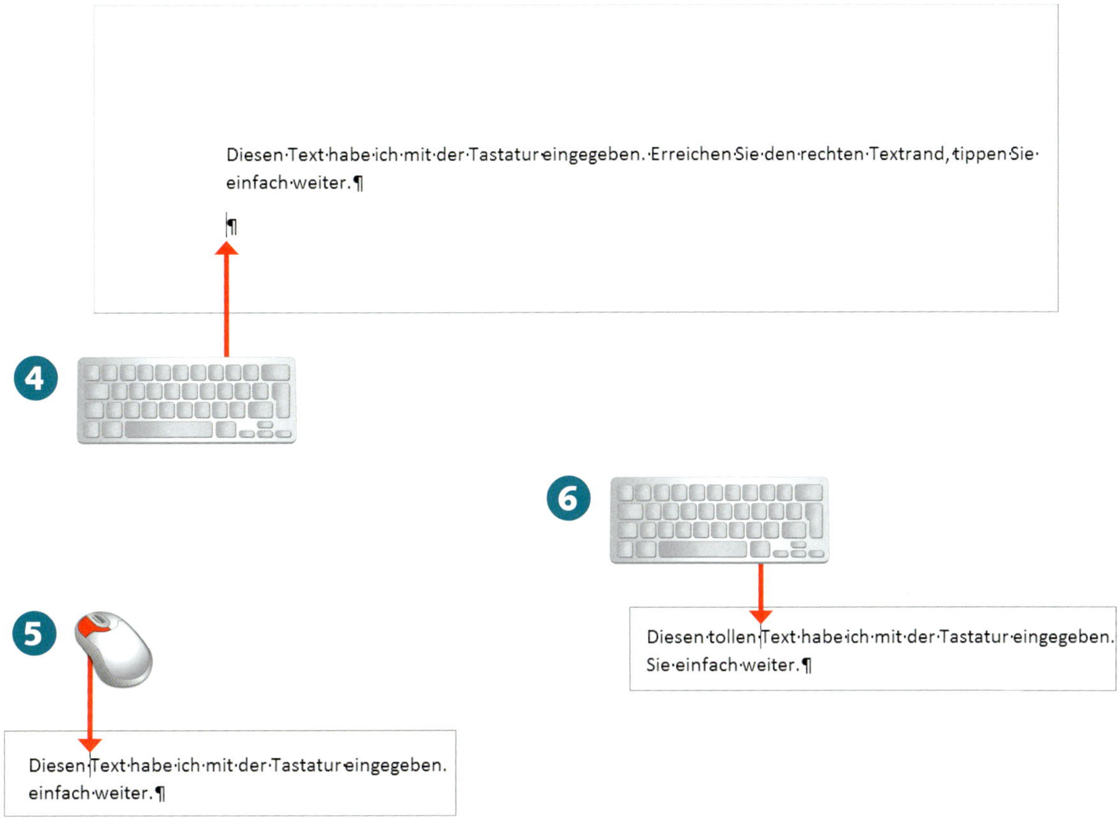

4. Nur wenn Sie eine als Absatz bezeichnete neue Zeile im Dokument benötigen, drücken Sie die [↵]-Taste, um den Absatzwechsel einzufügen.

5. Fehlt Text (etwa ein Buchstabe oder ein Wort), klicken Sie beispielsweise per Maus auf die betreffende Textstelle, um die Einfügemarke dort zu positionieren.

6. Tippen Sie den fehlenden Text über die Tastatur ein. Die Einfügemarke wandert nach rechts, und der fehlende Text wird eingefügt.

Ende

TIPP

Wie Sie das Eurozeichen oder andere Sonderzeichen eingeben, ist auf den Seiten 42 und 43 beschrieben.

HINWEIS

Solange sich der Mauszeiger über dem Dokumentbereich befindet, wird statt des Pfeils ein Textcursor (siehe Schritt 6) angezeigt.

Start

2

↑	eine Zeile nach oben
↓	eine Zeile nach unten
←	ein Zeichen nach links
→	ein Zeichen nach rechts
Strg + ←	ein Wort nach links
Strg + →	ein Wort nach rechts
Pos 1	an Zeilenanfang
Ende	an Zeilenende
Strg + Pos 1	an Textanfang
Strg + Ende	an Textende

1

3

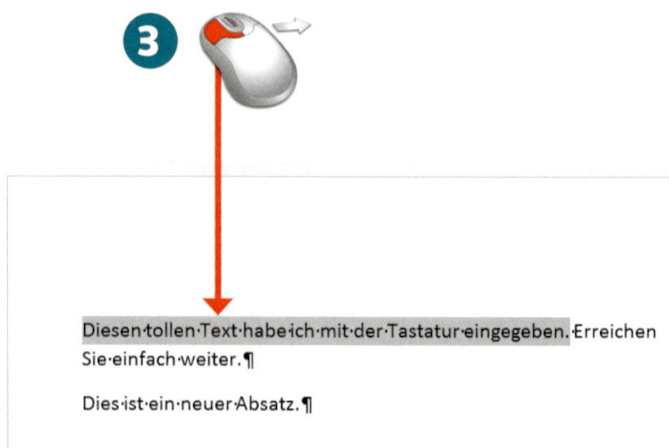

1. Zum Positionieren der Einfügemarke genügt ein Mausklick auf die betreffende Textstelle.
2. Mit den hier aufgeführten Cursortasten und Tastenkombinationen lässt sich die Einfügemarke im Text positionieren.
3. Zum Markieren klicken Sie auf den Textanfang, halten die linke Maustaste gedrückt und ziehen die Maus zum Ende des Bereichs. Markierte Texte werden grau hervorgehoben.

WISSEN

Beim Positionieren wird die Einfügemarke an die gewünschte Stelle im Text gebracht. Ein Markieren kennzeichnet den zu bearbeitenden Dokumentteil (Text) und hebt diesen auch optisch hervor.

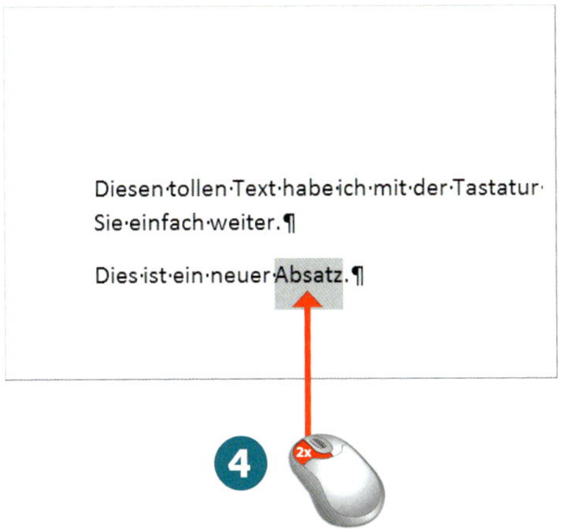

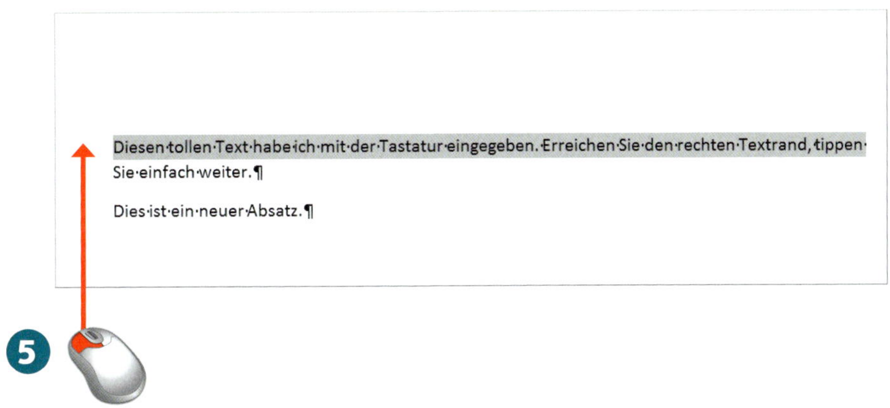

4 Ein Doppelklick auf ein Wort markiert dieses. Ein Dreifachklick markiert einen ganzen Satz.

5 Ein Mausklick vor eine Textzeile markiert diese. Durch vertikales Ziehen mit der linken Maustaste lassen sich dann mehrere Zeilen markieren.

6 Verwenden Sie die in Schritt 2 zum Positionieren der Einfügemarke aufgeführten Tasten bei gleichzeitig gedrückter [⇧]-Taste, wird der Text markiert.

Ende

TIPP

Mit der Tastenkombination [Strg]+[A] wird der gesamte Text markiert.

TIPP

Das zeichengenaue Markieren von Text ist per Tastatur einfacher als mit der Maus.

HINWEIS

Zum Aufheben der Markierung klicken Sie auf eine beliebige Stelle im Dokument oder drücken eine Cursortaste.

Start

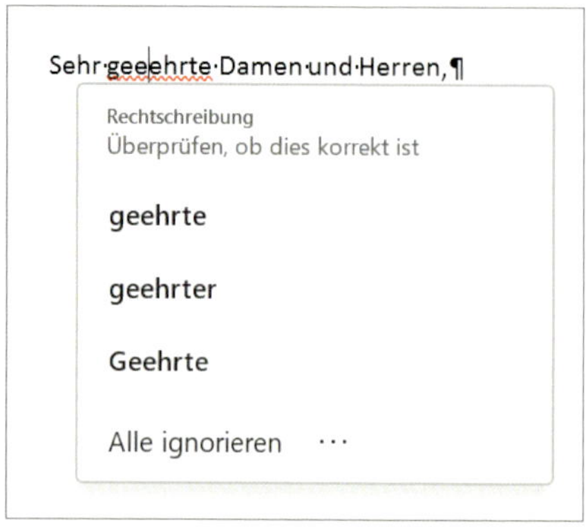

1. Enthält der Text einen Tippfehler, klicken Sie auf die betreffende Textstelle, um die Einfügemarke an die zu korrigierende Stelle zu setzen, ggf. werden Ihnen Korrekturvorschläge zur Auswahl angeboten.
2. Möchten Sie das Zeichen rechts von der Einfügemarke löschen, drücken Sie die [Entf]-Taste.
3. Drücken Sie die [⇦]-Taste, um das Zeichen links von der Einfügemarke zu löschen.

WISSEN

Bei der Texteingabe kommt es häufiger zu Fehlern. Tippfehler lassen sich nachträglich korrigieren. Was hier für Word beschrieben wird, lässt sich auch in anderen Anwendungen zur Korrektur verwenden.

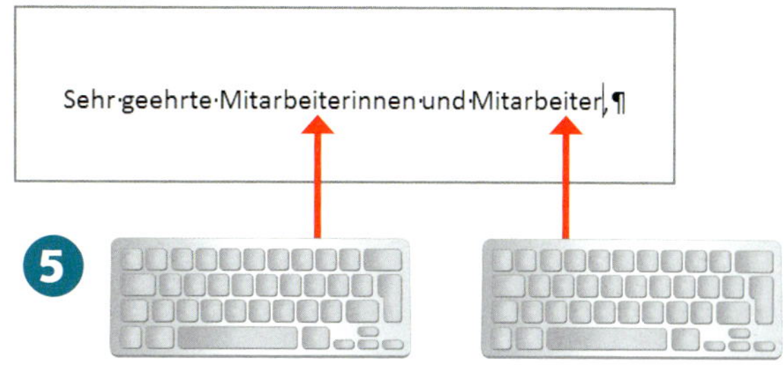

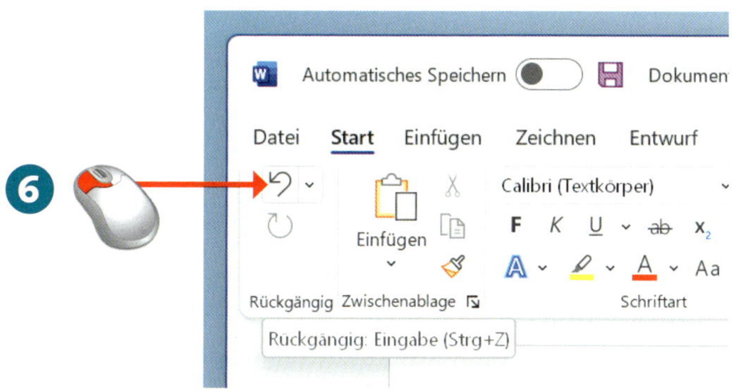

4 Möchten Sie umfangreiche Textbereiche überschreiben oder löschen, markieren Sie diese (siehe Seite 54).

5 Drücken Sie die Entf-Taste, um den markierten Text zu löschen. Stattdessen können Sie auch einfach mit dem Eintippen beginnen und so den markierten Text ersetzen.

6 Geht die Korrektur schief, nehmen Sie die Änderung über die Schaltfläche *Rückgängig* im Menüband unter *Start* zurück.

Ende

TIPP

Änderungen können Sie auch durch Drücken der Tastenkombination Strg+Z zurücknehmen.

HINWEIS

Das Menüband enthält neben der *Rückgängig*-Schaltfläche auch die Schaltfläche *Wiederherstellen* (Rückgängig zurücknehmen). Klicken Sie beim Symbol auf den zugehörigen Pfeil, um mehrere Aktionen gleichzeitig zurücknehmen zu können.

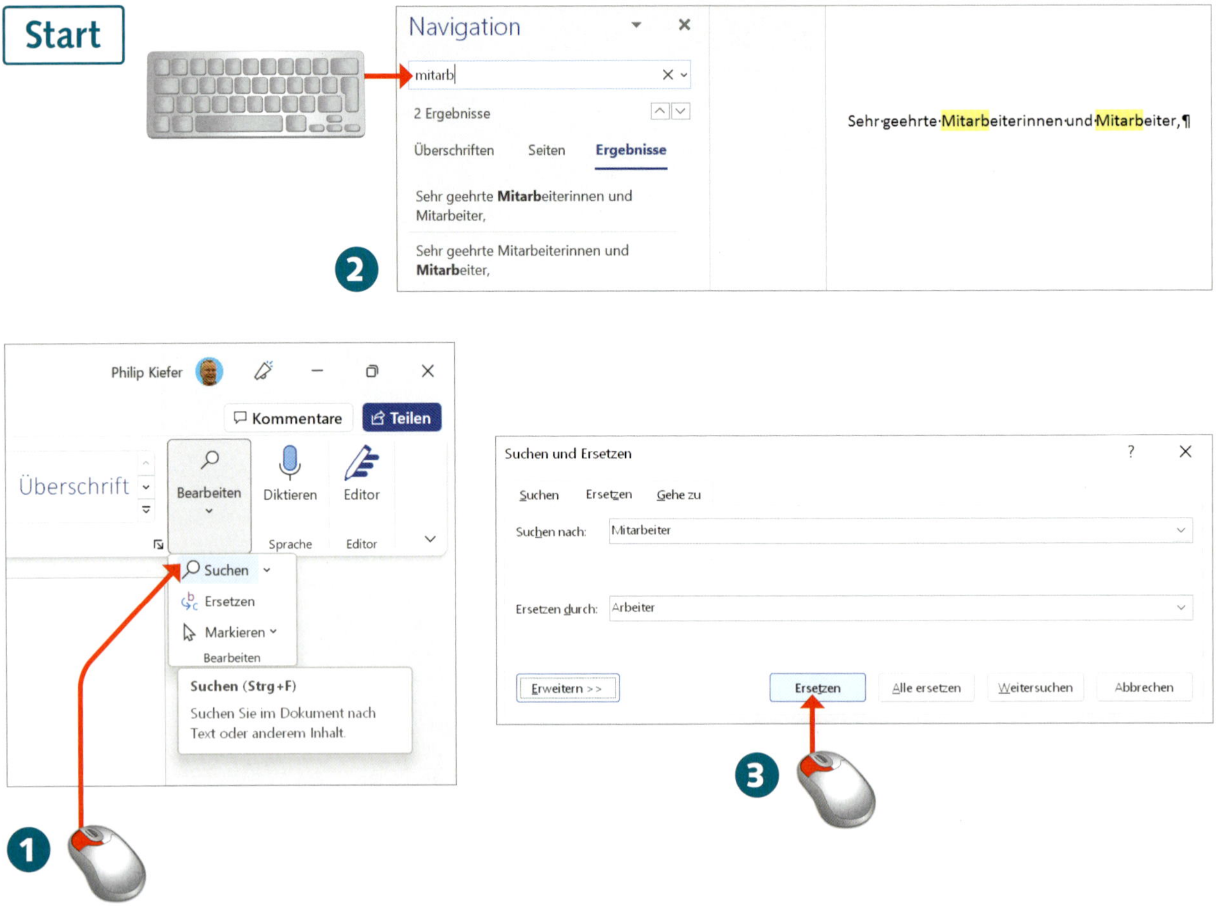

1. Für die Suche nach bestimmten Textstellen wählen Sie auf der Registerkarte *Start* des Menübands in der Gruppe *Bearbeiten* die Schaltfläche *Suchen* (und darin ggf. *Erweiterte Suche*) bzw. *Ersetzen*.
2. Zur Suche tippen Sie in der Navigationsleiste den Suchbegriff ein. Klicken Sie ggf. auf die Textstellen bzw. auf die Pfeilsymoble, um Übereinstimmungen im Text zu finden und hervorzuheben.
3. Möchten Sie Text ersetzen, geben Sie auf der Registerkarte *Ersetzen* des Dialogfelds den Such- sowie den Ersatztext ein. Klicken Sie auf *Weitersuchen*. Die *Ersetzen*-Schaltfläche tauscht Übereinstimmungen mit dem gesuchten Begriff durch den neuen Text aus.

WISSEN

Die Zwischenablage ist ein Speicherbereich in Windows, in dem sich Dokumentteile, Bilder, Dateinamen etc. zwischenspeichern und in Office-Anwendungen verwenden lassen. Der Inhalt der Zwischenablage geht beim Abschalten des Rechners verloren. Über die Schaltfläche *Erweitern* lassen sich die Suchoptionen im erweiterten Teil des *Suchen und Ersetzen*-Dialogfelds einsehen (Schritt 3).

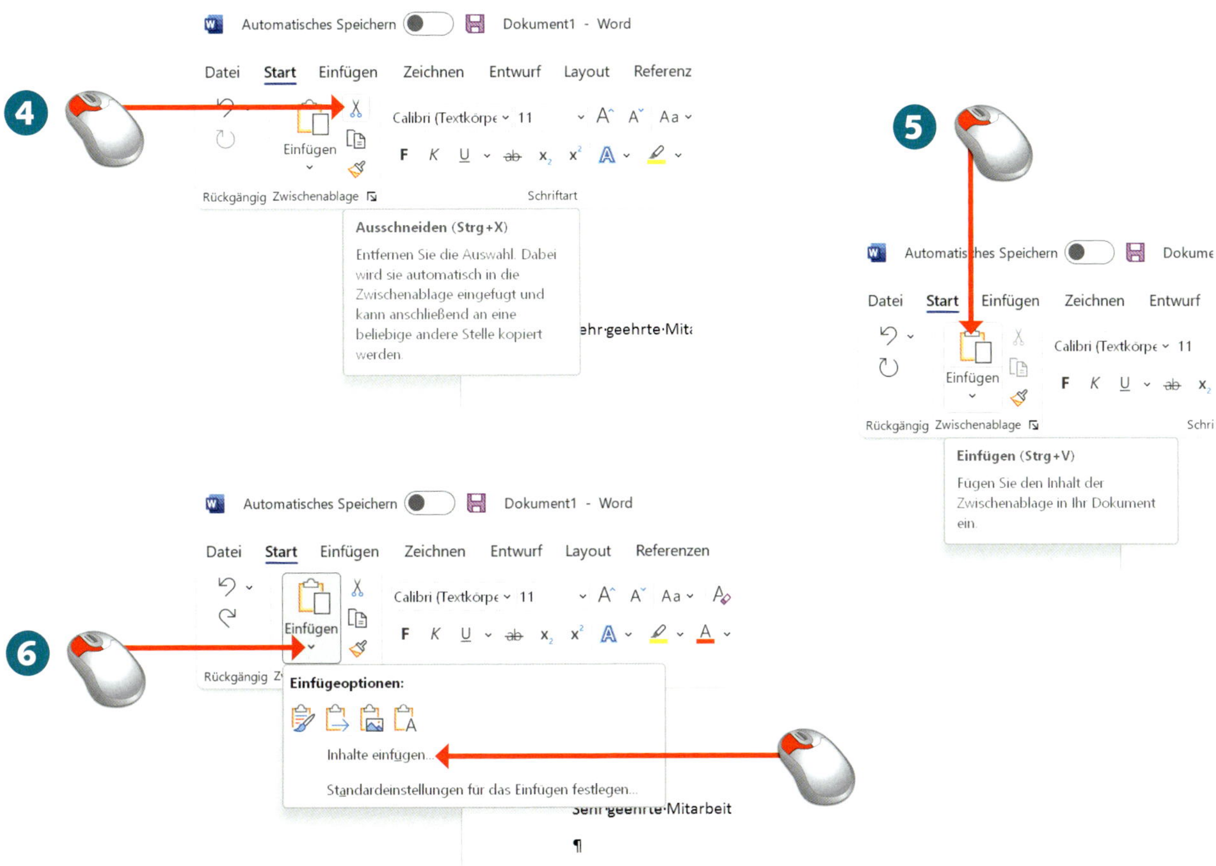

4 Markierte Dokumentausschnitte lassen sich über die Schaltflächen *Ausschneiden* bzw. *Kopieren* der Registerkarte *Start* in die Zwischenablage übertragen.

5 Positionieren Sie die Einfügemarke an einer neuen Textstelle, lässt sich der Inhalt der Zwischenablage über die Schaltfläche *Einfügen* dorthin kopieren bzw. verschieben.

6 Über das Drop-down-Menü der *Einfügen*-Schaltfläche lässt sich der Befehl *Inhalte einfügen* aufrufen. Dann können Sie im gleichnamigen Dialogfeld das Einfügeformat vorgeben.

Ende

HINWEIS

Tastenkombinationen:

- Strg+F Suchen
- Strg+H Ersetzen
- Strg+X Ausschneiden
- Strg+C Kopieren
- Strg+V Einfügen

HINWEIS

Mit dem Befehl *Suchen* wird die Navigationsleiste zur Suche eingeblendet. Um mit dem Dialogfeld zu arbeiten, wählen Sie in Schritt 1 den zum Eintrag *Suchen* gehörenden Pfeil und dann den Befehl *Erweiterte Suche*.

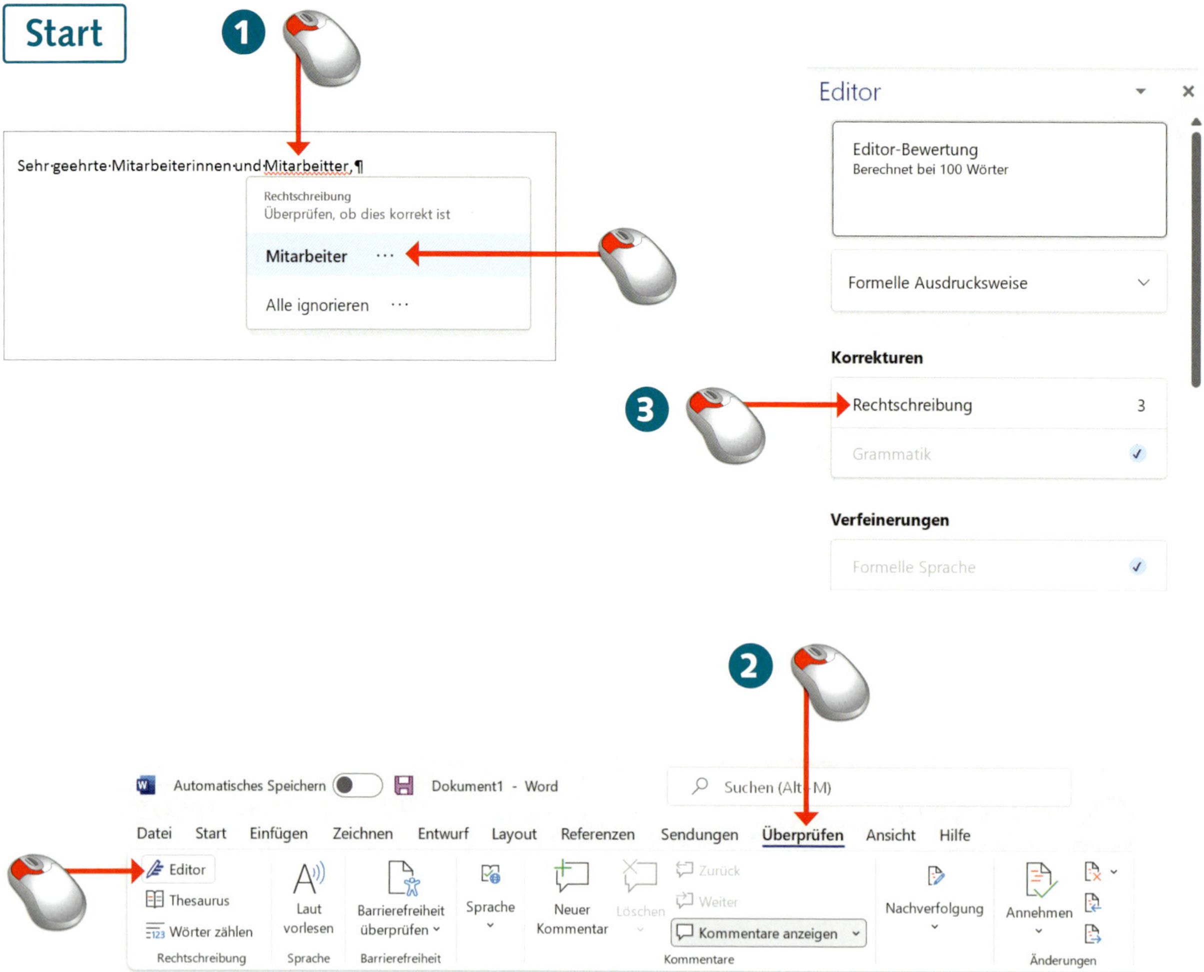

1. Klicken Sie auf ein mit einer geschlängelten Linie unterstrichenes Wort, lässt sich im Kontextmenü ein Korrekturvorschlag auswählen.
2. Um ein Dokument vollständig zu prüfen, wechseln Sie im Menüband zur Registerkarte *Überprüfen* und wählen die Schaltfläche *Editor*.
3. Die Editorleiste wird rechts neben dem Dokument eingeblendet. Klicken Sie in der Leiste auf *Rechtschreibung*.

WISSEN

Fehlerhaft geschriebene Wörter werden mit einer roten und Grammatikfehler mit einer blauen geschlängelten Linie markiert. Diese lassen sich (in allen Office-Anwendungen) über die Rechtschreib- und Grammatikprüfung korrigieren.

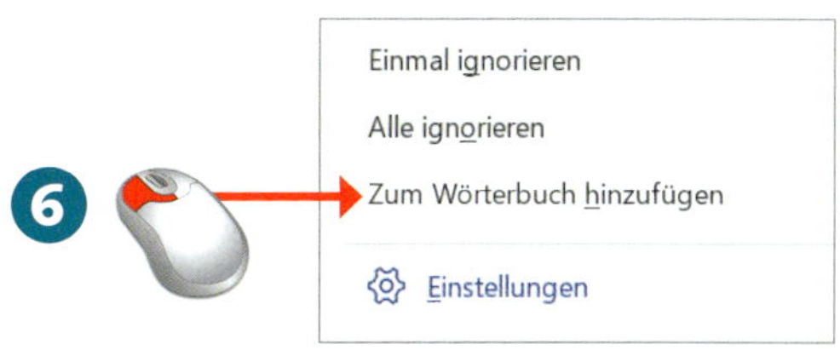

4 Wählen Sie einen der Vorschläge aus oder führen Sie die Korrektur im Textfeld manuell durch.

5 Ist das bemängelte Wort richtig geschrieben, wählen Sie die Schaltfläche *Einmal ignorieren* bzw. *Alle ignorieren*.

6 Über den Befehl *Zum Wörterbuch hinzufügen* wird die Schreibweise in das Benutzerwörterbuch übernommen und künftig nicht mehr als Fehler gemeldet.

Ende

TIPP

Um einen Fehler gleicher Art auf einmal zu korrigieren, klicken Sie bei einem Vorschlag auf den zugehörigen Pfeil und wählen *Alle ändern*.

HINWEIS

Irrtümlich durchgeführte Rechtschreibkorrekturen lassen sich über die *Rückgängig*-Schaltfläche im Menüband unter *Start* aufheben.

Start

1

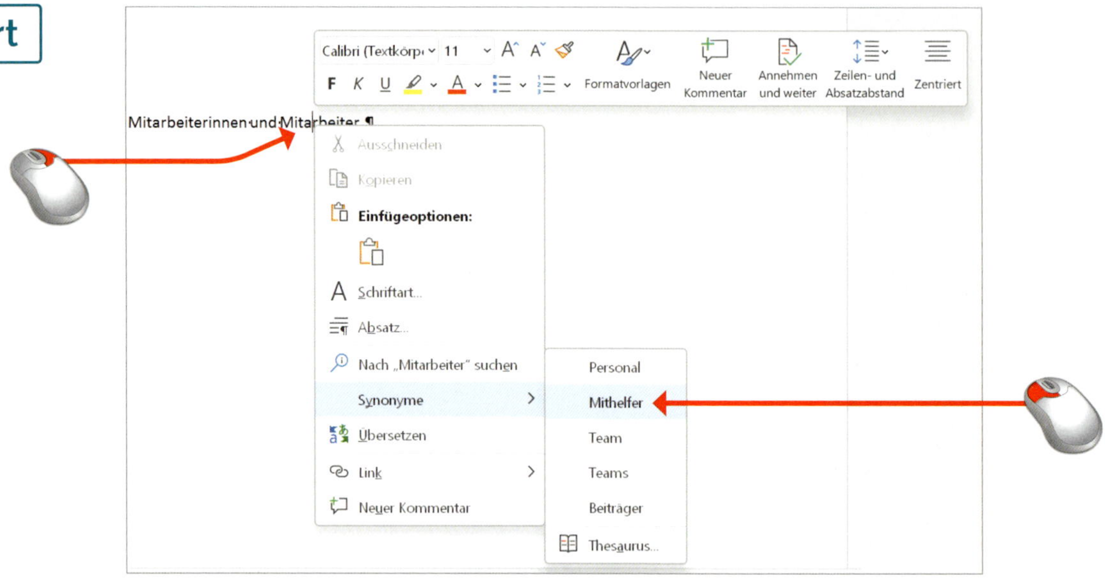

2

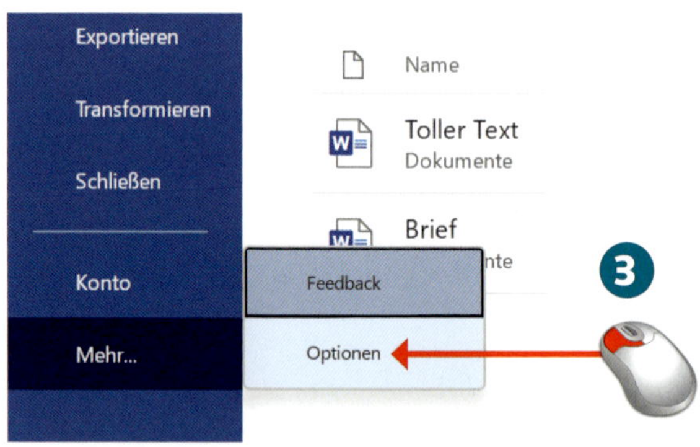

3

1. Benötigen Sie einen sinnverwandten Begriff für ein Wort, klicken Sie dieses mit der rechten Maustaste an, rufen den Kontextmenübefehl *Synonyme* auf und wählen einen Eintrag aus der Liste aus.
2. Tippen Sie die Wörter »dei«, »edr«, »enu« oder »Erflg« ein, werden diese durch die AutoKorrektur automatisch in die hier gezeigte Schreibweise korrigiert.
3. Um die Einstellungen für die Rechtschreibung und AutoKorrektur anzupassen, wählen Sie *Datei* und im Menü der Backstage-Ansicht den Befehl *Optionen*.

WISSEN

Bereits bei der Eingabe kann Word (oder die Office-Anwendung) fehlerhafte Eingaben korrigieren. Dies erfolgt durch die Funktionen *AutoKorrektur* und *AutoFormat*.

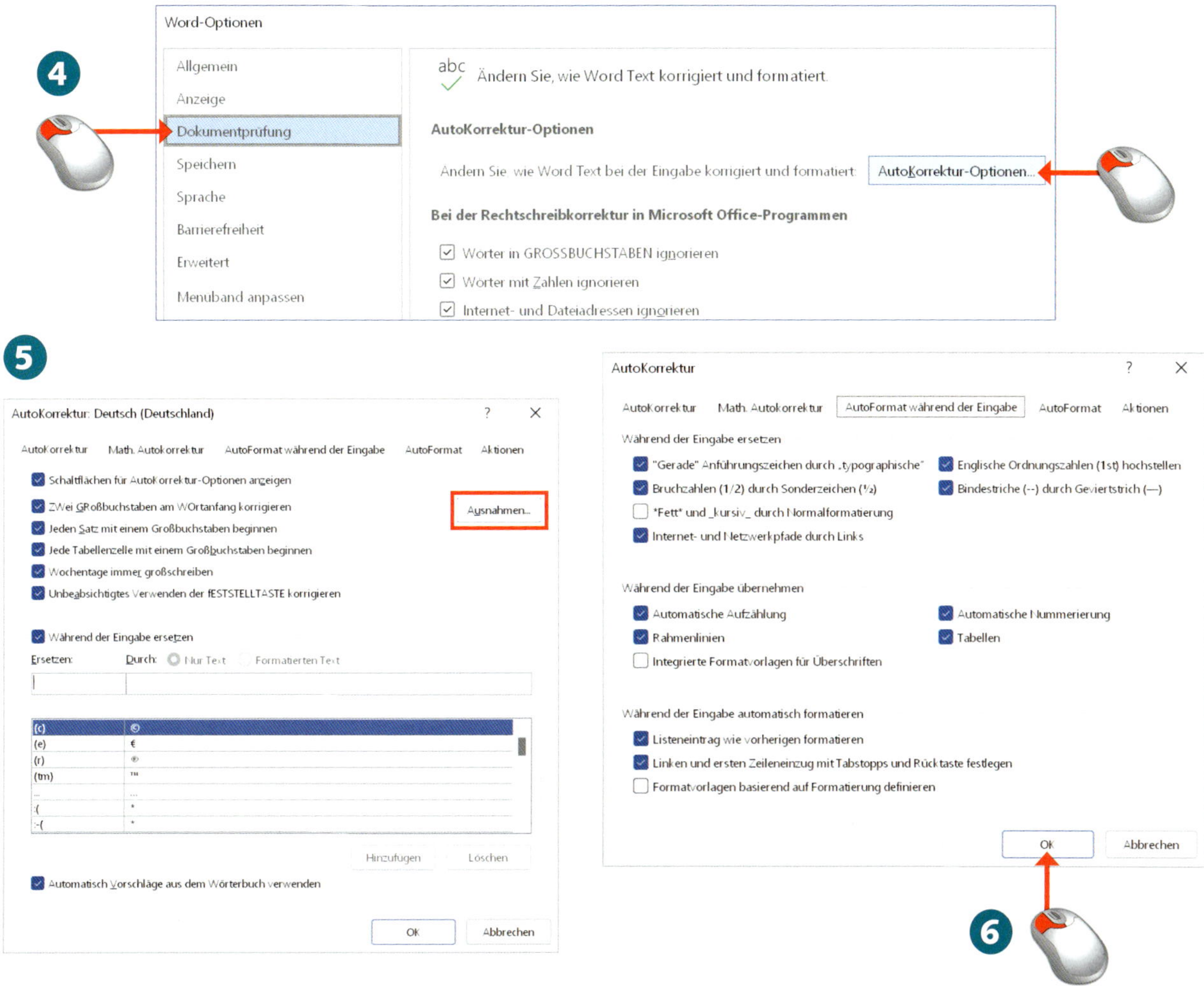

4 Wählen Sie in den *Word-Optionen* die Kategorie *Dokumentprüfung*, passen Sie ggf. die dortigen Einstellungen an und klicken Sie auf die Schaltfläche *AutoKorrektur-Optionen*.

5 Auf der Registerkarte *AutoKorrektur* lassen sich Korrekturoptionen und -begriffe über die gleichnamige Schaltfläche *Ausnahmen* festlegen.

6 Passen Sie auf den weiteren Registerkarten des Dialogfelds *AutoKorrektur* die AutoFormat-Optionen an und klicken Sie danach auf die *OK*-Schaltfläche.

Ende

TIPP

Verhindert die AutoKorrektur die richtige Eingabe einer Schreibweise, holt das sofortige Drücken der Tastenkombination [Strg]+[Z] die Texteingabe zurück.

HINWEIS

Auf der Registerkarte *AutoKorrektur* tragen Sie die zu korrigierenden Begriffe in eine Liste ein.

Start

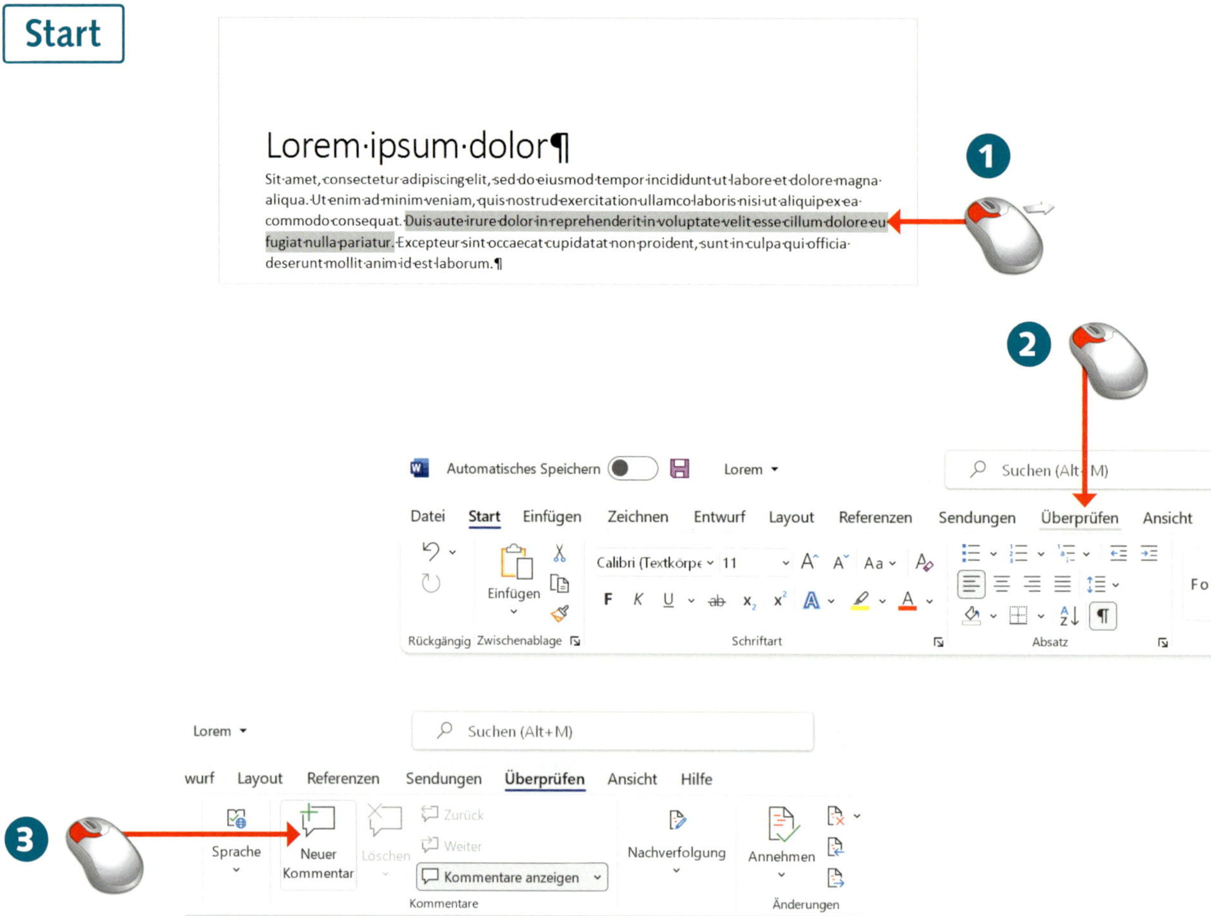

1. Markieren Sie im ersten Schritt das Wort bzw. die Passage in einem Dokument, das/die Sie mit einem Kommentar versehen möchten.
2. Wechseln Sie zur Registerkarte *Überprüfen*. Zum Einfügen eines Kommentars können Sie alternativ auch die Registerkarte *Einfügen* wählen.
3. Klicken Sie in der Gruppe *Kommentare* auf die Schaltfläche *Neuer Kommentar*.

WISSEN

Hat ein Word-Dokument mehrere Bearbeiter, sind Kommentare ein probates Mittel, um allen Informationen zu einzelnen Dokumentinhalten zukommen zu lassen. Natürlich können Sie Kommentare aber auch mit Hinweisen an sich selbst versehen. Haben Sie ein Dokument auf OneDrive gespeichert und für mehrere Personen freigegeben, kann die gemeinsame Bearbeitung auch in Echtzeit erfolgen.

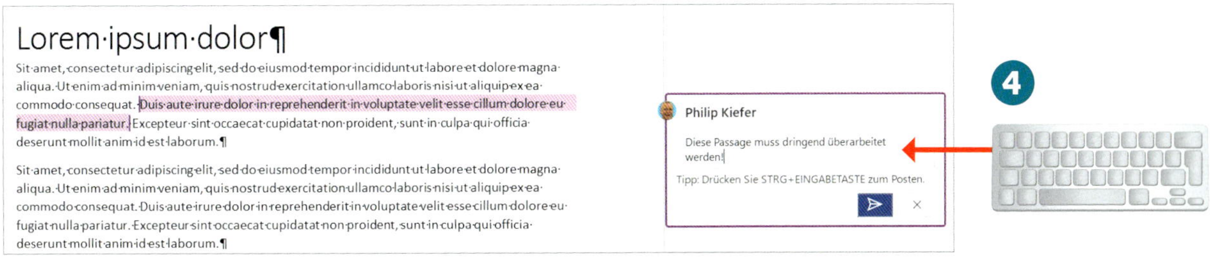

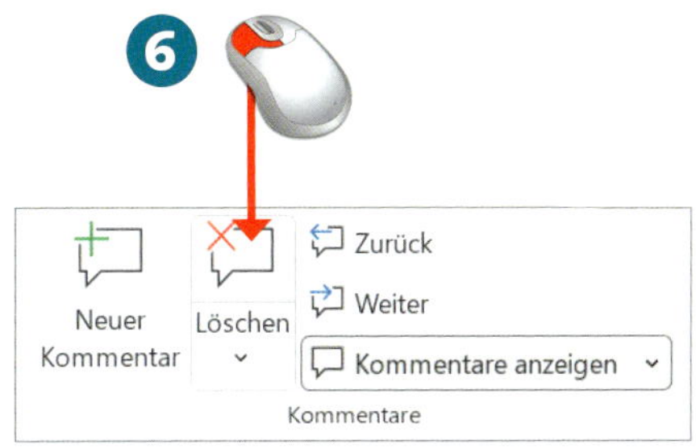

4. Tippen Sie Ihren Kommentartext in das eingeblendete Kommentarfeld ein. Die Größe des Kommentarfelds wird automatisch angepasst.
5. Um den Kommentar zu »posten«, klicken Sie auf das *Senden*-Symbol. Haben Sie ein Dokument für die gemeinsame Bearbeitung freigegeben, ist der Kommentar auch für die anderen Bearbeiter sichtbar.
6. Der Kommentar wird im Dokument gespeichert. Mithilfe der Schaltflächen in der Gruppe *Kommentare* auf der Registerkarte *Überprüfen* lassen sich Kommentare löschen oder zwischen mehreren Kommentaren im Dokument wechseln.

Ende

HINWEIS

Sie finden rechts oben in Word, Excel und PowerPoint die Schaltfläche *Kommentare*, um einen Kommentarbereich ein- und wieder auszublenden.

TIPP

Einen neuen Kommentar per Tastenkombination erstellen: Drücken Sie dazu die Tasten Alt+Strg+K.

Start

1

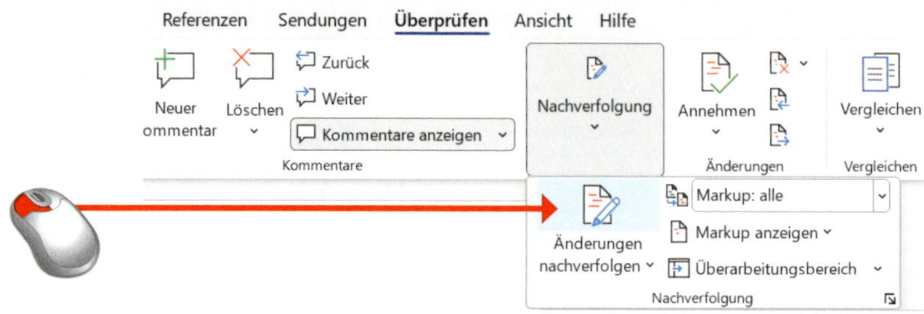

2

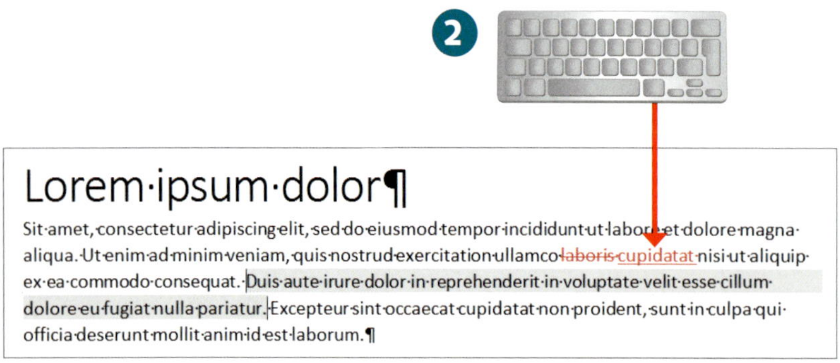

3

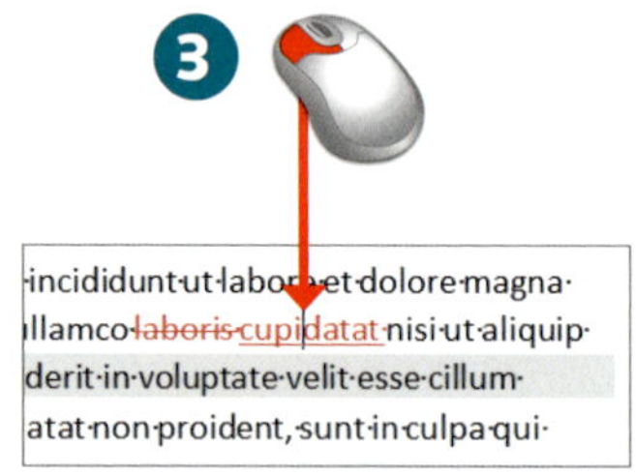

1. Um das Nachverfolgen von Änderungen in einem Dokument einzuschalten, klicken Sie auf der Registerkarte *Überprüfen* in der Gruppe *Nachverfolgung* auf den oberen Teil der Schaltfläche *Änderungen nachverfolgen*.
2. Führen Sie im Nachverfolgungsmodus Änderungen durch, werden diese farblich hervorgehoben. Gelöschte Passagen bleiben in durchgestrichener Form sichtbar.
3. Möchten Sie eine einzelne Änderung annehmen oder ablehnen, setzen Sie per Mausklick die Eingabemarke hinein.

WISSEN

Änderungen in einem zu bearbeitenden Dokument lassen sich auf Wunsch nachverfolgen. Sie können dann später entscheiden, welche der Änderungen Sie annehmen wollen und welche nicht. Wie das funktioniert, lesen Sie auf dieser Doppelseite.
Zum Aktivieren und Deaktivieren des Nachverfolgungsmodus können Sie auch die Tastenkombination Strg+⇧+E verwenden.

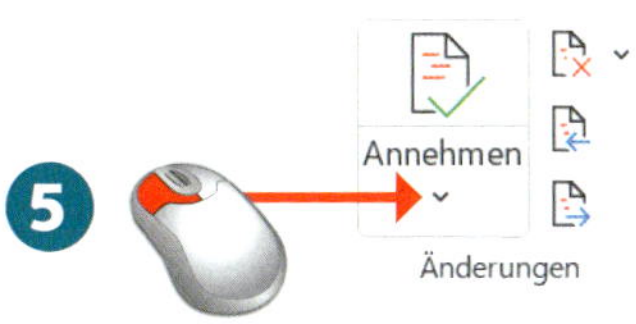

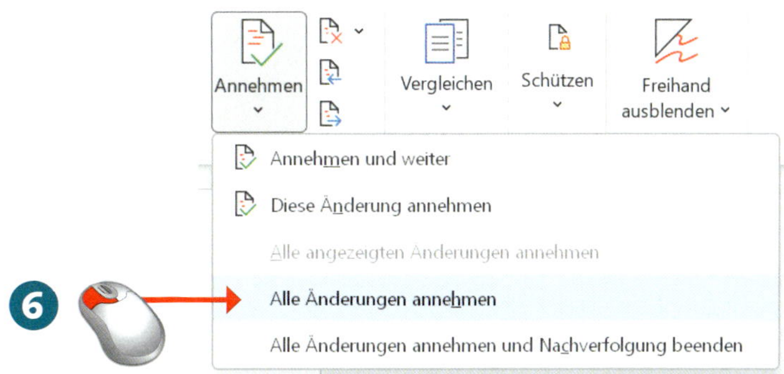

4 Zum Annehmen klicken Sie in der Gruppe *Änderungen* der Registerkarte *Überprüfen* auf den oberen Teil der Schaltfläche *Annehmen*, zum Ablehnen entsprechend auf die Schaltfläche *Ablehnen*.

5 Sollen sämtliche Änderungen im Dokument angenommen oder abgelehnt werden? Dann wählen Sie das Menü der Schaltfläche *Annehmen* bzw. *Ablehnen*.

6 Entscheiden Sie sich im Menü für die entsprechende Option, also beispielsweise *Alle Änderungen annehmen*.

Ende

TIPP

Sie können die Nachverfolgung von Änderungen auf Ihre eigenen begrenzen. Wählen Sie dazu in Schritt 1 den unteren Teil der *Schaltfläche Änderungen nachverfolgen* und entscheiden sich für *Nur meine*.

HINWEIS

Das Annehmen oder Ablehnen von Änderungen kann per Kontextmenü erfolgen, wenn Sie eine Änderung im Dokument mit der rechten Maustaste anklicken.

Start

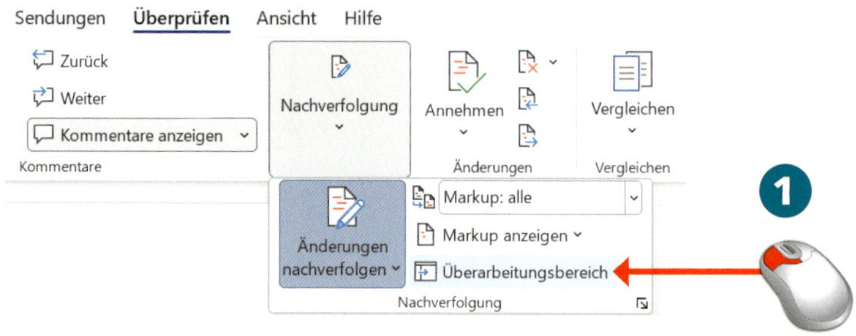

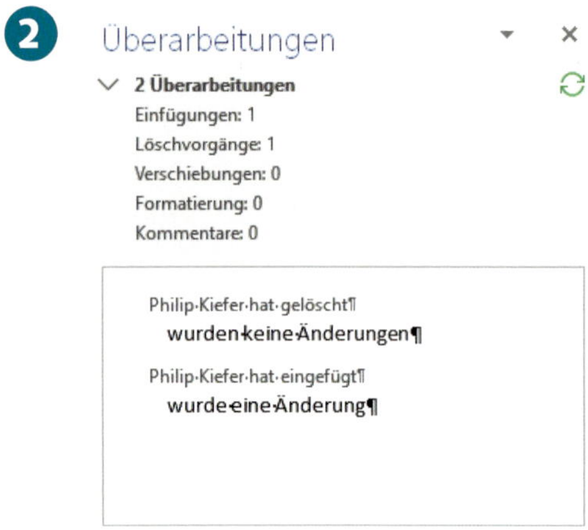

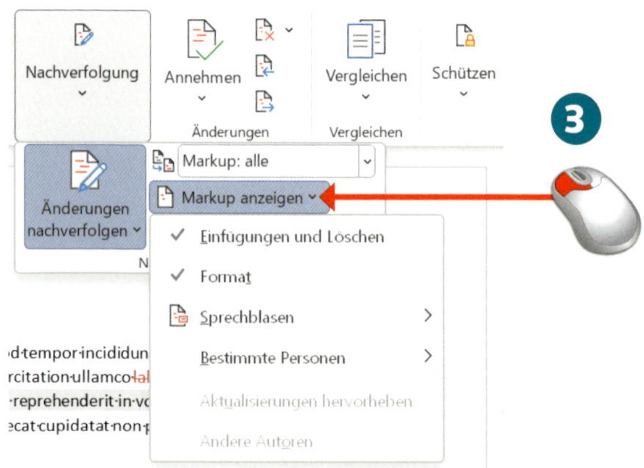

1. Zum Einblenden des Überarbeitungsbereichs wählen Sie auf der Registerkarte *Überprüfen* in der Gruppe *Nachverfolgung* die Schaltfläche *Überarbeitungsbereich*.
2. Der Überarbeitungsbereich wird links neben dem Dokument eingeblendet und informiert über die nachverfolgten Änderungen sowie eingefügten Kommentare.
3. Welche Informationen im Überarbeitungsbereich dargestellt werden sollen, bestimmen Sie in der Gruppe *Nachverfolgung* im Menü *Markup anzeigen*.

WISSEN

Steht eine umfangreiche Überarbeitung eines Dokuments an, bietet der Überarbeitungsbereich die ultimative Übersicht über die durchgeführten Änderungen. Auch Kommentare werden im Überarbeitungsbereich standardmäßig angezeigt.

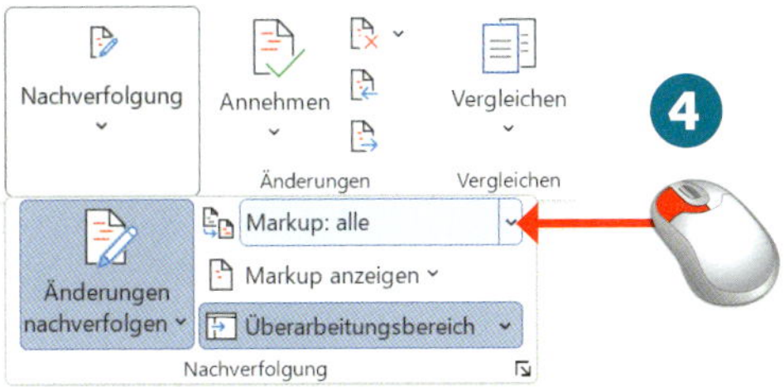

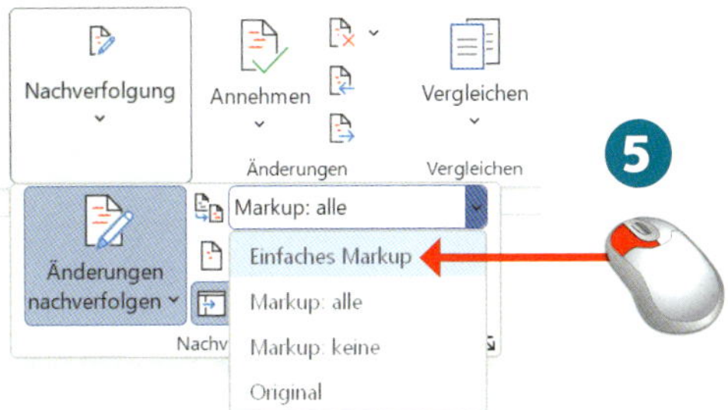

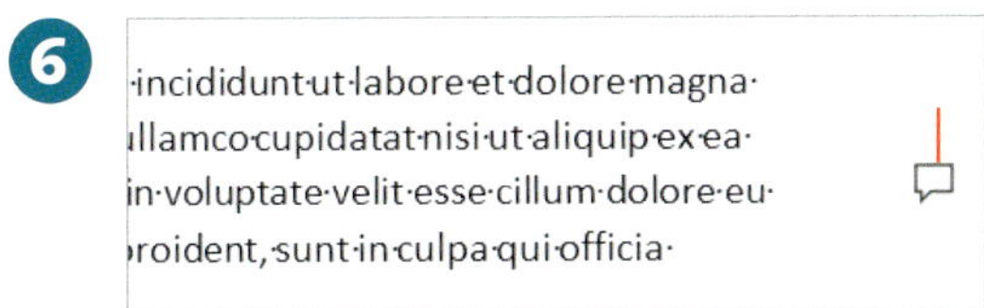

4 Auch die Markierungen im Dokument selbst lassen sich anpassen. Dazu wählen Sie in der Gruppe *Nachverfolgung* das Menü, in dem standardmäßig *Markup: alle* steht.

5 Wählen Sie im Menü z. B. die Option *Einfaches Markup*, um auch bei vielen Änderungen für ein übersichtliches Dokument zu sorgen.

6 Die Option *Einfaches Markup* bewirkt, dass nachverfolgte Änderungen nicht mehr im Text selbst dargestellt werden, sondern als Markierung am Dokumentrand.

Ende

TIPP

Sie können den Überarbeitungsbereich auch in einer anderen Position einblenden. Treffen Sie Ihre Auswahl unter dem zur Schaltfläche *Überarbeitungsbereich* gehörenden Pfeil.

FACHWORT

Markup ist das englische Wort für »Textauszeichnung«. Mit diesem Begriff werden in Word die hervorgehobenen Änderungen bezeichnet.

Start

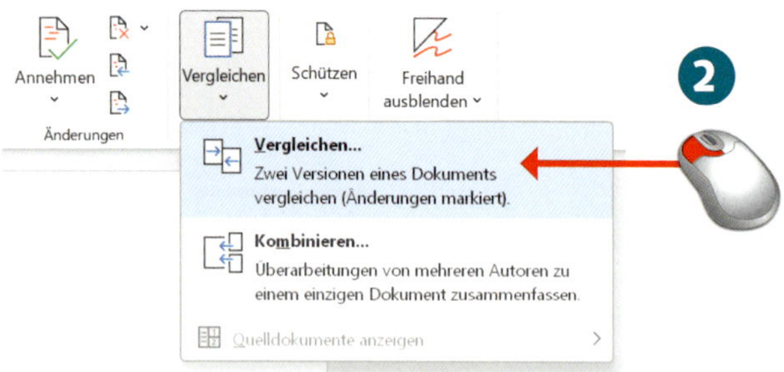

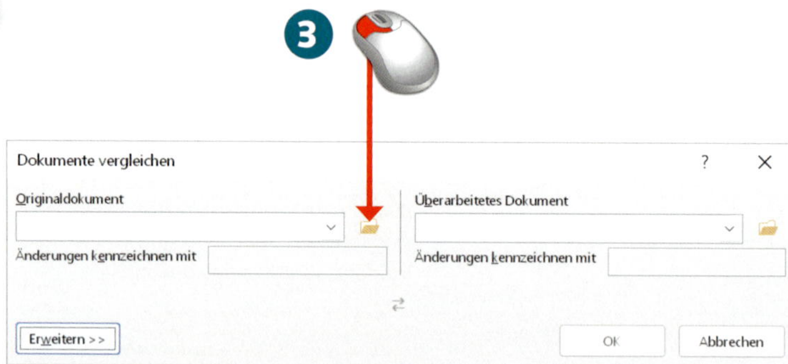

1. Öffnen Sie ein beliebiges Word-Dokument und wählen Sie im Menüband den Reiter *Überprüfen*.
2. Entscheiden Sie sich in der Gruppe *Vergleichen* für die gleichlautende Option.
3. Klicken Sie jeweils auf das gelbe Ordnersymbol, um die beiden zu vergleichenden Dokumente auszuwählen.

WISSEN

Angenommen, ein Dokument wurde bearbeitet, aber die Änderungen wurden nicht nachverfolgt. Lässt sich dennoch auf einfache Weise prüfen, welche Änderungen durchgeführt wurden? Ja, und zwar mithilfe der Vergleichsfunktion, die Sie auf dieser Doppelseite kennenlernen.

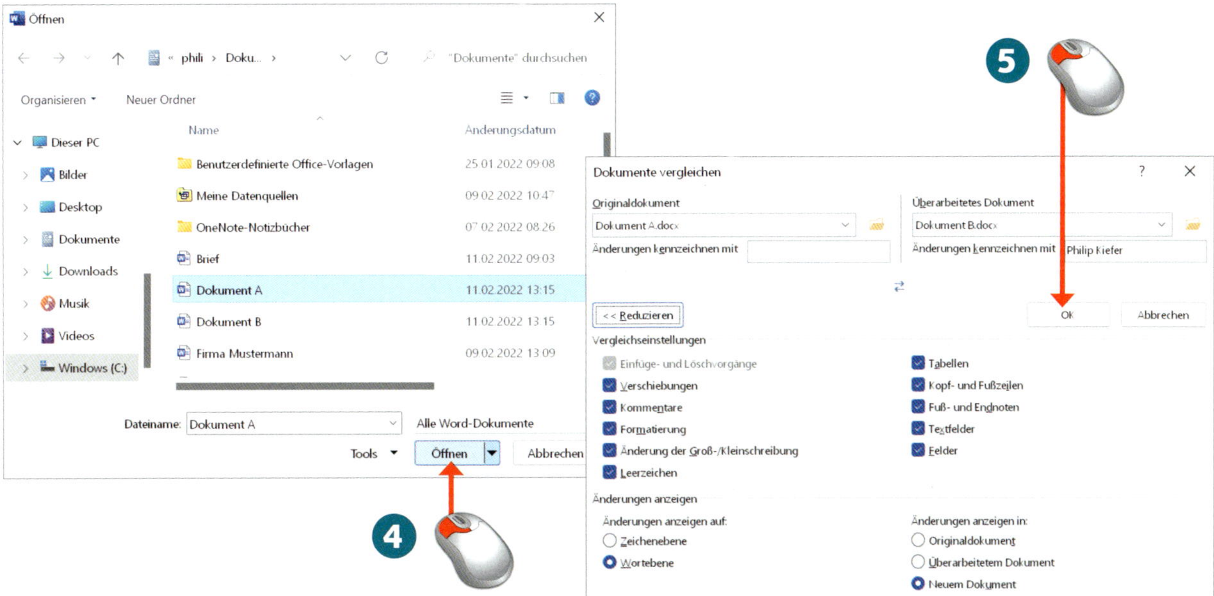

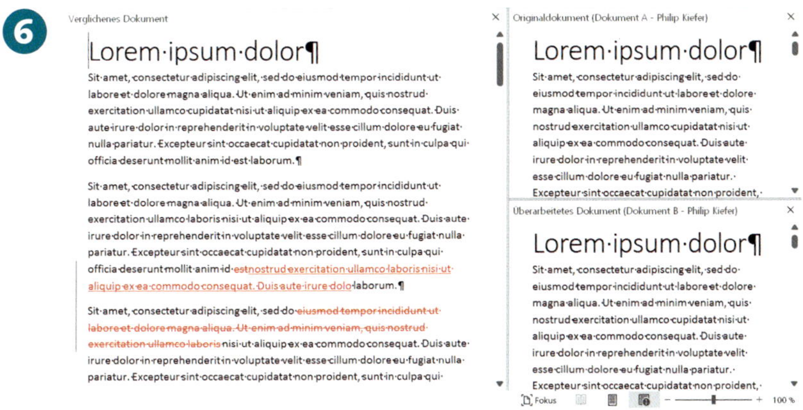

4 Um ein Dokument auszuwählen, markieren Sie dieses im Dialogfeld *Öffnen* und bestätigen die Auswahl mit der Schaltfläche *Öffnen*.

5 Unter der Schaltfläche *Erweitern* (Fenster aus Schritt 3) können Sie die Vergleichsdetails anpassen. Bestätigen Sie mit *OK*, um den Vergleich zu starten.

6 Im Vergleichsdokument werden die Änderungen wie im Modus *Änderungen nachverfolgen* dargestellt und können von Ihnen überprüft werden.

Ende

TIPP

Möchten Sie mehrere Word-Dokumente zu einem einzigen zusammenfassen? Dies erfolgt auf der Registerkarte *Überprüfen* in der Gruppe *Vergleichen* unter *Kombinieren*.

HINWEIS

Das Annehmen oder Ablehnen von Änderungen im Vergleichsmodus entspricht der Vorgehensweise im Modus *Änderungen nachverfolgen*.

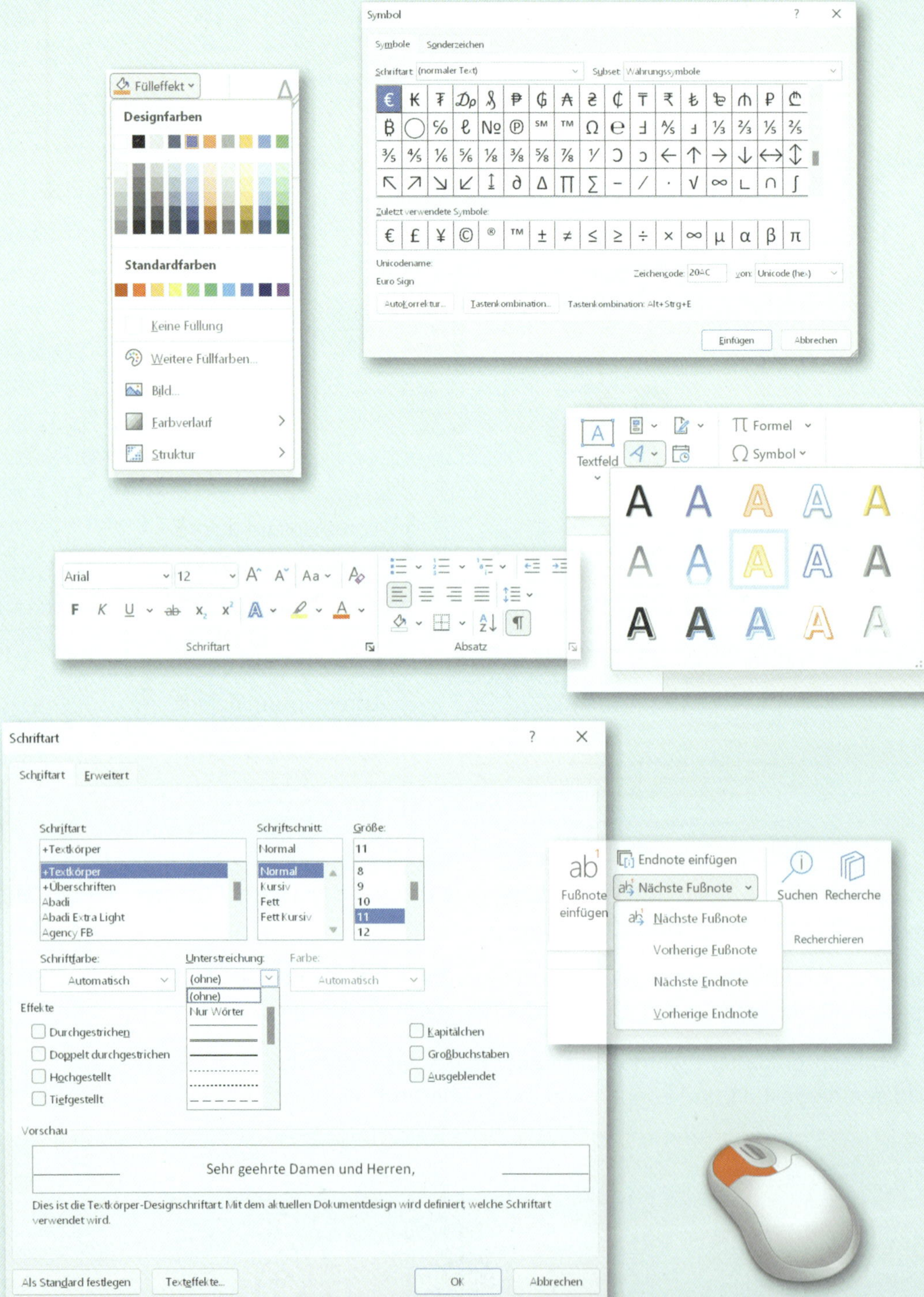
Symbol
Symbole
Sonderzeichen
Schriftart: (normaler Text)
Subset: Währungssymbole
Zuletzt verwendete Symbole:
Unicodename:
Euro Sign
Zeichencode: 20AC
von: Unicode (hex)
AutoKorrektur...
Tastenkombination...
Tastenkombination: Alt+Strg+E
Einfügen
Abbrechen
Fülleffekt
Designfarben
Standardfarben
Keine Füllung
Weitere Füllfarben...
Bild...
Farbverlauf
Struktur
Textfeld
Formel
Symbol
Arial
12
Schriftart
Absatz
Schriftart
Schriftart
Erweitert
Schriftart:
Schriftschnitt:
Größe:
+Textkörper
+Überschriften
Abadi
Abadi Extra Light
Agency FB
Normal
Kursiv
Fett
Fett Kursiv
Schriftfarbe:
Automatisch
Unterstreichung:
(ohne)
Nur Wörter
Farbe:
Effekte
Durchgestrichen
Doppelt durchgestrichen
Hochgestellt
Tiefgestellt
Kapitälchen
Großbuchstaben
Ausgeblendet
Vorschau
Sehr geehrte Damen und Herren,
Dies ist die Textkörper-Designschriftart. Mit dem aktuellen Dokumentdesign wird definiert, welche Schriftart verwendet wird.
Als Standard festlegen
Texteffekte...
OK
Abbrechen
Fußnote einfügen
Endnote einfügen
Nächste Fußnote
Vorherige Fußnote
Nächste Endnote
Vorherige Endnote
Suchen
Recherche
Recherchieren

3

Texte mit Word gestalten

Sie wissen nun, wie Sie Texte in Word eingeben und bei Bedarf korrigieren. In diesem Kapitel erlernen Sie nun, wie Sie Ihre Texte in ansprechende Dokumente verwandeln. Formatieren Sie Ihre Texte auf unterschiedliche Weise, erstellen Sie übersichtliche Aufzählungen und fügen Sie Tabellen sowie Grafiken unterschiedlicher Art in Ihre Dokumente ein.

Auch für wissenschaftliche Texte ist Word perfekt geeeignet. Versehen Sie Ihre Dokumente etwa mit Kopf- und Fußzeilen, Formeln, Fußnoten sowie einem automatisch generierten Inhalts- und Stichwortverzeichnis. Auf den nächsten Seiten erfahren Sie, wie das alles gemacht wird.

Start

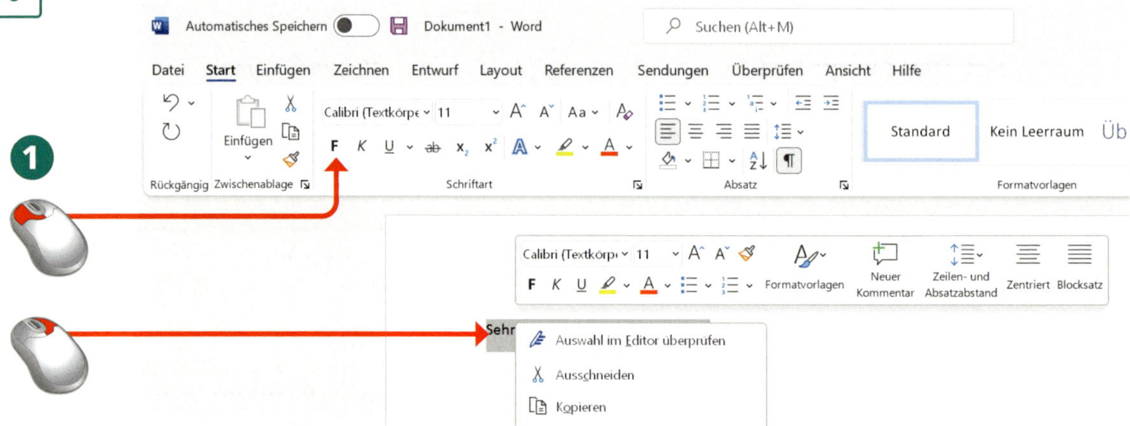

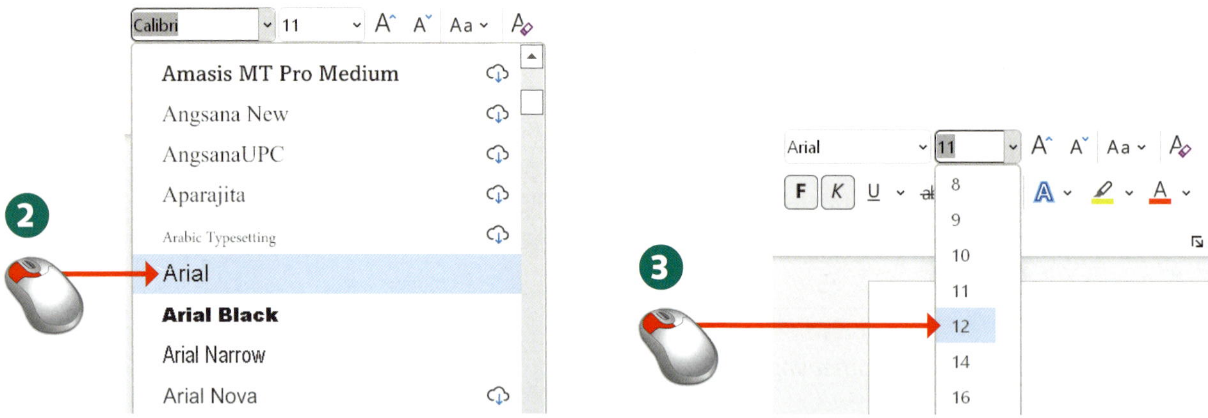

1 Einen markierten Text formatieren Sie über die Elemente der Registerkarte *Start* oder die (per Rechtsklick bzw. beim Markieren eingeblendete) Formatleiste.

2 Die Schaltflächen *F* und *K* (Schritt 1) erzeugen z. B. Fett- oder Kursivschrift. Über das Listenfeld *Schriftart* weisen Sie einem markierten Text eine Schriftart aus der Palette zu.

3 Die Schriftgröße für markierten Text legen Sie über die Werte des Kombinationsfelds *Schriftgrad* fest (eintippen oder aus der Liste auswählen).

WISSEN

Als Formatieren wird das Auszeichnen (Gestalten) von Text mit Fett-, Kursivschrift, Farbe, Schriftgröße und -art, Zeilen- und Absatzabstand etc. bezeichnet. Zeichenformate beziehen sich auf einzelne Zeichen (Fett, Kursiv etc.), Absatzformate gelten für einen Absatz (z. B. Einzug, Nummerierung). Die Tastenkombination Strg+Leer oder die Schaltfläche (*Alle Formatierungen löschen*) auf der Registerkarte *Start* setzt die Formatierung des markierten Textbereichs auf das Standardformat zurück.

4
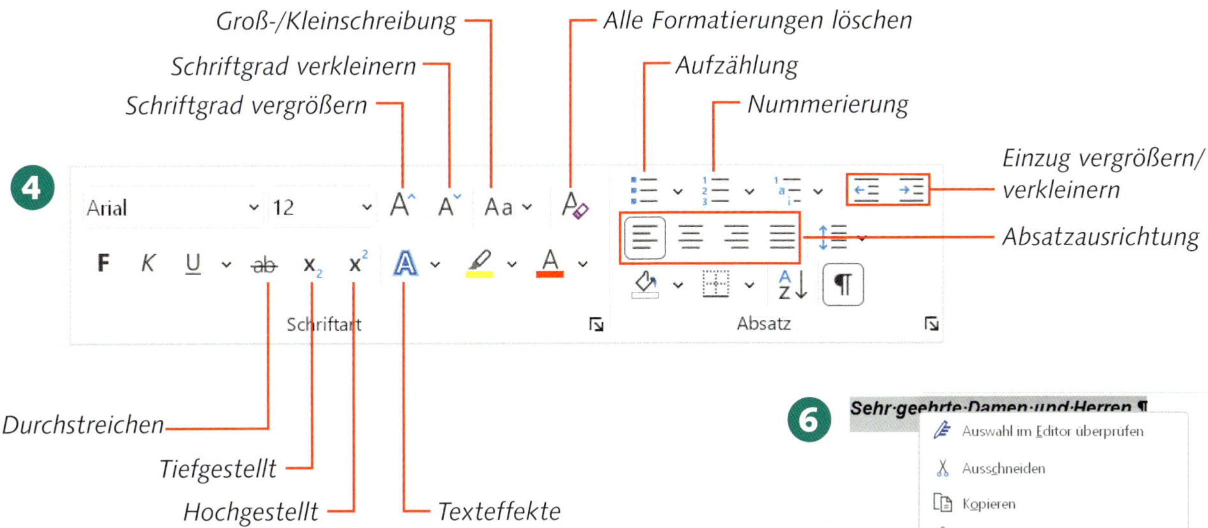

6
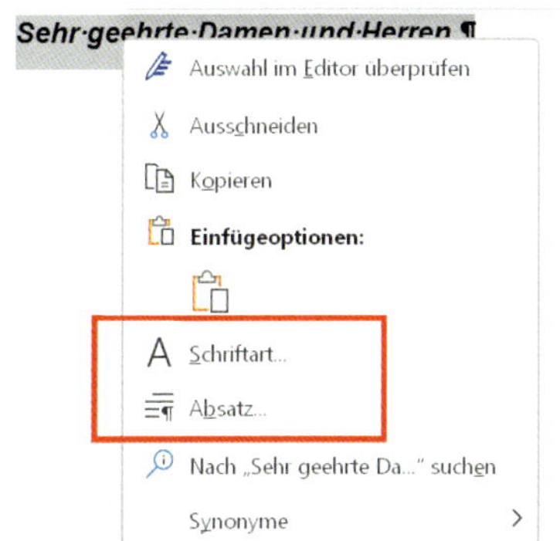

5
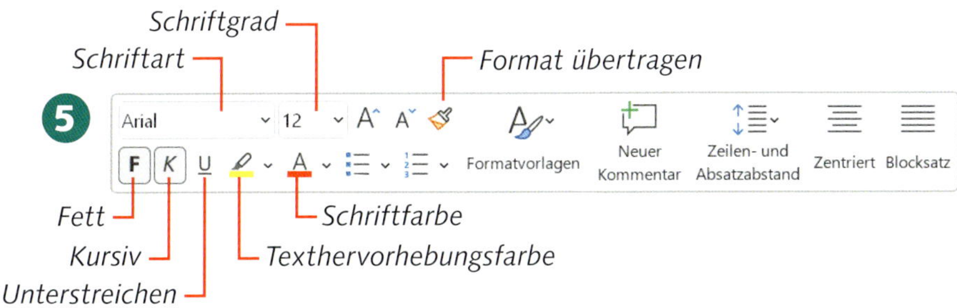

4 In der Gruppe *Schriftart* der Registerkarte *Start* erhalten Sie noch weitere Optionen für die Zeichenformatierung. In der Gruppe *Absatz* der Registerkarte weisen Sie Absatzformate (links-/rechtsbündig, zentriert, Blocksatz, Aufzählung etc.) über Schaltflächen zu.

5 In der durch Markieren oder per Rechtsklick eingeblendeten Formatleiste ist die Darstellung etwas anders, das Prinzip der Zeichen- und Absatzformatierung aber das gleiche.

6 Klicken Sie einen Text mit der rechten Maustaste an, lassen sich u. a. über die Kontextmenübefehle *Schriftart* und *Absatz* entsprechende Dialogfelder aufrufen.

TIPP

Strg+⇧+F	Fett
Strg+⇧+K	Kursiv
Strg+⇧+U	Unterstrichen
Strg+⇧+D	Doppelt unterstrichen
Strg++	Hochstellen
Strg+#	Tiefstellen

TIPP

Tasten zur Absatzausrichtung:

Strg+L	Linksbündig
Strg+R	Rechtsbündig
Strg+E	Zentriert
Strg+B	Blocksatz

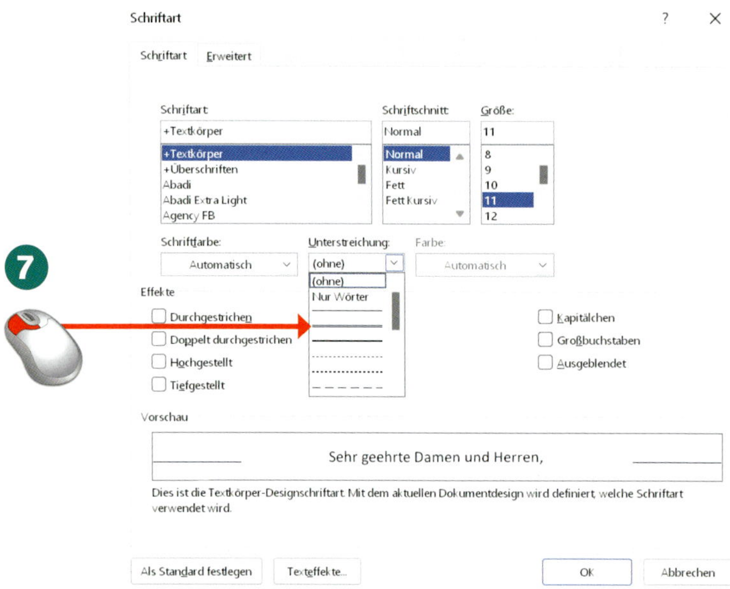

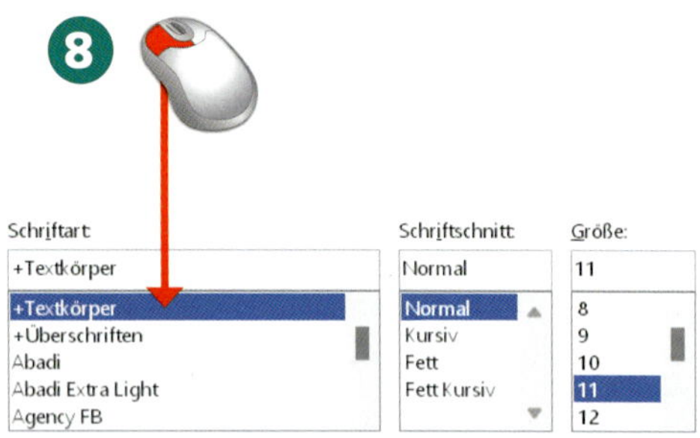

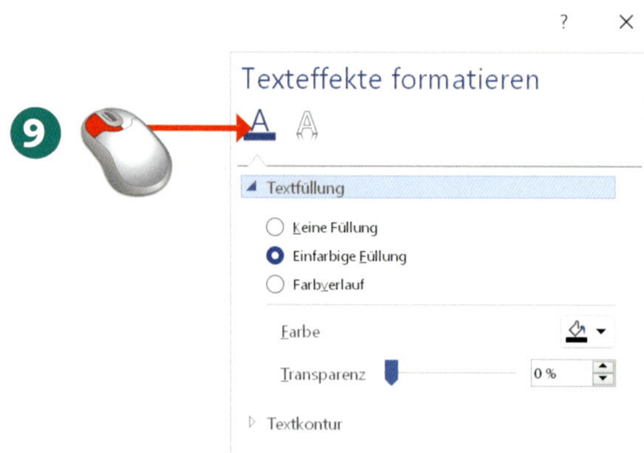

7 Auf der Registerkarte *Schriftart* des gleichnamigen Dialogfelds legen Sie über Listenfelder die Schriftfarbe fest und ob der Text unterstrichen werden soll.

8 Über weitere Listenfelder im oberen Teil der Registerkarte *Schriftart* stellen Sie die Schriften, deren Größe und Formatierung ein.

9 Über die Schaltfläche *Texteffekte* der Registerkarte *Schriftart* öffnen Sie dieses Dialogfeld. Dort weisen Sie besondere Schrifteffekte (Relief, Schattiert, Umriss) zu.

WISSEN

Auf den Registerkarten der Eigenschaftenfenster *Schriftart* und *Absatz* können Sie die Zeichen- und Absatzformate für markierte Texte oder Absätze gezielt einsehen und zuweisen. Die Formate beziehen sich auf markierte Textbereiche oder auf den aktuellen Absatz. Zugewiesene Formate erkennen Sie an aktivierten Schaltflächen der Registerkarte *Start* bzw. an gesetzten Optionen.

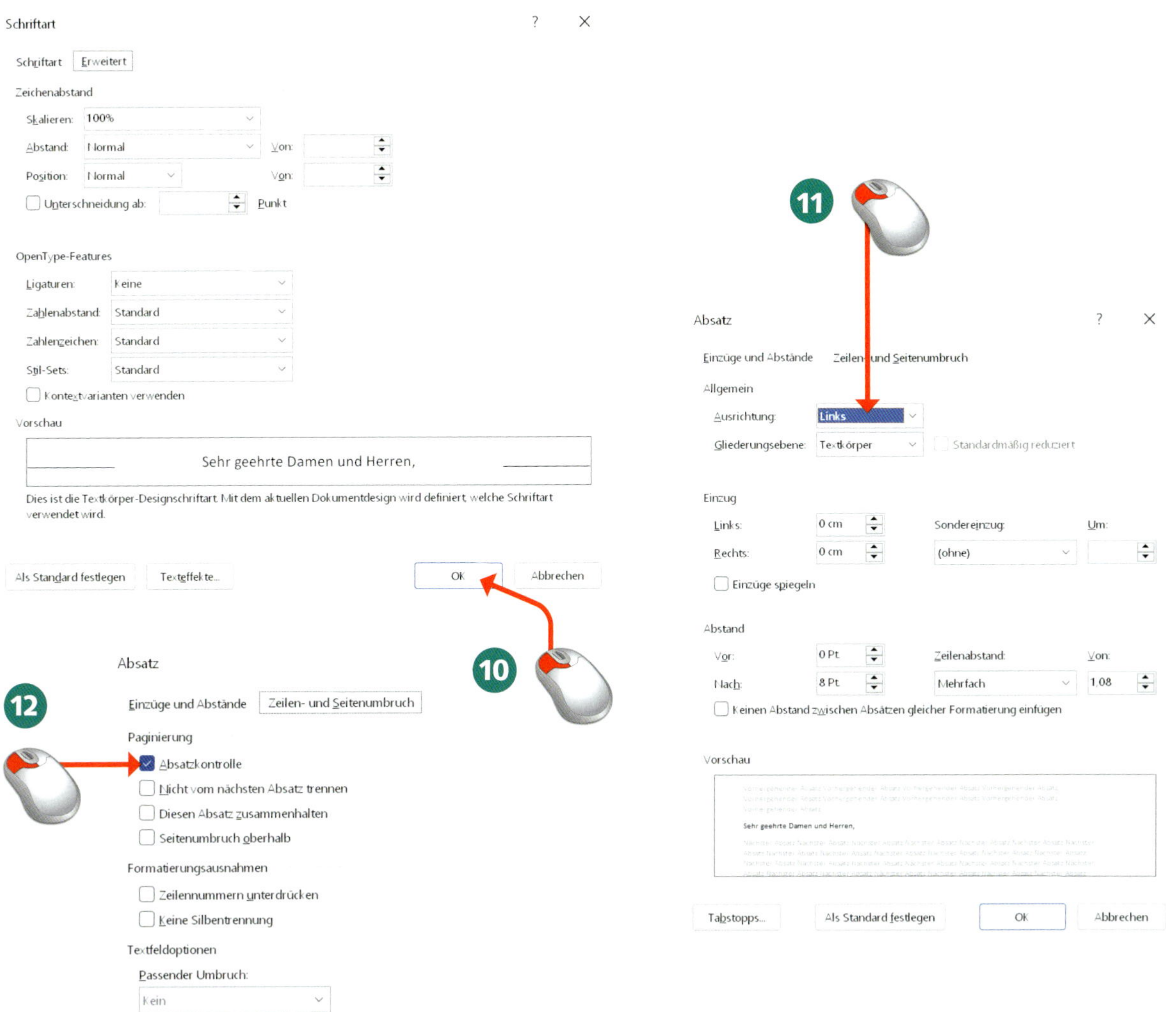

10 Auf der Registerkarte *Erweitert* erhöhen oder reduzieren Sie in der Gruppe *Zeichenabstand* ggf. die Schriftbreiten und bestätigen dies über die *OK*-Schaltfläche.

11 Auf der Registerkarte *Einzüge und Abstände* des Dialogfelds *Absatz* geben Sie die Textausrichtung (z. B. linksbündig), den Einzug oder den Zeilen- bzw. Absatzabstand vor.

12 Die Registerkarte *Zeilen- und Seitenumbruch* enthält Optionen zur Kontrolle des Seitenumbruchs (z. B. Überschriften nicht vom folgenden Absatz trennen).

Ende

TIPP

Die Eigenschaftenfenster *Schriftart* und *Absatz* können auch über das Startprogramm für Dialogfelder (siehe Seite 24) der gleichnamigen Gruppen der Registerkarte *Start* aufgerufen werden.

HINWEIS

Das Arbeiten mit Einzügen und Abständen wird auf Seite 82 gezeigt. Zum Korrekturlesen ausgedruckter Textdokumente können Sie den Zeilenabstand auf der Registerkarte *Einzüge und Abstände* erhöhen.

Start

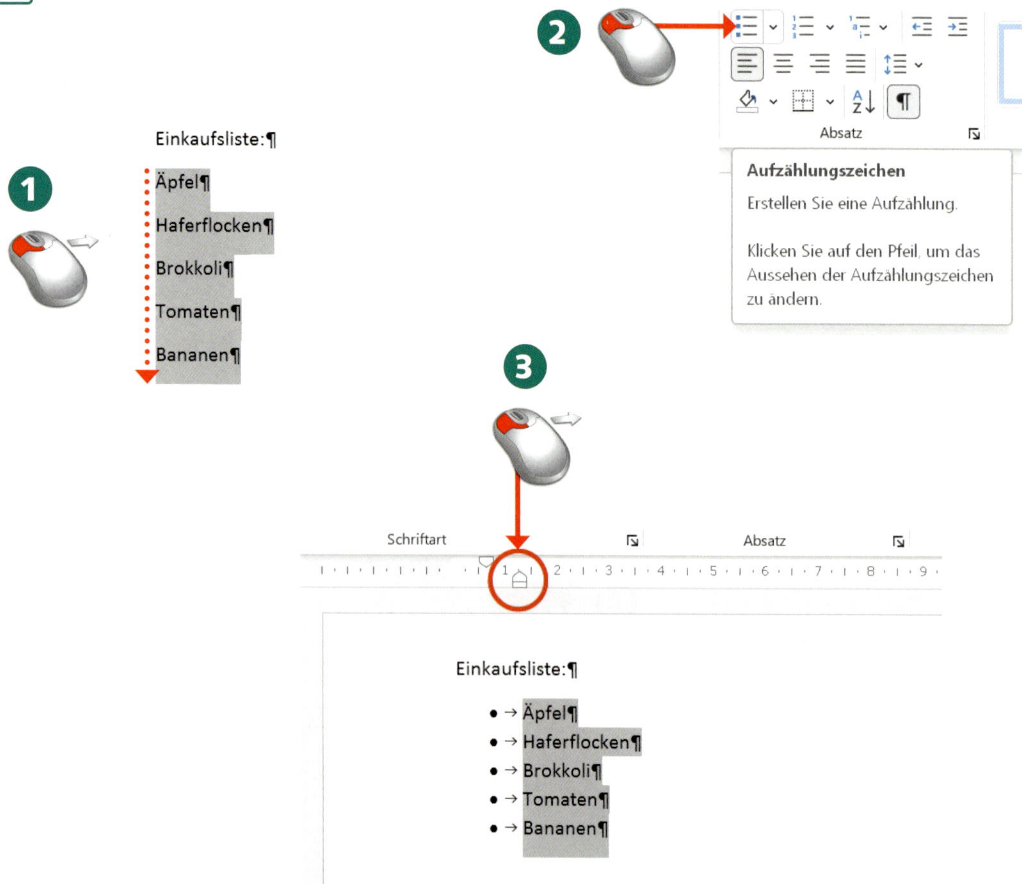

1. Jeder Aufzählungspunkt erhält einen eigenen Absatz. Um eine Aufzählung im Text zuzuweisen, markieren Sie zunächst die betreffenden Absätze (z. B. durch Ziehen mit der Maus, siehe Seite 54).
2. Wählen Sie auf der Registerkarte *Start* des Menübands in der Gruppe *Absatz* die Schaltfläche *Aufzählungszeichen*, um die dort gezeigte Aufzählung zuzuweisen.
3. Um den Einzug der Aufzählungsabsätze anzupassen, können Sie – sofern Sie das Lineal eingeblendet haben – den linken unteren Randsteller am horizontalen Lineal per Maus verschieben.

WISSEN

Aufzählungen ermöglichen es Ihnen, mehrere Absätze mit Schmuckpunkten hervorzuheben. Die Symbole und Einzüge werden über Absatzformate definiert.

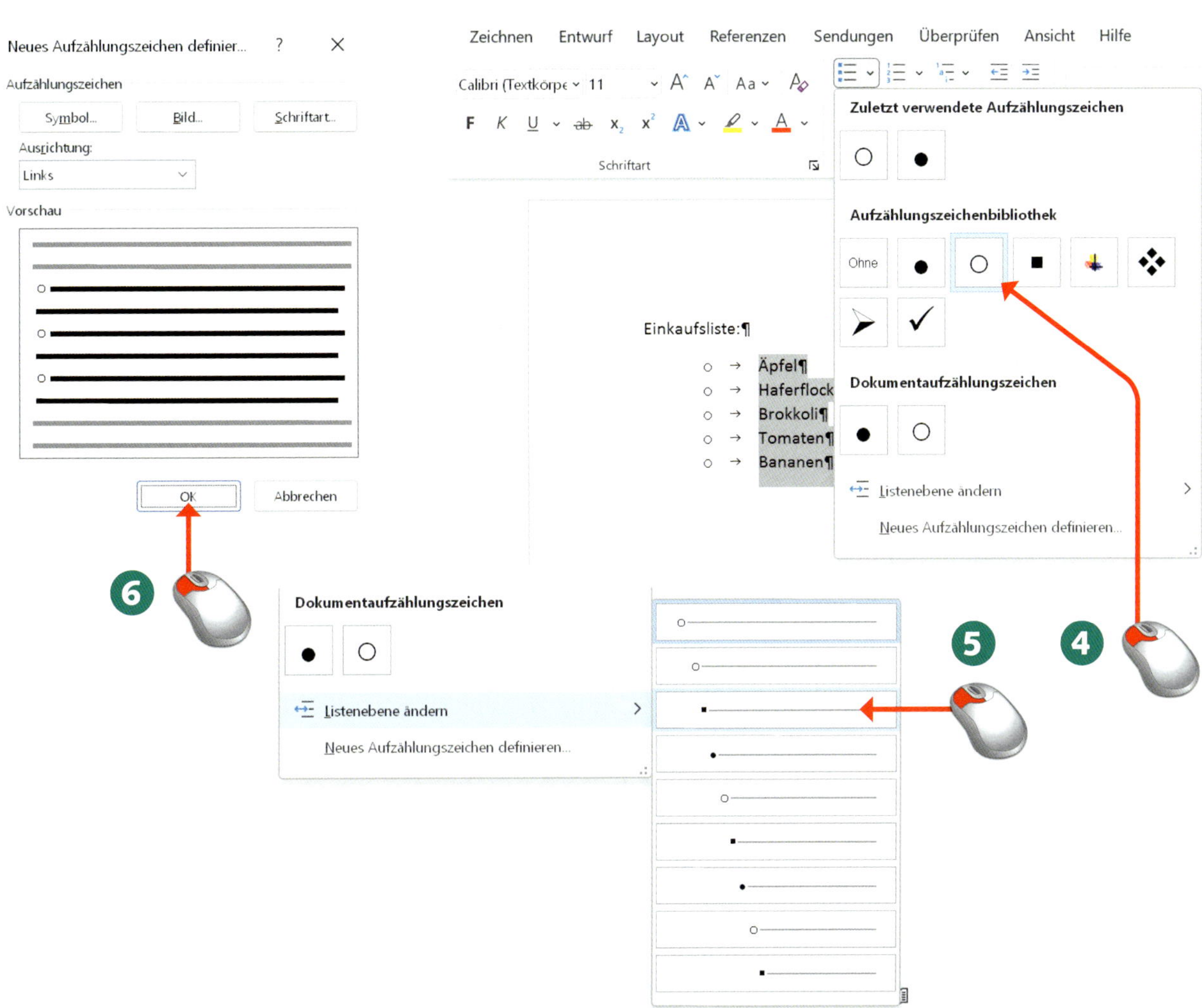

4 Möchten Sie einen anderen Schmuckpunkt für die Aufzählung verwenden, öffnen Sie den Katalog der Schaltfläche *Aufzählungszeichen* per Mausklick auf den zugehörigen Pfeil und wählen den gewünschten Eintrag aus.

5 Für eine gestufte Aufzählung markieren Sie die Absätze und wählen im Katalog den Befehl *Listenebene ändern*. Anschließend klicken Sie auf ein Aufzählungssymbol.

6 Wählen Sie im Katalog (Schritt 5) den Befehl *Neues Aufzählungszeichen definieren*, können Sie im gleichnamigen Dialogfeld die Ausrichtung und das Zeichen ändern.

Ende

TIPP

Um die Aufzählung aufzuheben, markieren Sie die Aufzählungsabsätze und klicken erneut auf die Schaltfläche *Aufzählungszeichen*.

HINWEIS

Sie können in Schritt 6 sowohl Symbole als auch Bilder über die betreffenden Schaltflächen als Schmuckpunkte festlegen.

Start

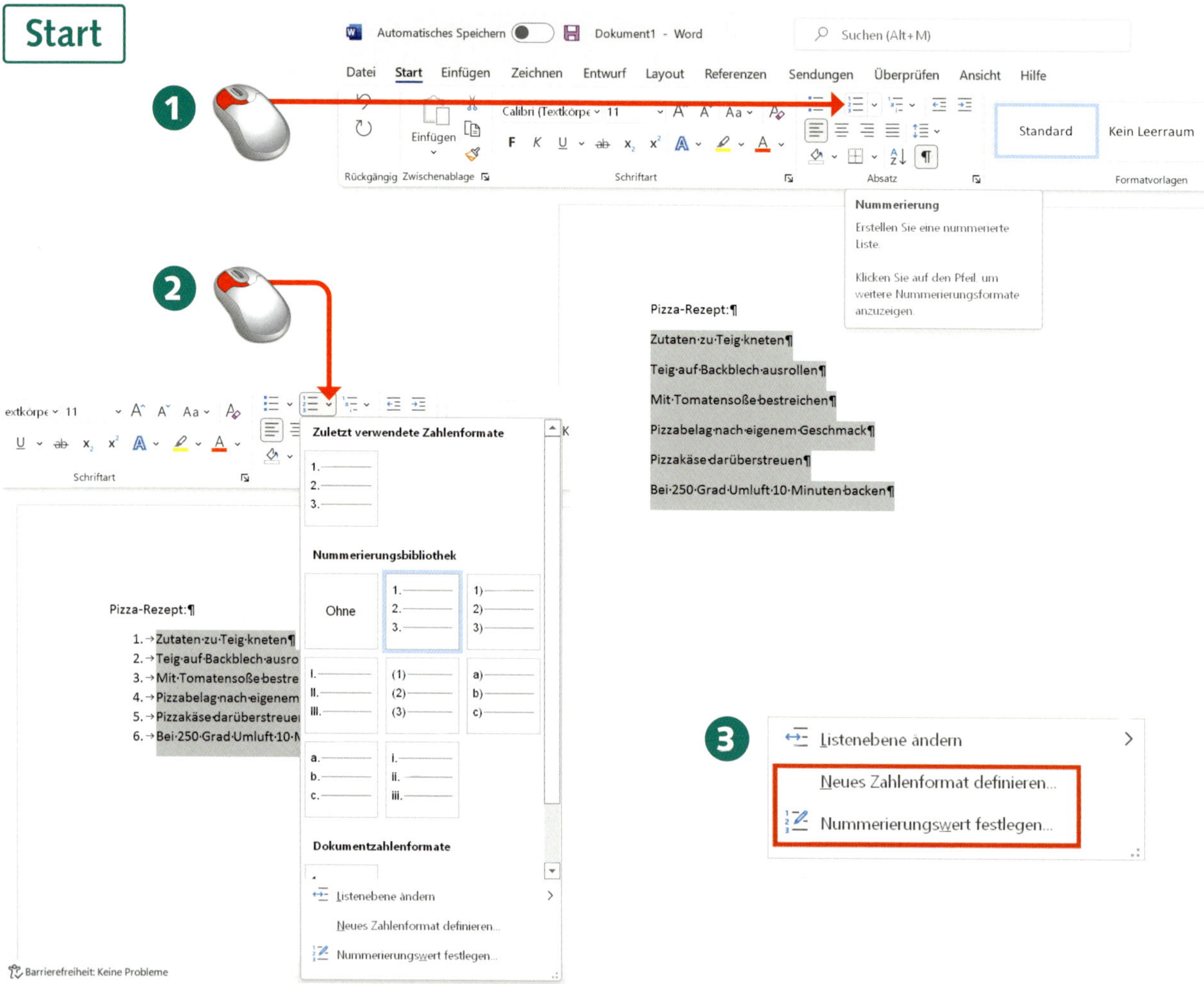

1. Um eine Nummerierung zuzuweisen, markieren Sie die Absätze und wählen dann auf der Registerkarte *Start* des Menübands die Schaltfläche *Nummerierung*.
2. Öffnen Sie den Katalog der Schaltfläche *Nummerierung*, um das Nummerierungssymbol über einen Katalogeintrag zu ändern.
3. Die Katalogbefehle *Nummerierungswert festlegen* und *Neues Zahlenformat definieren* öffnen Dialogfelder, um die betreffenden Werte und Optionen einzustellen.

WISSEN

Bei Nummerierungen werden mehrere Absätze mit vorangestellten Ziffern oder Buchstaben versehen, um die Reihenfolge anzudeuten. Es sind auch mehrstufige Listen (Gliederungen) möglich. Zeigen Sie auf einen Katalogeintrag, blendet Word eine Vorschau mit den Auswirkungen im Dokumentfenster ein.

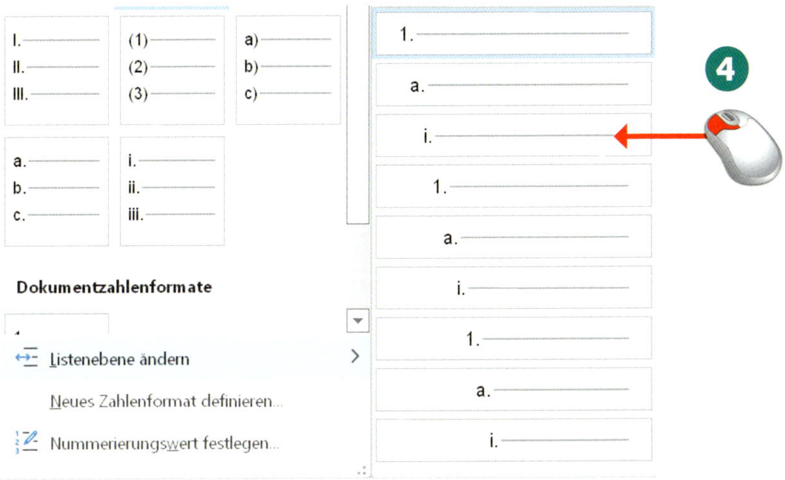

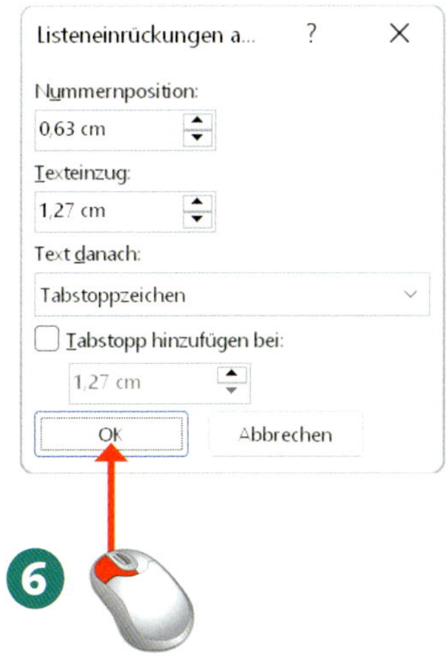

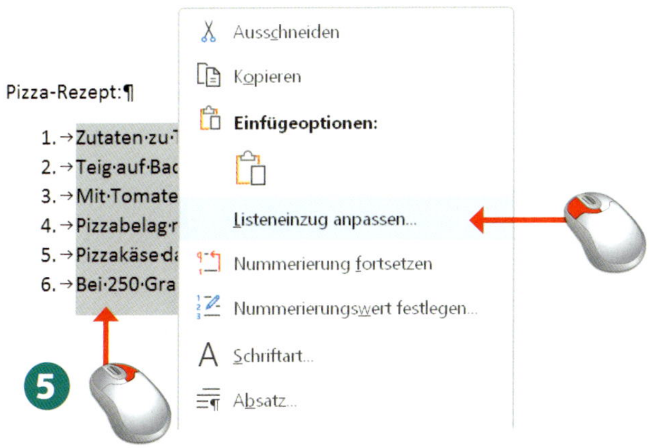

4. Über das Untermenü des Befehls *Listenebene ändern* lassen sich gestufte Listen der Art 1.1, 1.2 etc. erstellen.

5. Um die Listenoptionen anzupassen, klicken Sie mit der rechten Maustaste auf den Listenbereich und wählen den Kontextmenübefehl *Listeneinzug anpassen*.

6. Im eingeblendeten Dialogfeld lassen sich die Optionen für Einzüge, die Nummerierungsposition etc. anpassen und mit der *OK*-Schaltfläche übernehmen.

Ende

HINWEIS

Eine Nummerierung heben Sie auf, indem Sie die Absätze markieren und die Schaltfläche erneut anklicken.

HINWEIS

Die Einzüge für Aufzählungen und Nummerierungen lassen sich auch über die Schaltflächen *Einzug vergrößern/Einzug verkleinern* anpassen.

Start

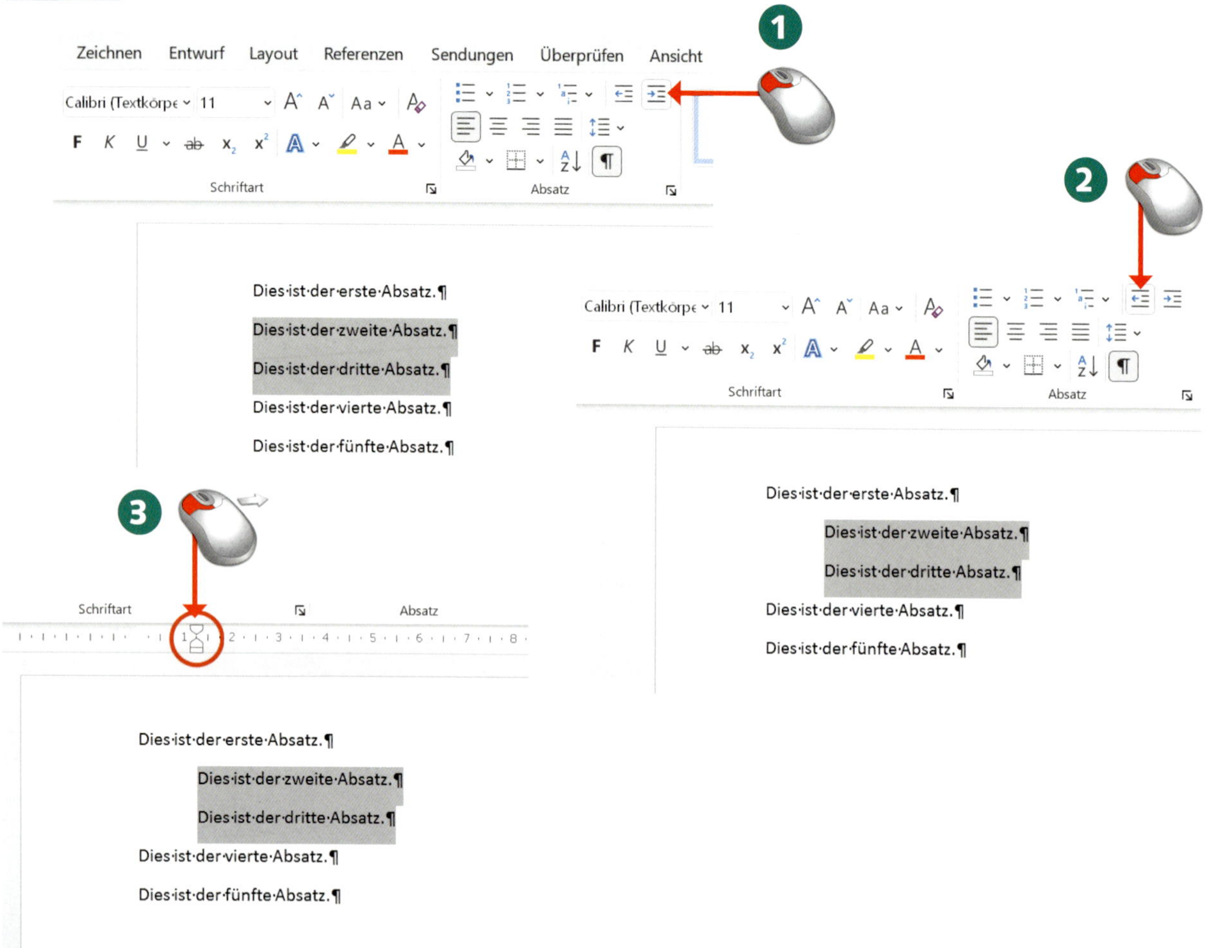

1. Markierte Absätze ziehen Sie auf der Registerkarte *Start* des Menübands in der Gruppe *Absatz* über die Schaltfläche *Einzug vergrößern* schrittweise nach rechts ein.
2. Über die Schaltfläche *Einzug verkleinern* derselben Gruppe reduzieren Sie den Einzug markierter Absätze am linken Rand schrittweise.
3. Ist das Lineal eingeblendet, passen Sie den linken Einzug der Zeilen sowie den rechten Rand eines markierten Absatzes durch Ziehen der Randsteller des horizontalen Lineals an.

WISSEN

Texte lassen sich am linken Rand einrücken, Absätze und Zeilen können mit größerem Abstand versehen werden. Dies legen Sie über Absatzformate fest.
Vorhandene Aufzählungen und Nummerierungen werden mit der Schaltfläche *Einzug vergrößern* in die gestufte Variante verwandelt.

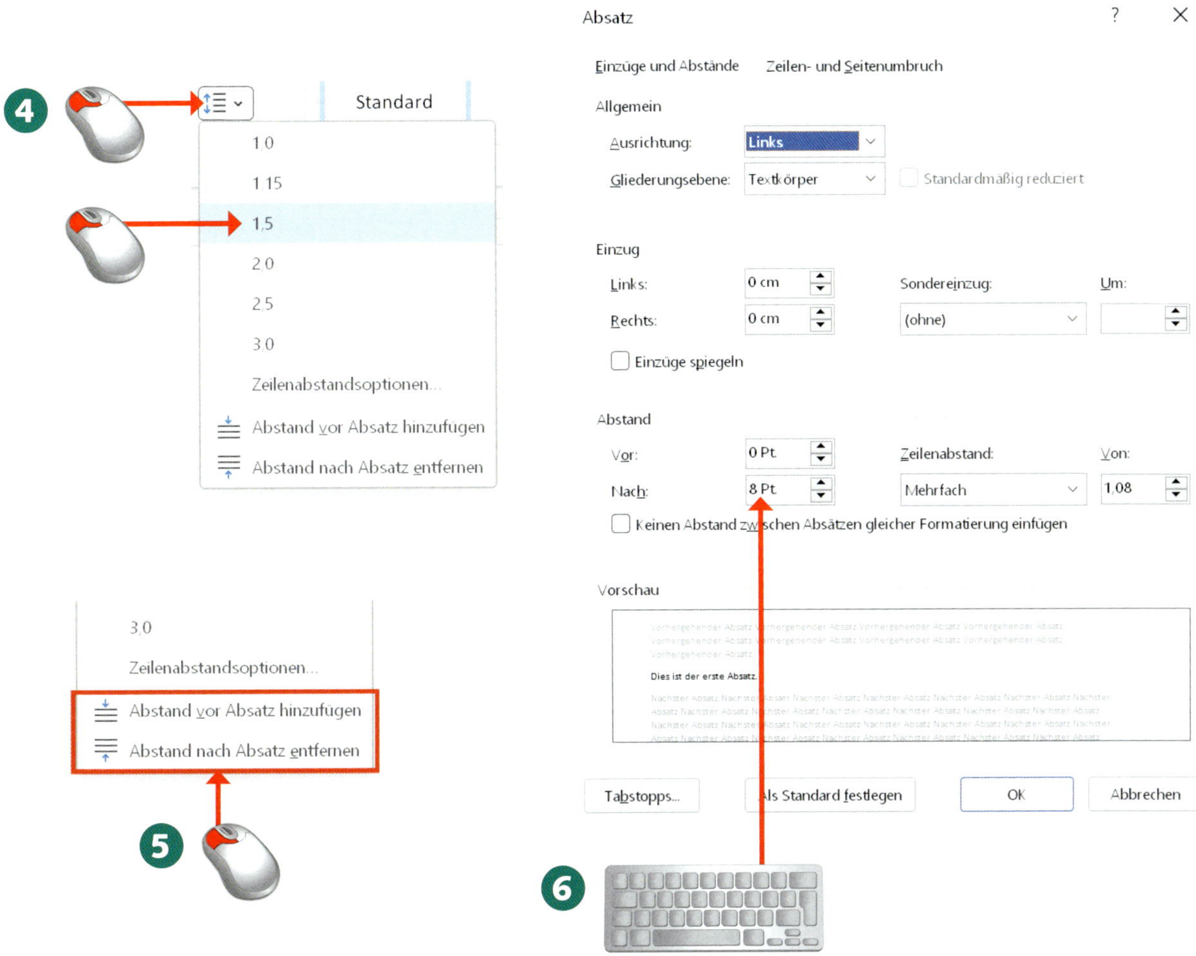

4 Vergrößerte Zeilenabstände (hilfreich beim Korrekturlesen) erhalten Sie bei markiertem Text über das Menü der Schaltfläche *Zeilen- und Absatzabstand*.

5 Den Absatzabstand vor/nach einem markierten Text erhöhen/reduzieren Sie durch Anwahl der hier gezeigten Befehle der Menüschaltfläche *Zeilen- und Absatzabstand*.

6 Über den Befehl *Zeilenabstandsoptionen* (Schritt 5) stellen Sie im Dialogfeld die Absatzabstände über die Werte *Vor* und *Nach* genau ein.

Ende

HINWEIS

Mit dem oberen linken Randsteller passen Sie den Einzug für die erste Zeile an. Mit den beiden unteren Randstellern verändern Sie den linken/rechten Textrand.

FACHWORT

Als Randsteller werden die kleinen Dreiecke am horizontalen Lineal bezeichnet.

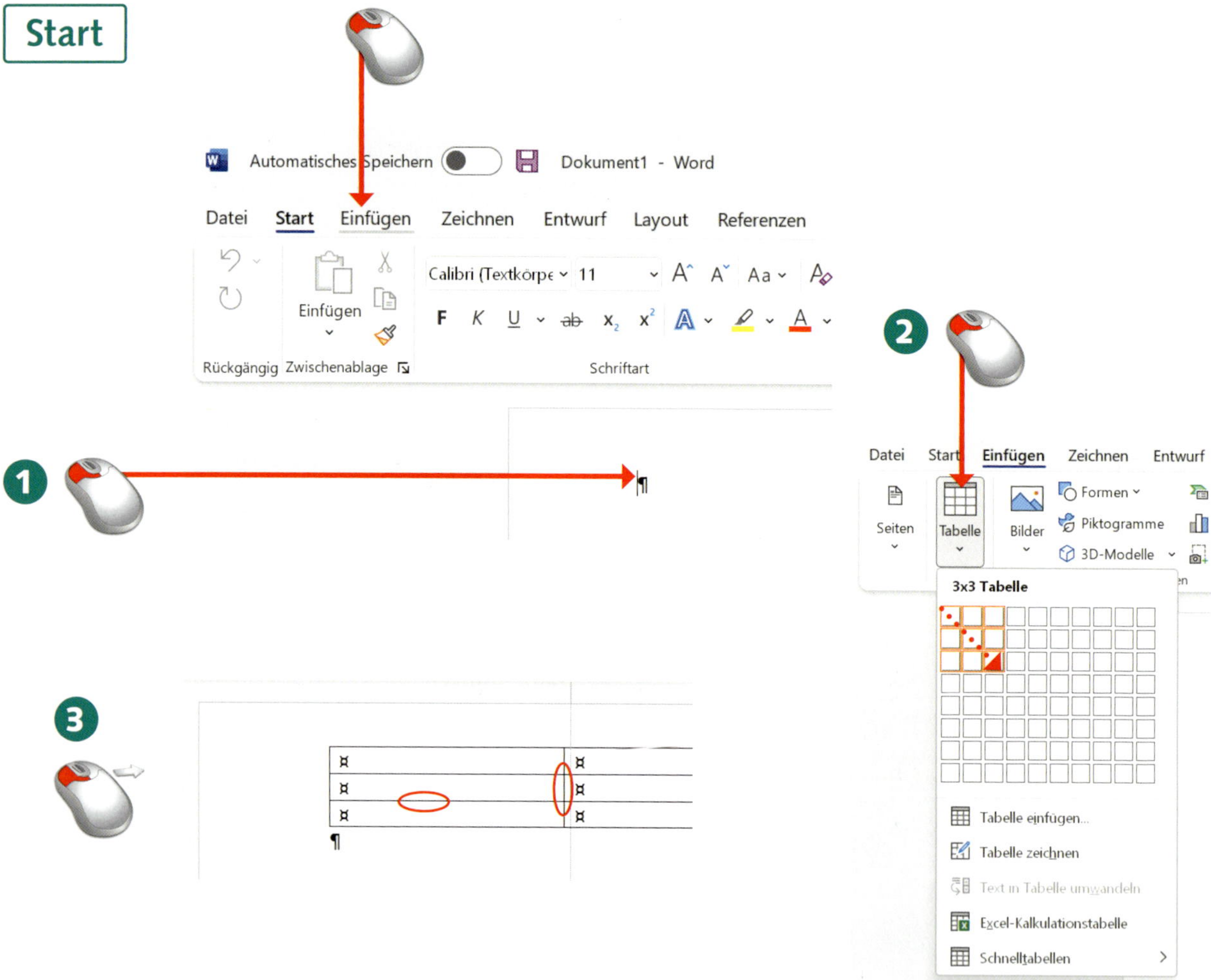

1. Setzen Sie die Einfügemarke in einen neuen Absatz, in dem Sie eine Tabelle erstellen möchten, und wählen Sie die Registerkarte *Einfügen*.
2. Wählen Sie auf der Registerkarte *Einfügen* des Menübands die Schaltfläche *Tabelle* und markieren Sie durch Ziehen die gewünschte Tabellengröße in der Palette.
3. Die Zellbreite oder -höhe der eingefügten Tabelle passen Sie durch Ziehen der Zellränder bei gedrückter linker Maustaste an.

WISSEN

Tabellen ermöglichen es in Word-Dokumenten, Listen auf einfache Weise zu gestalten. Zudem eignen sich Tabellen, um weitere Gestaltungselemente wie z. B. Bilder in Texte einzufügen.

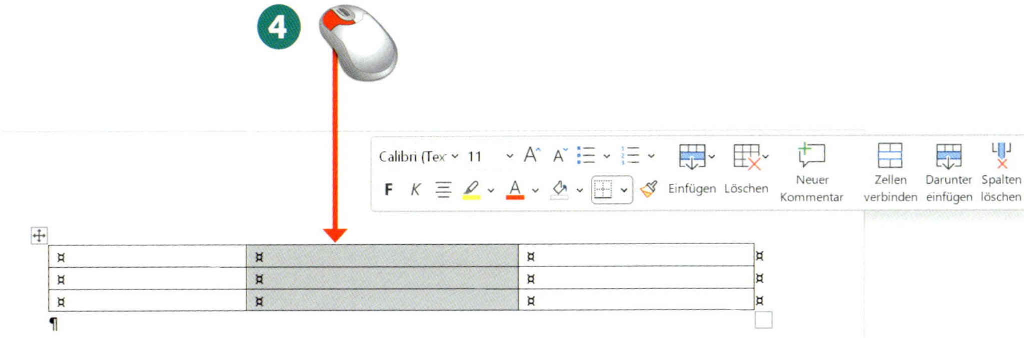

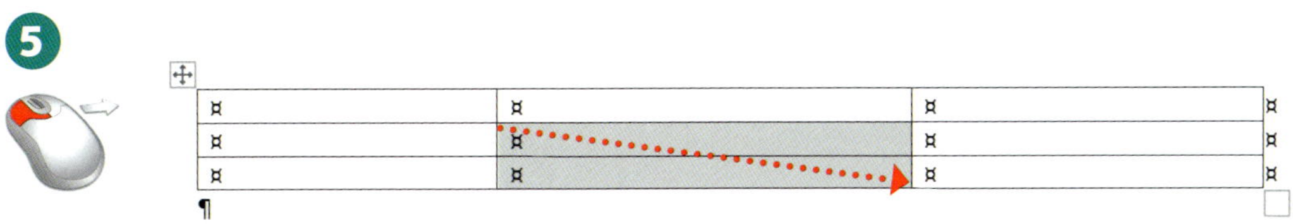

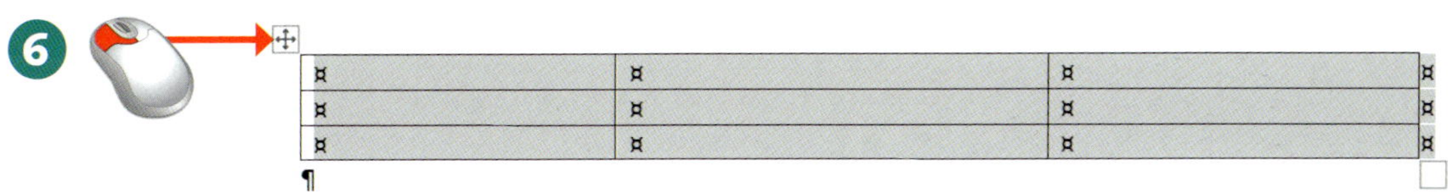

4 Eine Tabellenzeile markieren Sie, indem Sie vor die Zeile klicken. Spalten markieren Sie durch einen Klick auf den Rand oberhalb der Tabellenspalte.

5 Benachbarte Zellen lassen sich durch Ziehen per Maus markieren (erste Zelle anklicken und bei gedrückter linker Maustaste zur benachbarten Zelle ziehen).

6 Klicken Sie auf den Platzhalter in der linken oberen Tabellenecke, werden alle Zellen der Tabelle markiert.

TIPP

Das Anklicken einer Zelle hebt die Markierung auf. Das beim Zeigen vor der Tabelle (Schritt 4) angezeigte Pluszeichen fügt eine Tabellenzeile ein.

FACHWORT

Eine Zelle ist das durch Zeilen und Spalten gebildete kleinste Element der Tabelle, das Inhalte aufnehmen kann.

HINWEIS

Fügen Sie bei Bedarf vor dem Einfügen einer Tabelle Leerzeilen ein, um später leichter vor und hinter der Tabelle Text einfügen zu können.

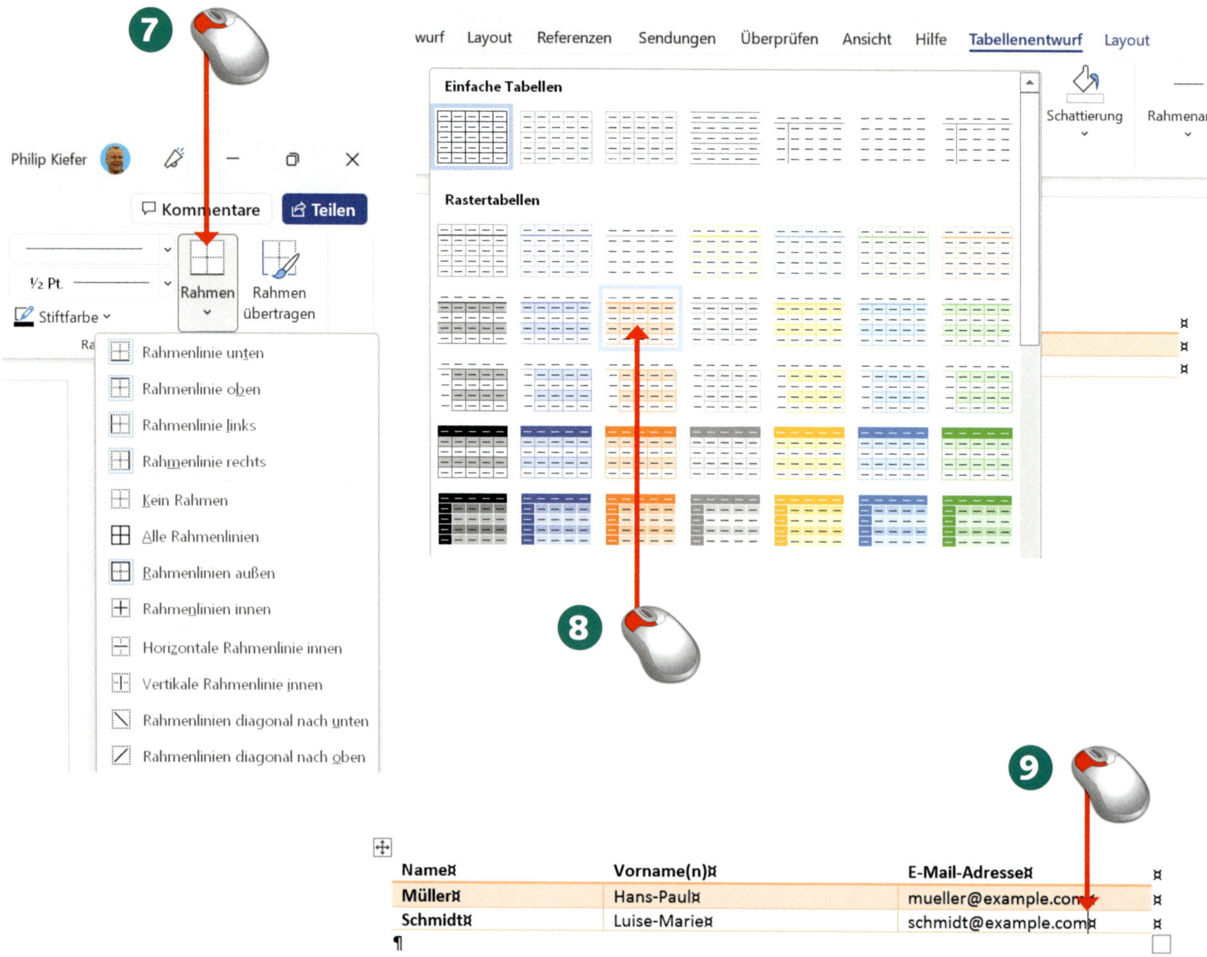

7 Über die Menüschaltfläche *Rahmen* der Registerkarte *Tabellenentwurf* löschen oder setzen Sie die Rahmenlinien markierter Zellen.

8 Eine markierte Tabelle können Sie auf der Registerkarte *Entwurf* über die Einträge der Gruppe *Tabellenformatvorlagen* formatieren.

9 Klicken Sie auf eine Tabellenzelle, lässt sich dort Text eintippen oder eine Grafik etc. einfügen.

WISSEN

Die Rahmenlinien von Tabellen lassen sich beliebig anpassen. Die Schaltfläche *Schattierung* der Registerkarte *Entwurf* ermöglicht es, Tabellenzellen mit einer Farbe zu schattieren.

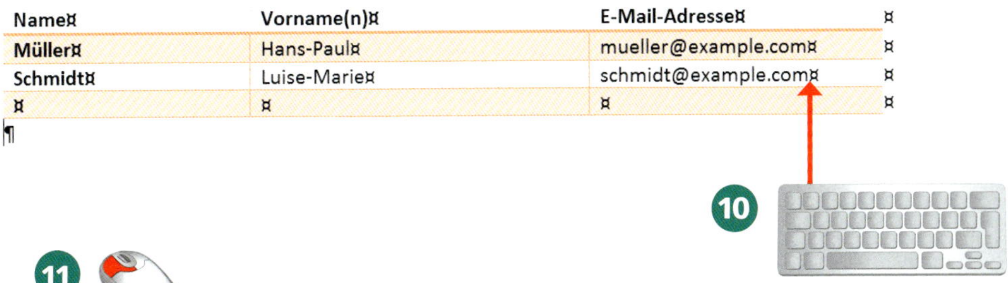

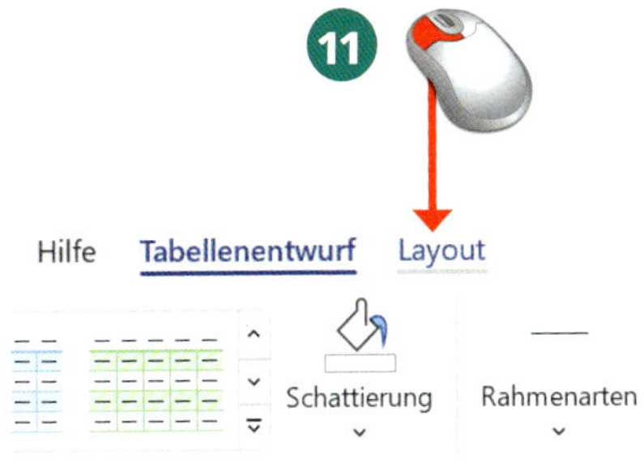

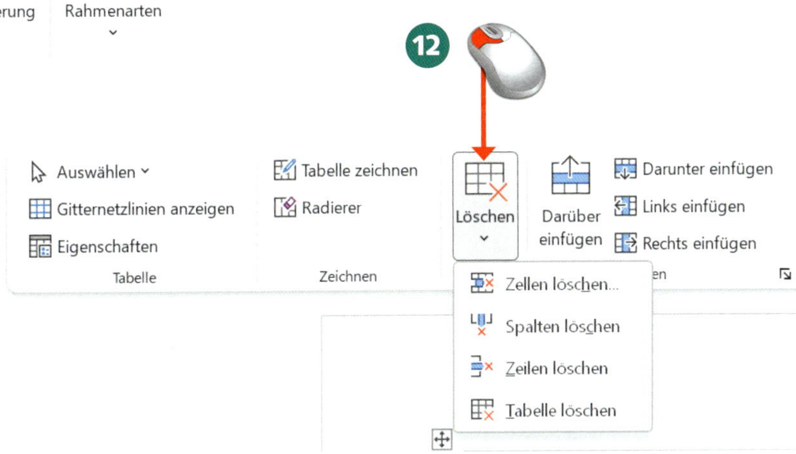

10 Drücken Sie in der rechten unteren Zelle der Tabelle die [Tab]-Taste, wird eine neue Zeile eingefügt.

11 Möchten Sie das Layout der Tabelle anpassen, entscheiden Sie sich bei markierter Tabelle für die Registerkarte *Layout*.

12 Auf dieser Registerkarte finden Sie unter anderem Optionen zum Einfügen und Löschen von Zellen.

Ende

TIPP

Mit der [Tab]-Taste springen Sie in die nächste Tabellenzelle. Tabulatorzeichen werden über [Strg]+[Tab] in die Zelle eingegeben.

FACHWORT

Eine Tabellenformatvorlage bestimmt das Aussehen der Tabelle über Formate (Farbe, Schrift etc.).

HINWEIS

Die Registerkarten *Tabellenentwurf* und *Layout* werden nur angezeigt, wenn sich die Einfügemarke in einer Tabellenzelle befindet.

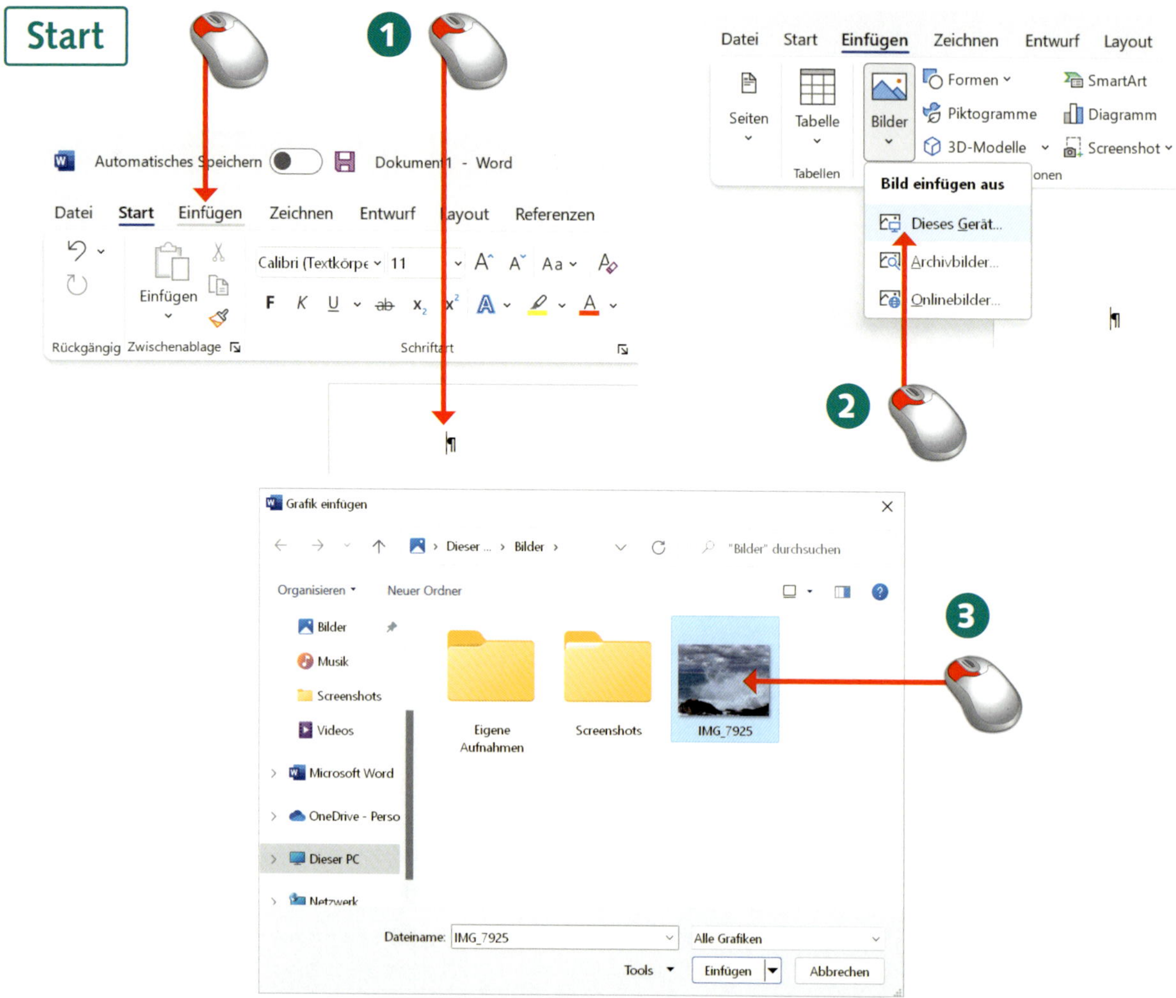

1. Um eine Grafikdatei in den Text einzufügen, klicken Sie auf die Einfügestelle und wechseln dann zur Registerkarte *Einfügen*.

2. Wählen Sie in der Gruppe *Illustrationen* die Schaltfläche *Bilder* und dann *Dieses Gerät*.

3. Navigieren Sie im Dialogfeld *Grafik einfügen* zum Bilderordner und markieren Sie die gewünschte Grafikdatei durch Anklicken.

WISSEN

Office unterstützt verschiedene Grafikformate (*.jpg*, *.tif*, *.png*, *.bmp* etc.). In den Text eingefügte Grafiken werden mit dem Dokument gespeichert, was große Dateien ergibt. Eine Verknüpfung fügt nur die Information zum Speicherort der Grafikdatei ein und führt zu kleineren Dokumentdateien.
Bei markierter Grafik wechseln Sie zur Registerkarte *Bildformat*, um auf die Grafikfunktionen (Seite 92) zuzugreifen.

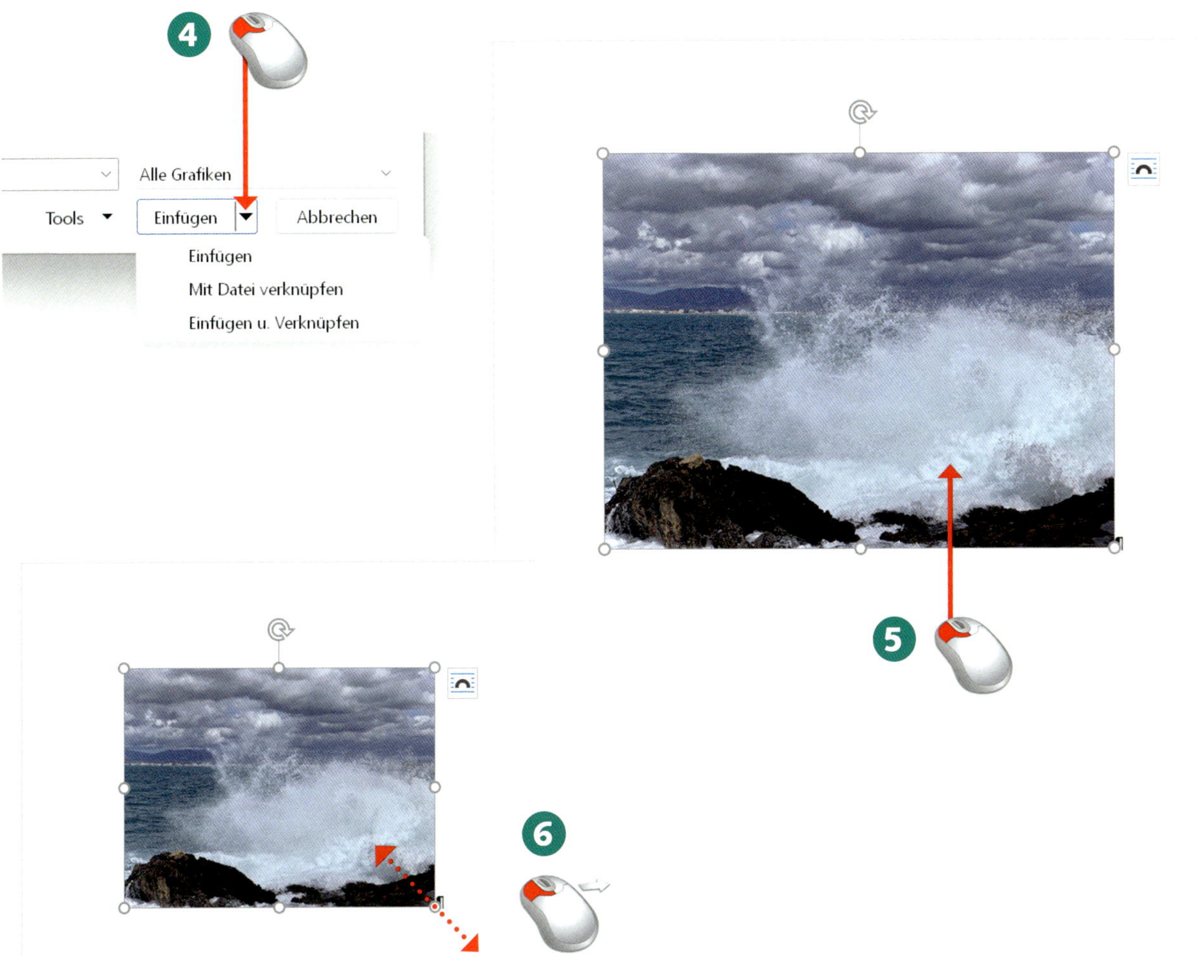

4. Wählen Sie die Schaltfläche *Einfügen* oder öffnen Sie das Drop-down-Menü der Schaltfläche und wählen Sie entweder den Befehl *Einfügen* oder *Mit Datei verknüpfen*. In letzterem Fall muss die Grafikdatei mit der Word-Datei mitgeliefert werden.
5. Um die Größe der eingefügten Grafik anzupassen oder diese zu drehen, markieren Sie diese durch Anklicken und zeigen anschließend auf eine der Ziehmarken.
6. Sobald ein Doppelpfeil als Mauszeiger erscheint, verändern Sie die Bildgröße durch Ziehen der Ziehmarke – oder drehen das Bild über die Drehmarke.

Ende

TIPP

Zum Löschen einer Grafik, einer Form, eines Cliparts etc. klicken Sie diese an und drücken die Entf-Taste.

FACHWORT

Ziehmarken sind die kleinen Punkte am Markierungsrahmen ausgewählter Objekte (z. B. Bilder). Die Drehmarke ist oberhalb der Grafik sichtbar.

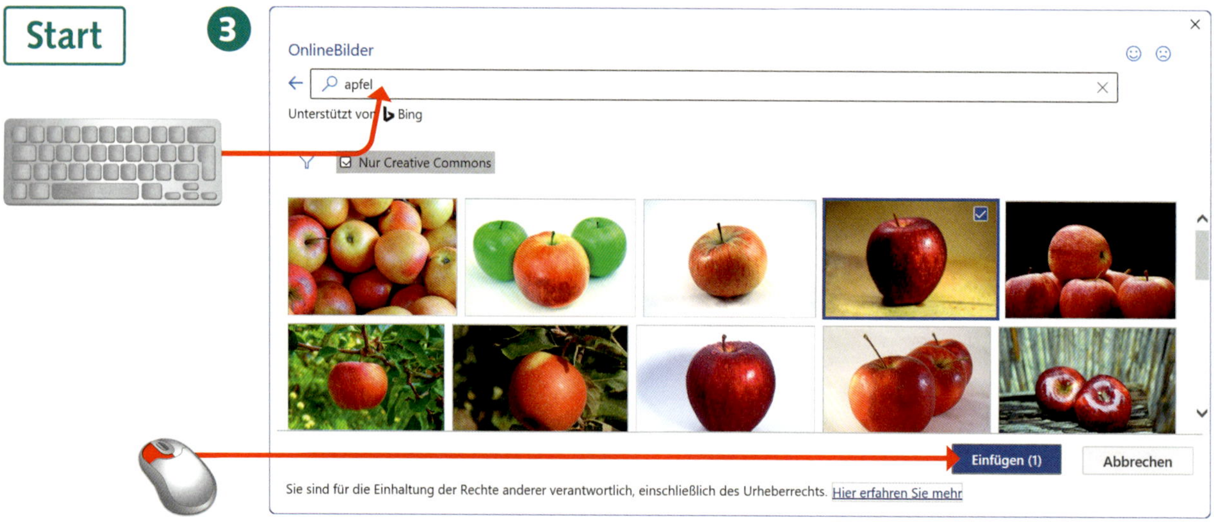

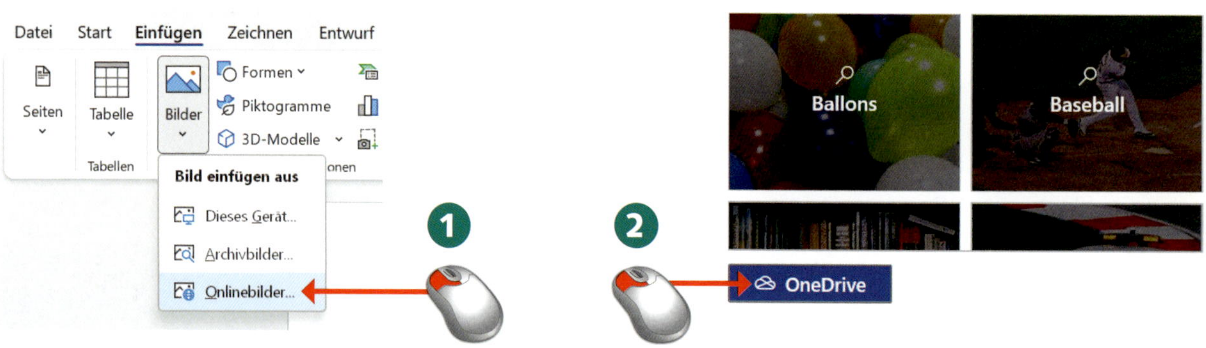

1. Statt lokaler Grafiken lassen sich auf der Registerkarte *Einfügen* unter der Schaltfläche *Bilder* auch *Onlinebilder* auswählen.

2. Über die Schaltfläche *OneDrive* können Sie auf Ihre eigenen in der Cloud gespeicherten Bilder zugreifen.

3. Oder Sie nutzen die Suchmaschine Bing. Dazu geben Sie in das Suchfeld einen passenden Begriff ein, wählen ein Bild aus und klicken auf die *Einfügen*-Schaltfläche.

WISSEN

Es lassen sich auch Onlinebilder in den Text einfügen. Grafikelemente wie Bilder oder Zeichenelemente können in Word von Text umgeben oder vor bzw. hinter den Text gelegt werden.

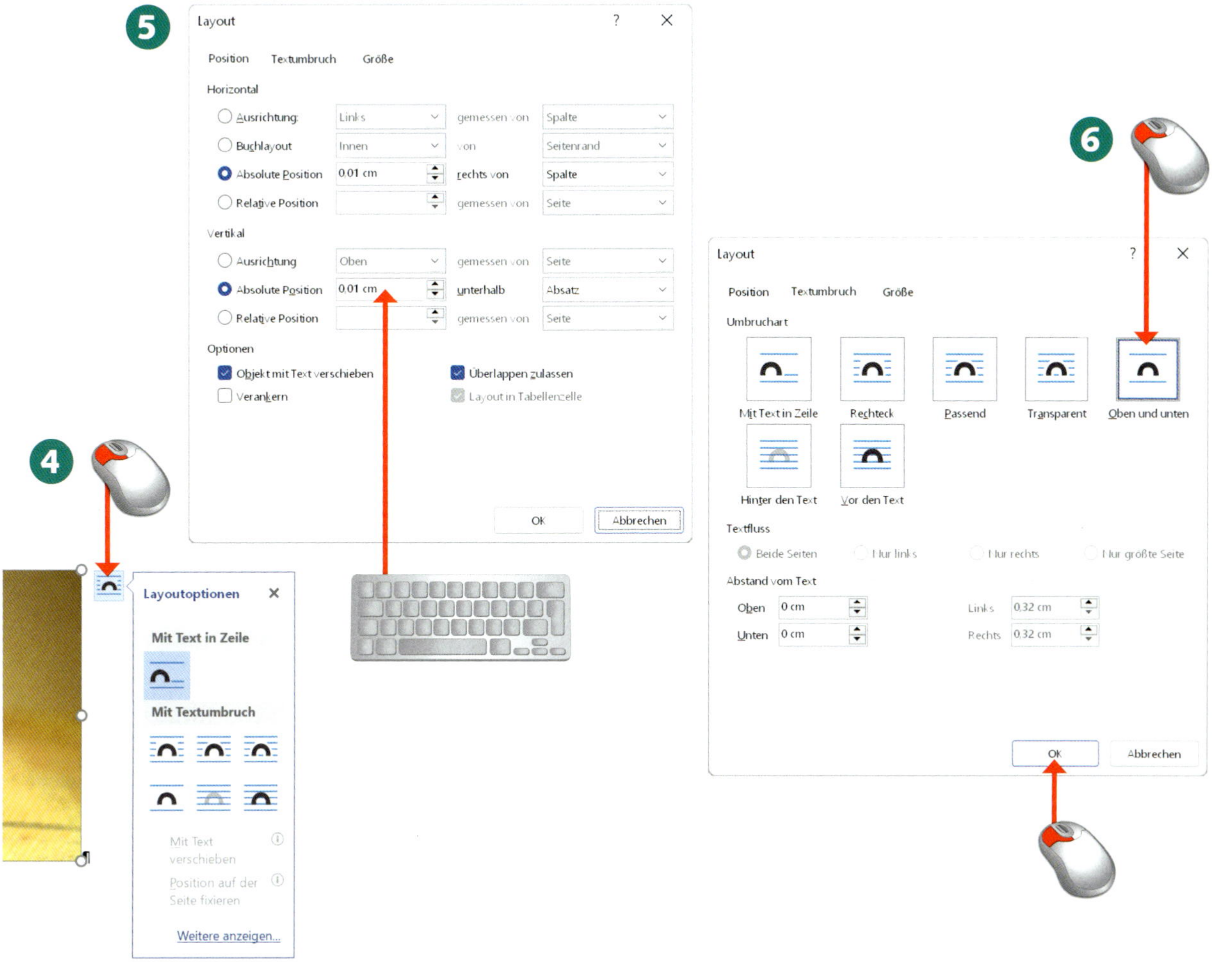

4 Verschieben Sie eine online oder vom PC eingefügte Grafik im Dokument und passen Sie die Größe an. Wählen Sie die Schaltfläche *Layoutoptionen* und dann in der Palette einen Textumbruchmodus.

5 Haben Sie einen Textumbruchmodus gewählt? Über den Befehl *Weitere anzeigen* öffnen Sie das Dialogfeld *Layout* und passen die Position der Grafik über die Registerkarte *Position* an.

6 Der Textumbruch lässt sich auch über die Symbole der Gruppe *Umbruchart* auf der Registerkarte *Textumbruch* ändern und mit der *OK*-Schaltfläche zuweisen.

Ende

TIPP

Auch 3D-Modelle sowie Piktogramme sind in Word im Angebot. Wählen Sie in der Gruppe *Illustrationen* die entsprechenden Schaltflächen.

HINWEIS

Beachten Sie beim Einbinden von Onlinegrafiken das Urheberrecht!

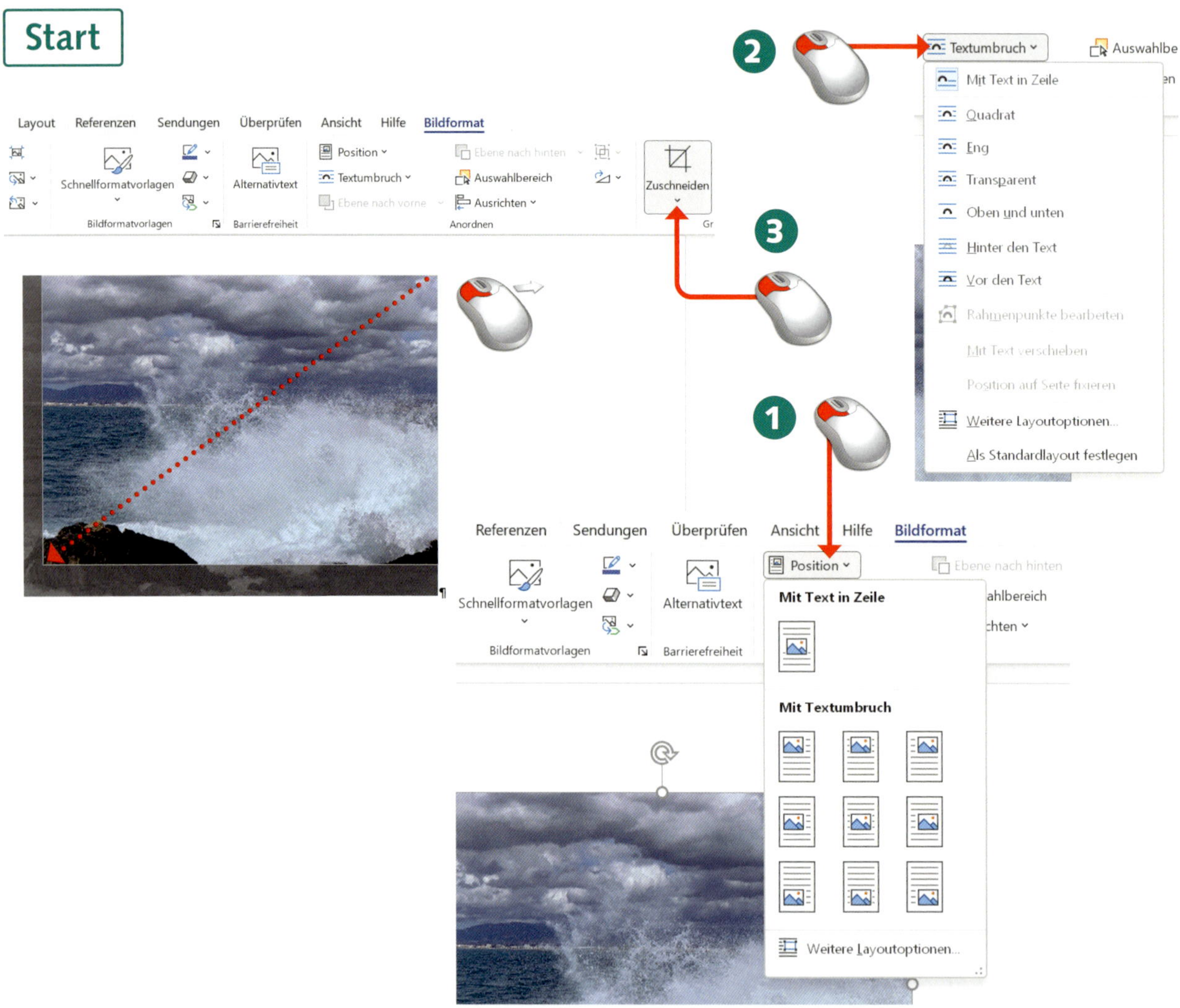

1. Über die Palette der Schaltfläche *Position* in der Gruppe *Anordnen* der Registerkarte *Bildformat* legen Sie die Position (links, rechts etc.) der Grafik im Text fest.
2. Über die Schaltfläche *Textumbruch* der Registerkarte *Bildformat* können Sie Text um das Bild herumlaufen lassen oder die Grafik im Vorder-/Hintergrund anordnen.
3. Verwenden Sie die Schaltfläche *Zuschneiden* und deren Befehle, um einen Bildausschnitt durch Verschieben der Bildmarken oder Auswahl einer Form festzulegen.

WISSEN

Eingefügte und im Dokument markierte Grafikelemente (Fotos, Scans, Screenshots etc.) lassen sich direkt in Word auf der Registerkarte *Bildformat* bearbeiten (drehen, beschneiden, aufhellen etc.). Diese Anpassungen verändern die Originalgrafikdatei nicht.

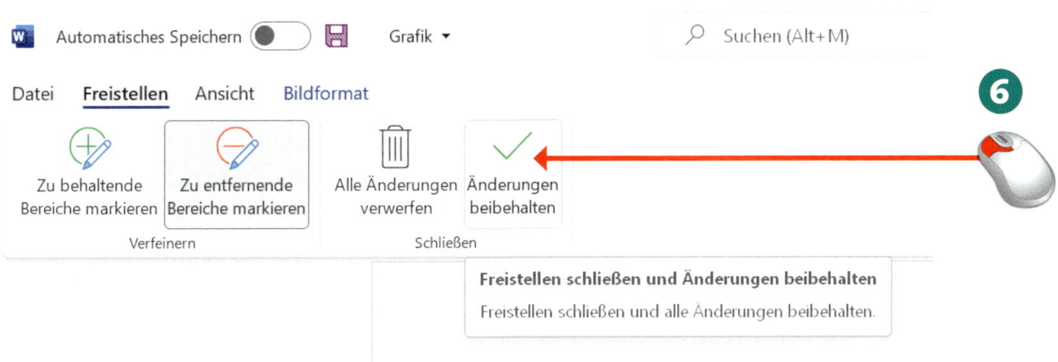

4 Um ein genaues Bildformat zu wählen, tippen Sie in der Gruppe *Größe* einen Wert für die Breite bzw. für die Höhe ein und bestätigen mit der ↵-Taste.

5 Möchten Sie äußere Teile eines Fotos ausblenden, wählen Sie die Schaltfläche *Freistellen* auf der Registerkarte *Bildformat*.

6 Anschließend markieren Sie den freizustellenden Ausschnitt des Fotos und wählen die Schaltfläche *Änderungen beibehalten* auf der Registerkarte *Freistellen*.

TIPP

Die Position bzw. der Zeilenumbruch lässt sich über die Schaltfläche *Layout-optionen* direkt anpassen.

HINWEIS

Die Registerkarte *Freistellen* enthält Schaltflächen, um Freistellungen festzulegen oder Änderungen zu verwerfen.

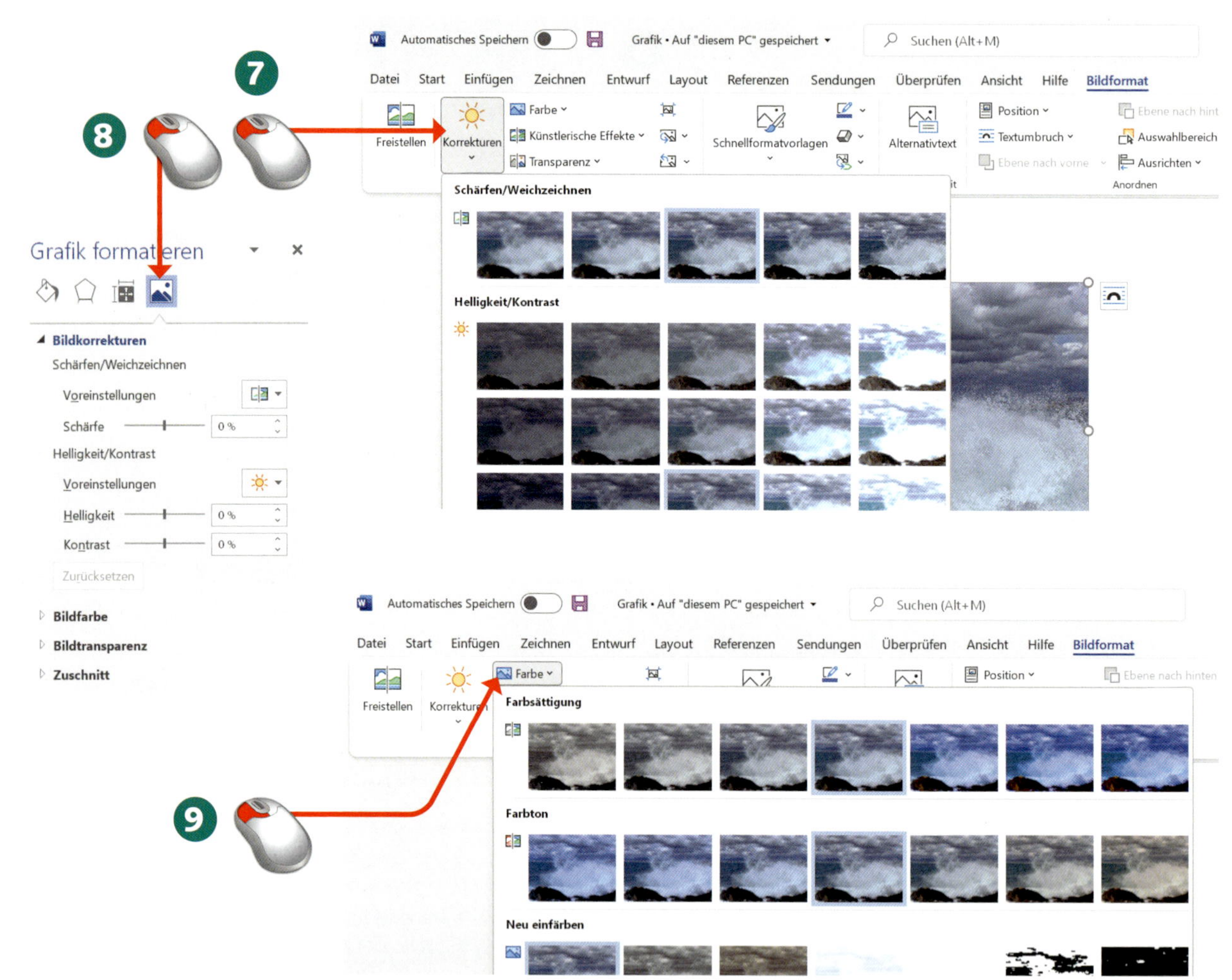

7 Verwenden Sie den Katalog der Schaltfläche *Korrekturen* auf der Registerkarte *Bildformat* zum Schärfen/Weichzeichnen eines Fotos oder zur Helligkeits-/Kontrastanpassung.

8 Der Befehl *Bildkorrekturoptionen* ganz unten im Katalog ermöglicht über die Seitenleiste *Grafik formatieren* die Anpassung der Bildkorrekturen.

9 Über den Katalog der Schaltfläche *Farbe* passen Sie die Farbsättigung und den Farbton an oder färben das markierte Bild ein.

WISSEN

Die Filterfunktionen der Registerkarte *Bildformat* ermöglichen Helligkeits- und Farbkorrekturen, das Drehen des Bildes und mehr.

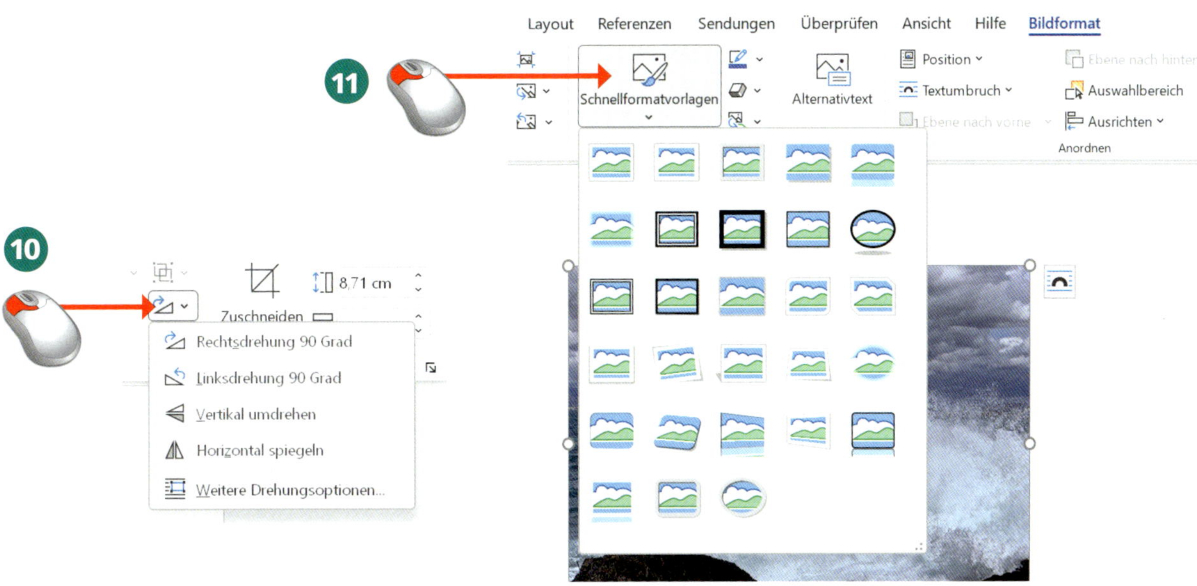

10 Die Menüschaltfläche *Objekte drehen* in der Gruppe *Anordnen* der Registerkarte *Bildformat* ermöglicht es, das markierte Objekt zu drehen oder um eine Achse zu kippen.

11 Über die Menüschaltflächen der Gruppe *Bildformatvorlagen* der Registerkarte *Bildformat* lassen sich den Fotos Effekte wie Schatten, Rahmen etc. zuweisen.

12 In Office 2021 ist das Thema Barrierefreiheit großgeschrieben. Fügen Sie unter der Schaltfläche *Alternativtext* auf der Registerkarte *Bildformat* einen Text ein, der Sehbehinderten alternativ vorgelesen werden kann.

Ende

TIPP

Über die Menüschaltfläche *Bild zurücksetzen* der Gruppe *Anpassen* nehmen Sie Anpassungen zurück.

HINWEIS

Sollen andere Elemente vor oder hinter einem Bild platziert werden? Dies bestimmen Sie unter den Schaltflächen *Ebene nach vorne* bzw. *Ebene nach hinten*.

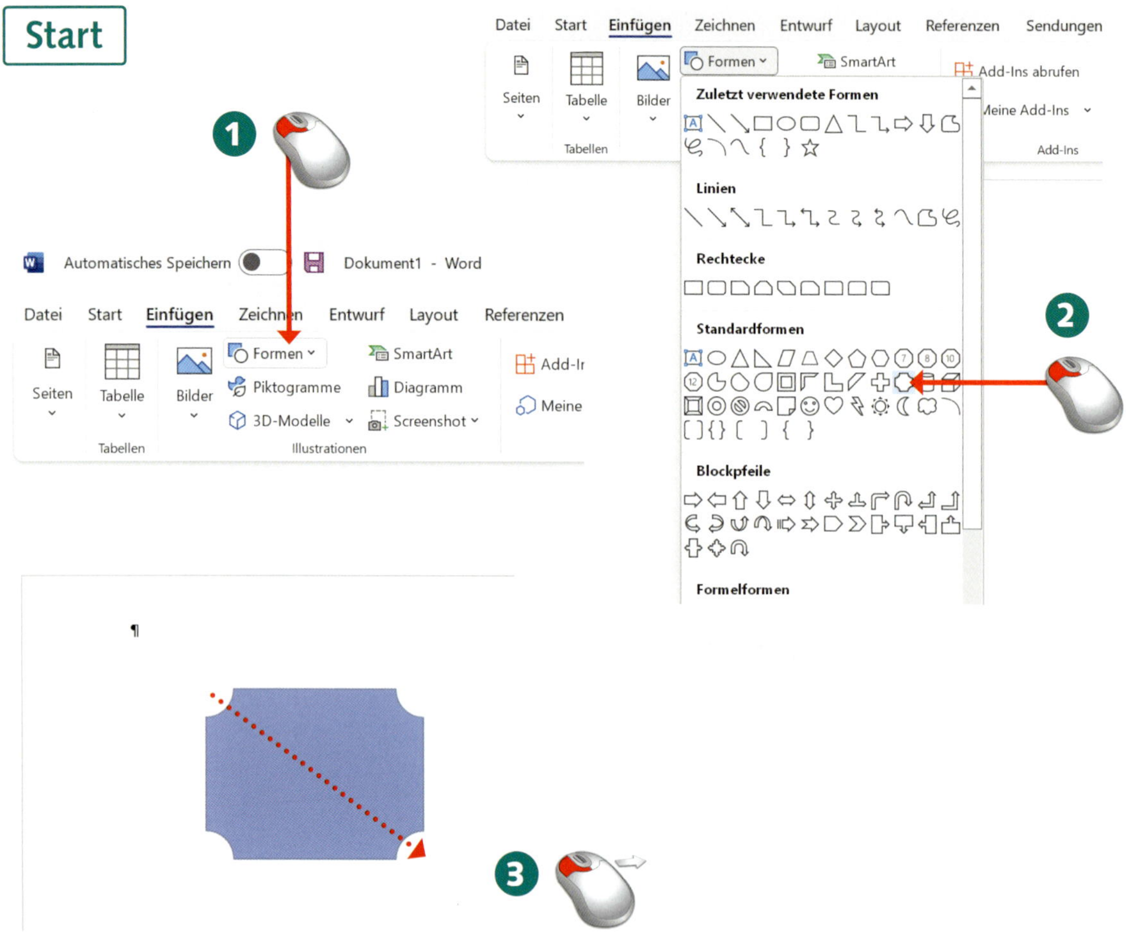

1. Um eine Form (z. B. eine Linie) in das Dokument einzufügen, wählen Sie in der Gruppe *Illustrationen* der Registerkarte *Einfügen* die Menüschaltfläche *Formen*.
2. Wählen Sie im Katalog die gewünschte Form aus.
3. Zeigen Sie auf eine Stelle im Dokument und ziehen Sie die Umrisslinie der Form bei gedrückter linker Maustaste auf die gewünschte Größe.

WISSEN

Office stellt in diversen Anwendungen über die Schaltfläche *Formen* eine Funktion zum Zeichnen bereit. Über diese fügen Sie Formen (Linien, Figuren etc.) in Dokumente ein. Mit Formen wie Linien, Pfeilen etc. erstellen Sie recht schnell Skizzen im Dokument.

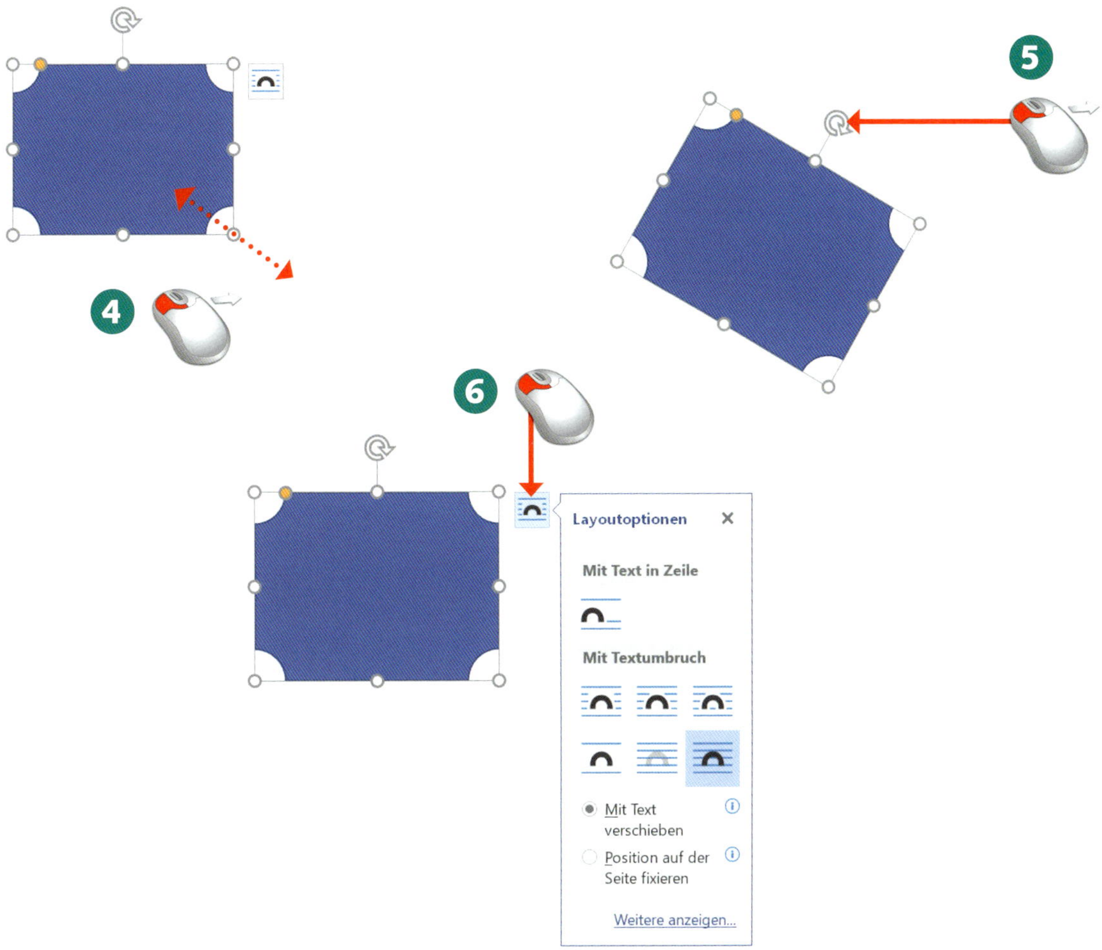

4 Eine markierte Form lässt sich mit der Maus verschieben und über die Ziehmarken in der Größe anpassen (siehe Seite 89).

5 Solange ein Formobjekt markiert ist, können Sie es über die Drehmarke rotieren.

6 Wählen Sie die Schaltfläche *Layoutoptionen* und legen Sie im eingeblendeten Katalog den Modus für den Textumbruch fest.

TIPP

Mehrere eingefügte Formobjekte markieren Sie, indem Sie diese nacheinander bei gedrückter Strg-Taste anklicken.

HINWEIS

Formen lassen sich frei im Text verschieben und über die Layoutoptionen im Text verankern.

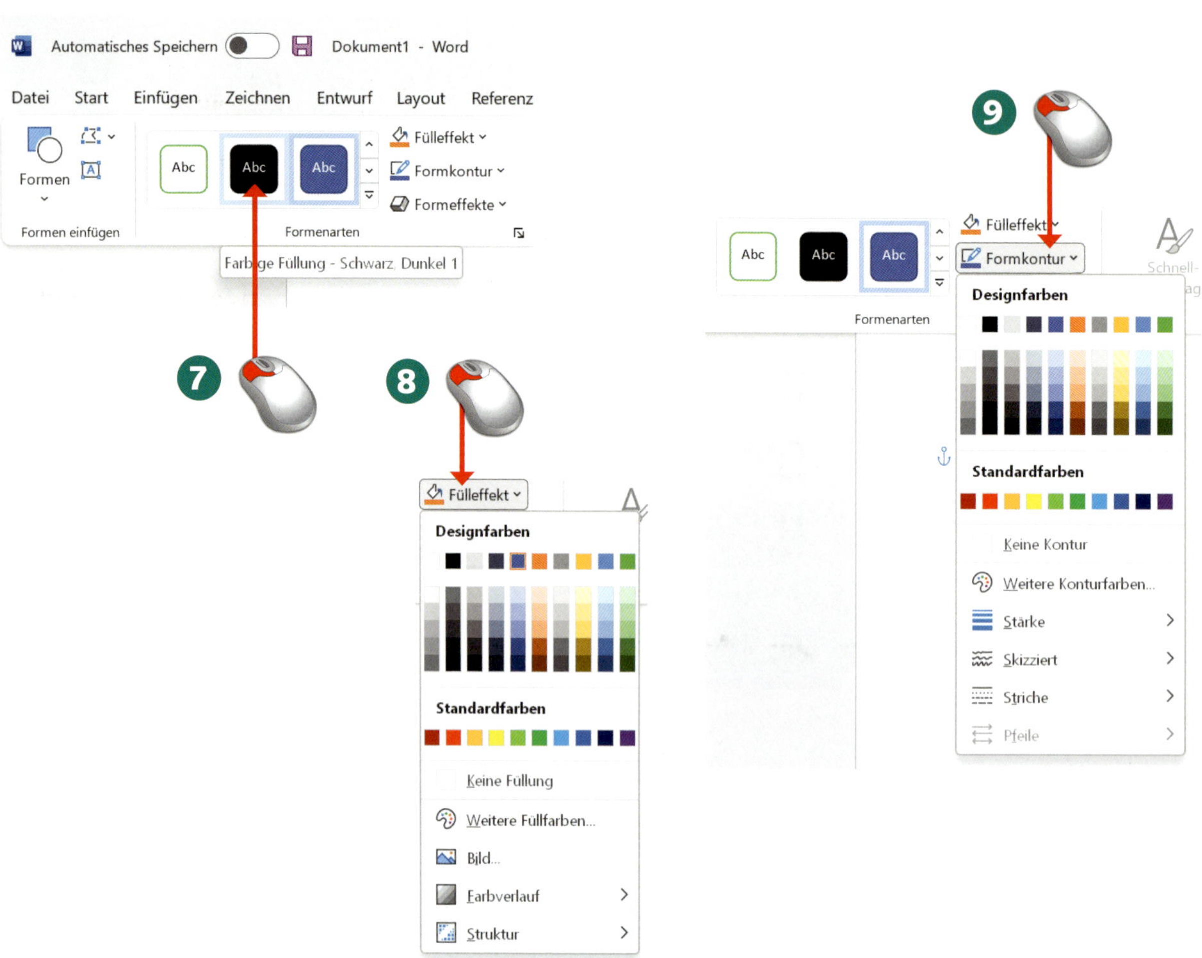

7 Auf der Registerkarte *Formformat* weisen Sie über Einträge der Gruppe *Formenarten* (oder im Katalog des Elements) eine Randfarbe oder eine Füllung zu.

8 Weisen Sie auf der Registerkarte *Formformat* in der Gruppe *Formenarten* über das Menü der Schaltfläche *Fülleffekt* die gewünschte Füllfarbe, Farbverläufe oder Strukturen zu.

9 Über die Menüschaltfläche *Formkontur* legen Sie die Farbe der Umrisslinie über die Palette fest. Der Menübefehl *Stärke* ermöglicht es Ihnen, die Liniendicke zu wählen.

WISSEN

Flächenformen können Sie mit einer Farbe füllen oder die Liniendicke und -farbe anpassen. Zudem lassen sich Formen zu einem Objekt gruppieren. Objekte können verschoben und in der Größe angepasst werden.

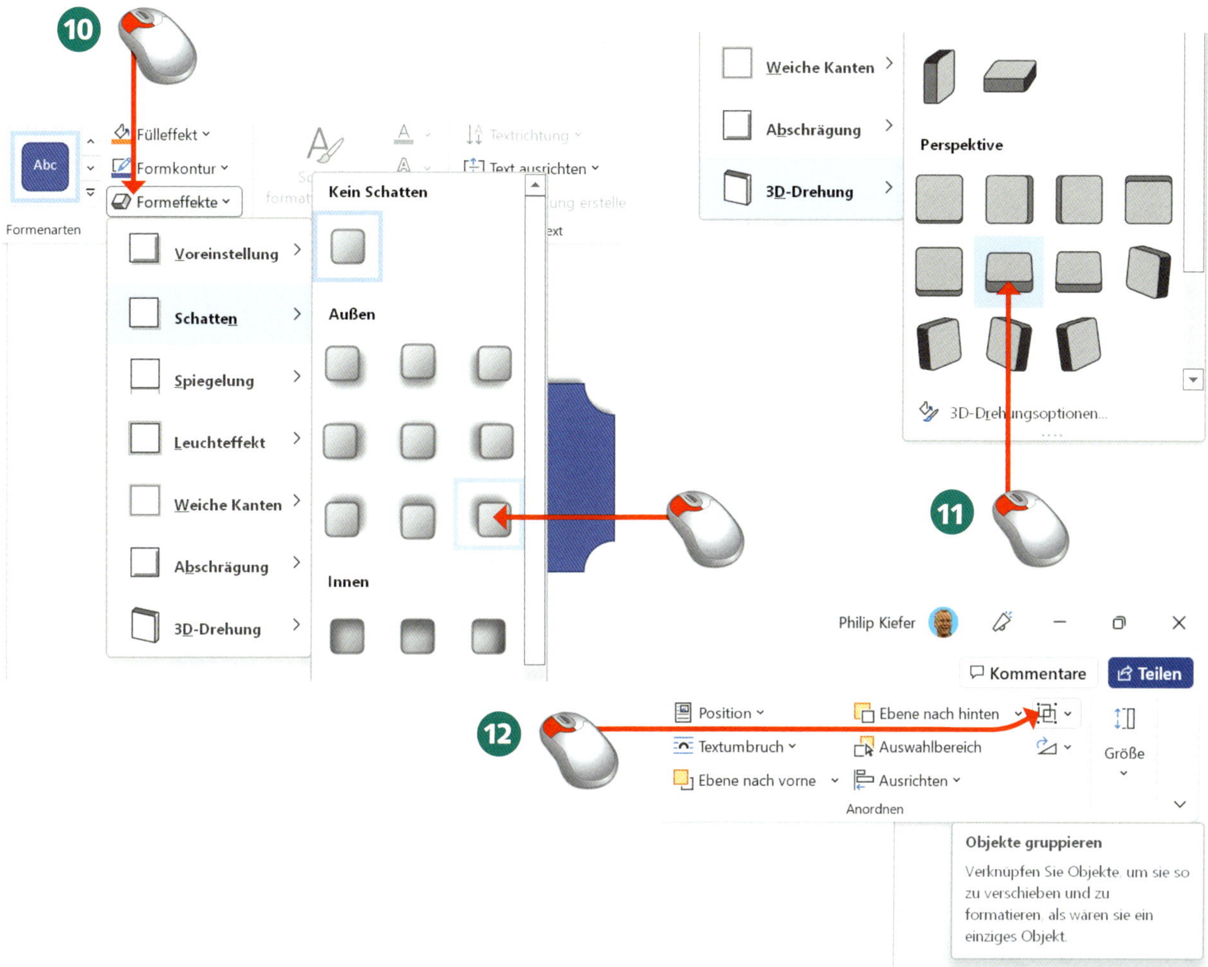

10 Wählen Sie auf der Registerkarte *Formformat* die Menüschaltfläche *Formeffekte*, dann den Befehl *Schatten* und anschließend einen Katalogeintrag, um den Schatten zuzuweisen.

11 Der Befehl *3D-Drehung* der Menüschaltfläche *Formeffekte* ermöglicht es Ihnen, über einen Katalog 3D-Formen anzulegen.

12 Sind mehrere Formen markiert, können Sie diese auf der Registerkarte *Formformat* über die Schaltflächen der Gruppe *Anordnen* ausrichten, drehen oder zu einem Objekt gruppieren.

Ende

TIPP

Mehrere eingefügte Formobjekte markieren Sie, indem Sie diese bei gedrückter [Strg]-Taste nacheinander anklicken.

FACHWORT

Als Gruppieren wird das Zusammenfassen mehrerer Elemente zu einem Objekt bezeichnet.

HINWEIS

Die Menüschaltflächen der Gruppe *Formenarten* enthalten Befehle, um Effekte wie Linienarten, Farbverläufe etc. zuzuweisen.

Start

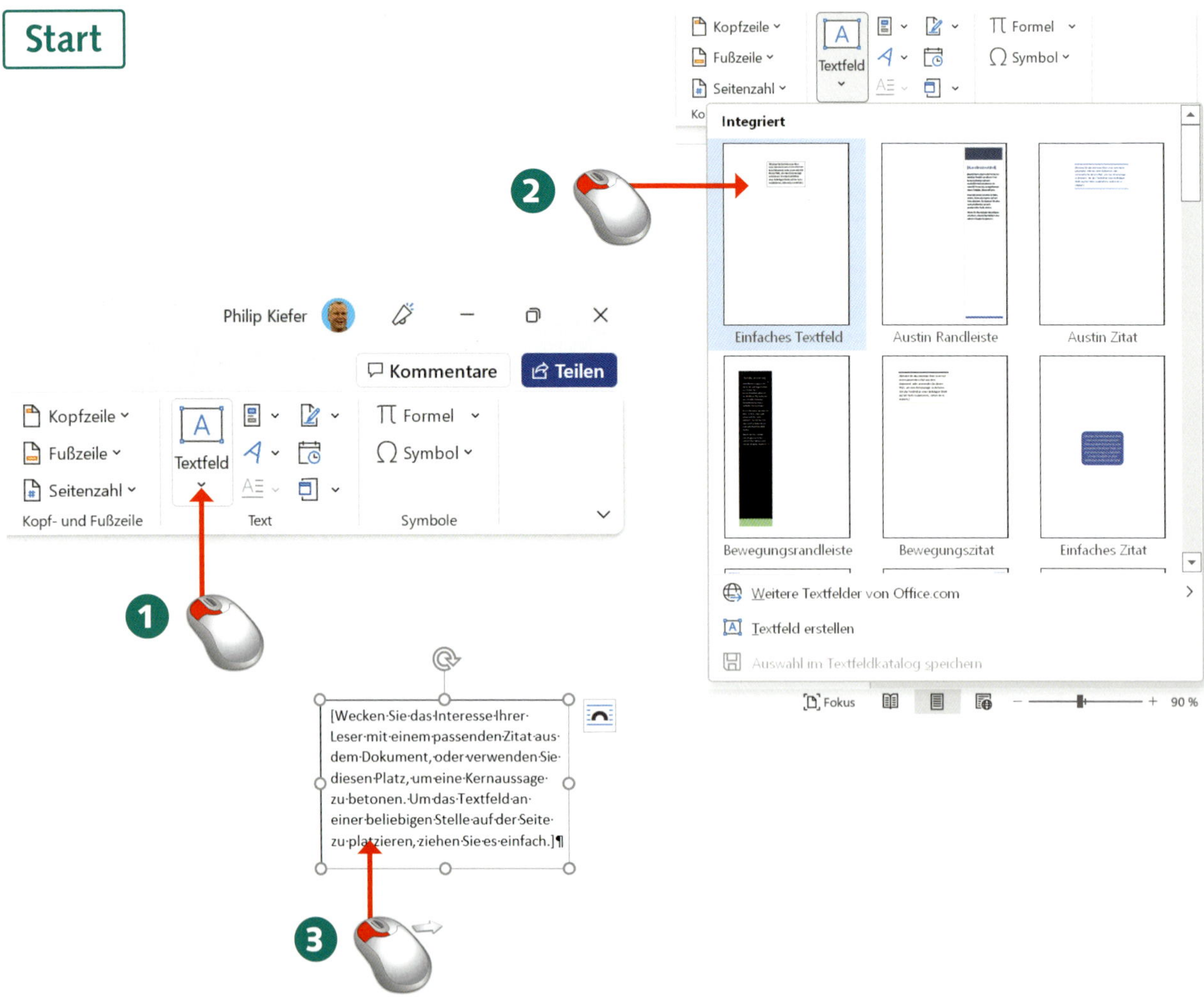

1. Um ein Textfeld zu erstellen, wählen Sie auf der Registerkarte *Einfügen* in der Gruppe *Text* die Schaltfläche *Textfeld*.
2. Wählen Sie eine Vorlage für das Textfeld aus. Sie können aber auch ein einfaches Textfeld später noch individuell gestalten.
3. Ziehen Sie das Textfeld im Dokument bei gedrückter linker Maustaste in die vorgesehene Position.

WISSEN

Eine besondere Form ist das Textfeld, das speziell dazu dient, Text frei in einem Dokument zu positionieren. Das Textfeld lässt sich dabei wie eine Form im Hinblick auf Farben und Co. anpassen.

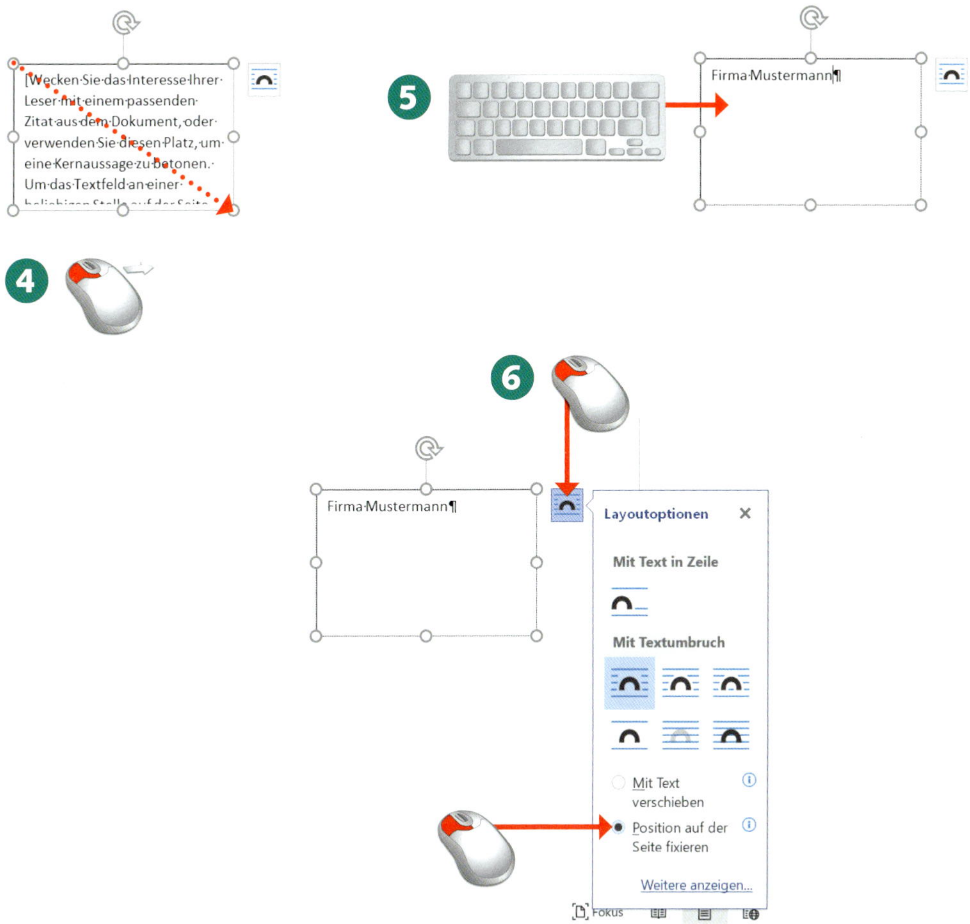

4 Die Größe des Textfeldes passen Sie an, indem Sie mit der Maus eine der Randmarken greifen und das Textfeld bei gedrückter linker Maustaste in die gewünschte Größe ziehen.

5 Um das Textfeld mit Ihren Inhalten zu füllen, klicken Sie in das Textfeld und tippen den Text ein.

6 Das Textfeld soll an der von Ihnen gewählten Stelle fixiert werden? Klicken Sie dazu auf das Symbol *Layoutoptionen* und aktivieren Sie die Option *Position auf der Seite fixieren.*

Ende

TIPP

Zwar heißt es Textfeld, Sie können jedoch auch Bilder einfügen. Die Größe eines eingefügten Bildes wird automatisch an die Dimensionen des Textfeldes angepasst.

HINWEIS

Auch für Textfelder steht die Registerkarte *Formformat* zur Verfügung, um das Textfeld z. B. mit einem Fülleffekt zu versehen oder die Formkontur anzupassen.

Start

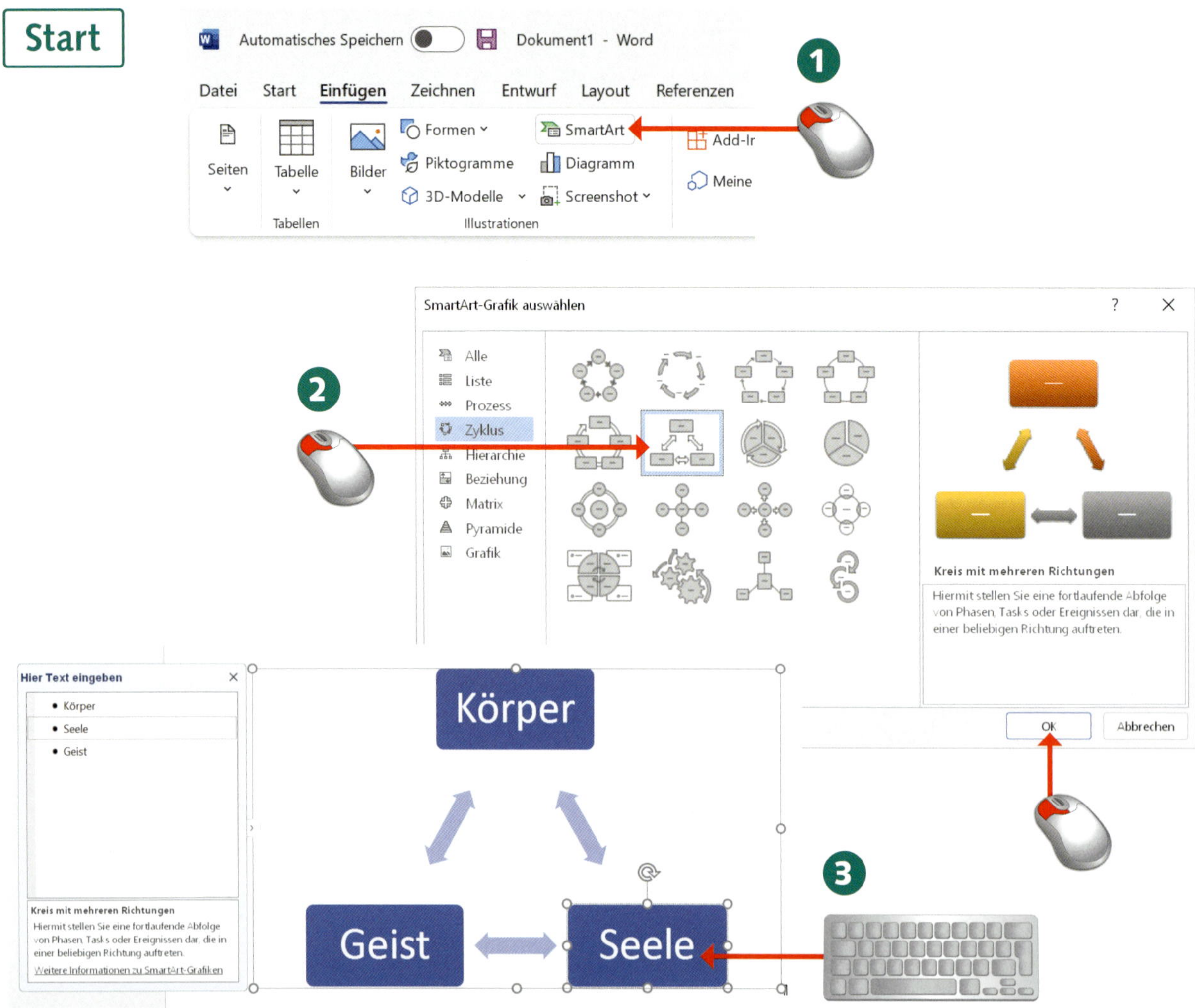

1 Klicken Sie auf der Registerkarte *Einfügen* auf die Schaltfläche *SmartArt*, um ein entsprechendes Objekt anzulegen.

2 Wählen Sie im Dialogfeld eine SmartArt-Kategorie sowie eine SmartArt-Form aus und klicken Sie auf die *OK*-Schaltfläche.

3 Anschließend können Sie die eingefügte SmartArt in der Größe anpassen oder verschieben. Klicken Sie auf die Platzhalter in der SmartArt, um anschließend den Text einzugeben.

WISSEN

Per SmartArt fügen Sie mit wenigen Mausklicks spezielle Diagramme in Office-Dokumente ein. Diese lassen sich mit individuellem Text versehen.

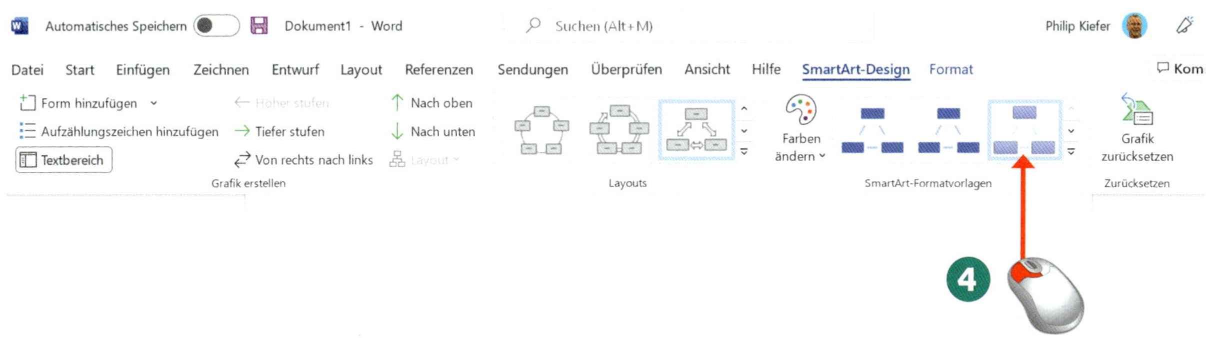

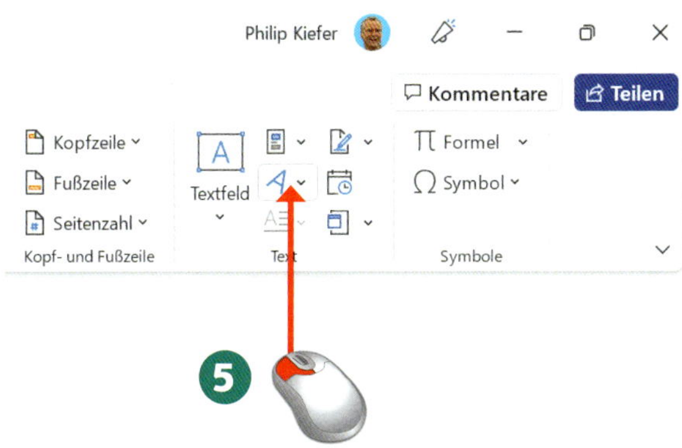

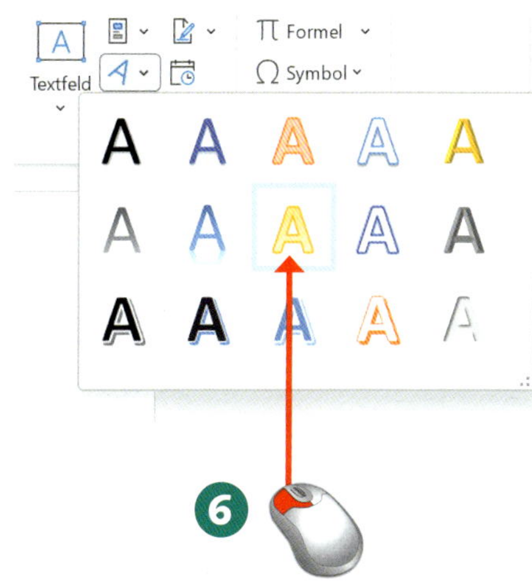

4 Über die Elemente der Registerkarte *SmartArt-Design* passen Sie das Layout sowie die Farben des markierten SmartArt-Objekts an.

5 Zum Erzeugen eines WordArt-Objekts wählen Sie auf der Registerkarte *Einfügen* die Menüschaltfläche *WordArt*.

6 Wählen Sie im eingeblendeten Katalog einen Stil für das WordArt-Objekt aus.

TIPP

Text innerhalb des SmartArt-Objekts lässt sich markieren und dann (z. B. über Tastenkürzel, Seite 75) formatieren.

HINWEIS

Über die Gruppe *SmartArt-Formatvorlagen* der Registerkarte *SmartArt-Design* versehen Sie die Objekte mit speziellen Effekten (z. B. 3D-Darstellung).

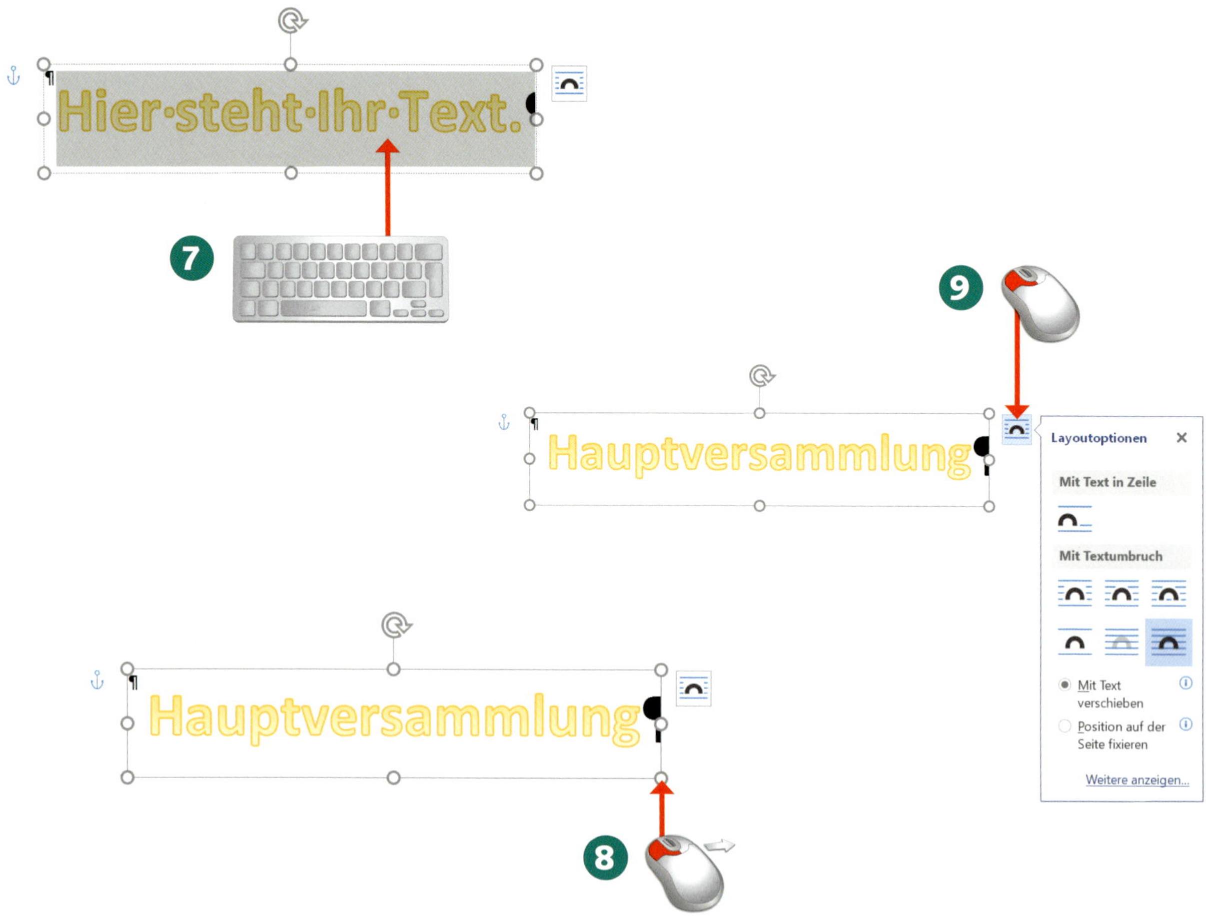

7 Klicken Sie auf den eingefügten WordArt-Platzhalter und tragen Sie den gewünschten WordArt-Text ein.

8 Passen Sie ggf. die Größe des Rahmenelements über die Ziehmarken an. Bei Bedarf lässt sich das WordArt-Objekt über das Drehfeld um die eigene Achse rotieren.

9 Wählen Sie die eingeblendete Schaltfläche *Layoutoptionen* und legen Sie fest, wie das Word-Art-Objekt im Text eingefügt und verankert werden soll.

WISSEN

Mit WordArt lassen sich Texte mit speziellen Schrifteffekten versehen. Die Objekte können Sie wie Formen frei im Text verschieben, vor oder hinter den Text bringen, gruppieren und löschen.

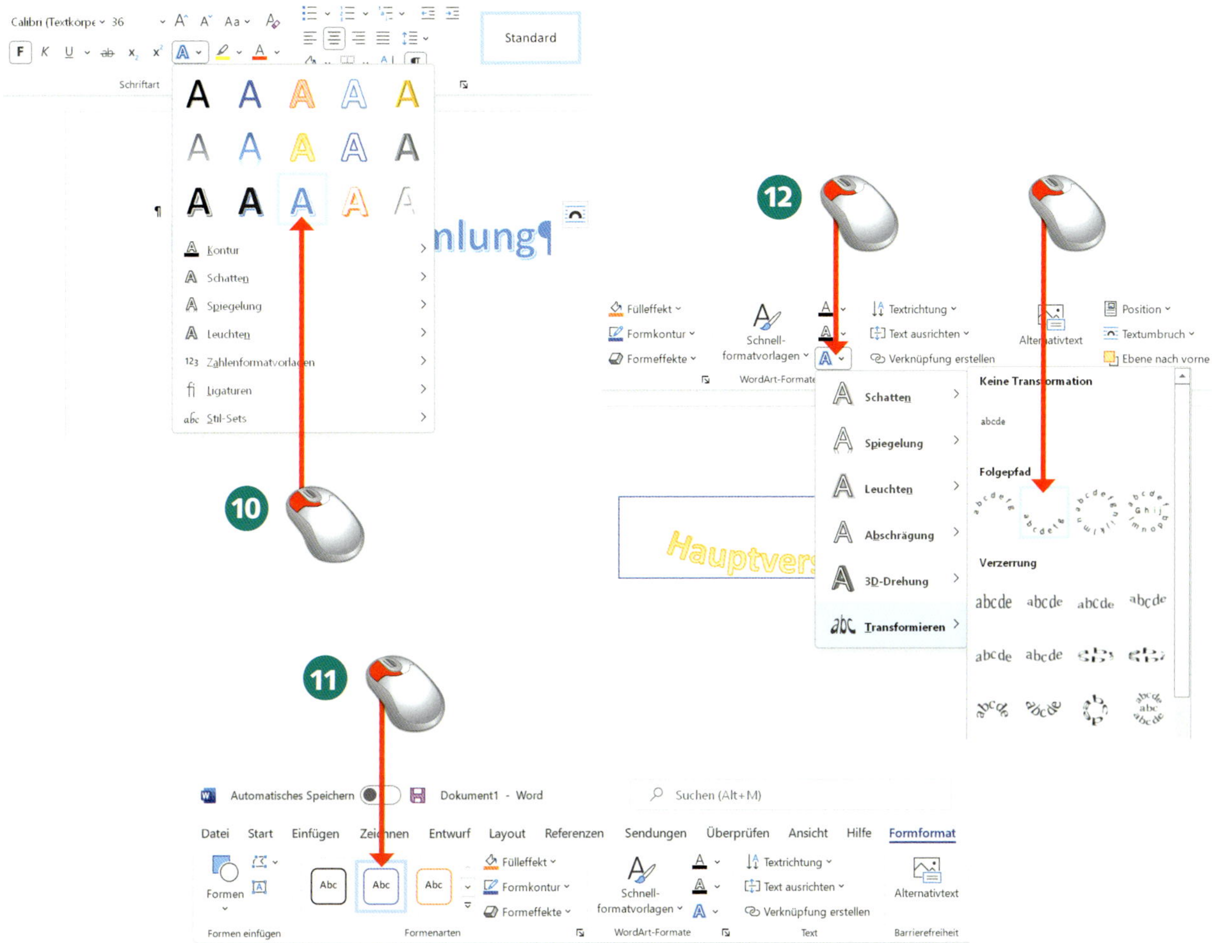

10 Solange das WordArt-Objekt markiert ist, können Sie dessen Formatierung über die Elemente der Registerkarte *Start* des Menübands anpassen.

11 Auf der Registerkarte *Formformat* lassen sich Formenarten, Fülleffekte, Formenkonturen, Formeffekte und Schnellformatvorlagen zuweisen.

12 Über die Schaltfläche *Texteffekte* lässt sich der Text verbiegen, mit Schatten oder 3D-Effekten etc. versehen. In der Gruppe *Anordnen* bestimmen Sie über *Position* die Lage im Text.

Ende

HINWEIS

Die Drehmarke wird bei manchen Objekten eingeblendet und ermöglicht es Ihnen, das Objekt durch Ziehen um eine Achse zu drehen.

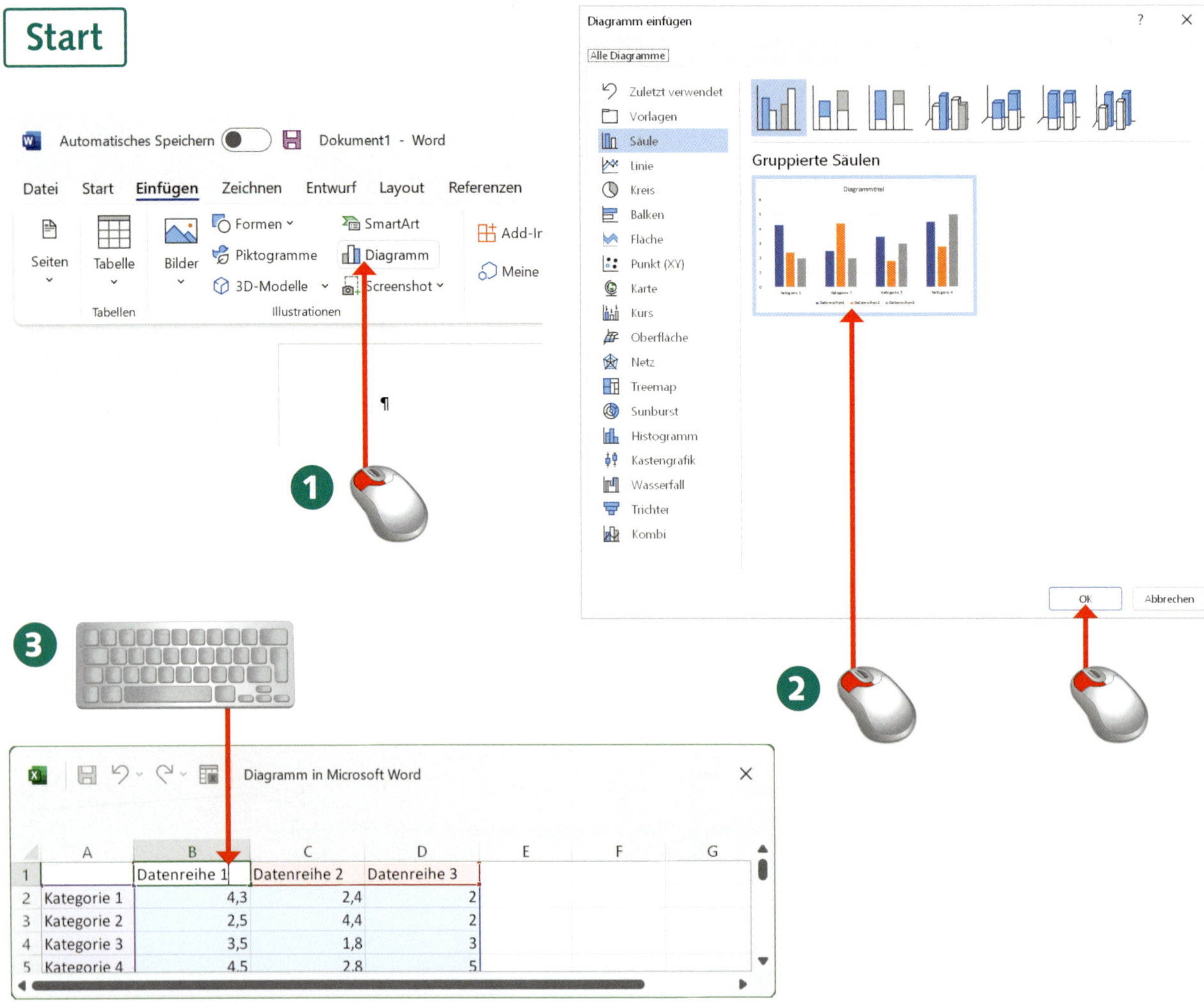

	A	B	C	D	E	F	G
1		Datenreihe 1	Datenreihe 2	Datenreihe 3			
2	Kategorie 1	4,3	2,4	2			
3	Kategorie 2	2,5	4,4	2			
4	Kategorie 3	3,5	1,8	3			
5	Kategorie 4	4,5	2,8	5			

1. Markieren Sie die Einfügestelle im Dokument und wählen Sie auf der Registerkarte *Einfügen* des Menübands die Schaltfläche *Diagramm*.
2. Wählen Sie im Dialogfeld *Diagramm einfügen* den Diagrammtyp sowie die Diagrammvariante, und bestätigen Sie mit der *OK*-Schaltfläche.
3. Passen Sie in der eingeblendeten Tabelle die Werte an, um die Diagrammbeschriftungen und beispielsweise die Höhe der Säulendiagramme anzupassen.

WISSEN

Word ermöglicht es Ihnen, Diagramme im Text einzufügen. Die Daten zum Erstellen des Diagramms tragen Sie in einer eingeblendeten Tabelle ein.
Die Tabelle mit den Diagrammdaten blenden Sie über deren *Schließen*-Schaltfläche (Kreuzsymbol) aus.

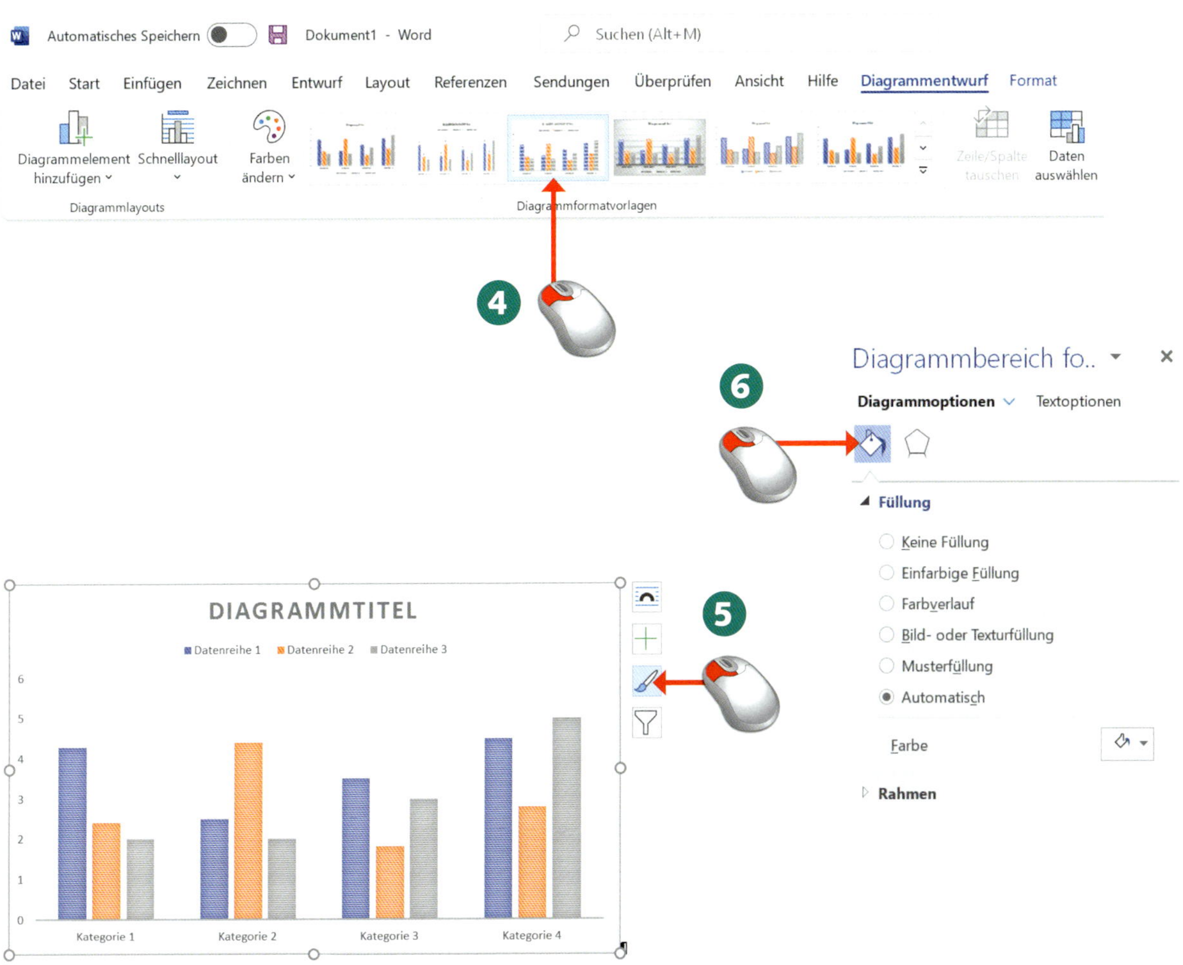

4 Über die Elemente der Registerkarten *Diagrammentwurf* und *Format* formatieren Sie das markierte Diagramm oder passen es an.

5 Über die Schaltflächen neben einem markierten Diagramm passen Sie die Layoutoptionen, die Diagrammelemente, die Diagrammformatvorlagen etc. an.

6 Ein Doppelklick auf ein Diagramm zeigt die Seitenleiste *Diagrammbereich formatieren*, in dem Sie Diagrammoptionen wie Füllung oder Rahmen anpassen.

Ende

HINWEIS

Zeilen- und Spaltenköpfe der eingeblendeten Tabelle wirken sich auf die Achsenbeschriftung des Diagramms aus.

TIPP

Wählen Sie die Schaltfläche *Daten bearbeiten* der Registerkarte *Diagrammentwurf*, um die Daten der Tabelle später erneut zu bearbeiten.

Start

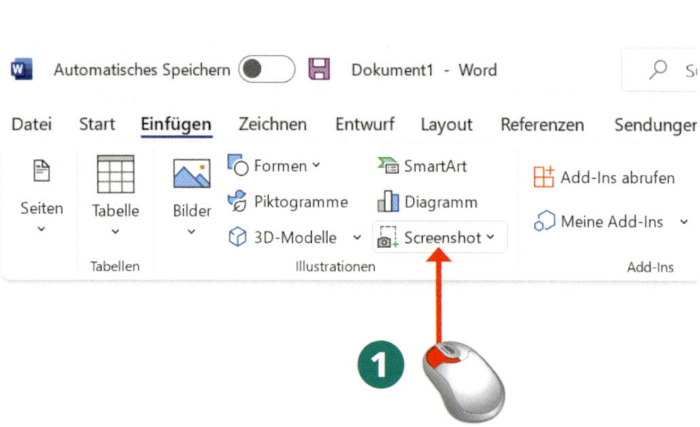

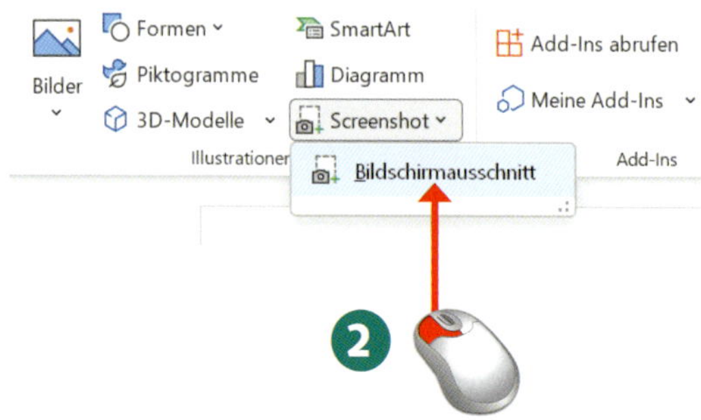

1. Markieren Sie die Einfügestelle im Dokument und wählen Sie auf der Registerkarte *Einfügen* des Menübands die Schaltfläche *Screenshot*.
2. Entscheiden Sie sich im Menü für den Eintrag *Bildschirmausschnitt*.
3. Markieren Sie bei gedrückter linker Maustaste den Bildschirmausschnitt, um diesen in das Dokument einzufügen.

WISSEN

In Word können Sie Bildschirmausschnitte (Screenshots) sowie Onlinevideos in Ihre Dokumente einfügen. Scans erstellen Sie mit dem Grafikprogramm und übertragen diese per Zwischenablage in Word.

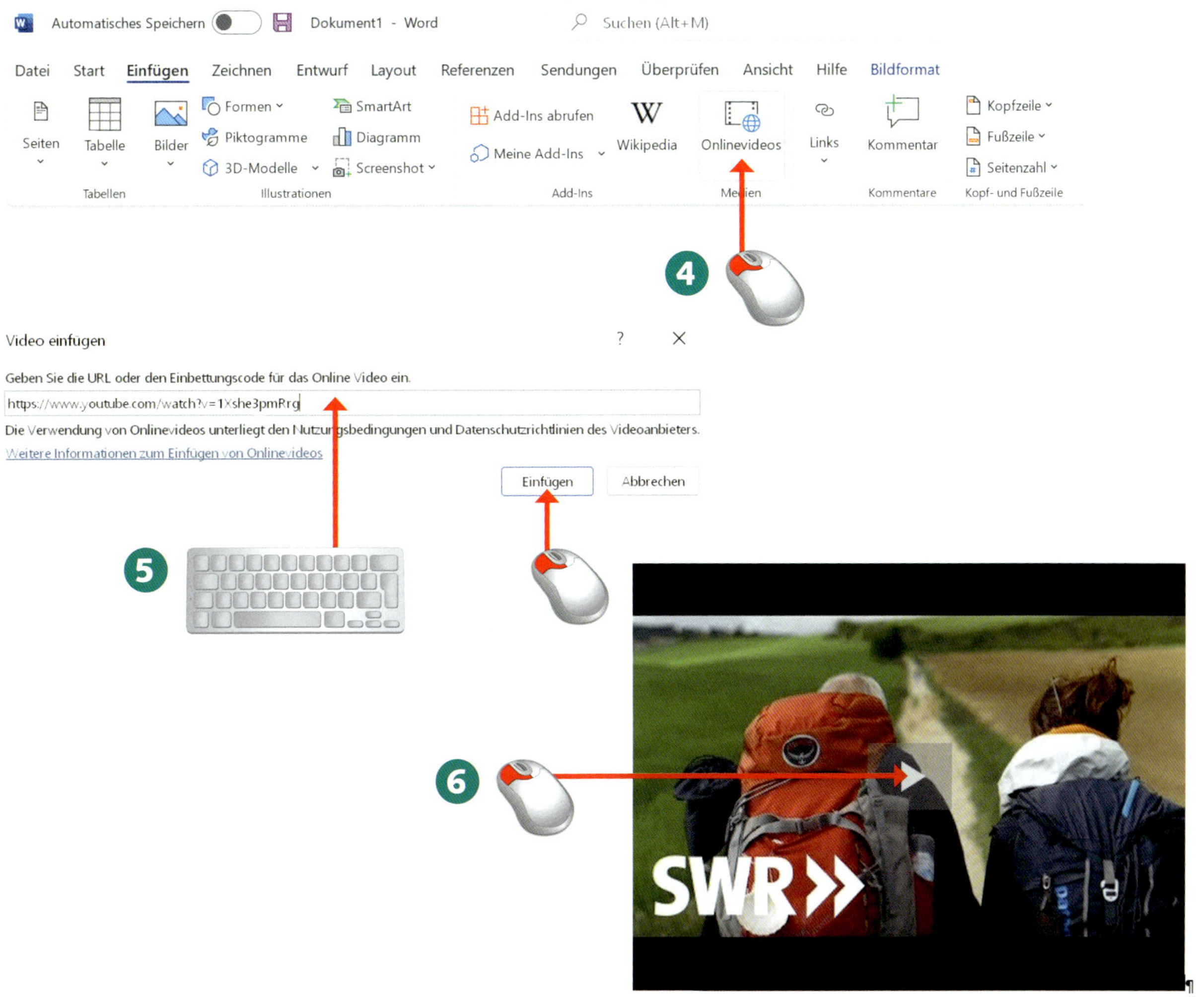

4 Möchten Sie ein Onlinevideo einfügen? Dazu wählen Sie auf der Registerkarte *Einfügen* die Schaltfläche *Onlinevideos*.

5 Geben Sie im Fenster *Video einfügen* die URL des Onlinevideos (hier z. B. eines YouTube-Videos) oder den Einbettungscode an, wählen Sie dann *Einfügen*.

6 Um das Video direkt in Word wiederzugeben, klicken Sie mit der linken Maustaste auf das Play-Symbol.

Ende

TIPP

Die Druck-Taste erzeugt einen Screenshot des gesamten Bildschirms, den Sie mit Strg+V aus der Zwischenablage in das Dokument einfügen. Ein Screenshot des aktuellen Fensters lässt sich mit der Tastenkombination Alt+Druck in die Zwischenablage übernehmen.

FACHWORT

Ein Link ermöglicht den Zugriff auf eine Webseite oder andere Dateien. Um einen Link einzufügen, wählen Sie auf der Registerkarte *Einfügen* die Schaltfläche *Links*.

Start

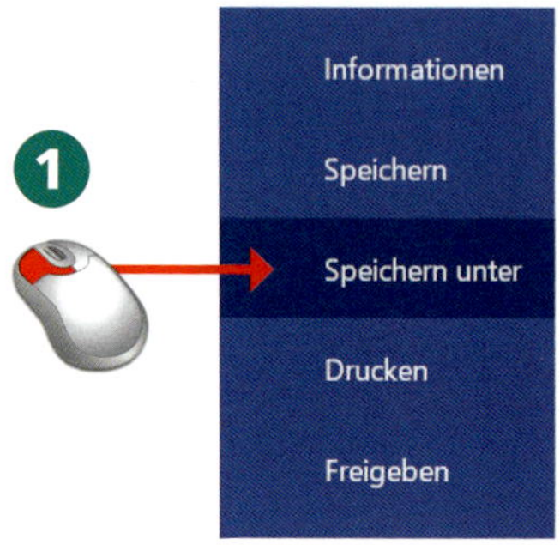

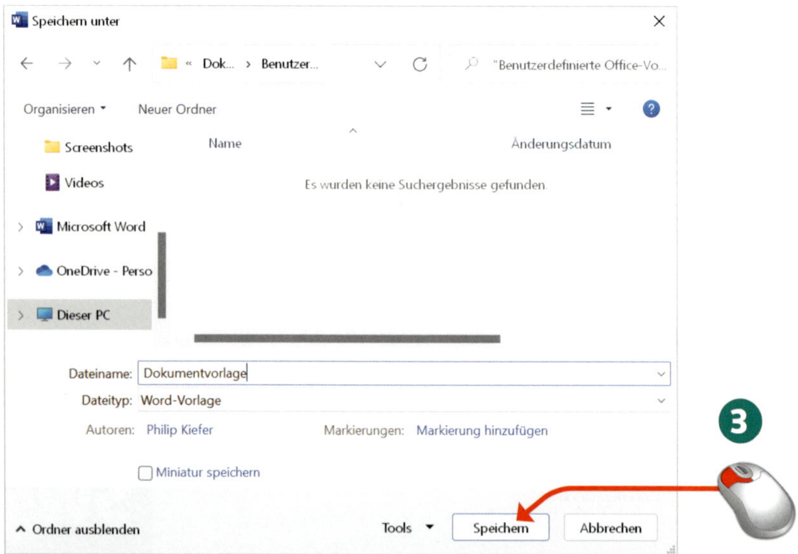

1. Zum Speichern einer eigenen Dokumentvorlage bereiten Sie das Dokument in Word wie gewünscht vor. Wählen Sie dann unter *Datei* den Befehl *Speichern unter*.
2. Entscheiden Sie sich als Nächstes für *Durchsuchen*.
3. Wählen Sie im Dialogfeld *Speichern unter* das Speicherziel aus, und stellen Sie den Dateityp auf *Word-Vorlage* um. Geben Sie anschließend den Dateinamen ein, und bestätigen Sie mit *Speichern*.

WISSEN

Dokumentvorlagen ermöglichen es, in Word und in anderen Microsoft-Office-Anwendungen neue Dokumente auf Basis bereits vorhandener Informationen anzulegen. Sie können aber auch eigene Vorlagen aus Dokumenten erzeugen und speichern.

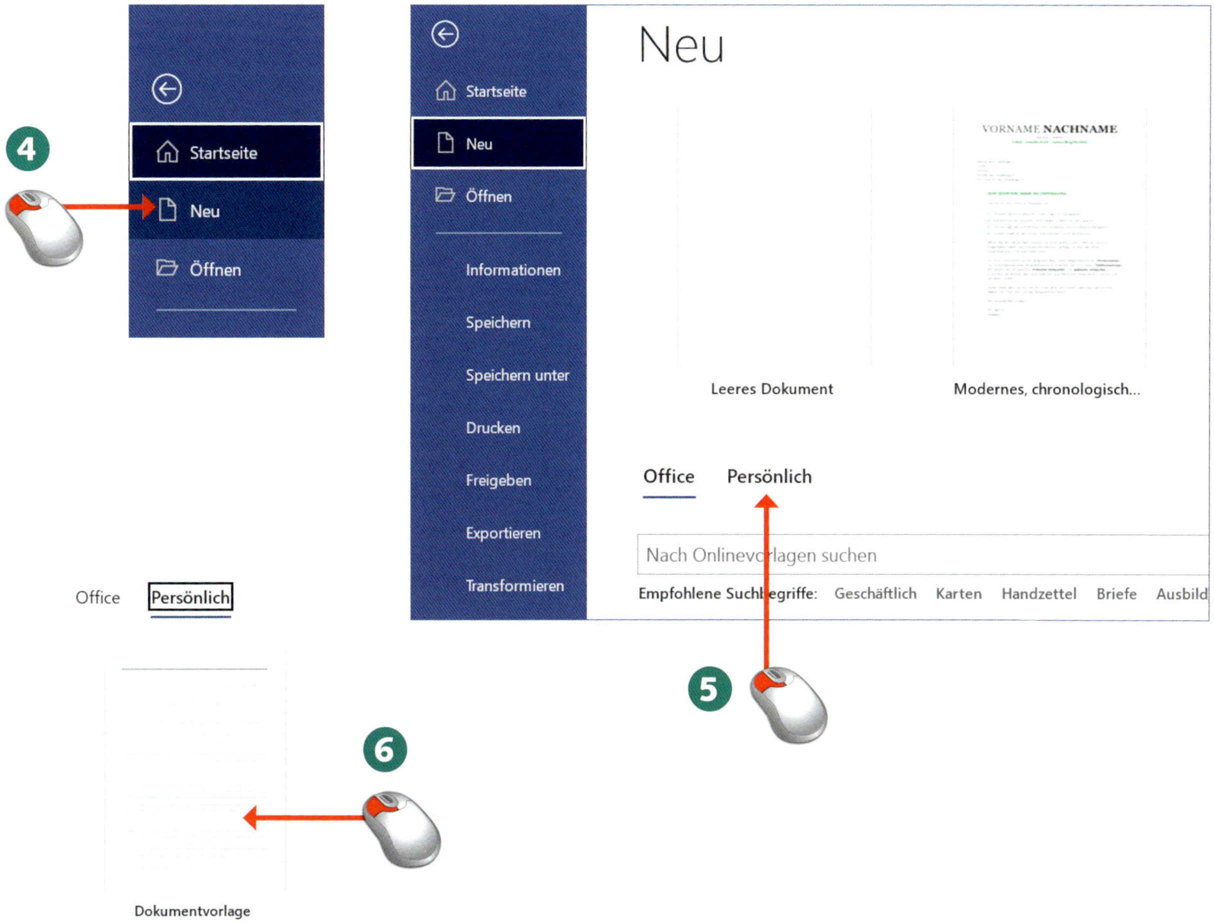

4 Zum Zugriff auf die eigenen Dokumentvorlagen wählen Sie *Datei* und in der Backstage-Ansicht den Befehl *Neu*.

5 Entscheiden Sie sich in der Kategorie *Neu* der Backstage-Ansicht für den Eintrag *Persönlich*.

6 Wählen Sie den Eintrag der in der Backstage-Ansicht angezeigten Dokumentvorlage. Das neue Dokument wird angelegt.

Ende

TIPP

Speichern Sie eigene Vorlagen unter *Dokumente/Benutzer-definierte Office-Vorlagen*.

HINWEIS

Sind Dokumentvorlagen in Unterordnern von *Benutzerdefinierte Office-Vorlagen* gespeichert, tauchen diese auch in der Kategorie *Persönlich* als Ordnersymbole auf.

Start

1. Um mit Formatvorlagen zu arbeiten, geben Sie in das Word-Dokumentfenster den Text ein, verzichten aber auf jegliche Formatierung.
2. Markieren Sie im Dokumentfenster den zu formatierenden Absatz oder die zu formatierenden Zeichen.
3. Öffnen Sie auf der Registerkarte *Start* in der Gruppe *Formatvorlagen* den Schnellformatvorlagen-Katalog.

WISSEN

Statt einer festen Formatierung (siehe Seite 74) können Sie auch Formatvorlagen zuweisen, um das Aussehen eines Dokuments zu beeinflussen. Der Vorteil besteht darin, dass die zugewiesenen Formatierungen bei Änderungen der Formatvorlagen automatisch im Dokument angepasst werden. Welche Formatvorlagen vorhanden sind, wird durch die im Dokument verwendete Dokumentvorlage bestimmt. Deren Anpassung ist ab Seite 114 beschrieben.

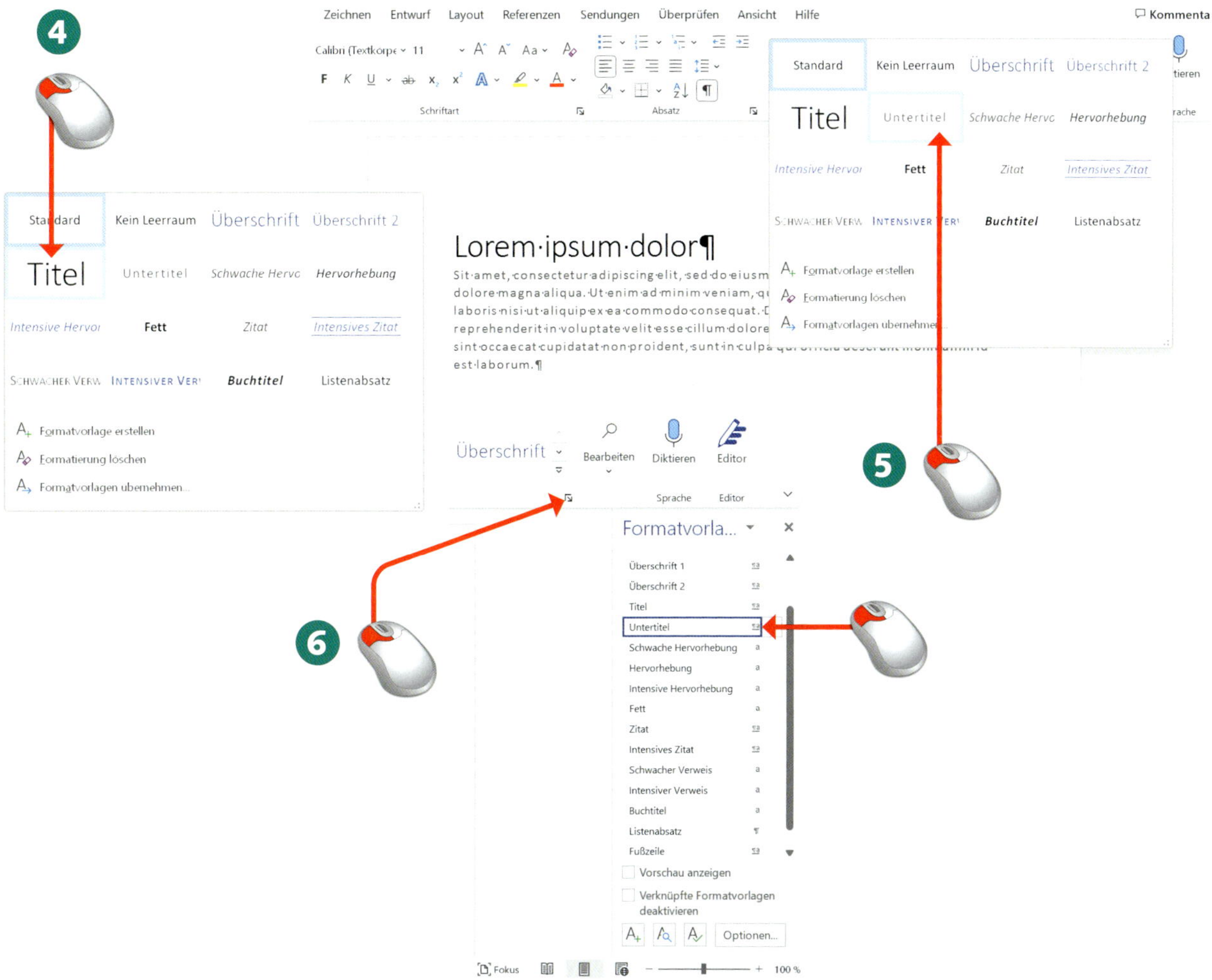

4 Klicken Sie im Formatvorlagen-Katalog auf die gewünschte Vorlage, um diese dem markierten Text bzw. dem aktuellen Absatz zuzuweisen.

5 Weisen Sie auf diese Weise allen Absätzen und zu formatierenden Textabschnitten eine Schnellformatvorlage zu.

6 Blenden Sie auf der Registerkarte *Start* die Formatvorlagenliste über das Startprogramm für Dialogfelder der Gruppe *Formatvorlagen* ein, weisen Sie die Formatvorlagen durch Anklicken den markierten Bereichen zu.

TIPP

Um ein Zeichenformat zuzuweisen, markieren Sie den Text. Für Absatzformate positionieren Sie die Einfügemarke im Absatz. Wählen Sie danach die Schnellformatvorlage aus.

TIPP

Mit Schritt 4 können Sie z. B. Überschriften formatieren oder Texte fett auszeichnen. Normalen Absätzen weisen Sie das Format *Standard* zu.

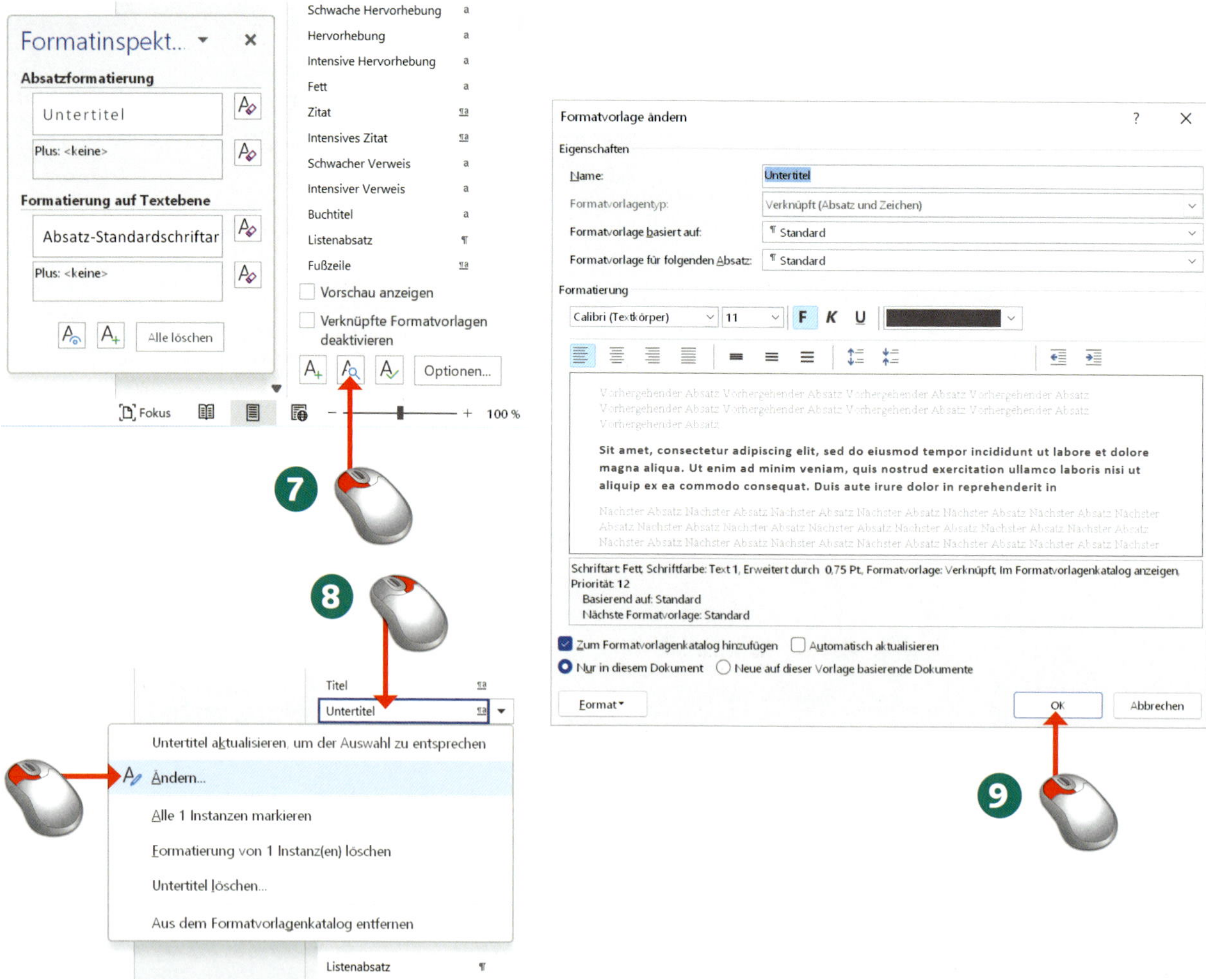

7 Über eine Schaltfläche der Formatvorlagenliste blenden Sie den Formatinspektor ein. Markieren Sie einen Text, zeigt der Formatinspektor dessen Formatierung an.

8 Zum Anpassen einer Formatvorlage öffnen Sie per Rechtsklick deren Kontextmenü in der Formatvorlagenliste und wählen die Schaltfläche *Ändern*.

9 Passen Sie im Dialogfeld *Formatvorlage ändern* die Formatierung an und bestätigen Sie mit der *OK*-Schaltfläche.

WISSEN

Mit dem Formatinspektor kontrollieren Sie die Formatierung. Bei Bedarf lassen sich die Formatvorlagen anpassen oder neu erstellen. Änderungen an zugewiesenen Formatvorlagen wirken sich im gesamten Dokument aus. Im Formatinspektor finden Sie Schaltflächen, um Formatierungen zu löschen, Details anzuzeigen oder neue Formatvorlagen zu definieren.

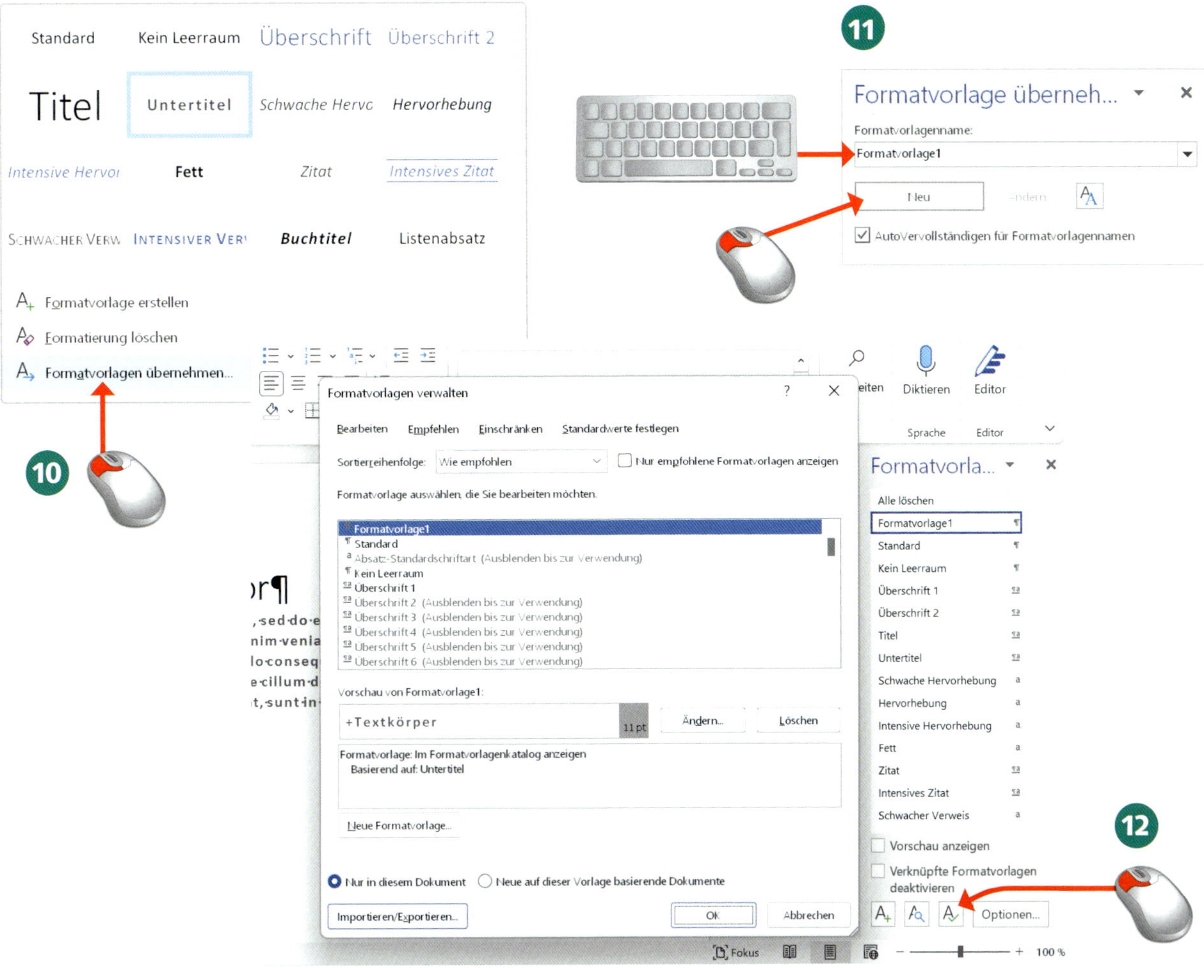

10 Wählen Sie im Formatvorlagen-Katalog den Befehl *Formatvorlagen übernehmen*, lässt sich eine Formatvorlage neu anlegen, ändern oder einem markierten Text zuweisen.

11 Der Befehl *Formatvorlage erstellen* im Formatvorlagen-Katalog ermöglicht es Ihnen, den neuen Vorlagennamen einzutragen und mit *Neu* zu übernehmen. Im gleichen Dialogfeld können Sie den Vorlagennamen auch ändern.

12 Die Schaltfläche *Formatvorlagen verwalten* öffnet ein Dialogfeld, in dem Sie Formatvorlagen einsehen, ändern und selbst definierte Vorlagen löschen können.

Ende

HINWEIS

Der Buchstabe »a« rechts neben dem Formatvorlagennamen weist darauf hin, dass es sich um ein Zeichenformat handelt.

TIPP

Die Schaltfläche *Neue Formatvorlage* links unten in der Formatvorlagenleiste (Schritt 7) ermöglicht es Ihnen, neue Einstellungen festzulegen (Schritt 9).

Start

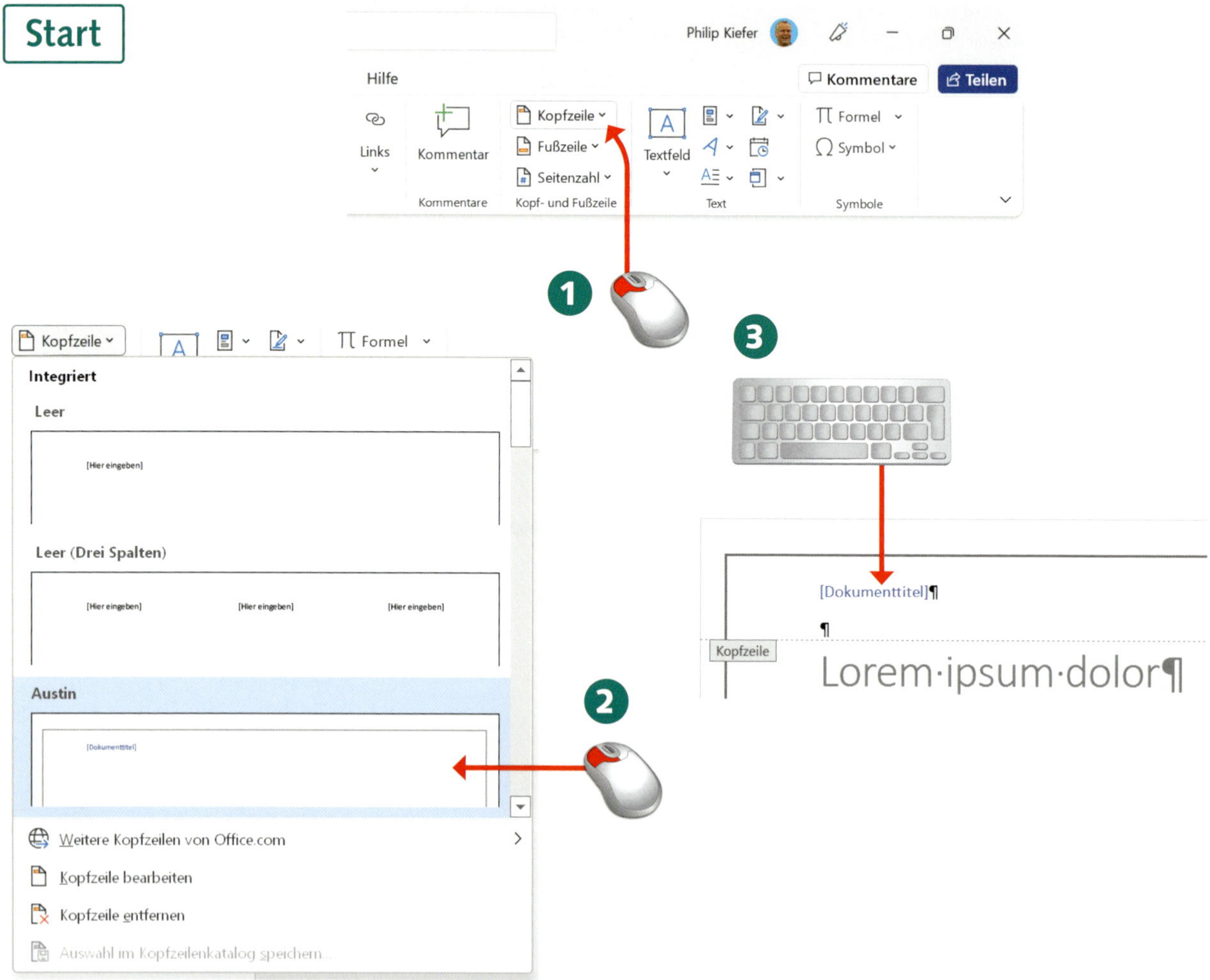

1. Wählen Sie auf der Registerkarte *Einfügen* des Menübands die Schaltfläche *Kopfzeile* bzw. *Fußzeile* der Gruppe *Kopf- und Fußzeile*.
2. Wählen Sie einen der Einträge aus dem Katalog, um die entsprechende Kopf- oder Fußzeile in das Dokument einzufügen.
3. Je nach gewählter Vorlage wählen Sie die Platzhalter an und geben den gewünschten Text ein.

WISSEN

Briefe oder Textdokumente können Sie mit einer Kopf- und/oder Fußzeile (z. B. zur Aufnahme von Seitenzahlen oder Adressen) versehen. Die Kopf- bzw. Fußzeile wird dann auf jeder Dokumentseite eingeblendet. Das Layout der Kopf- bzw. Fußzeile können Sie jederzeit über den Katalog der betreffenden Schaltfläche ändern.

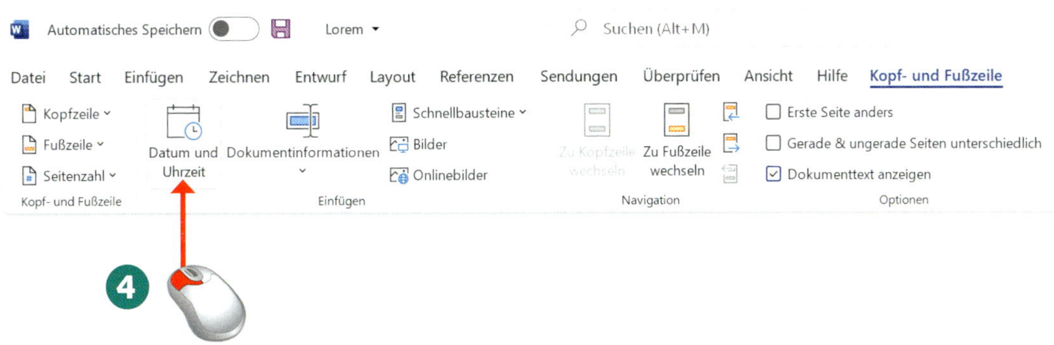

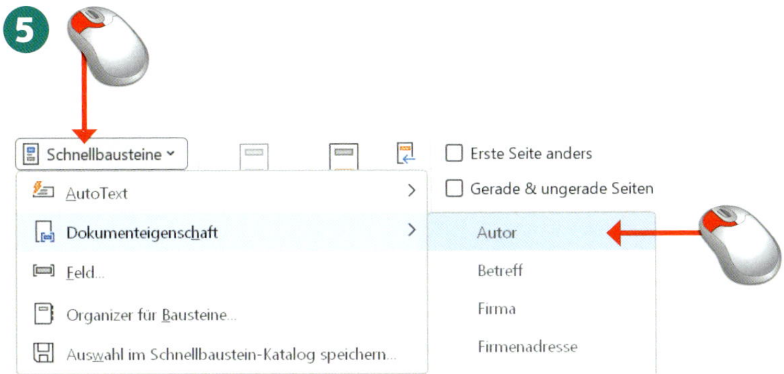

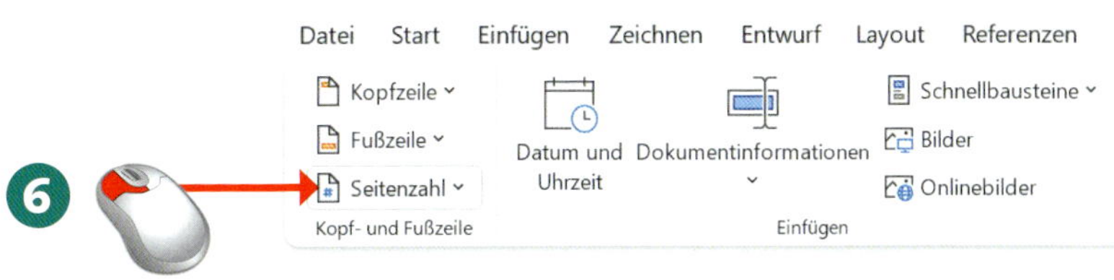

4 Ist eine Kopf-/Fußzeile angewählt, können Sie über die Registerkarte *Kopf- und Fußzeile* Objekte wie Bilder oder Datum und Uhrzeit einfügen.

5 Über die Schaltfläche *Schnellbausteine* der Gruppe *Einfügen* der Registerkarte *Kopf- und Fußzeile* fügen Sie Autor, Dateiname oder andere Eigenschaften in die Kopf-/Fußzeile ein.

6 Möchten Sie die Dokumentseiten nummerieren, klicken Sie auf der Registerkarte *Kopf- und Fußzeile* in der Gruppe *Kopf- und Fußzeile* die Schaltfläche *Seitenzahl* an.

TIPP

Durch Doppelklicken in den Fließtext verlassen Sie die Kopf- bzw. Fußzeile und können das Textdokument weiterbearbeiten.

HINWEIS

Zum Einfügen von Grafiken oder Objekten darf kein Text der Kopf-/Fußzeile zum Bearbeiten ausgewählt sein.

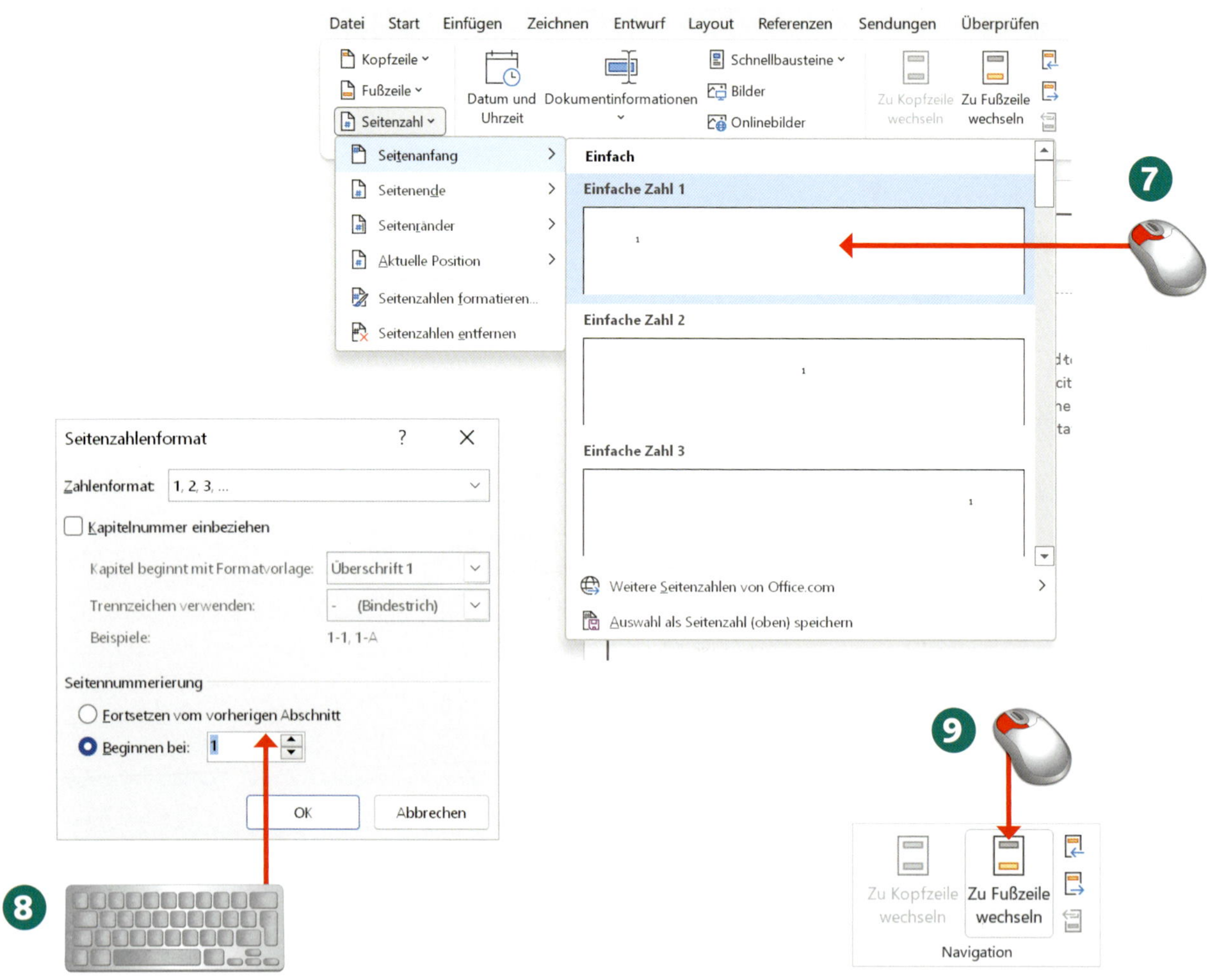

7 Entscheiden Sie sich im Menü für einen der Befehle wie *Seitenanfang* bzw. *Seitenende* und wählen Sie anschließend einen Katalogeintrag für das Format der Seitennummer.

8 Zum Einstellen der Seitenzahl wählen Sie in Schritt 7 den Menübefehl *Seitenzahlen formatieren* und passen im Dialogfeld den Wert für die Seitennummerierung an.

9 Statt ständig über die Bildlaufleiste zu blättern, wechseln Sie über die Schaltflächen der Gruppe *Navigation* der Registerkarte *Kopf- und Fußzeile* zwischen der Kopf- und der Fußzeile.

WISSEN

Word kann Kopf-/Fußzeilen für die erste Seite und/oder für gerade/ungerade Seiten mit anderen Inhalten versehen. Dies eröffnet z. B. die Möglichkeit, auf der ersten Dokumentseite auf Kopf-/Fußzeilen zu verzichten. Der Katalog der Schaltflächen *Kopfzeile* bzw. *Fußzeile* enthält einen Befehl zum Entfernen der Kopf- oder Fußzeile. Dies ist hilfreich, falls die erste Seite keine Kopf-/Fußzeile enthalten soll.

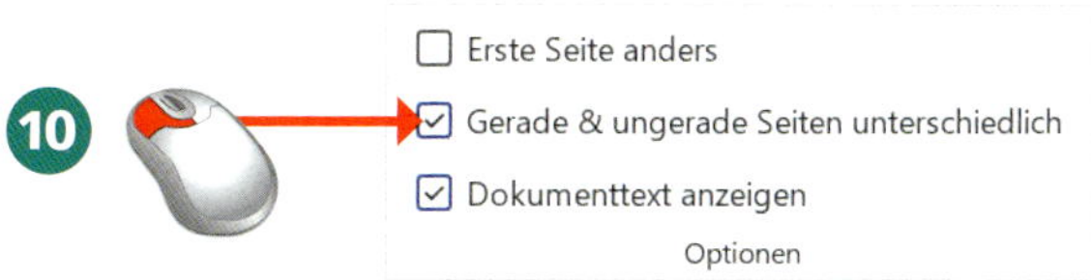

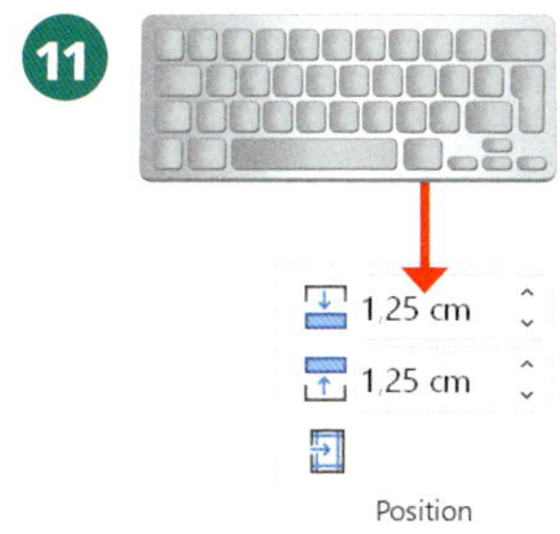

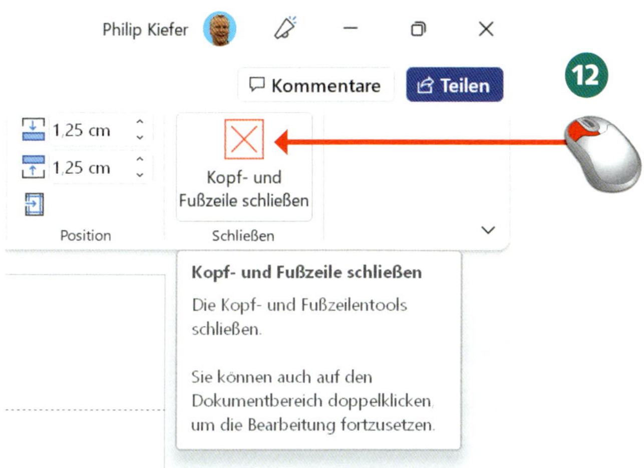

10 In der Gruppe *Optionen* der Registerkarte *Kopf- und Fußzeile* legen Sie über Kontrollkästchen fest, ob für gerade/ungerade Seiten oder die erste Seite andere Kopf-/Fußzeileninhalte berücksichtigt werden sollen.

11 Die Felder der Gruppe *Position* ermöglichen es Ihnen, die Höhe der Kopf- oder Fußzeile zu verändern.

12 Die Schaltfläche *Kopf- und Fußzeile schließen* beendet den Bearbeitungsmodus der Kopf-/Fußzeile und wechselt zur Bearbeitung des Fließtextes.

Ende

TIPP

Ein Doppelklick auf die Kopf-/Fußzeile öffnet diese zum Bearbeiten.

TIPP

Ist der Fließtext gewählt, finden Sie die Schaltflächen zum Bearbeiten der Seitenzahlen in der Gruppe *Kopf- und Fußzeile* auf der Registerkarte *Einfügen* des Menübands.

Start

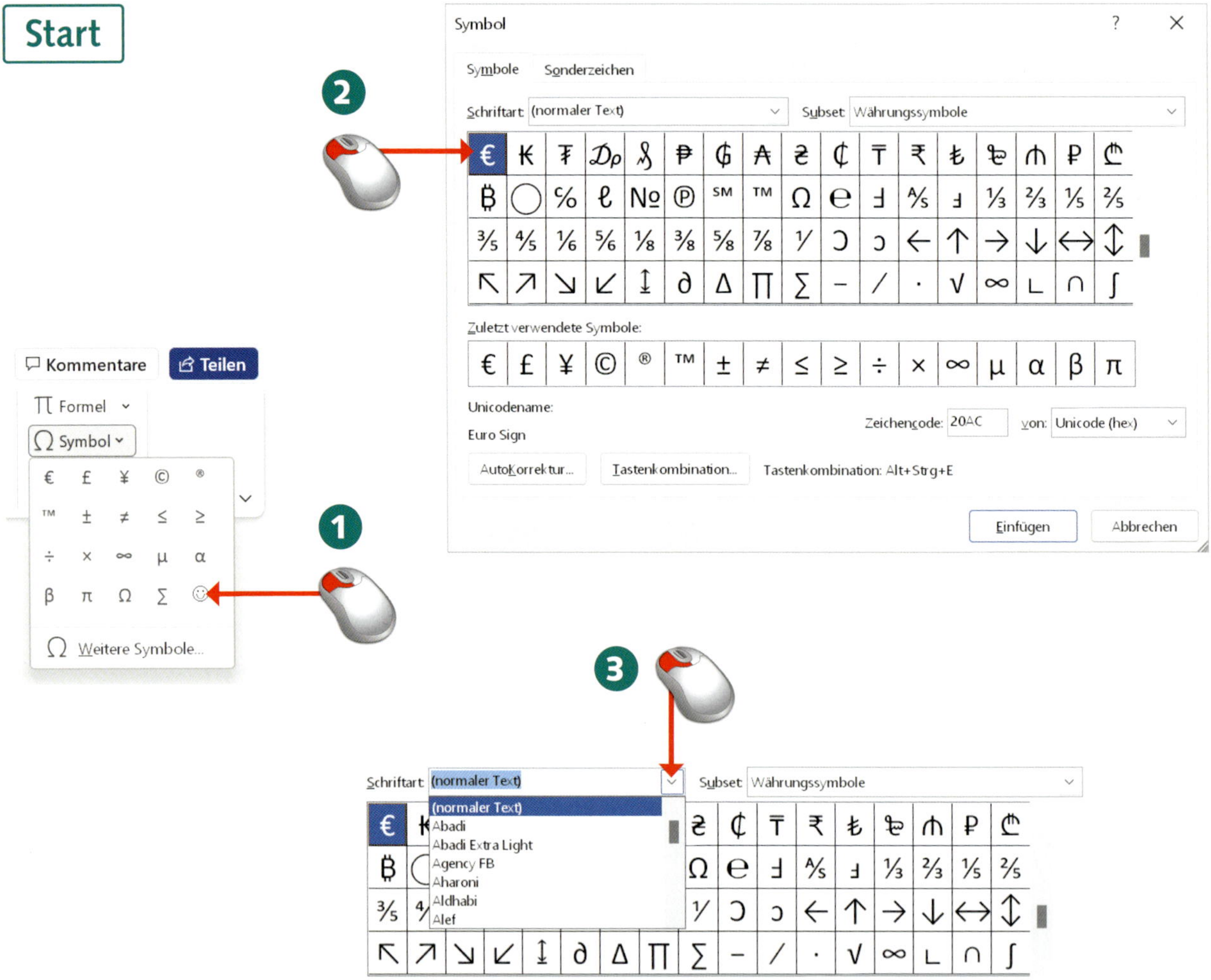

1. Um ein spezielles Symbol in den Text einzufügen, öffnen Sie auf der Registerkarte *Einfügen* des Menübands das Menü der Schaltfläche *Symbol* und wählen das gewünschte Zeichen aus.
2. Fehlt das Zeichen, wählen Sie in Schritt 1 den Befehl *Weitere Symbole* und stellen auf der Registerkarte *Symbole* ggf. die benötigte Schriftart ein.
3. Bei der Schriftart *(normaler Text)* wählen Sie ggf. über das Listenfeld *Subset* den Zeichenabschnitt, markieren das Zeichen, klicken auf *Einfügen* und dann auf *Schließen*.

WISSEN

Über Felder lassen sich dynamische Informationen wie Datum, Seitenzahl etc. im Dokument einblenden. Sonderzeichen können über eine spezielle Funktion in den Text eingefügt werden. Über Felder können Sie beispielsweise Inhalts- und Stichwortverzeichnisse erstellen.

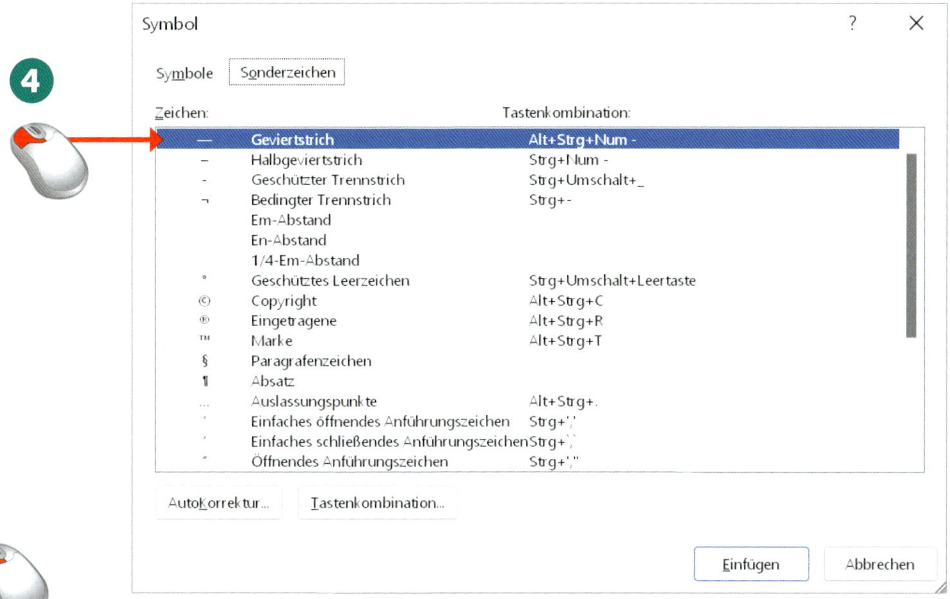

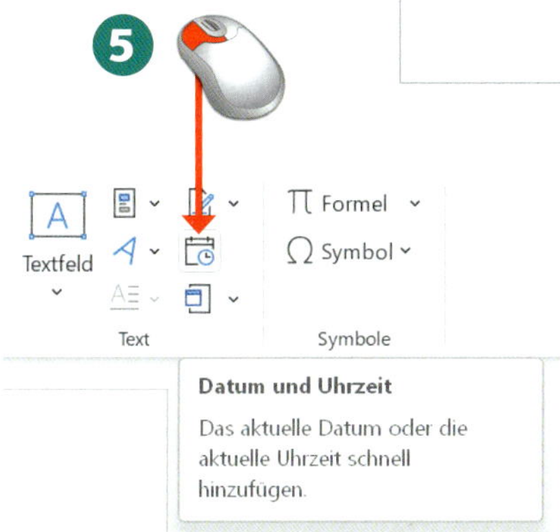

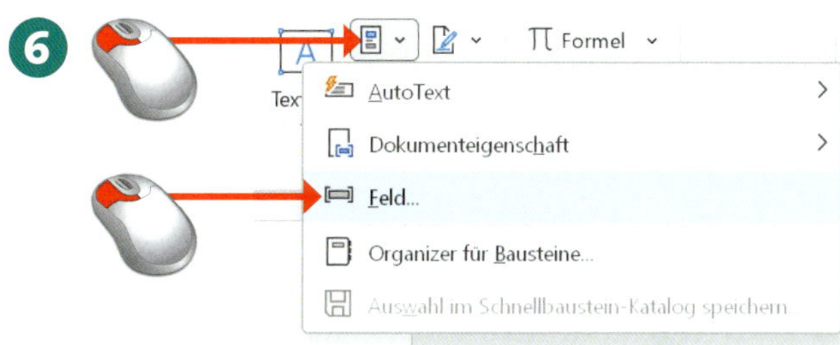

4 Auf der Registerkarte *Sonderzeichen* des Dialogfelds finden Sie spezielle Word-Sonderzeichen, die Sie über die *Einfügen*-Schaltfläche in den Text übernehmen.

5 Darüber hinaus enthält die Registerkarte *Einfügen* des Menübands Schaltflächen, um Seitenwechsel oder ein Datumsfeld in den Text einzufügen.

6 Zur Anzeige weiterer Informationen (z. B. Dokumentname) rufen Sie im Menü *Schnellbausteine* den Befehl *Feld* auf und wählen im Dialogfeld das gewünschte Feld aus.

Ende

TIPP

Markierte Felder werden grau unterlegt. Die Tastenkombination Strg+F9 blendet dann die Felddefinition ein oder aus.

HINWEIS

Die Schriftarten *Wingdings* enthalten eine Reihe stilisierter Symbole wie beispielsweise ein Telefon.

Start

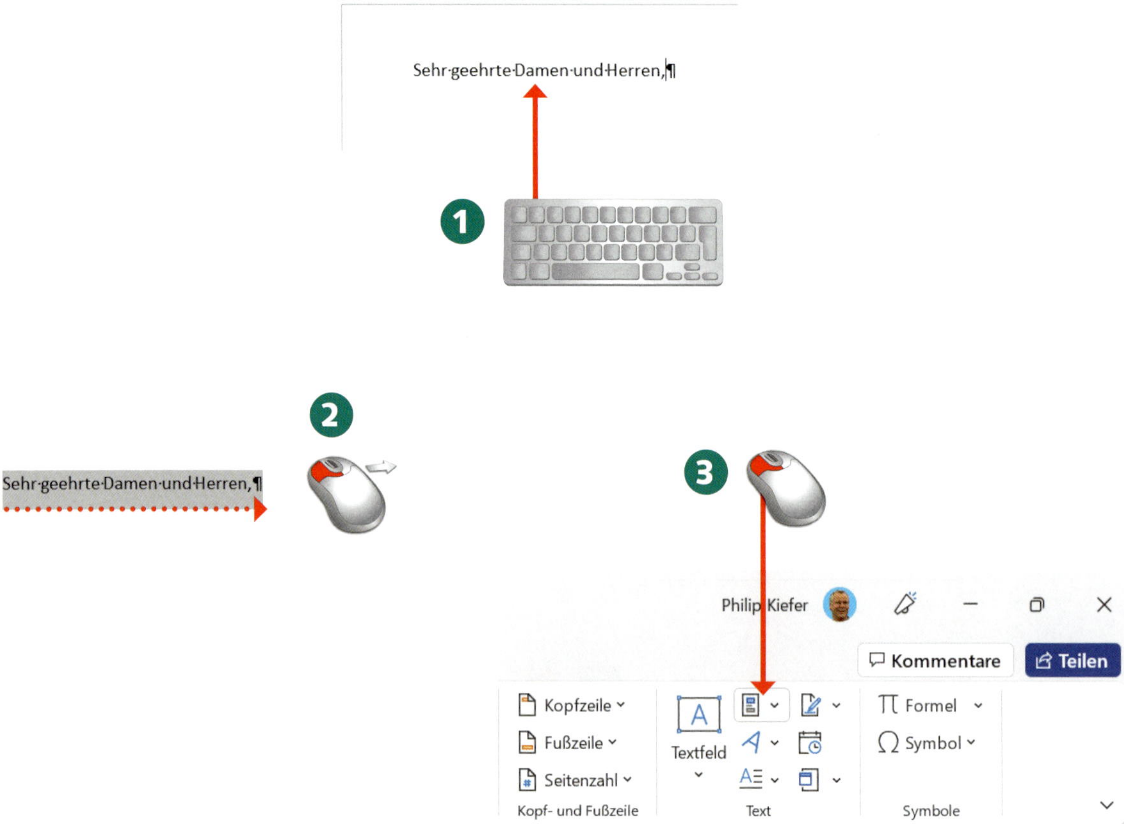

1. Tippen Sie in Word zunächst den Text ein, den Sie als Schnellbaustein anlegen möchten.

2. Markieren Sie den Text, z. B. durch Ziehen bei gedrückter linker Maustaste.

3. Entscheiden Sie sich für die Registerkarte *Einfügen* und dort in der Gruppe *Text* für die Schaltfläche *Schnellbausteine*.

WISSEN

Wenn Sie bestimmte Textpassagen immer wieder benötigen, legen Sie diese als »Schnellbaustein« an, um sie mit wenigen Handgriffen ins Dokument einzufügen. Das kann auf Dauer einiges an Tipparbeit ersparen.

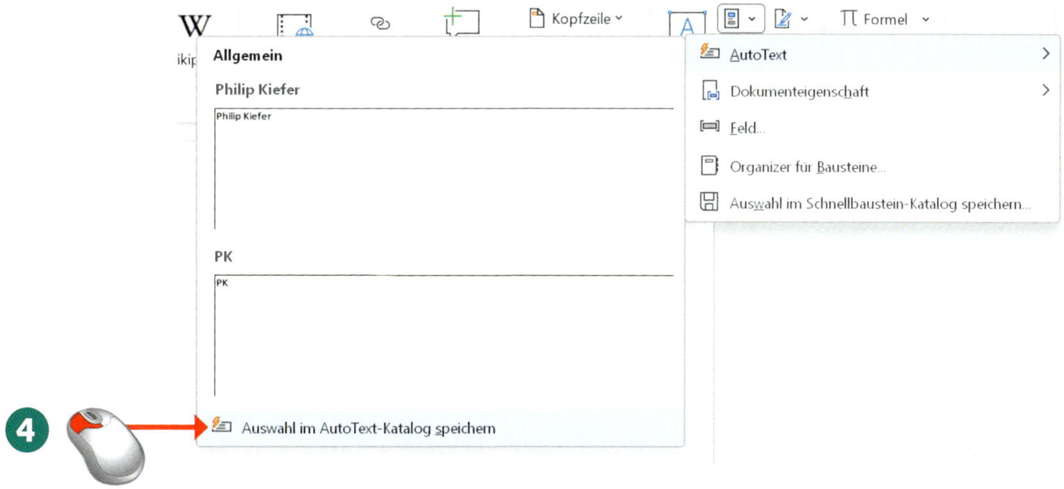

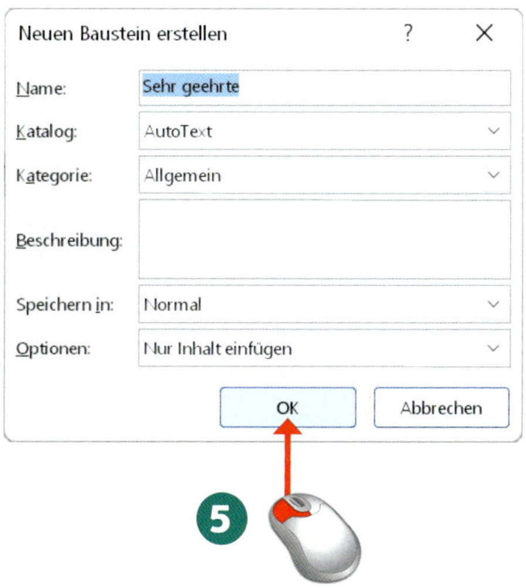

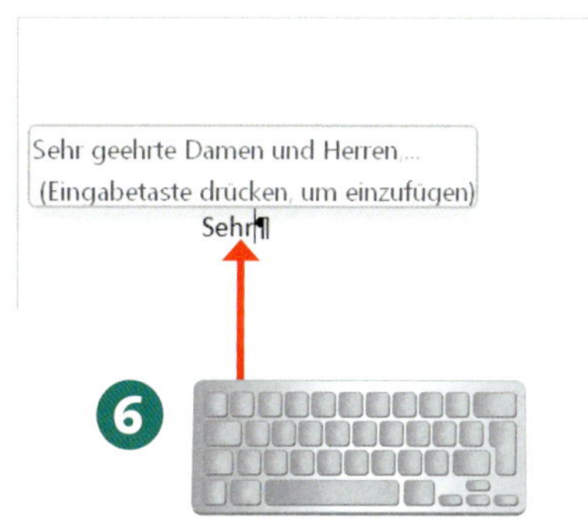

4 Bewegen Sie den Mauszeiger auf *AutoText* und klicken Sie im Ausklappmenü auf *Auswahl im AutoText-Katalog speichern*.

5 Passen Sie ggf. noch die Bezeichnung des Schnellbausteins sowie verschiedene Optionen an, bevor Sie mit *OK* bestätigen.

6 Beginnen Sie, den Anfang des Schnellbausteins einzutippen, können Sie diesen einfach per [↵]-Taste ergänzen.

Ende

TIPP

Um einen markierten Text als Textbaustein zu definieren, können Sie auch die Tastenkombination [Alt]+[F3] verwenden.

HINWEIS

Um Ihre Schnellbausteine zu verwalten, wählen Sie unter der Schaltfläche *Schnellbausteine* (Schritt 3) den Eintrag *Organizer für Bausteine*.

Start

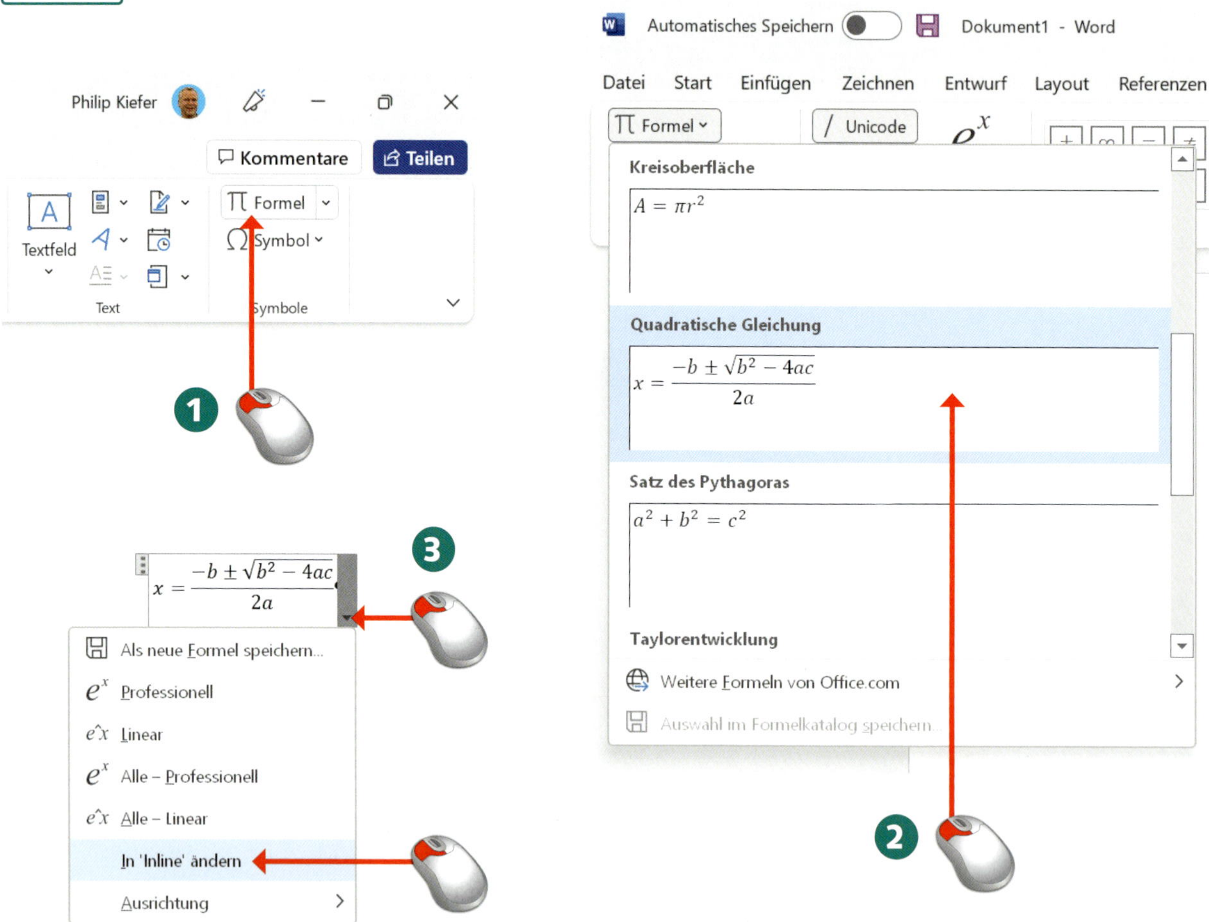

1. Wählen Sie auf der Registerkarte *Einfügen* die Menüschaltfläche *Symbole* und dann *Formel*, um eine Formel an der aktuellen Einfügeposition im Text einzugeben.
2. Fügen Sie einen passenden Formelausdruck über die Elemente der Registerkarte *Formel* in den Platzhalter ein.
3. Markieren Sie das Formelelement, können Sie ein Menü öffnen und den Befehl *In 'Inline' ändern* wählen. Dann können Sie den Formeltext direkt eintragen bzw. anpassen.

WISSEN

Word ermöglicht es Ihnen, Formeln in den Text einzufügen. Dabei lassen sich häufig verwendete Formeln aus Vorlagen übernehmen oder eigene Formeln aus der Bibliothek für mathematische Symbole zusammenstellen. Sonderzeichen werden über eine spezielle Funktion in den Text eingefügt.

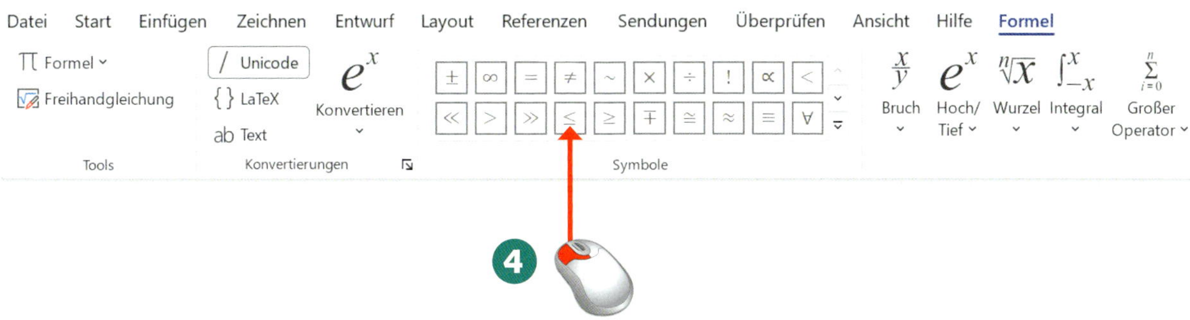

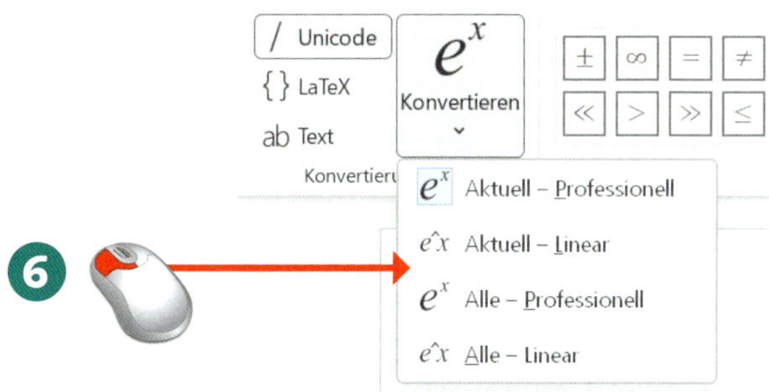

4 Wählen Sie die Formel mit einem Mausklick an, schaltet Word in den Formelbearbeitungsmodus, in dem Sie Ausdrücke hinzufügen und entfernen können.

5 Die Schaltfläche *Freihandgleichung* der Registerkarte *Formel* ermöglicht es, eine Formel handschriftlich einzufügen.

6 Über den unteren Teil der Schaltfläche *Konvertieren* der Registerkarte *Formel* lässt sich eine Formel z. B. in eine lineare Version umwandeln.

Ende

TIPP

Ein markiertes Formelelement lässt sich über den linken Anfasser im Text verschieben. Markieren Sie eine Formel, lässt sich diese über die Entf-Taste löschen.

HINWEIS

Richten Sie die Formel über den Befehl *Ausrichtung* (Schritt 3) linksbündig, rechtsbündig oder zentriert aus.

Start

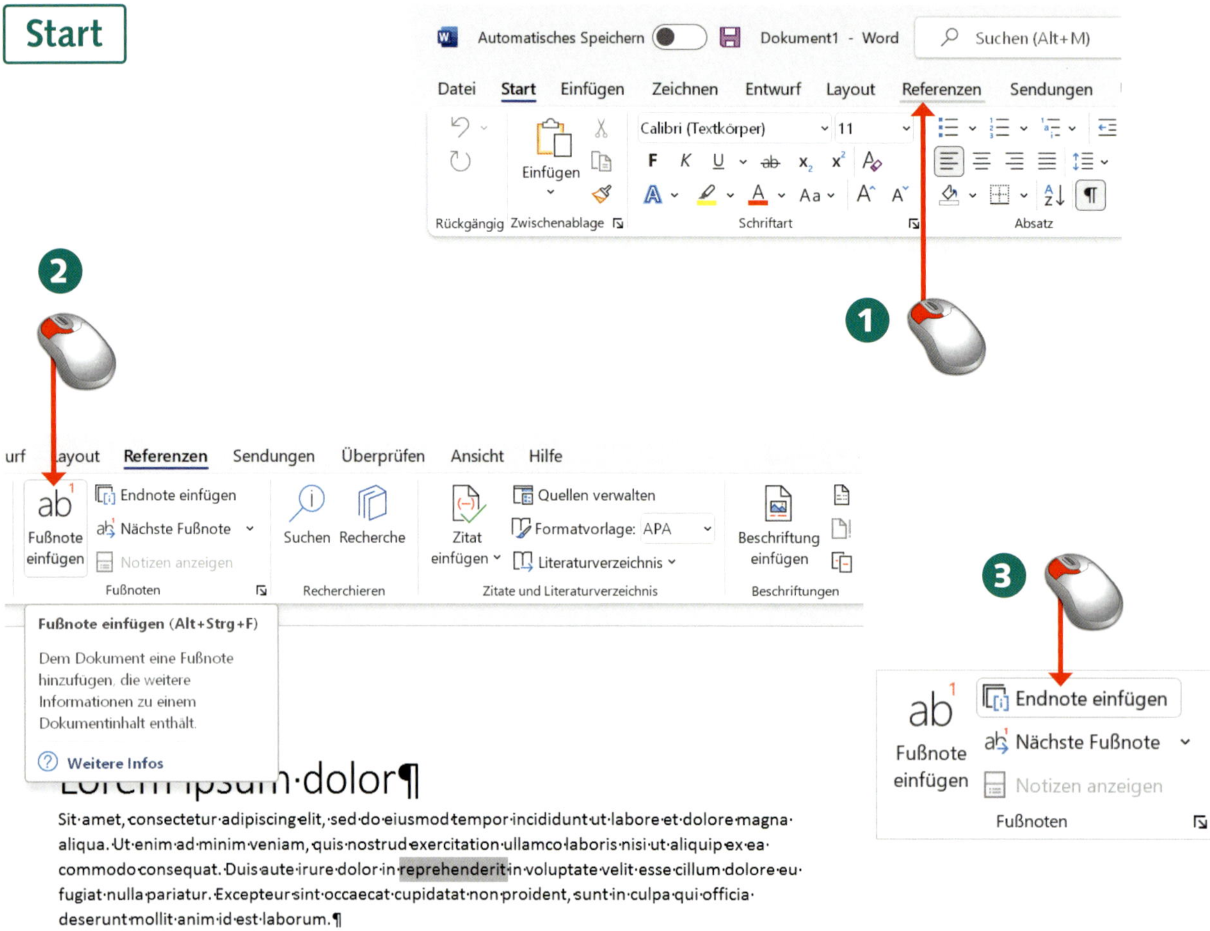

1. Um eine Fußnote einzufügen, markieren Sie die Textstelle, wählen im Menüband die Registerkarte *Referenzen*.
2. Entscheiden Sie sich anschließend in der Gruppe *Fußnoten* für die Schaltfläche *Fußnote einfügen*.
3. Möchten Sie eine Endnote an der markierten Textstelle einfügen, wählen Sie auf der Registerkarte *Referenzen* die Schaltfläche *Endnote einfügen*.

WISSEN

In Word lassen sich Fuß- und Endnoten als Anmerkungen im Text einfügen. Fußnoten werden am Ende der Seite und Endnoten am Ende eines Kapitels angezeigt.

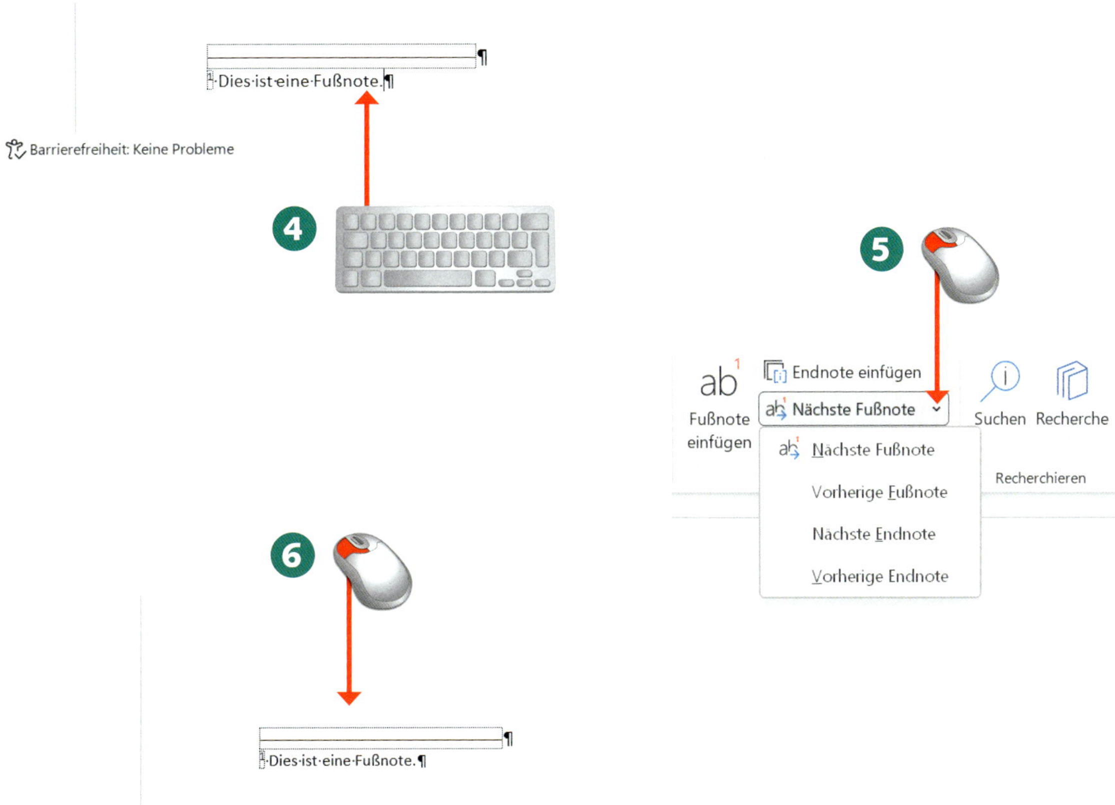

4 Anschließend ergänzen Sie den Text der Fuß- bzw. Endnote im angezeigten Eingabefeld.

5 Um im Text schnell zu den Noten zu navigieren, öffnen Sie auf der Registerkarte *Referenzen* die Schaltfläche *Nächste Fußnote* und wählen einen Eintrag aus.

6 Um aus dem Fuß- bzw. Endnotenbereich wieder zurück ins Dokument zu wechseln, klicken Sie auf eine Stelle außerhalb des Bereichs.

Ende

TIPP

Sie können eine Fußnote auch mit der Tastenkombination Alt+Strg+F und eine Endnote mit Alt+Strg+D einfügen.

HINWEIS

Zum Löschen einer Fuß-/Endnote markieren Sie diese im Text und drücken die Entf-Taste.

Start

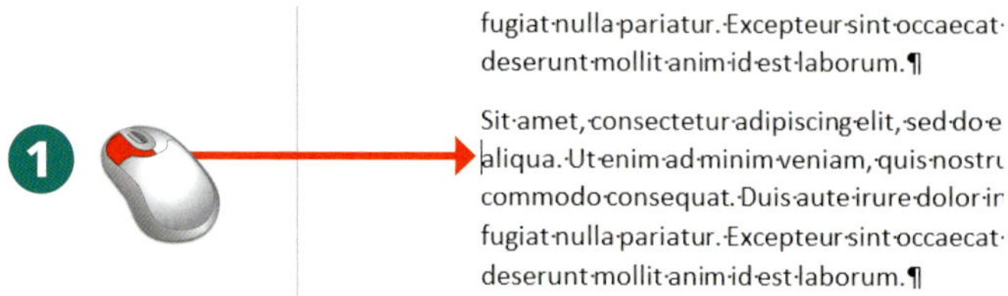

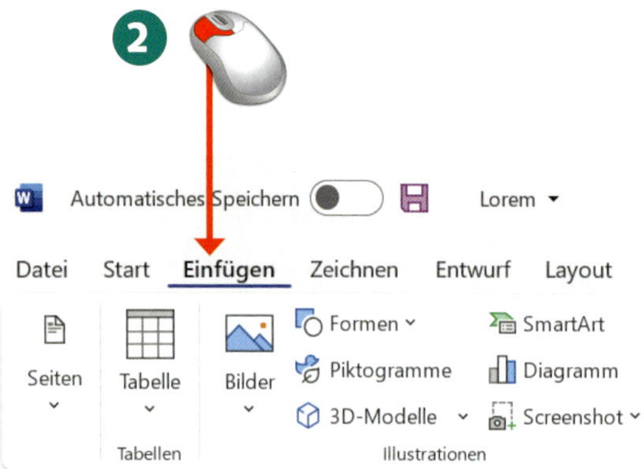

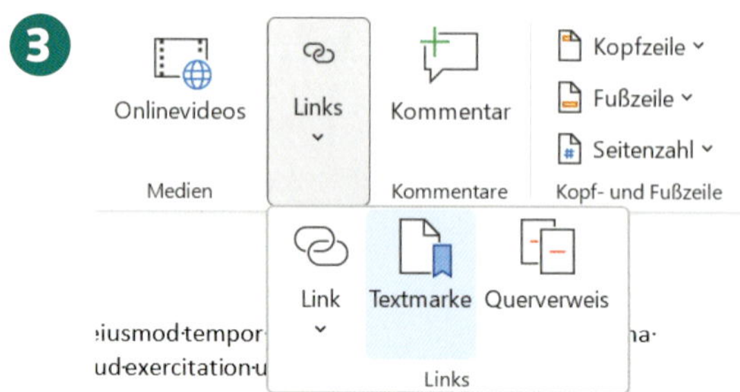

1. Um zunächst eine Textmarke zu erstellen, setzen Sie die Einfügemarke mit der Maus an die gewünschte Position.
2. Wechseln Sie nun im Menüband zur Registerkarte *Einfügen*.
3. Entscheiden Sie sich in der Gruppe *Links* für die Option *Textmarke*.

WISSEN

Erstellen Sie in einem längeren Dokument Textmarken, um dann an einer anderen Stelle im Dokument mithilfe eines Querverweises auf die Position der Textmarke verweisen zu können.

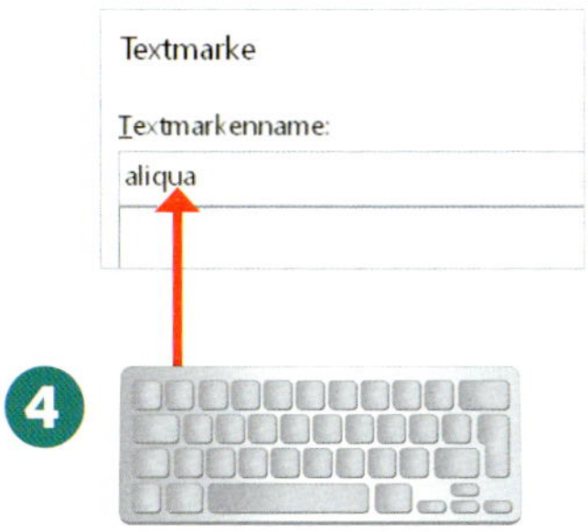

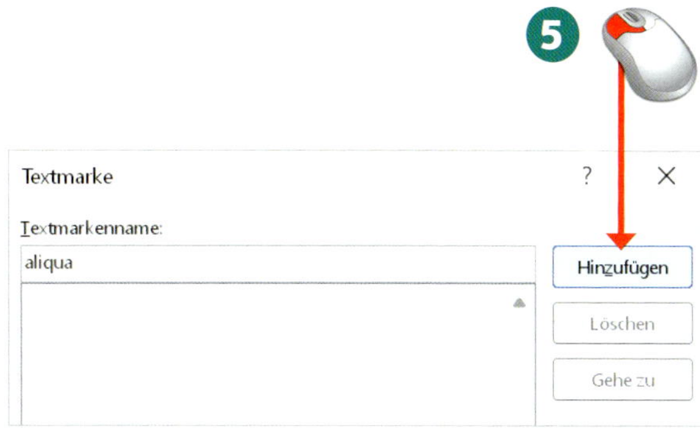

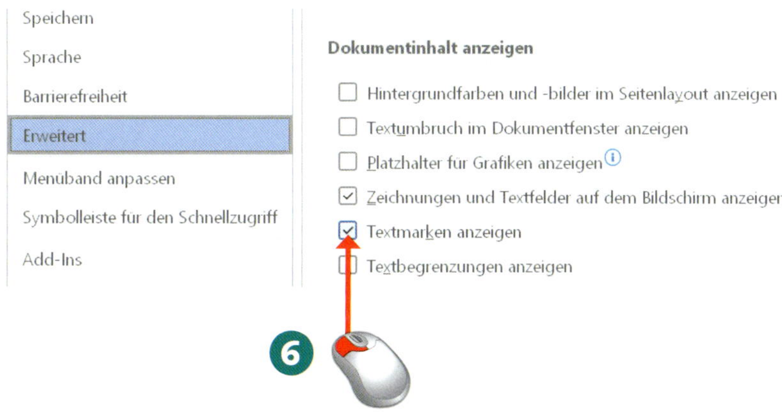

4 Geben Sie eine sinnvolle Bezeichnung für die Textmarke ein. Die Zeichen müssen zusammenhängen, Leerzeichen sind nicht erlaubt.

5 Bestätigen Sie mit der Schaltfläche *Hinzufügen*, um die Textmarke zu erstellen.

6 Die Textmarken sind im Word-Dokument unsichtbar. Wenn gewünscht, können Sie diese aber in den *Word-Optionen* einblenden, indem Sie in der Kategorie *Erweitert* im Abschnitt *Dokumentinhalt anzeigen* das Kontrollkästchen *Textmarken anzeigen* aktivieren.

TIPP

Eine Textmarke an der Cursorposition lässt sich noch schneller mit der Tastenkombination Strg+⇧+F5 anlegen.

HINWEIS

Die Word-Optionen (Schritt 6) rufen Sie auf, indem Sie im Menüband unter *Datei* den Eintrag *Optionen* wählen.

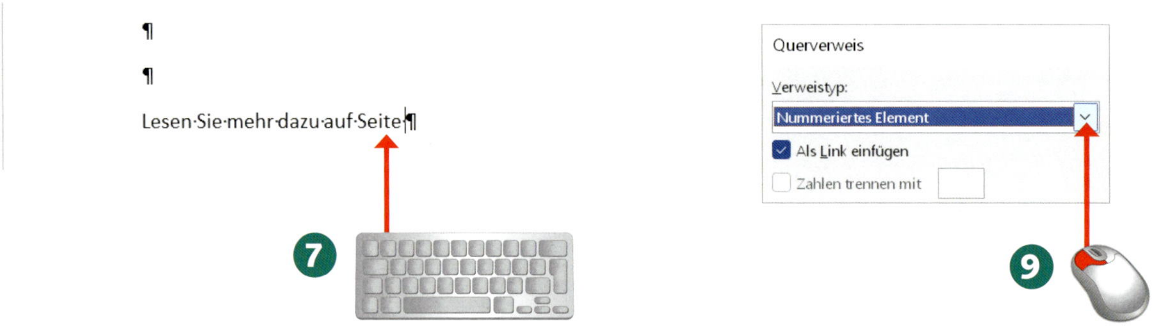

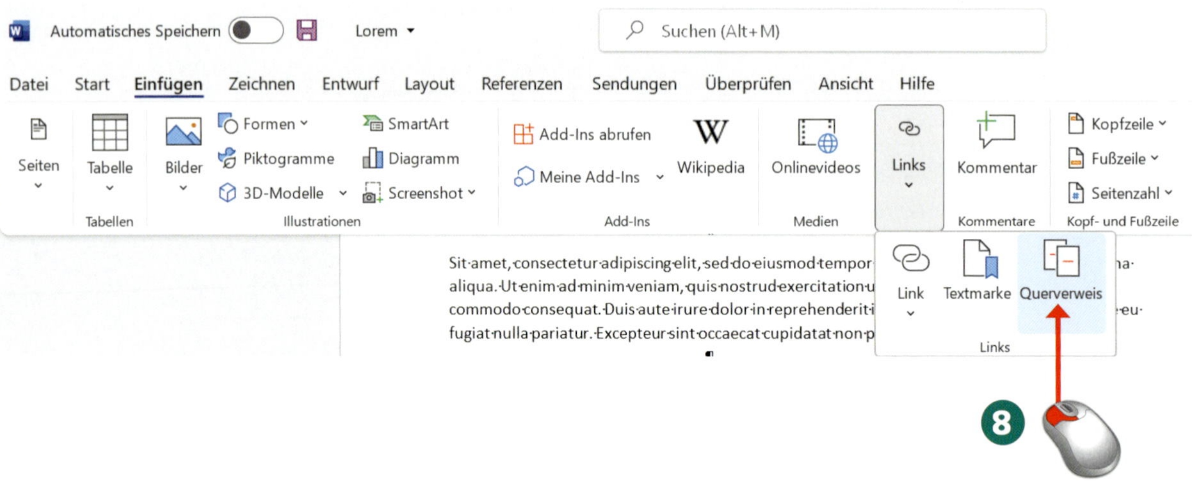

7 Erstellen Sie an einer beliebigen Stelle im Dokument einen Text, mit dem Sie auf die Textmarke verweisen möchten – dort, wo die Einfügemarke blinkt.

8 Wählen Sie auf der Registerkarte *Einfügen* in der Gruppe *Links* die Option *Querverweis*.

9 Im Dialogfeld *Querverweis* öffnen Sie per Mausklick das Menü *Verweistyp*.

WISSEN

Auf die zuvor erstellte Textmarke wird nun mit einem Querverweis verwiesen. Querverweise sind alternativ auch auf Überschriften, Abbildungen sowie weitere Elemente im Word-Dokument möglich. Die Auswahl treffen Sie im Menü aus Schritt 10. Der Querverweis wird als Feld eingefügt, d. h., wenn sich die Seitenzahl ändert, wird diese automatisch angepasst.

10

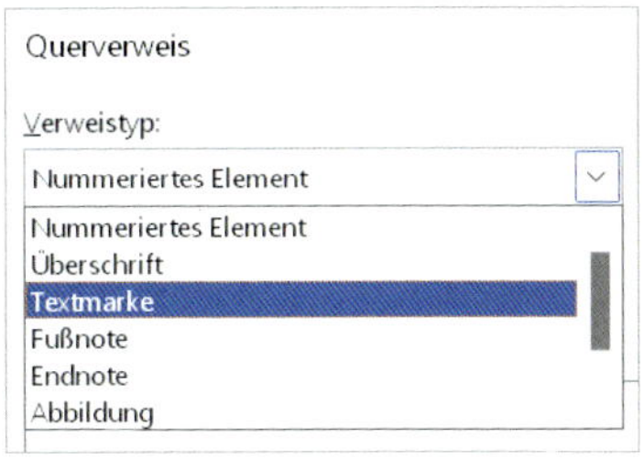

11

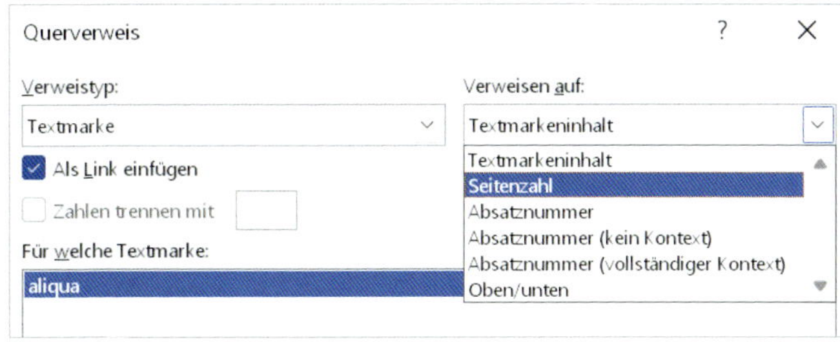

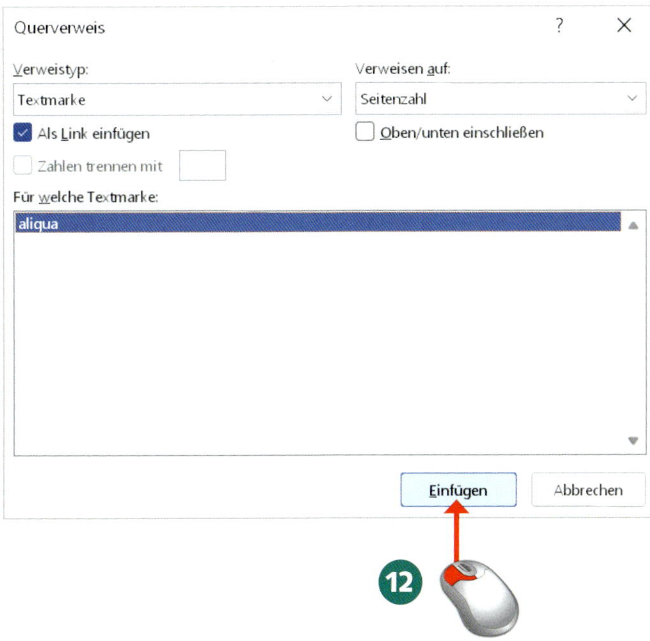

12

10 Da der Verweis in diesem Fall auf eine Textmarke erfolgen soll, entscheiden Sie sich für den Eintrag *Textmarke*.

11 In diesem Fall soll auf die Seite verwiesen werden, auf der sich die Textmarke befindet. Wählen Sie deshalb im Menü *Verweisen auf* den Eintrag *Seitenzahl*.

12 Klicken Sie auf *Einfügen*, um den Querverweis auf die im Feld *Für welche Textmarke* markierte Textmarke ins Dokument einzubauen.

Ende

TIPP

Drücken Sie die Tastenkombination Alt+F9, um im Dokument statt der Seitenzahl den Querverweis auf die Textmarke einzublenden.

TIPP

Auch Links zu externen Dokumenten, z. B. Webseiten, lassen sich in Word einfügen, und zwar auf der Registerkarte *Einfügen* in der Gruppe *Links* unter der Schaltfläche *Links*.

Start

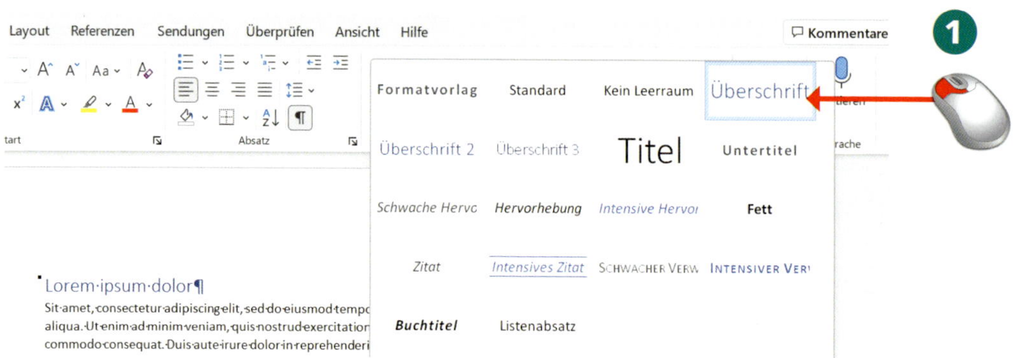

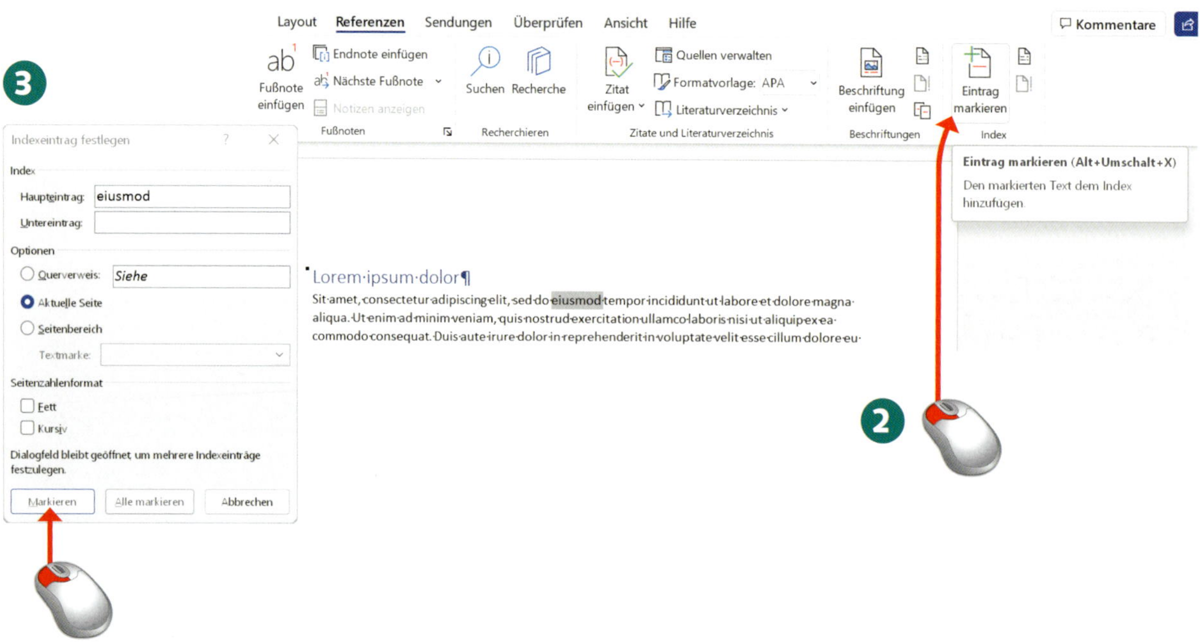

1. Um ein Inhaltsverzeichnis erstellen zu können, weisen Sie zunächst den Überschriften des Dokuments die Formatvorlagen *Überschrift 1*, *Überschrift 2* etc. zu (Seite 112).
2. Für Einträge im Stichwortverzeichnis markieren Sie das gewünschte Stichwort im Text und wählen auf der Registerkarte *Referenzen* die Schaltfläche *Eintrag markieren*.
3. Ergänzen Sie ggf. im Dialogfeld *Indexeintrag festlegen* die Optionen für den Eintrag, klicken Sie auf die Schaltfläche *Markieren* und dann auf *Schließen*.

WISSEN

Über Felder können Sie in Word-Dokumenten ein Inhalts- und ein Stichwortverzeichnis erstellen. Voraussetzung ist die Formatierung von Überschriften mit Formatvorlagen und das Einfügen von Indexfeldern.

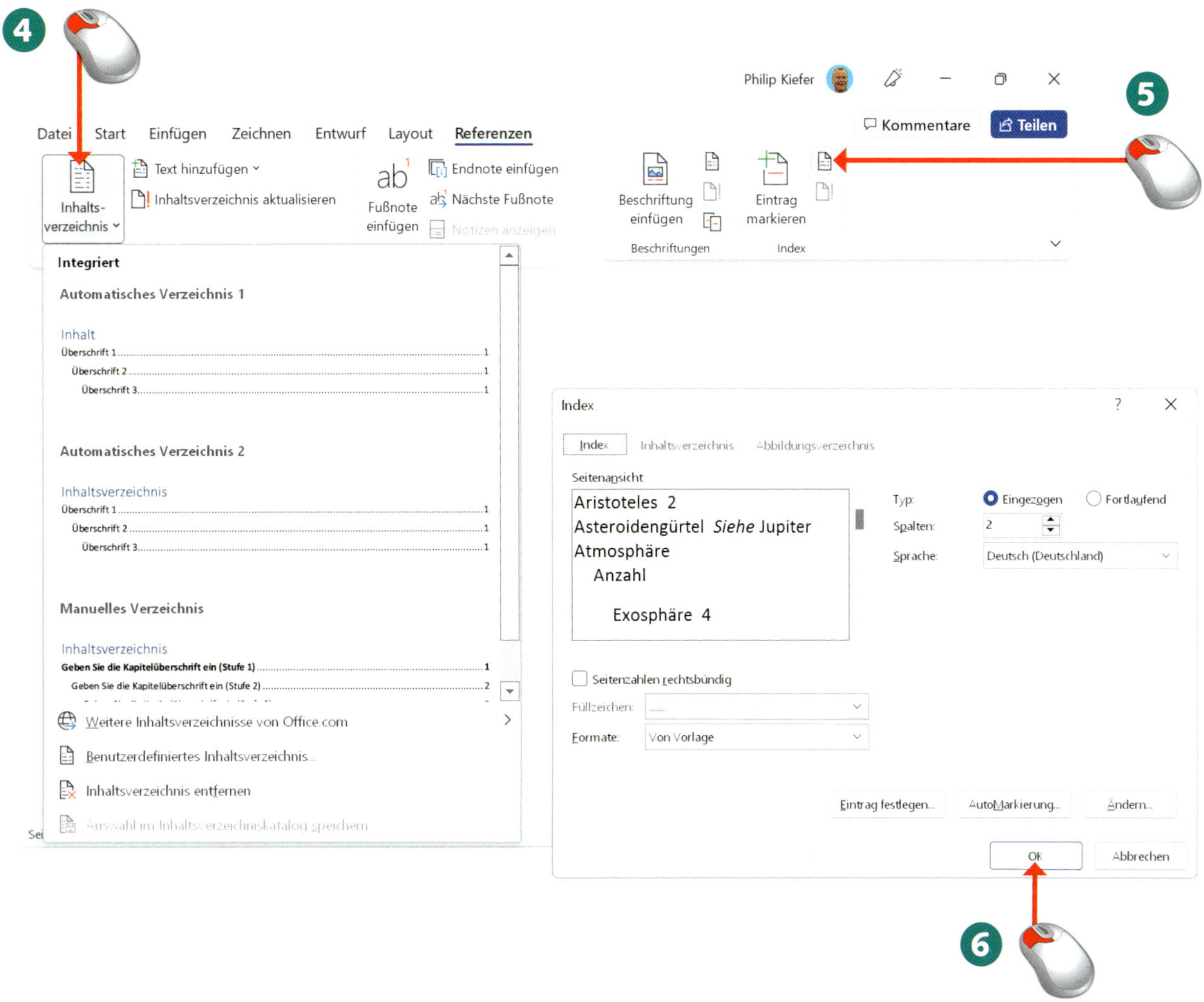

4 Ein Inhaltsverzeichnis fügen Sie in den Text ein, indem Sie auf der Registerkarte *Referenzen* die Schaltfläche *Inhaltsverzeichnis* anklicken und im Katalog einen Eintrag auswählen.

5 Zum Anlegen eines Stichwortverzeichnisses wählen Sie auf der Registerkarte *Referenzen* die Schaltfläche *Index einfügen*.

6 Passen Sie im Dialogfeld *Index* ggf. die Optionen an, und wählen Sie die *OK*-Schaltfläche.

Ende

TIPP

Drücken Sie die Tastenkombination ⇧+Alt+X, um das Dialogfeld *Indexeintrag festlegen* zu öffnen. Um weitere Indexeinträge festzulegen, kann das Dialogfeld geöffnet bleiben.

HINWEIS

In Schritt 5 sehen Sie die als Felder eingefügten Inhalts- und Stichwortverzeichnisse. Mit der Taste F9 können Sie die markierten Felder mit den Verzeichnisinhalten aktualisieren.

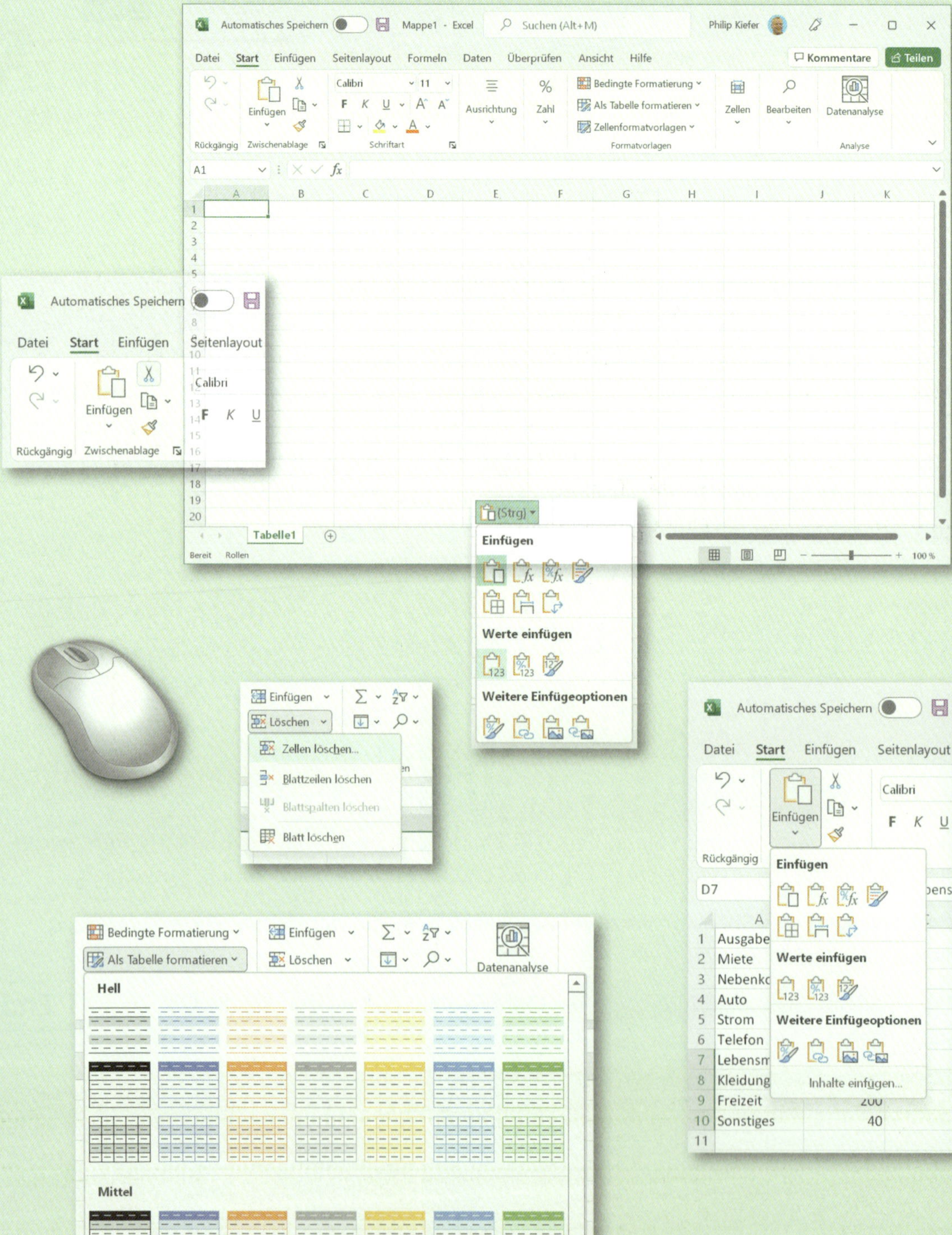

Automatisches Speichern
Mappe1 - Excel
Suchen (Alt+M)
Philip Kiefer
Datei
Start
Einfügen
Seitenlayout
Formeln
Daten
Überprüfen
Ansicht
Hilfe
Kommentare
Teilen
Rückgängig
Zwischenablage
Calibri
Schriftart
Ausrichtung
Zahl
Bedingte Formatierung
Als Tabelle formatieren
Zellenformatvorlagen
Formatvorlagen
Zellen
Bearbeiten
Datenanalyse
Analyse
A1
Tabelle1
Bereit
Rollen
100 %
(Strg)
Einfügen
Werte einfügen
Weitere Einfügeoptionen
Löschen
Zellen löschen...
Blattzeilen löschen
Blattspalten löschen
Blatt löschen
Hell
Mittel
D7
Ausgabe
Miete
Nebenk
Auto
Strom
Telefon
Lebensm
Kleidung
Freizeit
Sonstiges
200
40
Inhalte einfügen...

4

Die Excel-Basics

Excel ist ein leistungsstarkes Tabellenkalkulationsprogramm, das Ihnen sowohl im privaten als auch im beruflichen Alltag gute Dienste leisten wird. Machen Sie sich in diesem Kapitel zunächst mit den Excel-Basics vertraut: Sie erkunden das Excel-Fenster, verwalten mehrere Arbeitsblätter, geben erste Daten ein und erfahren, wie Sie Ihre Tabellen anpassen und formatieren. Auch eine erste Berechnung führen Sie bereits durch. Das Excel-Fenster sieht zwar etwas anders aus als das Fenster des Textverarbeitungsprogramms Word – Sie werden jedoch auch viele Parallelen entdecken.

Start

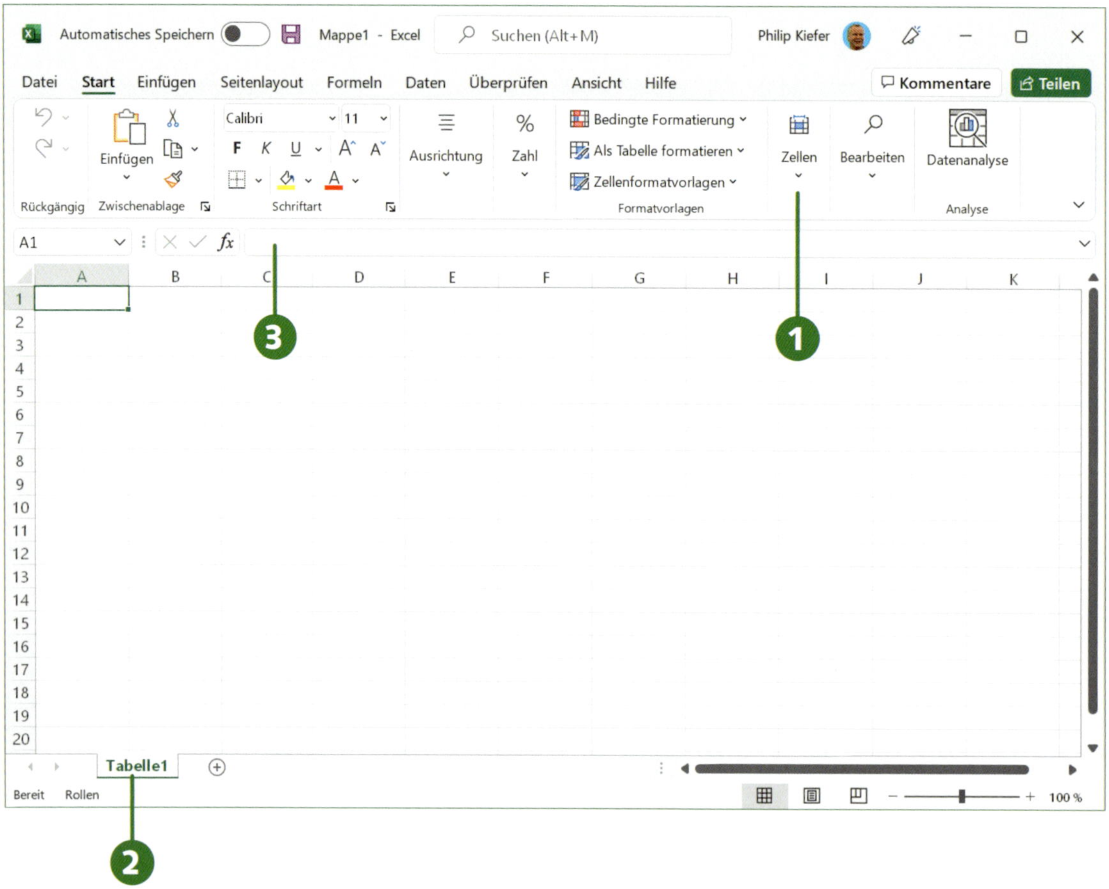

1. Das Menüband am oberen Dokumentrand sowie die Elemente zum Einstellen der Anzeigemodi oder des Zooms in der Statusleiste kennen Sie bereits von Seite 24 ff.
2. Am unteren linken Rand werden die Blattregister zum Zugriff auf die Tabellen angezeigt (Standard ist ein Blattregister).
3. Oberhalb des Dokumentrands befindet sich die Bearbeitungsleiste, in der Sie Inhalte der Tabellenzelle ansehen und bearbeiten können.

WISSEN

Excel lädt sogenannte Arbeitsmappen als Dokumente, die aus einer oder mehreren Tabellen (als Arbeitsblätter bezeichnet) bestehen können. In die Tabellen lassen sich Daten eintragen, darin Berechnungen vornehmen und Diagramme anzeigen. Zellen lassen sich über ihre Spalten- und Zeilenköpfe adressieren (z. B. bezeichnet A3 die Zelle in der dritten Zeile in der ersten Spalte).

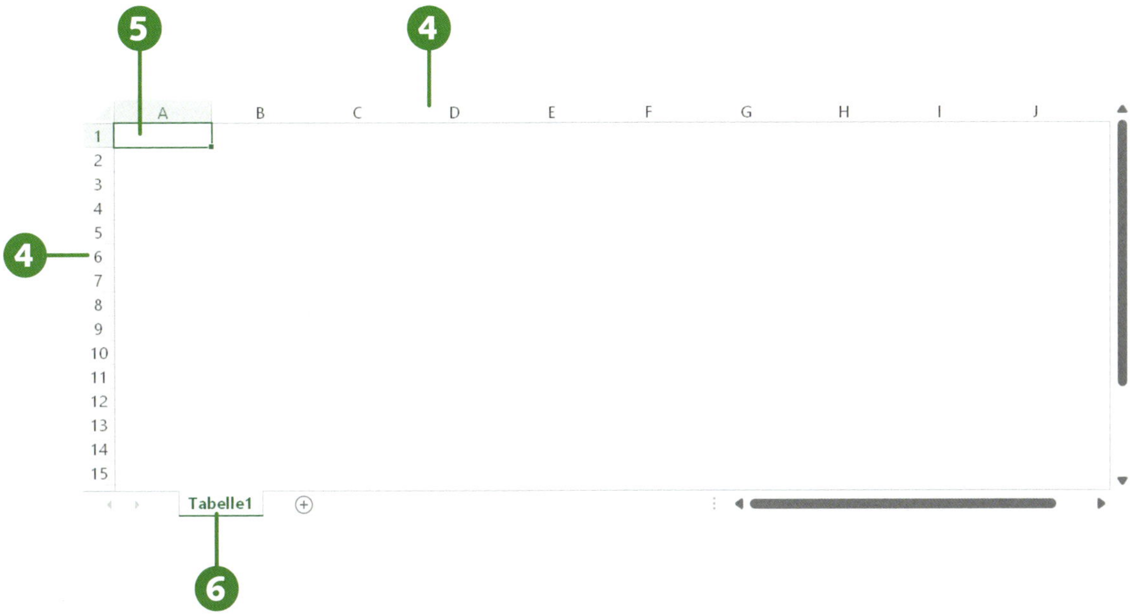

4 Am linken Dokumentrand werden die Zeilenköpfe mit Ziffern durchnummeriert, am oberen Rand finden sich die durch Buchstaben gekennzeichneten Spaltenköpfe.

5 Die mit einem Rahmen markierte Zelle wird als aktive Zelle (hier A1) bezeichnet, in der sich Eingaben vornehmen lassen.

6 Das am unteren Dokumentrand ausgewählte Blattregister gibt den Namen der Tabelle (hier *Tabelle1*) an.

Ende

HINWEIS

Sobald sich der Mauszeiger über der Tabelle befindet, nimmt er die Form eines stilisierten Kreuzes ✚ an.

TIPP

Falls eine Spalte zu breit oder zu schmal (bzw. zu hoch) ist, können Sie den Spaltenteiler ✥ (bzw. den Zeilentrenner) per Maus horizontal (bzw. vertikal) verschieben.

Start

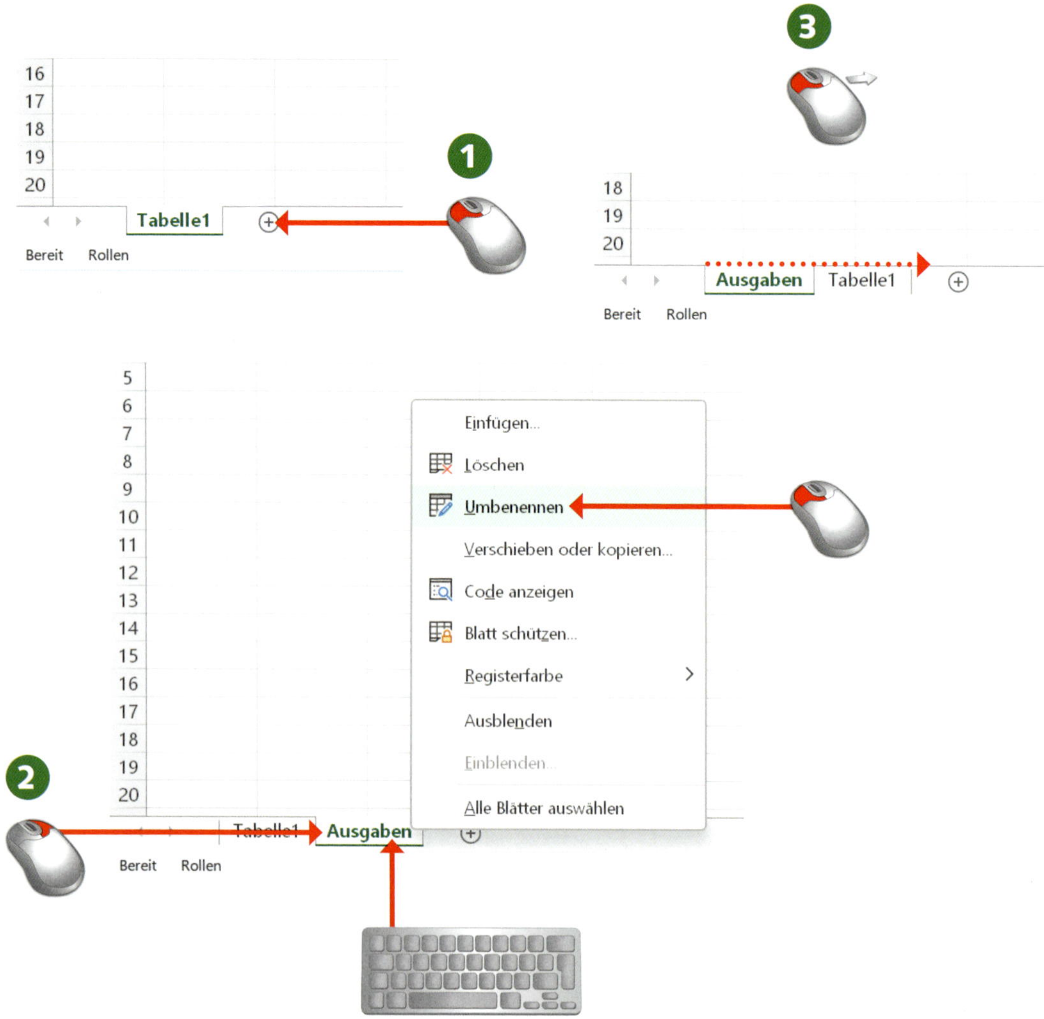

1. Wählen Sie die rechts vom letzten Registerreiter sichtbare Schaltfläche *Neues Blatt* oder drücken Sie ⇧+F11, um eine neue Tabelle in die Arbeitsmappe einzufügen.
2. Mit einem Rechtsklick auf ein Blattregister ändern Sie über den Kontextmenübefehl *Umbenennen* den Tabellennamen per Tastatur und bestätigen dies per ↵-Taste.
3. Zum Umsortieren der Tabellenblätter ziehen Sie einfach den jeweiligen Registerreiter waagerecht nach links oder rechts.

WISSEN

Neue Arbeitsmappen enthalten in der Regel ein Tabellenblatt (Blattregister) zur Aufnahme von Daten. Bei Bedarf lassen sich Tabellenblätter per Kontextmenü zur Mappe hinzufügen, löschen, umbenennen, kopieren oder verschieben. Über das Kontextmenü lassen sich auch Registerreiter einfärben oder Blätter schützen (Seite 198). Der Kontextmenübefehl *Einfügen* eines Blattregisters öffnet ein Dialogfeld *Einfügen*, über das sich eine Tabellenvorlage für das neue Blatt auswählen lässt.

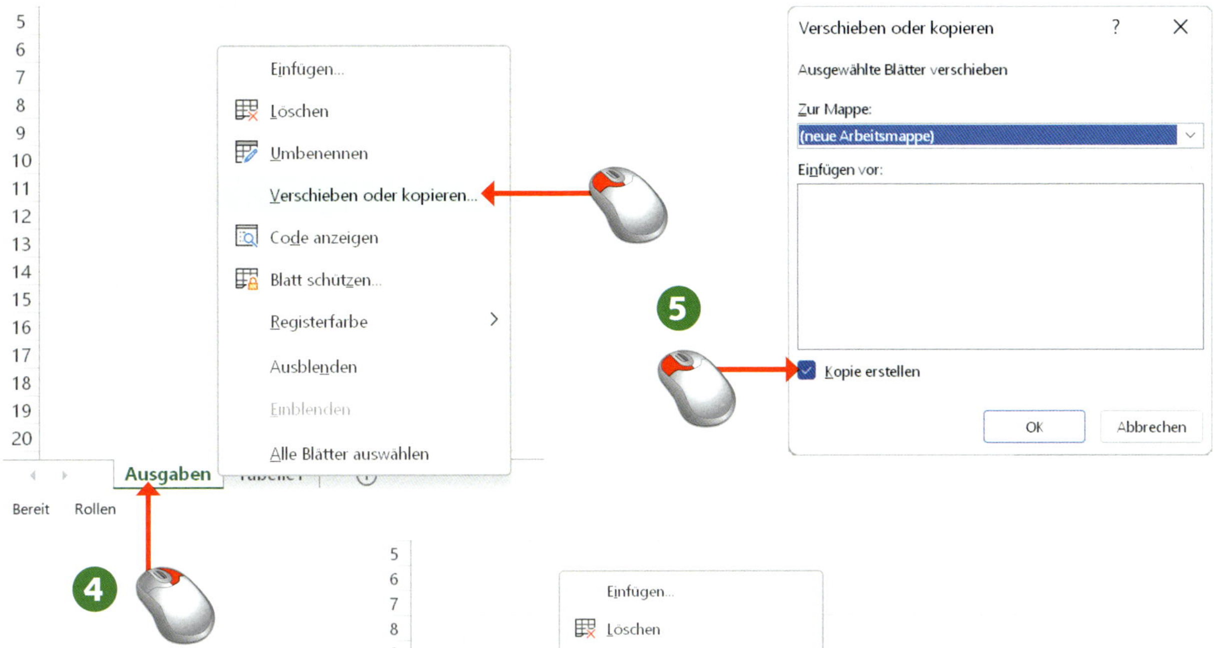

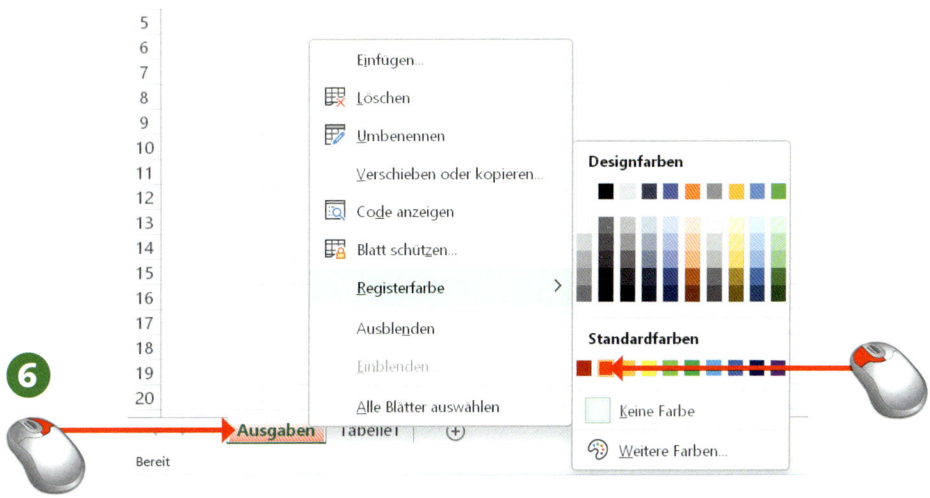

4 Zum Kopieren eines Tabellenblatts klicken Sie mit der rechten Maustaste auf dessen Blattregister und wählen den Kontextmenübefehl *Verschieben oder kopieren*.

5 Wählen Sie im Dialogfeld die Zielmappe, ggf. einen Eintrag in *Einfügen vor*, markieren Sie das Kontrollkästchen *Kopie erstellen* und bestätigen Sie mit der *OK*-Schaltfläche.

6 Um einen Registerreiter hervorzuheben, passen Sie die Farbe an durch Rechtsklick auf den Registerreiter und eine Auswahl unter *Registerfarbe*.

Ende

HINWEIS

Über den Kontextmenübefehl *Löschen* eines Blattregisters lässt sich dieses nach dem Bestätigen der Sicherheitsmeldung über die *Löschen*-Schaltfläche entfernen.

TIPP

Verschieben Sie das Teilerfeld (links neben der horizontalen Bildlaufleiste) mit der Maus, um den Anzeigebereich der Blattregister zu vergrößern/verkleinern.

Start

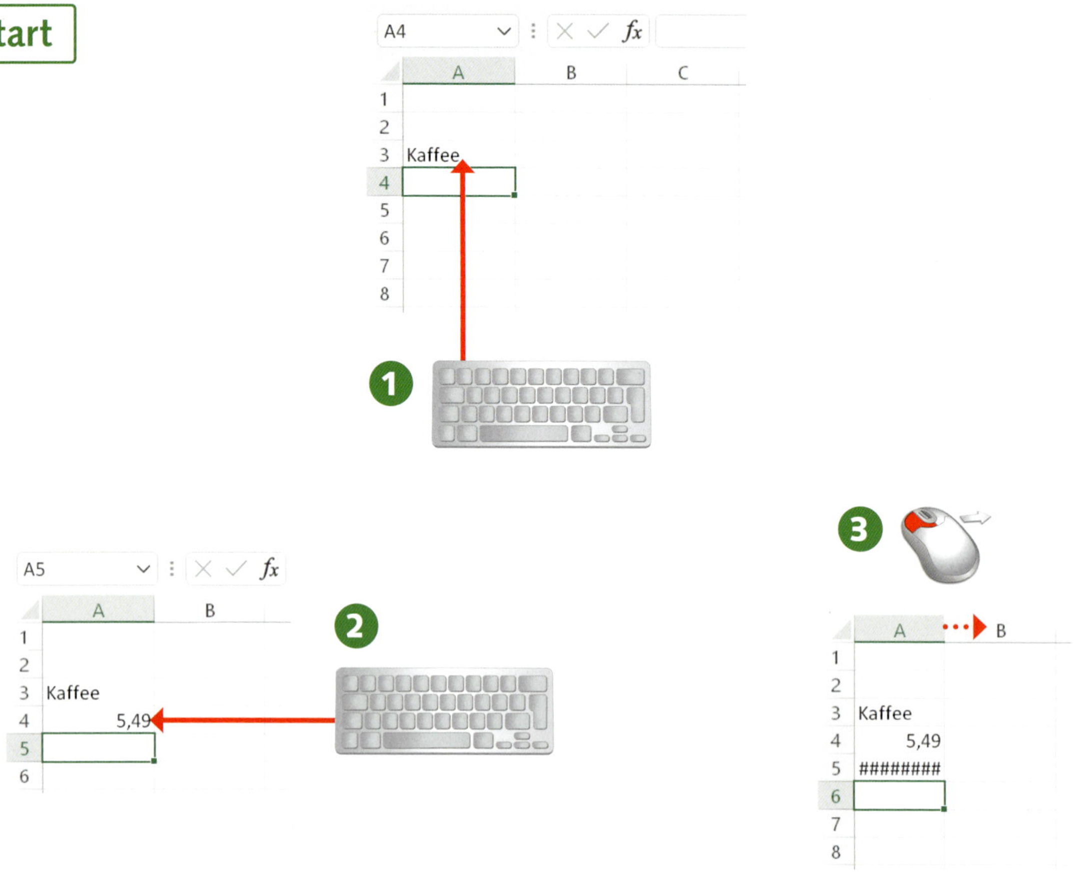

1. Klicken Sie auf die Zelle A3, geben Sie einen Text (z. B. *Kaffee*) ein, und drücken Sie die ↵-Taste. Es wird die darunter liegende Zelle als aktiv markiert. Der Text wird linksbündig ausgerichtet.
2. Geben Sie in der nächsten Zelle die Zahl *5,49* ein und drücken Sie die ↵-Taste. Die Zahl wird rechtsbündig ausgerichtet. Ob Nachkommastellen mit Nullwerten (z. B. bei Eingabe von 5,00) in einer Zelle angezeigt werden, hängt vom Zellformat ab (siehe Seite 150).
3. Erscheint nach einer Eingabe die Zeichenkette #### in der Zelle, erhöhen Sie die Zellbreite durch Ziehen des Spaltentrenners, bis der Wert sichtbar wird.

WISSEN

In die Zellen einer Kalkulationstabelle tragen Sie Daten wie Texte, Zahlen, Datumswerte oder Formeln und Grafiken etc. ein. Die Adresse der aktiven (angewählten) Zelle (z. B. A4) wird im Namensfeld links neben der Bearbeitungsleiste und der Wert in der Bearbeitungsleiste angezeigt (Schritt 5). Sie können *Suchen und Ersetzen* (siehe Seite 58) oder die Rechtschreibprüfung (siehe Seite 60) ebenfalls auf Tabellen anwenden.

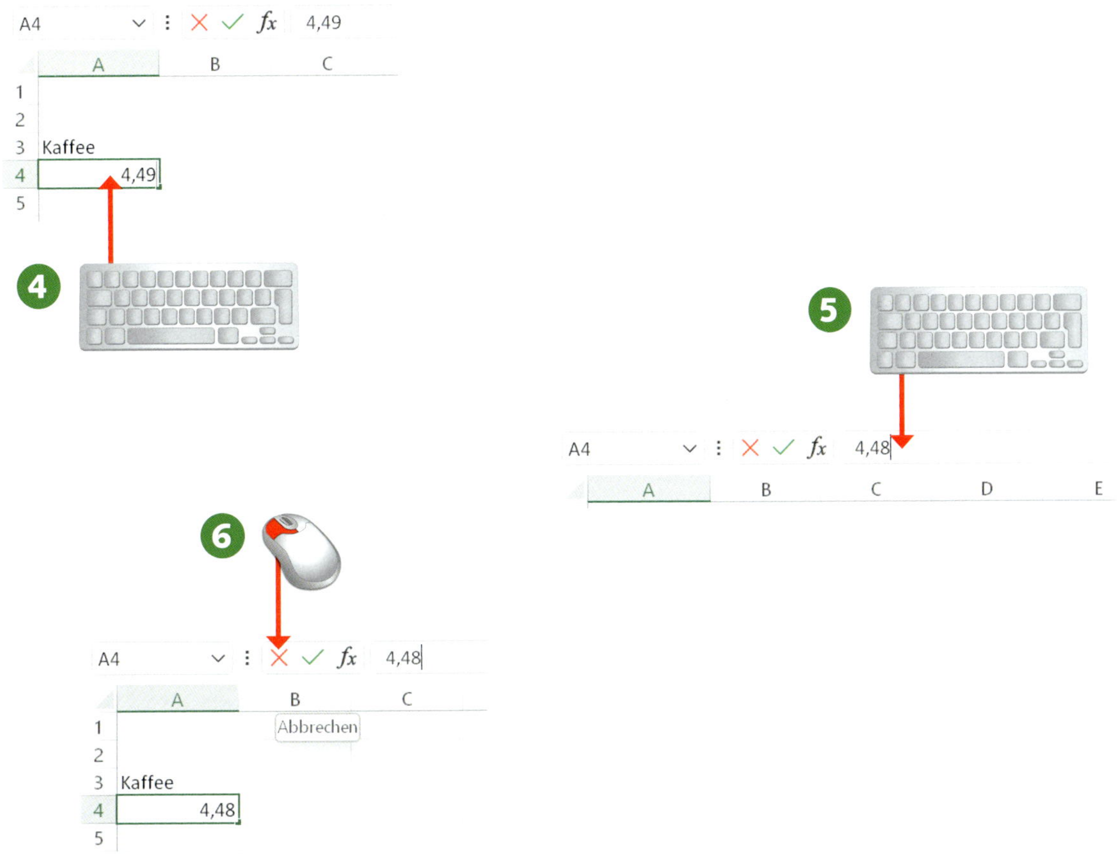

4 Um eine Zelleingabe zu korrigieren, wählen Sie diese erneut an, geben den neuen Wert ein und drücken die [↵]-Taste.

5 Den Wert einer angewählten Zelle können Sie in der Bearbeitungsleiste auch zeichenweise korrigieren (siehe Seite 56).

6 Änderungen an Zellwerten lassen sich mit der [↵]-Taste oder der Schaltfläche *Eingeben* übernehmen bzw. mit [Esc] oder der *Abbrechen*-Schaltfläche verwerfen.

Ende

TIPP

Die [↵]-Taste wechselt nach einer Eingabe zur darunter liegenden Zelle. Mit der [⇆]-Taste geht's zur rechten und mit [⇧]+[⇆] zur linken Nachbarzelle.

TIPP

Die Cursortasten [↑], [↓], [→] und [←] lassen sich ebenfalls zum Abschließen einer Eingabe und zum Anwählen der Folgezelle verwenden.

Start

1

↑	Eine Zelle höher
↓	Eine Zelle tiefer
←	Eine Zelle nach links
→	Eine Zelle nach rechts
⇆	Eine Zelle nach rechts
⇧+⇆	Eine Zelle nach links
Strg+↑	Zur obersten Zeile
Strg+↓	Zur letzten Zeile
Strg+←	Zur ersten Spalte
Strg+→	Zur letzten Spalte

2

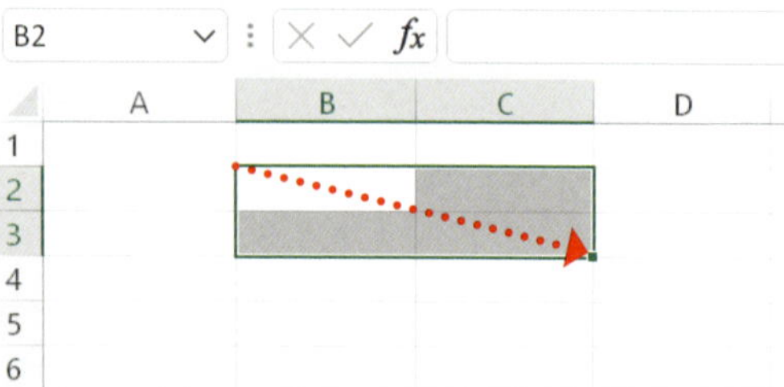

3

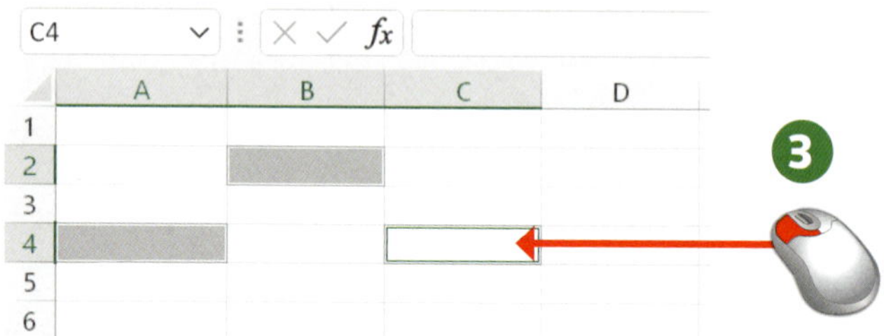

1 Statt die aktive Zelle per Mausklick anzuwählen, können Sie die hier gezeigten Tasten zum Anwählen in der Tabelle verwenden.

2 Um einen Zellbereich mit der Maus zu markieren, klicken Sie auf die erste Zelle und ziehen dann die Maus bei gedrückter linker Maustaste zur diagonalen Zelle.

3 Halten Sie die Strg-Taste beim Markieren gedrückt, um nicht benachbarte Zellbereiche mit der Maus zu markieren.

WISSEN

Markieren Sie Zellen in einer Tabelle, können Sie deren Wert korrigieren oder ein Format zuweisen. Neben dem Anklicken von Zellen per Maus lässt sich die aktive Zelle auch über die Tastatur auswählen.

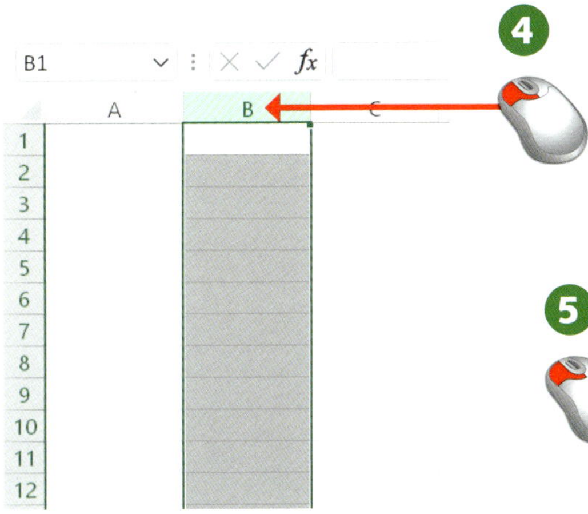

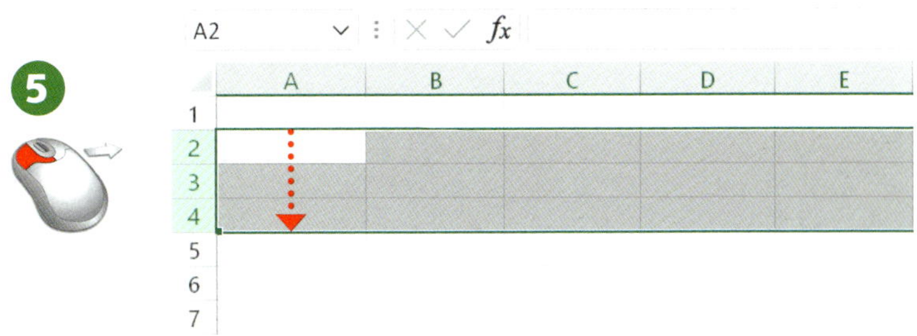

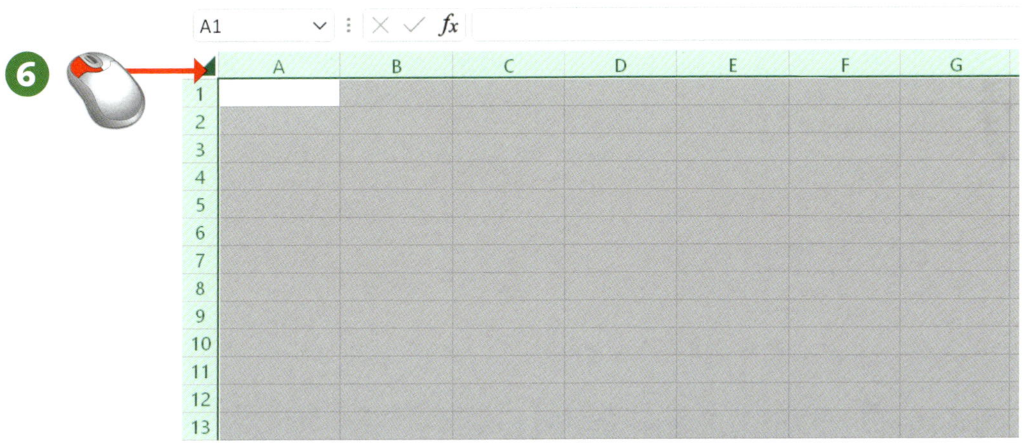

4 Klicken Sie auf einen Spaltenkopf, um die gesamte Spalte zu markieren. Durch Ziehen der Maus über die Spaltenköpfe lassen sich mehrere Spalten markieren.

5 Ein Mausklick auf einen Zeilenkopf oder Ziehen der Maus über Zeilenköpfe markiert die betreffenden Zeilen der Tabelle.

6 Um die gesamte Tabelle zu markieren, drücken Sie die Tastenkombination Strg+A oder klicken auf das hier gezeigte Markierungsfeld.

Ende

TIPP

Zum Markieren per Tastatur verwenden Sie die in Schritt 1 aufgeführten Tastenkombinationen bei gleichzeitig gedrückter ⇧-Taste.

HINWEIS

Markierte Zellen werden grau hervorgehoben. Die Markierung heben Sie durch einen Mausklick auf eine beliebige Zelle auf.

Start

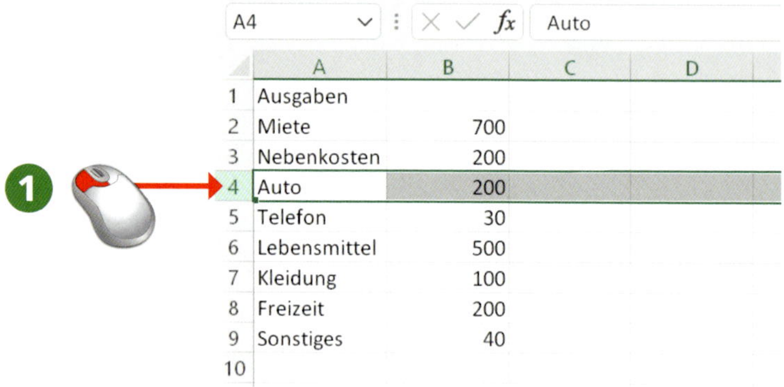

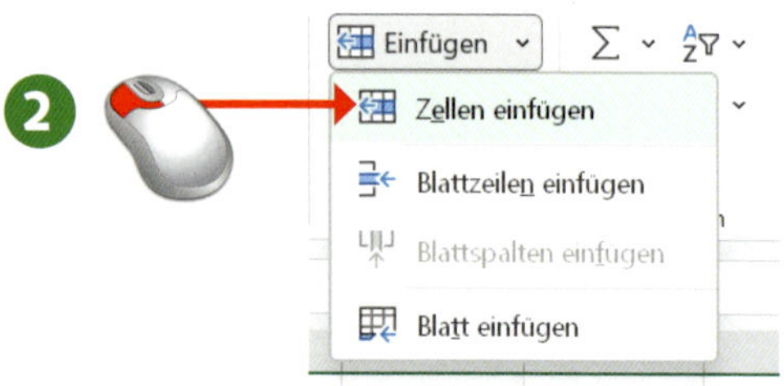

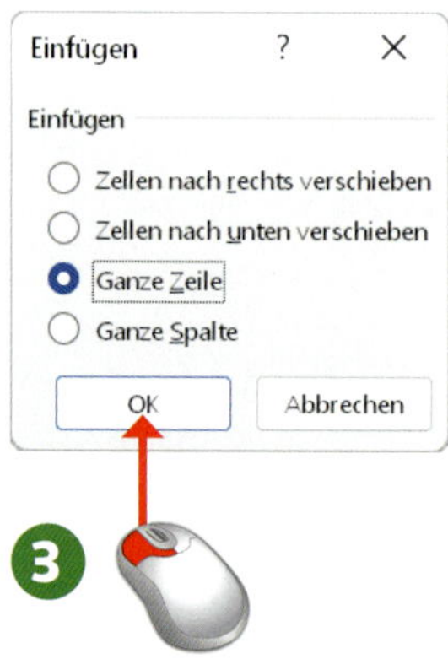

1. Um in einer Tabelle Zellen oder ganze Zeilen bzw. Spalten einzufügen oder zu löschen, markieren Sie den gewünschten Bereich (siehe Seite 142).
2. Wählen Sie auf der Registerkarte *Start* des Menübands in der Gruppe *Zellen* den zur Schaltfläche *Einfügen* gehörenden Pfeil und dann den Befehl *Zellen einfügen*.
3. War statt einer ganzen Zeile oder Spalte nur ein Zellbereich markiert, öffnet sich das Dialogfeld *Einfügen*, in dem Sie das gewünschte Optionsfeld wählen und mit der *OK*-Schaltfläche bestätigen.

WISSEN

Wenn Sie in Excel einen Zellbereich in einer Tabelle markieren und dann die Entf-Taste drücken, wird nur der Inhalt dieser Zellen gelöscht. Excel bietet aber die Möglichkeit, Zellen oder Zeilen/Spalten zu löschen bzw. neu einzufügen. Öffnen Sie das Kontextmenü eines markierten Zellbereichs, finden Sie ebenfalls Befehle, um Zellen hinzuzufügen oder zu löschen.

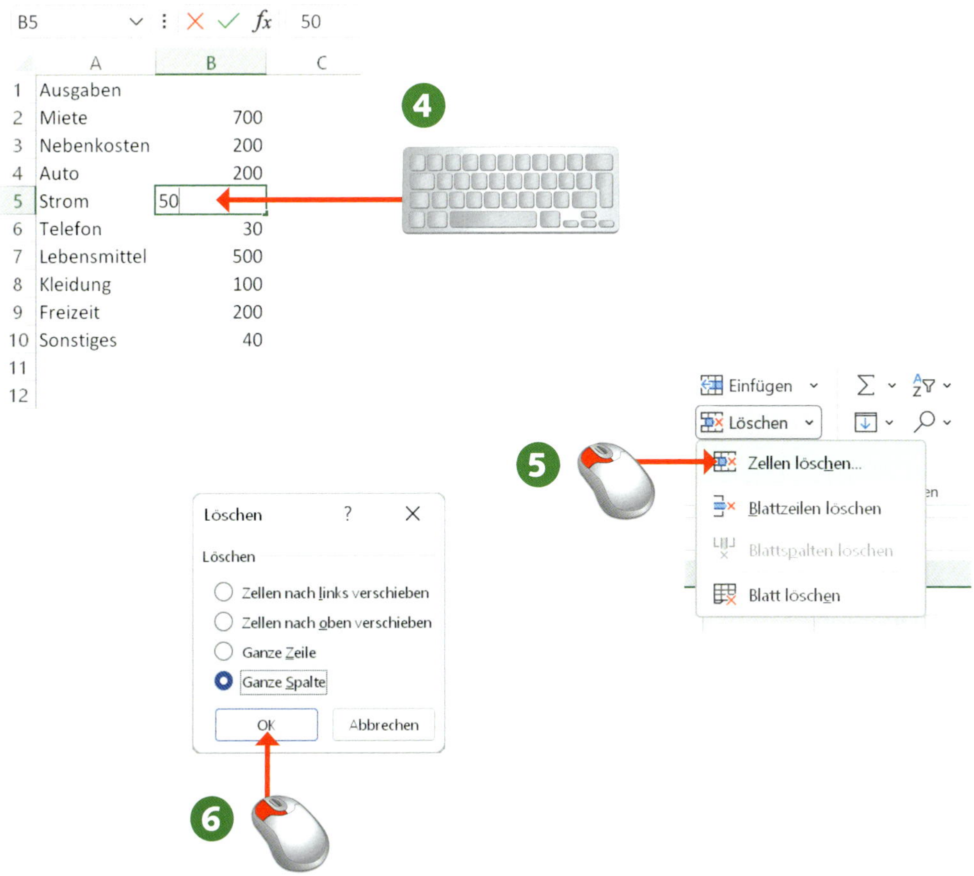

4 Sobald eine neue Zeile, Spalte oder Zelle eingefügt wurde, können Sie diese mit Ihren Daten füllen.

5 Zum Löschen markierter Zellen wählen Sie auf der Registerkarte *Start* den zur Schaltfläche *Löschen* gehörenden Pfeil und dann den Menübefehl *Zellen löschen*.

6 Wählen Sie im ggf. angezeigten Dialogfeld *Löschen* eine der Optionen und bestätigen Sie mit der *OK*-Schaltfläche, um den markierten Zellbereich aus der Tabelle zu löschen.

Ende

TIPP

Änderungen an der Tabellenstruktur können Sie sofort über die Tastenkombination Strg+Z oder über die Schaltfläche ↶ auf der Registerkarte *Start* zurücknehmen.

HINWEIS

Das Dialogfeld *Einfügen* bzw. *Löschen* erscheint nur, falls keine komplette Spalte oder Zeile markiert war.

Start

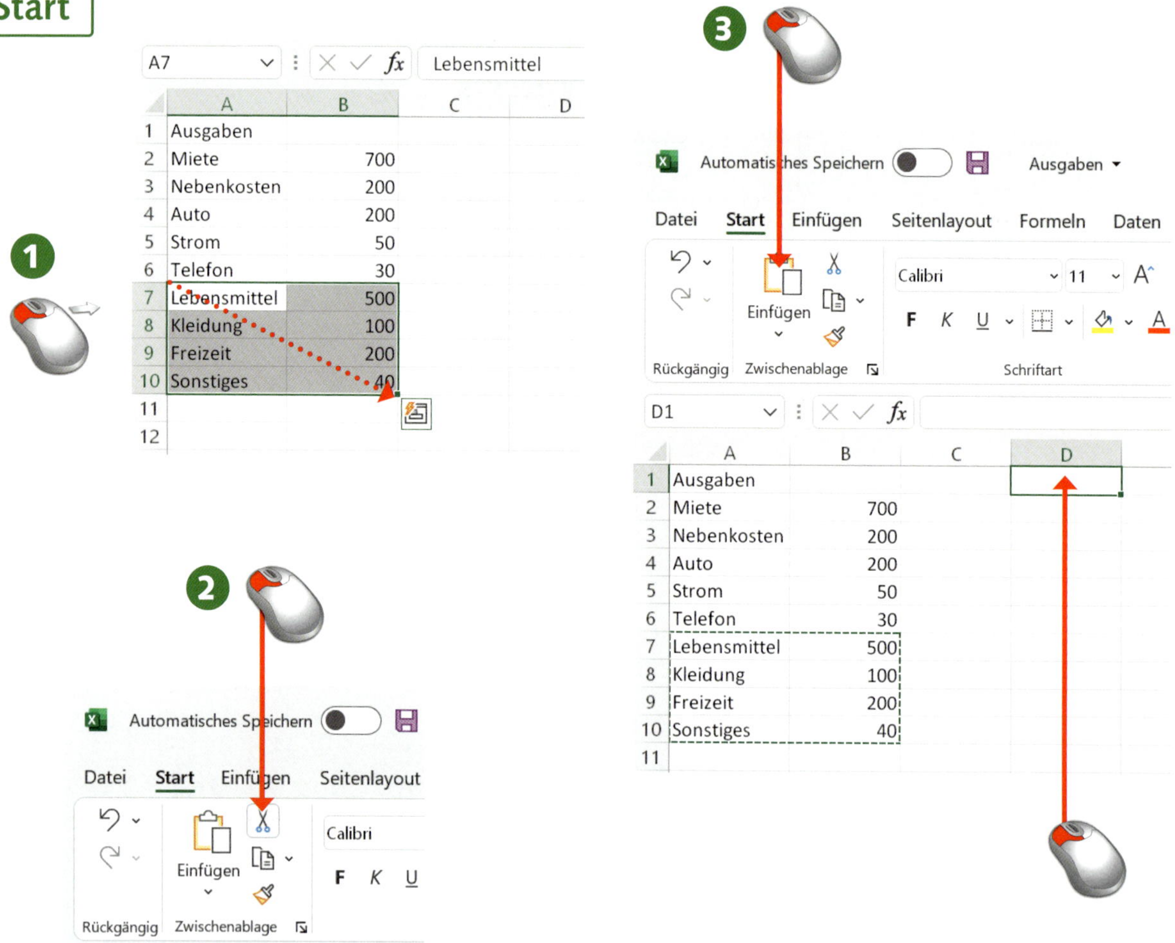

1. Markieren Sie den zu kopierenden/verschiebenden Zellbereich in der Tabelle.
2. Zum Verschieben wählen Sie im Menüband auf der Registerkarte *Start* in der Gruppe *Zwischenablage* die *Ausschneiden*-Schaltfläche.
3. Markieren Sie die Zelle für die linke obere Ecke des Zielbereichs, und wählen Sie in der Gruppe *Zwischenablage* der Registerkarte *Start* die *Einfügen*-Schaltfläche.

WISSEN

Auch in Excel lassen sich markierte Zellbereiche in einer Tabelle oder zwischen Tabellen kopieren bzw. verschieben. Dabei können Sie nur die Werte oder auch die komplette Zellstruktur übertragen. Achten Sie bei der Auswahl der Zielzelle darauf, dass der als Kopie einzufügende Zellbereich möglichst keine Zellen mit Werten überschreibt.

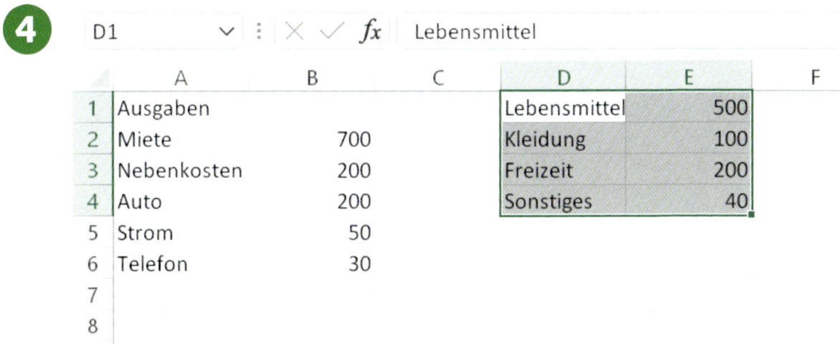

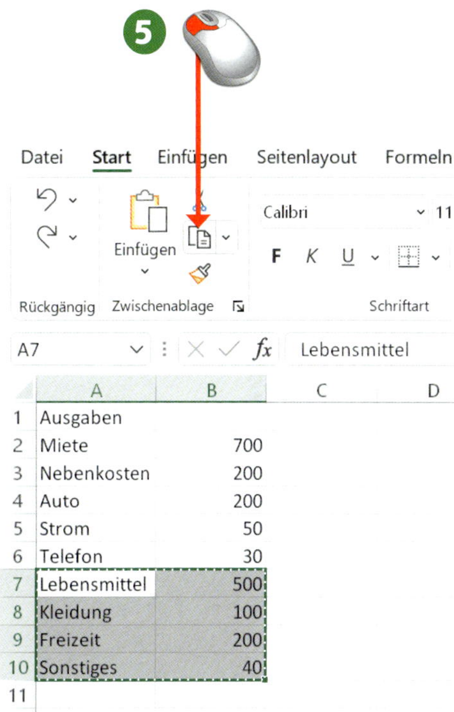

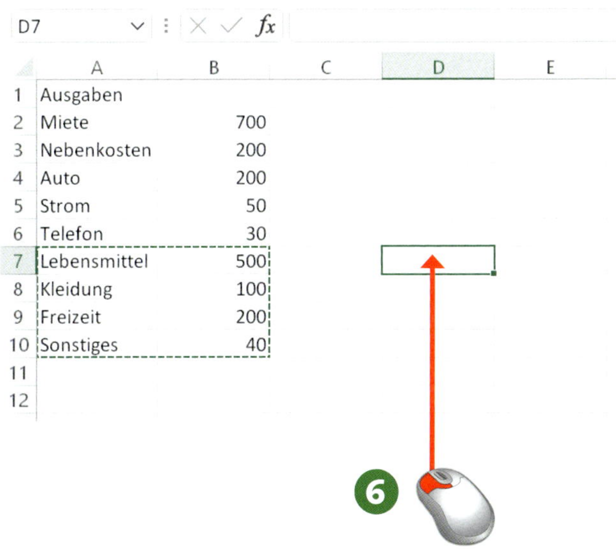

4 Der ausgeschnittene Zellbereich wird anschließend aus der Zwischenablage ab der markierten Zielzelle eingefügt.

5 Zum Kopieren markieren Sie die Zellen des gewünschten Bereichs und wählen dann auf der Registerkarte *Start* die Schaltfläche *Kopieren*.

6 Klicken Sie auf die Zelle, in die der Inhalt der Zwischenablage als Kopie eingefügt werden soll.

TIPP

Sie können auch diese Tastenkombinationen verwenden:
Strg+X (Ausschneiden)
Strg+C (Kopieren) und
Strg+V (Einfügen)

HINWEIS

Excel belässt einen ausgeschnittenen Zellbereich im Dokument, zeigt diesen aber mit einem gestrichelten Rahmen an.

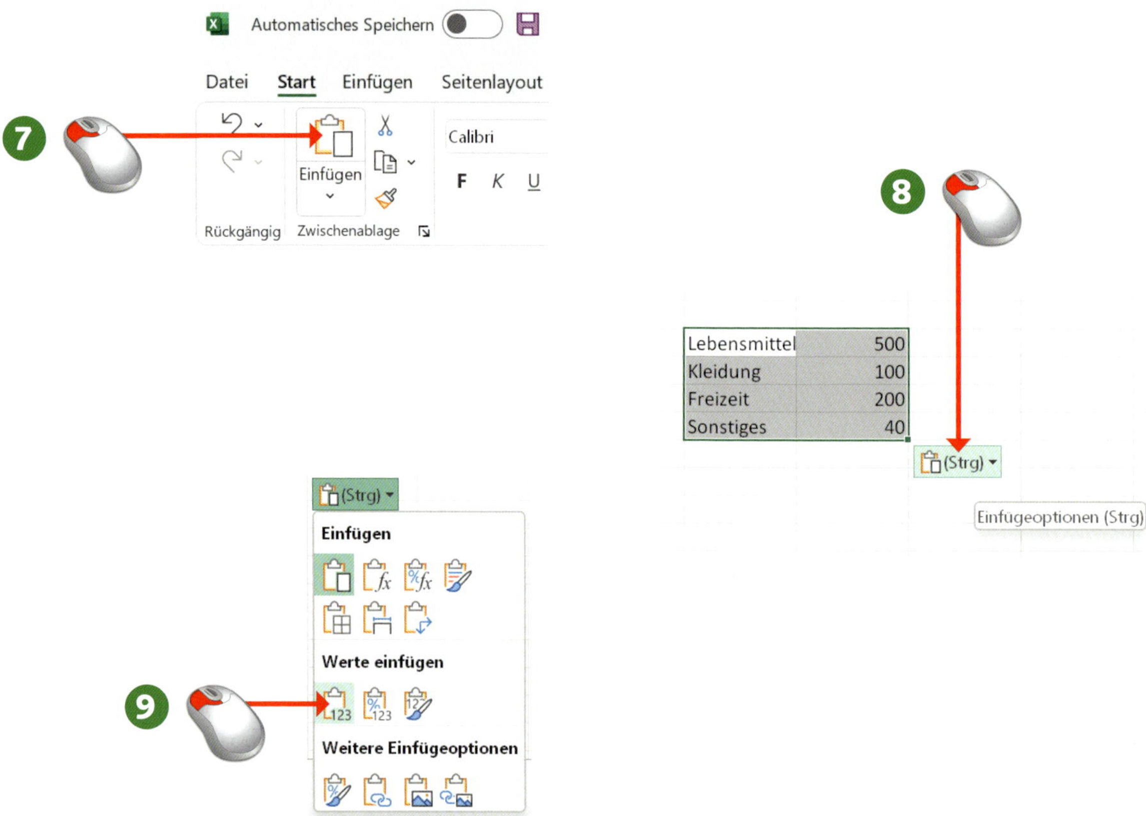

7 Wählen Sie auf der Registerkarte *Start* des Menübands die *Einfügen*-Schaltfläche, um den Inhalt der Zwischenablage in den Zielbereich einzufügen.

8 Wählen Sie die neben dem eingefügten Zellbereich eingeblendete Schaltfläche *Einfügeoptionen*.

9 Wählen Sie eine der im Menü *Einfügeoptionen* angezeigten Schaltflächen, um den Einfügemodus aus der Zwischenablage festzulegen.

WISSEN

Bei Excel können Sie beim Einfügen aus der Zwischenablage vorgeben, ob alles, nur die Formeln, nur die Werte etc. in den Zellbereich eingefügt werden sollen. Häufig werden Sie die Option *Werte und Zahlenformat* beim Einfügen wählen.

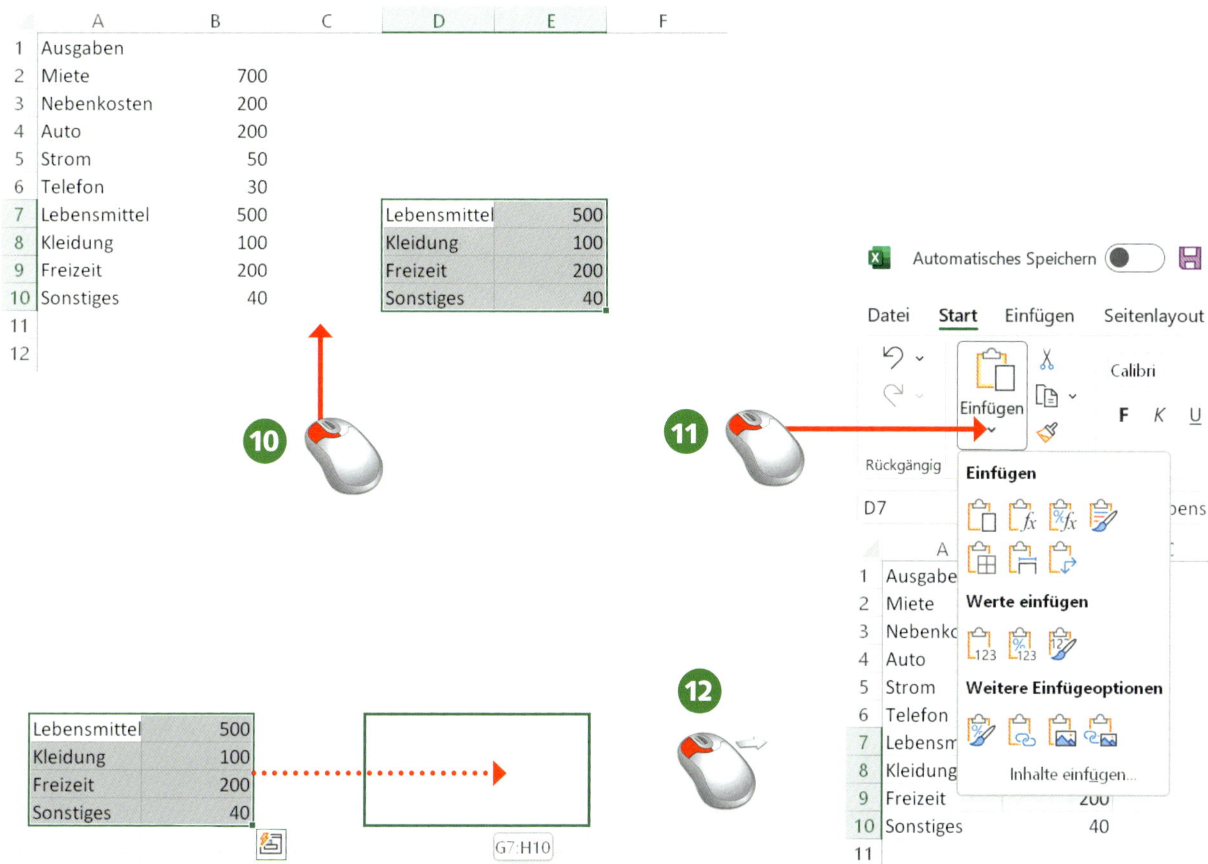

10 Nun ist die Kopie des Zellbereichs im gewählten Format in die Tabelle eingefügt. Klicken Sie in eine beliebige Zelle, um die Markierung aufzuheben.

11 Alternativ können Sie in Schritt 7 auch das Menü der Schaltfläche *Einfügen* öffnen und dort Schaltflächen wie *Einfügen*, *Formeln*, *Werte* etc. (siehe Schritt 9) wählen.

12 Um einen markierten Zellbereich schnell innerhalb der Tabelle zu verschieben, klicken Sie auf den Rand des Markierungsrahmens und ziehen ihn bei gedrückter Maustaste in eine neue Position.

Ende

TIPP

Halten Sie in Schritt 12 beim Ziehen die Strg-Taste gedrückt, wird der Zellbereich kopiert statt verschoben.

HINWEIS

Die in den Schritten 1 bis 9 beschriebenen Techniken lassen sich auch zwischen verschiedenen Tabellen anwenden.

Start

3

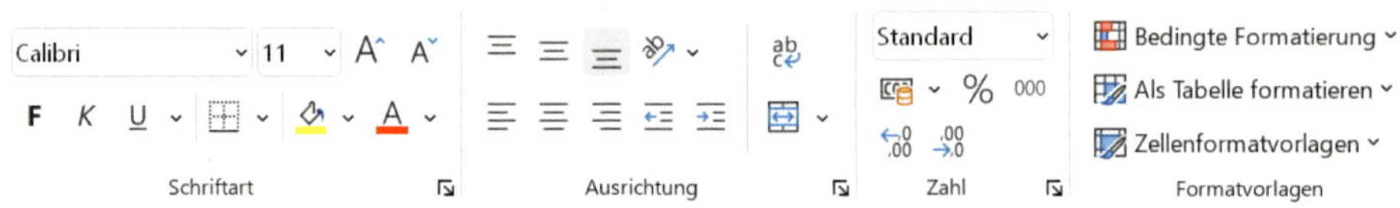

1

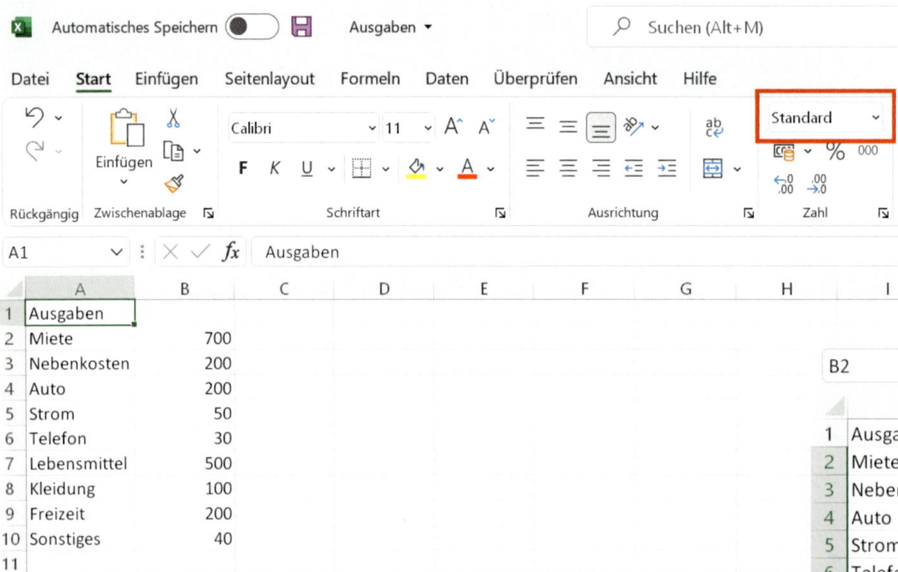

2

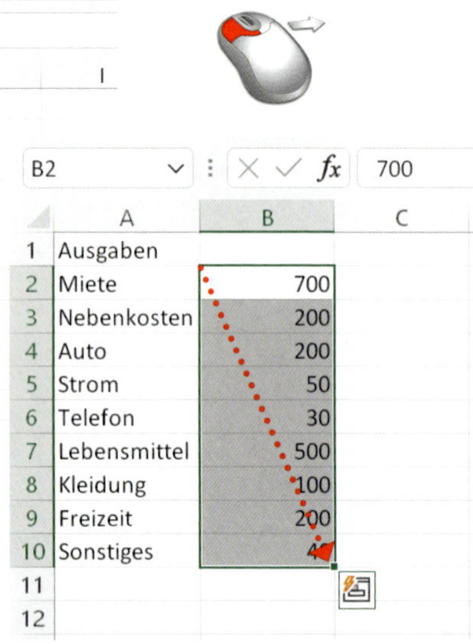

1. In eine Tabelle eingetragene Daten werden im Format *Standard* angezeigt. Bei Zahlen unterdrückt Excel z. B. nicht signifikante Nullen.
2. Um gezielt ein Zellformat zuzuweisen, markieren Sie die betreffenden Zellen.
3. Im Menüband auf der Registerkarte *Start* weisen Sie über Schaltflächen, die Sie teilweise schon von Word kennen, die gewünschten Formate zu. Dazu in den nächsten Schritten mehr.

WISSEN

Über die Zellformate legen Sie nicht nur fest, ob die Zellinhalte fett, kursiv oder mit anderen Formaten anzuzeigen sind. Das Zellformat bestimmt auch, wie der Zellinhalt selbst (z. B. als Dezimalzahl) angezeigt werden soll. Beim Währungs- und Buchhaltungsformat werden Zahlen standardmäßig mit einem Währungskennzeichen und zwei Nachkommastellen dargestellt.

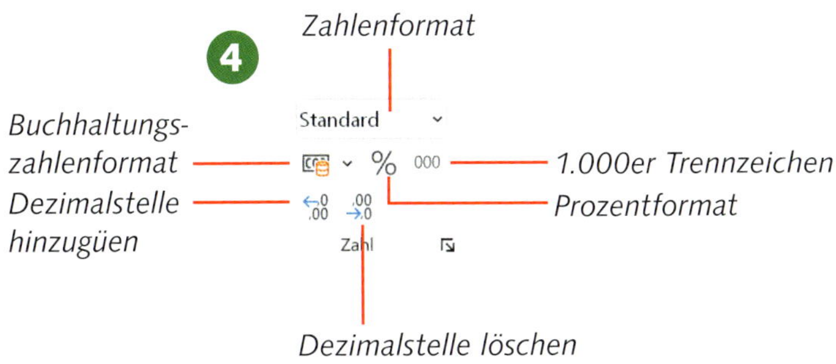

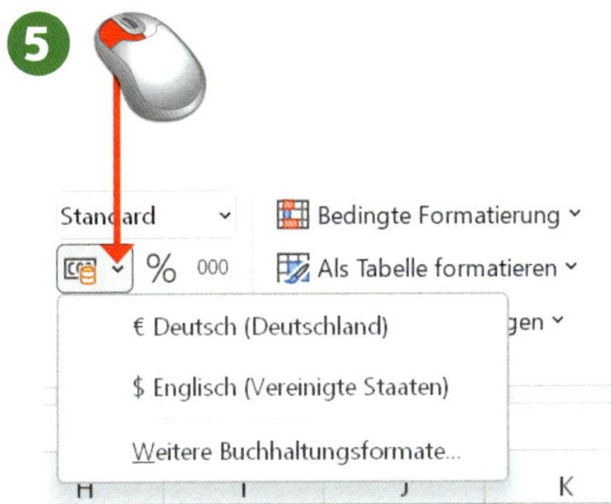

4 Über die Schaltflächen der Gruppe *Zahl* legen Sie Zellformate für die Zahlendarstellung fest (*Dezimalstelle hinzufügen* erhöht z. B. die Zahl der angezeigten Nachkommastellen).

5 Das Menü der Schaltfläche *Buchhaltungszahlenformat* ermöglicht es Ihnen, das Währungszeichen oder weitere Währungsformate zuzuweisen.

6 Über den Katalog des Feldes *Zahlenformat* können Sie verschiedene Zahlenformate (auch das Format *Standard*) abrufen und markierten Zellen zuweisen.

TIPP

Wird ein Eingabewert plötzlich fehlerhaft (z. B. eine Dezimalzahl als Datum oder Prozentwert) angezeigt, überprüfen Sie das Zellformat.

HINWEIS

Das Format *Standard* legt bei der Eingabe des ersten Werts dessen Darstellung fest. Später eingegebene andere Daten (z. B. Datum) werden dann im alten Format angezeigt (siehe Seite 170).

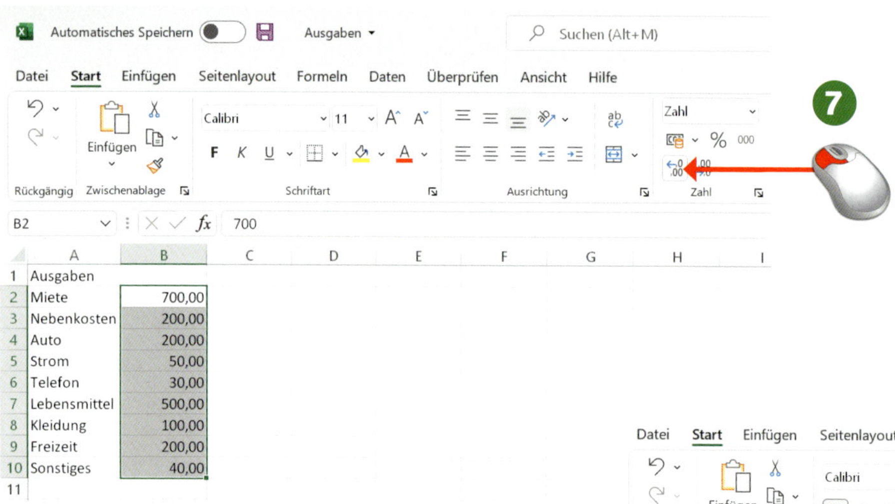

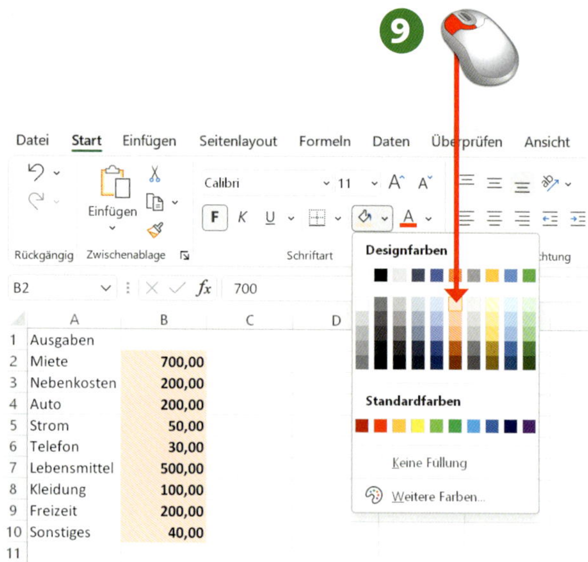

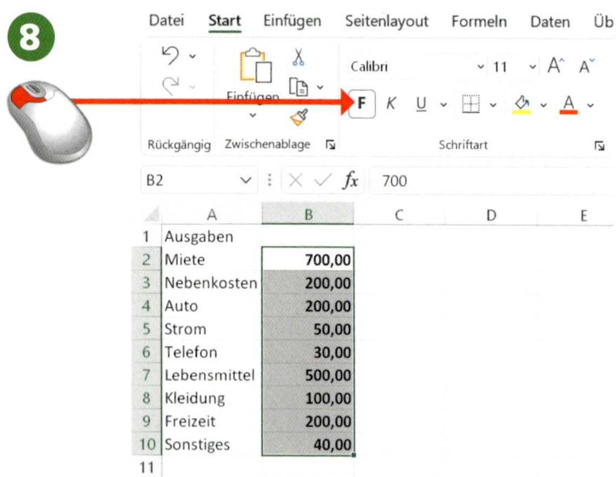

7 Hier wurden die Werte der in Schritt 1 gezeigten Beispieltabelle mit zwei Nachkommastellen beim Zellenformat ergänzt.

8 Um Zeichenformate zuzuweisen, markieren Sie die Zellen und wählen dann auf der Registerkarte *Start* die gewünschten Formate in der Gruppe *Schriftart* aus.

9 Über die Palette der Schaltfläche *Füllfarbe* der Gruppe *Schriftart* auf der Registerkarte *Start* lässt sich der Hintergrund der markierten Zelle(n) einfärben.

WISSEN

Über die Gruppen *Schriftart* und *Ausrichtung* der Registerkarte *Start* des Menübands passen Sie die Textdarstellung von Zellinhalten (ähnlich wie bei Word, siehe Seite 74) an.

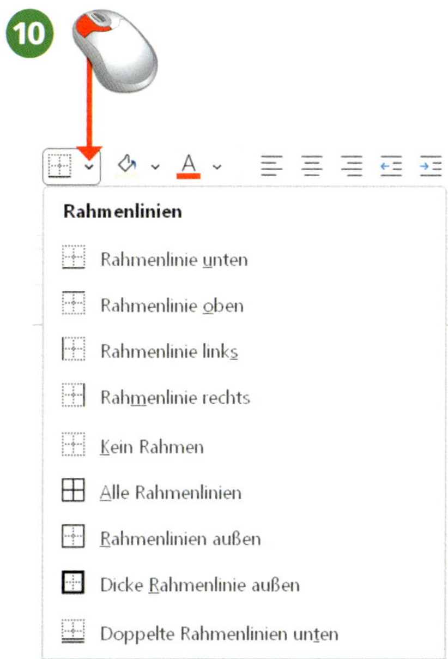

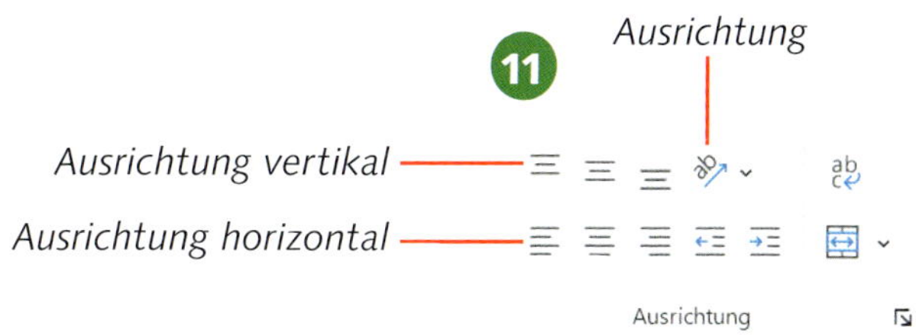

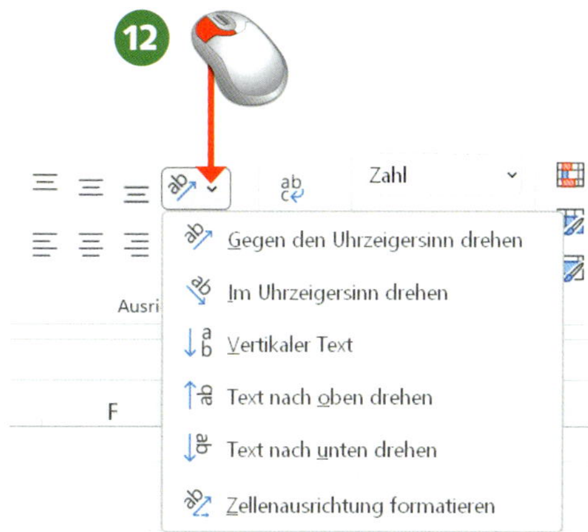

10 Um markierte Zellen mit Linien an den Rändern zu versehen, öffnen Sie das Menü der Schaltfläche *Rahmenlinie* der Gruppe *Schriftart* und wählen die gewünschte Variante aus.

11 In der Gruppe *Ausrichtung* der Registerkarte *Start* finden Sie Schaltflächen, um Zellinhalte vertikal bzw. horizontal innerhalb der Zelle auszurichten.

12 Die Schaltfläche *Ausrichtung* der gleichnamigen Gruppe auf der Registerkarte *Start* öffnet ein Menü, über dessen Befehle Sie Zellinhalte z. B. gedreht anzeigen können.

Ende

HINWEIS

Standardmäßig werden Zahlen rechtsbündig und Texte linksbündig in der Zelle dargestellt. Sie können die Ausrichtung aber über Zellformate vorgeben.

TIPP

Verwenden Sie die Schaltfläche *Schriftfarbe*, um die Farbe der Zellinhalte zu ändern.

Start

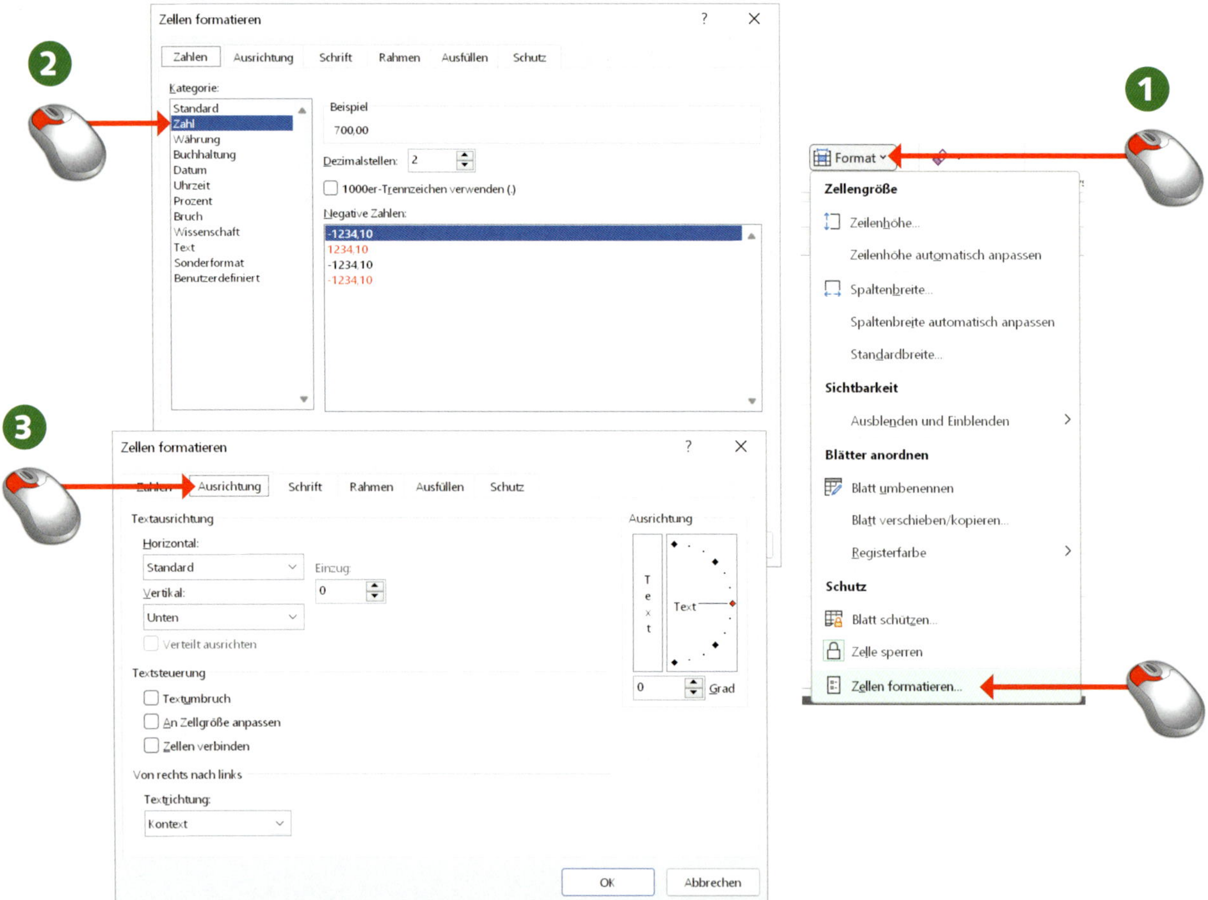

1. Markieren Sie einen Zellbereich und wählen Sie auf der Registerkarte *Start* die Schaltfläche *Format* und dann den Befehl *Zellen formatieren*.
2. Wählen Sie auf der Registerkarte *Zahlen* eine Kategorie aus, und passen Sie dann die für die Formatschablone angezeigten Optionen an.
3. Über die restlichen Registerkarten geben Sie die Ausrichtung, die Schriftart, die Füllfarbe oder die Rahmen sowie – falls gewünscht – den Zellschutz vor.

WISSEN

Um Zahlen oder Zellinhalte gezielt zu formatieren, können Sie auch das Eigenschaftenfenster *Zellen formatieren* öffnen. Auf der Registerkarte *Zahlen* finden Sie Formatschablonen für verschiedene Kategorien, und die anderen Registerkarten ermöglichen den Zugriff auf alle Zellformate.

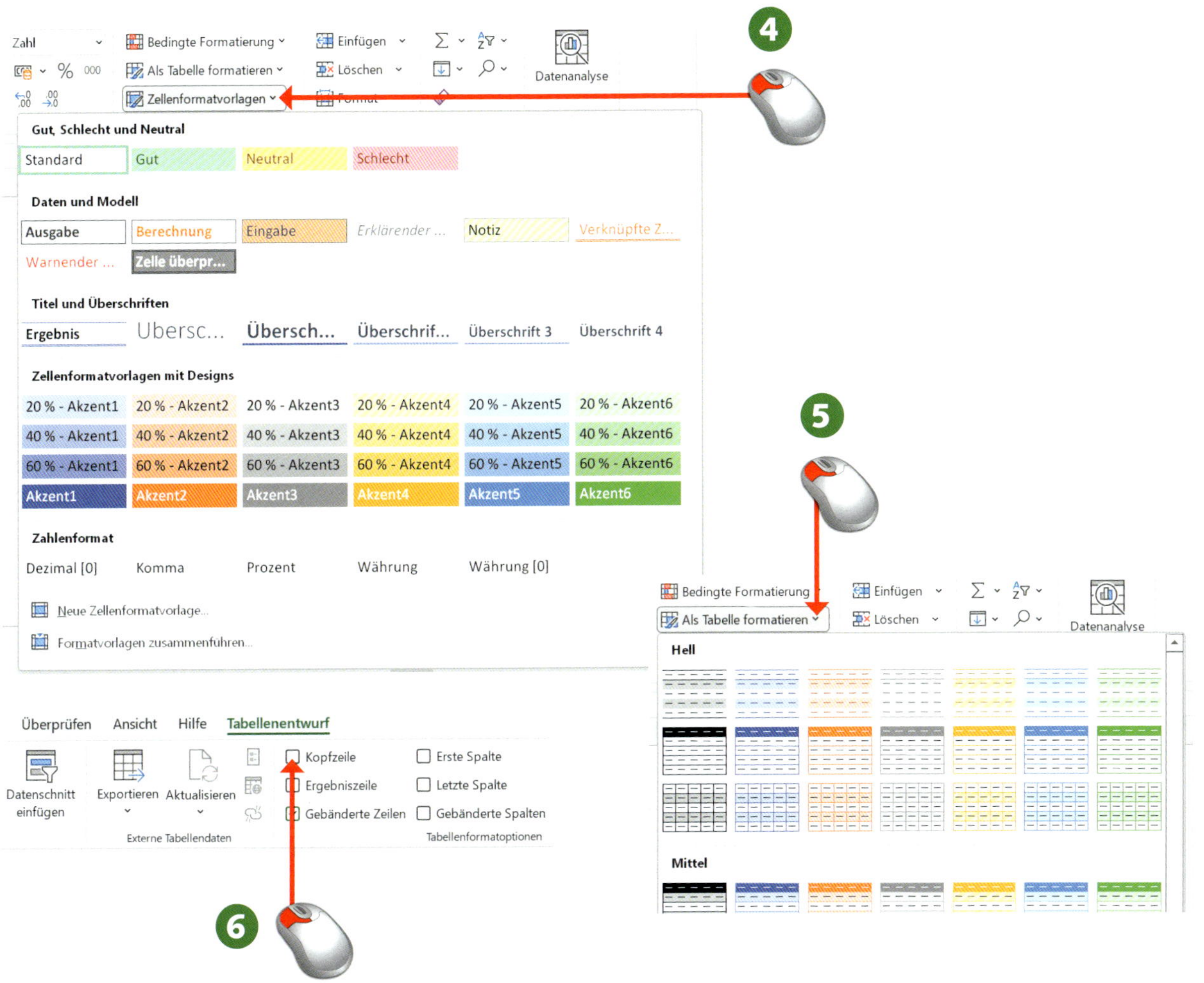

4 Die Schaltfläche *Zellenformatvorlagen* der Registerkarte *Start* öffnet einen Katalog, über dessen Einträge Sie markierte Zellen automatisch mit Zellformaten versehen.

5 Über den Katalog der Schaltfläche *Als Tabelle formatieren* lässt sich ein Tabellenformat wählen.

6 Löschen Sie (bei markierter Tabelle) auf der Registerkarte *Tabellenentwurf* die Markierung des Kontrollkästchens *Kopfzeile*, um die Zeile mit den Listenfeldern auszublenden.

Ende

HINWEIS

Im Katalog *Zellenformatvorlagen* auf der Registerkarte *Start* finden Sie verschiedene Kategorien, um Zellen als Überschriften oder Datenbereiche zu formatieren.

TIPP

Auf der Registerkarte *Schutz* des Eigenschaftenfensters *Zellen formatieren* lassen sich markierte Zellbereiche vor Veränderungen schützen.

Start

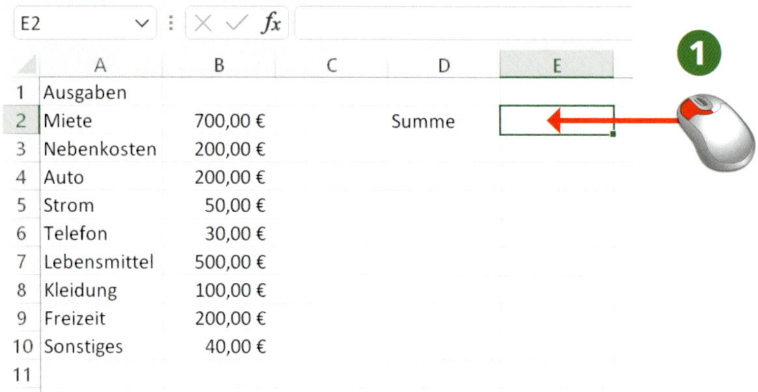

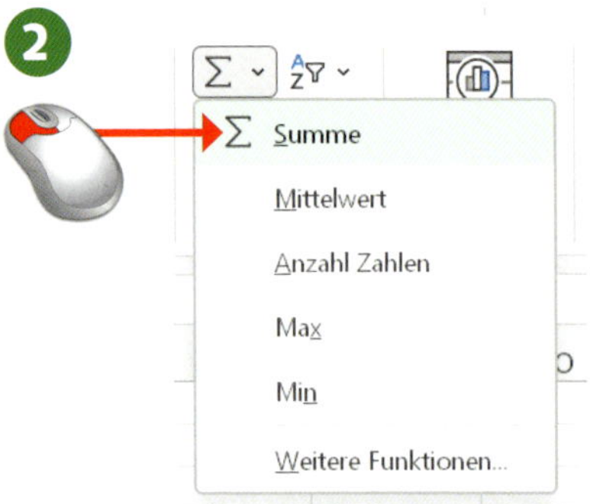

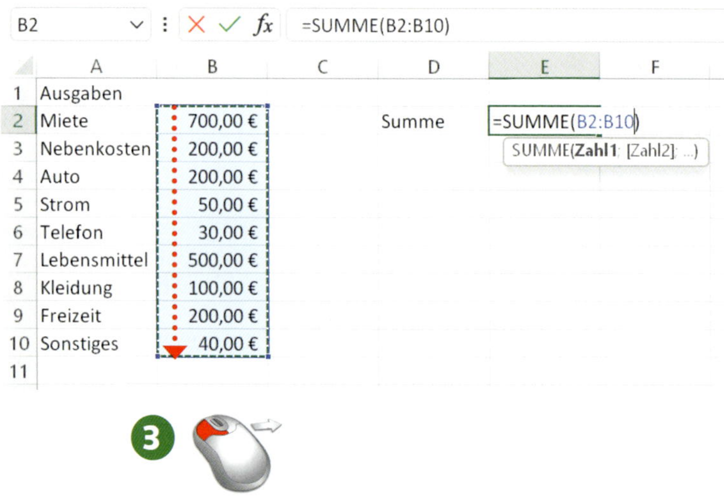

1. Um eine Zeile oder Spalte in einer Tabelle zu summieren, markieren Sie die Ergebniszelle durch einen Mausklick.

2. Wählen Sie auf der Registerkarte *Start* des Menübands die Schaltfläche *Summe* der Gruppe *Bearbeiten* (oder wählen Sie im angezeigten Menü den Befehl *Summe*).

3. Markieren Sie den zu summierenden Zellbereich mit der Maus und bestätigen Sie mit der ↵-Taste.

WISSEN

Die Stärke von Excel besteht in der Möglichkeit, Berechnungen in Tabellen vorzunehmen. Sie können Zellen summieren, Ergebnisse über Ausdrücke ermitteln oder sehr komplexe Funktionen anwenden – wobei auch Zellwerte aus anderen Tabellen oder Arbeitsmappen in den Ausdruck einfließen können.
Markieren Sie eine Zelle mit einer Formel, wird der Ausdruck in der Bearbeitungsleiste angezeigt und lässt sich hier (falls erforderlich) direkt korrigieren.

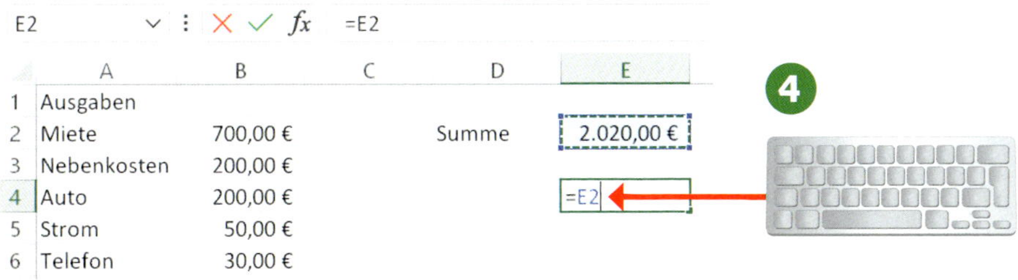

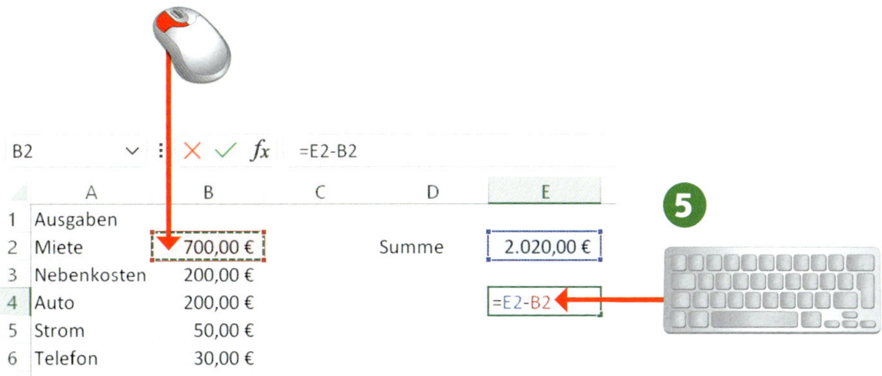

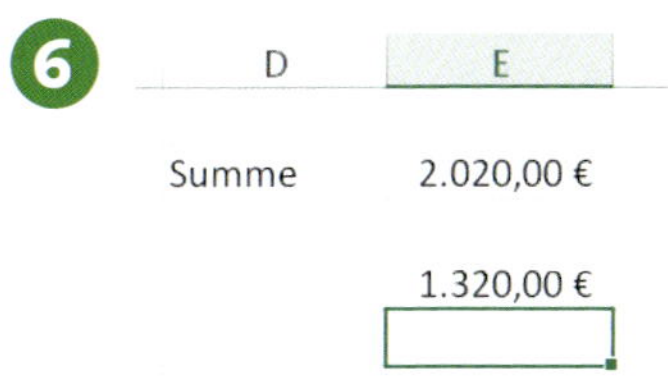

4 Um die Differenz der Summe in E2 und den Mietkosten in B2 zu ermitteln, klicken Sie auf eine leere Zelle, tippen ein Gleichheitszeichen ein und klicken dann auf die erste Zelle (in diesem Beispiel E2).

5 Ergänzen Sie den Ausdruck *=E2* in der Zelle durch ein Minuszeichen, und klicken Sie danach auf die zweite Zelle B2, um diese in den Ausdruck zu übernehmen.

6 Sobald Sie die Formel über die [↵]-Taste abschließen, wird das Ergebnis in der Zelle angezeigt.

Ende

TIPP

Eine Formel der Art *=E2-B2* können Sie auch direkt in die Ergebniszelle eintippen. *E2* und *B2* stehen dabei für Zellreferenzen.

TIPP

Zeigt Excel (z. B. beim Summieren) den falschen Zellbereich durch den gestrichelten Rahmen, markieren Sie einfach die gewünschten Zellen, bevor Sie die [↵]-Taste drücken.

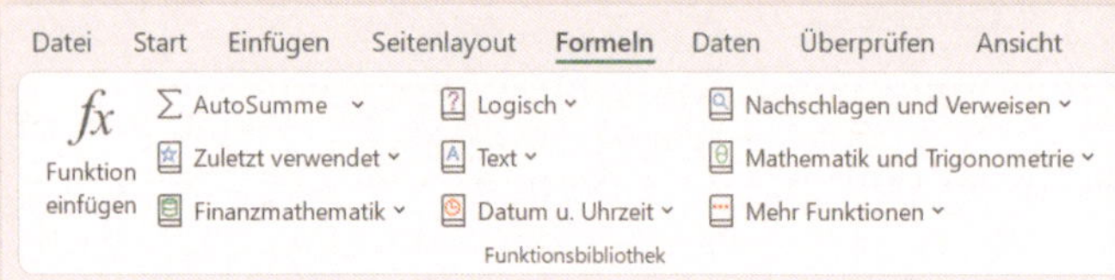
Datei
Start
Einfügen
Seitenlayout
Formeln
Daten
Überprüfen
Ansicht
Funktion einfügen
AutoSumme
Zuletzt verwendet
Finanzmathematik
Logisch
Text
Datum u. Uhrzeit
Nachschlagen und Verweisen
Mathematik und Trigonometrie
Mehr Funktionen
Funktionsbibliothek

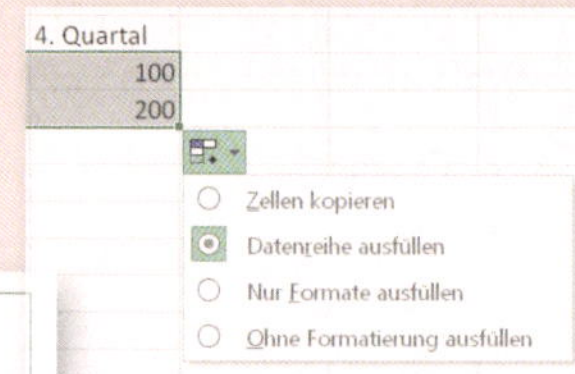
4. Quartal
100
200
Zellen kopieren
Datenreihe ausfüllen
Nur Formate ausfüllen
Ohne Formatierung ausfüllen

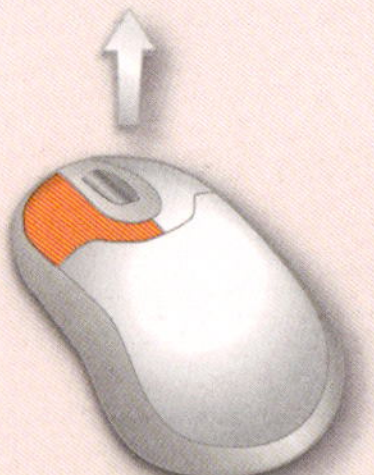

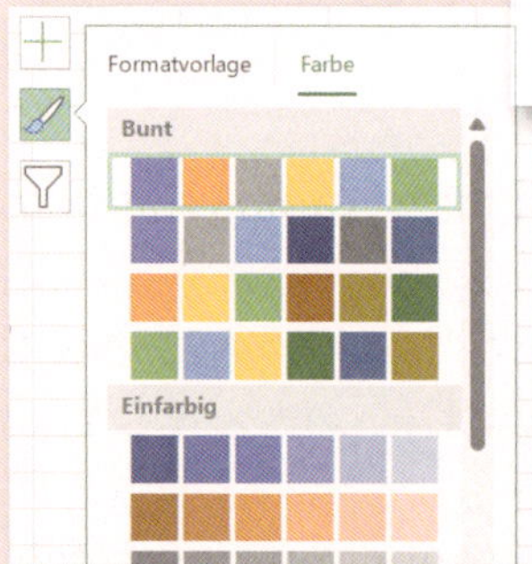
Formatvorlage
Farbe
Bunt
Einfarbig

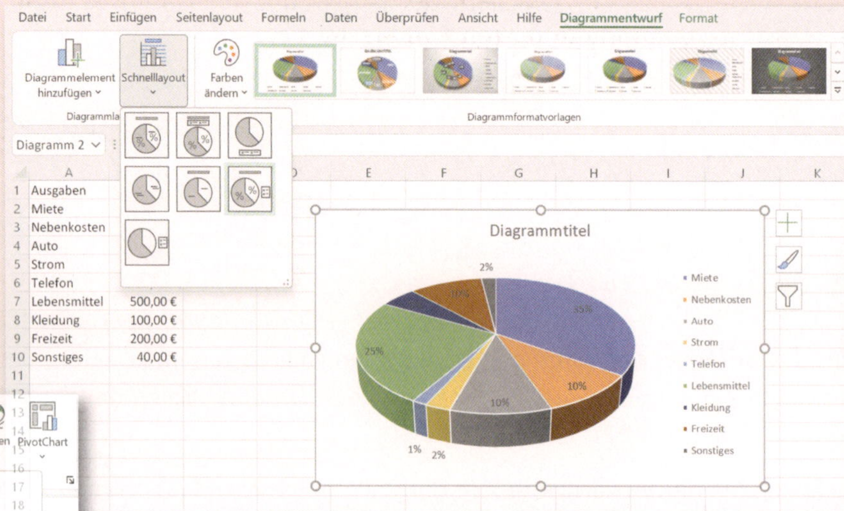
Datei
Start
Einfügen
Seitenlayout
Formeln
Daten
Überprüfen
Ansicht
Hilfe
Diagrammentwurf
Format
Diagrammelement hinzufügen
Schnelllayout
Farben ändern
Diagrammformatvorlagen
Diagramm 2
1 Ausgaben
2 Miete
3 Nebenkosten
4 Auto
5 Strom
6 Telefon
7 Lebensmittel 500,00 €
8 Kleidung 100,00 €
9 Freizeit 200,00 €
10 Sonstiges 40,00 €
Diagrammtitel
35%
25%
10%
10%
10%
2%
1%
2%
Miete
Nebenkosten
Auto
Strom
Telefon
Lebensmittel
Kleidung
Freizeit
Sonstiges

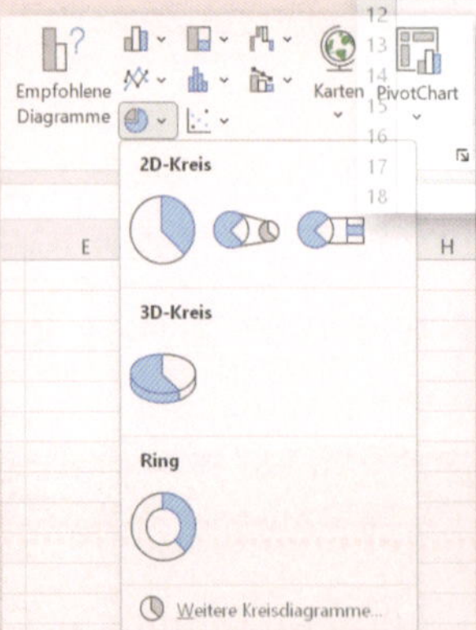
Empfohlene Diagramme
Karten
PivotChart
2D-Kreis
3D-Kreis
Ring
Weitere Kreisdiagramme...

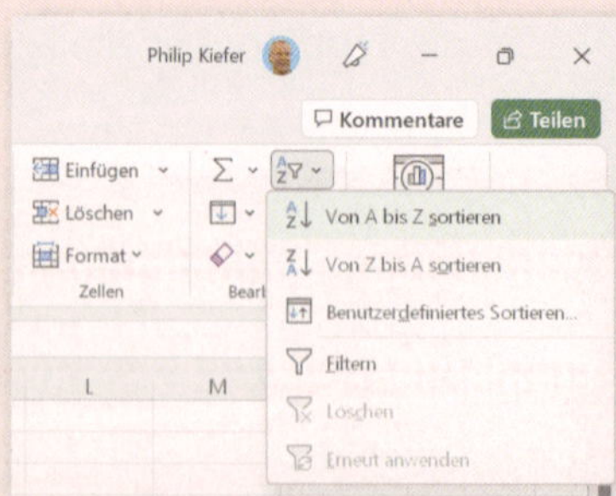
Philip Kiefer
Kommentare
Teilen
Einfügen
Löschen
Format
Zellen
Von A bis Z sortieren
Von Z bis A sortieren
Benutzerdefiniertes Sortieren...
Filtern
Löschen
Erneut anwenden

5 Wichtige Excel-Features erkunden

Nachdem Sie sich im vorherigen Kapitel mit den Excel-Basics vertraut gemacht haben, sind Sie bereit dafür, weitere wichtige Excel-Features zu erkunden. Dazu zählen der Umgang mit Zellbezügen und Namen genauso wie das Einfügen von Funktionen, die Fehlersuche oder der Umgang mit Listen. Auch das Erstellen und Anpassen anschaulicher Diagramme aus Ihren Daten wird besprochen. Schließlich werden Sie auch noch mit weiteren wichtigen Excel-Features wie dem Ausdrucken von Tabellen, der Schnellanalyse oder dem Importieren aus anderen Anwendungen vertraut gemacht.

Start

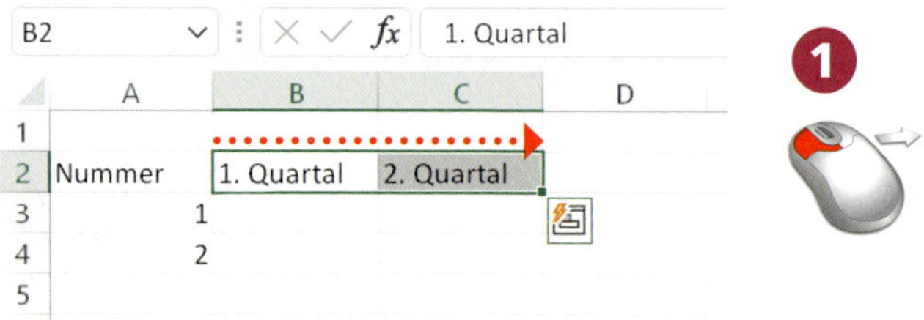

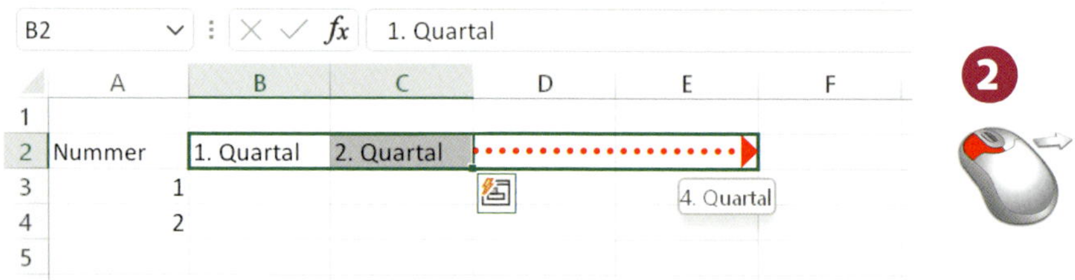

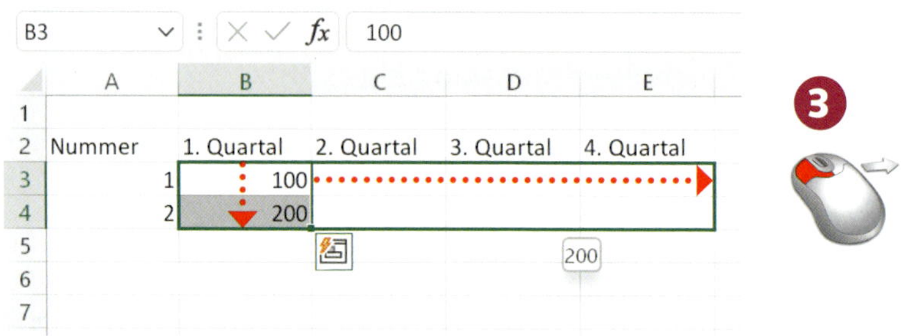

1. Möchten Sie die hier gezeigte Reihe in den Zellen B2, C2 etc. fortsetzen, markieren Sie die Zellen, die bereits entsprechende Werte aufweisen.
2. Zeigen Sie mit der Maus auf die rechte untere Ecke des markierten Bereichs und ziehen Sie das Ausfüllkästchen bei gedrückter Maustaste über die zu füllenden Zellen. Eine QuickInfo zeigt die Füllwerte an.
3. Kann Excel keine Reihe erkennen, werden die Werte der vorher markierten Zellen in den beim Ziehen des Ausfüllkästchens überstrichenen Bereich kopiert.

WISSEN

Die Funktion *AutoAusfüllen* ermöglicht es, Zellen mit Vorgabewerten (gleichen Werten oder Reihen) zu füllen. Erkennt *AutoAusfüllen* eine Reihe (z. B. 1, 2, 3), wird die Reihe beim Ziehen fortgesetzt. Andernfalls werden die Zellen beim Ziehen mit dem Wert der aktiven Zelle gefüllt. Bereits beim Ziehen können Sie über die QuickInfo kontrollieren, ob die gewünschten Füllwerte angezeigt werden.

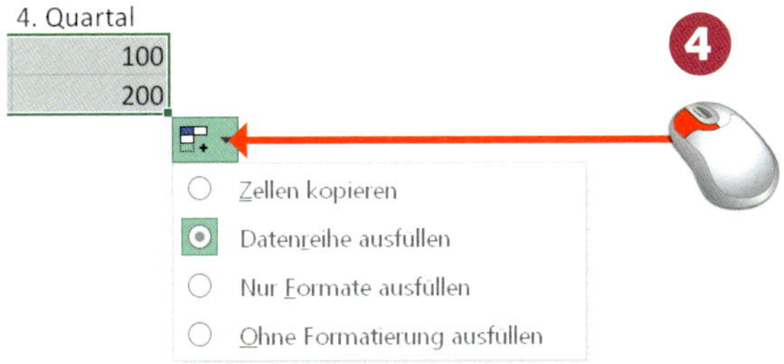

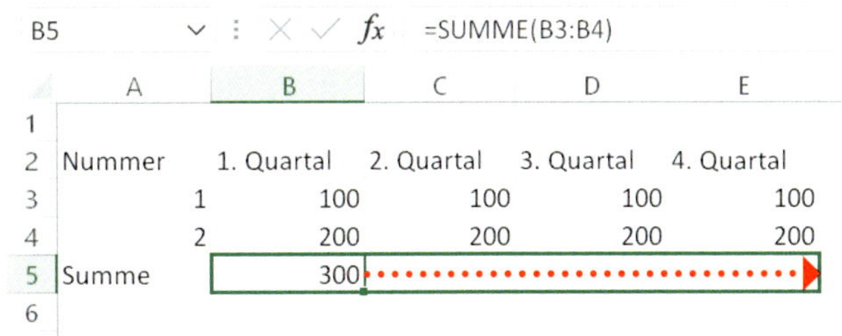

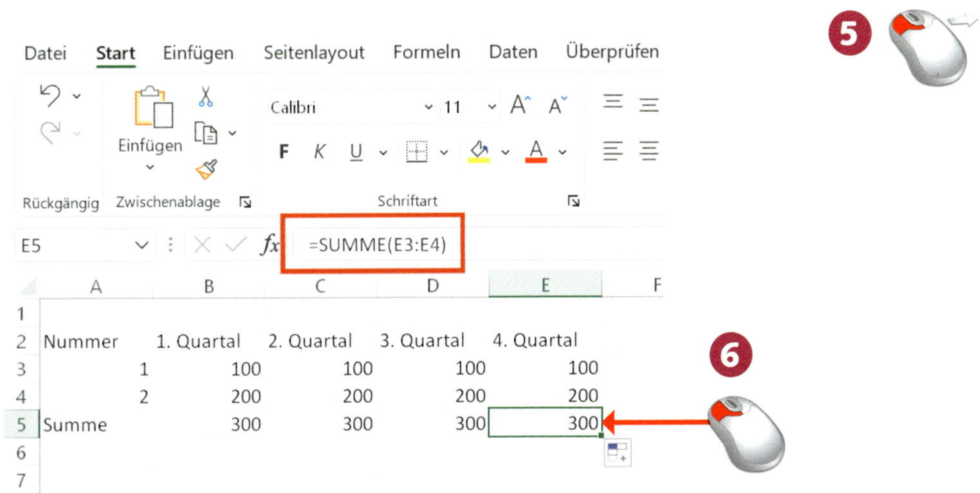

4 Nach dem Loslassen der Maustaste geben Sie über das Menü der Schaltfläche *Auto-Ausfülloptionen* vor, ob eine Datenreihe ausgefüllt oder ein Wert kopiert werden soll.

5 Enthält eine Zelle eine Formel (siehe Seite 156), lässt sich diese über *AutoAusfüllen* ebenfalls in andere Zellen übertragen.

6 Klicken Sie nach dem Übertragen der Formel eine der Zellen an, erscheint die Zellformel in der Bearbeitungsleiste. Excel hat die Zellbezüge automatisch angepasst.

Ende

TIPP

Beim Ziehen des Ausfüllkästchens schaltet eine gleichzeitig gedrückte Strg-Taste den von Excel benutzten Modus um (statt Reihenbildung z. B. Kopieren bzw. umgekehrt).

FACHWORT

Das Ausfüllkästchen findet sich in der rechten unteren Ecke der markierten Zelle. Der Mauszeiger wird über dem Ausfüllkästchen zu einem dünnen Kreuz.

Start

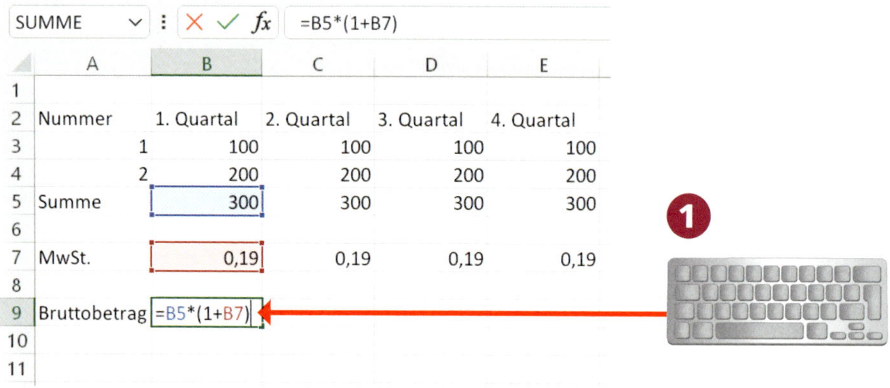

2

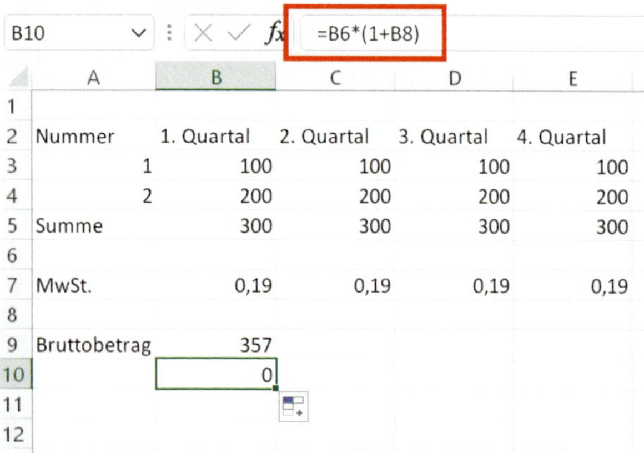

3

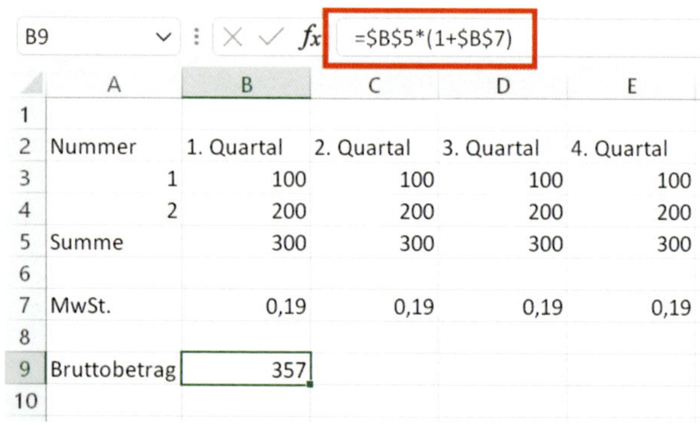

1. Hier werden relative Zellbezüge verwendet, um aus dem Nettobetrag (Zelle B5) und dem Mehrwertsteuersatz (Zelle B7) den Bruttowert der Umsatztabelle zu berechnen.

2. Kopieren Sie die Formel (z. B. über *AutoAusfüllen*) aus Zelle B9 in Zelle B10, passt Excel die relativen Zellbezüge an, das Ergebnis wird also falsch!

3. Um das Anpassen der Zelle mit dem Mehrwertsteuersatz zu verhindern, erstellen Sie von vorangestellten Dollarzeichen einen absoluten Zellbezug in der Art *=$B$5*(1+$B$7)* im Ausdruck.

WISSEN

Die Angabe *A3* bezieht sich auf die Zelle in Zeile 3 und Spalte A, während die Angabe *A1:C3* den Zellbereich zwischen Zelle A1 und C3 referenziert. Solche relativen Zellbezüge werden beim Kopieren, AutoAusfüllen oder Verschieben durch Excel angepasst. Absolute Zellbezüge verhindern diese Anpassung durch Excel. Wenn Sie einen Zellbezug in der Bearbeitungsleiste markieren, lassen sich die möglichen Varianten mit der Funktionstaste F4 schrittweise abrufen.

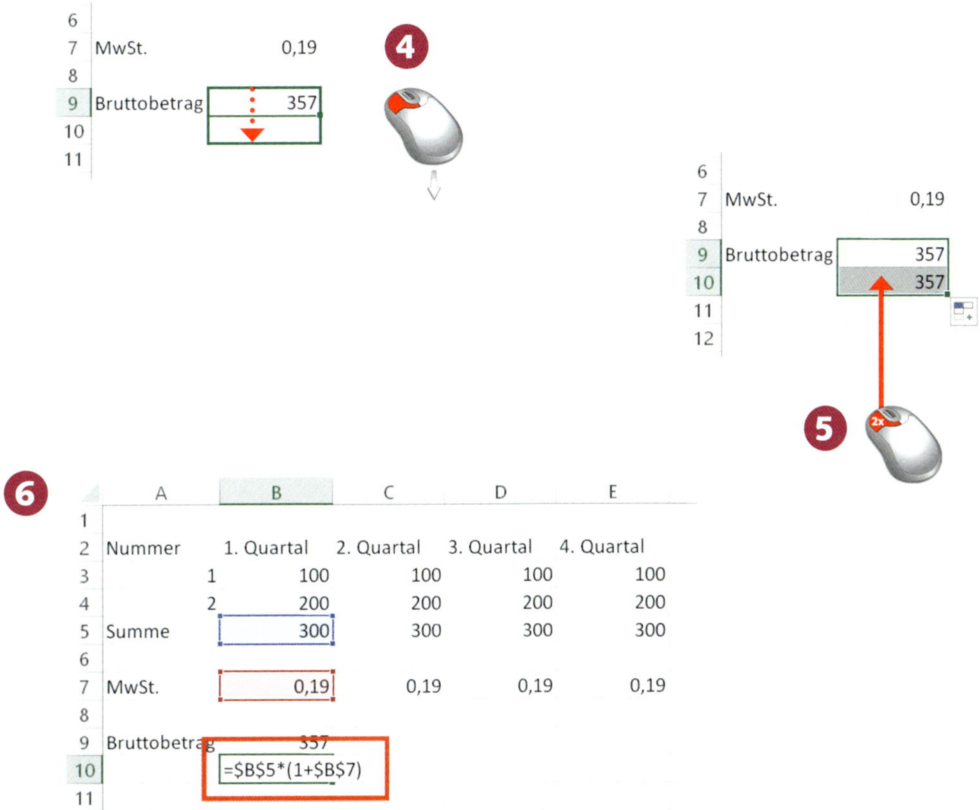

4 Kopieren Sie nun erneut die Zellformel (z. B. per *AutoAusfüllen*) in die darunter befindliche Zelle.

5 Sie stellen fest, dass jetzt der korrekte Wert in der Zelle steht. Die zugrundeliegende Formel sehen Sie in der Bearbeitungsleiste, aber auch, wenn Sie auf die Zelle doppelklicken.

6 Sie stellen fest, dass die Zellbezüge in diesem Fall nicht verändert wurden – aus relativen Zellbezügen haben Sie absolute Zellbezüge gemacht.

Ende

HINWEIS

Absolute Zellbezüge erkennen Sie an einem vorangestellten $-Zeichen vor der Zeile/Spalte (z. B. *$A$1*). Es sind auch gemischte Zellbezüge zulässig.

HINWEIS

Bei *$B5* liegt ein absoluter Zellbezug auf die Spalte B und ein relativer Zellbezug auf die Zeile 5 vor. Bei *C$10* wird die Spalte C relativ und die Zeile 10 absolut adressiert.

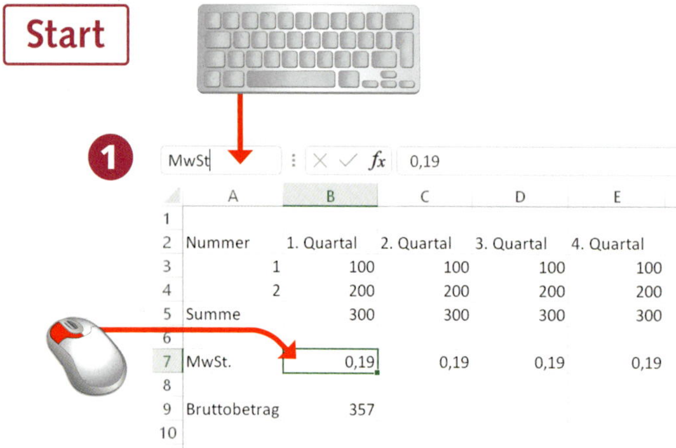

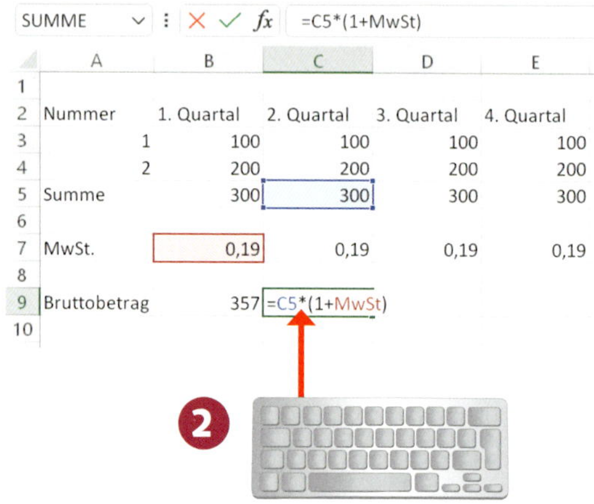

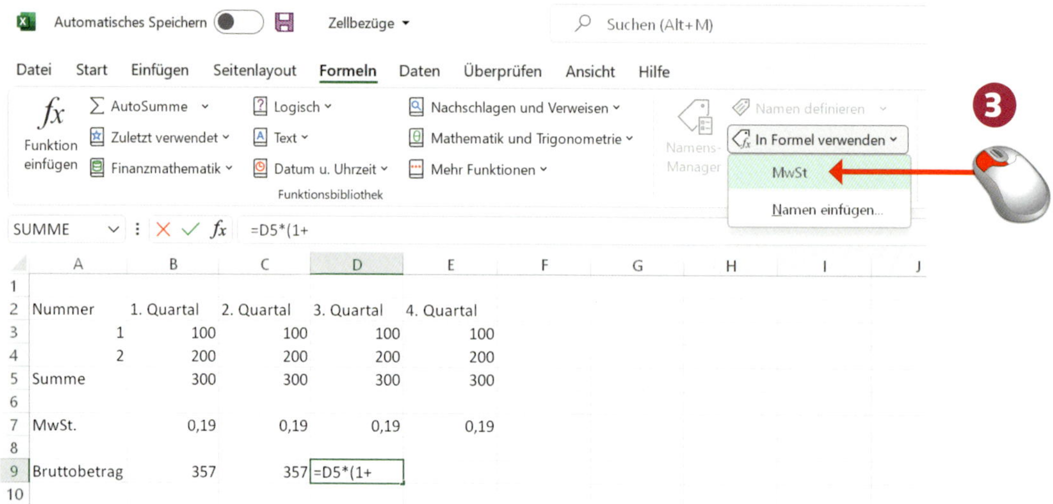

1 Um Zellen einen Namen zuzuweisen, markieren Sie den betreffenden Tabellenabschnitt, klicken in das Namensfeld, tippen den Namen ein und drücken die (↵)-Taste.

2 Beim Eintragen einer Formel in eine Zelle können Sie dann statt der Zellreferenz *B7* auch den Namen (hier *MwSt*) in den Ausdruck einfügen.

3 Alternativ wechseln Sie bei der Formeleingabe im Menüband zur Registerkarte *Formeln*, klicken auf *In Formel verwenden* und dann auf den Namen.

WISSEN

Bei Tabellen mit umfangreichen Berechnungen ist die Bedeutung von Formeln der Art *=A15*B23+(C8-A23+5)* nur schlecht verständlich. Versehen Sie Zellen oder Bereiche in einer Tabelle mit einem beschreibenden Namen, den Sie dann in Formeln einbeziehen können.

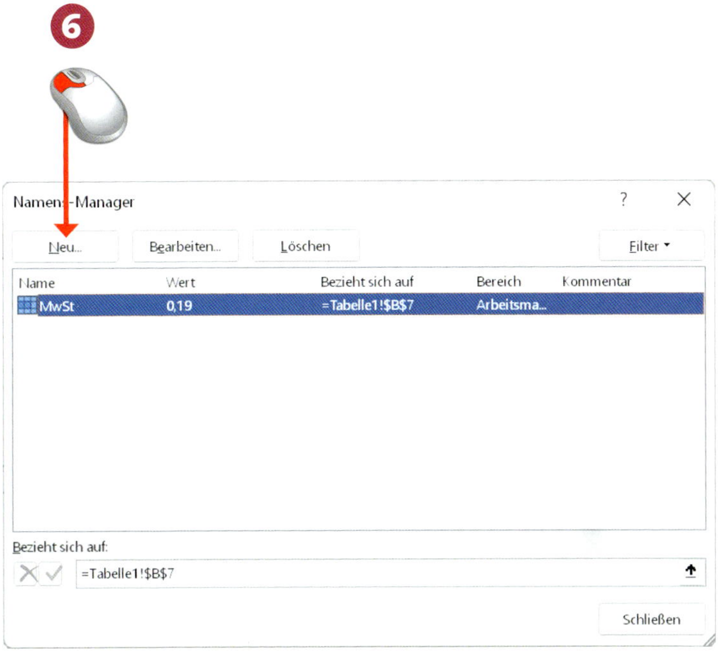

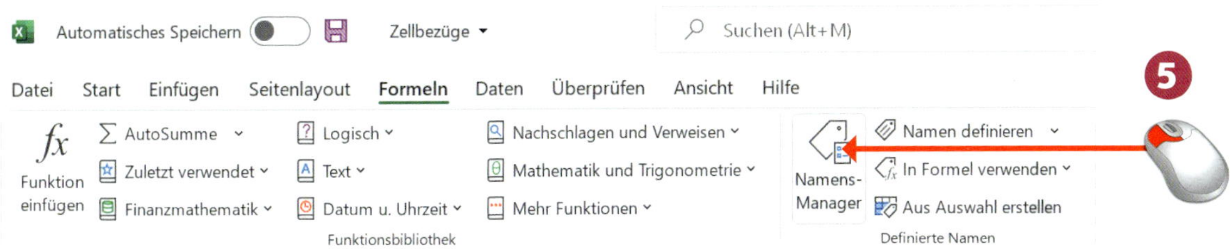

4 Zur Eingabe können Sie auf der Registerkarte *Formeln* auch den Befehl *Namen einfügen* der Menüschaltfläche *In Formel verwenden* wählen, anschließend im Dialogfeld auf den Namen klicken und dann mit *OK* bestätigen.

5 Zur komfortablen Verwaltung der Namen klicken Sie auf die Schaltfläche *Namens-Manager* in der Gruppe *Definierte Namen* der Registerkarte *Formeln*.

6 Der Namens-Manager zeigt alle bisher definierten Namen an und stellt Funktionen bereit, um Namen neu anzulegen, zu ändern oder zu löschen.

Ende

TIPP

Der Namens-Manager lässt sich auch über die Tastenkombination Strg+F3 aufrufen.

HINWEIS

Namen bestehen aus Buchstaben, Ziffern, dem Unterstrich und dem Punkt, dürfen aber keine Zellbezüge, Funktionsnamen oder Zeichen für Operatoren wie +, – etc. aufweisen.

Start

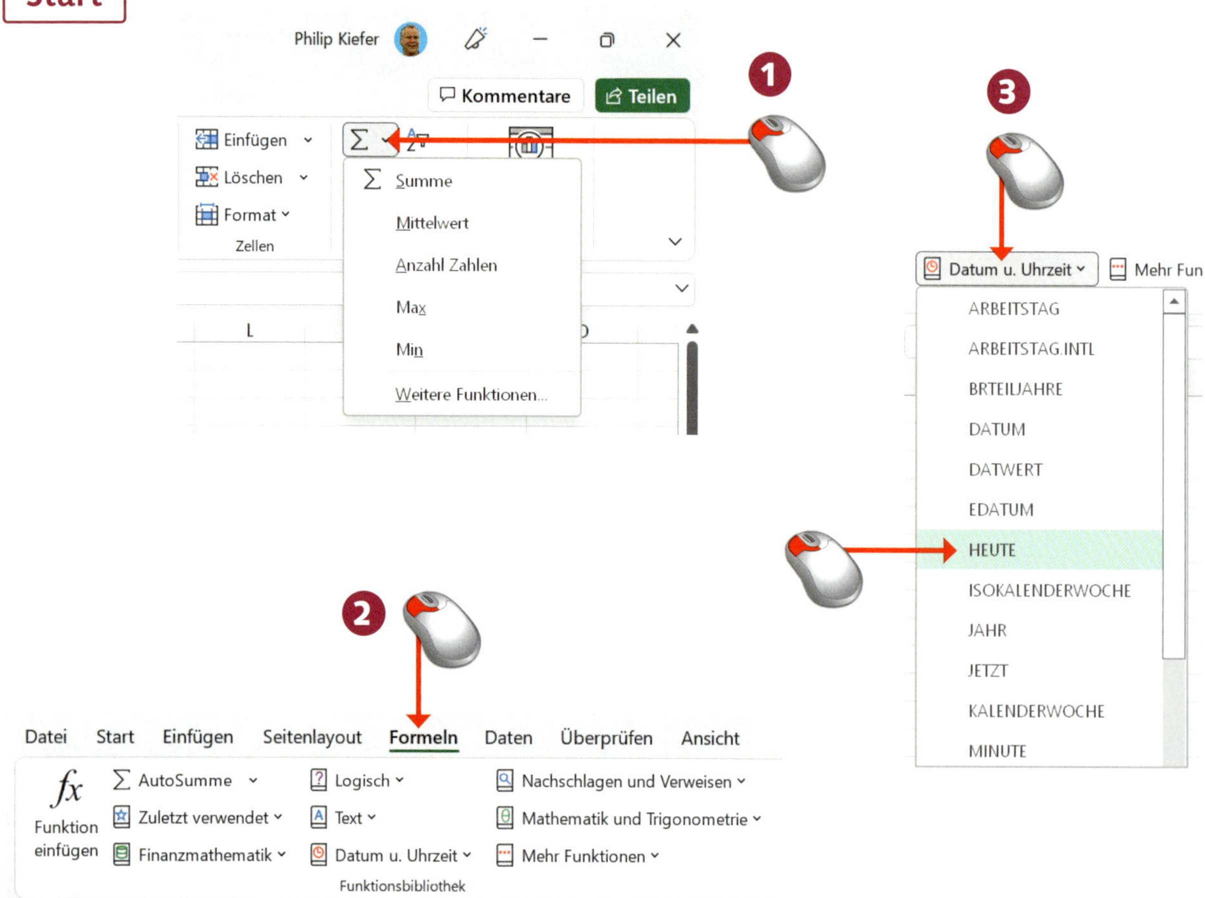

1 Häufig benötigte Funktionen (z. B. *Summe*) fügen Sie über die Menüeinträge der Schaltfläche *Summe* der Registerkarte *Start* in den Ausdruck der aktuellen Zelle ein.

2 Wechseln Sie im Menüband zur Registerkarte *Formeln*, erhalten Sie über die Schaltflächen der Gruppe *Funktionsbibliothek* Zugriff auf weitere Funktionen.

3 Um das aktuelle Datum in eine Zelle einzufügen, klicken Sie auf die Schaltfläche *Datum u. Uhrzeit* der Registerkarte *Formeln* und wählen die Funktion *HEUTE*.

WISSEN

Funktionen sind ein mächtiges Werkzeug, um in Excel-Tabellen Berechnungen durchzuführen. Neben der Summierung (siehe Seite 156) stellt Excel eine umfangreiche Sammlung leistungsfähiger Funktionen aus unterschiedlichen Anwendungskategorien zur Verfügung. Die Schaltfläche *Funktion einfügen* der Bearbeitungsleiste öffnet ein Dialogfeld zum Einfügen einer Funktion bzw. zum Bearbeiten der Funktionsargumente.

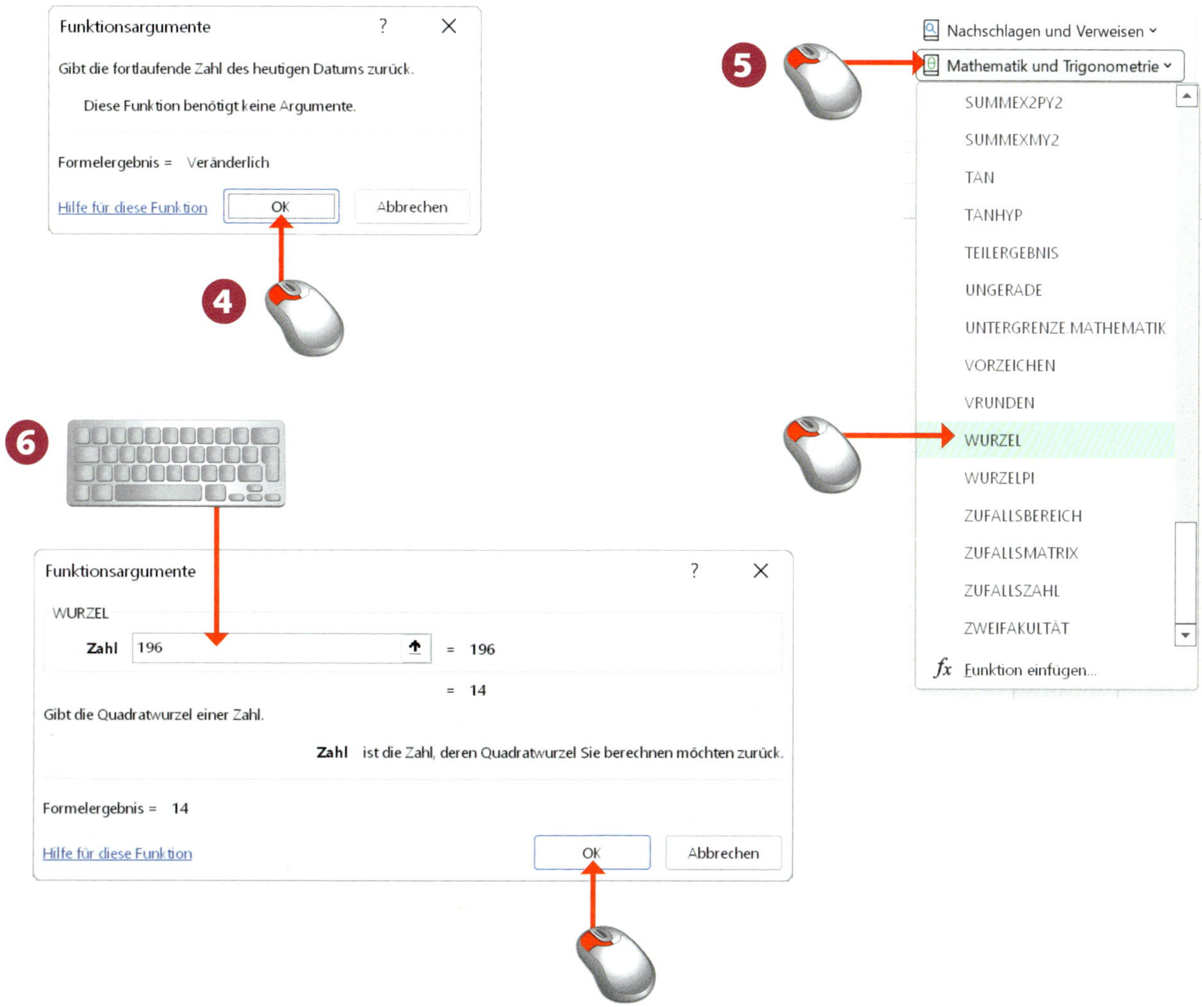

4 Da die Funktion *HEUTE()* keine Argumente benötigt, schließen Sie das Dialogfeld *Funktionsargumente* über die *OK*-Schaltfläche. In der Zelle erscheint das aktuelle Datum.

5 Möchten Sie z. B. die Quadratwurzel aus einer Zahl ziehen, öffnen Sie das Menü der Schaltfläche *Mathematik und Trigonometrie* und wählen die Funktion *WURZEL*.

6 Geben Sie im Dialogfeld *Funktionsargument* den gewünschten Wert an und wählen Sie die *OK*-Schaltfläche.

HINWEIS

Soll das angewählte Feld im Dialogfeld *Funktionsargument* einen Zellbezug als Argument aufnehmen, markieren Sie in der Tabelle einfach die gewünschte Zelle.

HINWEIS

Eine Information zum erwarteten Argument erscheint, wenn Sie im Dialogfeld *Funktionsargument* das jeweilige Feld anwählen. Details zur Funktion liefert der Hyperlink *Hilfe für diese Funktion.*

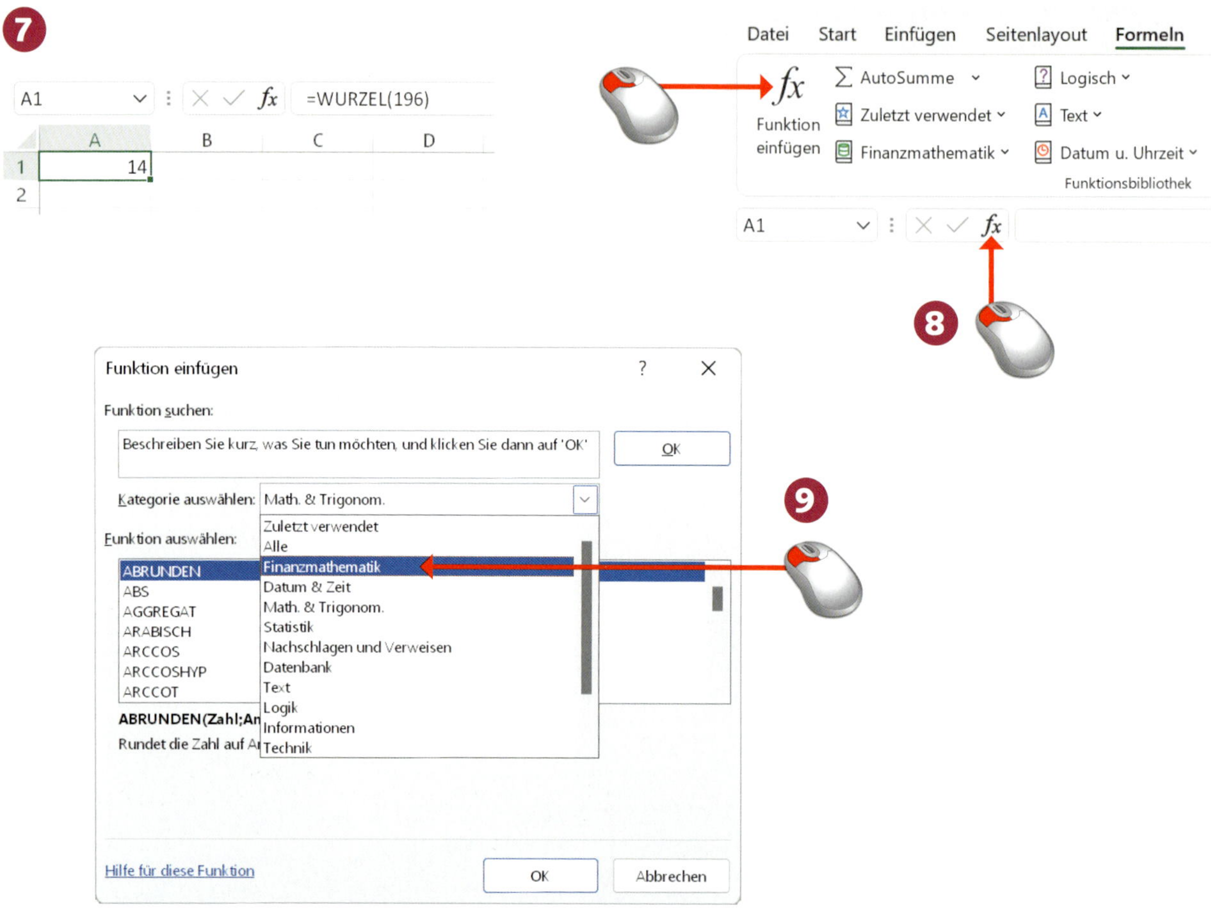

7 Hier zeigt die Zelle A1 das Ergebnis der Wurzelberechnung. In der Bearbeitungsleiste sehen Sie die entsprechende Formel.

8 Beliebige Funktionen fügen Sie über die Schaltfläche *Funktion einfügen* in der Bearbeitungsleiste oder auf der Registerkarte *Formeln* ein.

9 Im angezeigten Dialogfeld können Sie nach Funktionen suchen oder über Kategorien nachschlagen.

WISSEN

Verwenden Sie den Funktionsassistenten, um komplexere Ausdrücke in eine Formel einzugeben. Dann kann die Formel in einem Dialogfeld aus verschiedenen Funktionen und Ausdrücken kombiniert werden.

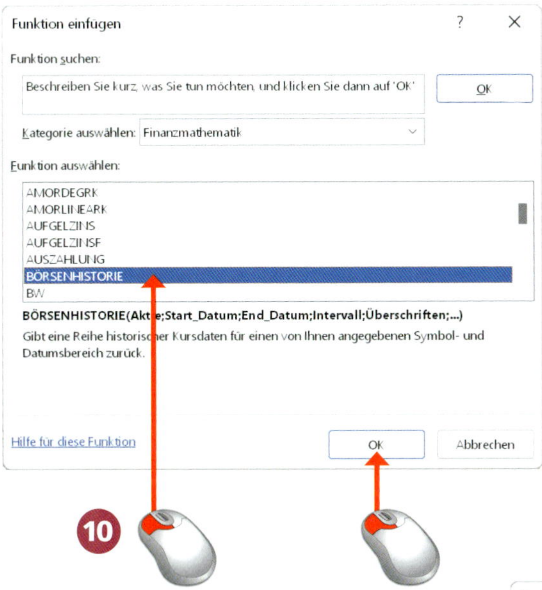

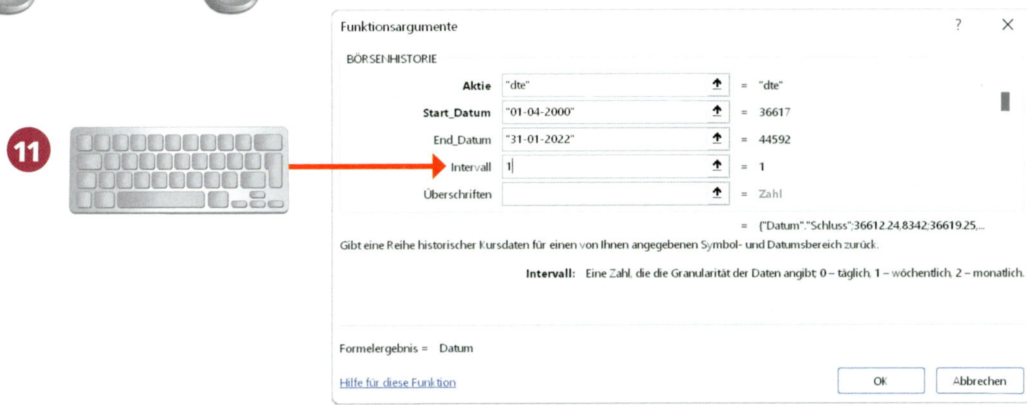

10 Markieren Sie den Funktionsnamen und klicken Sie auf *OK*.

11 Im Dialogfeld *Funktionsargumente* geben Sie die Argumente der gewählten Funktion ein. Verdeckt das Dialogfeld einen Zellbereich zum Herstellen von Bezügen, wählen Sie die *Reduzieren*-Schaltfläche rechts neben dem Eingabefeld.

12 Geschachtelte Funktionen geben Sie ggf. direkt per Tastatur in den Ausdruck ein. Beim Eintippen der Anfangsbuchstaben lässt sich die Funktion aus einer Auswahlliste wählen.

Ende

TIPP

Auf der Registerkarte *Formeln* des Menübands finden Sie in der Gruppe *Funktionsbibliothek* Schaltflächen, um direkt auf Funktionen aus verschiedenen Kategorien zuzugreifen.

FACHWORT

Argumente sind Platzhalter, über die Werte an eine Funktion übergeben werden. Argumente werden in einer Klammer hinter dem Funktionsnamen, getrennt durch Kommas, angegeben.

Start

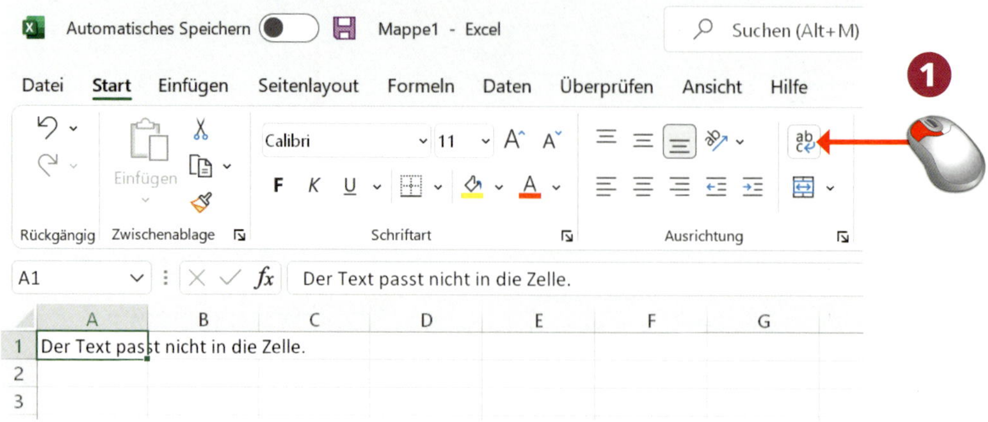

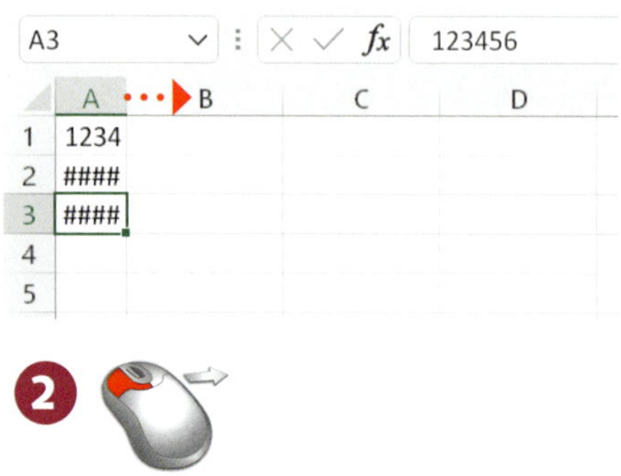

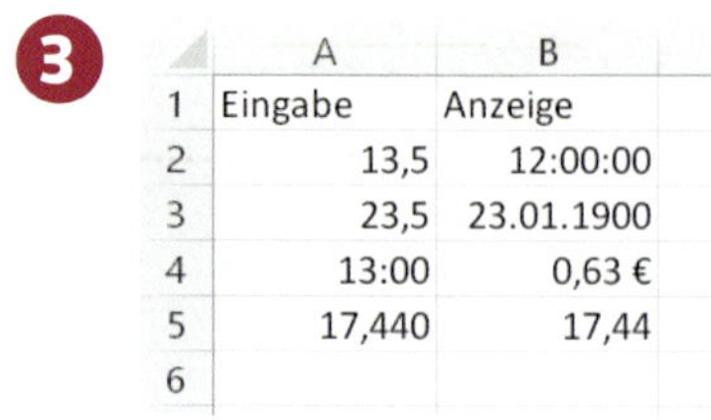

	A	B
1	Eingabe	Anzeige
2	13,5	12:00:00
3	23,5	23.01.1900
4	13:00	0,63 €
5	17,440	17,44
6		

1. Werden längere Texte am rechten Zellrand abgeschnitten, wählen Sie auf der Registerkarte *Start* des Menübands die Schaltfläche *Textumbruch*.

2. Werden Zellinhalte plötzlich durch die Zeichenfolge #### dargestellt, erhöhen Sie die Spaltenbreite durch Ziehen des (oder Doppelklick auf den) rechten Spaltentrenners. In der Bearbeitungsleiste sehen Sie stets den korrekten Wert.

3. Zeigt Excel nach der Eingabe eines Werts (wie hier) etwas gänzlich anderes an? Dann überprüfen Sie das Zellformat der betreffenden Zelle und korrigieren Sie dieses ggf.

WISSEN

Bei der Eingabe von Werten oder bei umfangreichen Berechnungen in Tabellen wird es selten ohne Fehler oder Darstellungsprobleme abgehen. Dann gilt es, solche Probleme zu analysieren und zu beheben.
Wie Sie Zellformate zuweisen bzw. anpassen, ist auf Seite 150 beschrieben. Infos zu Fehlerwerten finden Sie auf Seite 172.

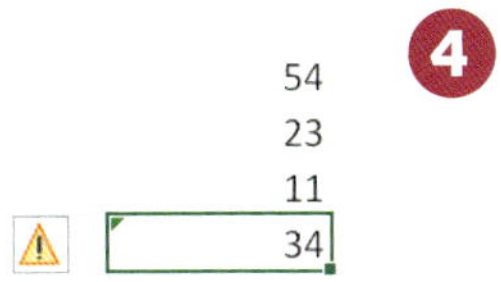

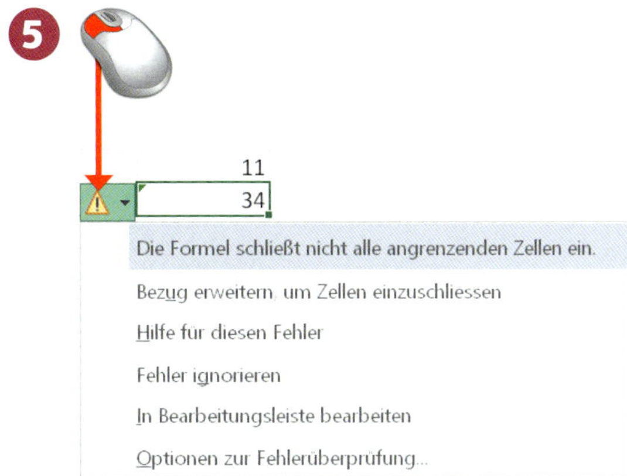

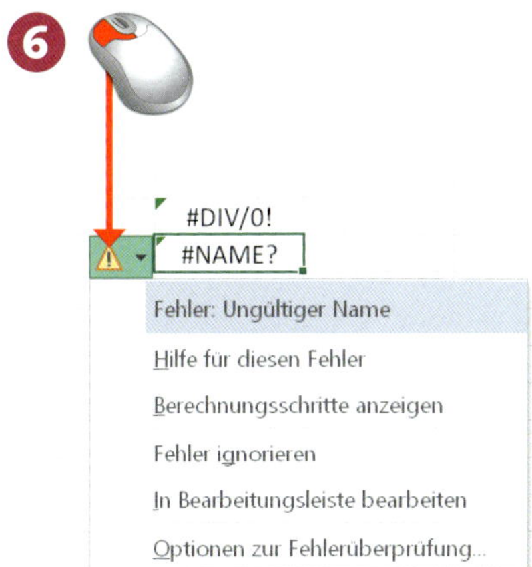

4 Ein grünes Dreieck in der linken oberen Ecke einer Zelle weist auf einen Fehler hin. Durch Zeigen auf die Schaltfläche neben der aktiven Zelle lässt sich ein Hinweis zu dem Fehler aufrufen.

5 Wählen Sie diese Schaltfläche, lassen sich im eingeblendeten Menü Befehle zur Fehlerkorrektur wählen (hier z. B. zur Korrektur einer als Text eingegebenen Zahl).

6 Taucht in einer Ergebniszelle ein Text mit vorangestelltem #-Zeichen auf? Das grüne Dreieck signalisiert, dass ein Fehler gefunden wurde, und der Text gibt den Fehler an.

TIPP

Ein Zeilenumbruch in einem Text der Zelle lässt sich auch durch Drücken der Tastenkombination [Alt]+[↵] einfügen.

HINWEIS

Excel zeigt den Wert einer Zelle immer gemäß den Vorgaben im Zellformat an. Eine Datums- oder Uhrzeitangabe kann dann als Dezimalzahl erscheinen.

Code	Bedeutung
#DIV/0!	Division durch Null
#NV	Wert nicht verfügbar
#NAME?	Angegebener Name nicht vorhanden
#NULL!	Angegebene Schnittmenge unzulässig
#ZAHL!	Zahl wurde falsch verwendet
#BEZUG!	Bezug auf Zelle unzulässig
#WERT!	Falsche Zahl oder falscher Operator

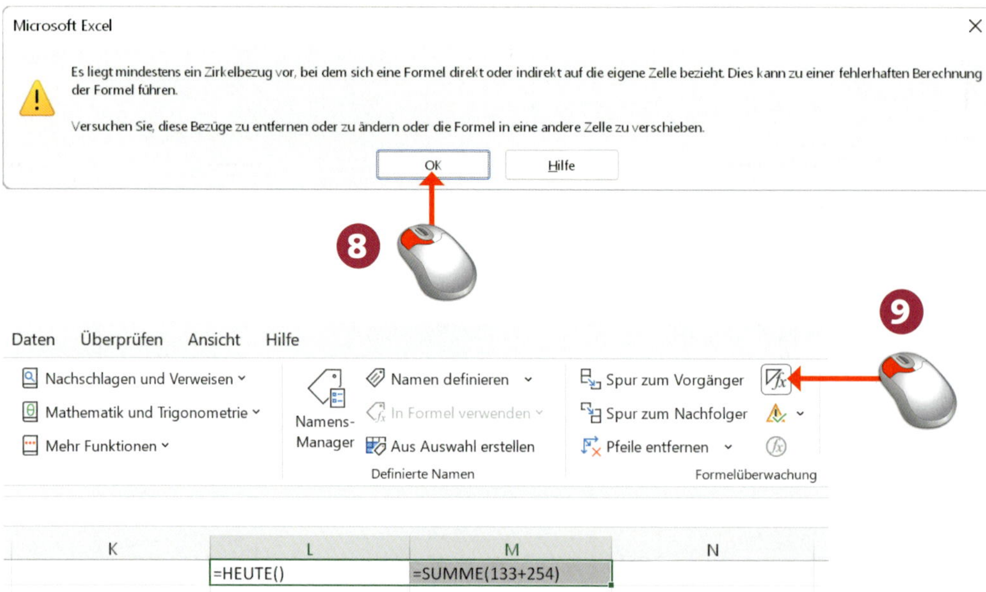

7 Die möglichen Fehlerwerte und deren Ursache sind in dieser Tabelle aufgelistet.

8 Erscheint eine Zirkelbezugswarnung, klicken Sie auf die *OK*-Schaltfläche, um die Hilfeseite mit Hinweisen zum Problem und zur Lösung anzuzeigen.

9 Um alle Formeln einer Tabelle einzublenden, wählen Sie auf der Registerkarte *Formeln* des Menübands die Schaltfläche *Formeln anzeigen* an.

WISSEN

Mit den Funktionen *Spur zum Vorgänger* und *Spur zum Nachfolger* können Sie Berechnungssequenzen in einer Tabelle nachvollziehen und so fehlerhafte Bezüge aufdecken. Die Schaltfläche *Fehlerüberprüfung* der Registerkarte *Formeln* testet alle Berechnungsformeln einer Tabelle auf Fehler.

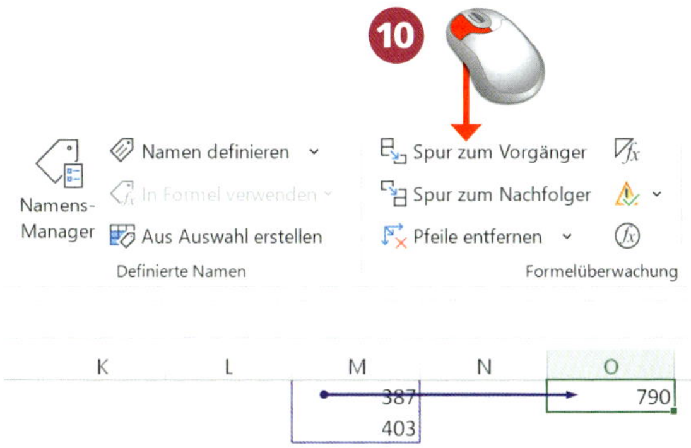

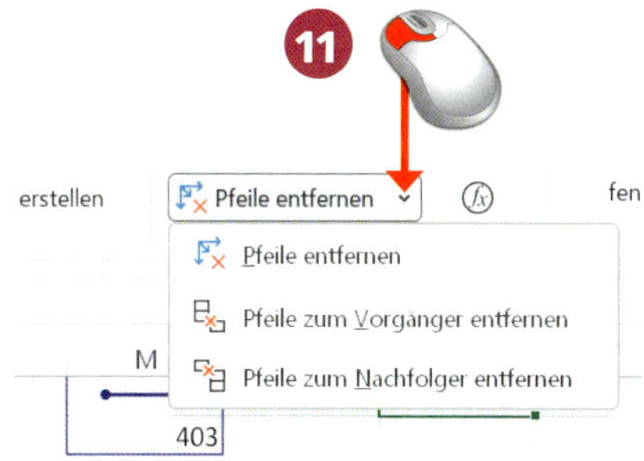

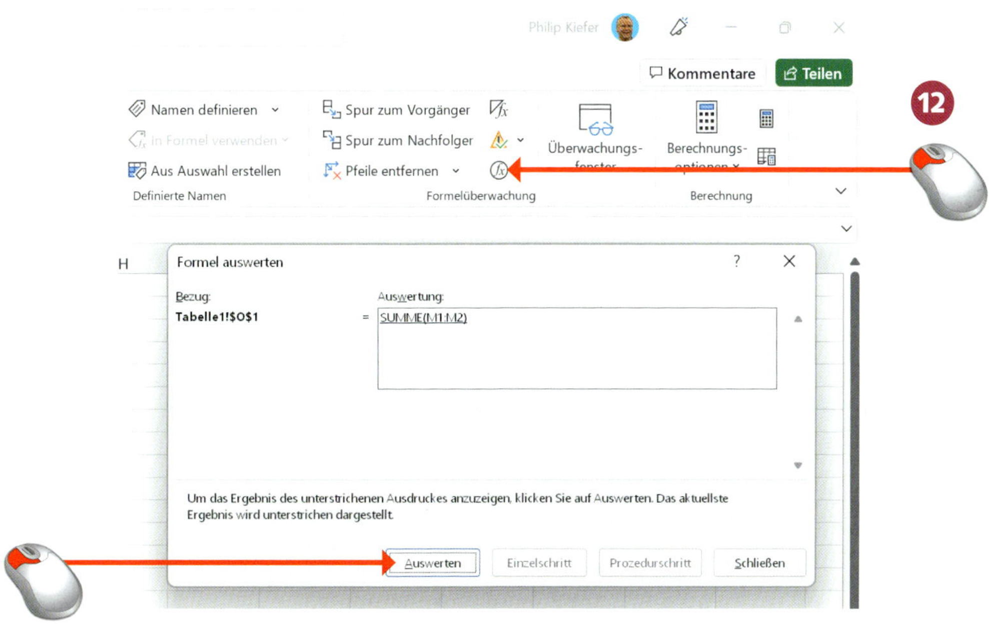

10 Wählen Sie auf der Registerkarte *Formeln* einmal oder mehrfach die Schaltflächen *Spur zum Vorgänger/Nachfolger* an, werden die Zellbezüge durch Pfeile angezeigt.

11 Die Schaltfläche *Pfeile entfernen* bzw. deren Menübefehle entfernen die Pfeile, die die Spur der Zellbezüge zum Vorgänger/Nachfolger anzeigen.

12 Über die Schaltfläche *Formelauswertung* öffnen Sie das Dialogfeld *Formel auswerten*, in dem Sie eine komplexere Formel der aktiven Zelle schrittweise berechnen lassen können.

Ende

TIPP

Klicken Sie auf eine Zelle, werden deren Zellbezüge durch farbige Rahmen in der Tabelle markiert.

FACHWORT

Zirkelbezüge bedeuten, dass ein Wert in eine Berechnung eingeht, der vom Ergebnis der Zelle abhängt (z. B. =C1 als Eingabe in Zelle C1).

Start

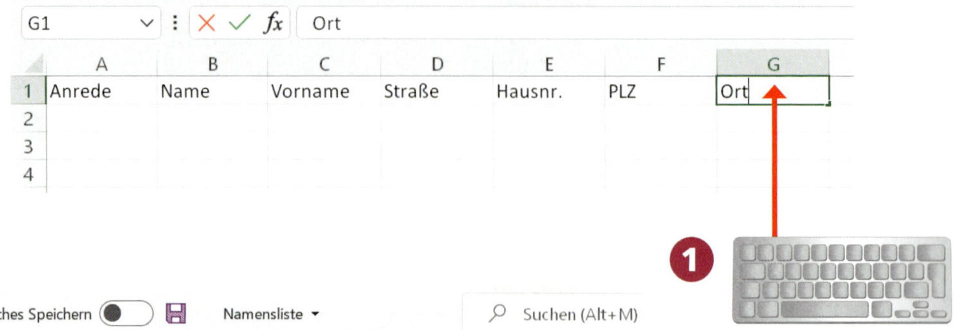

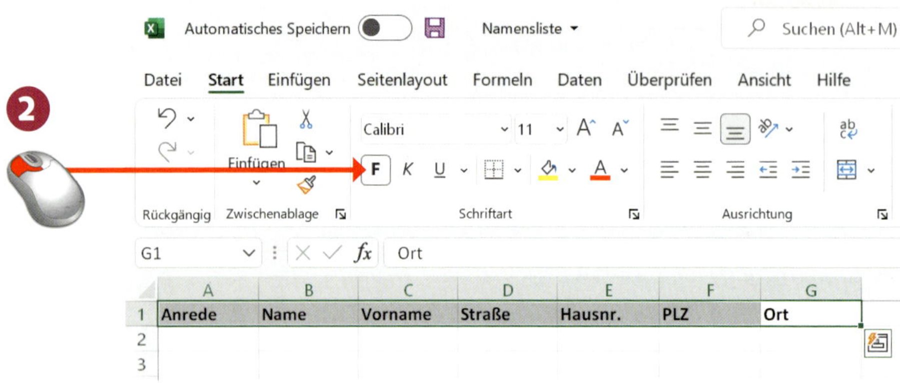

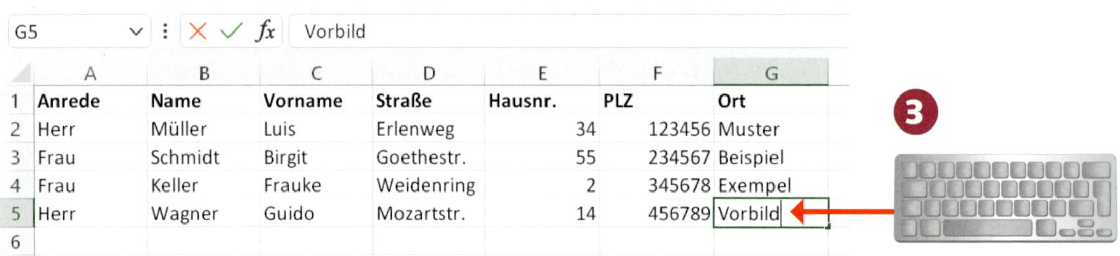

1. Um die Liste mit einer Kopfzeile zu versehen, geben Sie einfach die Spaltenüberschriften in eine Zeile ein.
2. Anschließend formatieren Sie die Kopfzeile fett und versehen die Zellen eventuell noch mit einem Strich am unteren Rand.
3. Tragen Sie die Daten der Liste zeilenweise in die Tabelle ein. Die Liste könnte dann wie hier gezeigt aussehen.

WISSEN

Die Tabellenstruktur von Excel eignet sich hervorragend, um Listen (z. B. Adresslisten) zu gestalten. Über Formate lassen sich Kopf- und Spaltenüberschriften realisieren. Sie können anschließend die Suchfunktion in Excel zum Zugriff auf Listenelemente verwenden.

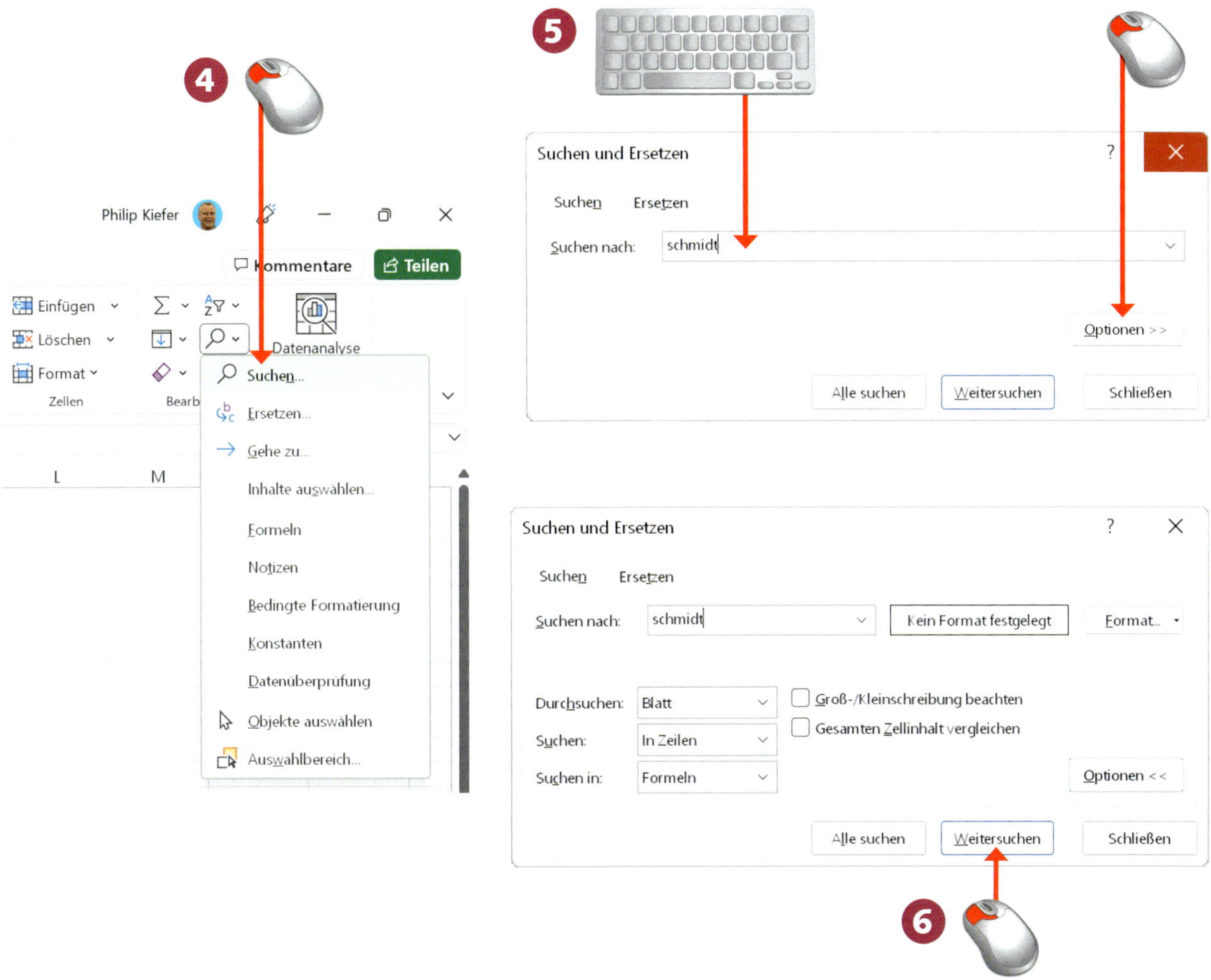

4 Zur Suche in der Liste markieren Sie die erste Zelle der Liste. Dann wählen Sie auf der Registerkarte *Start* die Schaltfläche *Suchen und Auswählen* und dann *Suchen*.

5 Geben Sie auf der Registerkarte *Suchen* des Dialogfelds den Suchbegriff in das Feld *Suchen nach* ein. Verwenden Sie die Schaltfläche *Optionen*, um das Dialogfeld zu erweitern.

6 Legen Sie im Dialogfeld die Suchoptionen fest und wählen Sie die Schaltfläche *Weitersuchen*. Bei einem Treffer wird dieser als aktive Zelle markiert.

Ende

TIPP

Durch das Formatieren der Kopfzeile erkennt Excel beim Anwenden verschiedener Funktionen u. U. automatisch, dass es sich um eine Überschrift handelt.

HINWEIS

Die Schaltfläche *Optionen* erweitert/reduziert das Dialogfeld *Suchen und Ersetzen*. Sie können im erweiterten Dialogfeld die Suche auf ein Arbeitsblatt begrenzen und die Suchrichtung vorgeben.

Start

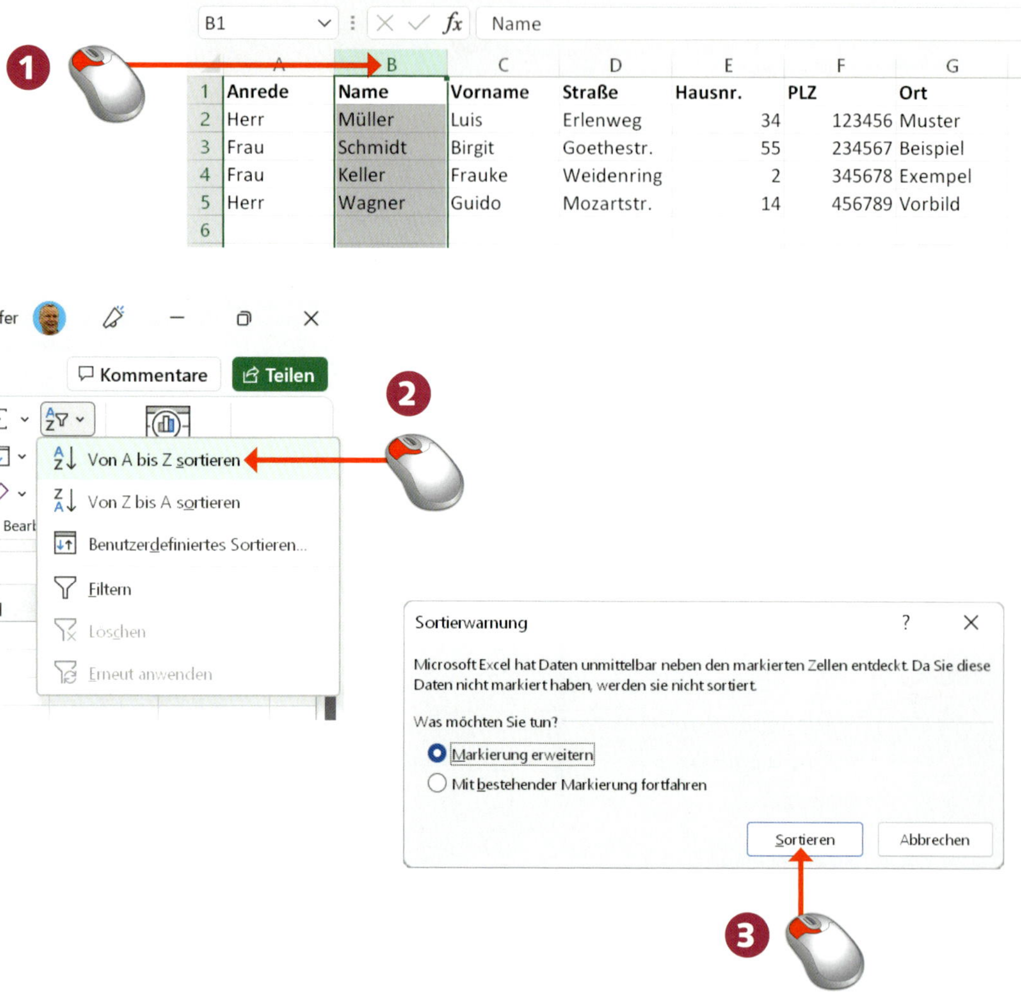

1. Um eine Liste nach einer bestimmten Spalte zu sortieren, markieren Sie die betreffenden Zellen der Tabelle (oder klicken auf den Spaltenkopf, um die Spalte zu markieren).
2. Wählen Sie auf der Registerkarte *Start* des Menübands die Schaltfläche *Sortieren und Filtern* und dann den Befehl *Von A bis Z sortieren*.
3. Erscheint das Dialogfeld *Sortierwarnung*, aktivieren Sie die Option *Markierung erweitern* und wählen dann die *Sortieren*-Schaltfläche.

WISSEN

Bestehende Listen lassen sich nach Spalteninhalten sortieren, um ggf. schneller auf Einträge zugreifen zu können. Excel stellt dabei verschiedene Sortieroptionen zur Verfügung. An der unterschiedlichen Formatierung zwischen Kopfzeile und Datenbereich der Liste erkennt Excel, wo die Daten beginnen.

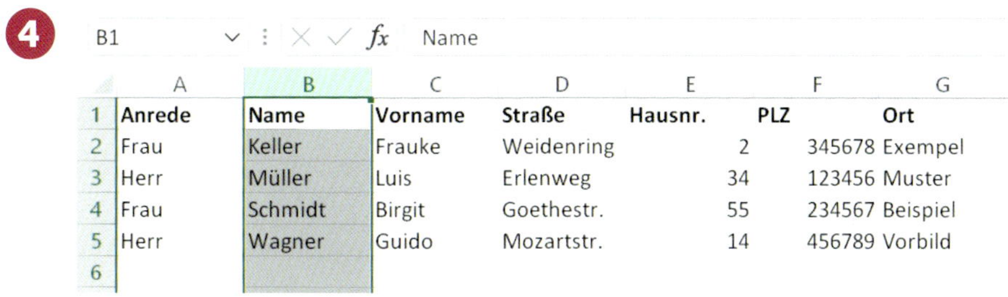

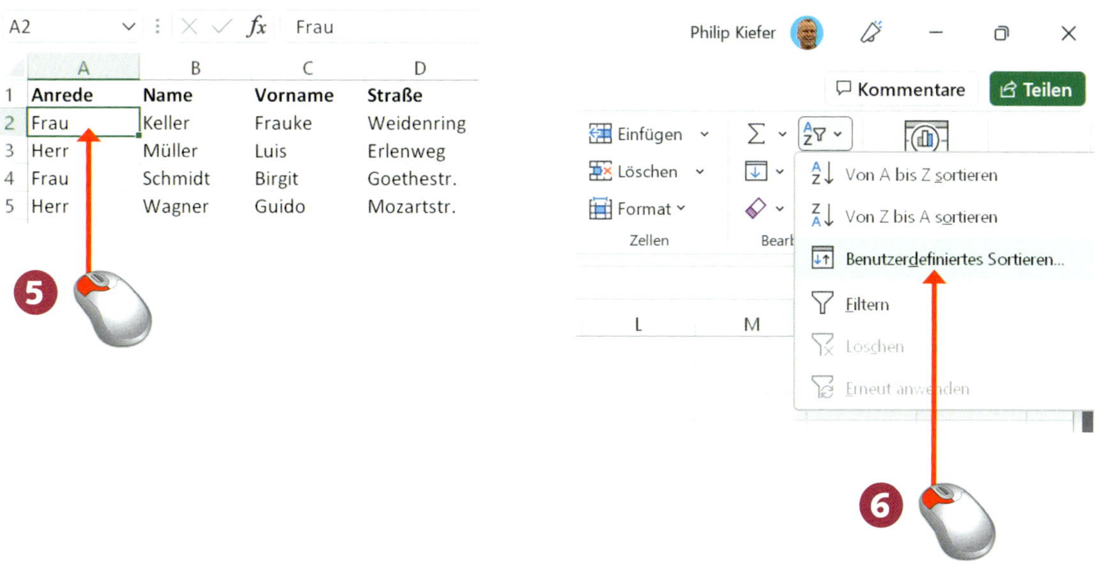

4 Anschließend zeigt Excel die Liste – sortiert nach den Einträgen der in Schritt 1 markierten Spalte – an.

5 Um eine Liste nach mehreren Spalten (z. B. Name, Vorname, Ort) zu sortieren, markieren Sie die erste Zelle der Liste.

6 Öffnen Sie auf der Registerkarte *Start* des Menübands das Menü der Schaltfläche *Sortieren und Filtern*, und wählen Sie den Befehl *Benutzerdefiniertes Sortieren* aus.

TIPP

Auf der Registerkarte *Daten* finden Sie ebenfalls die Schaltflächen zum Sortieren und Filtern. Der Befehl *Von Z bis A sortieren* ermöglicht es, Listen in umgekehrter Reihenfolge – absteigend – zu sortieren.

HINWEIS

Markieren Sie die gesamte Tabelle vor dem Sortieren, wird diese nach der ersten Spalte sortiert.

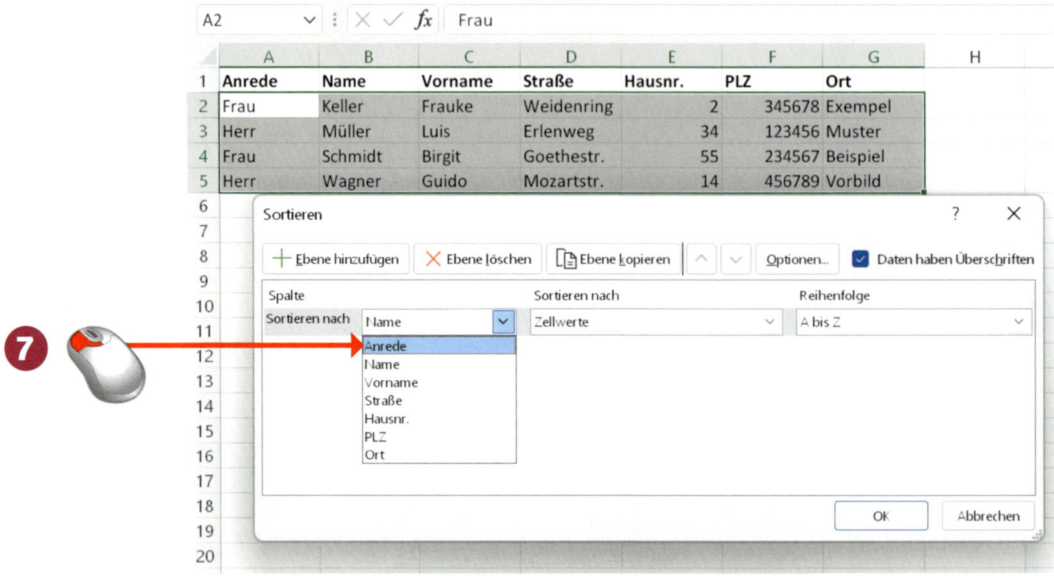

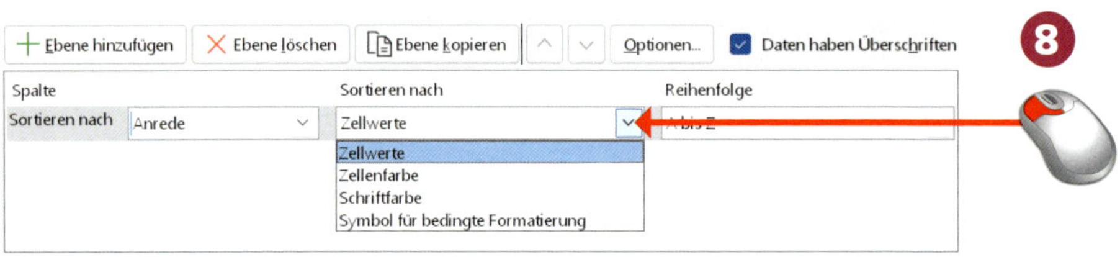

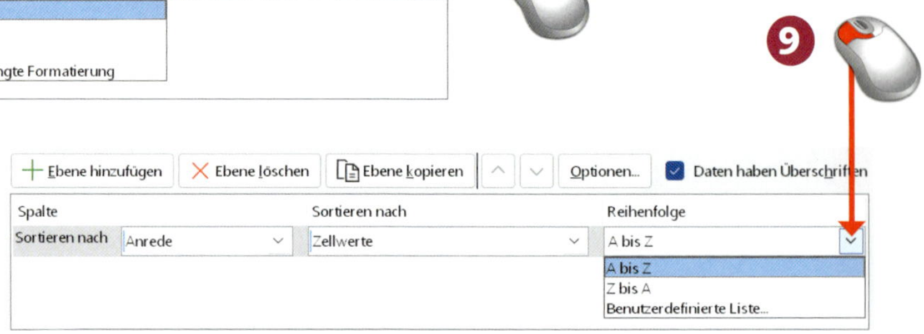

7 Sobald das Dialogfeld *Sortieren* erscheint und die Liste als markiert angezeigt wird, bestimmen Sie über das Listenfeld *Spalte* die erste Sortierspalte.

8 Legen Sie ggf. im Listenfeld *Sortieren nach* fest, ob die Spalte nach Zellwerten, Formatierungen etc. sortiert werden soll.

9 Passen Sie – falls gewünscht – die Reihenfolge der Sortierung über das Listenfeld *Reihenfolge* im Dialogfeld *Sortieren* an.

WISSEN

Über den Befehl *Benutzerdefiniertes Sortieren* im Menü zur Schaltfläche *Sortieren und Filtern* lassen Sie Listen gezielt über mehrere Spalten und nach unterschiedlichen Kriterien sortieren.

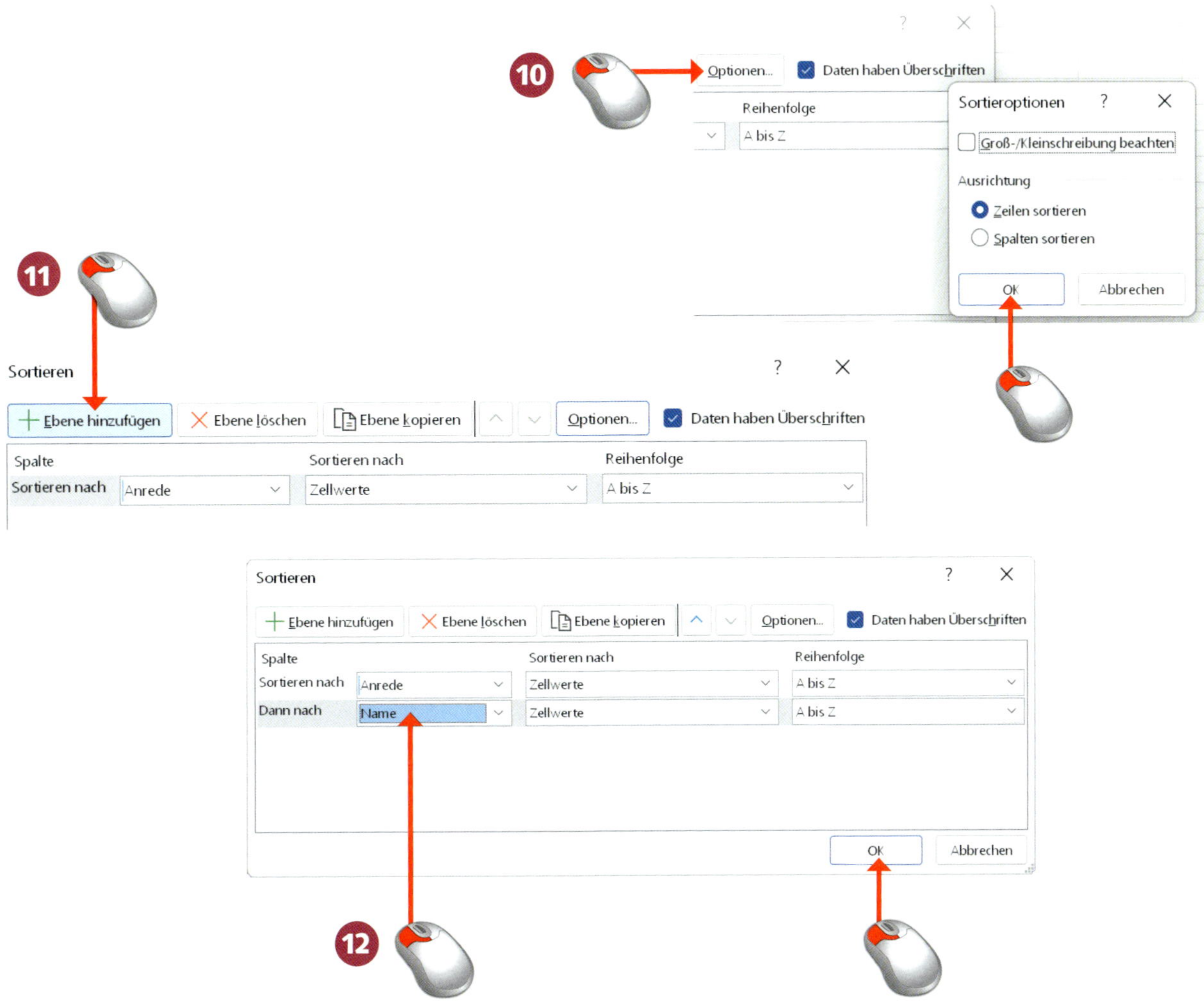

10 Wählen Sie ggf. im *Sortieren*-Dialogfeld die Schaltfläche *Optionen*, und legen Sie im Dialogfeld *Sortieroptionen* fest, ob nach Zeilen oder Spalten sortiert werden soll.

11 Wählen Sie ggf. im *Sortieren*-Dialogfeld die Schaltfläche *Ebene hinzufügen* und tragen Sie weitere Sortierkriterien ein.

12 Sind alle Sortierkriterien eingetragen, bestätigen Sie mit der *OK*-Schaltfläche. Die Liste wird dann nach den vorgegebenen Kriterien sortiert.

Ende

HINWEIS

Über die Schaltfläche *Ebene hinzufügen* lässt sich im Dialogfeld *Sortieren* eine neue Kriterienzeile für eine zusätzliche Sortierspalte einfügen.

HINWEIS

Die Sortierkriterien im Dialogfeld *Sortieren* werden von oben nach unten abgearbeitet.

Start

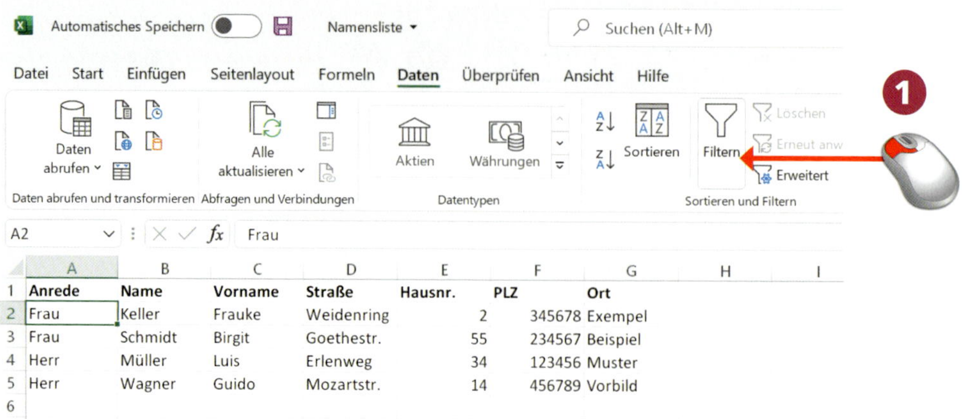

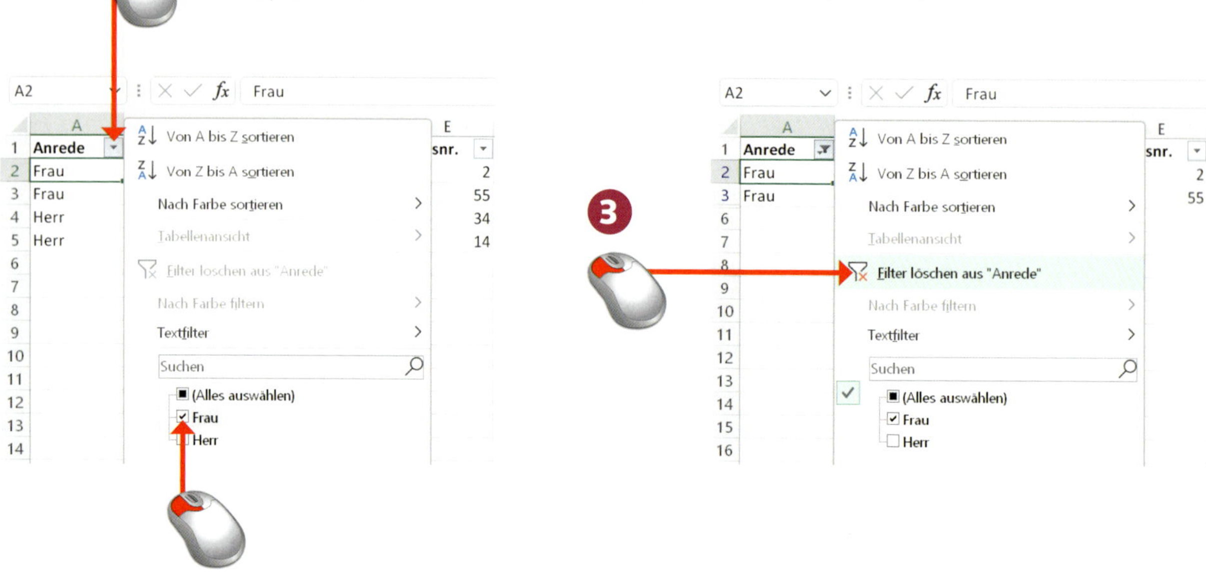

1 Zum Filtern der Daten markieren Sie eine Zelle der Liste, wechseln im Menüband zur Registerkarte *Daten* und wählen die *Filtern*-Schaltfläche.

2 Zur Definition der Filterkriterien öffnen Sie das Listenfeld der Spalte über dessen Schaltfläche, markieren die Kontrollkästchen der Auswahlkriterien und bestätigen mit *OK*.

3 Hier wird die Spalte *Anrede* nach »Frau« gefiltert. Löschen lässt sich der Filter über den Befehl *Filter löschen aus "..."*.

WISSEN

Beim Sortieren bleiben alle Daten in der Liste erhalten. Interessieren nur bestimmte Daten (z. B. alle Adressen in München), filtern Sie die nicht passenden Daten aus der Liste »heraus«. Dies ist mit der Excel-Filterfunktion möglich. Die Option zum Filtern finden Sie auch auf der Registerkarte *Start* unter *Sortieren und Filtern*.

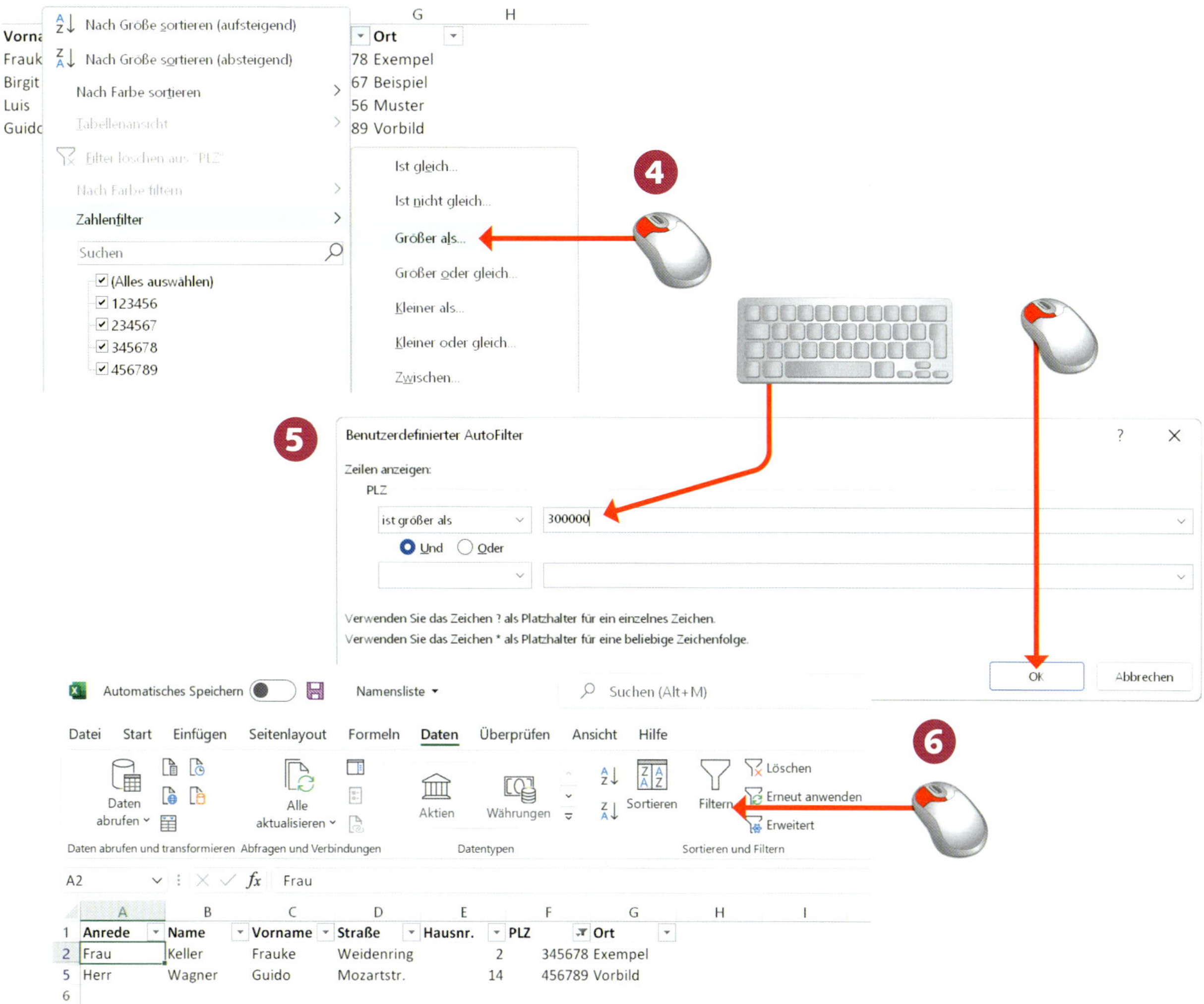

4 Je nach Wert der Spalte können Sie über die Befehle *Textfilter* oder *Zahlenfilter* ein Untermenü öffnen und dort einen Vergleichsbefehl wählen.

5 Anschließend lassen sich in das Dialogfeld *Benutzerdefinierter AutoFilter* die Filterbedingungen (z. B. Zahl größer als 300000) eintragen und über *OK* aktivieren.

6 Die gefilterte Liste erscheint in der Tabelle. Um die Gesamtliste erneut anzuzeigen, schalten Sie den Filter (z. B. durch erneute Anwahl der Schaltfläche *Filtern*) ab.

Ende

HINWEIS

Sie erkennen am eingeblendeten Filtersymbol der Schaltfläche des Listenfelds, ob ein Filterkriterium für die Spalte gesetzt ist.

TIPP

Zum Abschalten des Filters wählen Sie die Schaltfläche *Filtern* erneut an. Die Kopfzeile mit den Listenfeldern zur Auswahl der Filterkriterien verschwindet dann.

Start

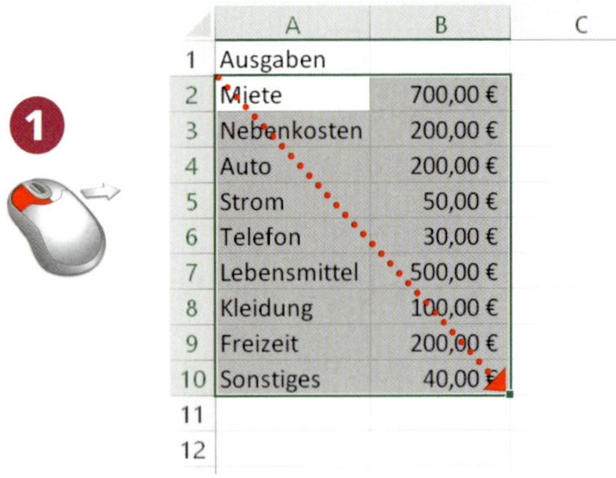

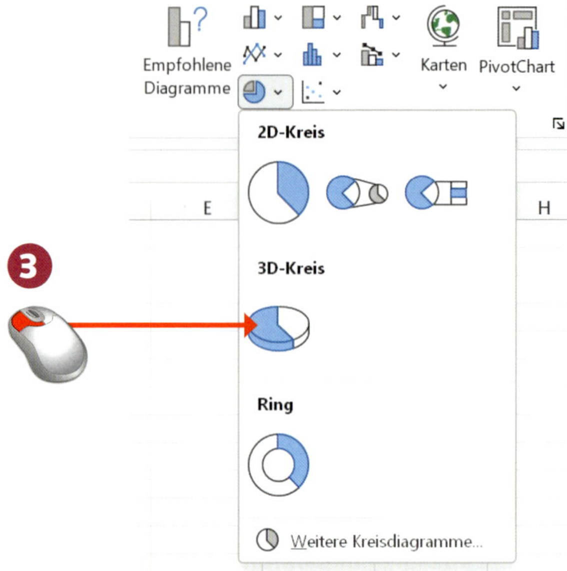

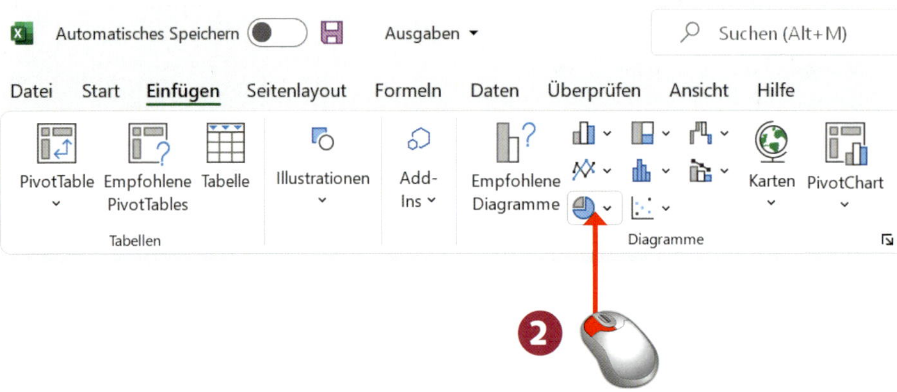

1. Zum Visualisieren der Daten im Diagramm markieren Sie den darzustellenden Datenbereich (ggf. mitsamt den Überschriften) in der Tabelle.
2. Wechseln Sie im Menüband zur Registerkarte *Einfügen*, und wählen Sie eine der Schaltflächen (hier *Kreis- oder Ringdiagramm einfügen*) in der Gruppe *Diagramme* an.
3. Wählen Sie im eingeblendeten Katalog den gewünschten Diagrammtyp aus.

WISSEN

Excel stellt mächtige Funktionen bereit, um Tabellendaten in Form von Diagrammen darzustellen. Sie können also mit wenigen Mausklicks die Daten in Form von Diagrammen visualisieren und so für Berichte oder Präsentationen aufbereiten. Überlegen Sie sich vor dem Aufruf der Diagrammfunktion, welche Datenbereiche visualisiert werden sollen und welche Überschriften einzubeziehen sind.

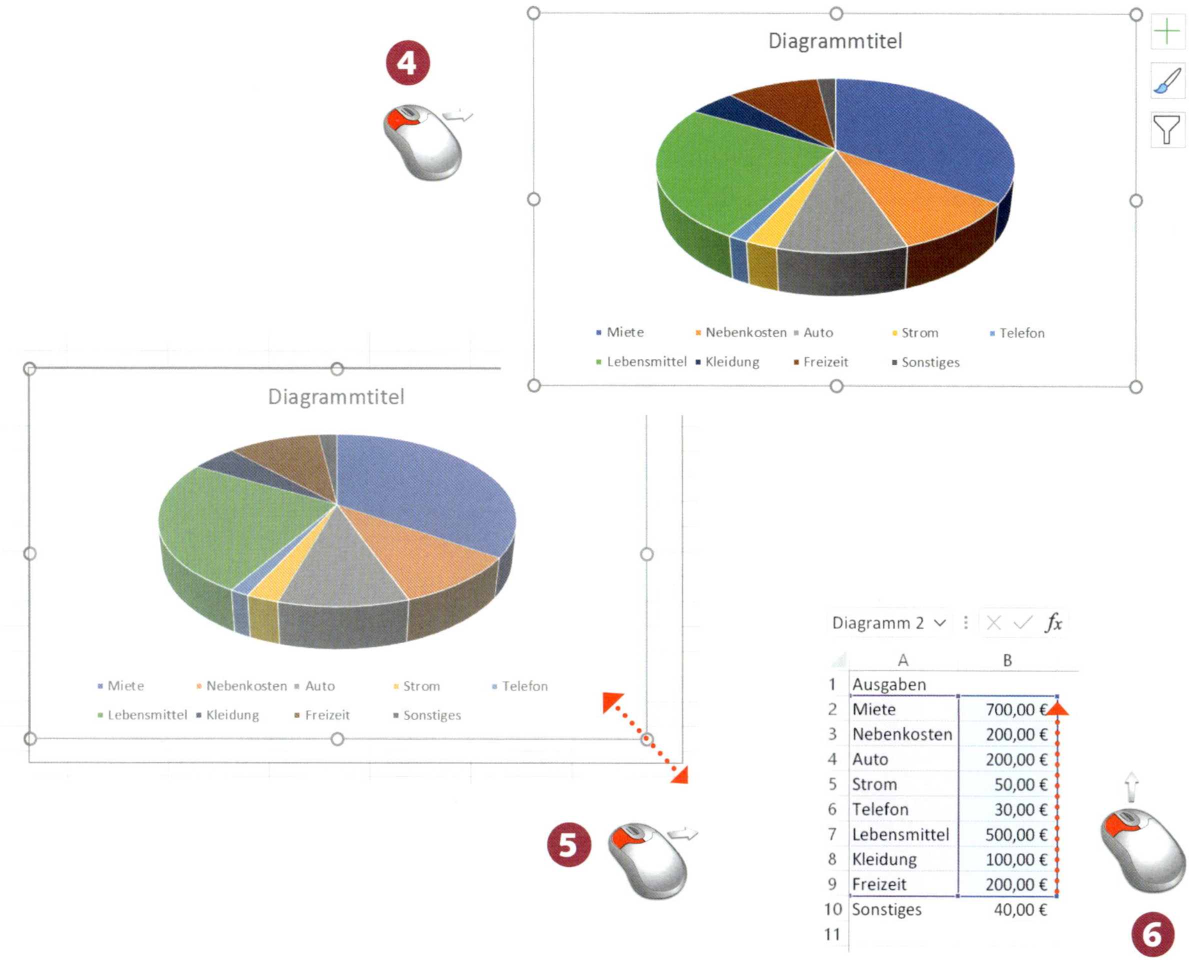

4. Sobald Excel das Diagramm in den Vordergrund der Tabelle eingefügt hat, ziehen Sie das Diagramm ggf. über den Diagrammbereich in einen freien Tabellenbereich.

5. Bei Bedarf passen Sie die Größe des markierten Diagramms durch Verschieben der Ziehmarken des Diagrammbereichs an.

6. Ist ein falscher Datenbereich markiert (erkennbar am blauen Rahmen in der Tabelle), erweitern/reduzieren Sie den Rahmen durch Verschieben der Ziehmarken.

Ende

HINWEIS

Sobald Sie den Markierungsrahmen des Datenbereichs ändern, aktualisiert Excel die Diagrammdarstellung entsprechend.

TIPP

Achten Sie beim Verschieben des Diagramms auf die angezeigte QuickInfo. Sie müssen den Diagrammbereich und nicht die Zeichnungsfläche verschieben.

Start

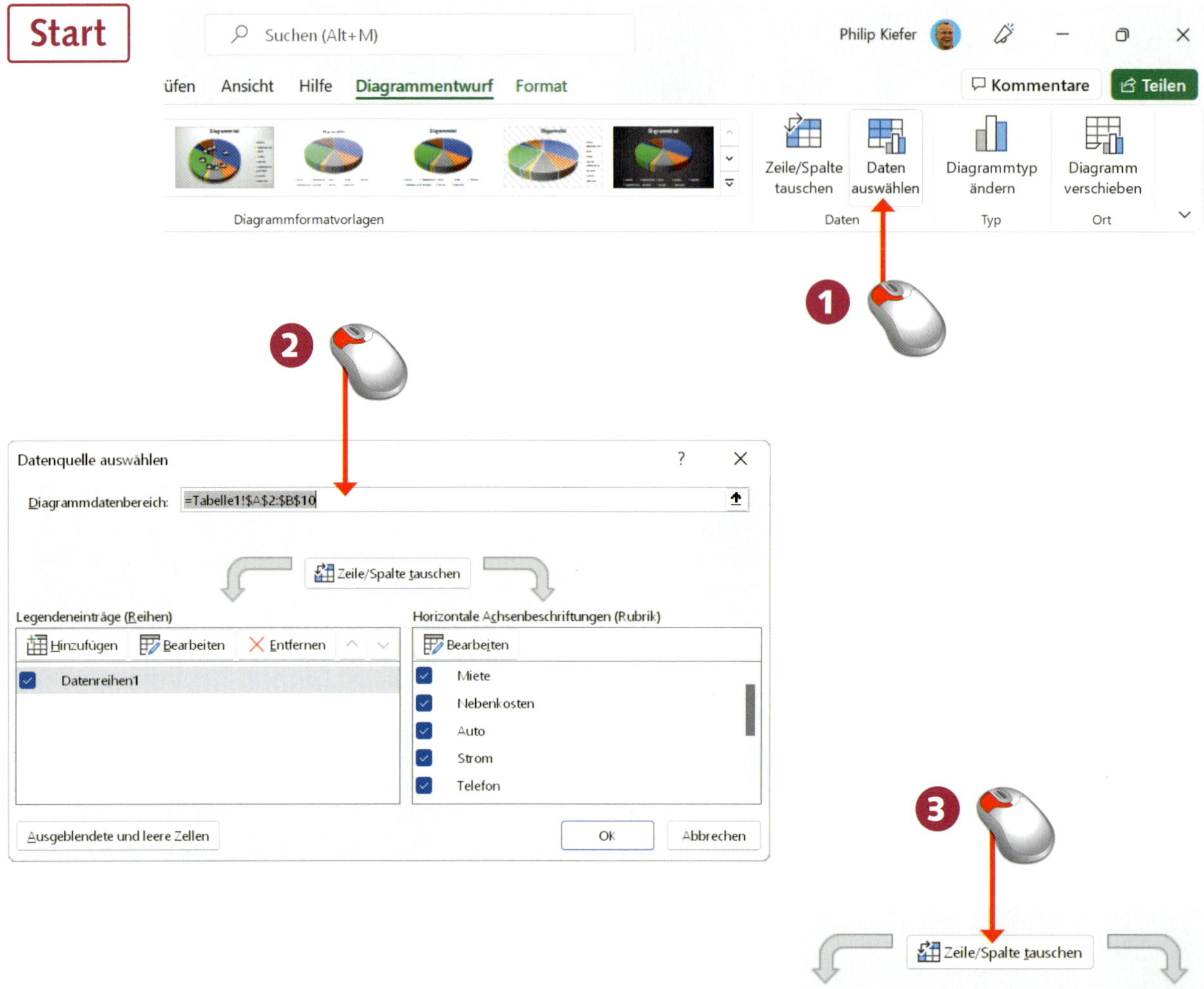

1 Um den Datenbereich gezielt anzupassen, wählen Sie – bei markiertem Diagramm – auf der Registerkarte *Diagrammentwurf* die Schaltfläche *Daten auswählen*.

2 Der Datenbereich lässt sich durch direktes Markieren in der Tabelle anpassen, wenn Sie vorher im Dialogfeld *Datenquelle auswählen* in das Feld *Diagrammdatenbereich* klicken.

3 Um die Zeilen und Spalten des Diagramms zu tauschen, wählen Sie im Dialogfeld *Datenquelle auswählen* die Schaltfläche *Zeile/Spalte tauschen*.

WISSEN

Nach dem Erstellen passen Sie ggf. den Datenbereich über die Schaltflächen der Registerkarte *Diagrammentwurf* an. Zudem besteht die Möglichkeit, Diagrammelemente durch Markieren zu löschen oder deren Größe und Position zu verändern.

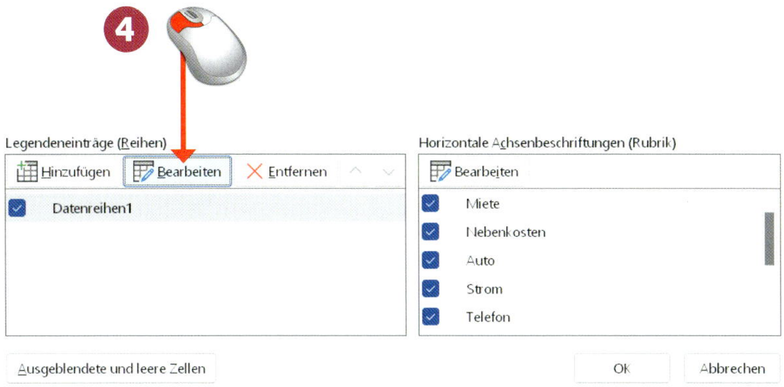

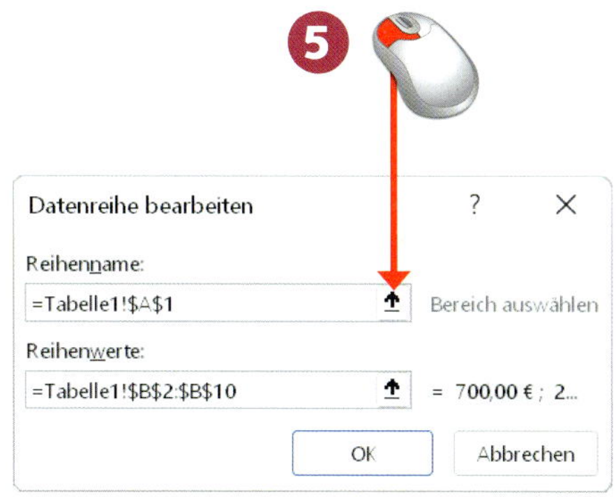

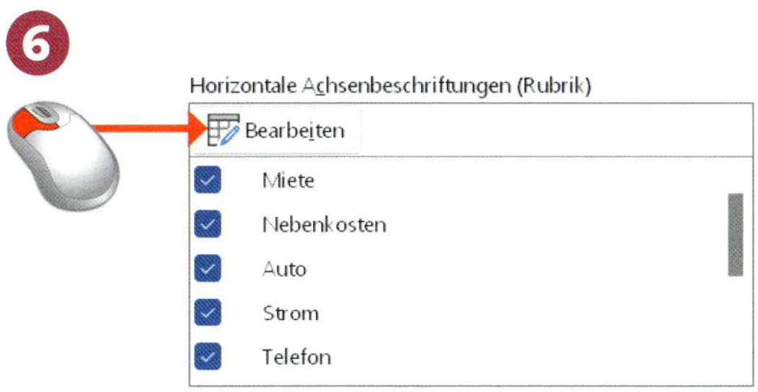

4 Um Legendeneinträge anzupassen, markieren Sie im Dialogfeld *Datenquelle auswählen* den betreffenden Eintrag in der Spalte und klicken auf die linke *Bearbeiten*-Schaltfläche.

5 Anschließend wählen Sie die *Reduzieren*-Schaltfläche der Felder *Reihenname* bzw. *Reihenwerte*, um die zugehörigen Zellen in der Tabelle zu markieren.

6 Entscheiden Sie sich für die rechte Schaltfläche *Bearbeiten* im Dialogfeld *Datenquelle auswählen*, können Sie in der Tabelle die Zellen für die Achsenbeschriftung auswählen.

Ende

HINWEIS

Als Datenquelle wird der markierte Bereich in einer Excel-Tabelle bezeichnet, der einem Diagramm zugrunde gelegt wird.

HINWEIS

Das Feld *Reduzieren* in Dialogfeldern verkleinert diese zur Auswahl der Tabellenbereiche. Über die ⏎-Taste oder die Schaltfläche *Erweitern* wird das Dialogfeld wieder vollständig angezeigt.

1. Über die Schaltfläche *Zeile/Spalte tauschen* der Registerkarte *Diagrammentwurf* schalten Sie die Darstellung der Zeilen/Spalten im Diagramm um.

2. Über den Katalog *Schnelllayout* der Registerkarte *Diagrammentwurf* können Sie festlegen, ob im Diagramm z. B. prozentuale Werte eingeblendet werden sollen.

3. Mit den Schaltflächen bzw. dem Katalog der Gruppe *Diagrammformatvorlagen* der Registerkarte *Diagrammentwurf* lässt sich die Farbe der Diagrammelemente bestimmen.

WISSEN

Über Kontextmenübefehle und Optionen der Registerkarte *Diagrammentwurf* können Sie das Diagramm individuell an Ihre Anforderungen anpassen. Zum Bearbeiten eines Diagramms markieren Sie dieses vorher (z. B. per Mausklick). Nur dann erscheint die Registerkarte *Diagrammentwurf*.

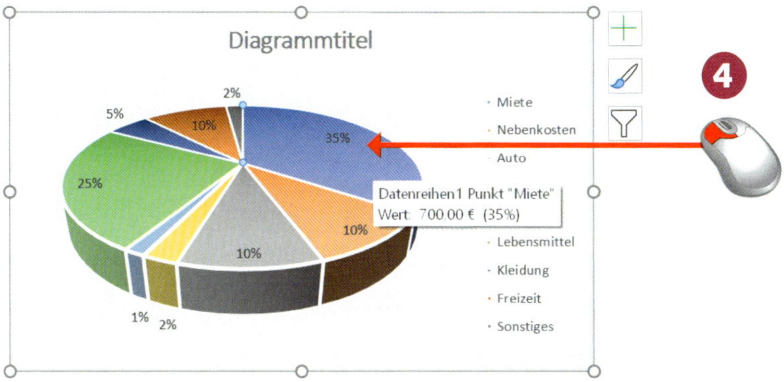

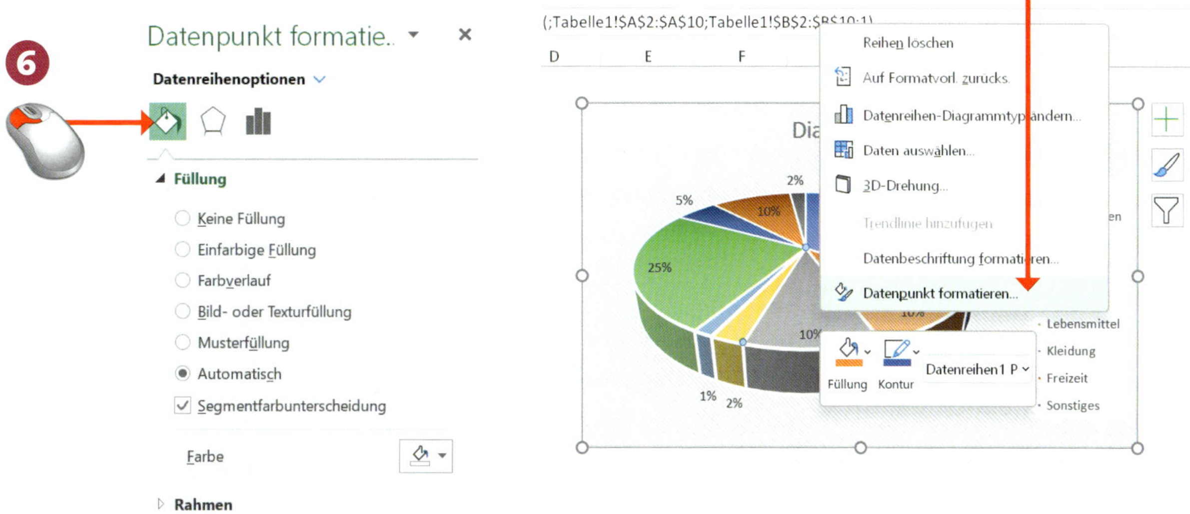

4 Klicken Sie im Diagramm auf ein Segment, wird dieses markiert. Durch Zeigen auf ein Segment lässt sich dessen Wert in einer QuickInfo abrufen.

5 Klicken Sie ein markiertes Diagrammelement mit der rechten Maustaste an, finden Sie – abhängig vom jeweiligen Element – im Kontextmenü einen Befehl wie beispielsweise *Datenpunkt formatieren* usw.

6 Excel öffnet eine Seitenleiste (im Beispiel *Datenpunkt formatieren*), über die Sie die Formateinstellungen für das Element anpassen können (siehe auch Seite 192 ff.).

Ende

HINWEIS

Die Schaltfläche *Zeile/Spalte tauschen* wird gesperrt, sobald eine horizontale Achsenbeschriftung festgelegt wurde (siehe Seite 185, Schritt 6).

TIPP

Ist ein Segment in einem Diagramm markiert, können Sie die Datenreihe mit der Entf-Taste aus dem Diagramm löschen.

Start

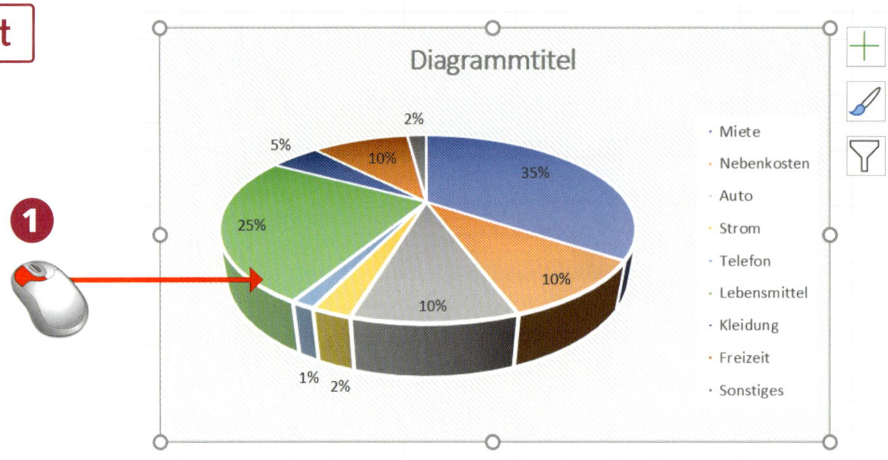

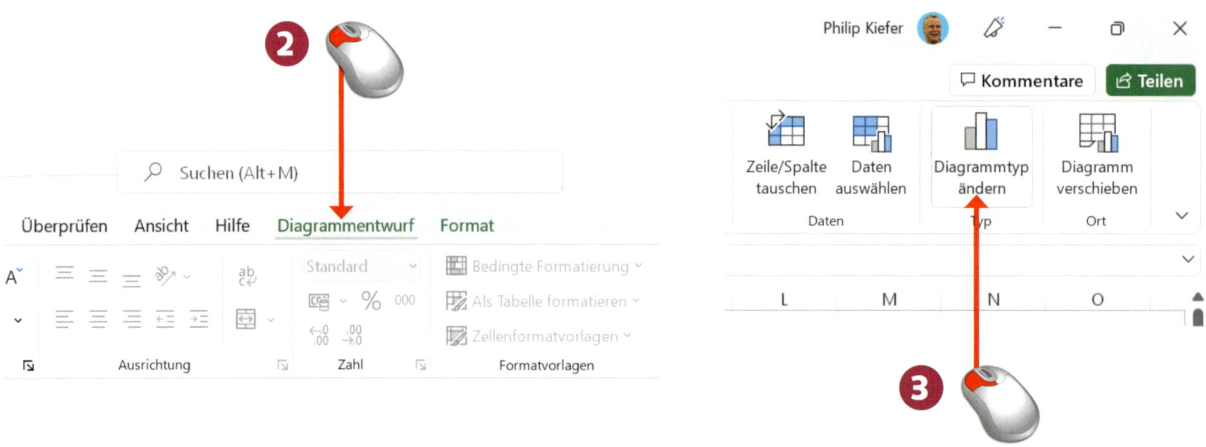

1. Markieren Sie zunächst das Diagramm, indem Sie mit der Maus in den Diagrammbereich klicken.
2. Im Menüband werden die zusätzlichen Reiter *Diagrammentwurf* und *Format* eingeblendet. Wählen Sie den Reiter *Diagrammentwurf*.
3. Klicken Sie auf der Registerkarte *Diagrammentwurf* in der Gruppe *Typ* auf die Schaltfläche *Diagrammtyp ändern*.

WISSEN

Der einmal gewählte Diagrammtyp ist nicht in Stein gemeißelt. Sie können diesen zu einem späteren Zeitpunkt problemlos ändern. Hierzu sind nur wenige Schritte erforderlich, die Sie auf dieser Doppelseite nachvollziehen.

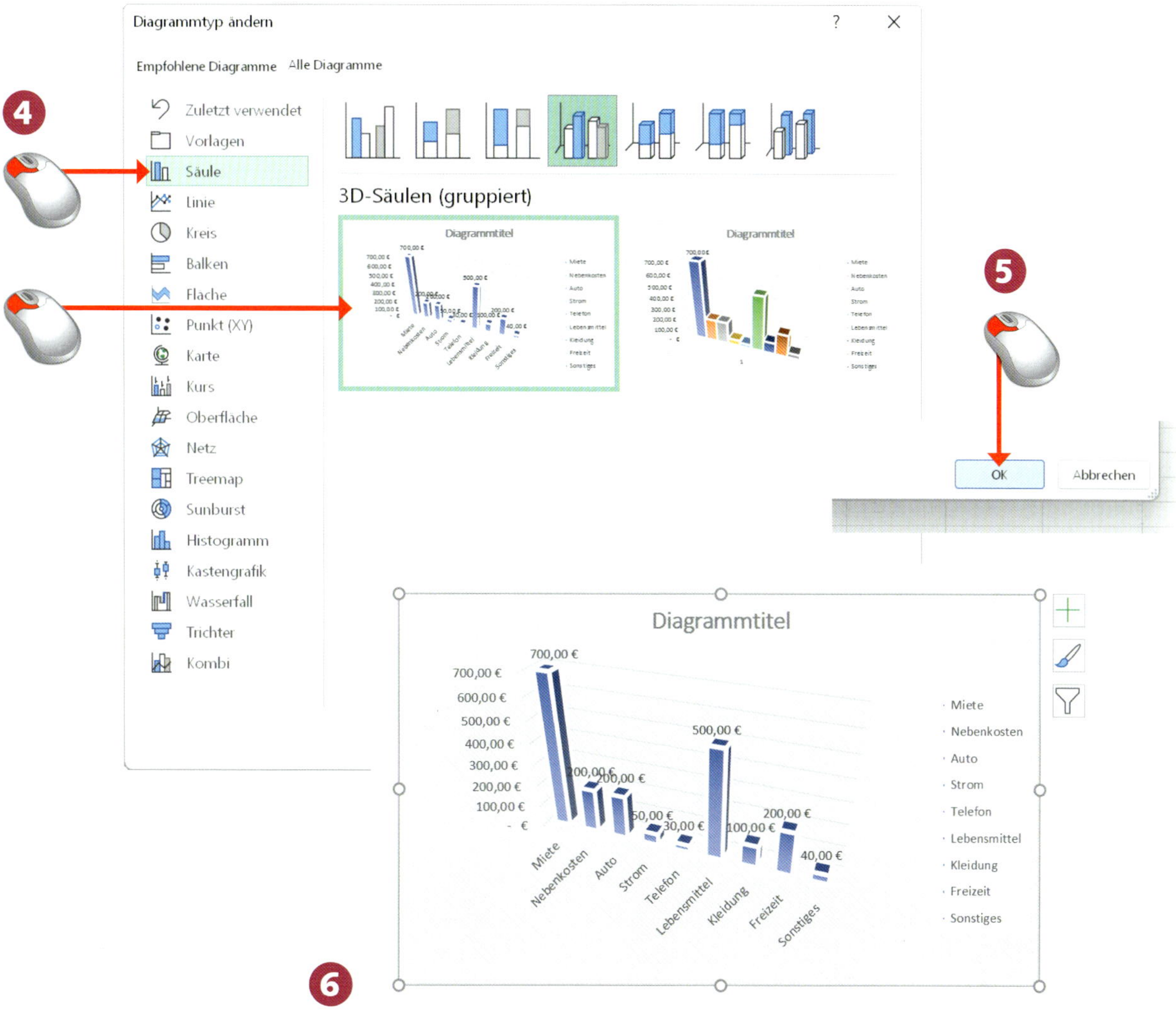

4 Wählen Sie eine Diagrammkategorie (z. B. *Säule*) und entscheiden Sie sich in dieser Kategorie für einen passenden Diagrammtyp (z. B. *3D-Säulen*).

5 Haben Sie einen geeigneten Diagrammtyp ausgewählt? Dann bestätigen Sie mit der Schaltfläche *OK*.

6 Der Diagrammtyp wird im Arbeitsblatt angepasst. Sie können es nun größer ziehen, das Layout anpassen usw.

Ende

TIPP

Sie können ein Diagramm mit Strg+C in die Zwischenablage kopieren und in einem anderen Programm als Grafikdatei einfügen, z. B. mit Strg+V.

HINWEIS

Wie Sie Diagrammoptionen ändern, können Sie auf den Seiten 182 ff. sowie auf den Seiten 192 ff. nachlesen.

Start

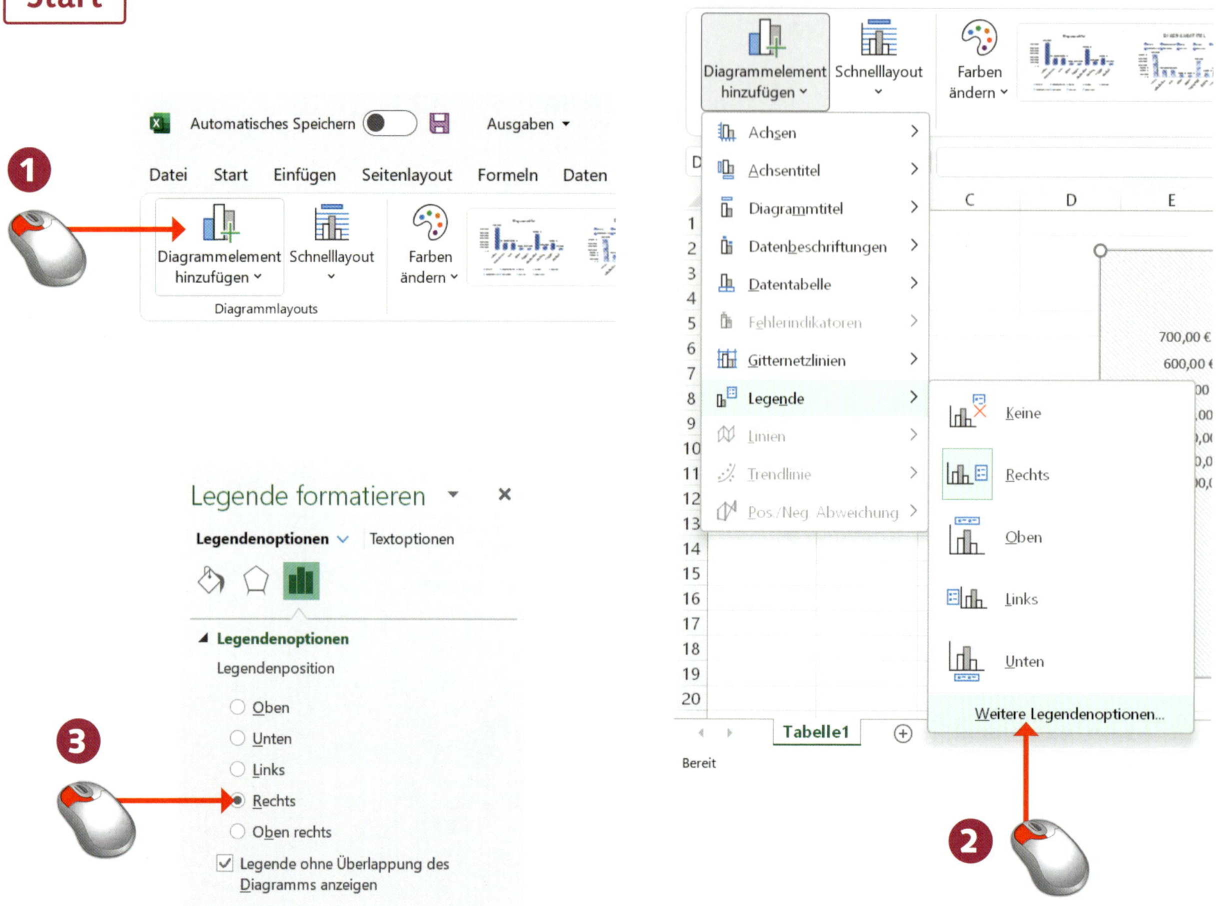

1. Um Art und Position der Datenbeschriftungen anzupassen, wählen Sie die Schaltfläche *Diagrammelement hinzufügen* der Registerkarte *Diagrammentwurf*.
2. Unter jedem Eintrag können Sie eine Beschriftung ausblenden, die Position anpassen oder sich weitere Optionen anzeigen lassen. Wählen Sie z. B. *Weitere Legendenoptionen*.
3. Legen Sie in der Seitenleiste die gewünschten Beschriftungsdetails fest.

WISSEN

Über die Registerkarten *Diagrammentwurf* sowie *Format* des Menübands lassen sich die Datenbeschriftungen in einem markierten Diagramm anpassen. Auch ein individueller Diagrammtitel lässt sich mit wenigen Handgriffen eingeben.

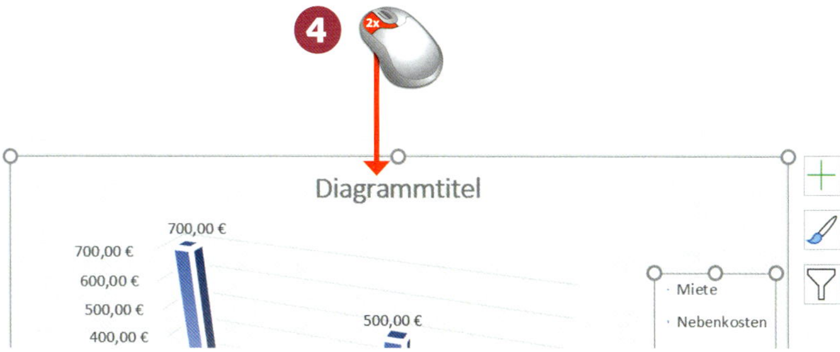

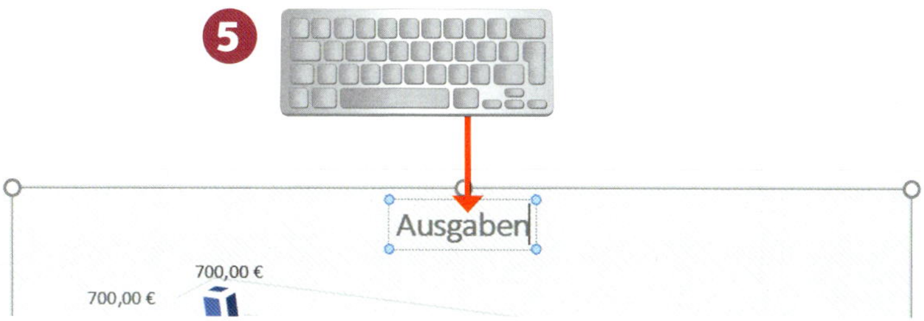

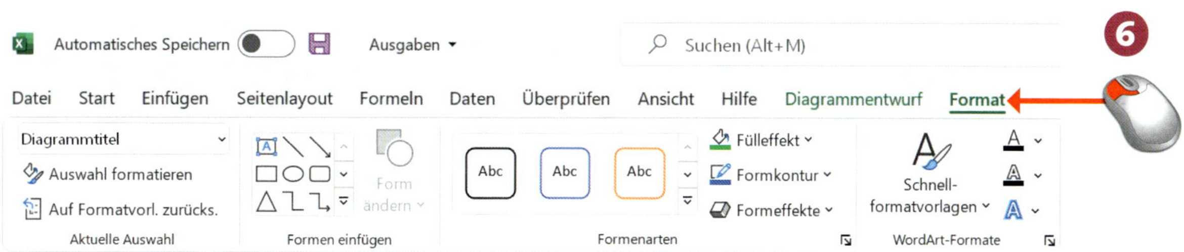

4 Möchten Sie den Diagrammtitel Ihres Diagramms ändern, doppelklicken Sie auf *Diagrammtitel*.

5 Überschreiben Sie das Wort mit Ihrer individuell gewählten Überschrift.

6 Das Anpassen ausgewählter Diagrammelemente im Hinblick auf Farben, Fülleffekte usw. erfolgt mit den Optionen auf der Registerkarte *Format*.

Ende

HINWEIS

Befehle wie *Weitere Legendenoptionen* oder *Weitere Achsenoptionen* ermöglichen das Anpassen der jeweiligen Optionen.

HINWEIS

Sie können Elemente aus einem Diagramm auch ausblenden, indem Sie diese mit der Maus markieren und dann die Entf-Taste drücken.

Start

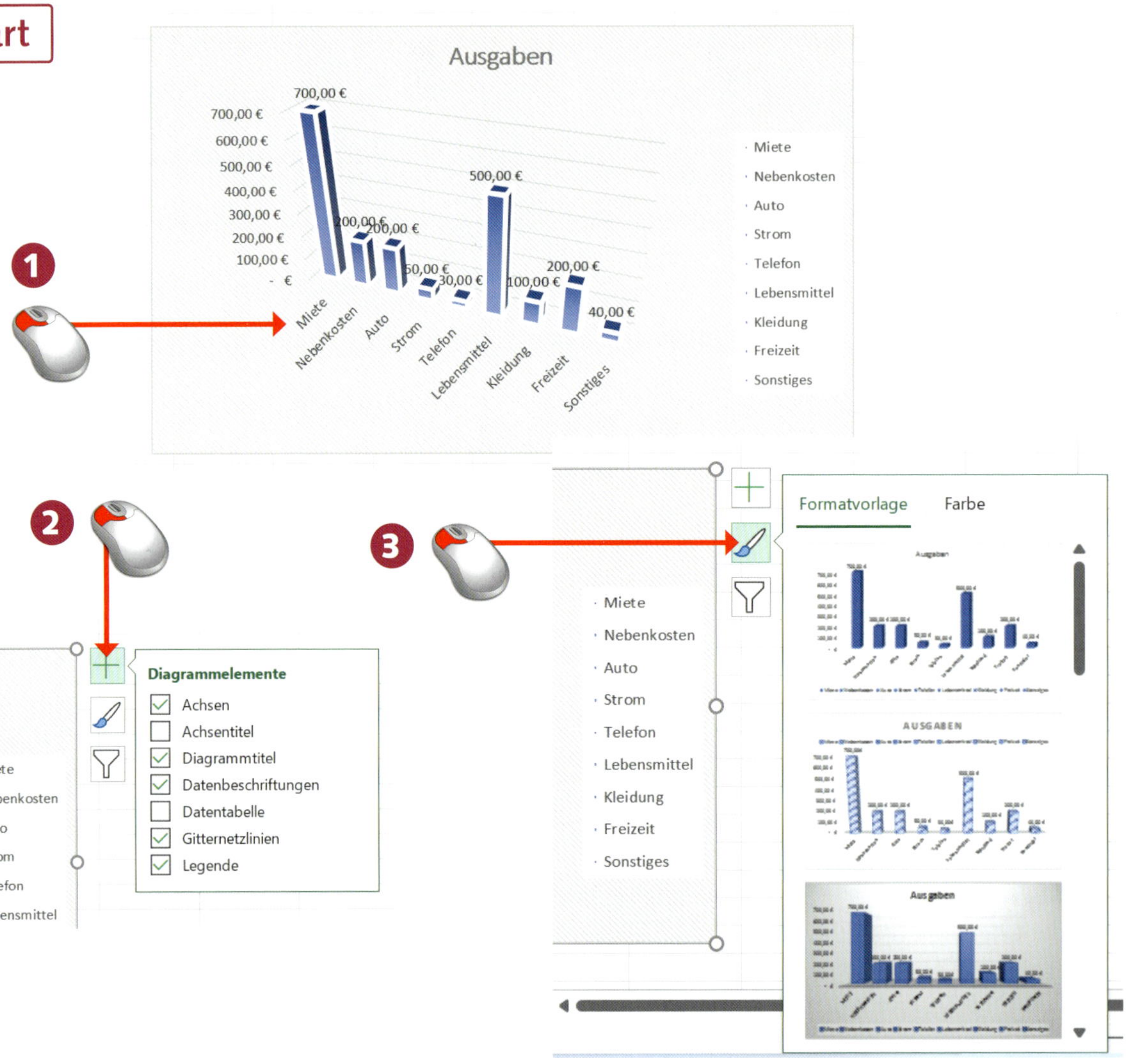

1. Markieren Sie ein Diagramm, um die zugehörigen Schaltflächen einzublenden.
2. Über die Schaltfläche *Diagrammelemente* lassen sich Diagrammelemente wie Titel etc. mittels Kontrollkästchen ein- oder ausblenden.
3. Mithilfe der Diagrammformatvorlagen passen Sie die optische Diagrammdarstellung an.

WISSEN

Excel ermöglicht es Ihnen, über die neben dem markierten Diagramm einblendbaren Schaltflächen schneller verschiedene Darstellungsoptionen zu wählen.

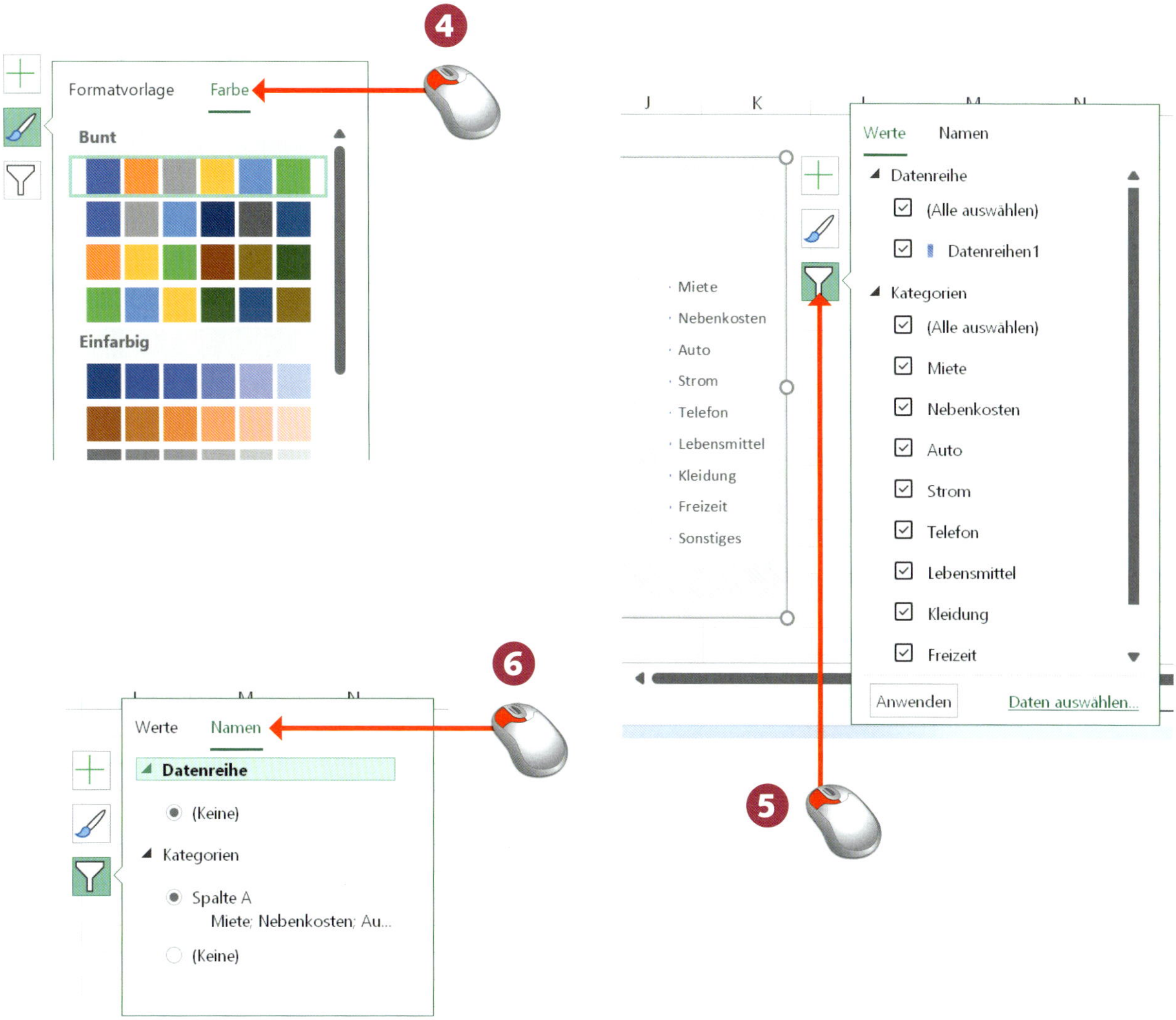

4 Unter dem Reiter *Farbe* können Sie außerdem die Farben des Diagramms anpassen.

5 Die Schaltfläche *Diagrammfilter* ermöglicht es Ihnen, in einem Katalog Werte des jeweiligen Kontrollkästchens herauszufiltern.

6 Unter dem Reiter *Namen* können Sie außerdem Beschriftungen aus- oder einblenden.

Ende

TIPP

Diagrammformatvorlagen lassen sich auch auf der Registerkarte *Diagrammentwurf* abrufen (siehe auch Seite 186, Schritt 3).

HINWEIS

Wählen Sie auf der Registerkarte *Diagrammentwurf* die Menüschaltfläche *Diagrammelement hinzufügen*, ermöglichen Befehle wie *Diagrammtitel/Weitere Titeloptionen* oder *Legende/Weitere Legendenoptionen* die Anzeige einer Seitenleiste.

Start

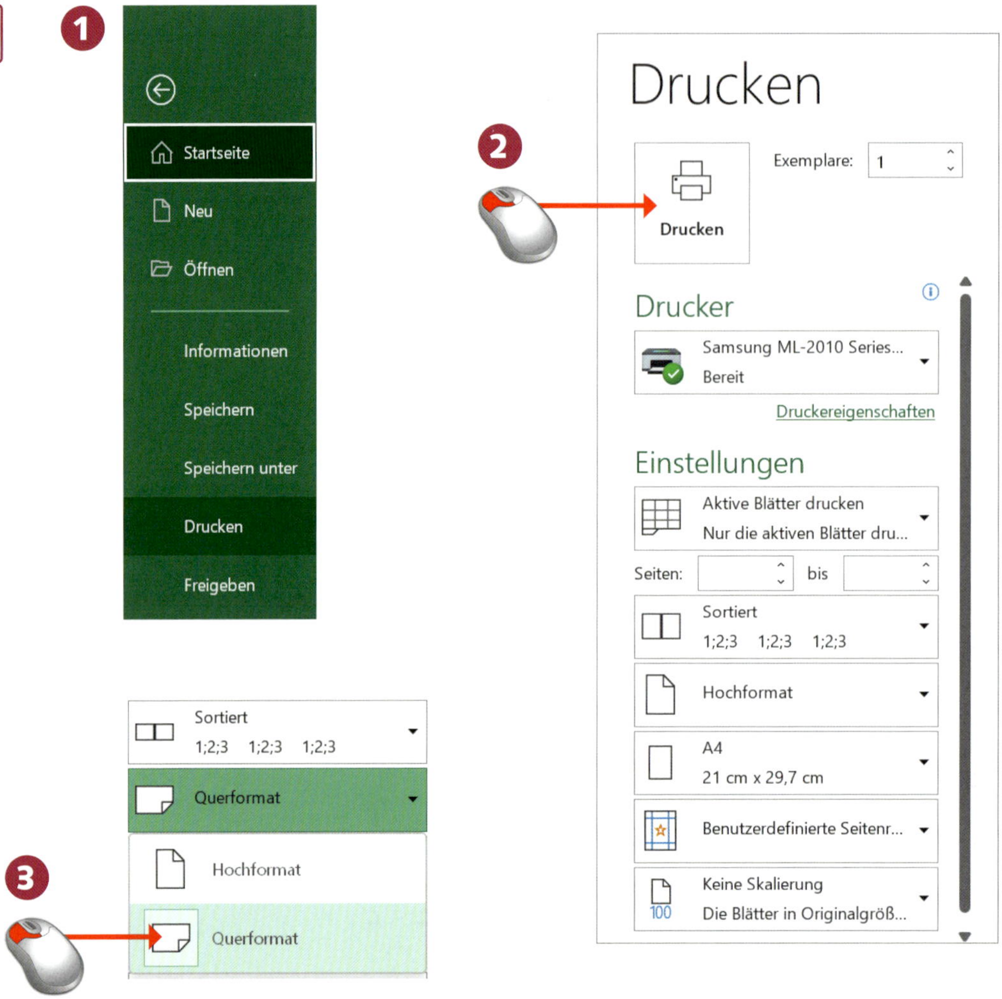

1. Wechseln Sie zur Registerkarte *Datei*, wählen Sie den Befehl *Drucken* oder drücken Sie die Tastenkombination Strg+P.

2. Wählen Sie in der Backstage-Ansicht die Optionen für den Ausdruck aus, und starten Sie die Ausgabe über die *Drucken*-Schaltfläche.

3. Für eine Ausgabe im Querformat setzen Sie in der Spalte *Einstellungen* der Backstage-Ansicht die Ausrichtung auf *Querformat*.

WISSEN

Excel stellt Funktionen zum Drucken kompletter Arbeitsmappen bereit. Sie können aber auch Zellbereiche zum Drucken vorsehen und als Druckbereiche definieren. Die Auswahl erfolgt über die oberste Menüschaltfläche der Rubrik *Einstellungen* in der Backstage-Ansicht. Excel druckt nur die Tabelleninhalte, die in einem oder mehreren definierten Druckbereichen enthalten sind.

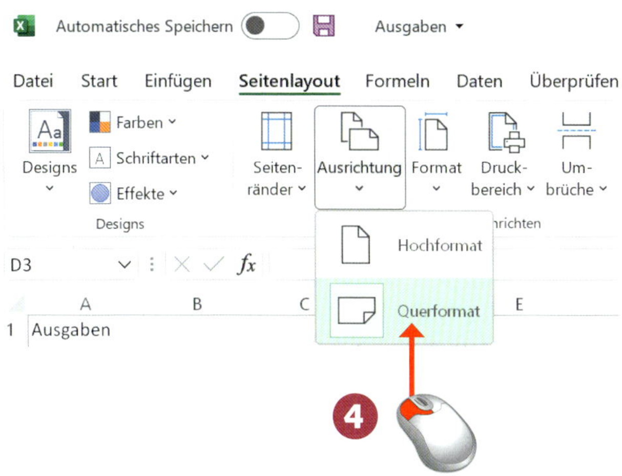

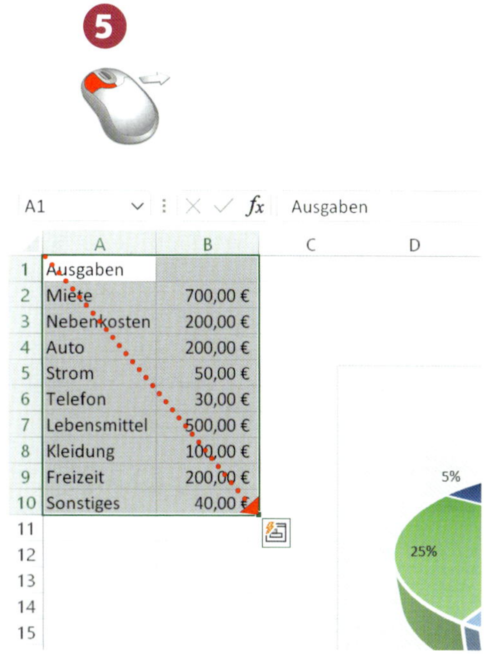

4 Um Tabellen standardmäßig im Querformat zu drucken, wählen Sie auf der Registerkarte *Seitenlayout* die Schaltfläche *Ausrichtung* und dann den Befehl *Querformat*.

5 Sollen nur ausgewählte Zellen einer Tabelle häufiger gedruckt werden, markieren Sie den zu druckenden Zellbereich in der Tabelle.

6 Wählen Sie auf der Registerkarte *Seitenlayout* des Menübands die Schaltfläche *Druckbereich* und dann den Befehl *Druckbereich festlegen*.

TIPP

Mehrere Tabellen markieren Sie zum Ausdrucken, indem Sie deren Blattregister per Strg-Taste anklicken.

HINWEIS

Markieren Sie einen Druckbereich, lässt sich dieser über den Befehl *Druckbereich aufheben* wieder löschen.

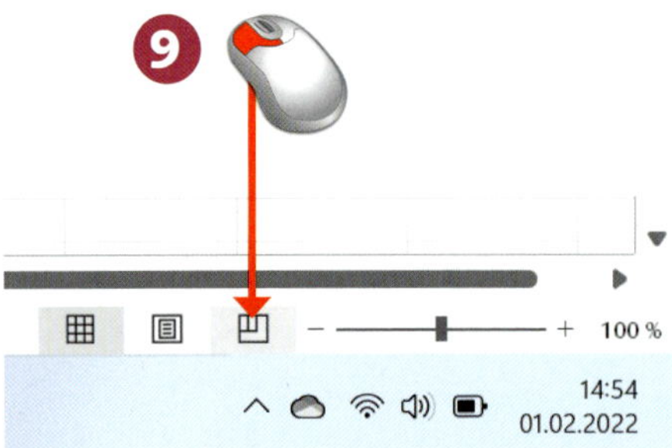

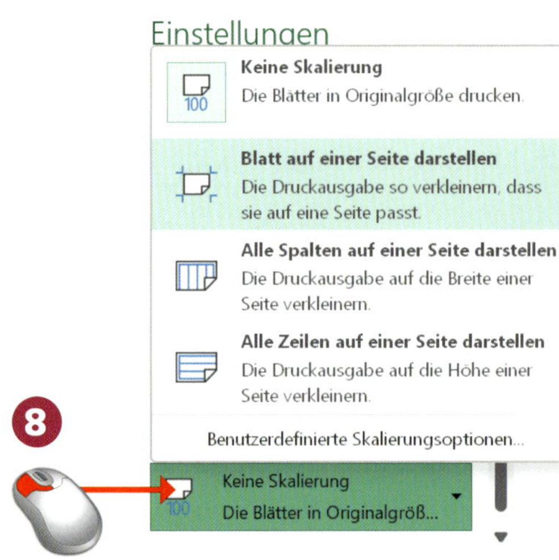

7 In der Backstage-Ansicht zeigt die Druckvorschau den gewählten Druckbereich. Sie starten den Ausdruck auch in diesem Fall mit der Schaltfläche *Drucken*.

8 Eine Skalierungsschaltfläche in der Rubrik *Einstellungen* der Backstage-Ansicht ermöglicht es Ihnen, eine Skalierung der Druckausgabe vorzunehmen.

9 Wechseln Sie zur Anzeige der Arbeitsmappe zurück, lässt sich über die Schaltfläche *Umbruchvorschau* der Statusleiste die Lage der Seitenumbrüche innerhalb der Tabelle einsehen.

WISSEN

Über gezielt in Tabellen eingefügte Seitenumbrüche können Sie festlegen, wie Excel Tabellenabschnitte auf Papier ausdruckt. Die Seitenumbruchvorschau ermöglicht die Beurteilung, wie das Ergebnis im Ausdruck aussehen wird.

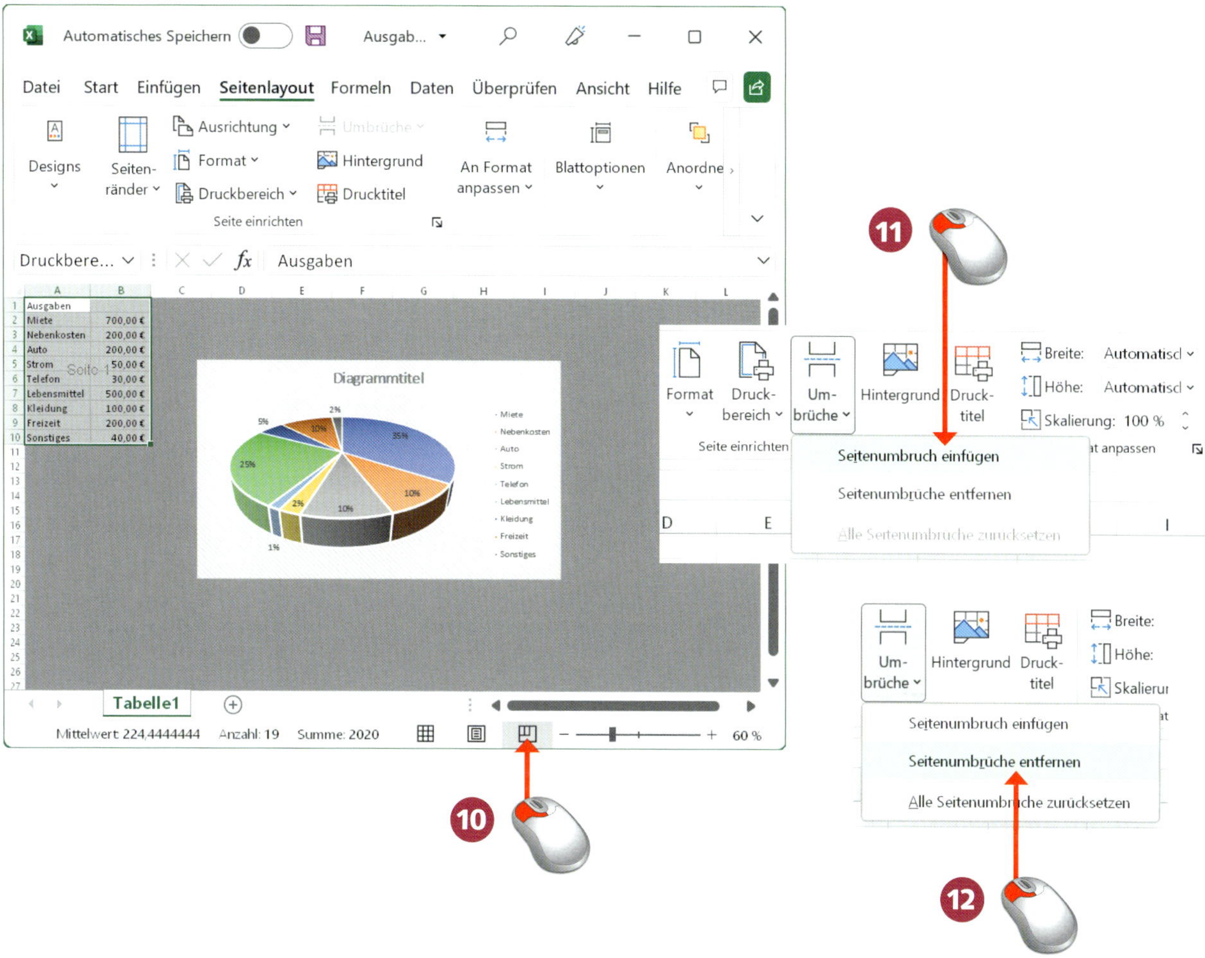

10 In der Umbruchvorschau werden die Druckseiten durch blaue Ränder angezeigt. Über die Schaltfläche *Normal* in der Statusleiste geht es zur Tabellendarstellung zurück.

11 Markieren Sie eine Zelle und wählen Sie auf der Registerkarte *Seitenlayout* die Schaltfläche *Umbrüche*. Der Befehl *Seitenumbruch einfügen* erzwingt einen Seitenwechsel im Ausdruck.

12 Zum Löschen des Seitenumbruchs klicken Sie auf die Zelle unterhalb der Umbruchlinie und wählen im Menü der Schaltfläche *Umbrüche* den Befehl *Seitenumbrüche entfernen*.

Ende

HINWEIS

Seitenumbrüche werden mit einer durchgezogenen Linie in der Tabelle angezeigt.

HINWEIS

Auf der Registerkarte *Seitenlayout* öffnet die Schaltfläche *Drucktitel* das Eigenschaftenfenster *Seite einrichten* zum Festlegen von Drucktiteln, Seitenfolge etc.

Start

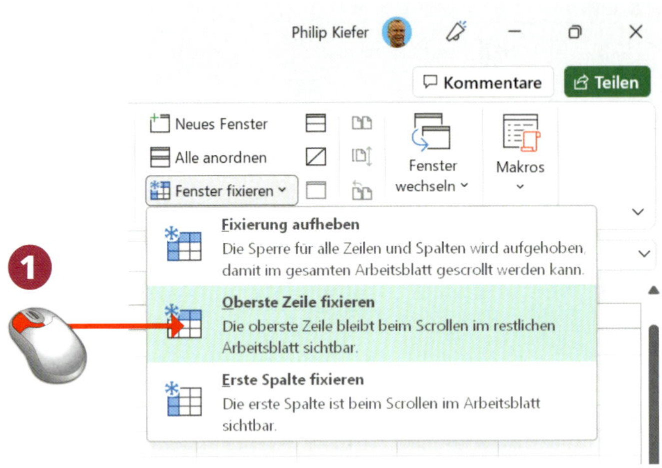

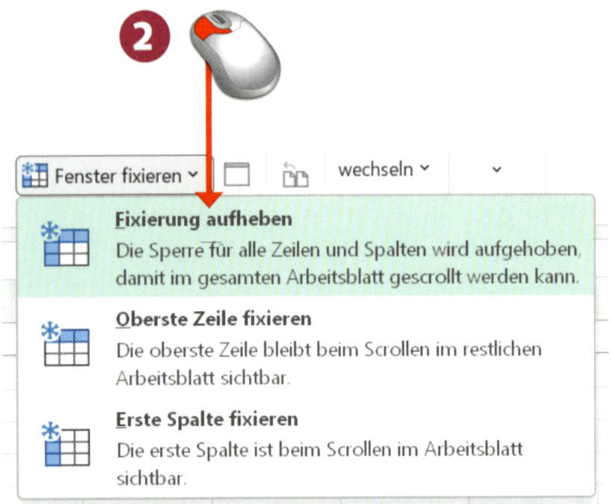

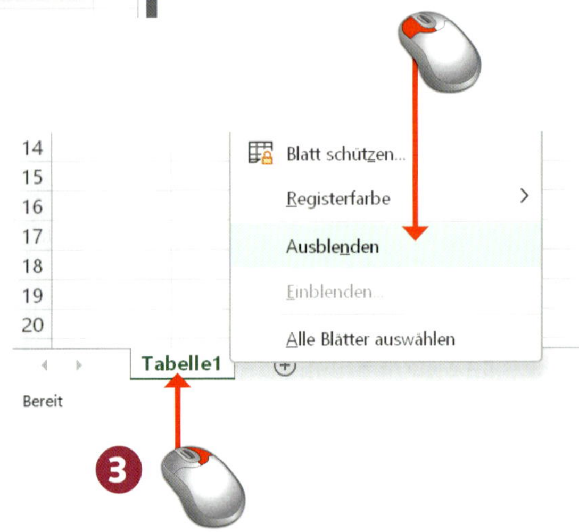

1. Wählen Sie auf der Registerkarte *Ansicht* die Schaltfläche *Fenster fixieren*, können Sie über die Menübefehle von Ihnen bestimmte Zeilen oder Spalten der Tabelle fixieren.
2. Die markierten Zeilen bleiben beim Blättern in der Liste in der Anzeige stehen. Über den Befehl *Fixierung aufheben* lösen Sie die Fixierung der Zellen wieder.
3. Über die Kontextmenübefehle *Ausblenden* bzw. *Einblenden* eines Blattregisters können Sie Tabellen aus der Anzeige herausnehmen und wieder zulassen.

WISSEN

Sie können in Excel-Tabellen Fenster fixieren, um z. B. Tabellenköpfe beim Blättern in der Anzeige beizubehalten. Zudem lassen sich Tabellen oder Zeilen/Spalten ein-/ausblenden und Zellbereiche vor Veränderungen schützen.

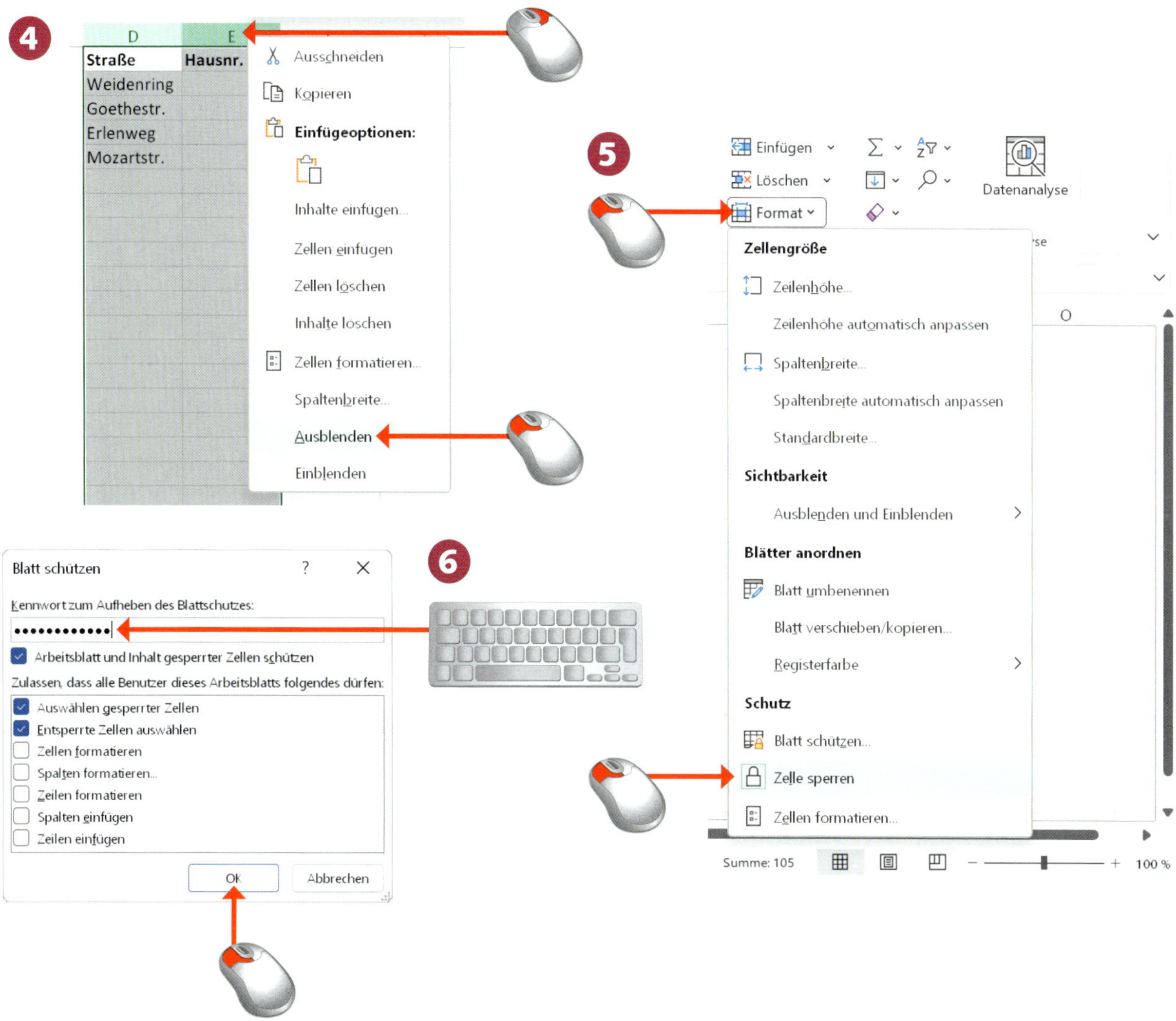

4 Im Kontextmenü einer Zeile/Spalte finden Sie die Befehle *Ausblenden* und *Einblenden*, um die betreffenden Zellen aus der Anzeige auszublenden bzw. zuzulassen.

5 Über die Menüschaltfläche *Format* der Registerkarte *Start* finden Sie Menübefehle zum Ein-/Ausblenden der Blätter. Über *Zelle sperren* werden markierte Zellen gesperrt.

6 Der Befehl *Blatt schützen* der Menüschaltfläche *Format* öffnet das gleichnamige Dialogfeld. Legen Sie dort Kennwort und Schutzoptionen für das Arbeitsblatt fest.

Ende

HINWEIS

Das Fixieren von Fenstern ist hilfreich, um beim Blättern in langen Listen die Überschrift in der Anzeige des Fensters festzuhalten.

HINWEIS

Das Sperren von Zellen über das Zellformat wird erst wirksam, nachdem Sie den Blattschutz in Schritt 6 aktiviert haben.

Start

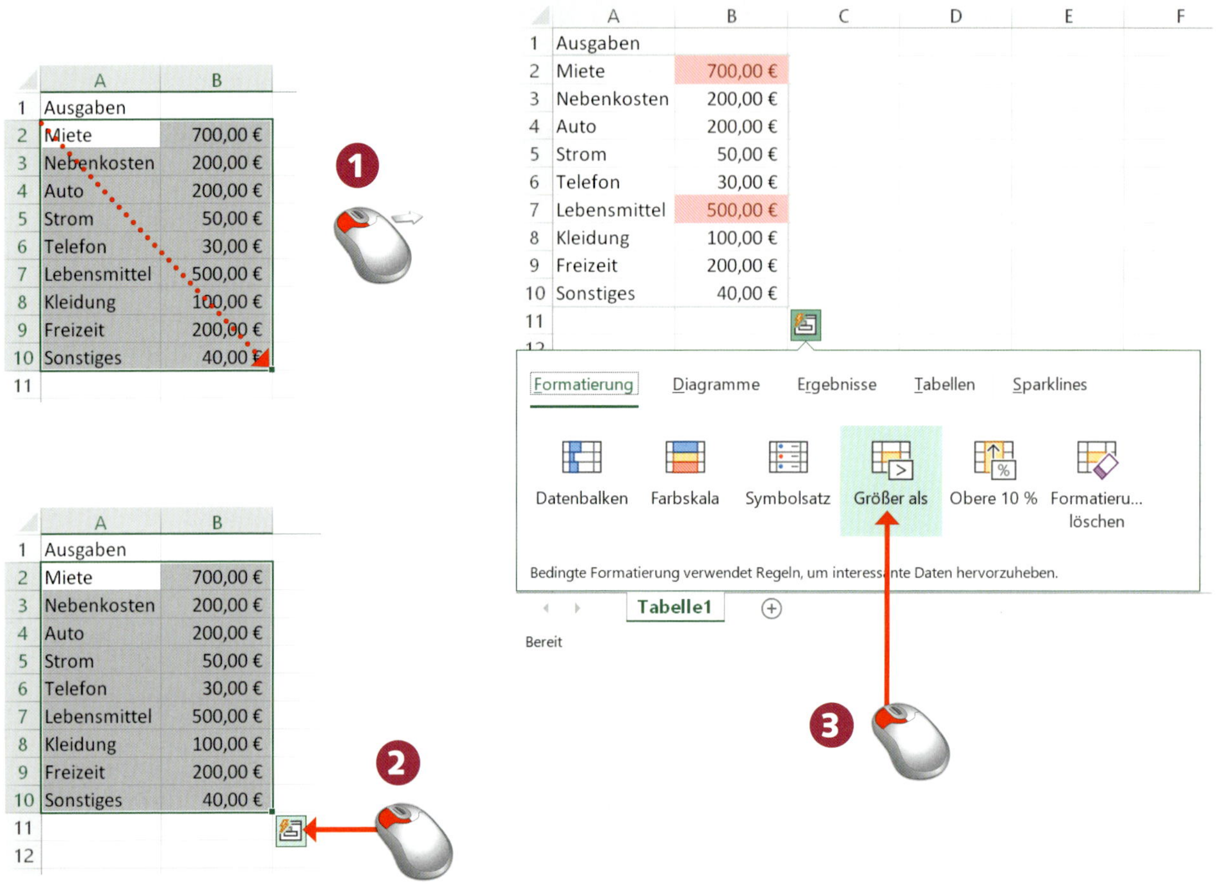

1. Markieren Sie zunächst einen Zellbereich, zu dem Sie eine Schnellanalyse durchführen möchten.

2. Rechts unterhalb des markierten Bereichs wird die Schaltfläche *Schnellanalyse* eingeblendet. Klicken Sie diese an, um einen Katalog mit Analysefunktionen aufzurufen.

3. Klicken Sie z. B. in der Kategorie *Formatierung* auf eine Schaltfläche, um das entsprechende Format zuzuweisen.

WISSEN

Die Schnellanalyse in Excel ermöglicht Ihnen den komfortablen Zugriff auf verschiedene Darstellungs- und Analysefunktionen. Die Schnellanalyse lässt sich, nachdem ein Zellbereich markiert wurde, auch mit der Tastenkombination Strg+Q einblenden.

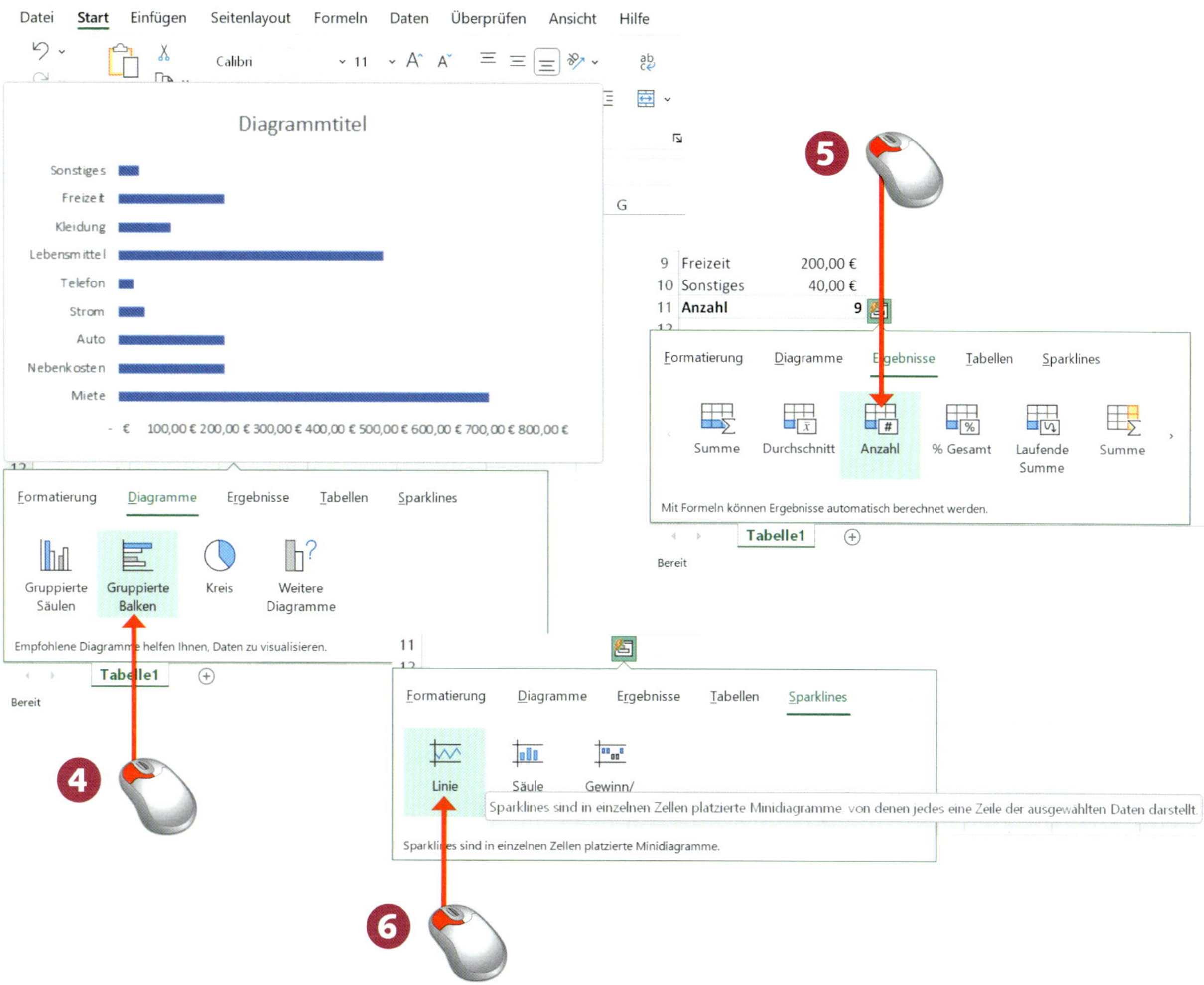

4 In der Kategorie *Diagramme* des Katalogs zur Schnellanalyse wird der Diagrammtyp beim Zeigen als Vorschau eingeblendet und bei Anwahl eingefügt.

5 Über die Schaltflächen der Kategorie *Ergebnisse* wenden Sie Funktionen wie Summe, Durchschnitt etc. auf die markierten Tabellenwerte an.

6 Über die Kategorien *Tabellen* und *Sparklines* können Sie spezielle Auswertungen wie PivotTables oder Gewinn- und Verlustdarstellungen abrufen.

Ende

TIPP

Drücken Sie die Esc-Taste, um die Schaltfläche zur Schnellanalyse auszublenden.

HINWEIS

Über die Schaltfläche *Formatierung löschen* der Kategorie *Formatierung* können Sie zugewiesene Schnellformate wieder entfernen.

Start

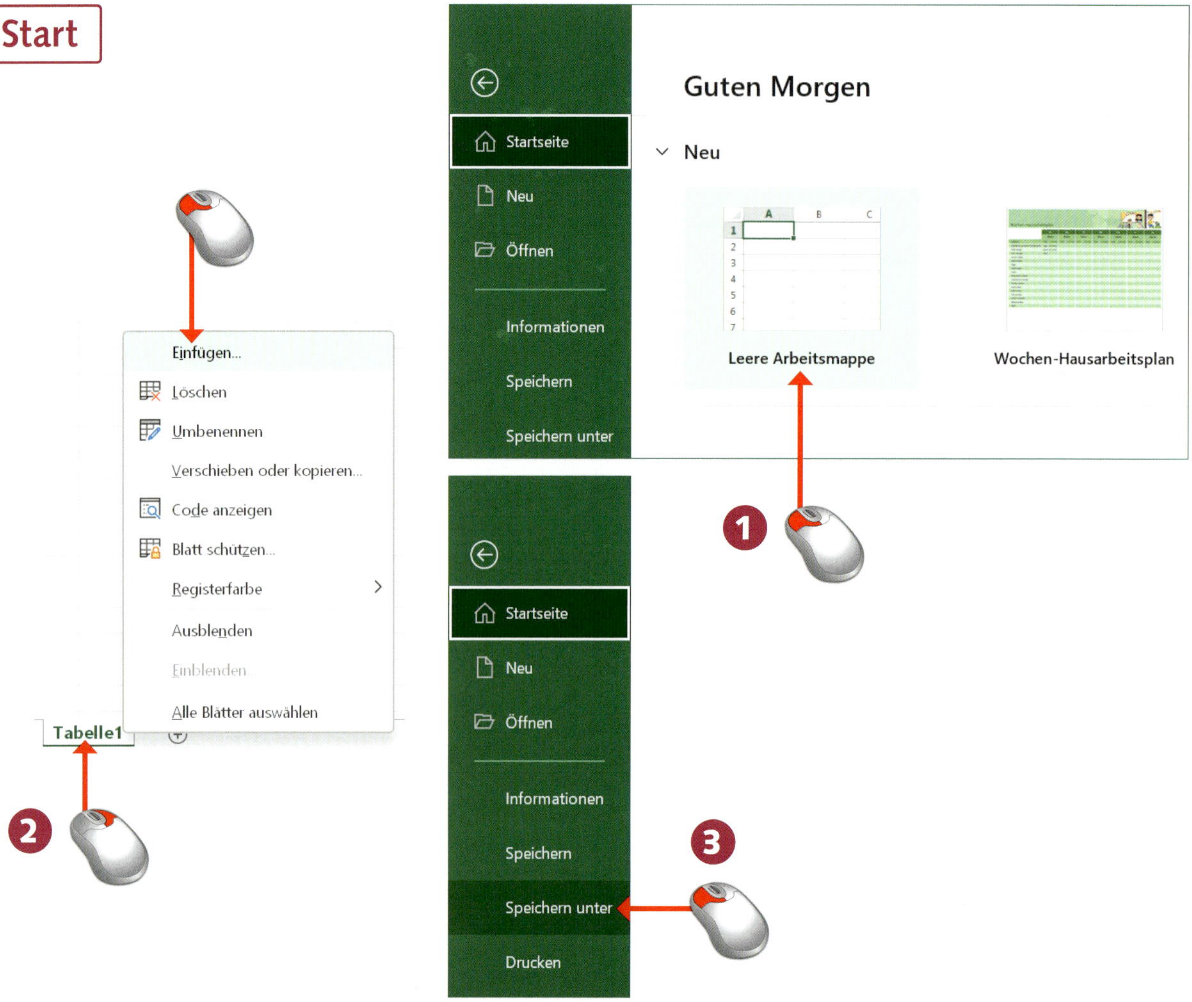

1 Auf der Registerkarte *Datei* können Sie in der Backstage-Ansicht unter *Startseite* sowie *Neu* eine Vorlage für neue Excel-Arbeitsmappen auswählen.

2 Der Kontextmenübefehl *Einfügen* eines Blattregisters öffnet ein Dialogfeld, auf dessen Registerkarten Sie eine Vorlage für das einzufügende Blatt (Tabelle, Diagramm) wählen.

3 Zum Speichern einer Arbeitsmappe als Vorlage klicken Sie auf den Registerreiter *Datei* und wählen in der Backstage-Ansicht den Befehl *Speichern unter*.

WISSEN

Ähnlich wie bei Word können Sie in Excel Tabellen oder Arbeitsmappen als Vorlagen speichern. Zudem lassen sich Daten aus Fremdanwendungen importieren. Die Schritte zum Öffnen von Dokumenten sind auf Seite 30 ff. beschrieben.

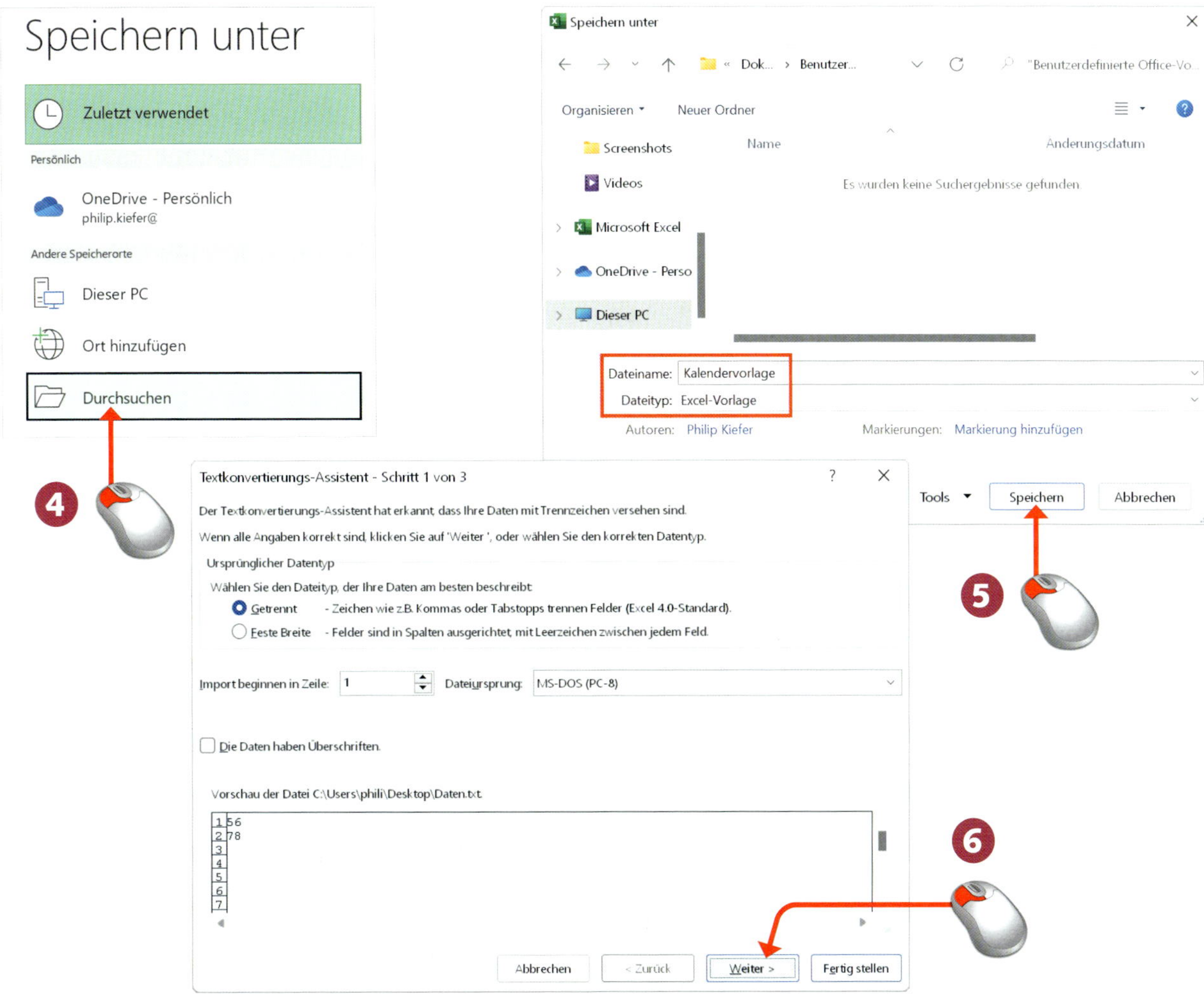

4 Wählen Sie im rechten Teil der Backstage-Ansicht *Dieser PC* und ein Speicherziel oder die Schaltfläche *Durchsuchen*.

5 Wählen Sie im Dialogfeld *Speichern unter* als Dateityp *Excel-Vorlage* sowie den Zielordner *Benutzerdefinierte Office-Vorlagen*. Legen Sie dann noch den Dateinamen fest und klicken Sie auf *Speichern*.

6 Wählen Sie beim Öffnen eine Textdatei mit Tabellendaten (Typ *Textdateien (*.prn; *.txt;*csv)* und Trennzeichen, fragt ein Assistent schrittweise die Importoptionen ab.

Ende

TIPP

Ein breit unterstütztes Exportformat für Tabellendaten ist das textbasierte Format **C**omma **S**eparated **V**alue (CSV).

HINWEIS

Über die Schaltflächen *Weiter* und *Fertig stellen* blättern Sie zwischen den Dialogfeldern des Textkonvertierungs-Assistenten.

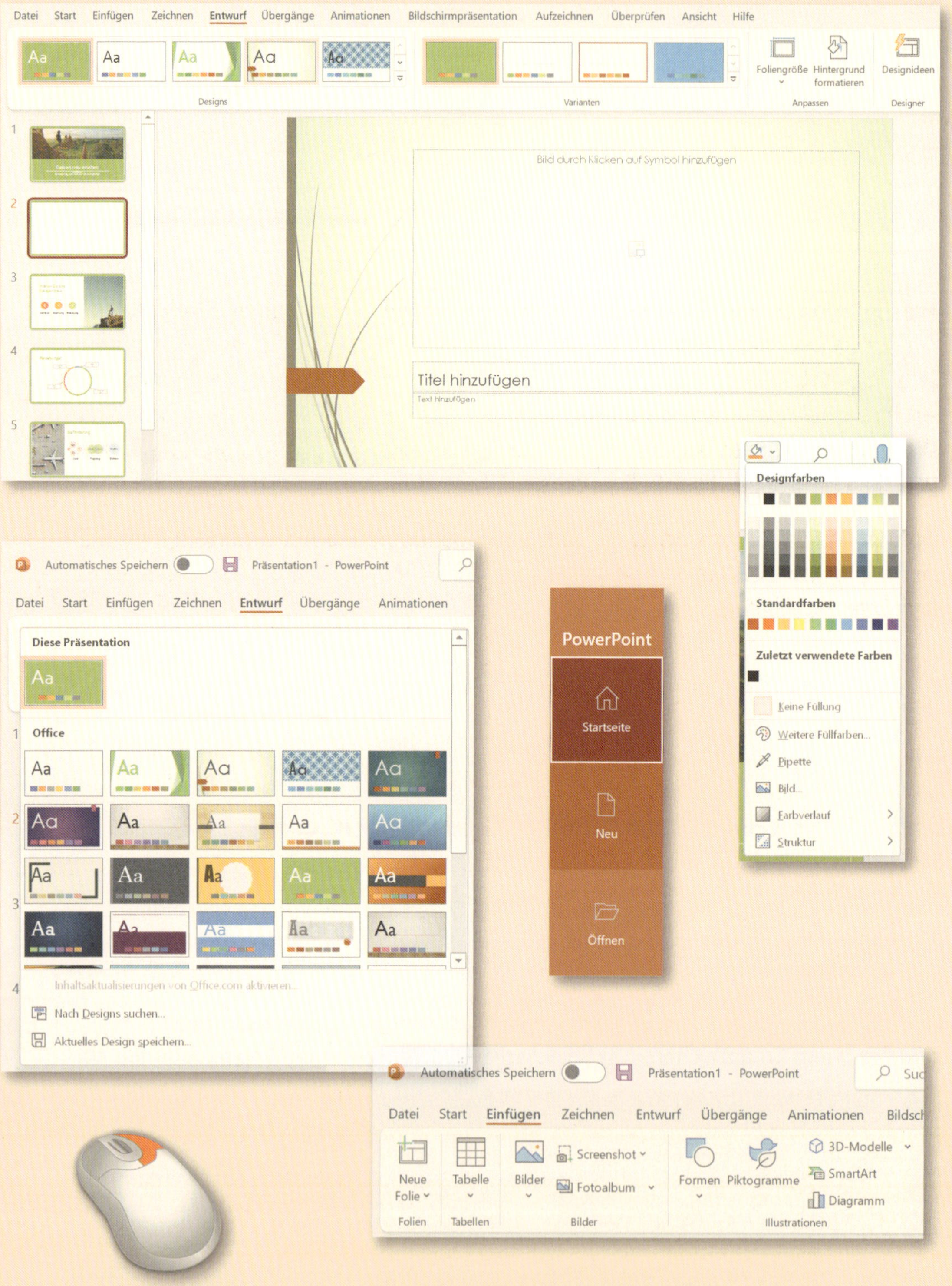
Datei Start Einfügen Zeichnen Entwurf Übergänge Animationen Bildschirmpräsentation Aufzeichnen Überprüfen Ansicht Hilfe
Designs
Varianten
Foliengröße
Hintergrund formatieren
Anpassen
Designideen
Designer
Bild durch Klicken auf Symbol hinzufügen
Titel hinzufügen
Text hinzufügen
Designfarben
Standardfarben
Zuletzt verwendete Farben
Keine Füllung
Weitere Füllfarben...
Pipette
Bild...
Farbverlauf
Struktur
Automatisches Speichern
Präsentation1 - PowerPoint
Datei Start Einfügen Zeichnen Entwurf Übergänge Animationen
Diese Präsentation
Office
Inhaltsaktualisierungen von Office.com aktivieren...
Nach Designs suchen...
Aktuelles Design speichern...
PowerPoint
Startseite
Neu
Öffnen
Automatisches Speichern
Präsentation1 - PowerPoint
Datei Start Einfügen Zeichnen Entwurf Übergänge Animationen
Neue Folie
Tabelle
Bilder
Screenshot
Fotoalbum
Formen
Piktogramme
3D-Modelle
SmartArt
Diagramm
Folien
Tabellen
Bilder
Illustrationen

6

Präsentationen erstellen mit PowerPoint

Präsentationen mit PowerPoint sind heutzutage ein gängiger Standard bei Meetings und Referaten. Den grundlegenden Umgang mit dem leistungsstarken Präsentationsprogramm PowerPoint erlernen Sie in diesem Kapitel. Sie erfahren, wie Sie Präsentationen erstellen, das Design einer Präsentation nach Ihren Vorstellungen anpassen, wie Sie Folien hinzufügen und bearbeiten und wie Sie die Inhalte Ihrer Folien gekonnt formatieren.

Sorgen Sie außerdem noch für pfiffige Folienübergänge und perfekte Animationen, bevor Sie die Wiedergabe Ihrer Präsentation starten bzw. diese mit wenigen Handgriffen exportieren.

Start

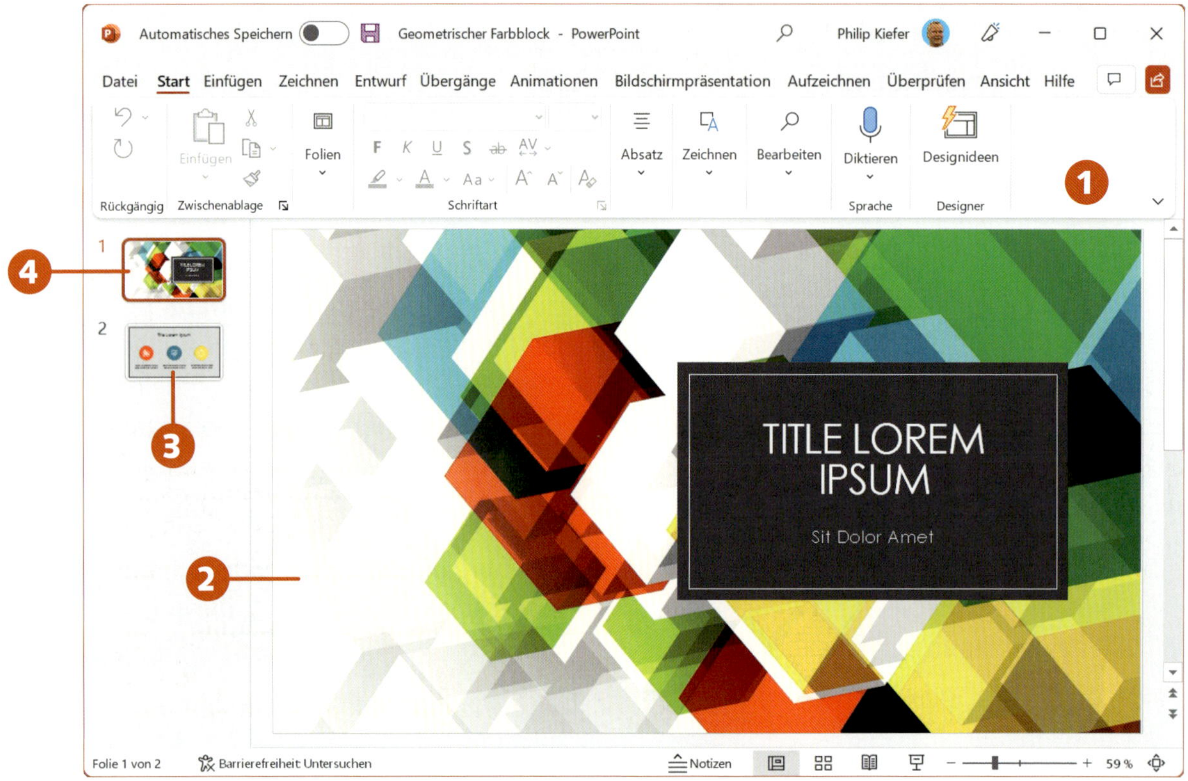

1. Das Menüband am oberen Dokumentrand sowie die Elemente zum Einstellen der Anzeigemodi oder des Zooms in der Statusleiste kennen Sie bereits von den Programmen Word und Excel.
2. Der Layoutbereich zeigt den Inhalt bzw. das Layout der aktuellen Folie an. Eine Folie kann Texte, Grafiken und andere Elemente enthalten.
3. Die Folienübersicht zeigt Ihnen die Abfolge aller Folien in der Präsentation an.
4. Die aktuell ausgewählte Folie wird zur Kennzeichnung farblich umrahmt.

WISSEN

PowerPoint ist ein Präsentationsprogramm, in dem Sie Dokumentseiten anlegen können. Diese Seiten (als Folien bezeichnet) lassen sich über PowerPoint als Bildschirmpräsentation oder über einen Beamer wiedergeben.

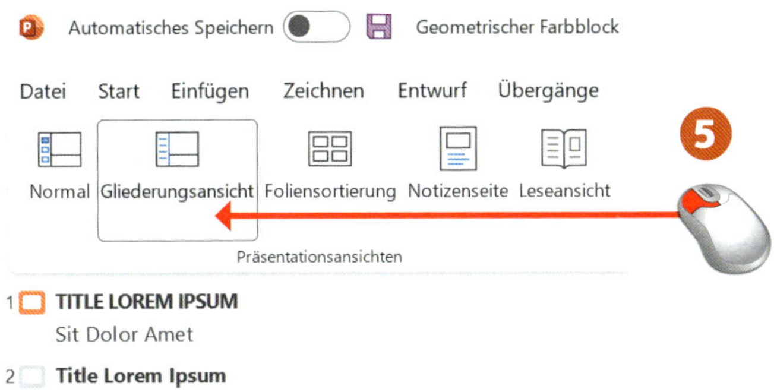

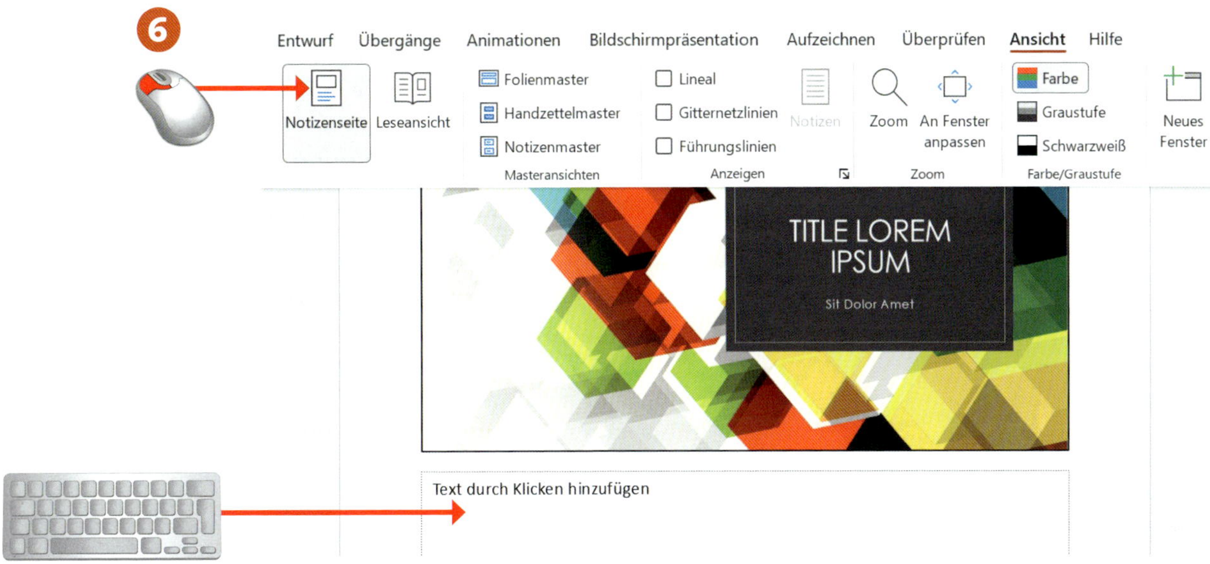

5 Über die Schaltflächen *Gliederungsansicht* und *Normal* der Registerkarte *Ansicht* schalten Sie zwischen der Folienübersicht und der Gliederungsansicht um.

6 Wählen Sie auf der Registerkarte *Ansicht* die Schaltfläche *Notizenseite*, können Sie Ihren Folien Notizen hinzufügen, die nur für Sie selbst und nicht für die Betrachter der Präsentation bestimmt sind. Das könnten z. B. Hinweise zur Rhetorik bei der Präsentation sein.

Ende

TIPP

Im Notizenbereich können Sie Kommentare zu Folien ablegen, die bei der Präsentation nicht mit angezeigt werden sollen.

TIPP

Im Modus *Foliensortierung* lässt sich die Folienreihenfolge leicht durch Ziehen per Maus ändern.

HINWEIS

In der Gliederungsansicht werden die Textinhalte der Folien dargestellt.

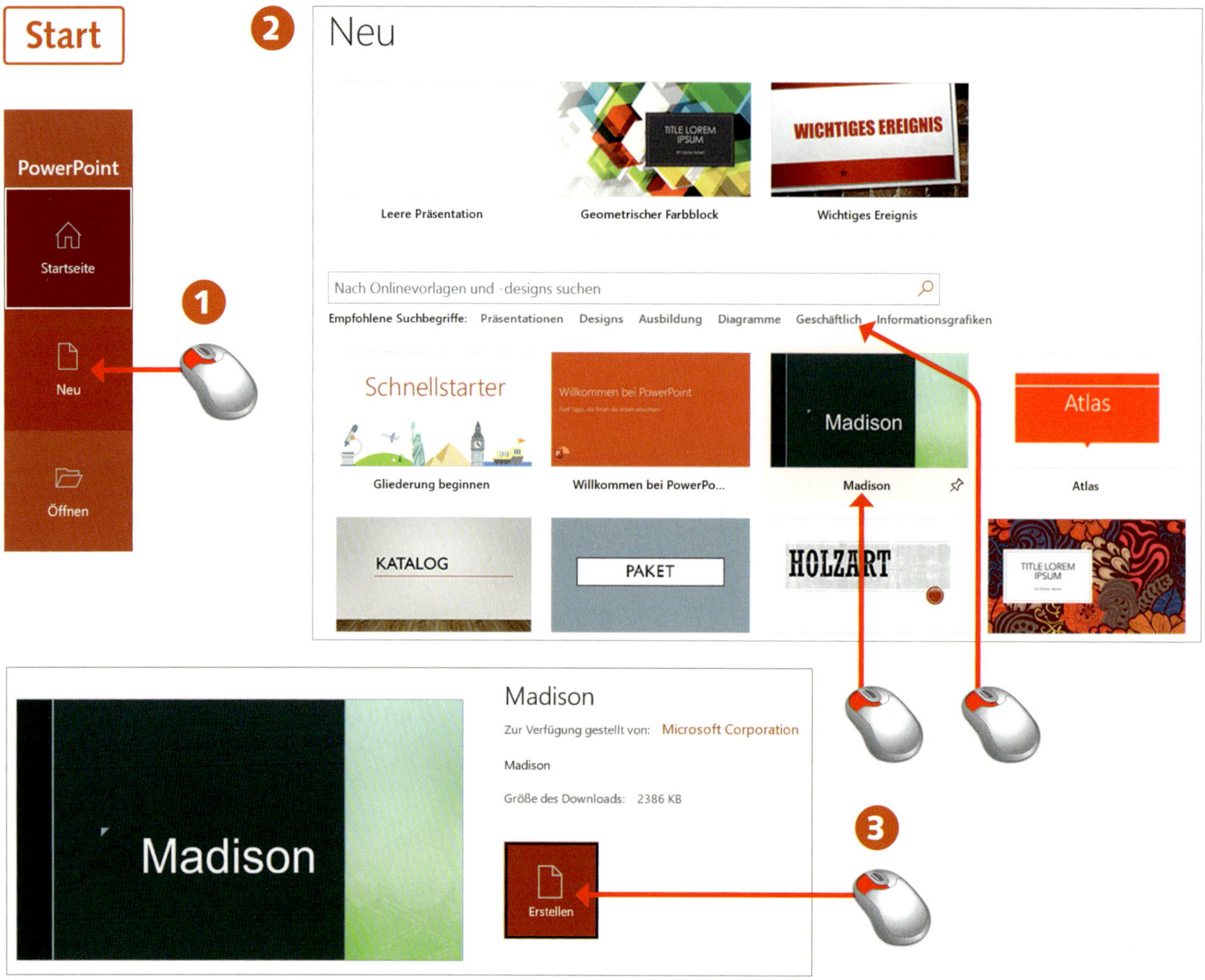

1. Um eine neue Präsentation zu erstellen, wählen Sie nach dem Start von PowerPoint bzw. bei bereits geöffnetem Programm unter dem Registerreiter *Datei* in der Backstage-Ansicht den Befehl *Neu*.
2. Wählen Sie eine Kategorie (z. B. *Geschäftlich*) und dann eine Vorlage aus oder klicken Sie auf *Leere Präsentation*.
3. Klicken Sie auf die Schaltfläche *Erstellen*. Bei einigen Präsentationsvorlagen können Sie zuvor noch eines von mehreren Layouts auswählen.

WISSEN

PowerPoint bietet eine Reihe von Vorlagen, die Ihnen die grundlegende Gestaltung einer Präsentation abnehmen. Sobald Sie eine neue Präsentation auf Basis einer solchen Vorlage angelegt haben, müssen die Folien nur noch mit den Inhalten versehen werden. Bevor Sie eine Präsentation erstellen, sollten Sie sich vorab einige Gedanken über die Inhalte und die Darstellung machen.

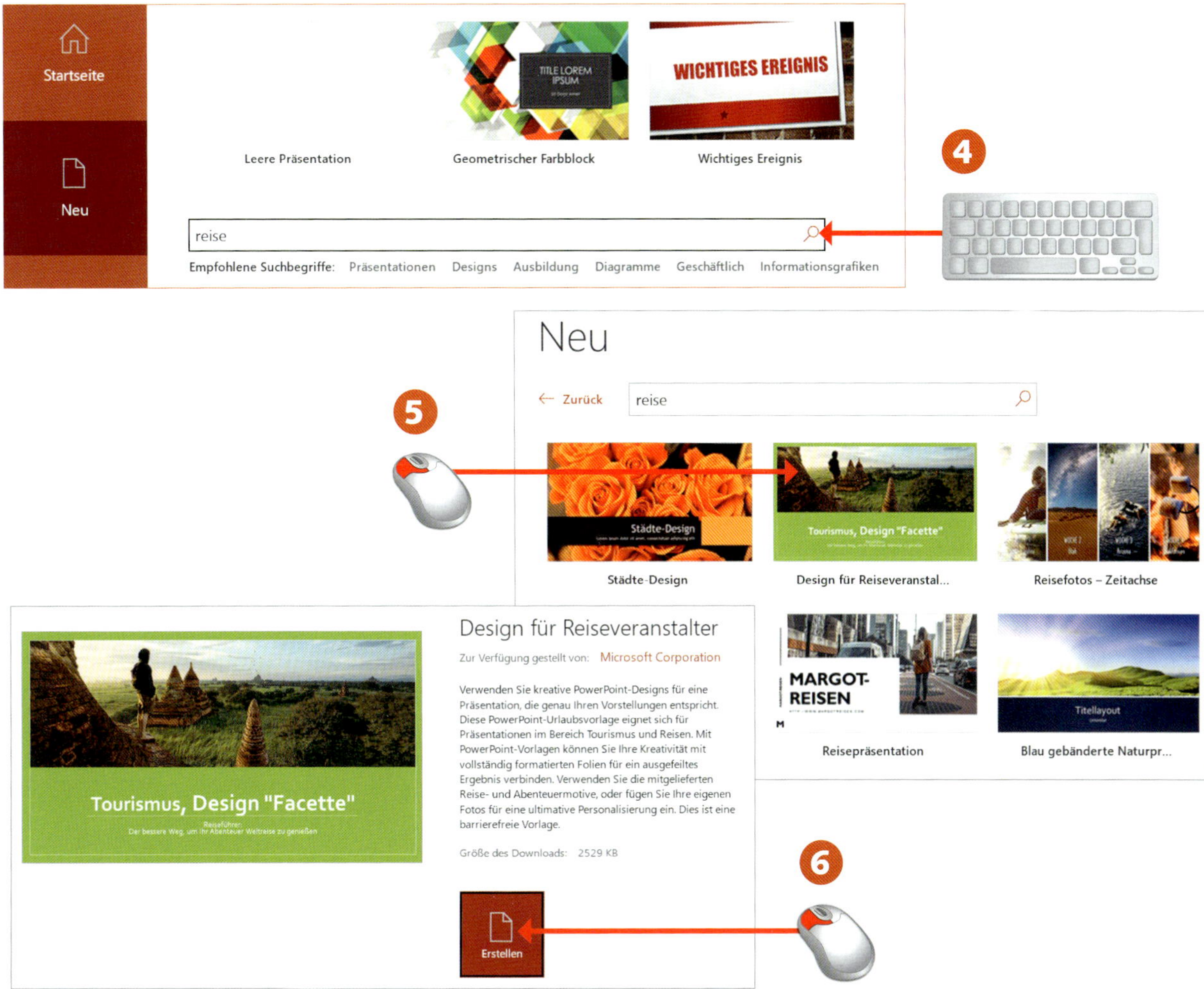

4 Um eine zu einem Suchbegriff passende Vorlage zu suchen, klicken Sie unter *Neu* in das eingebaute Suchfeld. Geben Sie einen Suchbegriff ein und bestätigen Sie mit der [↵]-Taste.

5 Wählen Sie im folgenden Schritt eine der gefundenen Vorlagen aus. Über die *Zurück*-Schaltfläche gelangen Sie zur Seite aus Schritt 4 zurück.

6 Bestätigen Sie im eingeblendeten Fenster mit *Erstellen*. Warten Sie anschließend, bis der Download beendet ist und die Präsentation angezeigt wird.

Ende

HINWEIS

Um eigene Präsentationen mit einem firmenspezifischen Design anzufertigen, starten Sie mit einer leeren Präsentation und fügen die benötigten Elemente selbst in die Seiten ein.

TIPP

Über das Suchfeld der Backstage-Ansicht können Sie nach (auch online gespeicherten) Vorlagen suchen.

Start

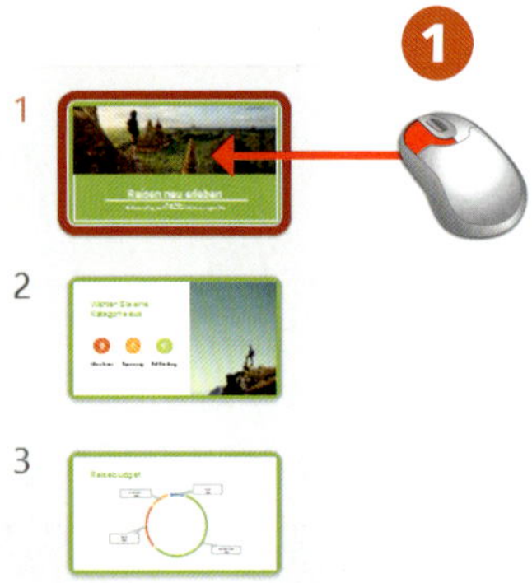

1. Wählen Sie in der Folienübersicht einen Eintrag, um die zugehörige Seite als Folie im Layoutbereich anzuzeigen.
2. Wählen Sie im Folienlayout einen Platzhalter für Texte an, tragen Sie den Text für den betreffenden Folieninhalt ein, und wählen Sie einen Punkt außerhalb der Markierung.
3. Bei einem Platzhalter für Objekte wie Grafiken klicken Sie diesen an, suchen im Dialogfeld eine Grafikdatei aus und bestätigen mit der *Einfügen*-Schaltfläche.

WISSEN

Die einzelnen Folien lassen sich relativ frei mit Inhalten füllen: mit Texten, Bildern und zahlreichen weiteren Elementen. Zusätzlich können Sie eine Folie mit Notizen versehen. Diese Notizen lassen sich mit den Folien ausdrucken und von Ihnen während der Präsentation z. B. als Gedankenstütze verwenden. Fehlt der Notizenbereich, blenden Sie diesen über die Schaltfläche *Notizenseite* der Registerkarte *Ansicht* oder über *Notizen* in der Statusleiste ein.

4

6

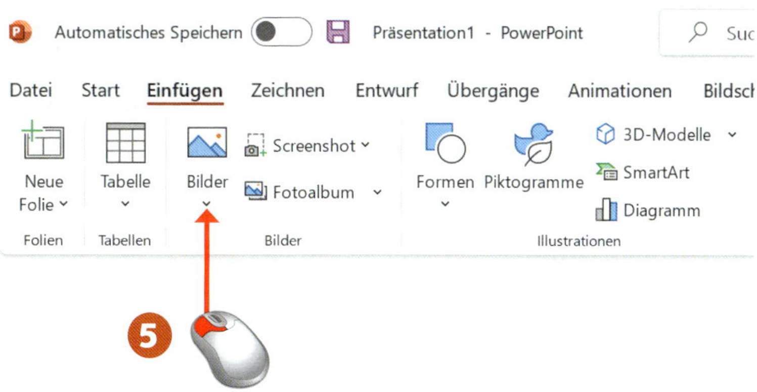

5

4 Die Grafik oder das Objekt wird anstelle des Platzhalters in die Folie eingefügt.

5 Statt einen Platzhalter zu verwenden, können Sie Bilder und weitere Elemente auch auf der Registerkarte *Einfügen* auf einer Folie platzieren.

6 Haben Sie den Notizenbereich eingeblendet (z. B. mit der Option *Notizen* in der Statusleiste), klicken Sie in den Bereich, um Ihre Notizen einzutippen.

Ende

HINWEIS

Die in den Word-Kapiteln beschriebenen Techniken zur Texteingabe/-korrektur sowie zur Grafikanpassung lassen sich auch in PowerPoint verwenden.

HINWEIS

Nutzen Sie die ab Seite 88 ff. bzw. 214 ff. beschriebenen Techniken, um markierte Objekte in der Größe anzupassen, zu verschieben oder zu löschen.

Start

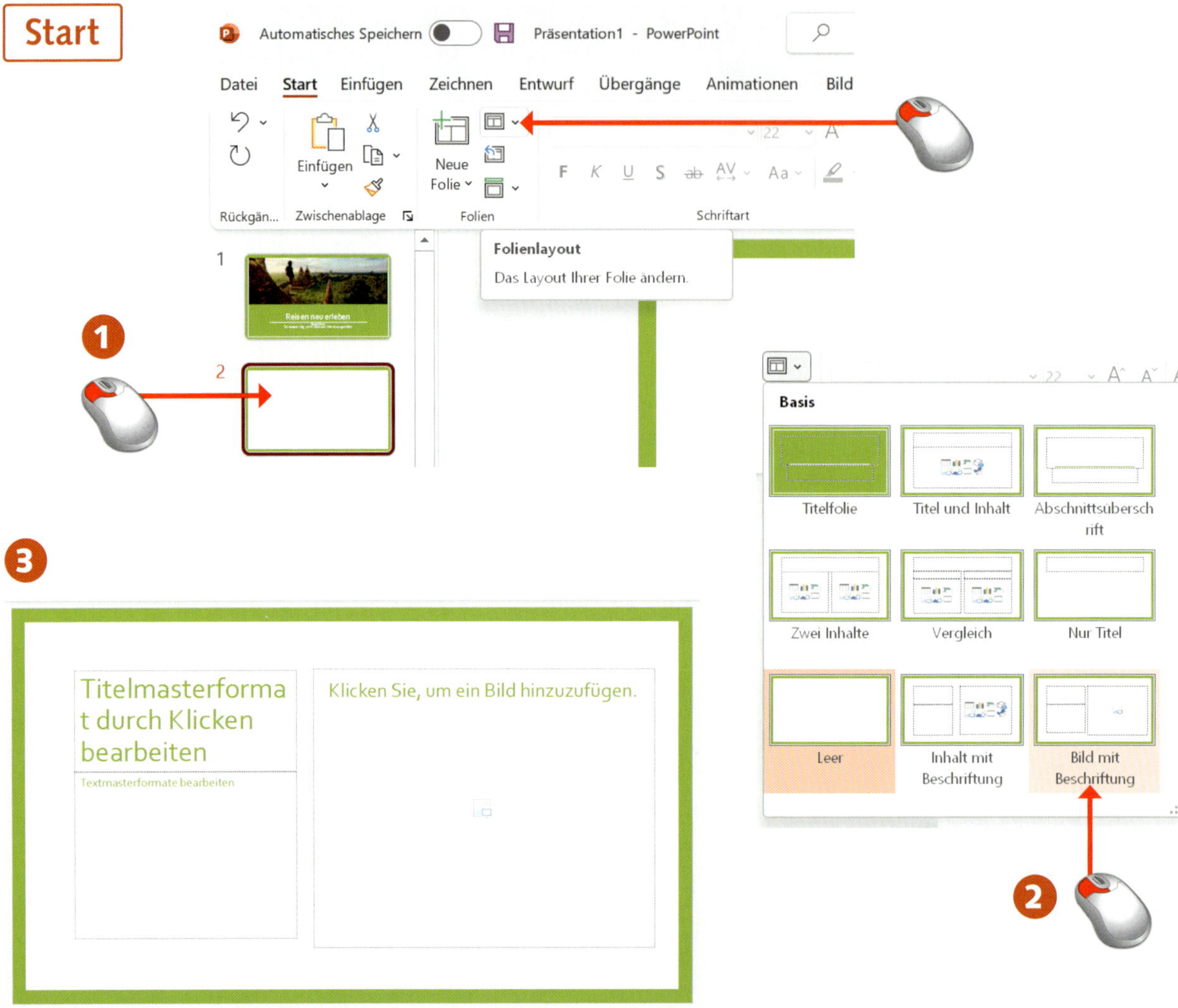

1. Passt das Layout einer Seite nicht zum geplanten Folieninhalt, markieren Sie die Folie in der Folienübersicht und wählen Sie *Layout* auf der Registerkarte *Start*.
2. Wählen Sie im eingeblendeten Katalog das gewünschte Layout aus.
3. PowerPoint passt die Seite so an, dass die Platzhalter für das ausgesuchte Layout vorhanden sind.

WISSEN

Das Folienlayout legt fest, welche Elemente (Text, Grafik, Tabellen etc.) per Platzhalter in eine Folie eingefügt werden können. Das Foliendesign bestimmt die zu verwendenden Farben, Schriftarten, Hintergründe etc. und legt das Erscheinen aller Seiten der Präsentation fest. Änderungen am Layout oder am Design sollten Sie vornehmen, bevor Sie die Folien mit Inhalten füllen.

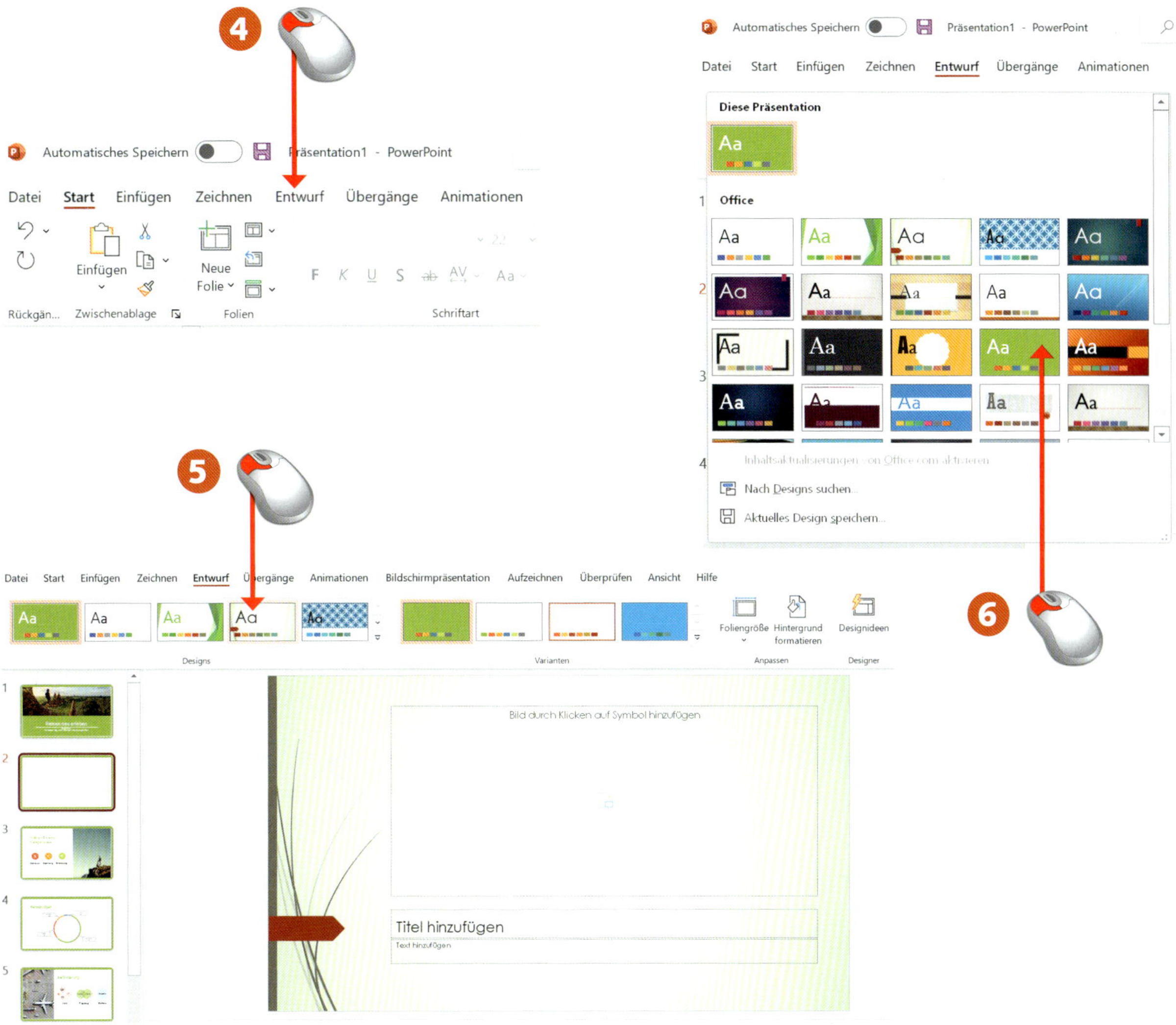

4 Um das Design für alle Folien zu ändern, wechseln Sie im Menüband zur Registerkarte *Entwurf*.

5 Zeigen Sie in der Gruppe *Designs* oder *Varianten* auf einen der Einträge, wird die Wirkung im Dokument angezeigt. Ein Mausklick übernimmt das Design für alle Folien.

6 Alternativ können Sie den Katalog der Gruppe *Designs* über die Schaltfläche *Weitere* öffnen und einen der Katalogeinträge wählen.

Ende

TIPP

Der Layout-Katalog steht auch im Kontextmenü einer Folie über den Befehl *Layout* zur Verfügung.

TIPP

Ungewollte Änderungen am Layout nehmen Sie über die *Rückgängig*-Schaltfläche im Menüband unter *Start* zurück.

Start

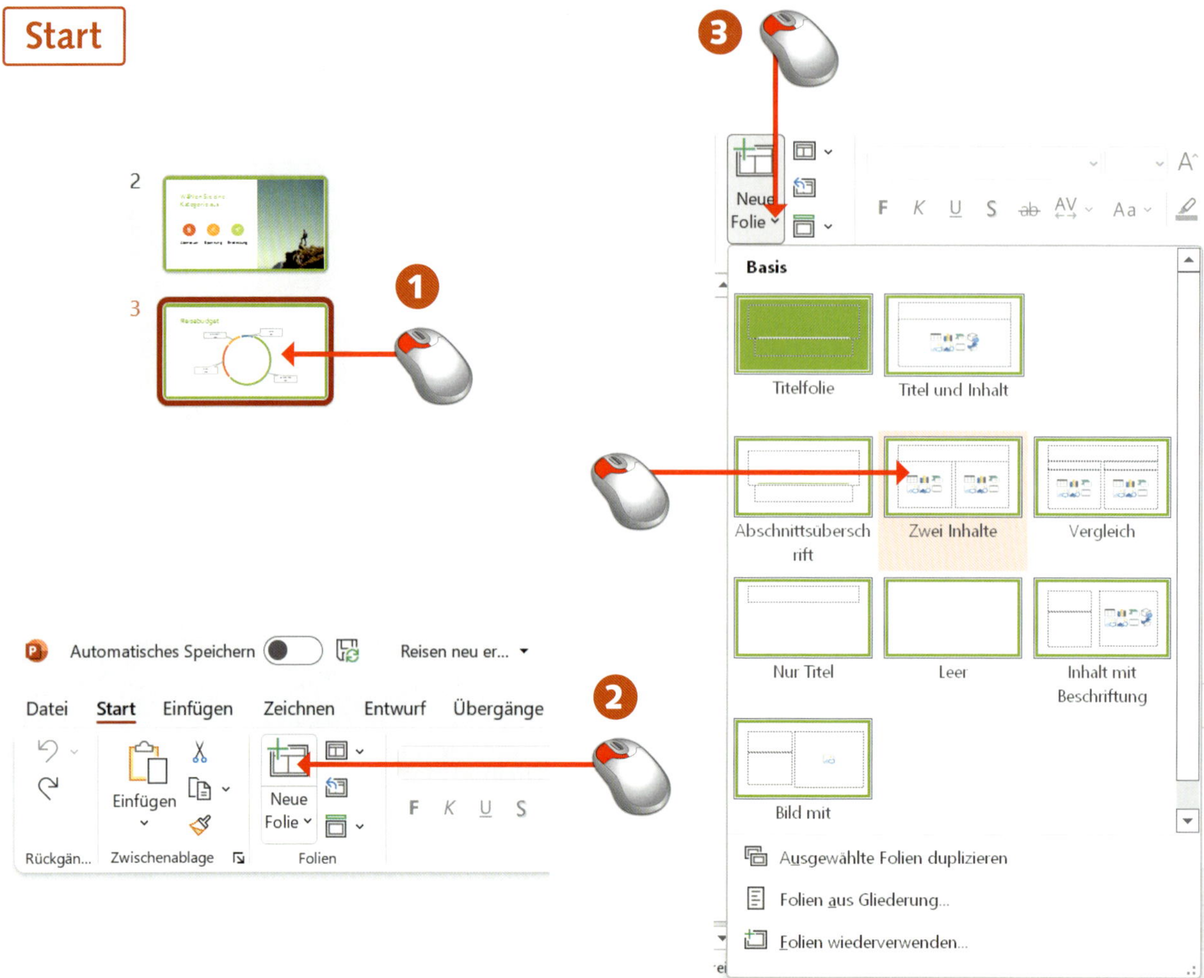

1. Um eine neue Folie in die Präsentation einzufügen, wählen Sie in der Folienübersicht die Folie aus, hinter der die neue Seite benötigt wird.
2. Wählen Sie auf der Registerkarte *Start* des Menübands den oberen Teil der Schaltfläche *Neue Folie*, um sofort eine Folie zuzuweisen.
3. Oder Sie öffnen den Katalog der Schaltfläche *Neue Folie* und wählen gezielt eine Folie mit dem passenden Layout aus.

WISSEN

Eine Präsentation kann eine unterschiedliche Anzahl Folien beinhalten. Vermeiden Sie aber zu viele Folien im Vortrag, da dies u. U. die Aufnahmefähigkeit des Zuhörers überfordert. Kalkulieren Sie mit ca. 2–3 Minuten pro Folie.

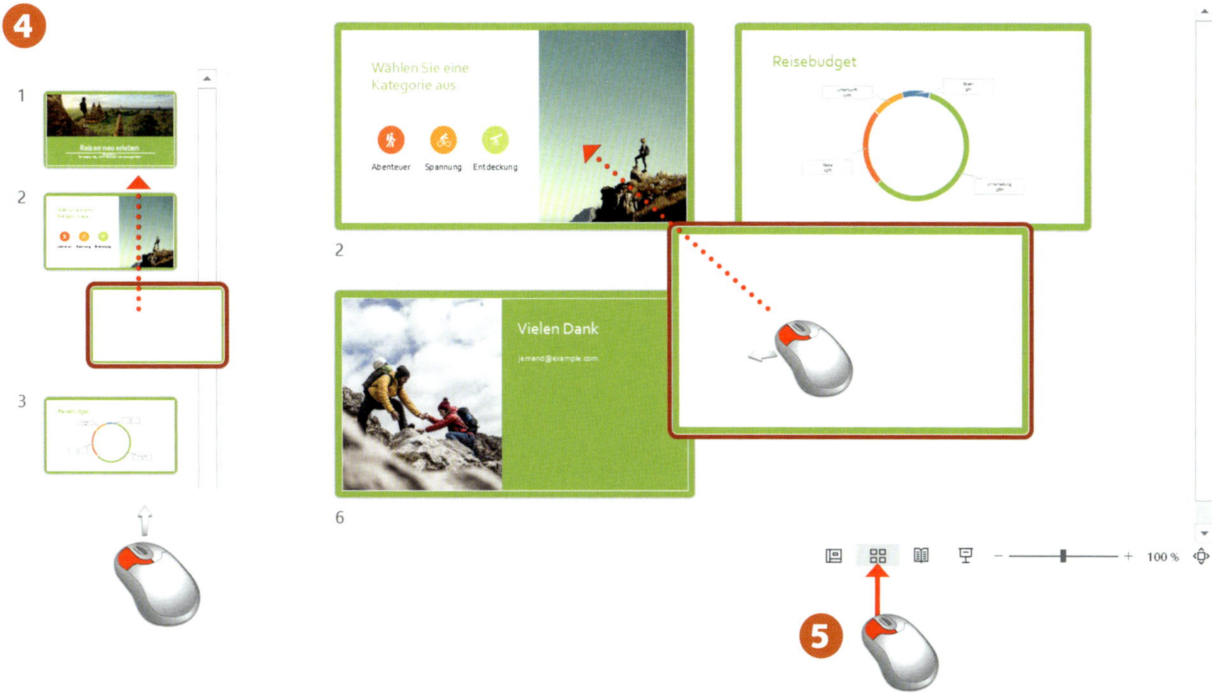

4 Die Reihenfolge der Folien verändern Sie, indem Sie deren Miniaturansicht (z. B. per Maus) in der Folienübersicht nach oben oder unten ziehen.

5 Oder Sie wählen in der Statusleiste die Schaltfläche *Foliensortierung* und ziehen die Folien im Dokumentbereich an die gewünschte Position.

6 Klicken Sie auf ein Folienelement, sodass der Markierungsrahmen erscheint, können Sie dessen Größe über die Ziehmarken verändern.

TIPP

Über den Kontextmenübefehl *Folie löschen* (oder die [Entf]-Taste) lässt sich eine in der Folienübersicht markierte Folie entfernen.

HINWEIS

Über die Schaltfläche *Zurücksetzen* der Gruppe *Folien* auf der Registerkarte *Start* setzen Sie die Größe der Folienelemente auf die Vorgaben der Vorlage zurück.

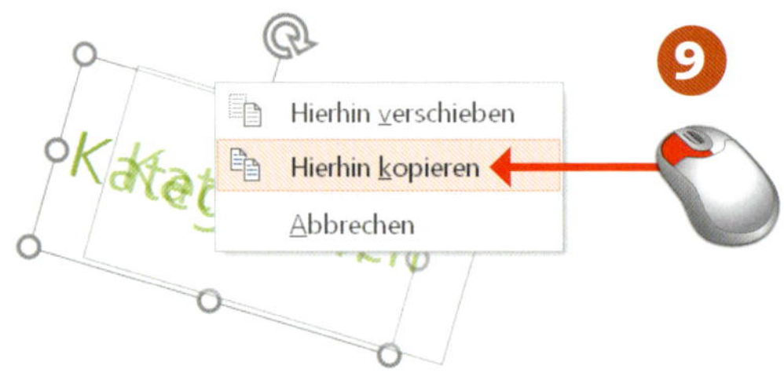

7 Zeigen Sie auf die Rahmenlinie, erscheint ein Doppelkreuz als Mauszeiger. Sie können dann die Position des Elements durch Ziehen mit der Maus verändern.

8 Über die Drehmarke eines markierten Elements drehen Sie dieses durch Ziehen der Marke um die eigene Achse.

9 Ziehen Sie den Markierungsrahmen eines Elements bei gedrückter rechter Maustaste, lässt sich per Kontextmenü wählen, ob das Element zu verschieben oder zu kopieren ist.

WISSEN

Achten Sie darauf, dass eine Seite nicht mit zu vielen Elementen überladen wird (ca. 4 bis 5 Textpunkte reichen). Wählen Sie die Schriftgröße so, dass die Texte der Folien auch in den hinteren Reihen des Auditoriums lesbar sind.

10

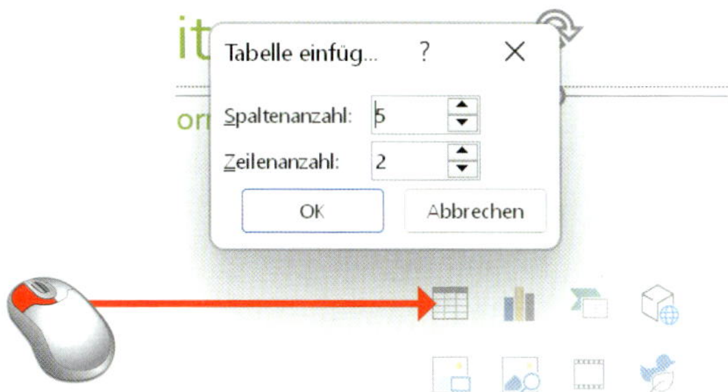

11

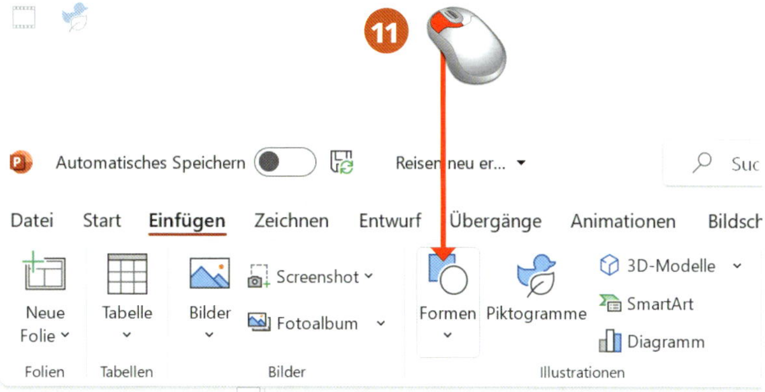

12

10 Wählen Sie einen Platzhalter zum Einfügen von Tabellen, Diagrammen etc. aus, öffnet sich ein Dialogfeld, in dem Sie die Optionen für das Element bestimmen.

11 Bei Bedarf fügen Sie über das Menüband mit den Schaltflächen der Registerkarte *Einfügen* Textfelder, Bilder, Formen, Tabellen etc. in die Folie ein.

12 Die Registerkarte *Einfügen* enthält auch Schaltflächen, um Kopf-/Fußzeilen oder eine Foliennummerierung einzufügen. Dialogfelder dienen zur Gestaltung dieser Elemente.

Ende

TIPP

Ein markiertes Element lässt sich durch Drücken der Entf-Taste samt Inhalt aus der Folie löschen.

HINWEIS

Das Einfügen von Grafiken, Formen, Cliparts etc. funktioniert ähnlich wie bei Word (siehe Kapitel 3). Die Elemente lassen sich dabei frei in der Folie positionieren.

Start

1. Um einen Text mit Zeichenformaten zu versehen, klicken Sie auf das Textelement und markieren die zu formatierenden Zeichen.
2. Anschließend weisen Sie über die Elemente der Gruppe *Schriftart* auf der Registerkarte *Start* Zeichenformate wie Fett, Kursiv, Schriftarten, -farben und -größen etc. zu.
3. Absatzformate (linksbündig, zentriert, Aufzählung etc.) weisen Sie markierten Textstellen über die Schaltflächen der Gruppe *Absatz* auf der Registerkarte *Start* zu.

WISSEN

Sie können Texte in einer Folie mit unterschiedlichen Formaten (Zeichen- und Absatzformaten) auszeichnen. Oder Sie versehen Textkästen mit einem Rahmen und einer Hintergrundfarbe, um bestimmte Folieninhalte optisch hervorzuheben.

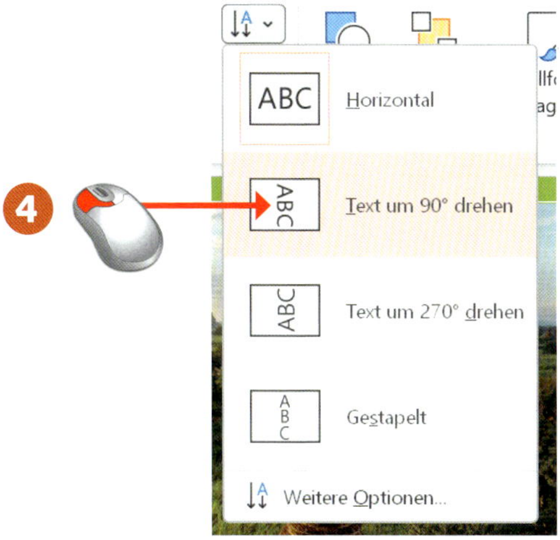

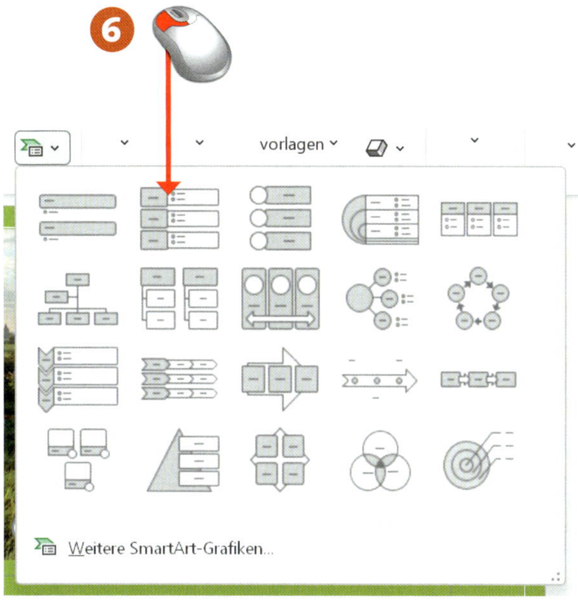

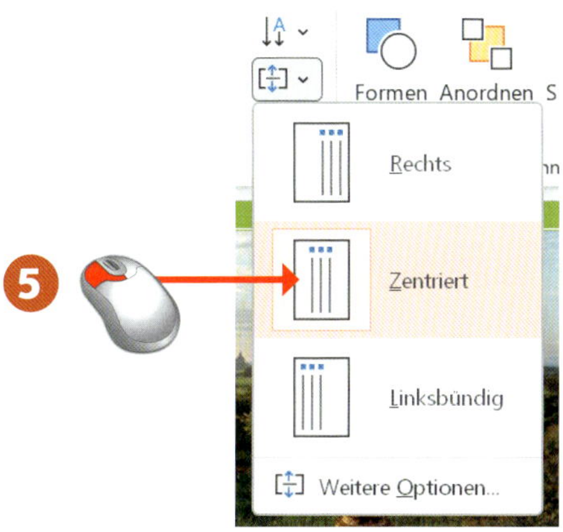

4. Über die Schaltfläche *Textrichtung* der Gruppe *Absatz* (Registerkarte *Start*) lässt sich der Inhalt eines markierten Textelements um 90 Grad gedreht anzeigen.

5. In diesem Fall stellt die Schaltfläche *Text ausrichten* der Gruppe *Absatz* Befehle bereit, um den gedrehten Text am linken/rechten Rand oder zentriert auszurichten.

6. Über den Katalog der Schaltfläche *In eine SmartArt-Grafik konvertieren* (Registerkarte *Start*, Gruppe *Absatz*) lassen sich Inhalte von Textfeldern mit speziellen Effekten darstellen.

TIPP

Um ein ganzes Wort mit einem Zeichenformat zu versehen, reicht es, wenn die Einfügemarke beim Formatieren innerhalb des Wortes steht.

TIPP

Markieren Sie den Positionsrahmen eines Textelements per Mausklick, werden Absatzformate dem kompletten Textelement zugewiesen.

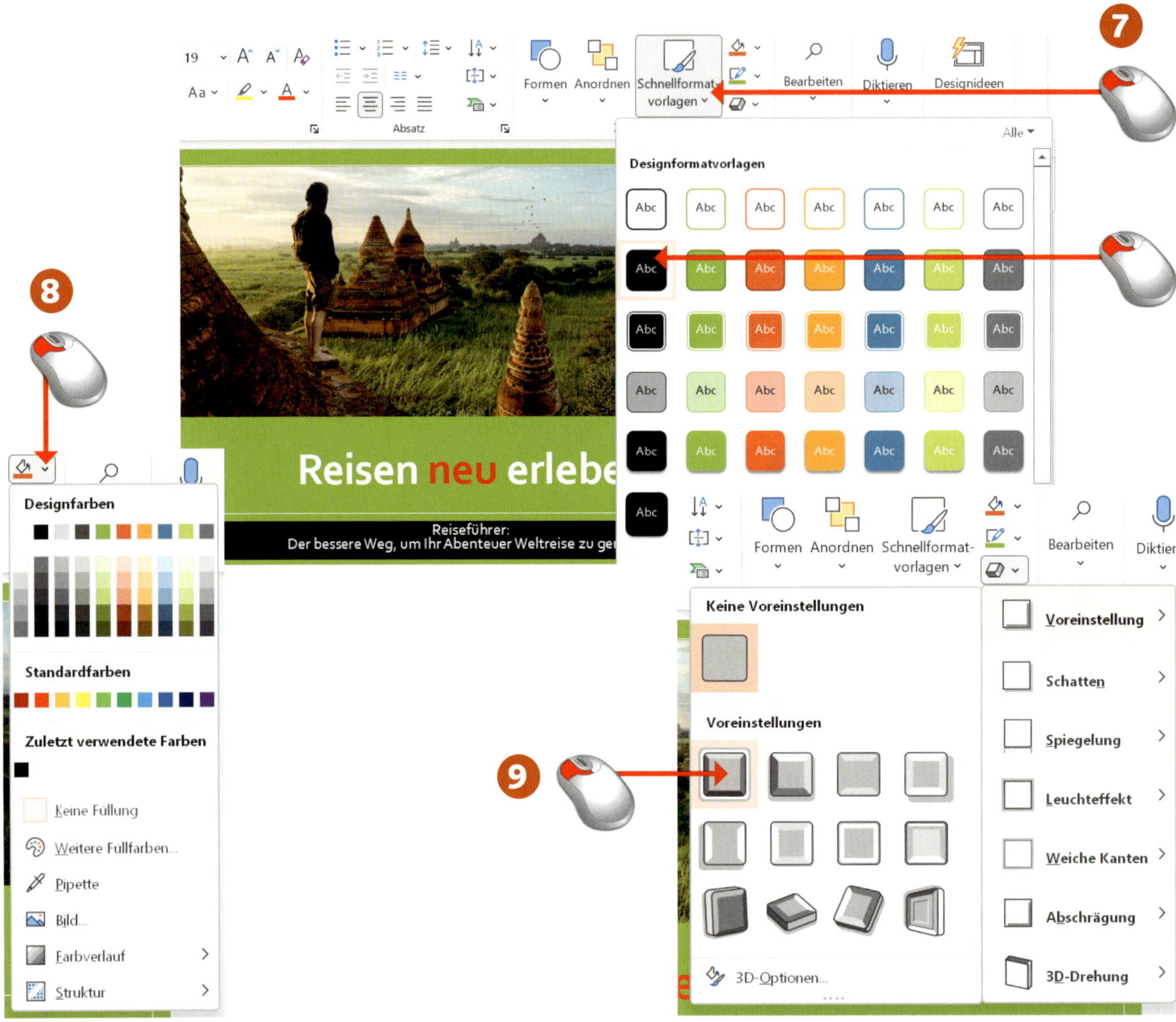

7 Auf der Registerkarte *Start* versehen Sie im Katalog der Schaltfläche *Schnellformatvorlagen* (Gruppe *Zeichnung*) markierte Textblöcke mit einem passenden Design.

8 Über die Palette der Schaltfläche *Fülleffekt* der Gruppe *Zeichnung* sowie über deren Befehle rufen Sie die Hintergrundfarbe, Füllmuster oder Farbverläufe auf.

9 Die beiden Schaltflächen *Formeffekte* und *Formkontur* der Gruppe *Zeichnung* ermöglichen es Ihnen, dem Textrahmen Grafikeffekte (Schatten, Leuchteffekt, 3D-Drehung etc.) zuzuweisen.

WISSEN

PowerPoint stellt neben den aus Word gewohnten Zeichen- und Absatzformaten eine Reihe weiterer Formate zur Gestaltung der Textblöcke bereit. Die Formatoptionen lassen sich über die Gruppe *Zeichnung* der Registerkarte *Start* und über die Registerkarte *Formformat* aufrufen.

10 Ist ein Textelement mit einem Markierungsrahmen versehen, wechseln Sie zur Registerkarte *Formformat*, um die Formenarten aufzurufen.

11 Über die Einträge des Katalogs *WordArt-Formate* der Registerkarte *Formformat* weisen Sie markierten Texten oder einem Textelement eine Konturschrift zu.

12 Über den Kontextmenübefehl *Form formatieren* eines Textelements öffnen Sie die gleichnamige Seitenleiste mit Optionen zur Anpassung verschiedener Formate.

Ende

TIPP

Über den Befehl *3D-Drehung* der Schaltfläche *Formeffekte* drehen Sie komplette Textblöcke im Raum und erzeugen so ganz witzige Effekte.

HINWEIS

Die Auswirkung der WordArt-Formate wird bereits beim Zeigen auf die Schaltflächen der Registerkarte *Formformat* sichtbar.

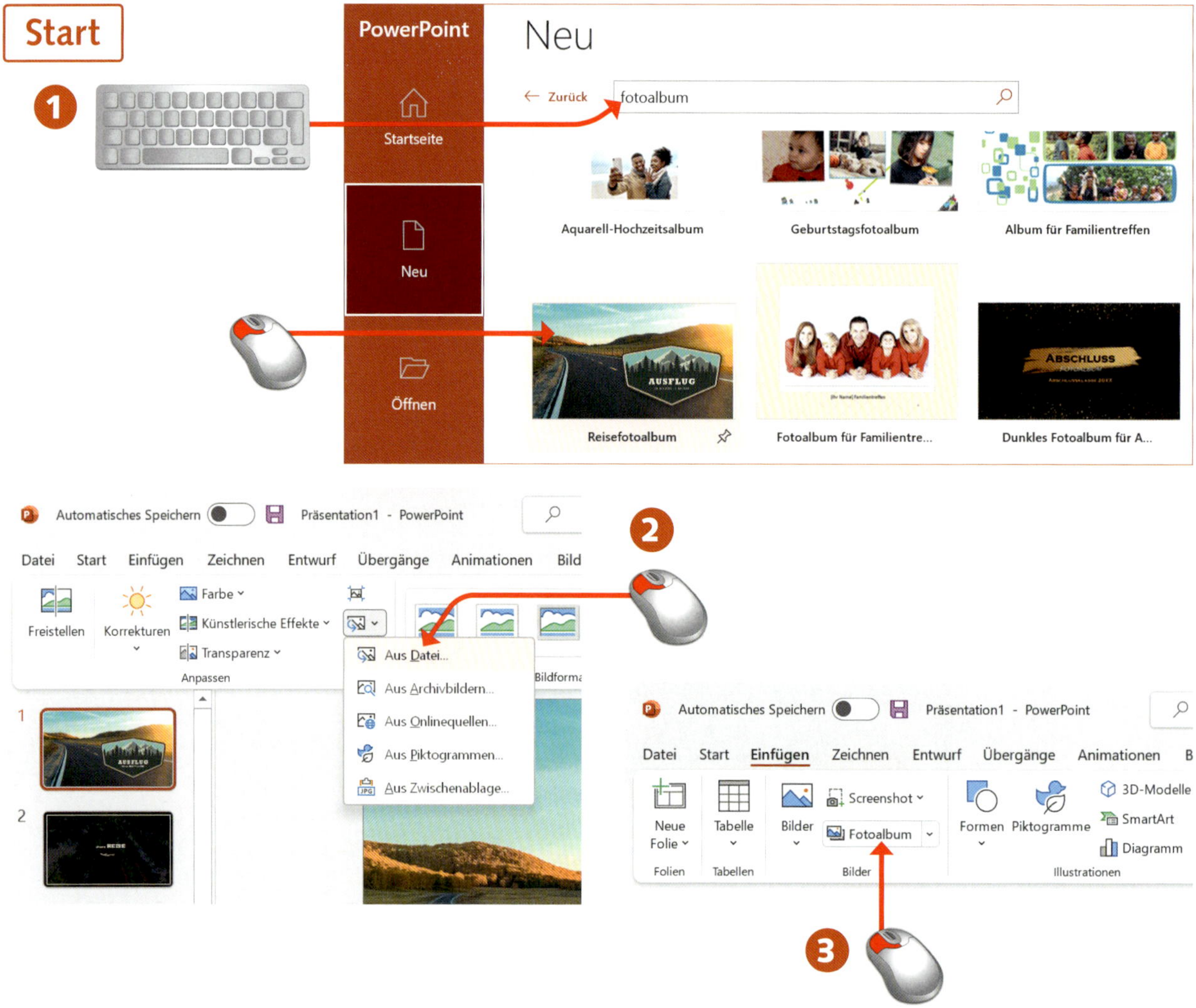

1. Suchen Sie beim Anlegen einer neuen Präsentation (siehe Seite 208) eine Beispielvorlage für ein Fotoalbum aus, und weisen Sie diese über *Erstellen* zu.
2. Auf der Registerkarte *Bildformat* des Menübands finden Sie Schaltflächen und Optionen, um auf der Folie markierte Bilder auszutauschen oder anzupassen.
3. Ein neues Fotoalbum erzeugen Sie, indem Sie im Menüband zur Registerkarte *Einfügen* wechseln und die Schaltfläche *Fotoalbum* anwählen.

WISSEN

PowerPoint unterstützt die Wiedergabe von Digitalfotos als Fotoalbum am Computer. Der Vorteil ist, dass dort auch Text mit angegeben werden kann. Alternativ können Sie ein Fotoalbum als Element in eine Präsentation einbauen. Dann werden die Fotos ganzseitig in die Folien eingefügt.

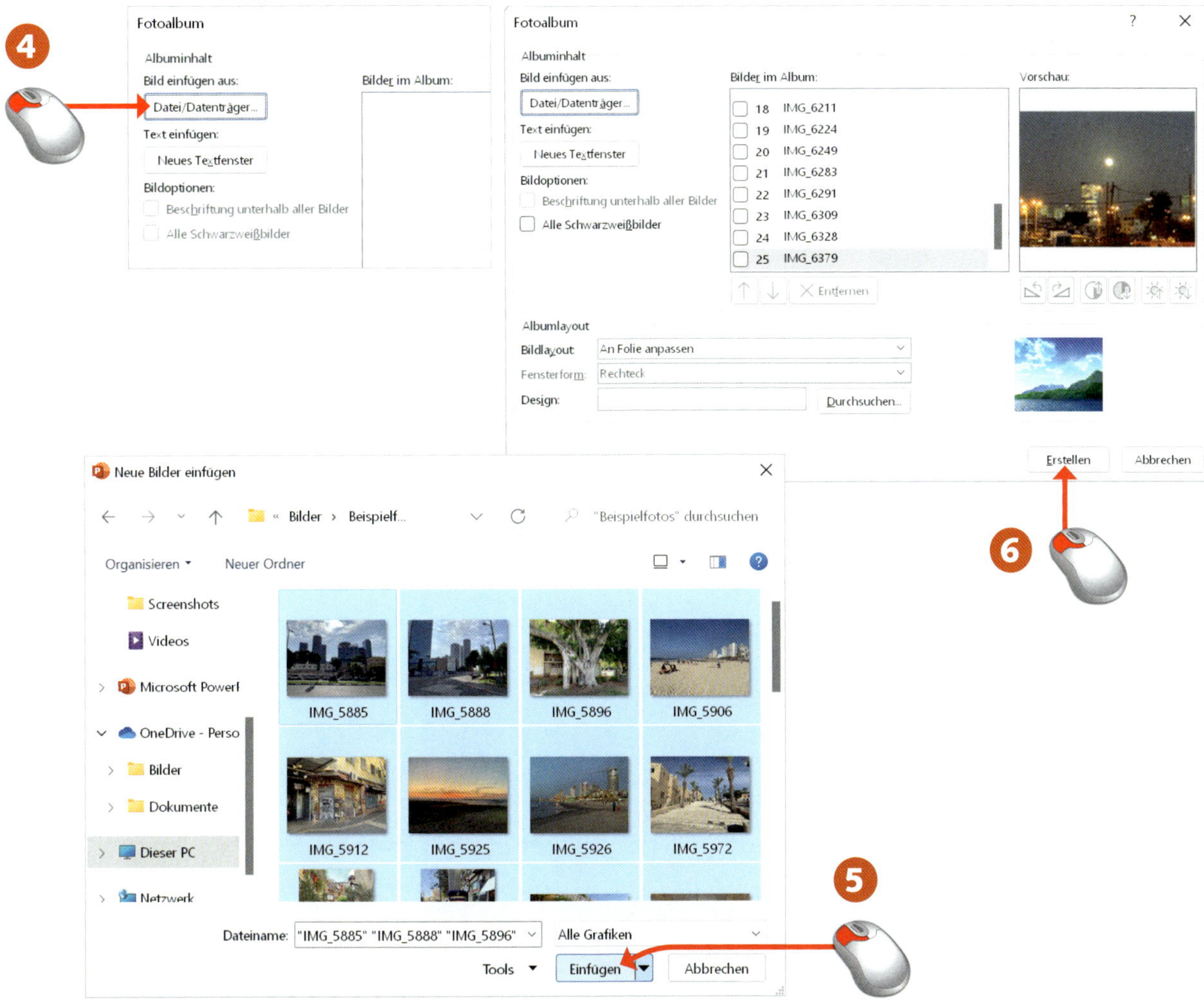

4 Im Dialogfeld *Fotoalbum* wählen Sie die Schaltfläche *Datei/Datenträger*, um das Dialogfeld zur Fotoauswahl zu öffnen.

5 Im Dialogfeld *Neue Bilder einfügen* lassen sich mehrere Fotos z. B. durch Anklicken bei gedrückter Strg-Taste markieren und mit der *Einfügen*-Schaltfläche übernehmen.

6 Bestätigen Sie im Dialogfeld *Fotoalbum* mit der Schaltfläche *Erstellen*. Es wird prompt ein Fotoalbum mit Deckblatt und Fotoseiten als Präsentation erstellt.

Ende

TIPP

Die Schaltfläche *Bild ändern* der Gruppe *Anpassen* (Schritt 2) auf der Registerkarte *Bildformat* öffnet ein Fenster zur Auswahl eines neuen Fotos.

HINWEIS

Im Dialogfeld *Fotoalbum* (Schritt 6) finden Sie Schaltflächen, um ausgewählte Fotos zu drehen, in der Helligkeit anzupassen, die Reihenfolge festzulegen, Bilder zu entfernen oder Textfelder zu Folien hinzuzufügen.

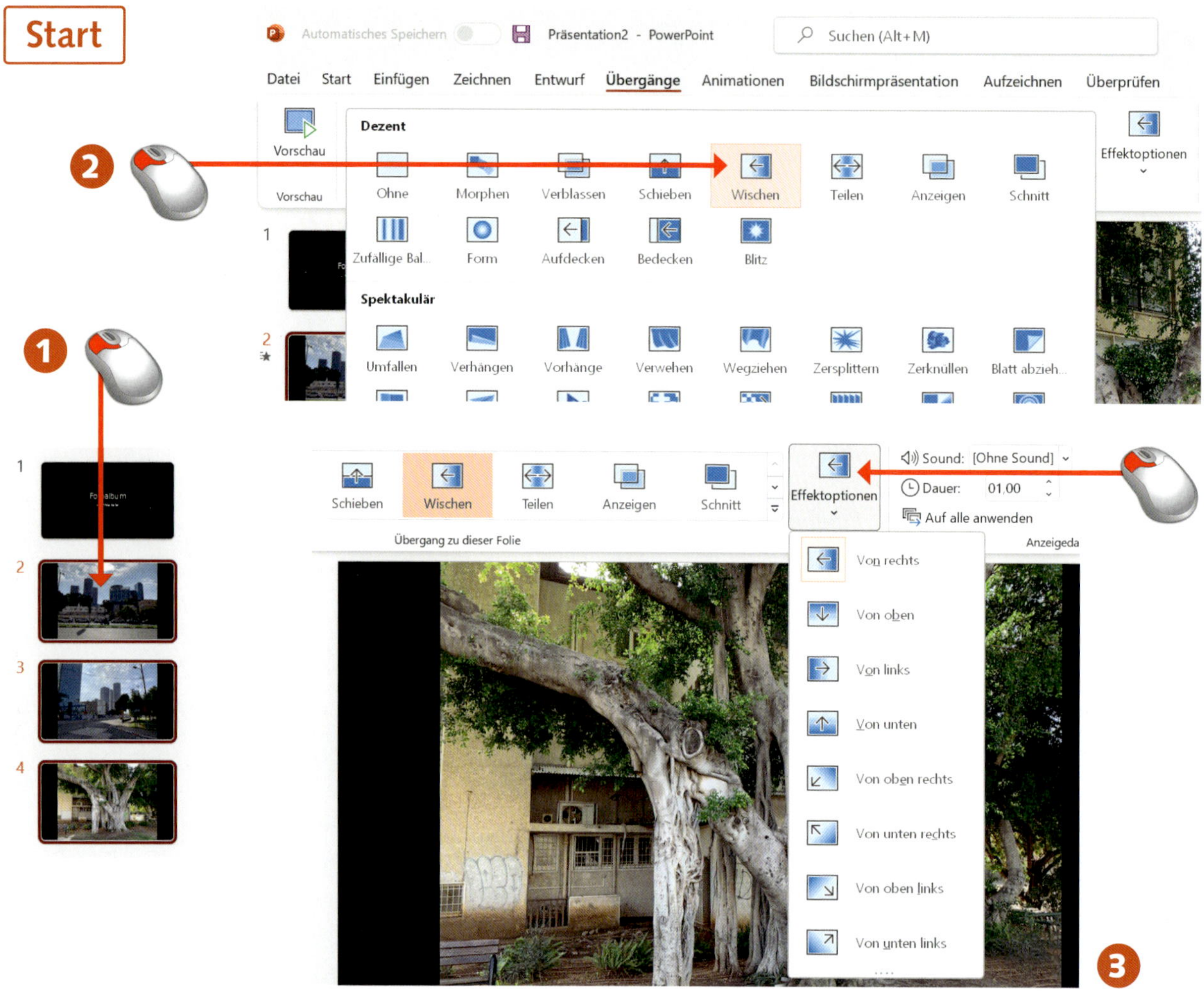

1. Markieren Sie in der Folienübersicht oder in der Foliensortierung die Folien, für die der Übergang festgelegt werden soll.
2. Weisen Sie auf der Registerkarte *Übergänge* des Menübands in der Gruppe *Übergang zu dieser Folie* einen Übergangseffekt zu.
3. Entscheiden Sie sich anschließend ggf. für einen Wert unter *Effektoptionen*, etwa um die Wischrichtung festzulegen usw.

WISSEN

In PowerPoint lässt sich festlegen, wie die einzelnen Folien während einer Präsentation eingeblendet werden sollen. Diese Funktion bezeichnet man als Folienübergang. Die Einstellungen gelten für alle markierten Folien. Setzen Sie Sound und automatische Folienwechsel zurückhaltend ein, um die Zuhörer nicht zu stark abzulenken.

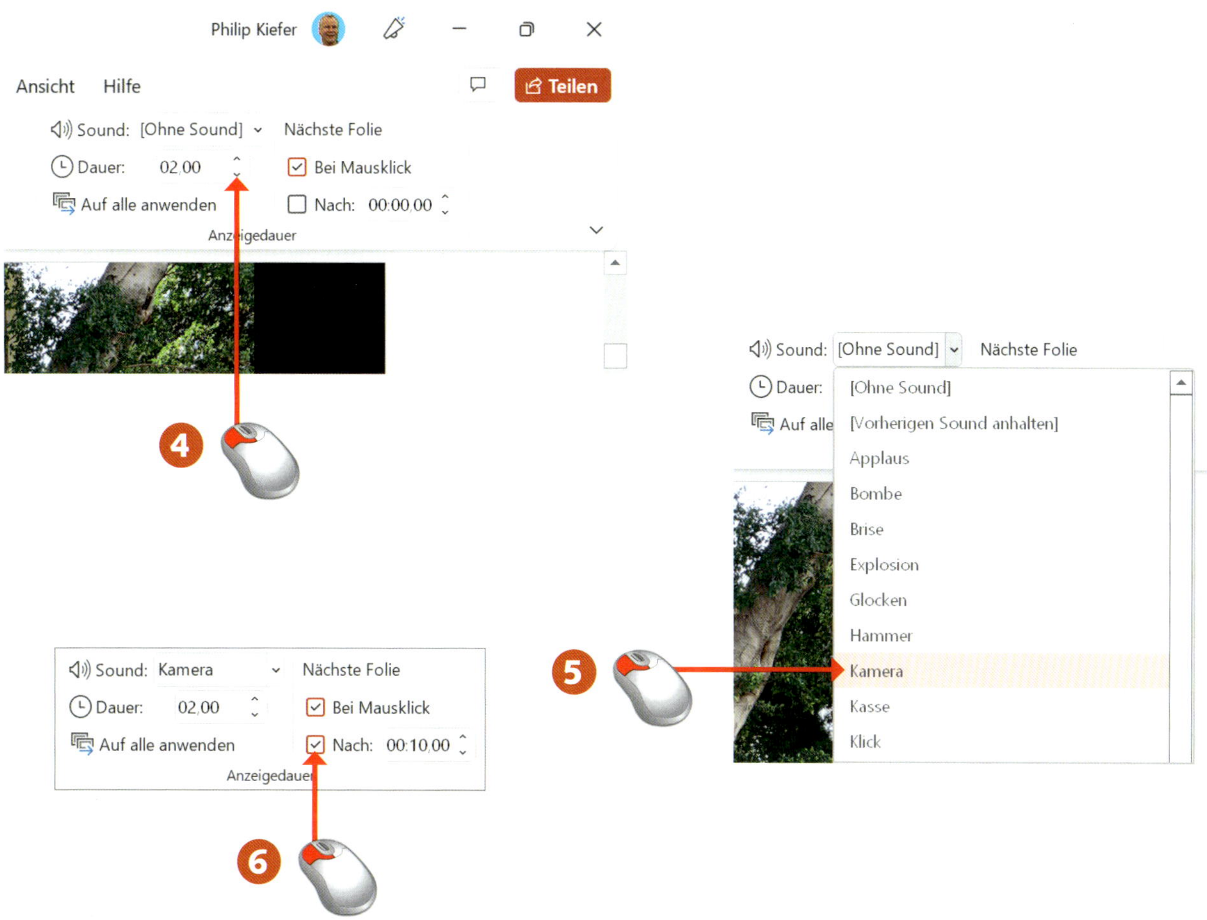

4 Stellen Sie zudem die Übergangsdauer über das Drehfeld *Dauer* (Gruppe *Anzeigedauer*) der Registerkarte *Übergänge* ein.

5 Möchten Sie beim Folienwechsel einen Sound abspielen, legen Sie das Soundschema über das betreffende Listenfeld der Registerkarte *Übergänge* fest.

6 Lassen Sie in der Kategorie *Nächste Folie* der Registerkarte *Übergänge* automatische Folienwechsel nach einer von Ihnen festgelegten Anzahl Sekunden und Wechsel per Mausklick über die beiden Kontrollkästchen zu.

Ende

TIPP

Halten Sie die Strg-Taste gedrückt, um in der Folienübersicht mehrere Folien durch Anklicken zu markieren. Die Tastenkombination Strg+A markiert alle Folien.

HINWEIS

Sobald Sie auf der Registerkarte *Übergänge* einen Übergang zuweisen, wird die Wirkung bereits angezeigt.

Start

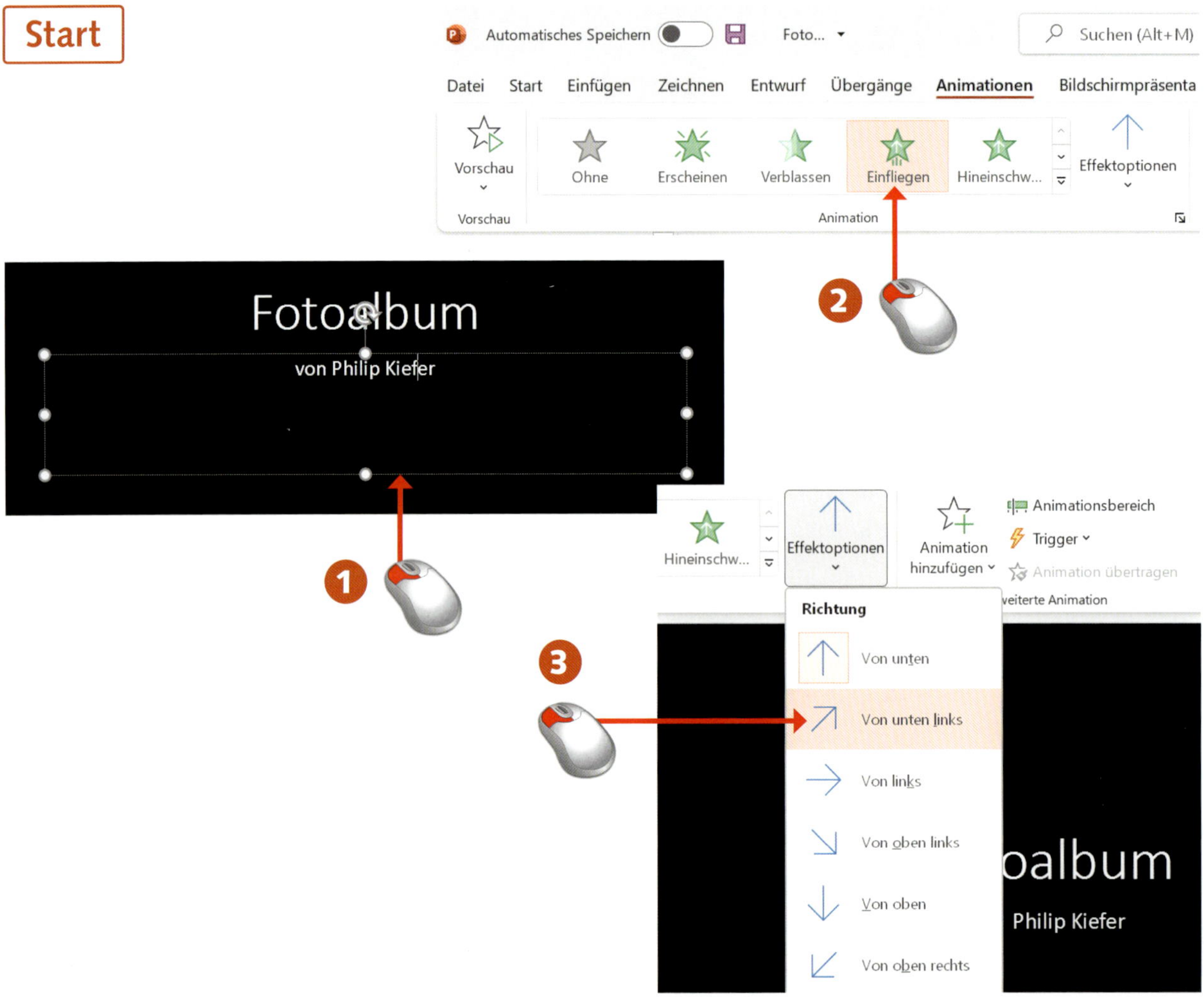

1. Markieren Sie auf einer Folie das zu animierende Element (Textfeld, Bild etc.) z. B. per Mausklick.
2. Wechseln Sie zur Registerkarte *Animationen* des Menübands, und weisen Sie über die Gruppe *Animation* einen Animationsstil zu.
3. Legen Sie ggf. über die Palette der Schaltfläche *Effektoptionen* (Registerkarte *Animationen*) fest, wie die Objekte animiert werden sollen.

WISSEN

Animationen ermöglichen es, während der Präsentation Elemente dynamisch in eine Folie einzublenden. Texte können z. B. per Mausklick in die Seite eingeblendet oder versteckt werden. Bereits beim Zuweisen des Animationseffekts (Schritt 2) sehen Sie die Wirkung auf der Seite mit dem Folieninhalt. Zum Löschen einer Animation markieren Sie diese im Animationsbereich und wählen den *Entfernen*-Befehl im Menü (Schritt 6).

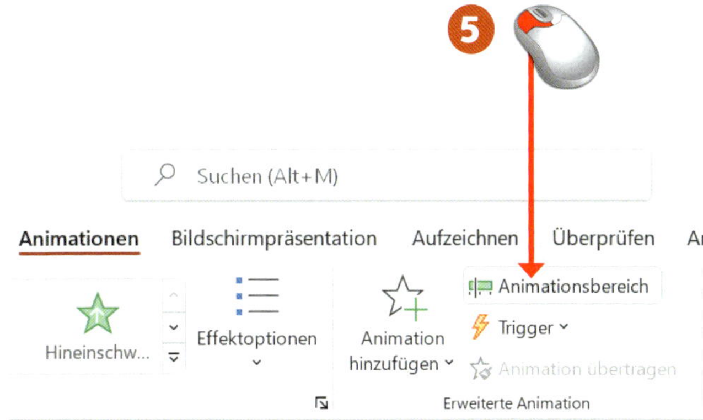

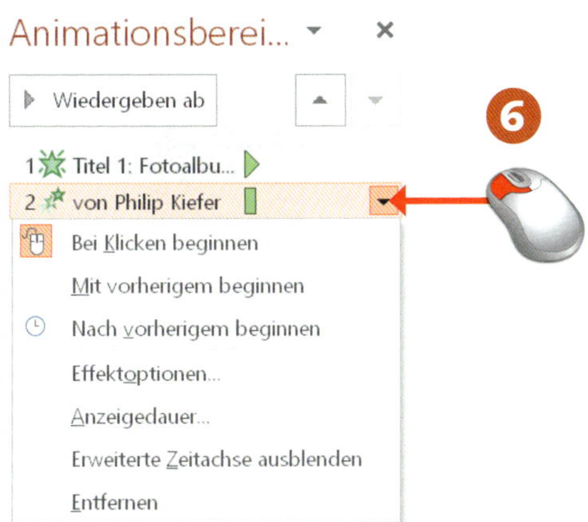

4 Passen Sie ggf. den Trigger sowie die Werte zum Starten, die Animationsdauer und die Verzögerung über die Gruppe *Anzeigedauer* der Registerkarte *Animationen* an.

5 Um Animationsdetails festzulegen, wählen Sie auf der Registerkarte *Animationen* die Schaltfläche *Animationsbereich*.

6 Wählen Sie im Animationsbereich (rechte Seitenleiste) einen Eintrag für ein animiertes Element an, und weisen Sie diesem über das Menü den Animationsmodus zu.

Ende

TIPP

Sind Animationen definiert, testen Sie das Verhalten der Seite über die Schaltfläche *Wiedergeben ab* der Seitenleiste *Animationsbereich* (Schritt 6).

HINWEIS

Über die Schaltfläche *Animation hinzufügen* lässt sich eine weitere Animation zu einem Element hinzufügen.

Start

1

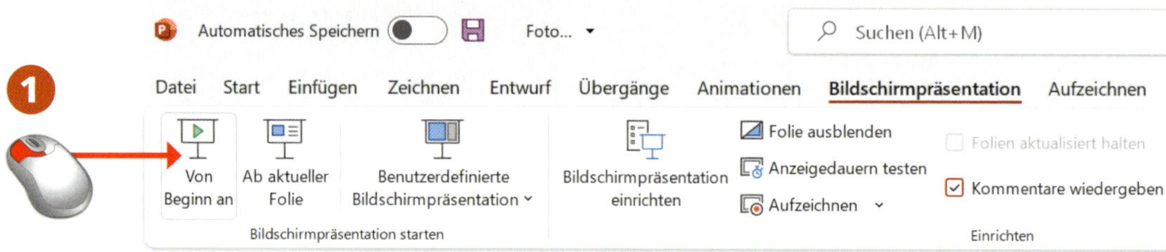

3

2

Tasten zur Wiedergabesteuerung	
↵	Zur nächsten Folie
⇦	Zur vorherigen Folie
Esc	Präsentation beenden

1. Zur Wiedergabe der Präsentation wechseln Sie zur Registerkarte *Bildschirmpräsentation* und wählen die Schaltfläche *Von Beginn an* oder *Ab aktueller Folie*.
2. Ein Mausklick genügt z. B. zum Weiterblättern zwischen Folien. Zudem können Sie die hier aufgeführten Tasten zur Wiedergabesteuerung verwenden.
3. Klicken Sie mit der rechten Maustaste auf die wiedergegebene Folie, erscheint ein Kontextmenü mit Befehlen zur Ablaufsteuerung.

WISSEN

Die Wiedergabe der Präsentation erfolgt am Bildschirm im Vollbildmodus. Das Bild lässt sich über einen angeschlossenen Beamer auf eine Großleinwand projizieren. Zur Ablaufsteuerung kann sowohl die Maus als auch die Tastatur verwendet werden. Die Präsentation lässt sich auch über das Symbol der Statusleiste oder über die Funktionstaste F5 starten.

4

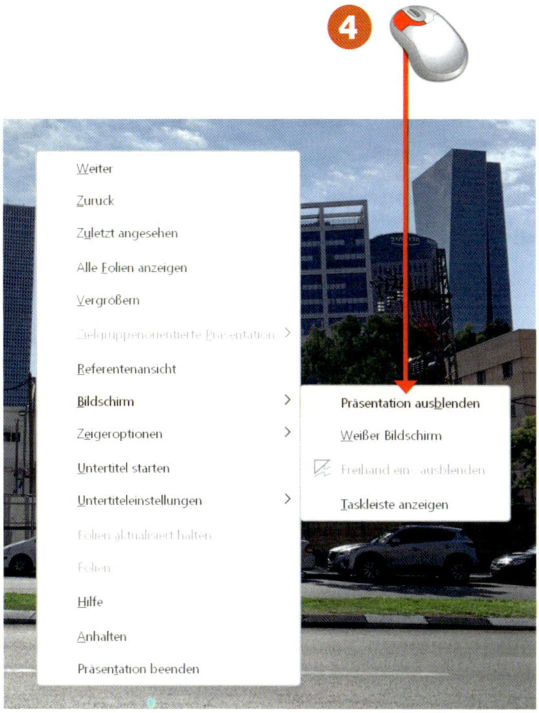

5

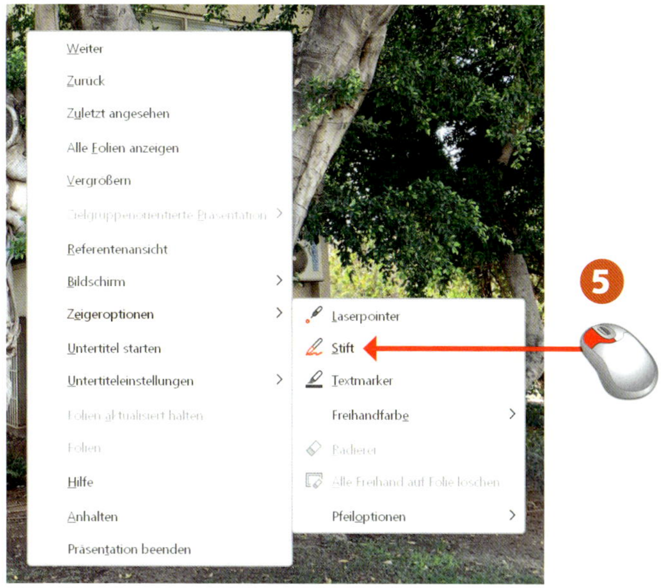

6

4 Die Kontextmenübefehle *Bildschirm/Präsentation ausblenden* bzw. *Weißer Bildschirm* unterbrechen die Präsentation mit einem schwarzen bzw. weißen Bildschirm.

5 Über den Kontextmenübefehl *Zeigeroptionen* können Sie Stifte oder Marker sowie deren Farben wählen.

6 Sind Stift oder Marker gewählt, lässt sich während der Präsentation durch Ziehen mit der Maus in den Folien zeichnen und markieren.

Ende

HINWEIS

Sie können die Freihandmarkierungen per Kontextmenübefehl *Zeigeroptionen/ Radierer* entfernen oder am Präsentationsende verwerfen.

TIPP

Der Kontextmenübefehl *Bildschirm/ Taskleiste anzeigen* ermöglicht den Wechsel zu einem anderen Programmfenster per Taskleiste.

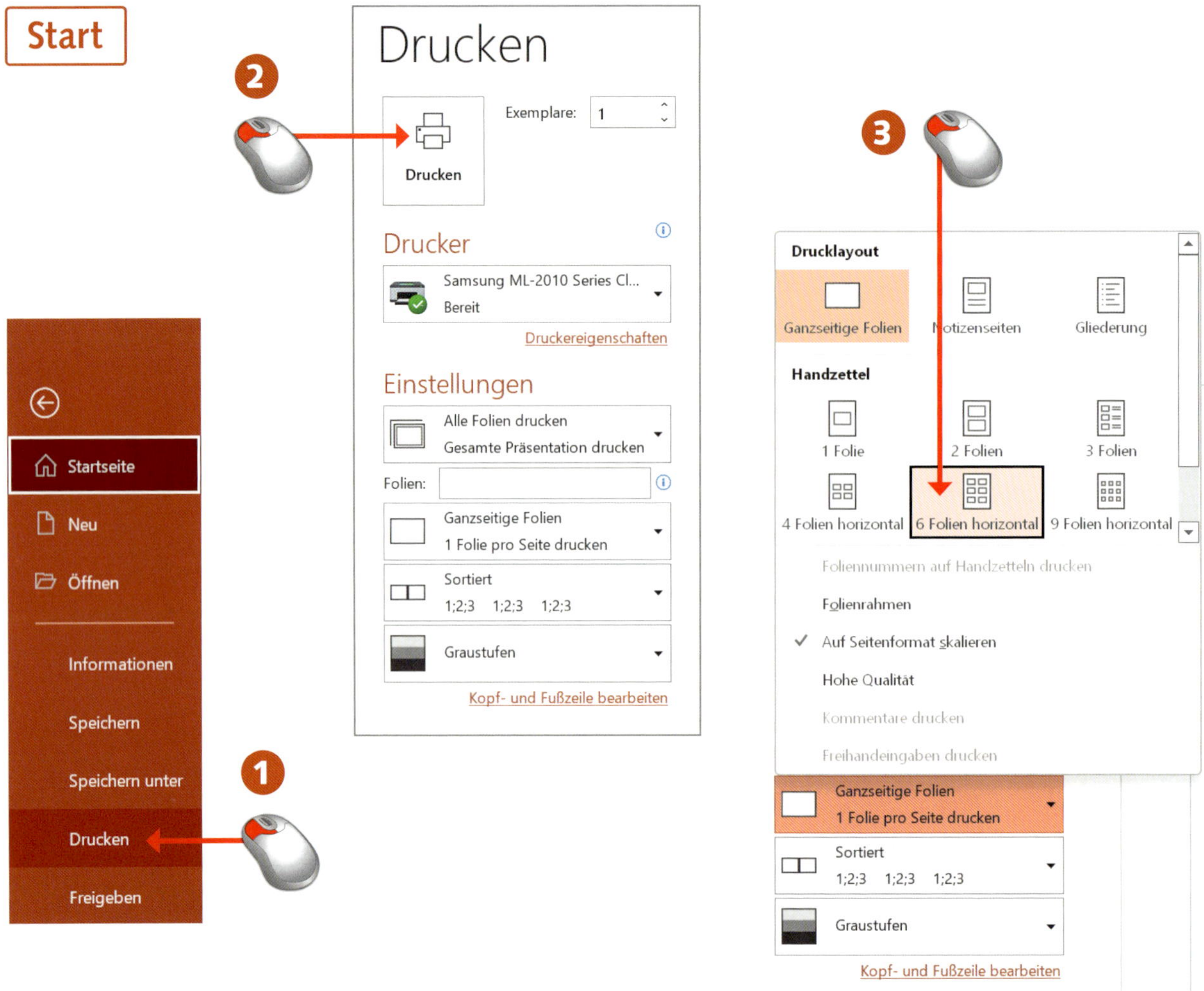

1. Drücken Sie die Tastenkombination Strg+P oder wählen Sie den Registerreiter *Datei* und danach im Menü den Befehl *Drucken*.
2. Passen Sie in den Rubriken *Drucker* und *Einstellungen* der Backstage-Ansicht die Ausgabeoptionen an. Bestätigen Sie mit der Schaltfläche *Drucken*.
3. Um Handzettel, Notizen etc. zu drucken, wählen Sie den entsprechenden Wert in der Palette der hier gezeigten Schaltfläche.

WISSEN

PowerPoint ermöglicht es Ihnen, die Folien als Handzettel für die Teilnehmer oder als Notizen für eigene Zwecke auszudrucken. Zudem können Sie die Präsentation in andere Formate exportieren, um diese ggf. zu verteilen. Bei Grafikformaten speichert PowerPoint jede Folienseite beim Export in eine separate Grafikdatei.

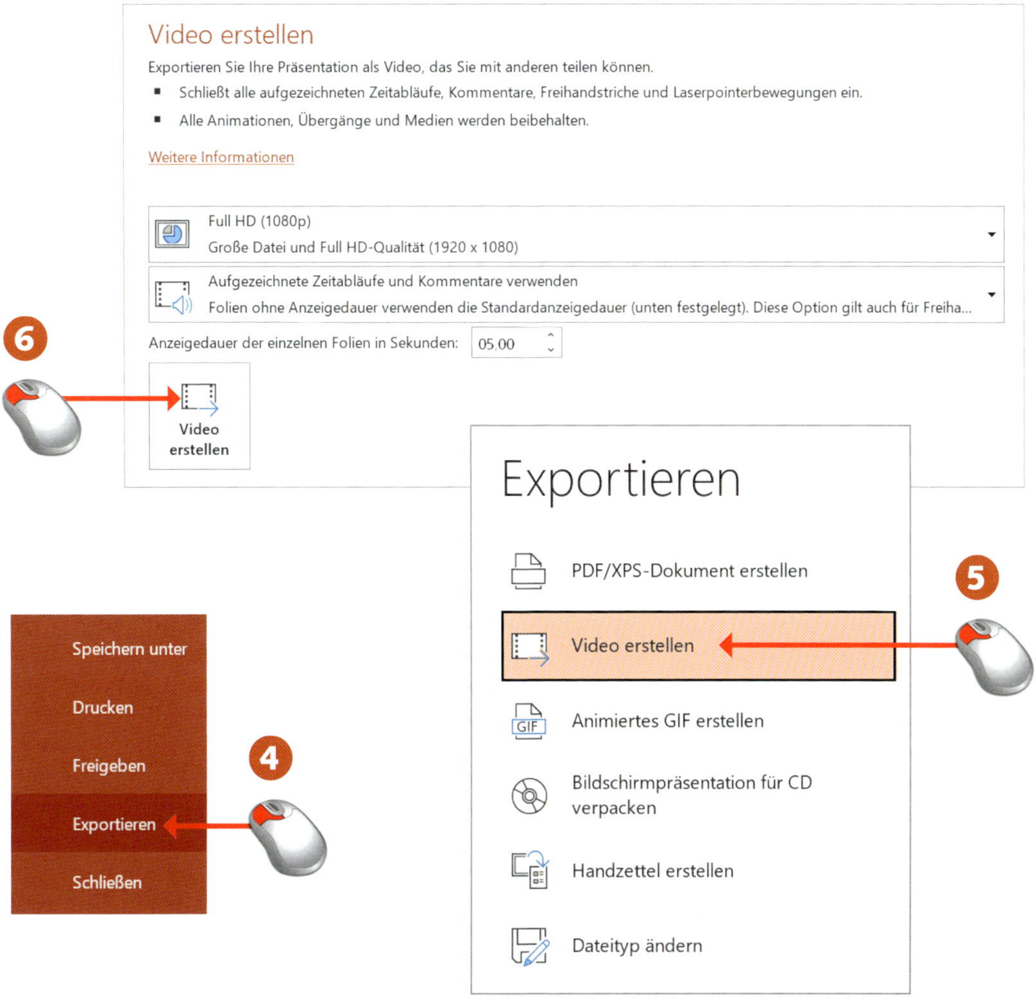

4 Um eine Präsentation in ein anderes Format zu exportieren, wählen Sie den Registerreiter *Datei* und im Menü den Befehl *Exportieren*.

5 Bestimmen Sie in der mittleren Spalte der Backstage-Ansicht das Sendeziel (z. B. *Video erstellen*, *PDF/XPS-Dokument erstellen*, *Handzettel erstellen* etc.).

6 Nehmen Sie in der rechten Spalte der Backstage-Ansicht die gewünschten Einstellungen vor, und wählen Sie die angezeigte Schaltfläche zum Starten der Ausgabe.

Ende

TIPP

Über den Befehl *Dateityp ändern* (Schritt 5) können Sie in der rechten Spalte der Backstage-Ansicht ein Exportformat (z. B. JPEG) wählen und die Präsentation über die Schaltfläche *Speichern unter* exportieren.

HINWEIS

Neben den auf Seite 36 ff. erwähnten Formaten PDF und XPS eignet sich auch das für Webseiten verwendete HTML-Format zum Export einer Präsentation.

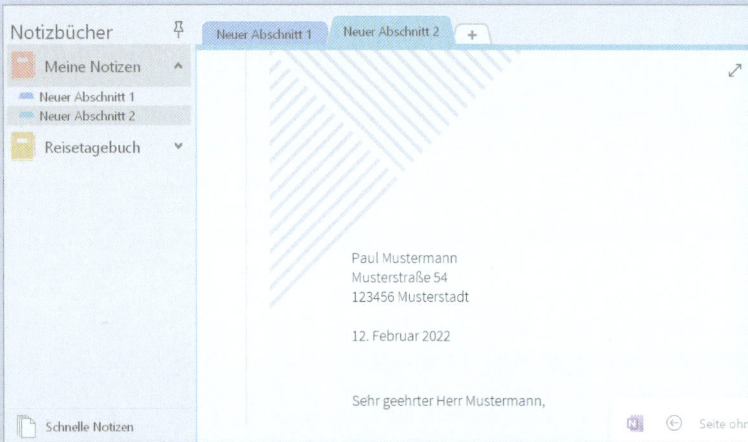

Notizbücher
Neuer Abschnitt 1
Neuer Abschnitt 2
+
Meine Notizen
Neuer Abschnitt 1
Neuer Abschnitt 2
Reisetagebuch
Paul Mustermann
Musterstraße 54
123456 Musterstadt
12. Februar 2022
Sehr geehrter Herr Mustermann,
Schnelle Notizen

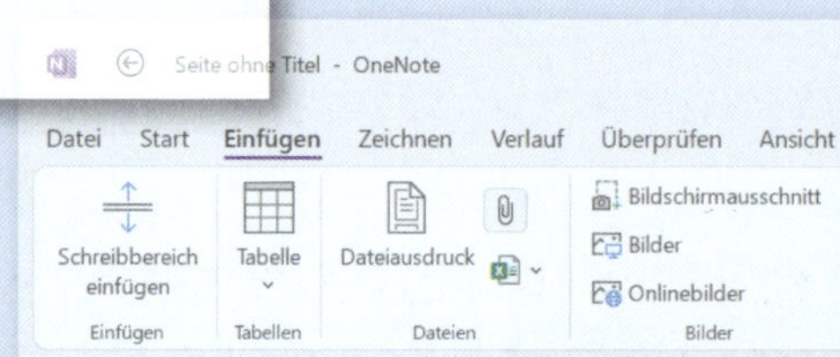

Seite ohne Titel - OneNote
Datei
Start
Einfügen
Zeichnen
Verlauf
Überprüfen
Ansicht
Schreibbereich einfügen
Tabelle
Dateiausdruck
Bildschirmausschnitt
Bilder
Onlinebilder
Einfügen
Tabellen
Dateien
Bilder

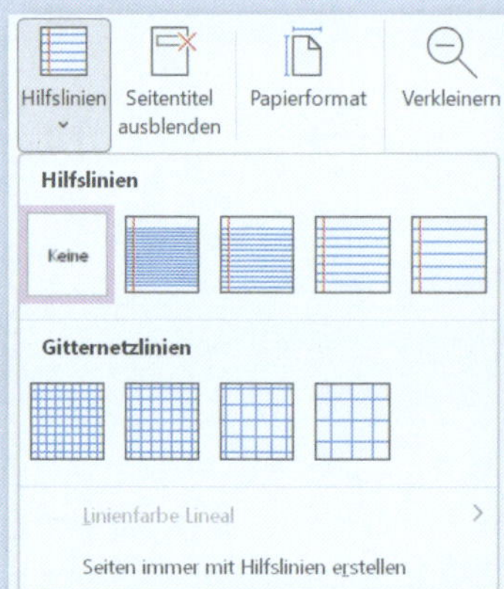

Hilfslinien
Seitentitel ausblenden
Papierformat
Verkleinern
Hilfslinien
Keine
Gitternetzlinien
Linienfarbe Lineal
Seiten immer mit Hilfslinien erstellen

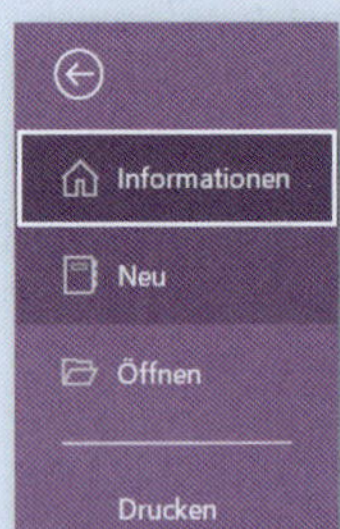

Informationen
Neu
Öffnen
Drucken

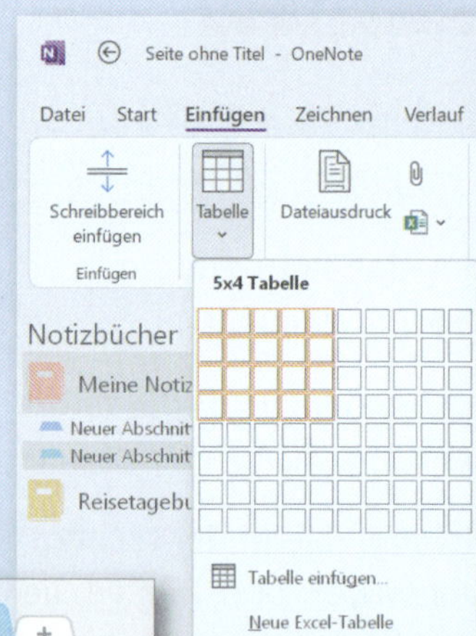

Seite ohne Titel - OneNote
Datei
Start
Einfügen
Zeichnen
Verlauf
Schreibbereich einfügen
Tabelle
Dateiausdruck
Einfügen
5x4 Tabelle
Notizbücher
Meine Notiz
Neuer Abschnit
Neuer Abschnit
Reisetagebu
Tabelle einfügen...
Neue Excel-Tabelle

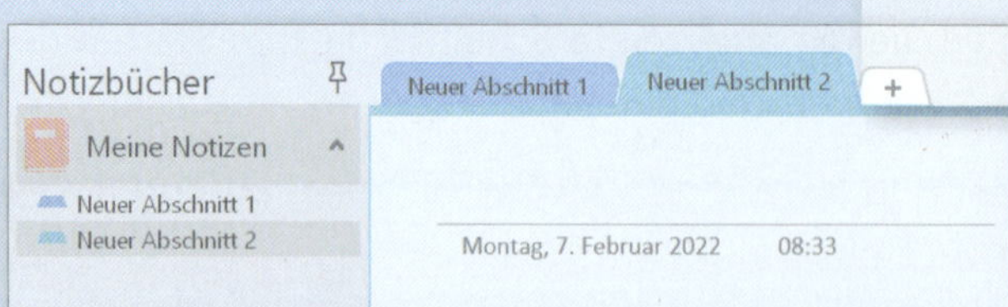

Notizbücher
Meine Notizen
Neuer Abschnitt 1
Neuer Abschnitt 2
Neuer Abschnitt 1
Neuer Abschnitt 2
+
Montag, 7. Februar 2022
08:33

7

OneNote für Notizen und Ideen

OneNote ist ein leistungsstarkes Notizentool, das Ihnen schier unbegrenzte Freiheit bei der Gestaltung Ihrer Notizbücher und Notizenseiten lässt. Ein weiterer wichtiger Vorteil: Das Tool steht auf vielen Plattformen zur Verfügung, außer auf Ihrem Windows-PC auch auf Apple- oder Android-Geräten bzw. generell im World Wide Web. So haben Sie OneNote stets verfügbar.

In diesem Kapitel machen Sie sich mit den wichtigsten Funktionen der Desktop-Version von OneNote vertraut. Nutzen Sie eine App bzw. die Web-App unter *www.onenote.com*, werden Sie feststellen, dass die grundlegende Bedienweise fast die gleiche ist. Für einen tieferen Einstieg in OneNote empfehle ich Ihnen gerne mein Buch »Microsoft OneNote – Den digitalen Office-Notizblock effizient nutzen« (Markt+Technik Verlag, ISBN 978-3-95982-249-7).

Start

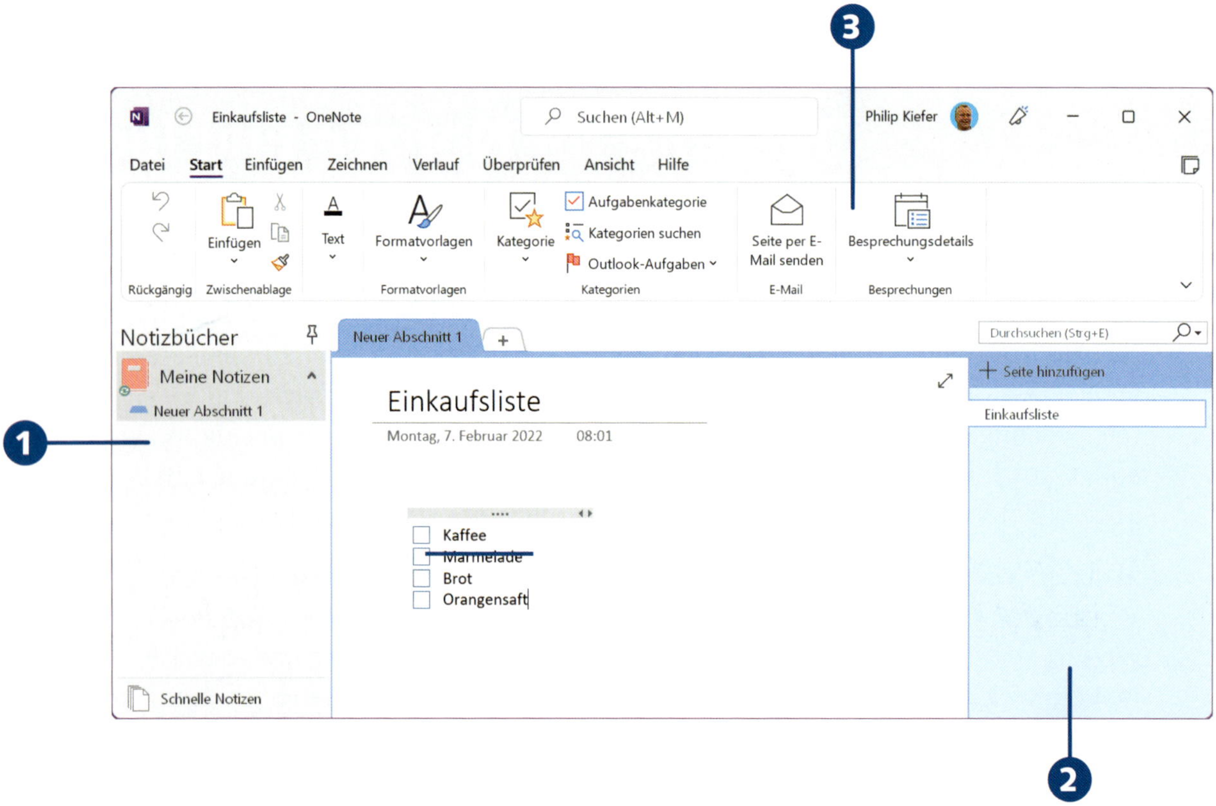

1. Im Notizbuchbereich greifen Sie auf die Abschnitte Ihrer Notizbücher zu. Klicken Sie mit der rechten Maustaste in den Bereich, um Notizbücher anzulegen oder zu öffnen.
2. Der Seitenbereich befindet sich in der Desktop-Version von OneNote rechts im Fenster. Hier öffnen Sie die in einem Notizbuch vorhandenen Seiten oder erstellen neue.
3. Wie die anderen Office-Programme verfügt auch OneNote über ein Menüband, um auf die Funktionen des Programms zuzugreifen.

WISSEN

OneNote ist eine Notizbuch-App für Windows, die sich als Ideenspeicher eignet oder um Gedanken, Inspirationen oder einfach nur Notizen zu erfassen und zu verwalten. Machen Sie sich hier mit der Benutzeroberfläche der Desktop-Version vertraut.

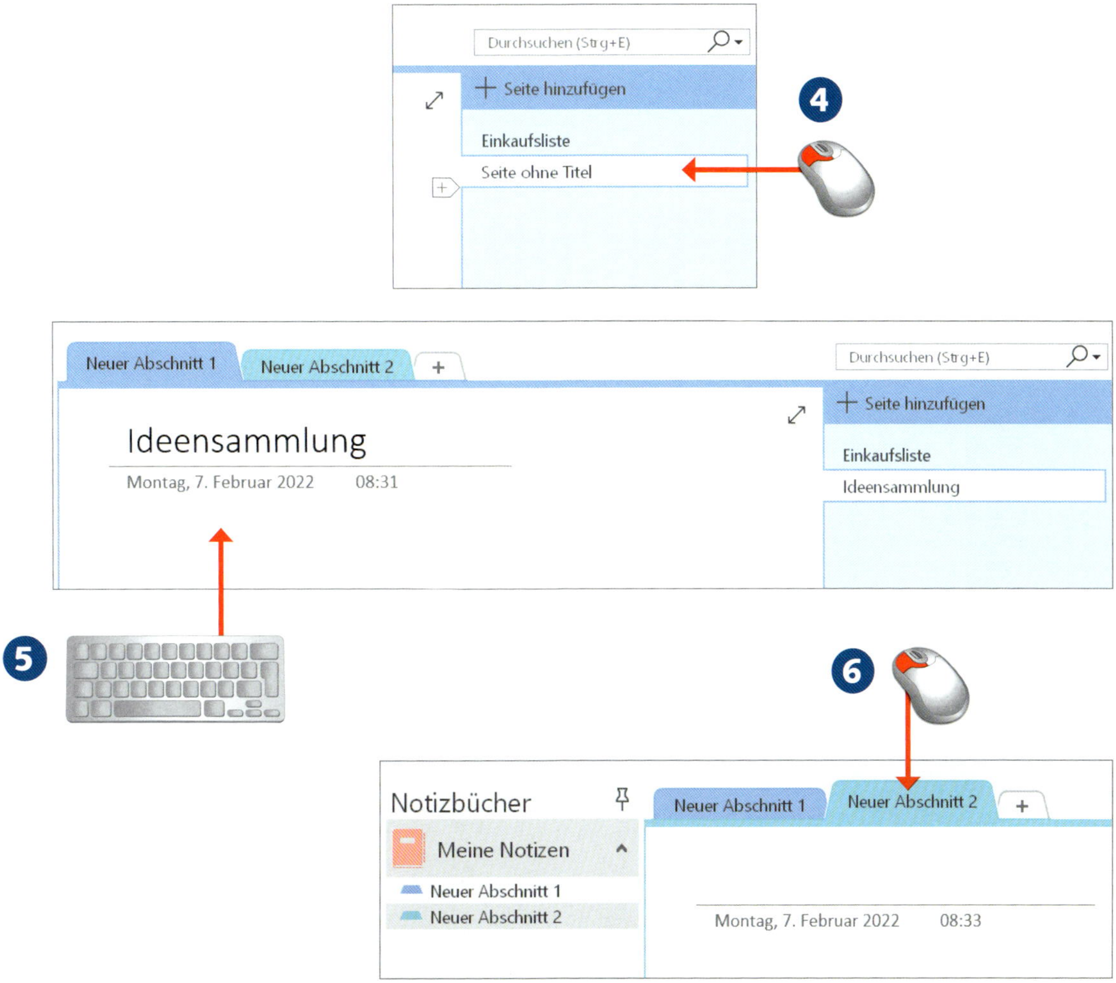

4 Wählen Sie eine Seite im Seitenbereich aus. Eine Seite wird hier nach ihrem Titel benannt.

5 Die Inhalte der Seite werden im Anzeigebereich dargestellt. Sie können nun Ihre Inhalte hinzufügen.

6 Oberhalb des Anzeigebereichs finden Sie Reiter, um zwischen mehreren Abschnitten in einem Notizbuch zu wechseln bzw. neue Abschnitte zu erstellen.

Ende

TIPP

Die Breite der Spalten lässt sich durch Ziehen des Teilerfelds mit der Maus anpassen.

HINWEIS

Ein Notizbuch besteht aus Seiten, die wiederum in Abschnitten (z. B. Privat, Beruflich, Projekt) zusammengefasst werden können.

Start

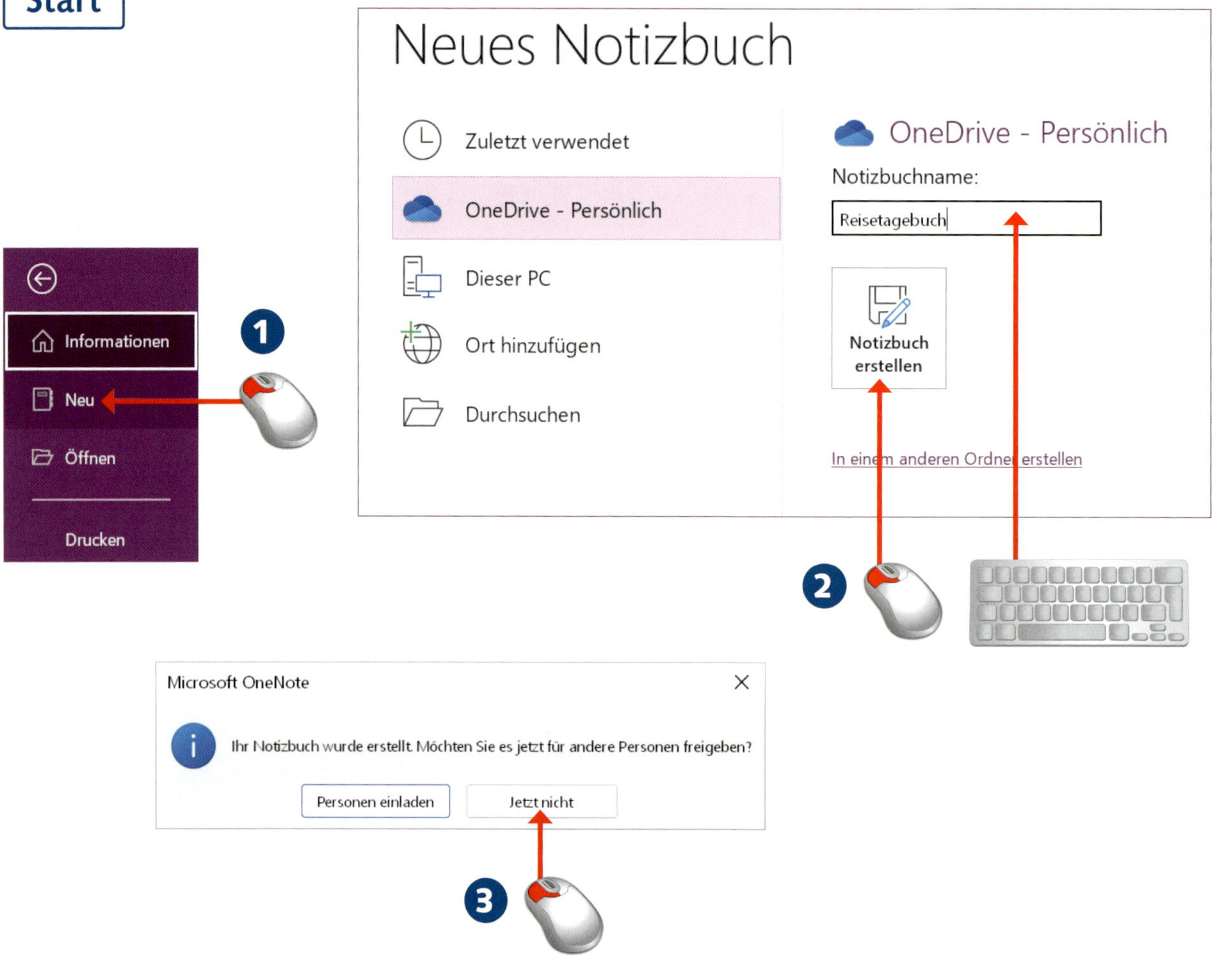

1. Zum Anlegen eines Notizbuchs wählen Sie im Menüband *Datei* und dann *Neu*.
2. Den vorgeschlagenen Speicherort *OneDrive* behalten Sie bei, um Ihr Notizbuch auf unterschiedlichen Plattformen verfügbar zu haben. Tragen Sie einen Notizbuchtitel in das Feld *Notizbuchname* ein und wählen Sie die Schaltfläche *Notizbuch erstellen*.
3. Ihnen wird angeboten, Ihr online gespeichertes Notizbuch für andere Personen freizugeben. Treffen Sie eine Entscheidung zwischen *Personen einladen* und *Jetzt nicht*.

WISSEN

OneNote-Notizbücher bestehen aus verschiedenen Seiten, die unterschiedliche Inhalte (Texte, Skizzen, Tabellen, Fotos etc.) enthalten können. Verschiedene Seiten des Notizbuchs lassen sich zu Abschnitten zusammenfassen.

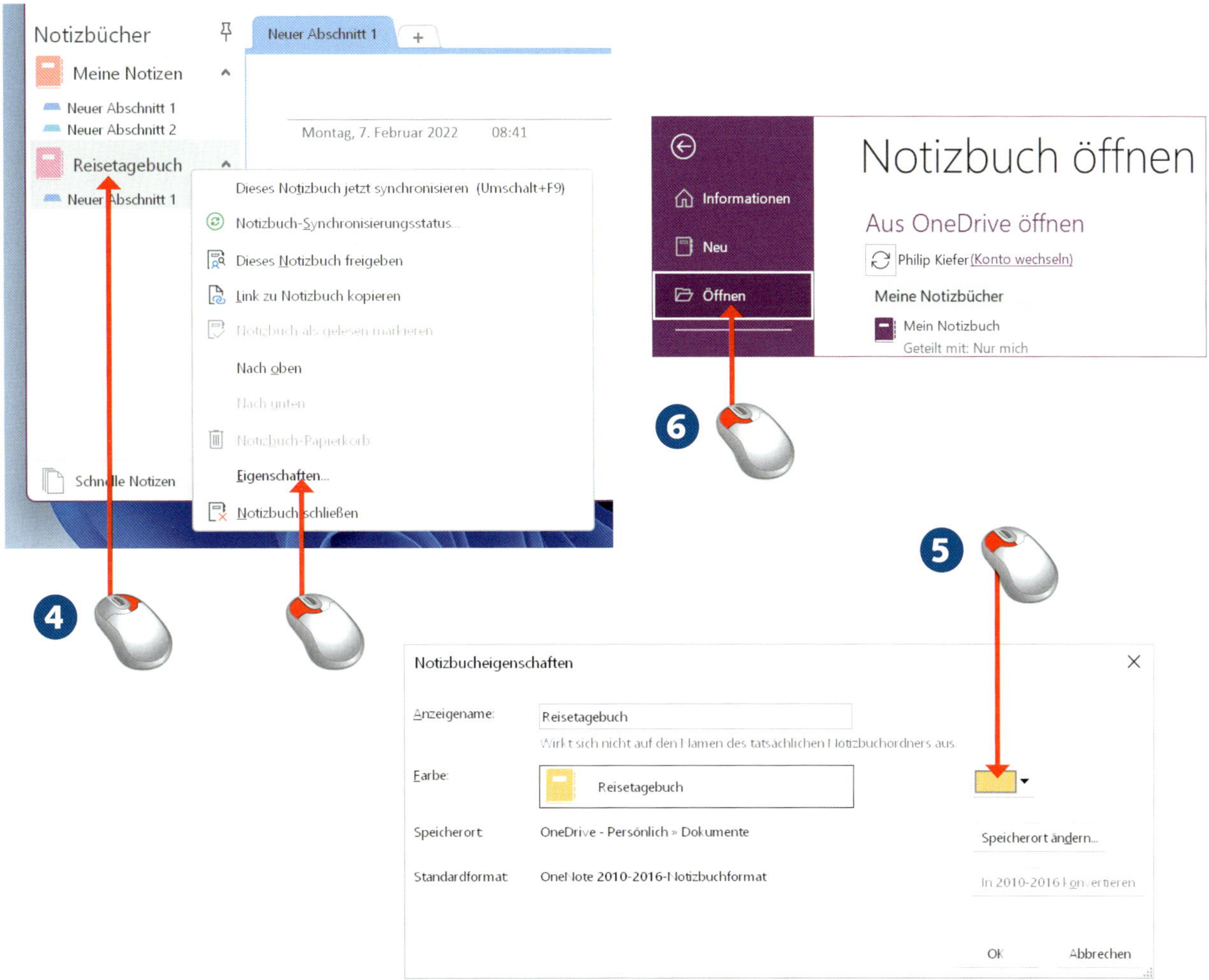

4 Nach dem Erstellen wird das Notizbuch in der Notizbuchleiste angezeigt. Für weitere Einstellungen klicken Sie es mit der rechten Maustaste an und wählen *Eigenschaften*.

5 Zur Auswahl der Farbe wählen Sie diese im entsprechenden Menü aus. Bestätigen Sie Ihre Einstellungen mit *OK*.

6 Möchten Sie ein geschlossenes Notizbuch öffnen, wählen Sie dieses unter *Datei/Öffnen* aus.

Ende

HINWEIS

OneNote steht als App unter Android, iOS und macOS sowie auch Windows in den entsprechenden App Stores zur Verfügung.

Start

1

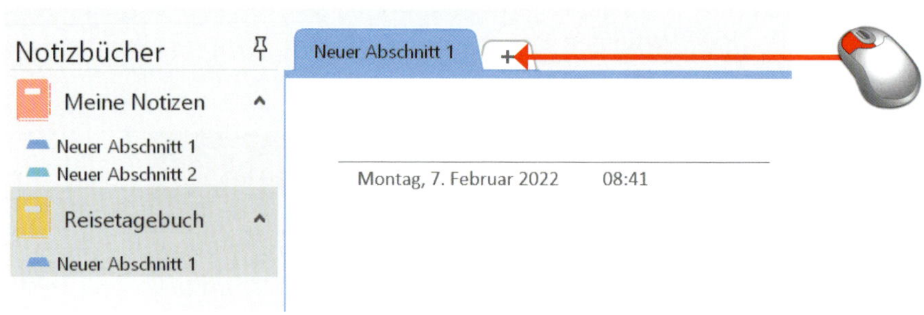

2

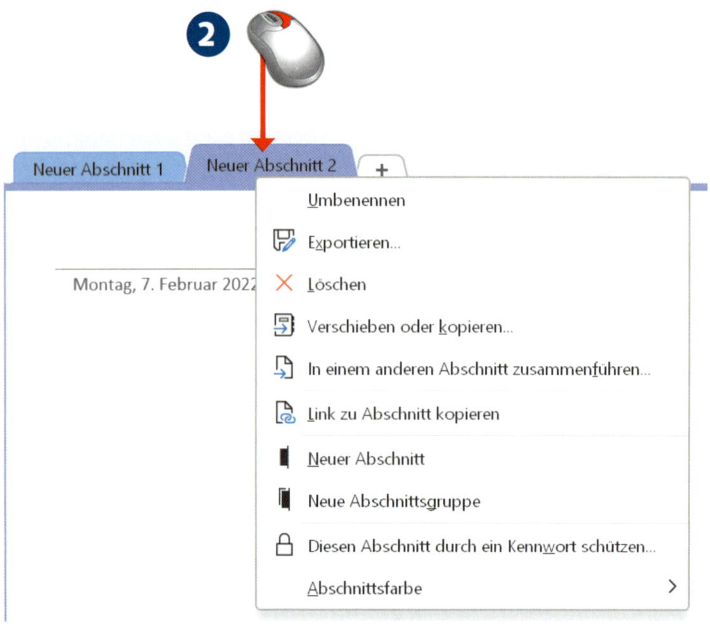

3

1. In einem markierten Notizbuch lassen sich neue Abschnitte über das Plussymbol auf der Registerleiste erstellen.
2. Das Kontextmenü von Abschnitten enthält Befehle, um Elemente zu löschen, umzubenennen, zu kopieren/verschieben oder an das Windows-Startmenü anzuheften.
3. Bei Bedarf können Sie Abschnitte und Seiten auch per Maus von einem Notizbuch in ein anderes ziehen, um sie zu verschieben.

WISSEN

Bei sehr vielen Seiten wird das Notizbuch ziemlich unübersichtlich. Abschnitte ermöglichen eine bessere Strukturierung umfangreicher Notizbücher. Jeder Abschnitt kann seinerseits wiederum Seiten enthalten.

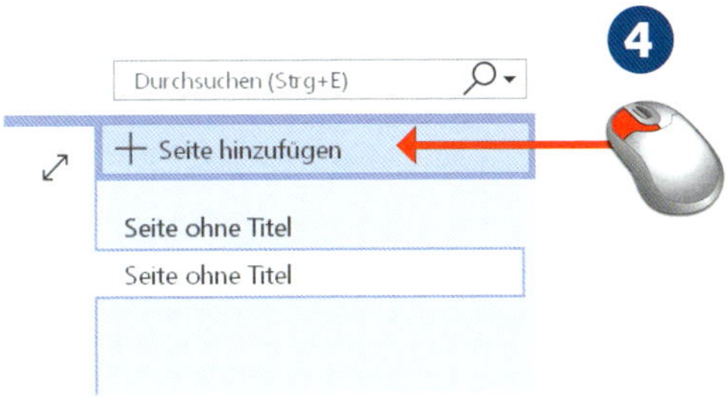

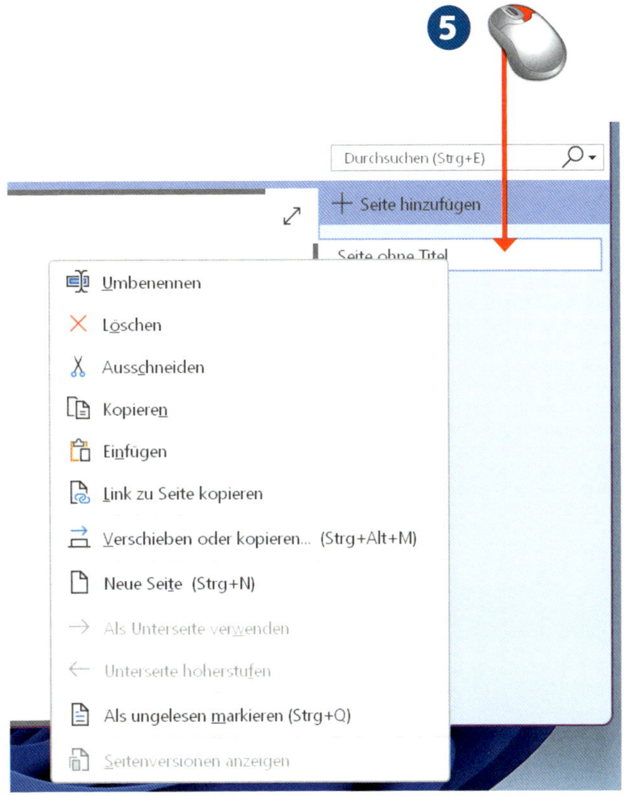

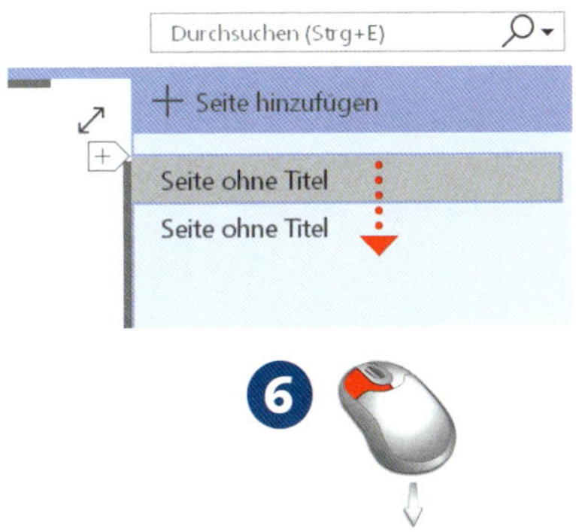

4 Über den Befehl *Seite hinzufügen* fügen Sie eine neue Seite in den Abschnitt des Notizbuchs ein. Den Seitentitel tippen Sie in das Titelfeld der Seite.

5 Im Kontextmenü der Seiten finden Sie Befehle zum Löschen, Ausschneiden, Kopieren, Einfügen, Verschieben etc.

6 Zum Organisieren von Seiten können Sie diese auch durch Ziehen mit der Maus innerhalb eines Abschnitts bzw. von einem Abschnitt in einen anderen Abschnitt verschieben.

Ende

TIPP

Beim Erstellen eines neuen Abschnitts geben Sie diesem eine kurze Bezeichnung und bestätigen mit der ↵-Taste.

TIPP

Der Kontextmenübefehl *Verschieben oder kopieren* ermöglicht das Kopieren oder Verschieben des Abschnitts innerhalb von Notizbüchern über ein Auswahlfenster.

Start

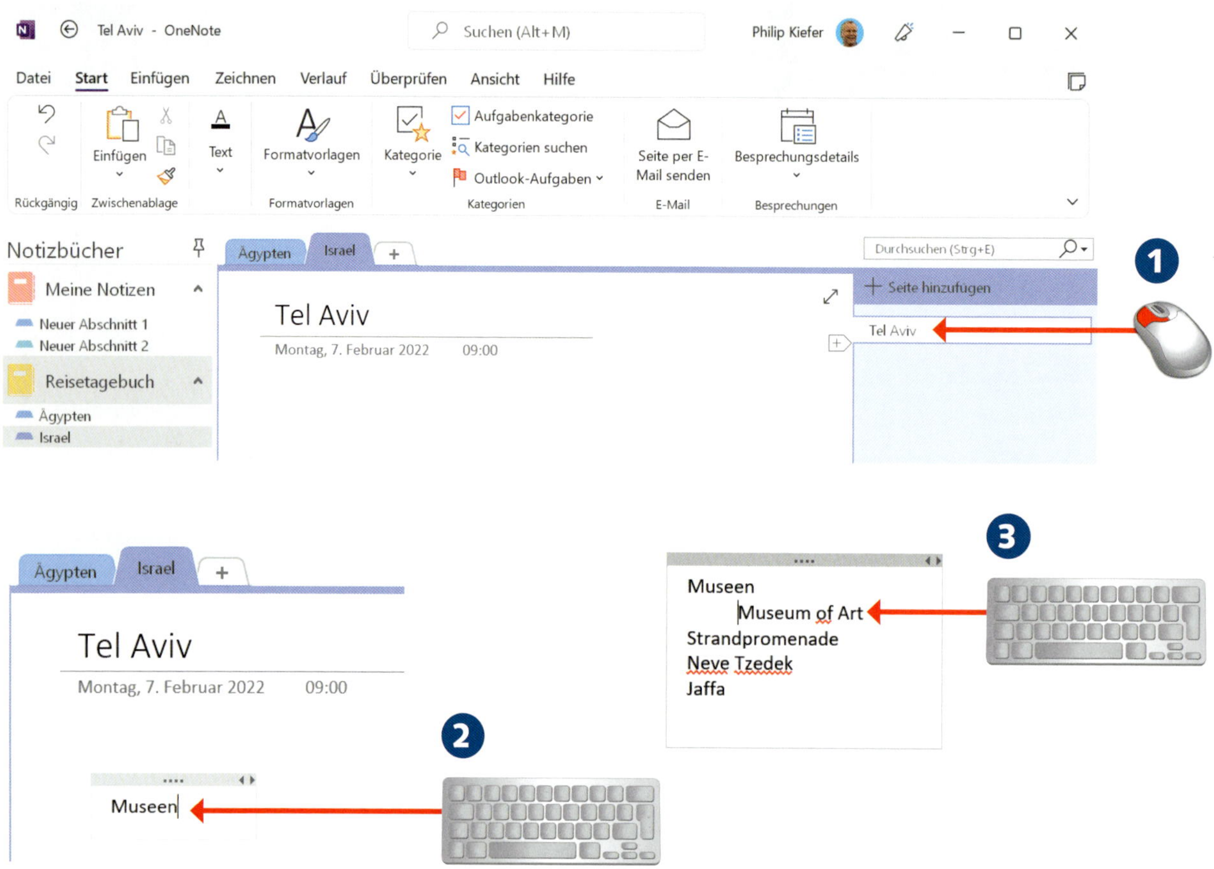

1. Um eine Notiz zu verfassen, wählen Sie das Notizbuch, dann den Abschnitt und schließlich die Seite oder Sie legen eine neue Seite an.
2. Nach der Eingabe des Seitentitels klicken bzw. tippen Sie auf einen freien Abschnitt der Seite und geben den Text im angezeigten Markierungsrahmen (Notizencontainer) ein.
3. Neue Zeilen leiten Sie über die [↵]-Taste ein. Um eine Zeile nach rechts einzuziehen, drücken Sie die [⇆]-Taste.

WISSEN

In eine Notizbuchseite lassen sich Texte direkt eintippen. Das Geniale ist: Sie können die Texte frei auf der Seite platzieren und so z. B. Ideen auch optisch in Textgruppen strukturieren. Formatierungen lassen sich über die betreffenden Schaltflächen der Registerkarte *Start* zuweisen bzw. abschalten.

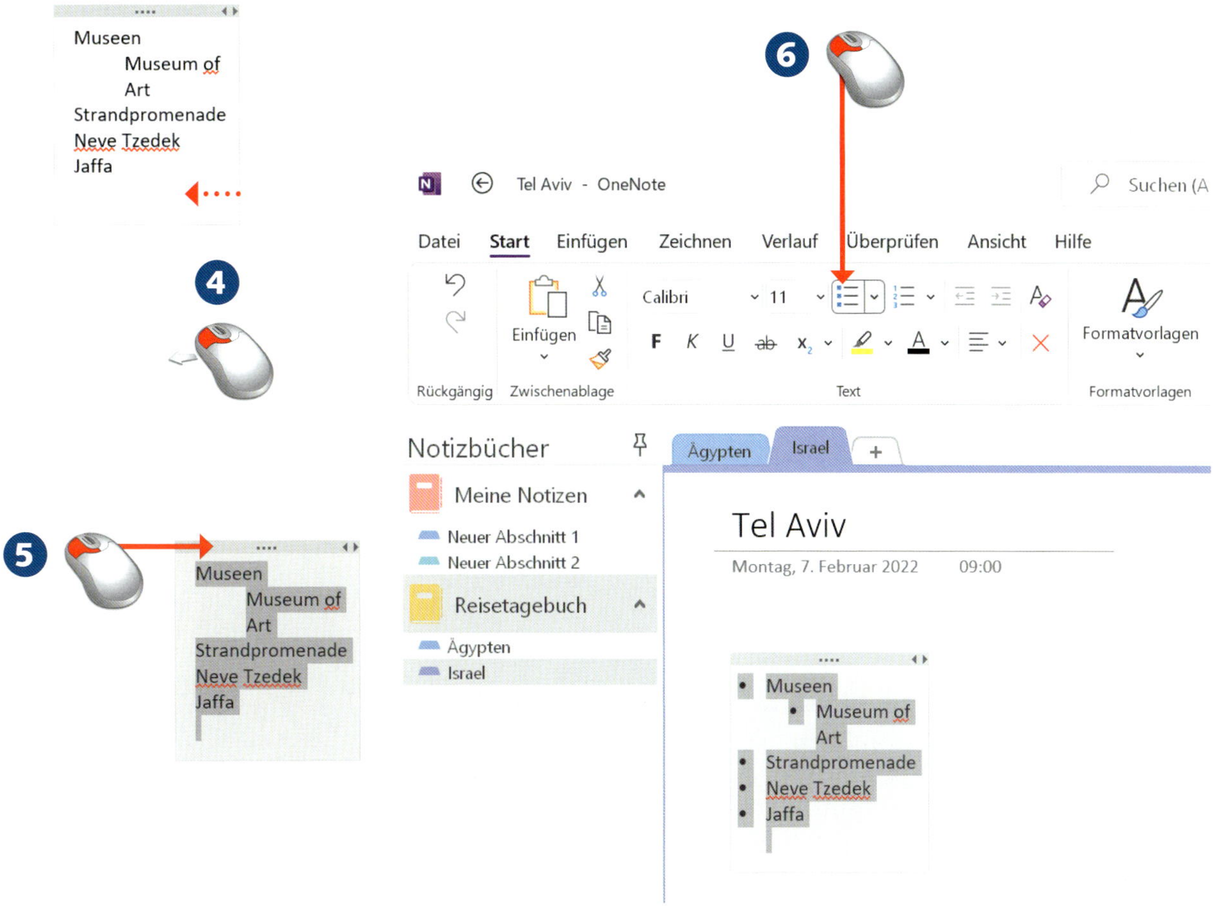

4 Ein Notizencontainer lässt sich am rechten Rand in der Größe anpassen. OneNote umbricht den Textinhalt ggf. automatisch.

5 Zum Markieren des gesamten Inhalts im Notizencontainer klicken Sie auf den grauen oberen Rahmen.

6 Wählen Sie nun z. B. die Option zur Formatierung als Aufzählung, die Sie bereits vom Programm Word kennen.

HINWEIS

Durch zweimaliges Drücken der ⏎-Taste wird eine Aufzählung bzw. Nummerierung unterbrochen.

HINWEIS

Der Markierungsrahmen des Notizencontainers erscheint beim Zeigen auf einen Text. Durch Anklicken des Rahmens wird dieser markiert. Ein Klick außerhalb der Markierung hebt diese wieder auf.

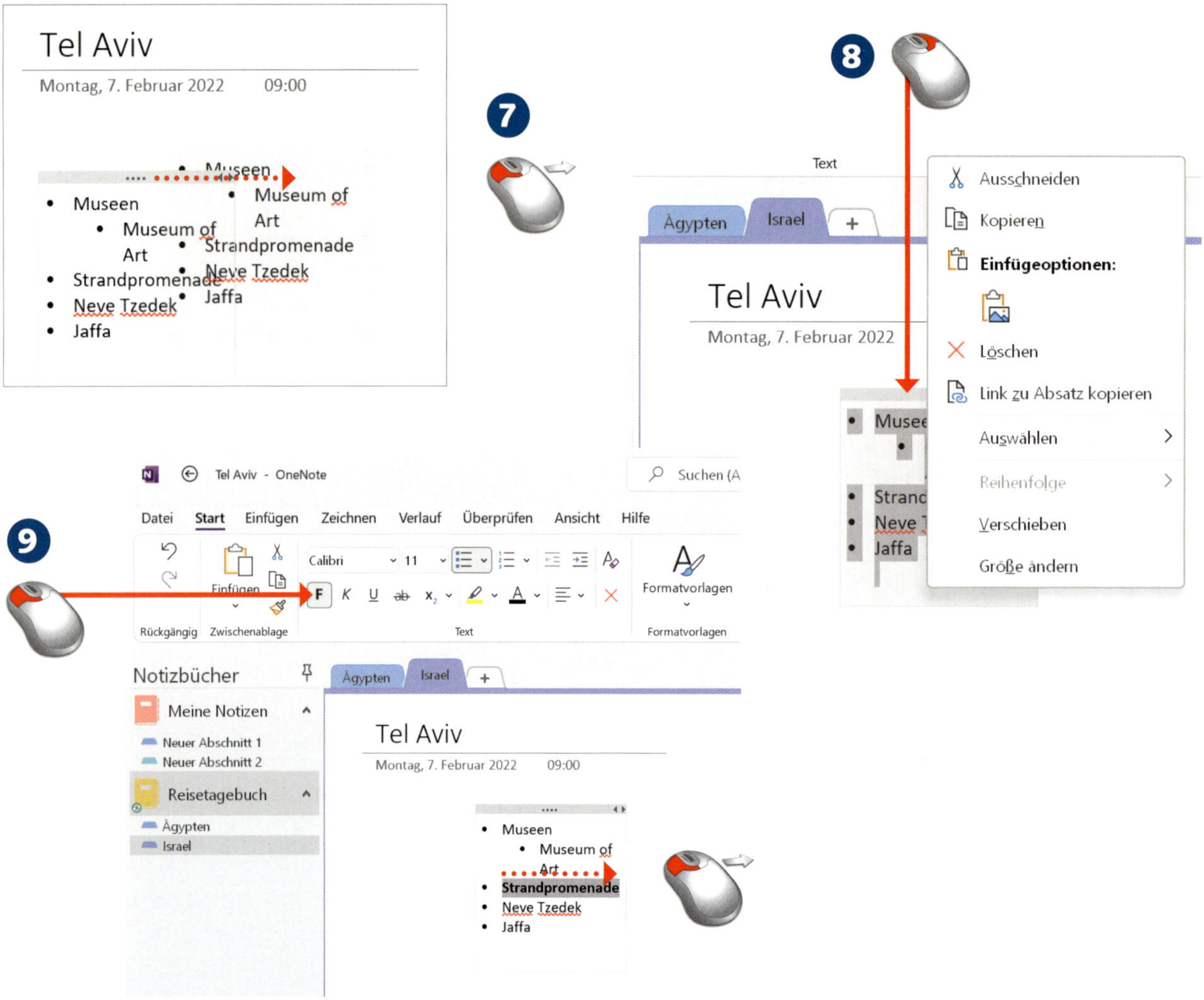

7 Bewegen Sie den Mauszeiger auf den grauen oberen Rahmen des Notizencontainers, lässt sich dieser bei gedrückter linker Maustaste an eine andere Position ziehen.

8 Ein Rechtsklick auf den oberen grauen Rahmen öffnet ein Kontextmenü mit Befehlen unter anderem zum Löschen, Ausschneiden und Kopieren des Notizencontainers.

9 Zum Formatieren eines Textes innerhalb eines Notizencontainers markieren Sie diesen (z. B. durch Ziehen per Maus) und wählen Elemente der Registerkarte *Start*.

WISSEN

OneNote stellt auf der Registerkarte *Start* Schaltflächen und Elemente bereit, über die sich (markierte) Textelemente wie in Word oder Excel mit Zeichenformaten (Schriftart und -grad, Fett, Kursiv, Unterstreichen etc.) auszeichnen lassen. Über die Schaltfläche *Hervorheben* der Registerkarte *Start* zeichnen Sie markierte Textbereiche mit unterschiedlichen Hintergrundfarben aus.

10

11
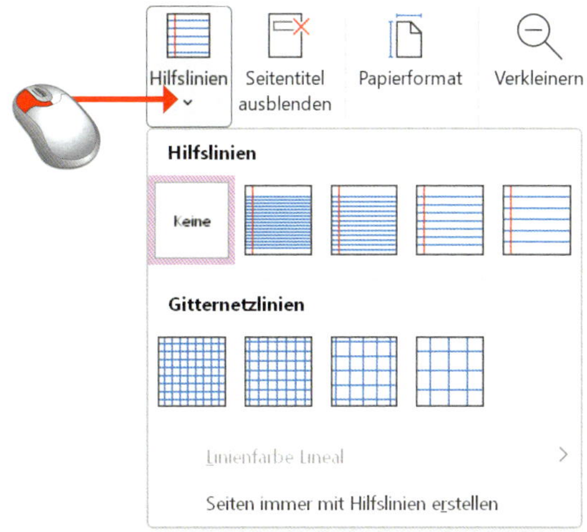

12
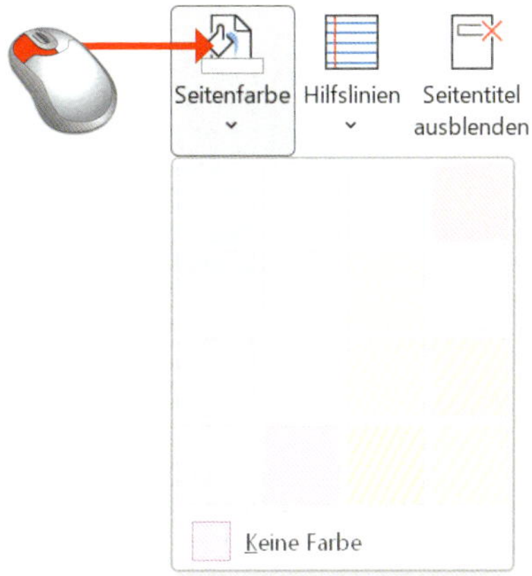

10 Auch in OneNote können Sie Ihre Texte – mithilfe der Schaltfläche *Formatvorlagen* auf der Registerkarte *Start* – als Überschriften, Zitate und Co. formatieren.

11 Über den unteren Teil der Menüschaltfläche *Hilfslinien* der Registerkarte *Ansicht* versehen Sie die Notizenseite mit unterschiedlichen Hilfslinien.

12 Die Schaltfläche *Seitenfarbe* der Registerkarte *Ansicht* ermöglicht es Ihnen, die Notizenseite mit einer Hintergrundfarbe einzufärben.

Ende

TIPP

Änderungen an einer Notizenseite können Sie jederzeit über die Tastenkombination Strg+Z zurücknehmen.

TIPP

Das Symbol ⊖ in einem Menü oder in der Titelleiste geht eine Befehlsebene zurück.

Start

1

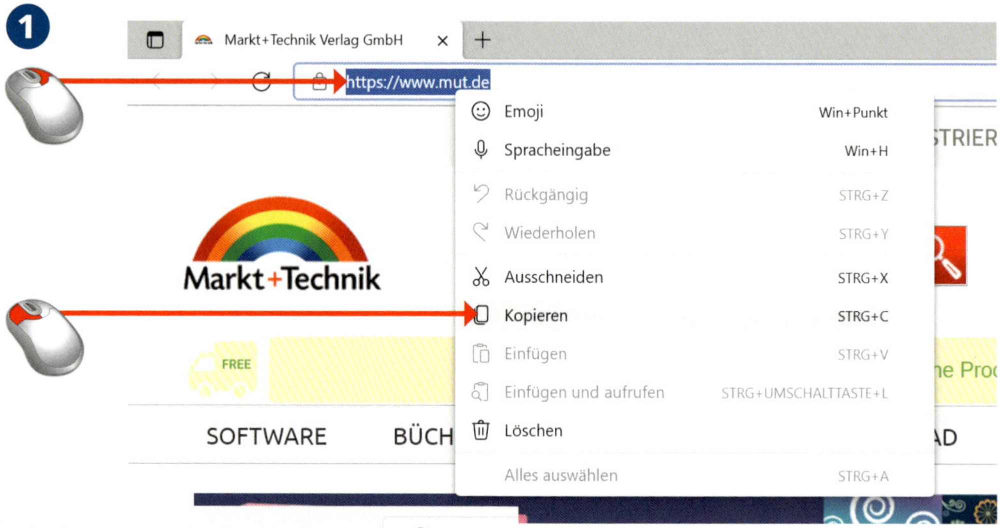

2

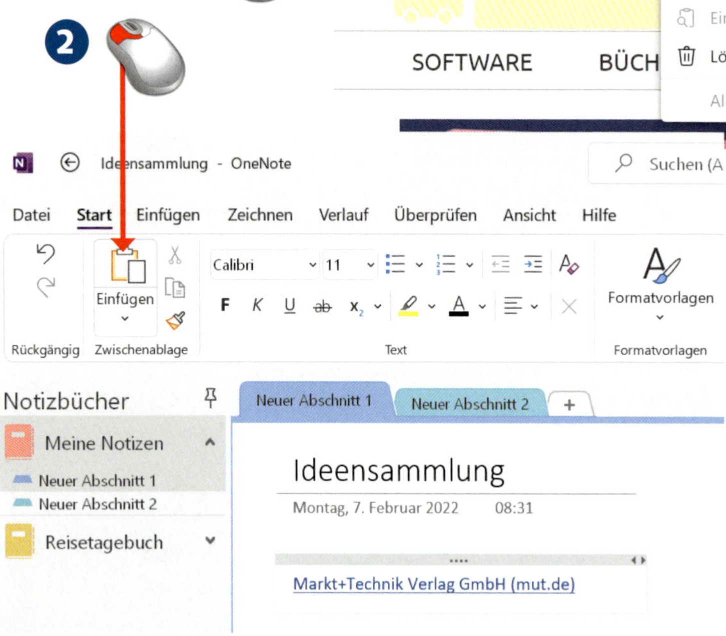

3

Tasten für Screenshots	
Druck	Ganzer Bildschirm
Alt+Druck	Aktives Fenster

1. Stoßen Sie auf ein interessantes Dokument (z. B. eine Webseite), markieren Sie dieses im entsprechenden Anwendungsfenster und wählen den Kontextmenübefehl *Kopieren* (bzw. drücken Strg+C).
2. Fügen Sie den Inhalt der Zwischenablage über die Schaltfläche *Einfügen* und deren Menü der Registerkarte *Start* (bzw. über Strg+V) in die Notizbuchseite ein.
3. Mit der Taste Druck erzeugen Sie einen Screenshot des Desktops und mit Alt+Druck einen Screenshot des aktuellen Fensters in der Windows-Zwischenablage.

WISSEN

In OneNote-Notizbuchseiten lassen sich neben Texten unterschiedliche Dokumentinhalte wie Tabellen oder Dateien etc. einfügen oder komplette Dokumente aus anderen Anwendungen per Zwischenablage übernehmen. Dadurch wird das Notizbuch zum multimedialen Datenspeicher. Statt Dateien wie in Schritt 6 über das Büroklammersymbol einzufügen, können Sie diese auch direkt per Maus in die Notiz ziehen.

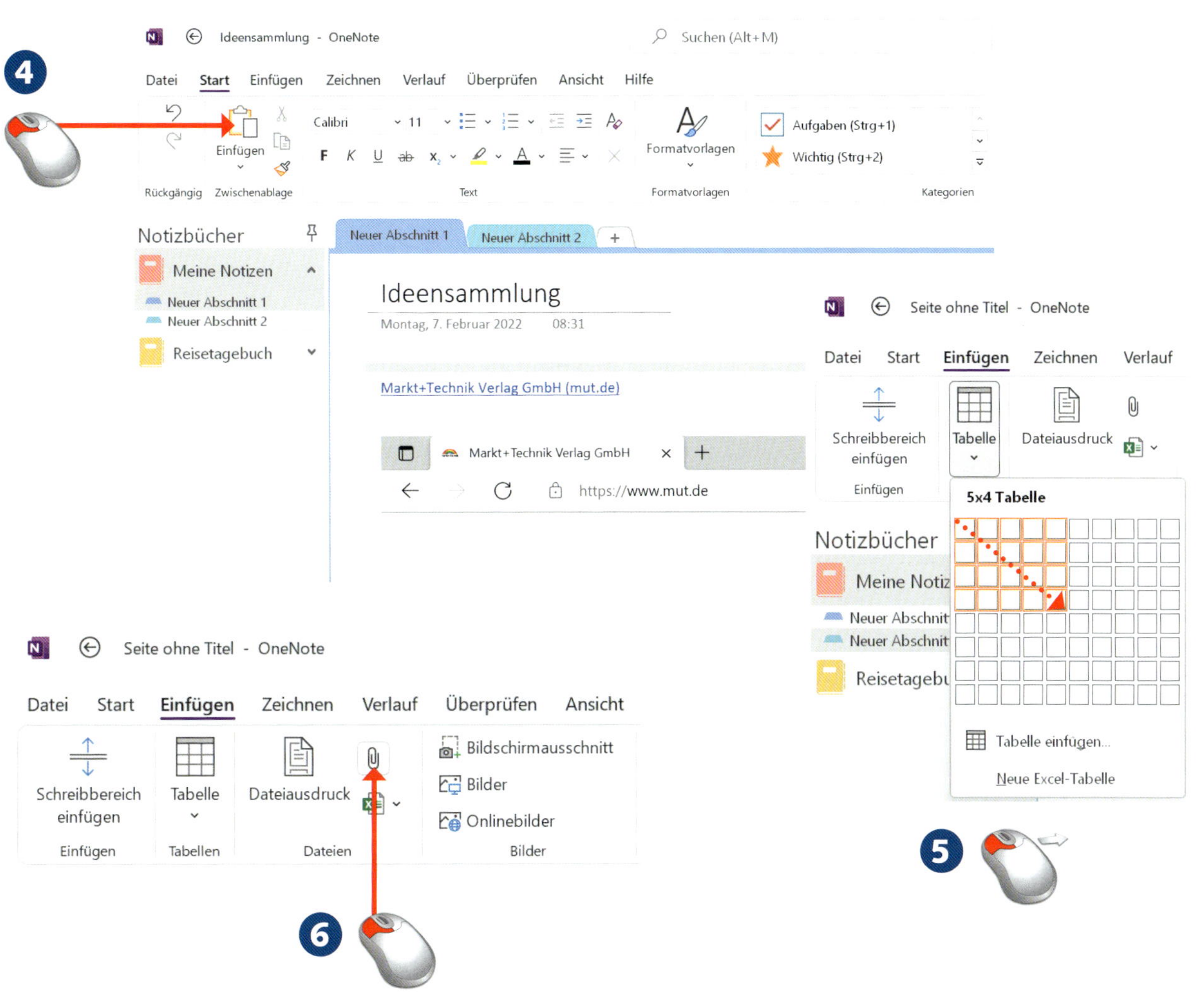

4 Klicken Sie in der Notizbuchseite auf die Einfügeposition und wählen Sie *Einfügen* oder drücken Sie Strg+V, um den Inhalt der Zwischenablage einzufügen.

5 Wählen Sie auf der Registerkarte *Einfügen* die Schaltfläche *Tabelle* und markieren Sie die Zellen in der Palette, wird eine Tabelle der angegebenen Größe in die Notiz eingefügt.

6 Über die Schaltfläche *Dateianlage* (das Büroklammersymbol) der Registerkarte *Einfügen* lassen sich Dateien in einem Dialogfeld auswählen und in die Notiz einfügen.

TIPP

Verwenden Sie die Tastenkombinationen Strg+C und Strg+V, um Inhalte per Zwischenablage zwischen Programmen zu übertragen.

TIPP

Die Tastenkombination ⊞+Druck speichert einen Screenshot des Desktops als Grafikdatei im Ordner *Bilder/Screenshots*, die sich als Bild in die Notiz einfügen lässt.

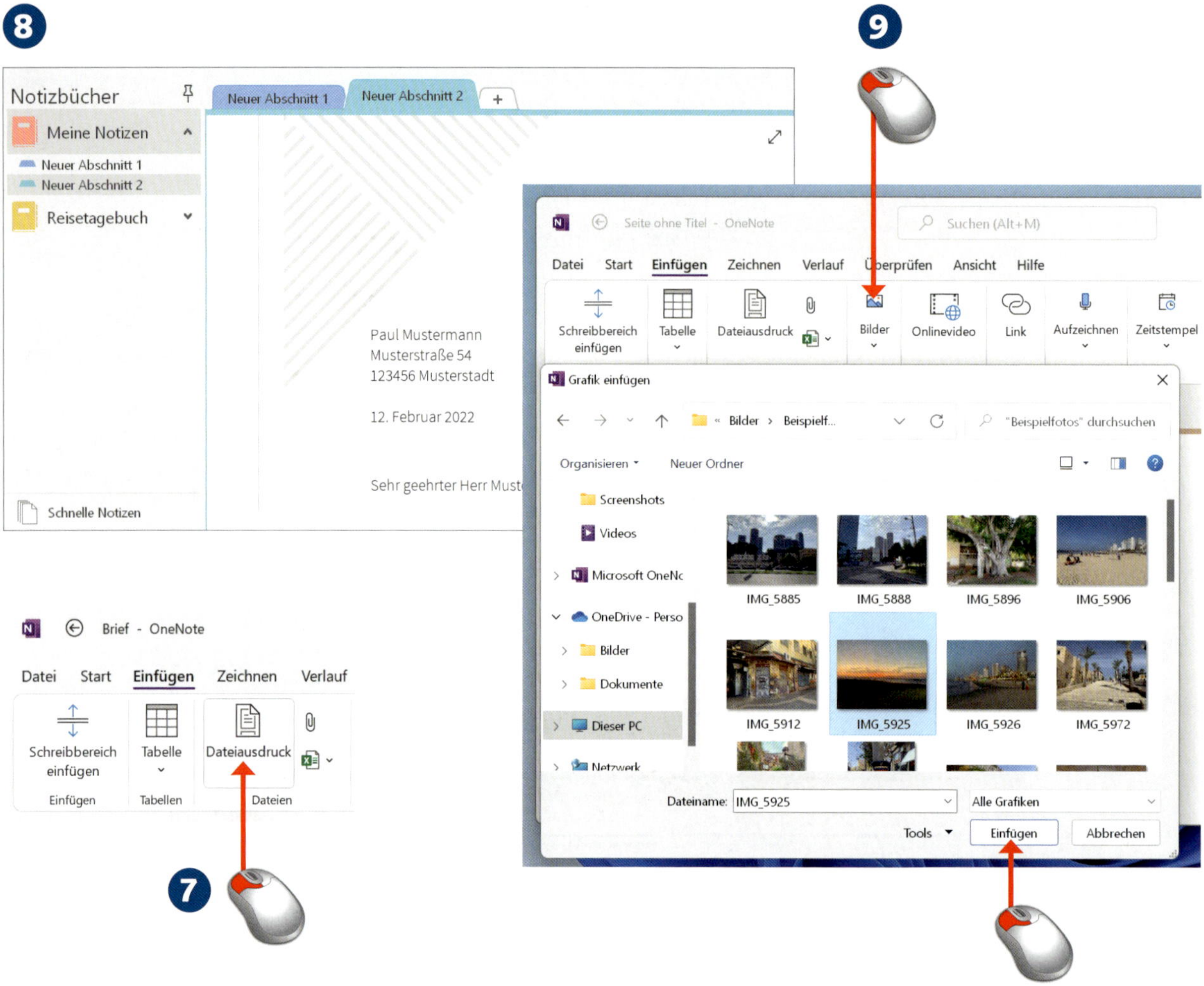

7 Verwenden Sie die Schaltfläche *Dateiausdruck* der Registerkarte *Einfügen* und wählen Sie im angezeigten Dialogfeld das Dokument aus, um dieses direkt auf der Notizenseite abzubilden.

8 Dateien werden mit einem Symbol in der Notiz angezeigt. Bei Dateiausdrucken erscheint nicht nur das Symbol, sondern auch der Inhalt der Datei, in diesem Fall ein mit Word erstellter Brief.

9 Über die Schaltfläche *Bilder* der Registerkarte *Einfügen* lassen sich Grafikdateien, Fotos oder Onlinebilder auswählen bzw. anfertigen und in die Notiz einfügen.

WISSEN

Ähnlich wie bei Word können Sie auch lokale oder online gespeicherte Bilder in Notizen einfügen.

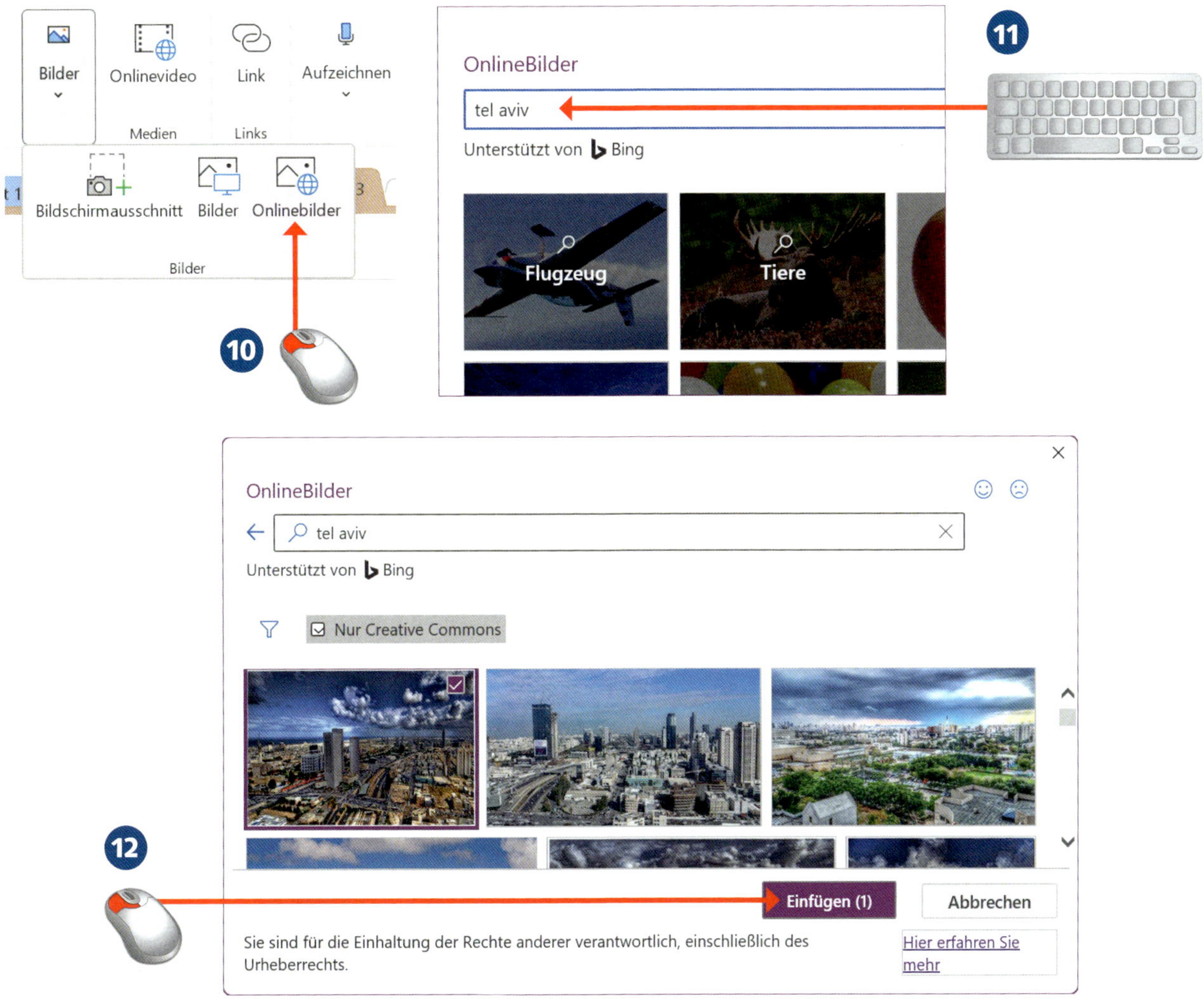

10 Um Onlinegrafiken in OneNote einzufügen, wählen Sie unter *Einfügen* die Schaltfläche *Bilder* und im Menü *Onlinebilder*.

11 Geben Sie den Suchbegriff im Suchfeld *Onlinebilder* ein und drücken Sie die ↵-Taste.

12 Klicken Sie in der Trefferliste auf das gewünschte Onlinebild und bestätigen Sie mit *Einfügen*, um das Bild in die Notiz zu übernehmen.

TIPP

Die Schaltfläche *Onlinevideo* der Registerkarte *Einfügen* ermöglicht es Ihnen, die URL eines einzufügenden Videos anzugeben.

HINWEIS

Ein Bild enthält Text? Klicken Sie es mit der rechten Maustaste an und wählen Sie im Kontextmenü *Text aus Bild kopieren*, um den Text zu übernehmen.

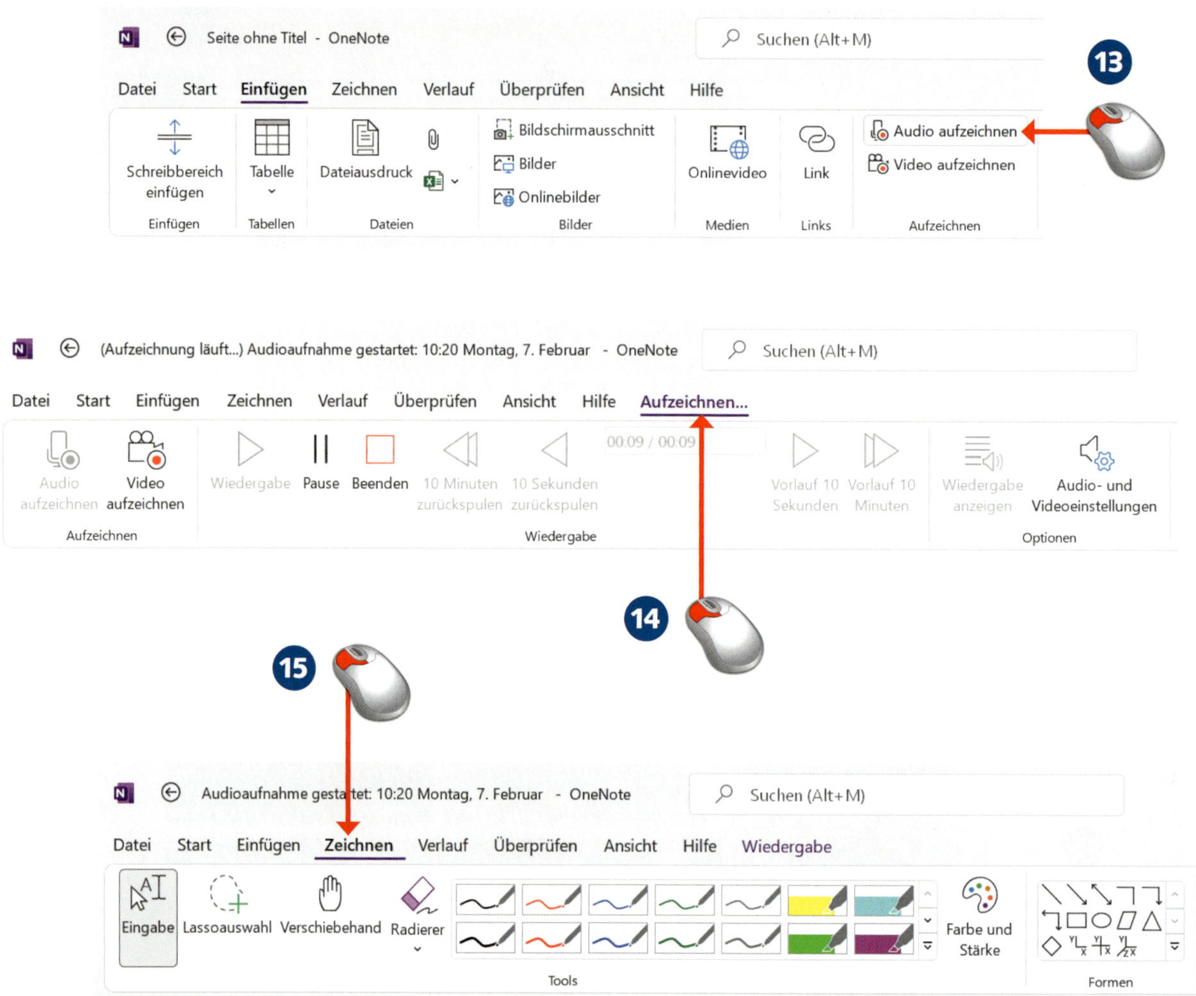

13 Über die Schaltflächen der Gruppe *Aufzeichnen* der Registerkarte *Einfügen* lassen sich Audio- sowie Videoaufzeichnungen starten.

14 Die Elemente der Registerkarte *Aufzeichnen* dienen zur Aufnahme- und Wiedergabesteuerung. Die Aufzeichnung wird als Ton- bzw. Videokonserve in der Notiz eingeblendet.

15 Zum Zeichnen auf einer Notizenseite wechseln Sie zur Registerkarte *Zeichnen*.

WISSEN

Neben Texten oder Dateien lassen sich auch Sprachnachrichten in Notizen einfügen. Zudem lässt sich auf einer Notizbuchseite zeichnen.

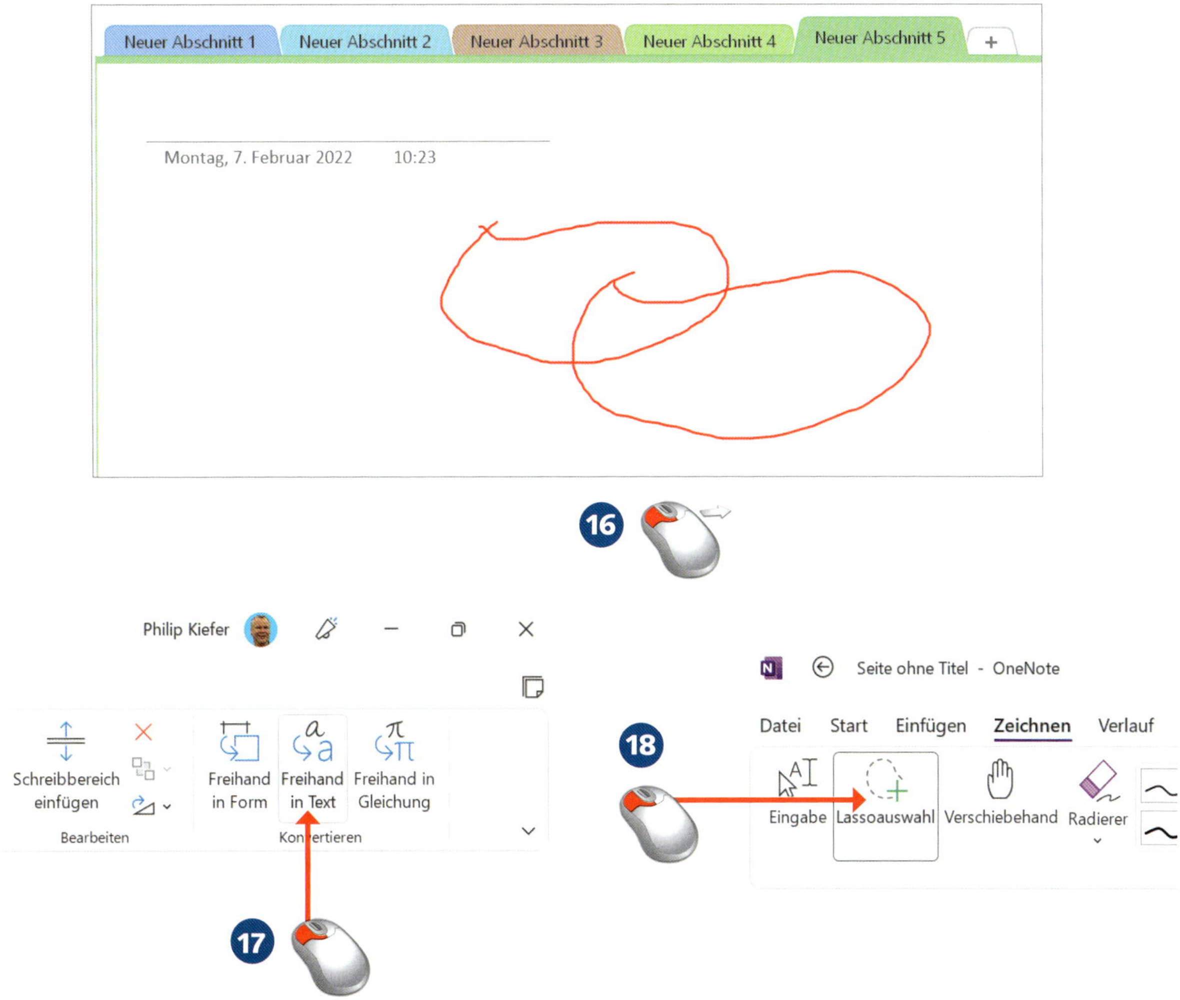

16 Wählen Sie im Menüband ein Zeichentool oder ein Formenwerkzeug aus und fügen Sie eine Freihandskizze oder eine Form in die Notiz ein.

17 Über die Elemente der Registerkarte *Zeichnen* konvertieren Sie markierte Skizzen in Text (*Freihand in Text*), in Formen oder in Gleichungen (*Freihand in Gleichung*).

18 Die Schaltflächen links auf der Registerkarte *Zeichnen* ermöglichen es Ihnen, Objekte auszuwählen, zu verschieben oder zu radieren.

Ende

HINWEIS

Die Aufnahmelautstärke des Mikrofons stellen Sie über die Windows-Lautstärke für Aufnahmegeräte ein.

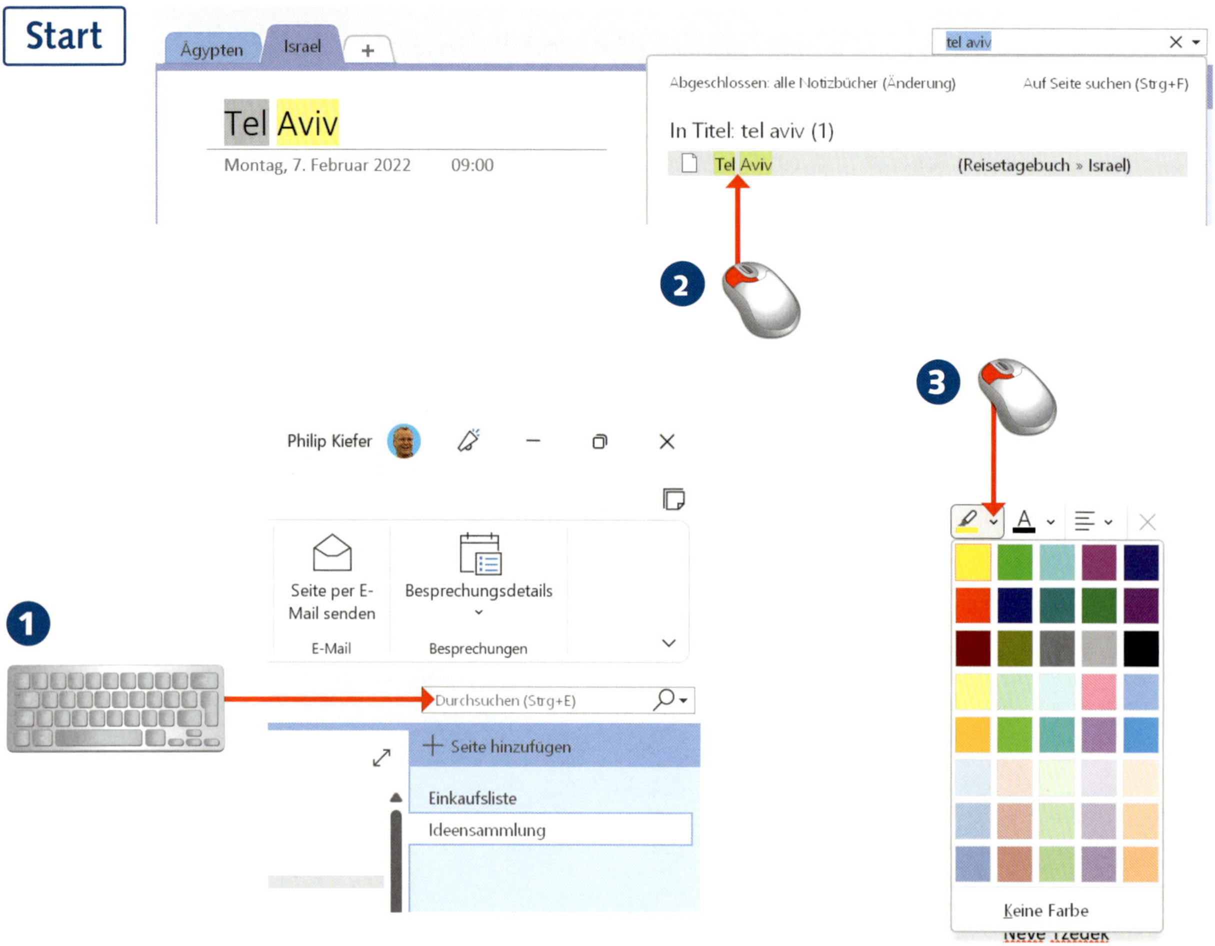

1. Um Ihre Notizbücher nach einem bestimmten Begriff zu durchsuchen, tippen Sie den Suchbegriff in das eingebaute Suchfeld ein.
2. Um eine gefundene Seite aufzurufen, klicken Sie diese im Suchfenster an. Der gesuchte Begriff wird auf der Seite mit gelber Farbe hervorgehoben.
3. Sie können Passagen auf einer Seite auch dauerhaft gelb oder in einer anderen Farbe hervorheben. Markieren Sie diese durch Ziehen per Maus und färben Sie sie über die Palette der Schaltfläche *Hervorheben* der Registerkarte *Start* ein.

WISSEN

OneNote unterstützt die Suche innerhalb Ihrer Notizbücher. Weiterhin können Sie Inhalte in Notizen mit Kategoriezeichen markieren, um an wichtige Informationen oder zu erledigende Aufgaben erinnert zu werden.

4

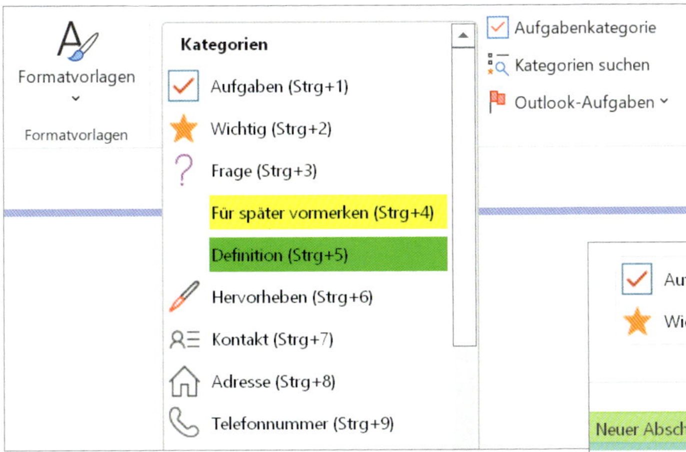

5

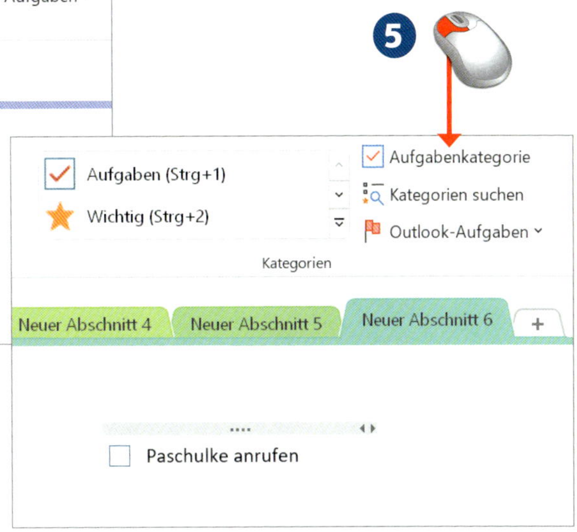

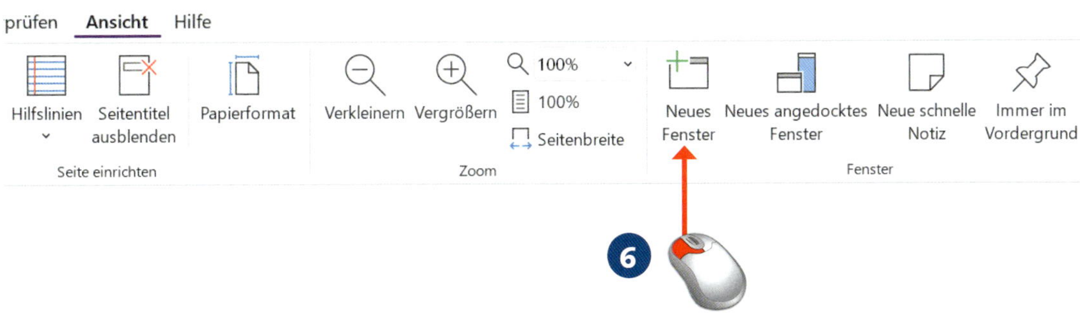

6

4 Um Notizen zu verfolgen, markieren Sie die Textstellen und ordnen über die Befehle der Gruppe *Kategorien* der Registerkarte *Start* verschiedene Symbole (Sternchen etc.) zu.

5 Über die Schaltfläche *Aufgabenkategorie* der Registerkarte *Start* können Sie Texten markierbare Kontrollkästchen zur Kennzeichnung von Aufgaben zuordnen und wieder entfernen.

6 Auf der Registerkarte *Ansicht* finden Sie Schaltflächen, um die Darstellung der Notizen zu ändern, ein neues Fenster zu öffnen etc.

Ende

TIPP

Ein Mausklick auf die *Kategorien*-Einträge weist der markierten Stelle das angezeigte Symbol zu. Ein weiterer Mausklick hebt die Markierung wieder auf.

FACHWORT

Kontrollkästchen sind kleine Vierecke, die sich markieren lassen.

HINWEIS

Die Markierung (Häkchen) von Kontrollkästchen setzen/löschen Sie durch Anklicken.

Start

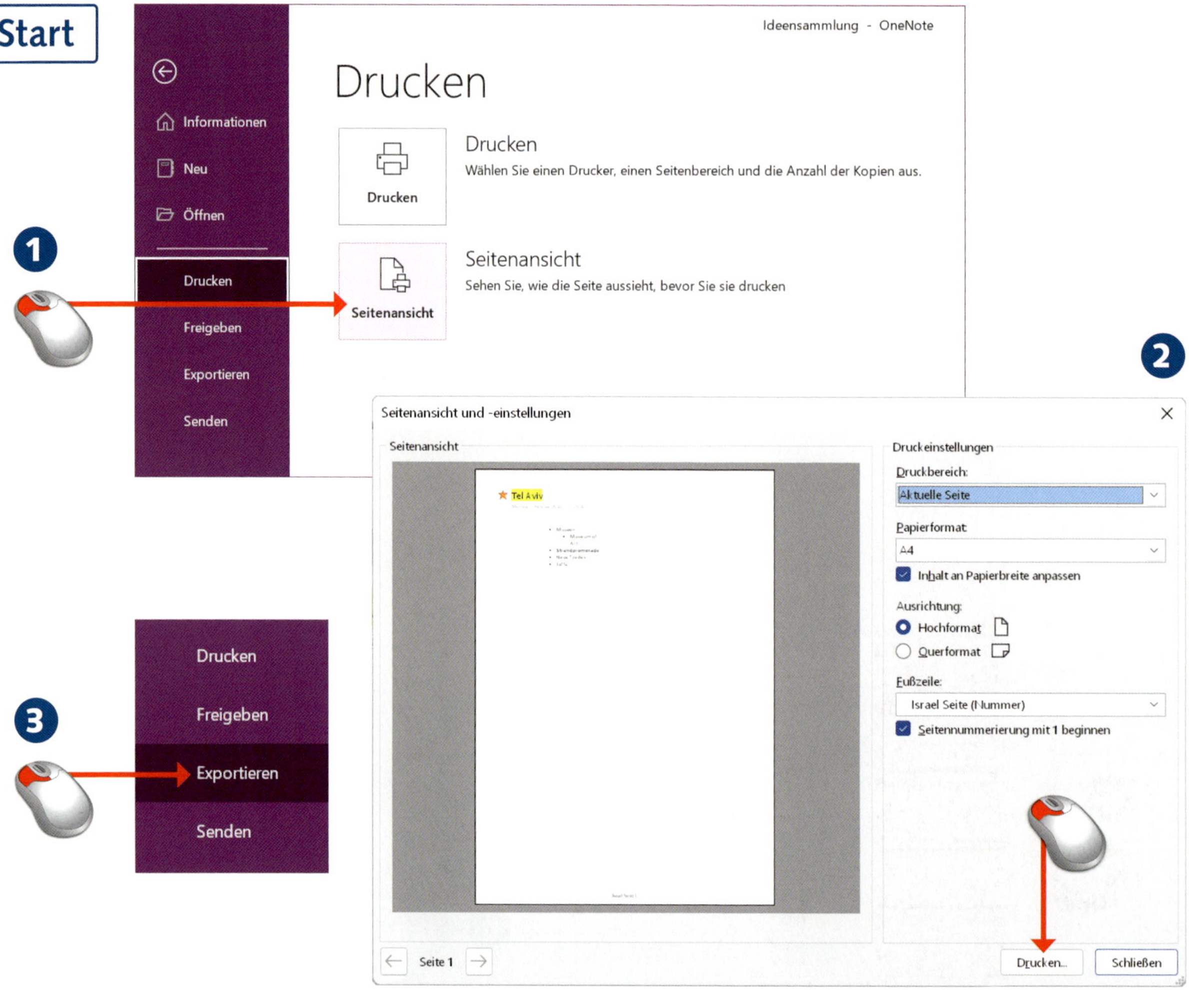

1. Möchten Sie eine Seite oder einen ganzen Abschnitt drucken, wählen Sie unter *Datei/Drucken* die Option *Seitenansicht*.
2. Machen Sie im folgenden Fenster Ihre Angaben, was und wie es ausgedruckt werden soll. Bestätigen Sie mit *Drucken*, um den Ausdruck zu starten.
3. Um eine Seite, einen Abschnitt oder ein ganzes Notizbuch als Datei zu exportieren, wählen Sie *Datei/Exportieren*.

WISSEN

Sie können Notizen aus OneNote drucken oder in andere Dateitypen exportieren. Aber auch das Freigeben ganzer Notizbücher oder das Senden von Seiten per E-Mail ist kein Problem.

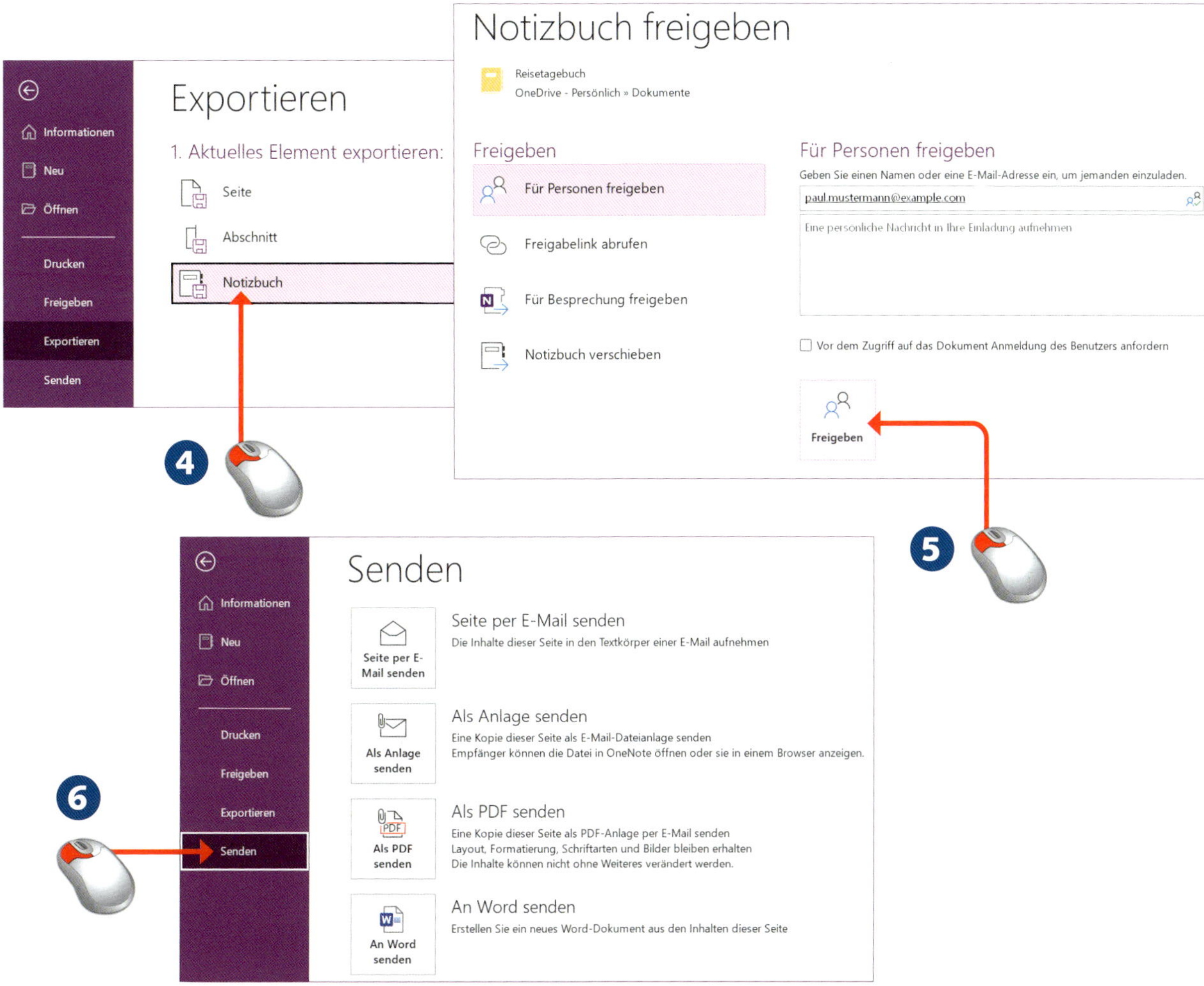

4 Wählen Sie die gewünschte Option aus, um die entsprechende Notizendatei zu speichern.

5 Sie können ein Notizbuch für andere Personen freigeben – auch für die gemeinsame Bearbeitung. Dies erfolgt unter *Datei/Freigeben*.

6 Oder möchten Sie eine Seite per E-Mail senden? Treffen Sie dazu unter *Datei/Senden* Ihre Auswahl.

Ende

TIPP

Bei der Freigabe haben Sie die Wahl zwischen *Kann bearbeiten* und *Kann anzeigen*. In letzterem Fall können Nutzer Ihre Notizbücher nur ansehen, aber nicht selbst Änderungen daran vornehmen.

HINWEIS

Eine Option zum Senden einer Seite als Kopie per E-Mail finden Sie auch auf der Registerkarte *Start* in der Gruppe *E-Mail*.

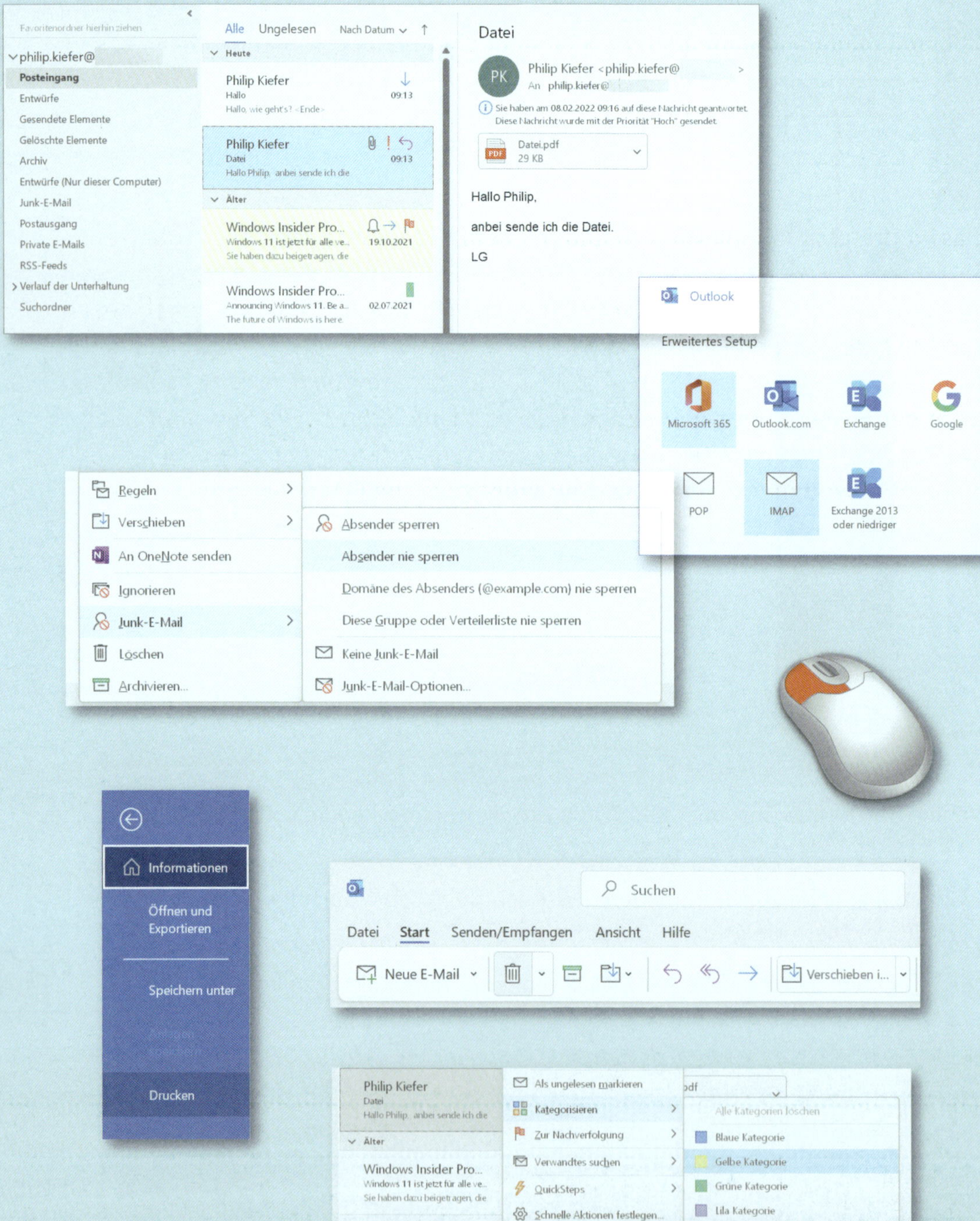
Favoritenordner hierhin ziehen
philip.kiefer@
Posteingang
Entwürfe
Gesendete Elemente
Gelöschte Elemente
Archiv
Entwürfe (Nur dieser Computer)
Junk-E-Mail
Postausgang
Private E-Mails
RSS-Feeds
Verlauf der Unterhaltung
Suchordner
Alle
Ungelesen
Nach Datum
Heute
Philip Kiefer
Hallo
09:13
Hallo, wie geht's? - Ende -
Philip Kiefer
Datei
09:13
Hallo Philip, anbei sende ich die
Älter
Windows Insider Pro...
Windows 11 ist jetzt für alle ve...
19.10.2021
Sie haben dazu beigetragen, die
Windows Insider Pro...
Announcing Windows 11. Be a...
02.07.2021
The future of Windows is here.
Datei
PK
Philip Kiefer <philip.kiefer@
An philip.kiefer@
Sie haben am 08.02.2022 09:16 auf diese Nachricht geantwortet.
Diese Nachricht wurde mit der Priorität "Hoch" gesendet.
Datei.pdf
29 KB
Hallo Philip,
anbei sende ich die Datei.
LG
Outlook
Erweitertes Setup
Microsoft 365
Outlook.com
Exchange
Google
POP
IMAP
Exchange 2013
oder niedriger
Regeln
Verschieben
An OneNote senden
Ignorieren
Junk-E-Mail
Löschen
Archivieren...
Absender sperren
Absender nie sperren
Domäne des Absenders (@example.com) nie sperren
Diese Gruppe oder Verteilerliste nie sperren
Keine Junk-E-Mail
Junk-E-Mail-Optionen...
Informationen
Öffnen und
Exportieren
Speichern unter
Drucken
Suchen
Datei
Start
Senden/Empfangen
Ansicht
Hilfe
Neue E-Mail
Verschieben i...
Philip Kiefer
Datei
Hallo Philip, anbei sende ich die
Älter
Windows Insider Pro...
Windows 11 ist jetzt für alle ve...
Sie haben dazu beigetragen, die
Als ungelesen markieren
Kategorisieren
Zur Nachverfolgung
Verwandtes suchen
QuickSteps
Schnelle Aktionen festlegen...
Alle Kategorien löschen
Blaue Kategorie
Gelbe Kategorie
Grüne Kategorie
Lila Kategorie

8

E-Mails verwalten mit Outlook

Das Programm Outlook kann weitaus mehr als E-Mails senden und empfangen. Sie können es für Ihre persönliche Organisation verwenden und sich an alles erinnern lassen, was so ansteht. Widmen Sie sich in diesem Kapitel aber zunächst den E-Mail-Funktionen des Programms. Sie machen sich mit der Benutzeroberfläche von Outlook vertraut und richten diese ein. Erstellen Sie dann ein E-Mail-Konto und lernen Sie Schritt für Schritt, wie Sie in Outlook Ihre Nachrichten verwalten, neue Nachrichten erstellen, sich effizient vor ungewünschter Werbung schützen und für größtmögliche E-Mail-Sicherheit sorgen.

Start

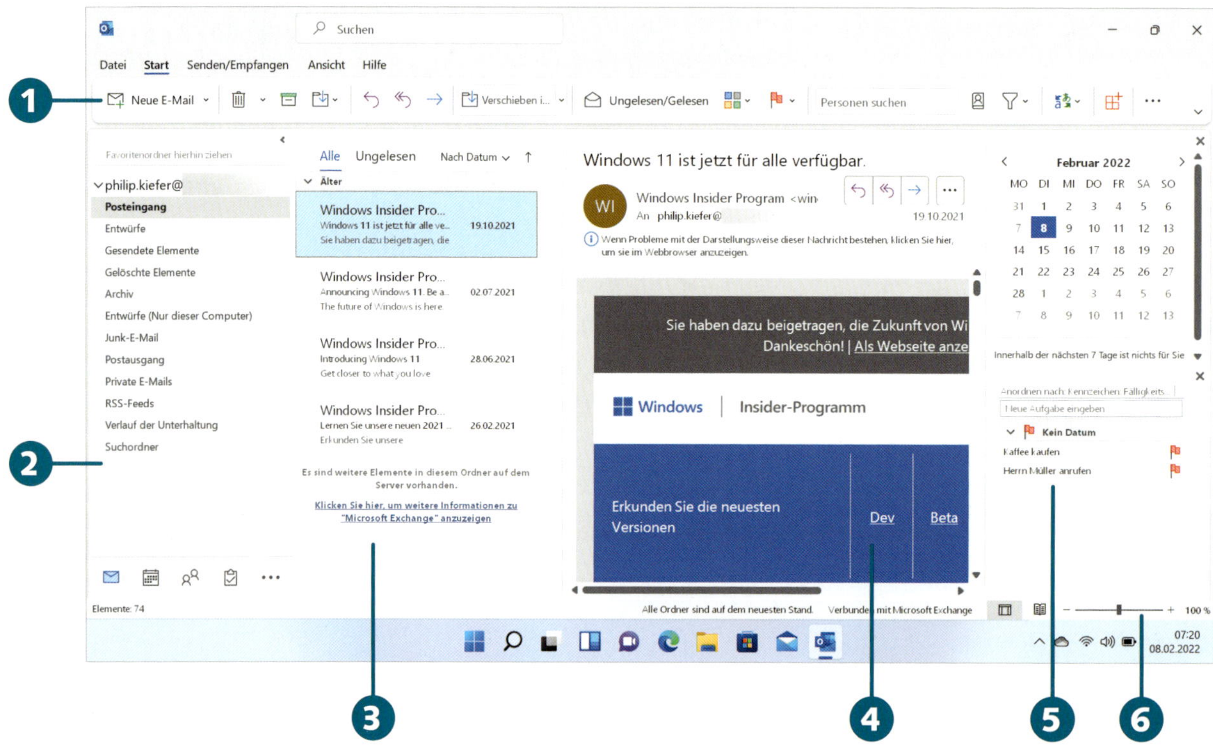

WISSEN

Outlook ist das in einigen Office-Varianten enthaltene Programm zum Verwalten von E-Mails, Kontakten, Notizen, Terminen und Aufgaben.

1. Am oberen Fensterrand finden Sie das Menüband (klassisch oder wie in diesem Fall vereinfacht), über dessen Registerkarten Sie auf die Outlook-Funktionen zugreifen können.
2. Die Spalte am linken Rand des Fensters ist der als Ordnerbereich bezeichnete Navigationsbereich. Über die Gruppen am unteren Rand lässt sich auf die verschiedenen Outlook-Funktionskategorien zugreifen. Im oberen Teil des Bereichs werden dann Elemente zum Zugriff auf E-Mails, Kontakte, Aufgaben, Termine etc. angeboten.
3. Im Dokumentbereich wird der Inhalt des im Ordnerbereich angewählten Elements (z. B. Nachrichtenliste des Posteingangs, Vorgangsliste etc.) eingeblendet.
4. Bei einigen Elementen (z. B. E-Mails) kann Outlook den Inhalt einer Nachricht in einem separaten Teilfenster (hier der Lesebereich für E-Mails) im Dokumentbereich anzeigen.
5. Die optional einblendbare Spalte am rechten Fensterrand wird als Aufgabenleiste bezeichnet. Diese wird von einigen Funktionen verwendet, um z. B. Optionen für Termine oder Aufgaben anzupassen.
6. In der Statusleiste am unteren Fensterrand erhalten Sie Informationen etwa über den Synchronisierungsstatus, aber auch Ansichtsoptionen und eine Zoomfunktion.

Ende

TIPP

Die Größe der Teilfenster können Sie anpassen, indem Sie die Fensterteiler bei gedrückter linker Maustaste verschieben.

HINWEIS

Die Aufgabenleiste (Punkt 5) ist auf der Registerkarte *Ansicht* über die Optionen unter *Layout/Aufgabenleiste* ein- bzw. ausblendbar.

HINWEIS

Das Umschalten zwischen vereinfachtem und klassischem Menüband erfolgt unter dem Pfeilsymbol rechts im Menüband.

Start

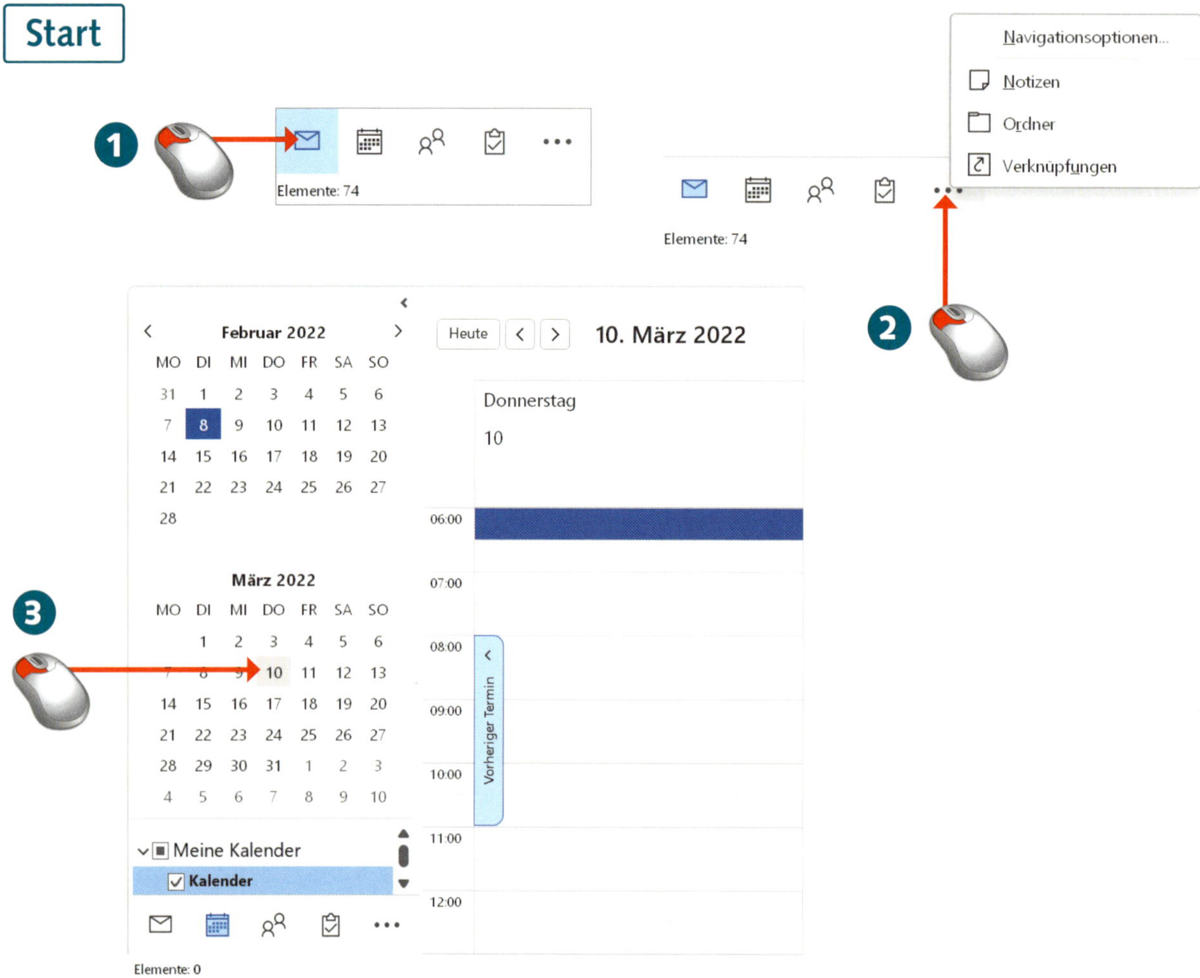

1. Zum Aufrufen einer Funktionskategorie wählen Sie eine der Gruppenschaltflächen (über die Symbole der Kompaktnavigation oder über deren Namen) im Ordnerbereich an.
2. Fehlen Gruppeneinträge wegen Platzmangel, wählen Sie das Symbol mit den drei Punkten, um die Kategorien als Menü einzublenden.
3. Der obere Ordnerbereich wird der gewählten Gruppe entsprechend angepasst. Ein Mausklick auf einen Eintrag zeigt den Inhalt im Dokumentbereich an.

WISSEN

Der Ordnerbereich ermöglicht es Ihnen, in Outlook komfortabel auf die einzelnen Funktionskategorien wie E-Mails, Aufgaben, Kontakte, Notizen etc. zuzugreifen. Über die Schaltfläche *Ordner* (Schritt 2) blenden Sie eine Liste aller in Outlook verwalteten Ordner im Ordnerbereich ein.

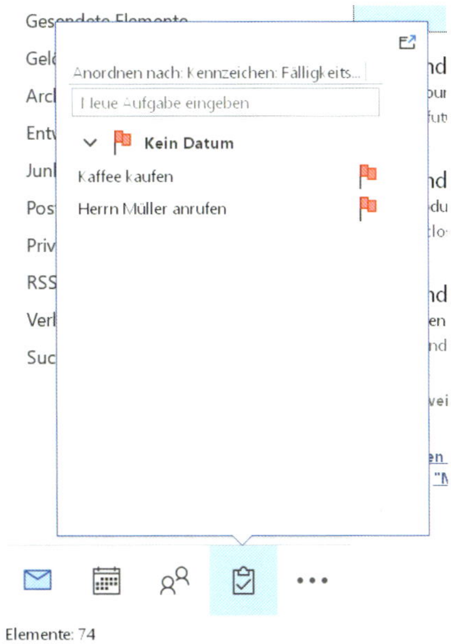

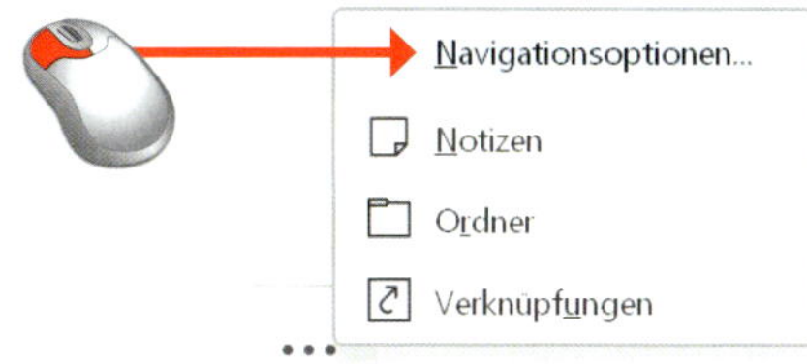

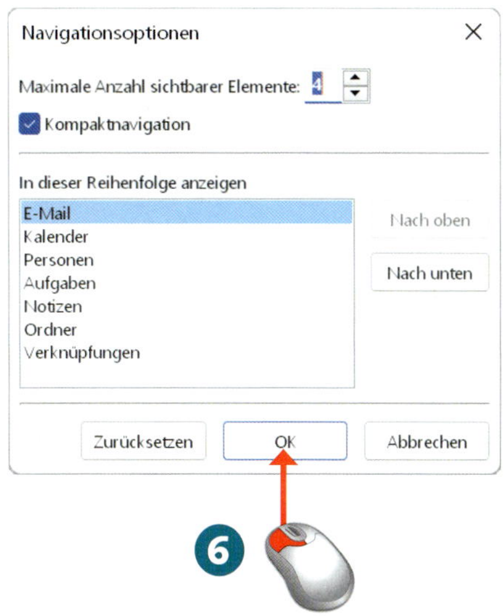

4. Beim Zeigen blendet Outlook bei manchen Symbolen des Ordnerbereichs ein Infofenster zum Suchen in Kontakten oder zum Schnellzugriff auf den Kalender ein.

5. Wählen Sie unter dem Symbol mit den drei Punkten die *Navigationsoptionen*, um den Bereich der Gruppenschaltflächen über das gleichnamige Dialogfeld anzupassen.

6. Im Dialogfeld *Navigationsoptionen* geben Sie die Zahl der maximal sichtbaren Elemente vor, deaktivieren ggf. die Kompaktnavigation und passen die Elementreihenfolge an.

Ende

HINWEIS

Über die Schaltflächen *Nach oben/Nach unten* im Dialogfeld *Navigationsoptionen* verändern Sie die Reihenfolge der Einträge.

HINWEIS

Bei deaktivierter Kompaktnavigation werden statt Symbolen Gruppennamen angezeigt.

Start

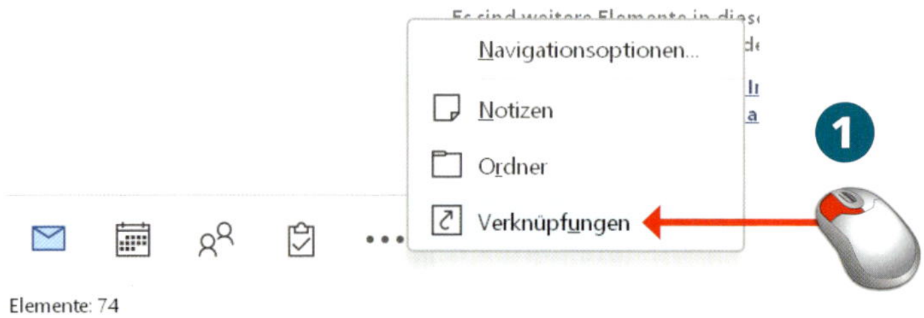

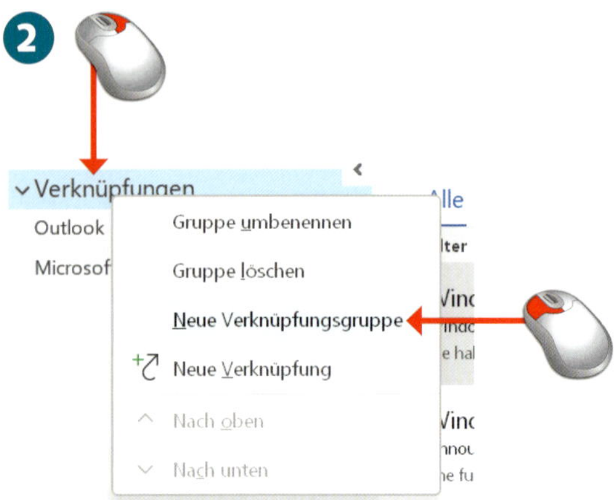

1. Wählen Sie im Ordnerbereich unter dem Symbol mit den drei Punkten *Verknüpfungen*, um den Verknüpfungsbereich im oberen Teil einzublenden.
2. Im Ordnerbereich klicken Sie mit der rechten Maustaste auf die Gruppe *Verknüpfungen* und wählen den Kontextmenübefehl *Neue Verknüpfungsgruppe* aus.
3. Tippen Sie den Namen für die Gruppe ein und drücken Sie die ↵-Taste, um die Benennung der neu angelegten Gruppe abzuschließen.

WISSEN

Sie können im Ordnerbereich eigene Verknüpfungen auf Aufgaben, Notizen etc. ablegen. Diese ermöglichen es Ihnen, per Mausklick auf die betreffenden Outlook-Inhalte zuzugreifen. Wählen Sie einen Gruppen- oder Verknüpfungseintrag per Rechtsklick an, um diesen über Kontextmenübefehle umzubenennen oder zu löschen.

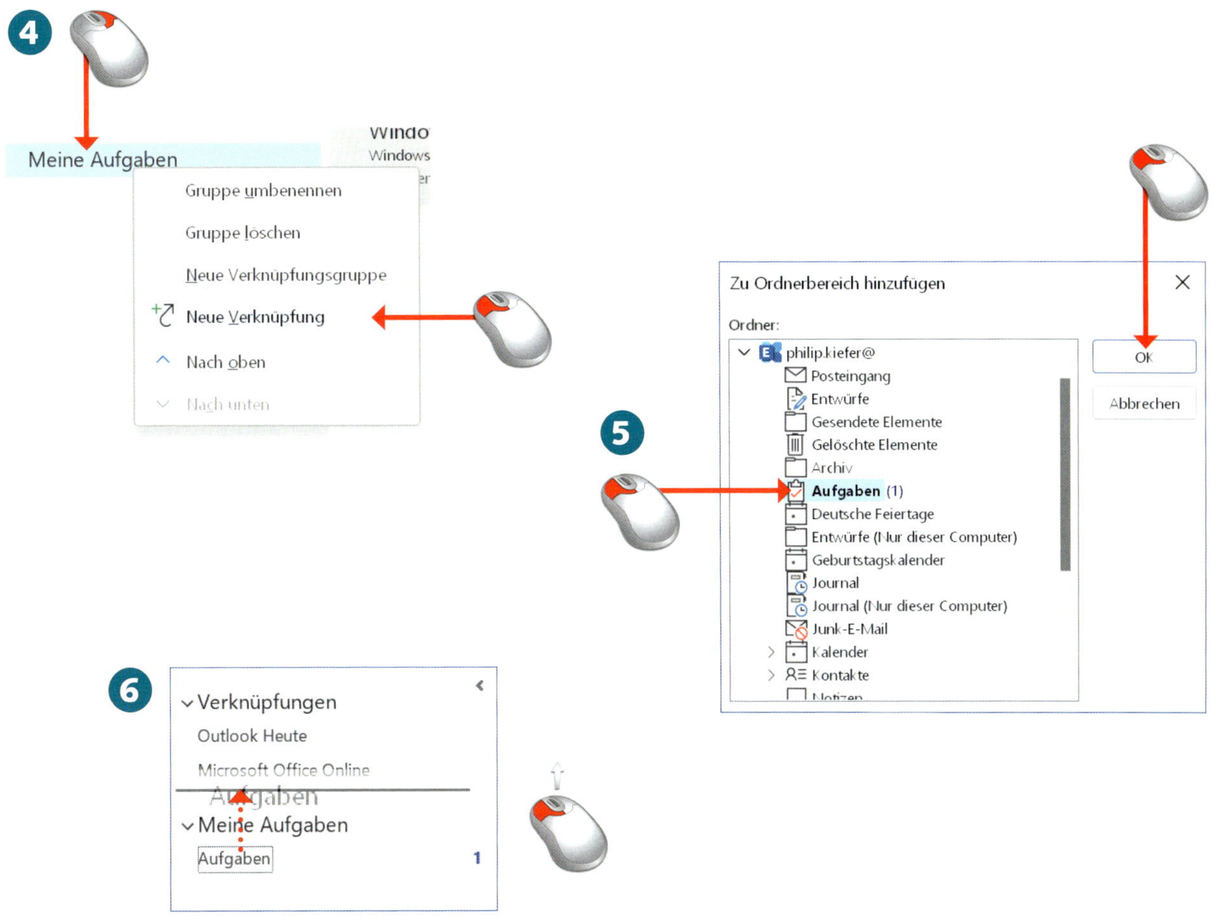

4 Klicken Sie die Gruppe mit der rechten Maustaste an und wählen Sie den Kontextmenübefehl *Neue Verknüpfung* aus.

5 Legen Sie im Dialogfeld den gewünschten Ordner fest, und bestätigen Sie dies über die *OK*-Schaltfläche.

6 Bei Bedarf können Sie Verknüpfungen im Ordnerbereich später bei gedrückter Maustaste zu einer anderen Gruppe ziehen und so verschieben.

Ende

HINWEIS

Outlook verfügt in der Kategorie *Verknüpfungen* der Navigationsleiste bereits über die Gruppe *Microsoft Office Online*.

HINWEIS

Der Verknüpfungsbereich wird ausgeblendet, sobald Sie in der Navigationsleiste eine andere Gruppe (z. B. für E-Mail) anwählen.

Start

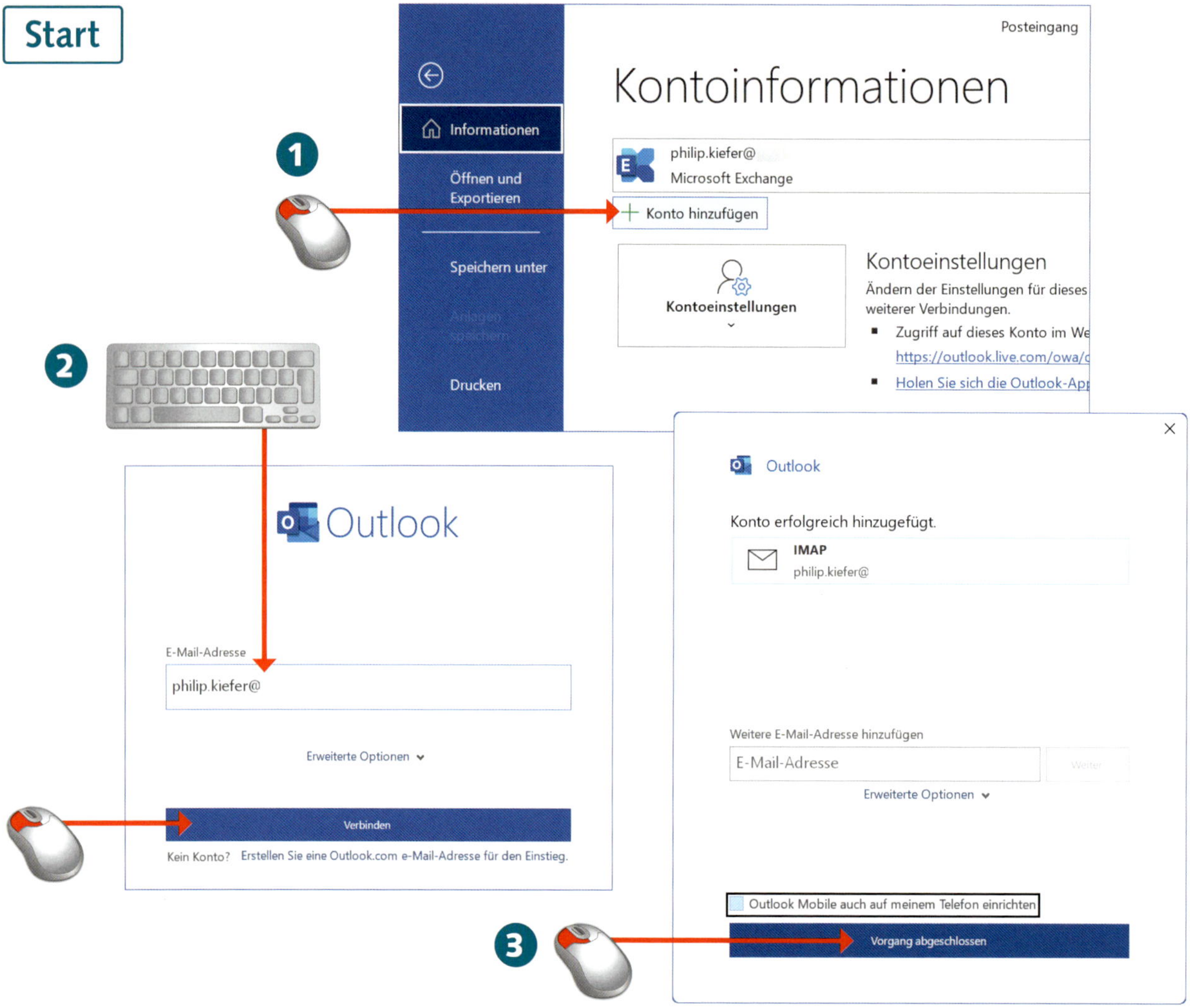

1. Gehen Sie zur Registerkarte *Datei*, wählen Sie ggf. den Befehl *Informationen* und dann in der Backstage-Ansicht die Schaltfläche *Konto hinzufügen.*
2. Tragen Sie in den angezeigten Fenstern die gewünschten Daten (Benutzername, E-Mail-Adresse, Kennwort) des E-Mail-Kontos ein und wählen Sie ggf. die Postfachart.
3. Durchlaufen Sie die Fenster über die angezeigten Schaltflächen und warten Sie bei einer automatischen Konfiguration, bis Outlook das Postfach erfolgreich eingerichtet hat.

WISSEN

Bevor Outlook E-Mails empfangen und versenden kann, müssen entsprechende E-Mail-Konten mit den Zugangsdaten zum E-Mail-Server eingerichtet werden. Diese Daten erfahren Sie beim Anbieter des E-Mail-Kontos.

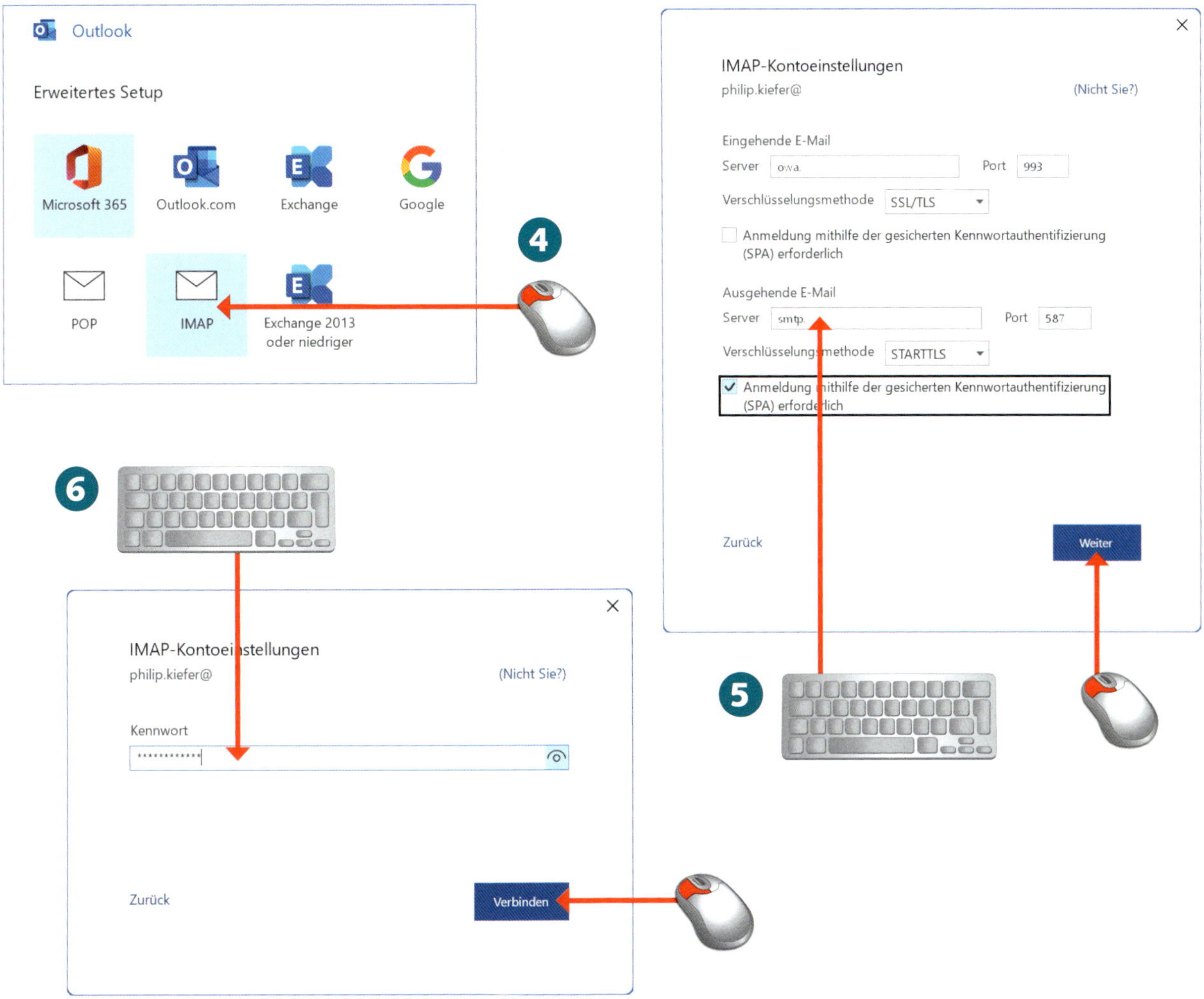

4 Bei der manuellen Konfiguration wählen Sie im Fenster *Erweitertes Setup* den Typ (hier *POP* oder *IMAP*).

5 Tragen Sie bei manueller Konfigurierung die Kontodaten in das Fenster ein. Über *Weiter* geht es zur Folgeseite.

6 Geben Sie das zu Ihrem E-Mail-Konto gehörende Passwort ein und bestätigen Sie mit *Verbinden*.

Ende

TIPP

Falls es in Schritt 3 zu Fehlermeldungen kommt, markieren Sie im vorherigen Fenster (Schritt 2) unter *Erweiterte Optionen* die Option *Ich möchte mein Konto manuell einrichten* und klicken auf *Verbinden*.

FACHWORT

POP3, SMTP und IMAP sind Protokolle, auf deren Grundlage E-Mails vom E-Mail-Server abgeholt und versandt werden.

HINWEIS

Verwenden Sie die angebotenen Optionen wie *Weiter* und *Zurück*, um zwischen den Fenstern zu wechseln.

Start

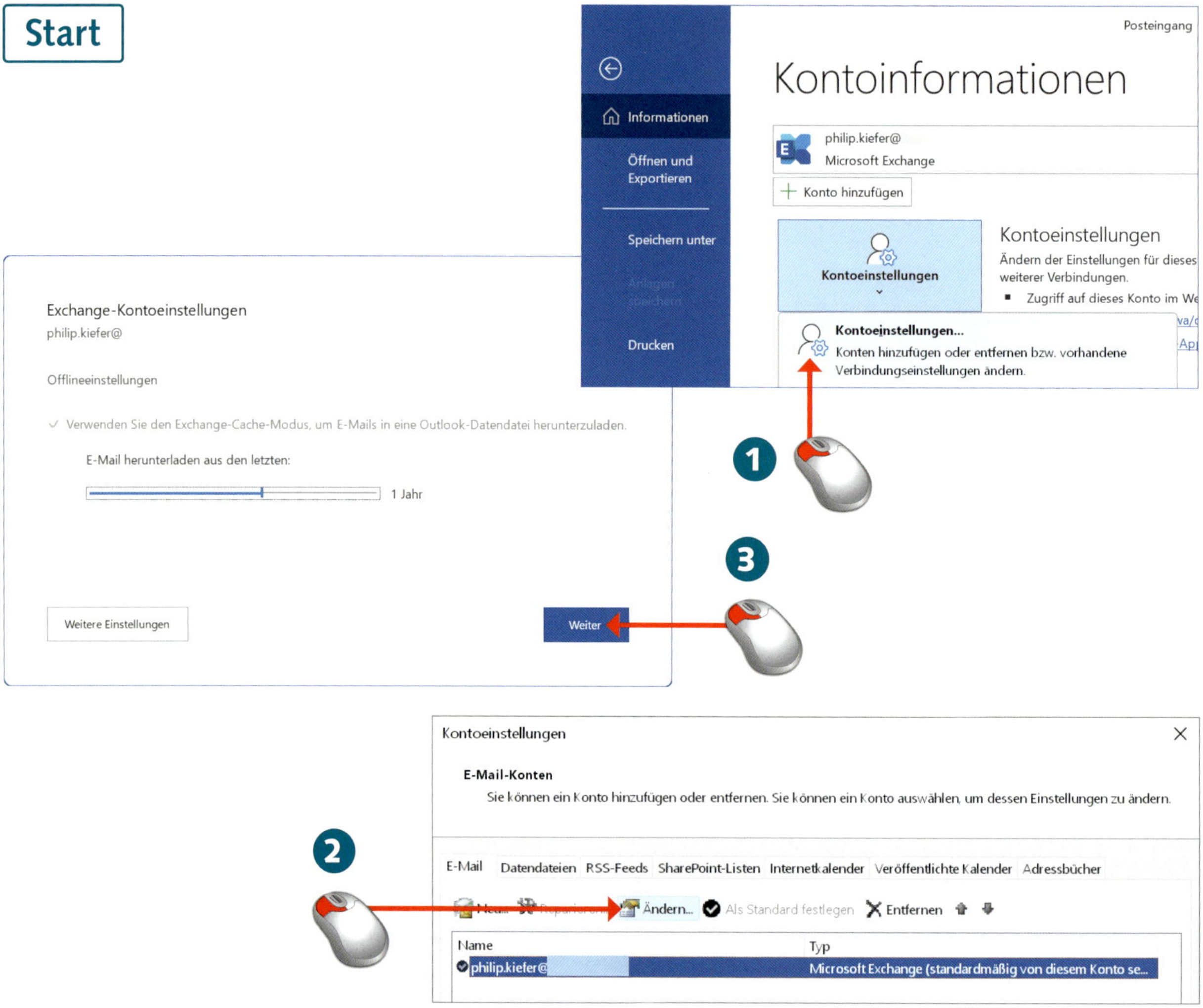

1. Wählen Sie in der Backstage-Ansicht den Befehl *Informationen*, dann die Schaltfläche *Kontoeinstellungen* und im zugehörigen Menü den gleichnamigen Befehl.
2. Wählen Sie auf der Registerkarte *E-Mail* des Dialogfelds *Kontoeinstellungen* das Konto aus, und klicken Sie anschließend auf die Schaltfläche *Ändern*.
3. Im angezeigten Fenster prüfen Sie die Kontoeinstellungen und passen diese ggf. an. Mit *Weiter* schalten Sie zum Folgefenster.

WISSEN

Gibt es Probleme mit dem Versand von E-Mails, überprüfen Sie die Kontodaten sowie die Outlook-Einstellungen. Die Vorgehensweise zum Aufrufen der entsprechenden Kontoeinstellungen sowie Outlook-Optionen wird auf dieser Doppelseite skizziert.

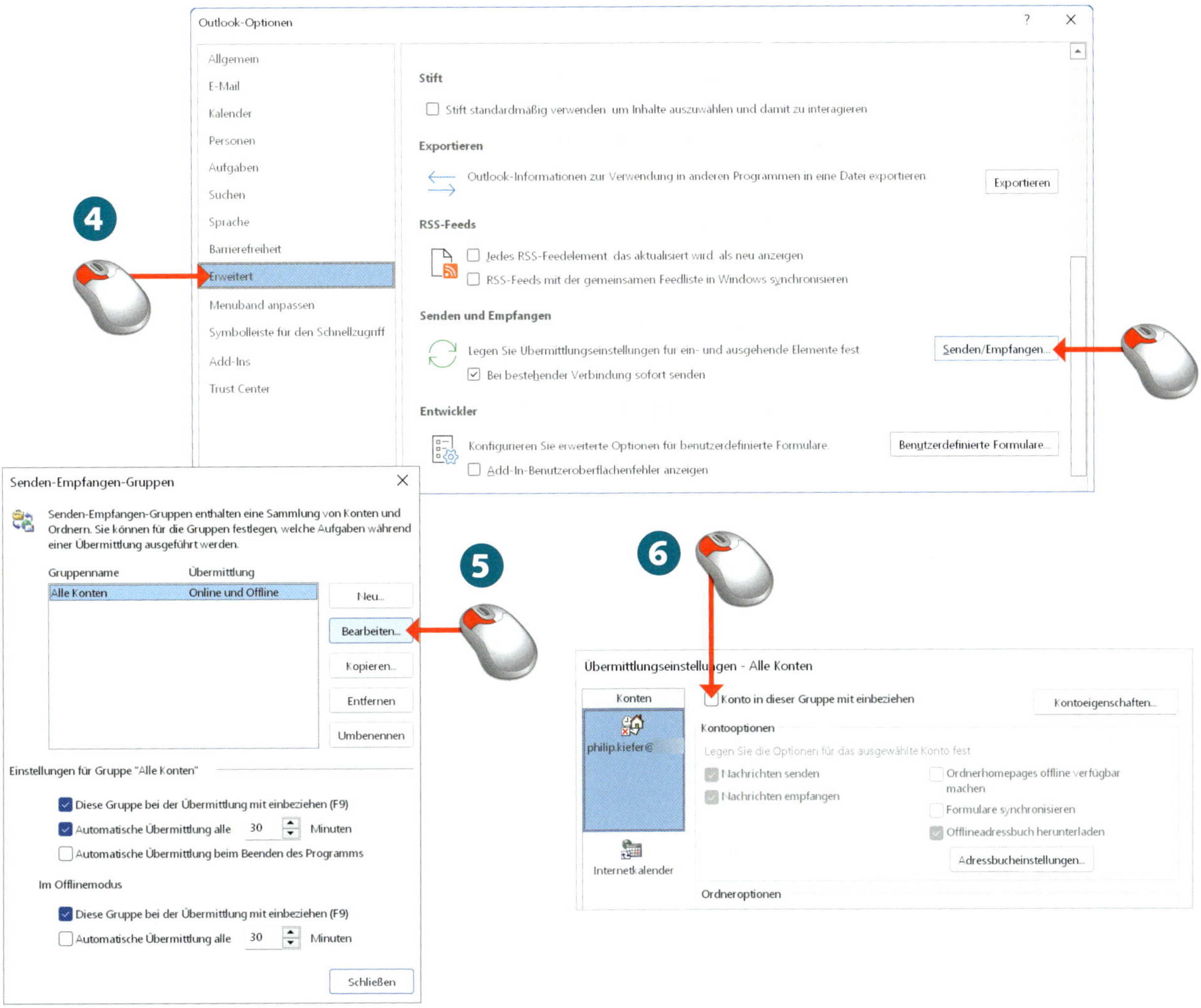

4 Wählen Sie im Menüband *Datei/Optionen*. Entscheiden Sie sich im Dialogfeld *Outlook-Optionen* für die Kategorie *Erweitert*, und klicken Sie auf *Senden/Empfangen*.

5 Markieren Sie ggf. den Eintrag der gewünschten Gruppe, und wählen Sie die Schaltfläche *Bearbeiten*.

6 Löschen Sie im Dialogfeld ggf. die Markierung des Kontrollkästchens *Konto in dieser Gruppe mit einbeziehen* für das gewählte Konto, und schließen Sie die Dialogfelder.

Ende

TIPP

Erkunden Sie im Fenster aus Schritt 4 die Optionen unter dem Eintrag *E-Mail*, z. B. im Hinblick auf das Beantworten oder Speichern von Nachrichten, nach und nach auf eigene Faust.

HINWEIS

Im Fenster aus Schritt 2 können Sie ein E-Mail-Konto auch wieder entfernen, jedoch nur, sofern mindestens ein weiteres Konto angelegt wurde.

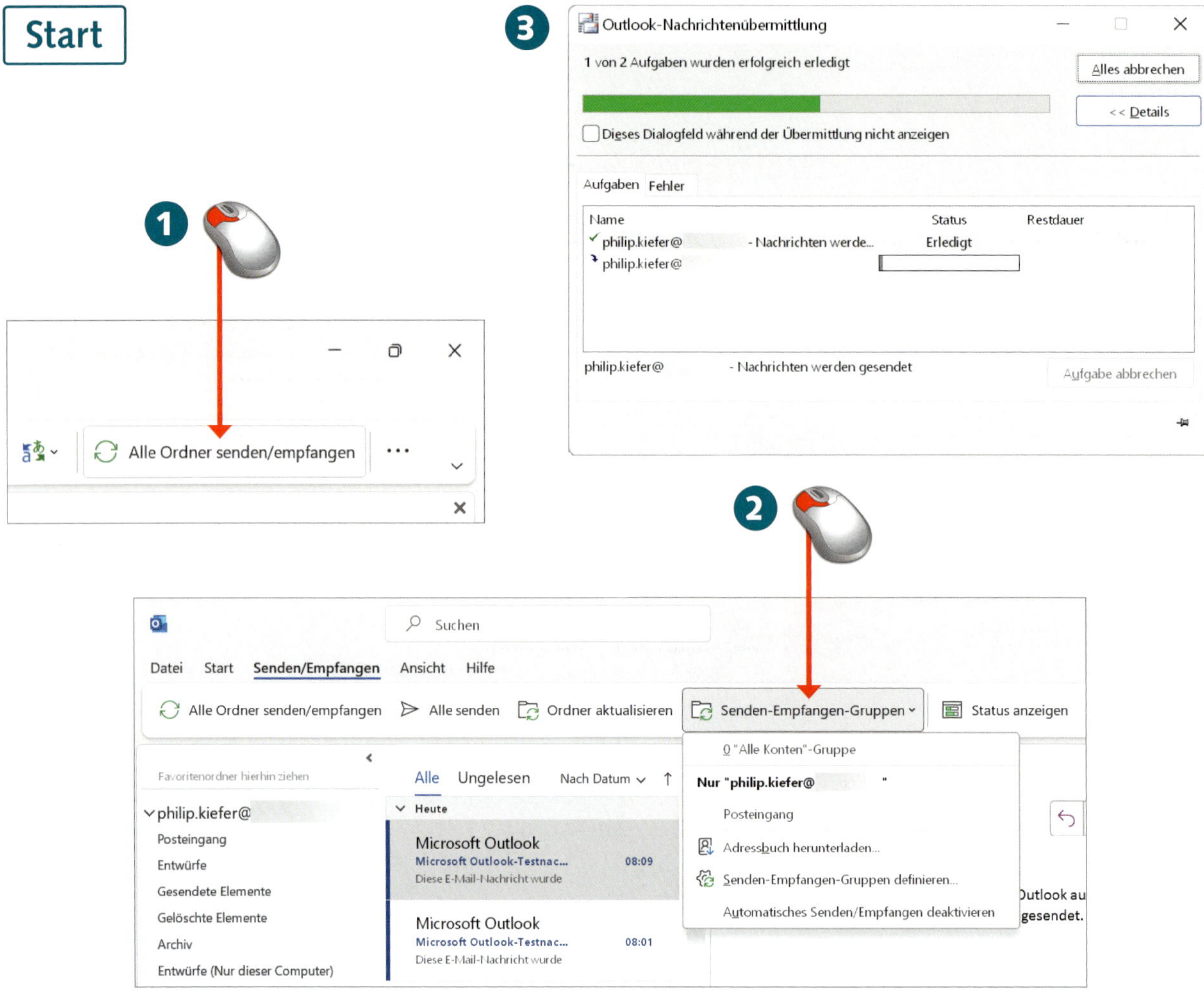

1. Bei manuellem Nachrichtenaustausch wählen Sie auf der Registerkarte *Start* die Schaltfläche *Alle Ordner senden/empfangen* (hier wird das vereinfachte Menüband dargestellt) oder drücken Sie F9.

2. Über das Menü der Schaltfläche *Senden-Empfangen-Gruppen* der Registerkarte *Senden/Empfangen* lassen sich Nachrichten eines Kontos gezielt abrufen und versenden.

3. Während des Nachrichtentransfers zwischen Outlook und dem E-Mail-Server werden der Status und der Ablauf in diesem Dialogfeld angezeigt.

WISSEN

Outlook kann den E-Mail-Server per Onlineverbindung automatisch auf eingegangene E-Mails abfragen sowie neue Nachrichten versenden. Ist ein manueller Nachrichtenaustausch konfiguriert, nutzen Sie die Schritte 1 bis 3, um neue Nachrichten abzuholen bzw. zu versenden.

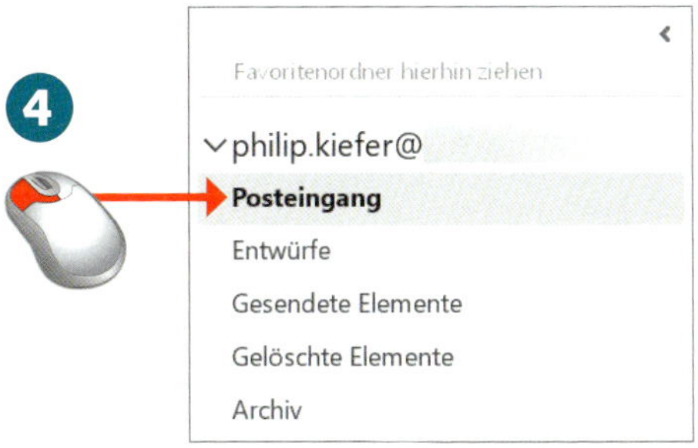

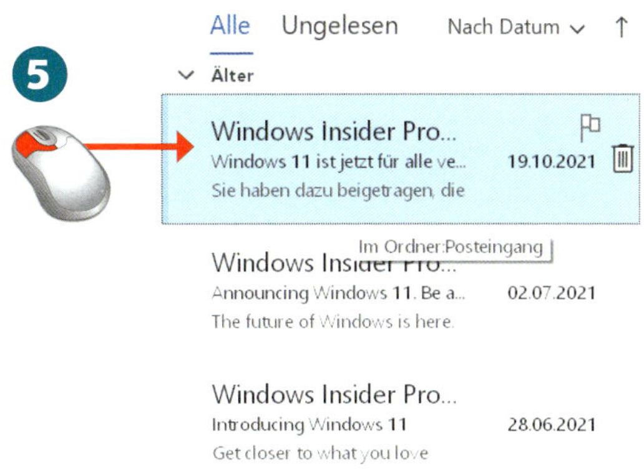

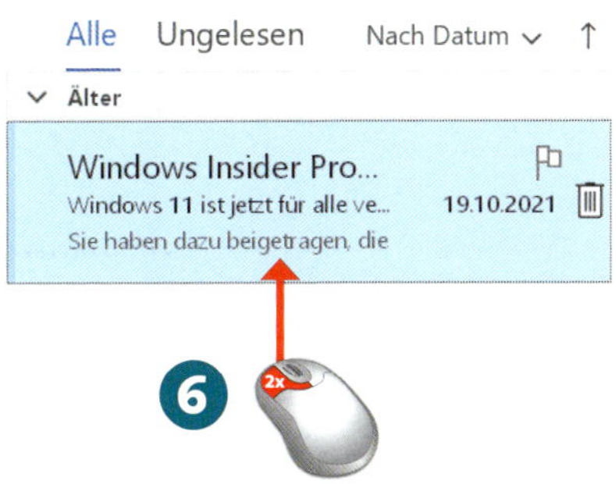

4 Zum Lesen der Nachrichten wählen Sie im Ordnerbereich die Gruppe *E-Mail* und anschließend den Ordner *Posteingang*.

5 Wählen Sie eine Nachricht in der Nachrichtenliste aus, erscheint der Inhalt im Vorschaufenster (Lesebereich).

6 Ist Ihnen die Darstellung im Vorschaufenster zu klein, doppelklicken Sie auf eine E-Mail, um diese in einem eigenen Fenster aufzurufen.

Ende

HINWEIS

Ungelesene Nachrichten werden fett gedruckt dargestellt, sodass Sie gleich erkennen, welche E-Mails Sie bereits geöffnet haben und welche nicht.

HINWEIS

Die Anordnung des Lesebereichs (rechts unten) passen Sie auf der Registerkarte *Ansicht* über die Menüschaltfläche *Lesebereich* der Gruppe *Layout* an.

Start

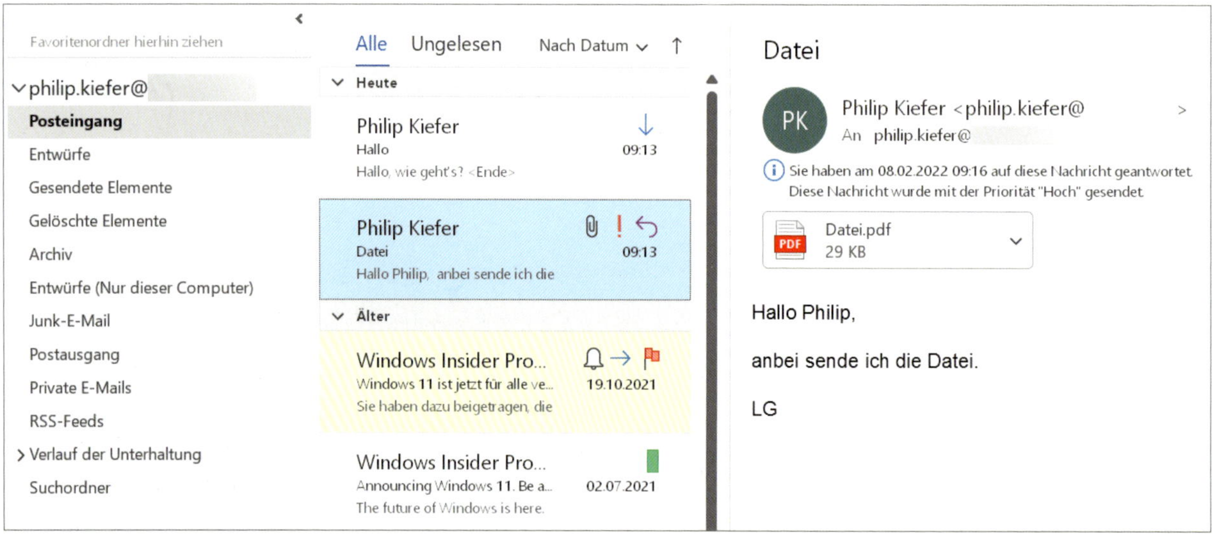

WISSEN

In der Gruppe *E-Mail* zeigt der Dokumentbereich des Outlook-Fensters bei Anwahl eines Ordners die Liste der Nachrichten im Posteingang, Postausgang etc. als Nachrichtenliste an. Diese bietet einen schnellen Überblick über die vorhandenen Nachrichten und deren Status. Ungelesene Nachrichten werden mit fetter Schrift in der Nachrichtenliste angezeigt. Wie Sie den Status ändern, ist auf den folgenden Seiten beschrieben.

- ! ↓ Ein stilisiertes Ausrufezeichen bzw. ein nach unten weisender Pfeil zeigen, dass der Absender die Nachricht mit einer erhöhten bzw. niedrigeren Priorität versehen hat.
-  Eine stilisierte Büroklammer als Symbol weist darauf hin, dass die Nachricht eine Anlage in Form von einer oder mehreren Dateien enthält.
-  Ein nach links weisender geschwungener Pfeil bei einer Nachricht zeigt an, dass Sie diese bereits beantwortet haben. Weist ein gerader Pfeil nach rechts, bedeutet es, dass die E-Mail von Ihnen an eine andere E-Mail-Adresse weitergeleitet wurde.
-  Eine stilisierte Fahne bedeutet, dass die betreffende Nachricht von Ihnen als zu verfolgen gekennzeichnet wurde (z. B. weil noch Klärungen erforderlich sind).
-  Eine stilisierte Glocke in der Nachrichtenliste erinnert an die Bearbeitung von Nachrichten, die Sie mit einer Erinnerungsfunktion versehen haben. Die Glocke wird nur dargestellt, wenn der Bearbeitungstermin noch in der Zukunft liegt. Ist der Erinnerungstermin verstrichen, verschwindet das Symbol der Glocke und die Nachrichtenzeile wird rot eingefärbt.
-  Nachrichten lassen sich Kategorien zuordnen, wobei die Kategorie in einer eigenen Spalte mit einem farbigen Symbol dargestellt wird.

TIPP

Kategorien und Fähnchen eröffnen die Möglichkeit, Nachrichten entsprechend ihrer Wichtigkeit oder ihrem Bearbeitungsstand zu kennzeichnen.

HINWEIS

In diesem Fall befindet sich der Lesebereich rechts. Auf der Registerkarte *Ansicht* unter *Layout/Lesebereich* lässt er sich auch unten anzeigen oder ganz ausblenden.

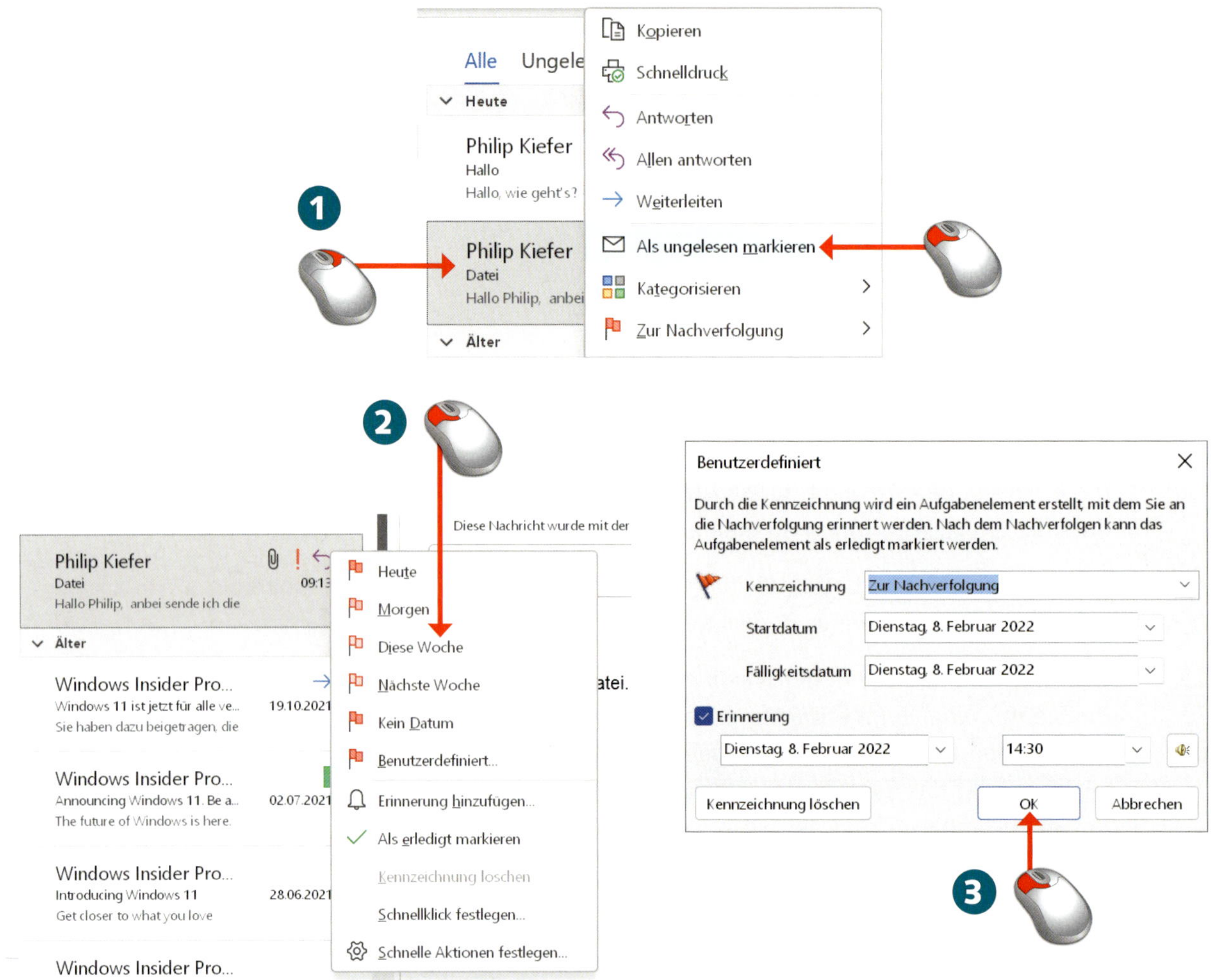

1. Öffnen Sie das Kontextmenü einer bereits als gelesen gekennzeichneten Nachricht, können Sie deren Status über den Kontextmenübefehl *Als ungelesen markieren* zurücksetzen.
2. Klicken Sie mit der rechten Maustaste auf das beim Zeigen auf eine E-Mail eingeblendete Fähnchen, lässt sich eine der Kennzeichnungen zur Nachverfolgung zuweisen.
3. Um sich an Fälligkeiten erinnern zu lassen, wählen Sie in Schritt 2 den Kontextmenübefehl *Erinnerung hinzufügen* und legen die Erinnerungsoptionen fest.

WISSEN

Outlook stellt verschiedene Funktionen bereit, um Nachrichten auf Wiedervorlage (Erinnerung) zu setzen, zu klassifizieren oder zur Verfolgung zu markieren.

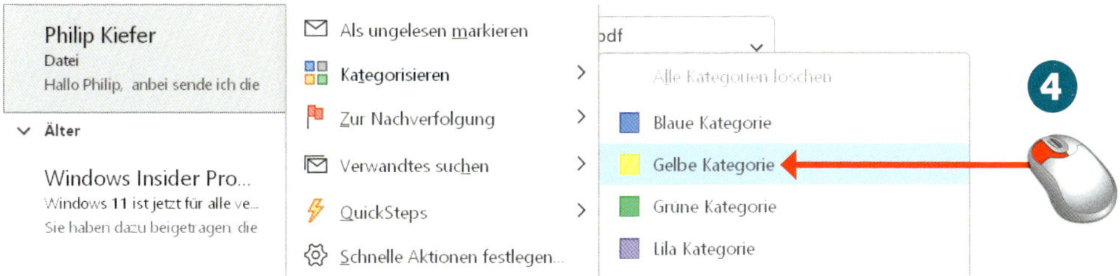

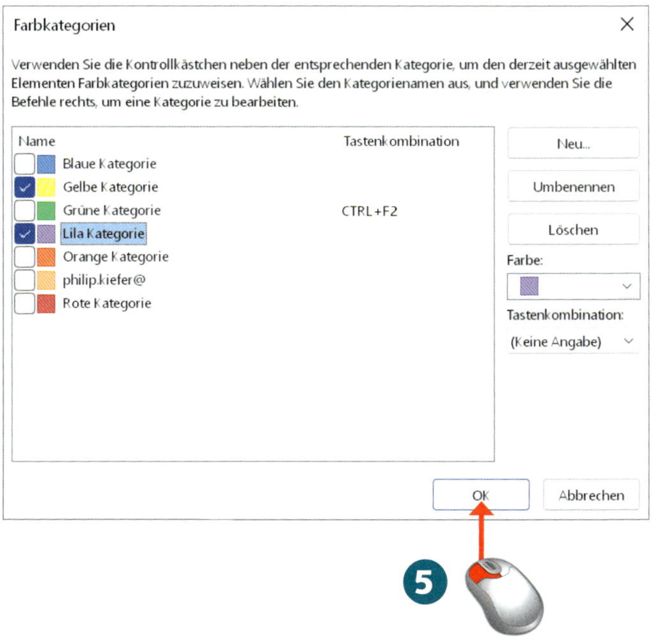

4 Um eine markierte Nachricht einer Kategorie zuzuordnen, klicken Sie eine Nachricht mit der rechten Maustaste an und wählen unter *Kategorisieren* eine Kategorie aus.

5 Wählen Sie im Kontextmenü aus Schritt 4 den Eintrag *Alle Kategorien*, können Sie in einem Dialogfeld eigene Kategorien definieren oder einem Eintrag mehrere Kategorien zuordnen.

6 Standardmäßig erfolgt die Sortierung der Nachrichtenliste nach Datum. Für eine Sortierung z. B. nach Kategorien öffnen Sie das entsprechende Menü oberhalb der Nachrichtenliste.

TIPP

Möchten Sie eine zur Nachverfolgung gekennzeichnete Nachricht als erledigt markieren, klicken Sie die Flagge erneut mit der rechten Maustaste an und wählen den Kontextmenüeintrag *Als erledigt markieren*.

HINWEIS

Farbkategorien stehen bei Nutzung eines IMAP-Kontos nicht zur Verfügung.

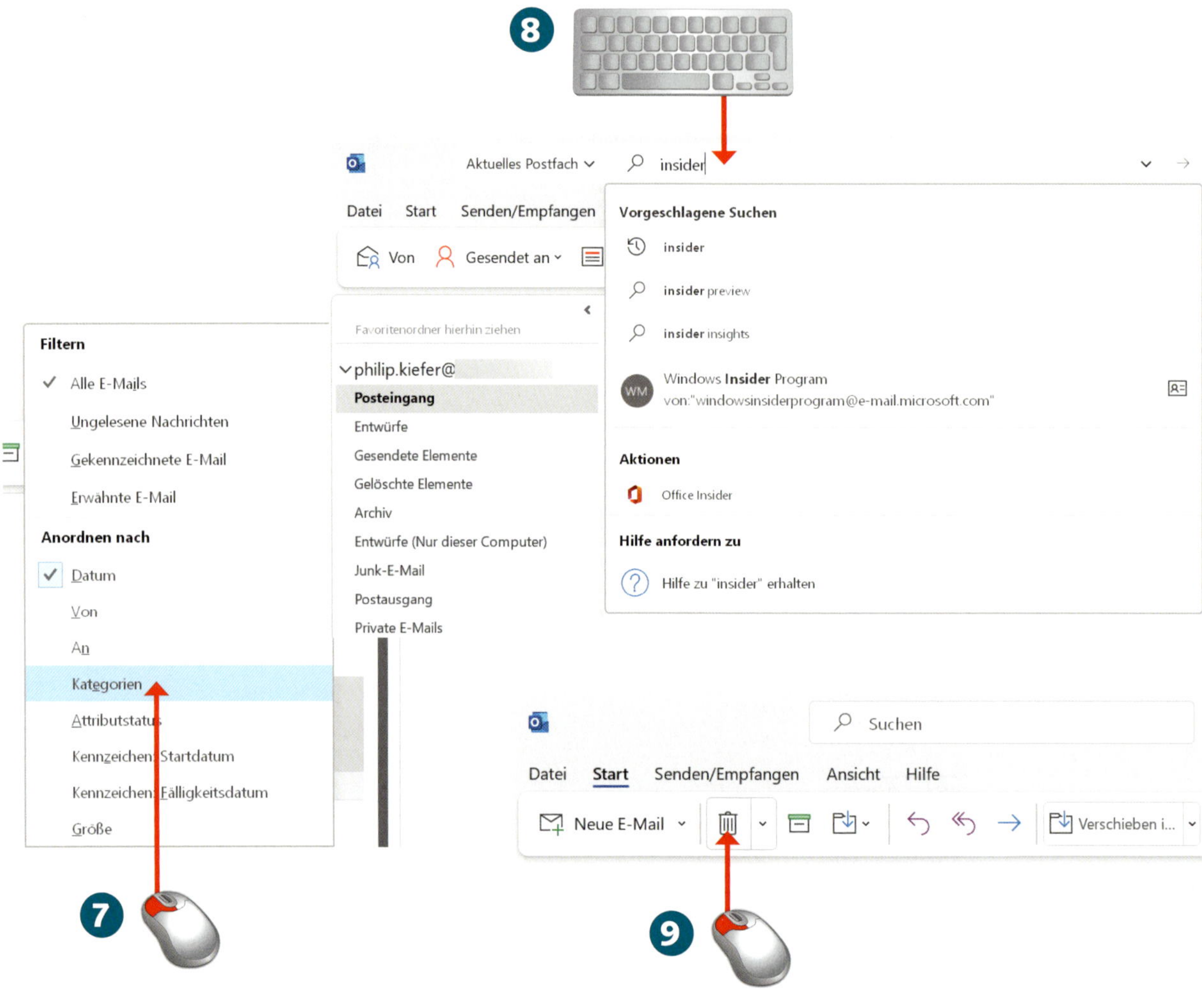

7 Wählen Sie im Menü die gewünschte Option aus, in diesem Fall *Kategorien*.

8 Tippen Sie einen Begriff in das Suchfeld oben in Outlook ein, um nach E-Mails zu suchen. Wählen Sie einen Suchvorschlag per Mausklick aus oder bestätigen Sie mit der ↵-Taste.

9 Eine markierte Nachricht lässt sich über die *Löschen*-Schaltfläche der Symbolleiste oder über die Tastenkombination Strg+D in den Ordner *Gelöschte Elemente* verschieben.

WISSEN

Outlook ermöglicht es Ihnen, nach Nachrichten zu suchen, diese zu kopieren, in andere Ordner zu verschieben oder zu löschen. Zudem können Sie den Inhalt einer Nachricht drucken. Die Option *Tabellenformat* der Gruppe *Einstellungen* (Schritt 12) druckt die Nachrichtenliste und *Memoformat* die markierte Nachricht. Erst der Kontextmenübefehl *Ordner leeren* des Ordners *Gelöschte Elemente* entfernt gelöschte E-Mails, Aufgaben, Notizen etc. endgültig.

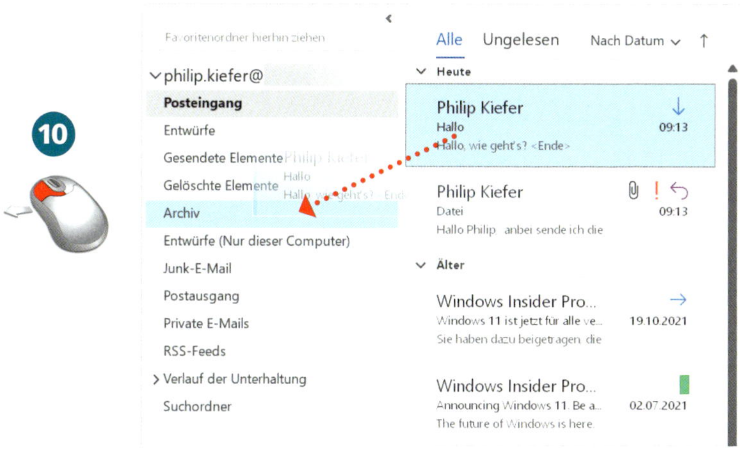

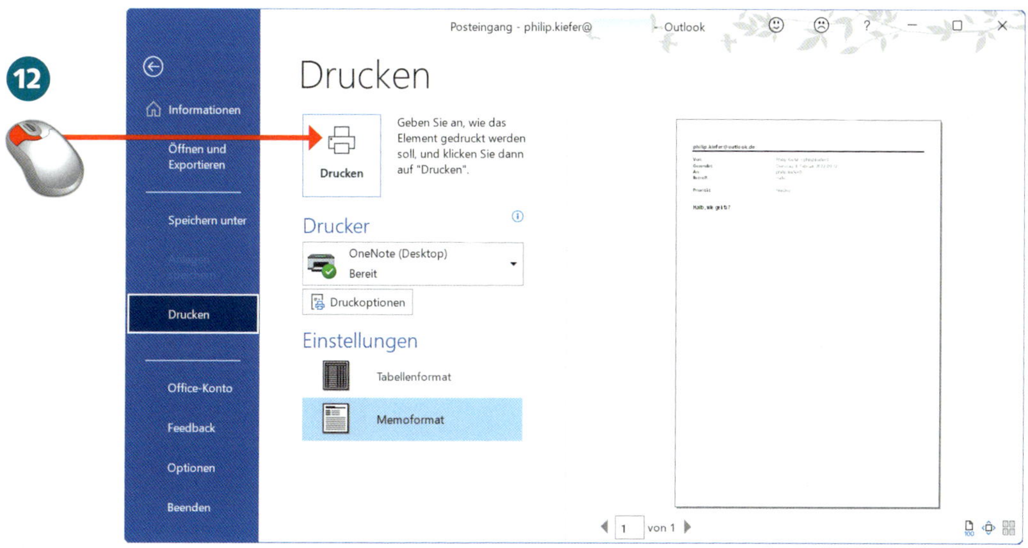

10 Zum Verschieben einer Nachricht ziehen Sie diese per Maus aus der Nachrichtenliste zum gewünschten Ordner im Ordnerbereich und lassen die Maus los.

11 Zum Drucken einer markierten Nachricht verwenden Sie die Tastenkombination [Strg]+[P] oder wechseln zur Registerkarte *Datei* und wählen in der Backstage-Ansicht den Befehl *Drucken*.

12 Legen Sie die Ausgabeoptionen in der Backstage-Ansicht fest, und wählen Sie die Schaltfläche *Drucken*, um den Ausdruck zu beginnen.

Ende

TIPP

Die Suchanfrage (Schritt 8) lässt sich über das am rechten Rand des Suchfelds befindliche Kreuzsymbol löschen.

TIPP

Wählen Sie den Ordner *Gelöschte Elemente* in der Navigationsleiste, um irrtümlich gelöschte Nachrichten in den Quellordner (z. B. Posteingang) zurückzuschieben.

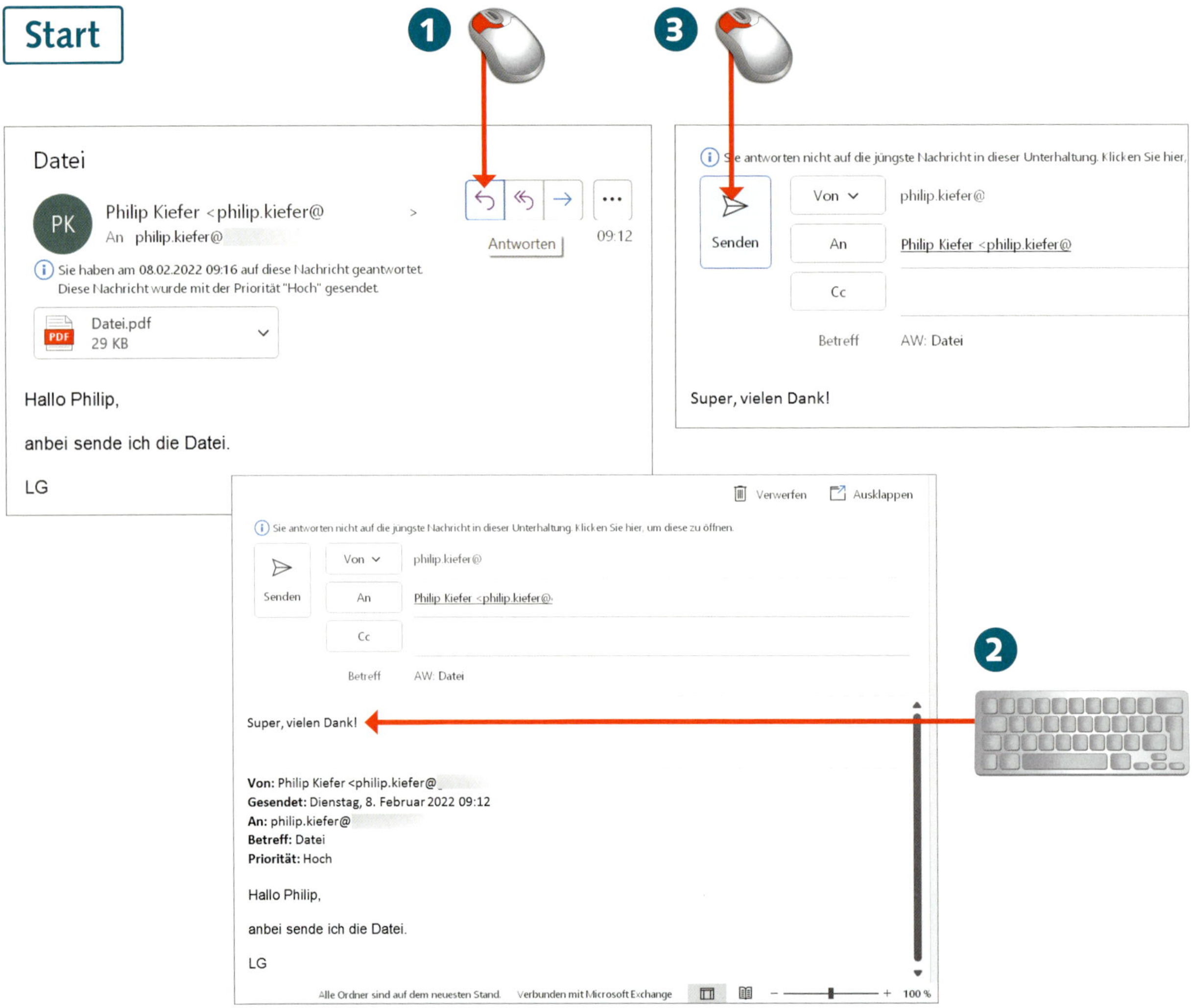

1. Um eine im Nachrichtenfenster geöffnete Nachricht zu beantworten, wählen Sie den geschwungenen nach links weisenden Pfeil.
2. Da die Empfängeradresse, der Betreff und der Ursprungstext automatisch in die Antwort übernommen werden, brauchen Sie nur noch den Antworttext einzutippen.
3. Über die *Senden*-Schaltfläche lässt sich die Nachricht direkt versenden bzw. bei entsprechenden Einstellungen in den Postausgang übertragen.

WISSEN

Eine Nachricht an mehrere Empfänger lässt sich über die Schaltfläche *Allen antworten* beantworten. Dann werden alle Empfängeradressen automatisch in die Antwort übernommen. Beim Weiterleiten tragen Sie dagegen die Empfängeradresse in den Nachrichteneditor ein.

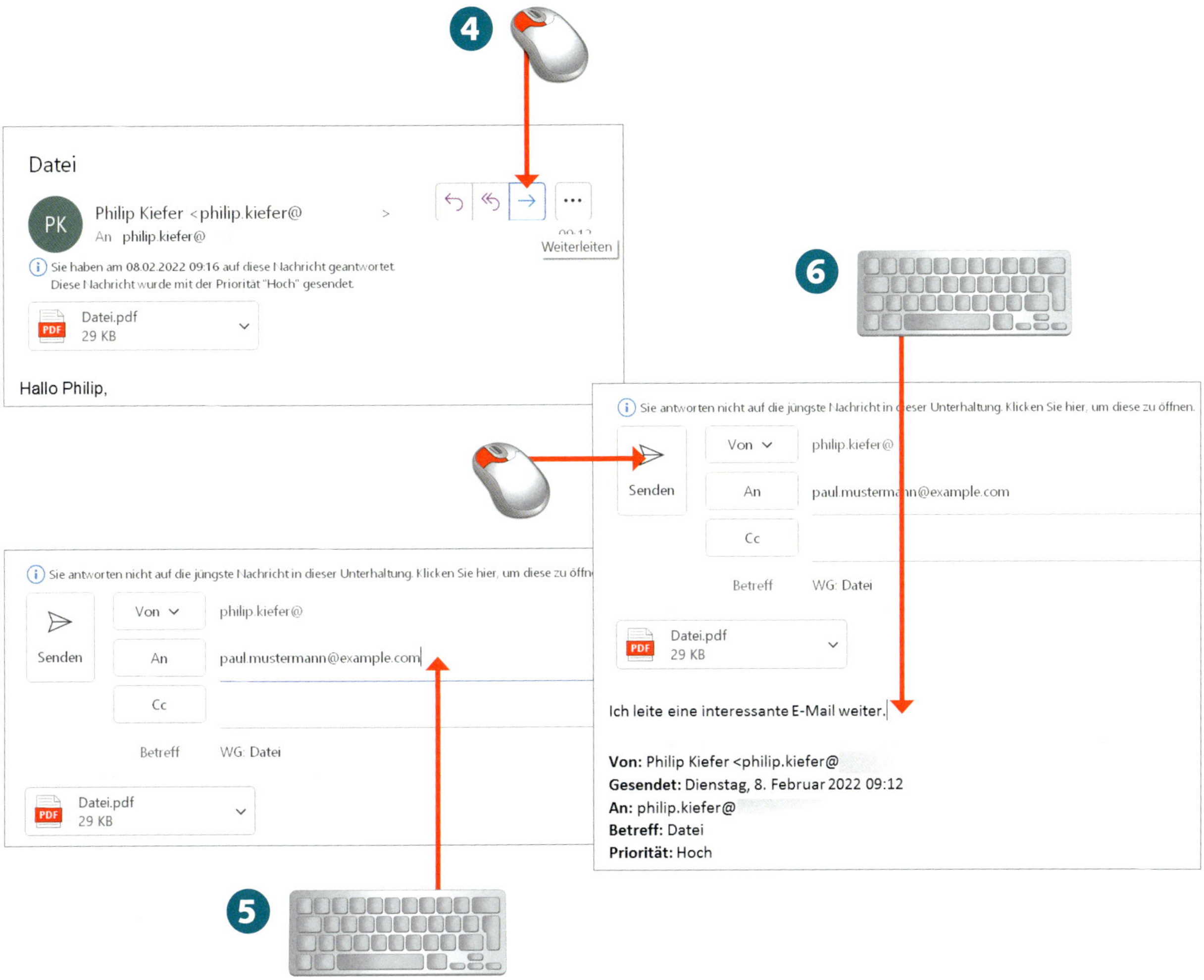

4 Um eine eingetroffene Nachricht an eine andere E-Mail-Adresse weiterzuleiten, klicken Sie bei einer geöffneten Nachricht auf den nach rechts weisenden Pfeil.

5 Fügen Sie im Empfängerfeld *An* die Empfängeradresse(n) ein. Wählen Sie die *An*-Schaltfläche, lassen sich die Adressen im Dialogfeld in das *An*-Feld übernehmen.

6 Ergänzen Sie den Nachrichtentext und klicken Sie auf die *Senden*-Schaltfläche, um die E-Mail in den Postausgang und dann an den E-Mail-Ausgangsserver zu übertragen.

Ende

HINWEIS

Die Schaltflächen zum Beantworten/Weiterleiten lassen sich auch im Menüband auf der Registerkarte *Start* aufrufen.

TIPP

Eine neue Nachricht lässt sich über die Schaltfläche *Rechtschreibung und Grammatik* der Registerkarte *Überprüfen* auf Schreibfehler im Text überprüfen.

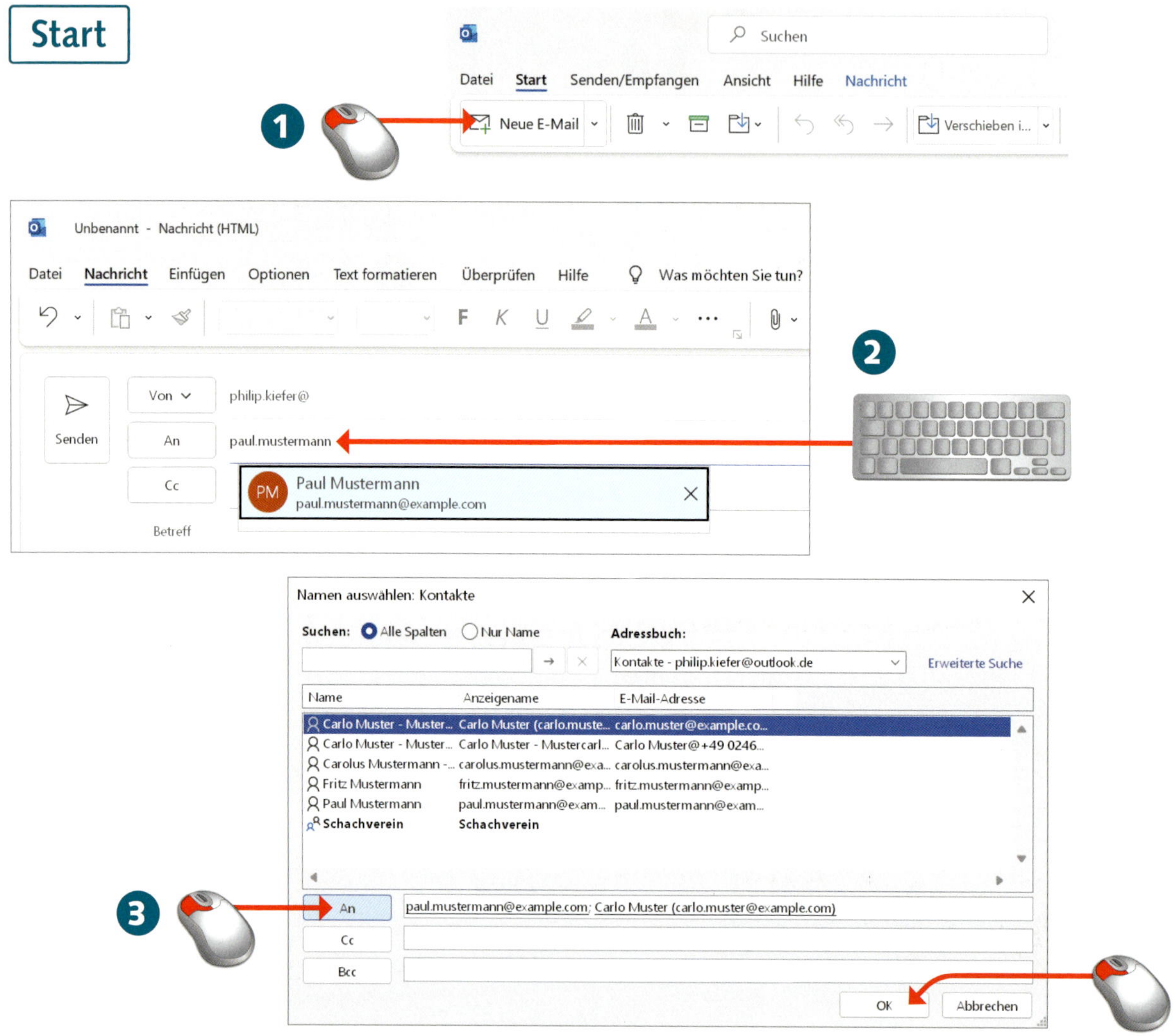

1. Wählen Sie auf der Registerkarte *Start* des Outlook-Fensters die Schaltfläche *Neue E-Mail*.
2. Tragen Sie in die Felder *An* und *Cc* die Empfängeradressen ein. Mehrere Adressen werden jeweils durch ein Semikolon (;) getrennt.
3. Alternativ klicken Sie auf die *An*-Schaltfläche. Wählen Sie die Empfängeradressen in der Adressliste aus, übertragen Sie diese mit den Schaltflächen *An*, *Cc*, *Bcc* in die Felder. Bestätigen Sie mit *OK*.

WISSEN

Das Feld *Cc* ermöglicht es Ihnen, Kopien an weitere Empfänger zu senden. Bei eingetragenen Adressen im Feld *Bcc* werden Blindkopien an weitere Empfänger verschickt, ohne dass deren E-Mail-Adressen sichtbar werden. Dies verhindert z. B. bei Rundmails, dass Kundenlisten bei den Empfängern publik werden. Auf der Registerkarte *Optionen* im Menüband lassen sich über Kontrollkästchen Übermittlungs-/Lesebestätigungen anfordern oder das Feld *Bcc* einblenden.

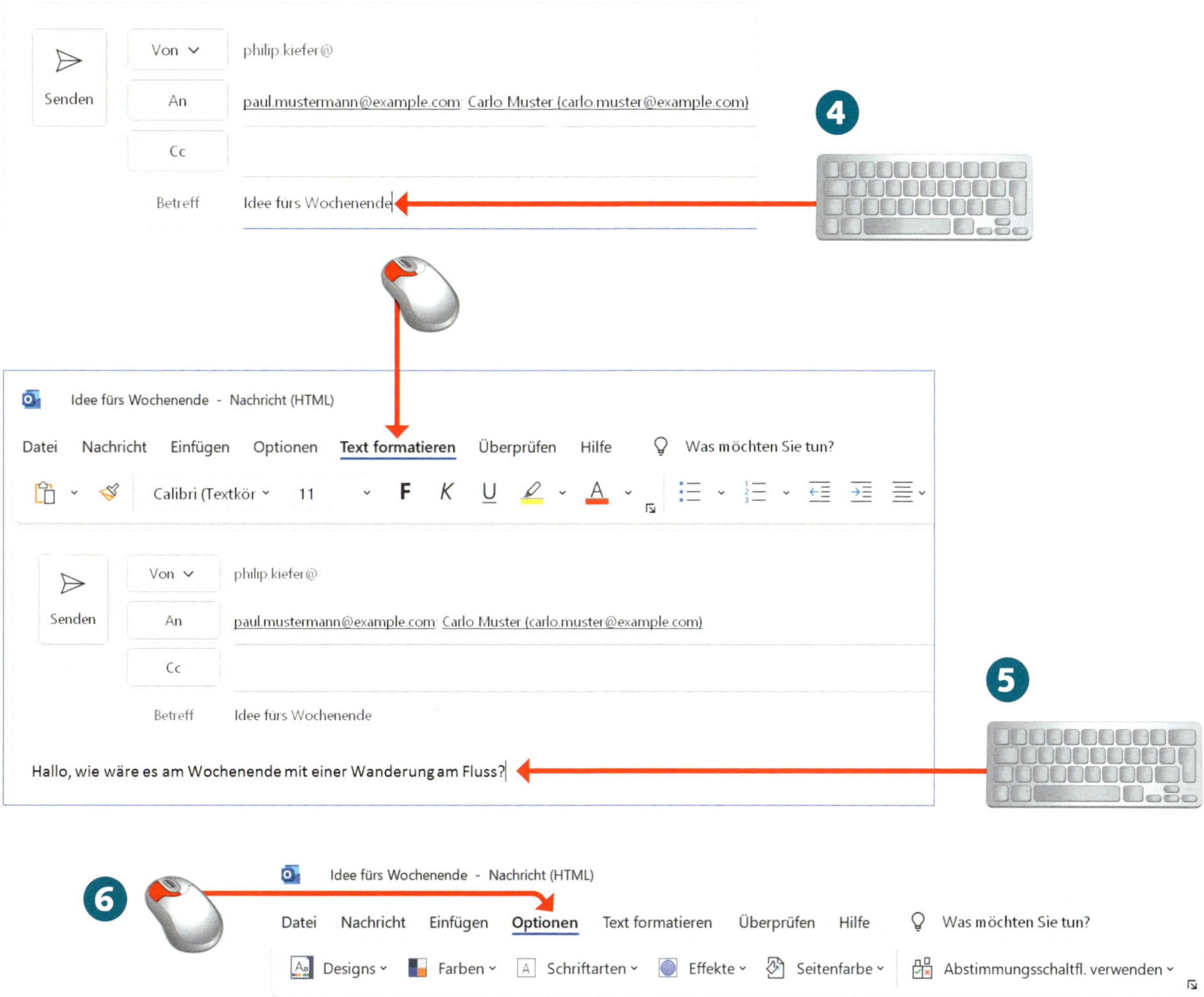

4 Sind die Empfängeradressen eingetragen, geben Sie im *Betreff*-Feld einen kurzen Text mit einem Hinweis auf den Nachrichteninhalt ein.

5 Tragen Sie im Dokumentbereich den Text der Nachricht ein. Über die Elemente der Registerkarte *Text formatieren* lässt sich der Nachrichtentext bei Bedarf formatieren.

6 Auf der Registerkarte *Optionen* weisen Sie über die Elemente der Gruppe *Designs* einer HTML-Nachricht eine Hintergrundfarbe, Schriftarten sowie Designs zu.

TIPP

Ist die Kategorie *E-Mail* in der Ordnerleiste aktiv, erstellt Strg+N eine neue Nachricht.

HINWEIS

E-Mails können über die Gruppe *Format* der Registerkarte *Text formatieren* auf *Nur Text* oder *HTML* bzw. *Rich-Text* gestellt werden. Nur bei HTML und Rich-Text sind Textformatierungen möglich.

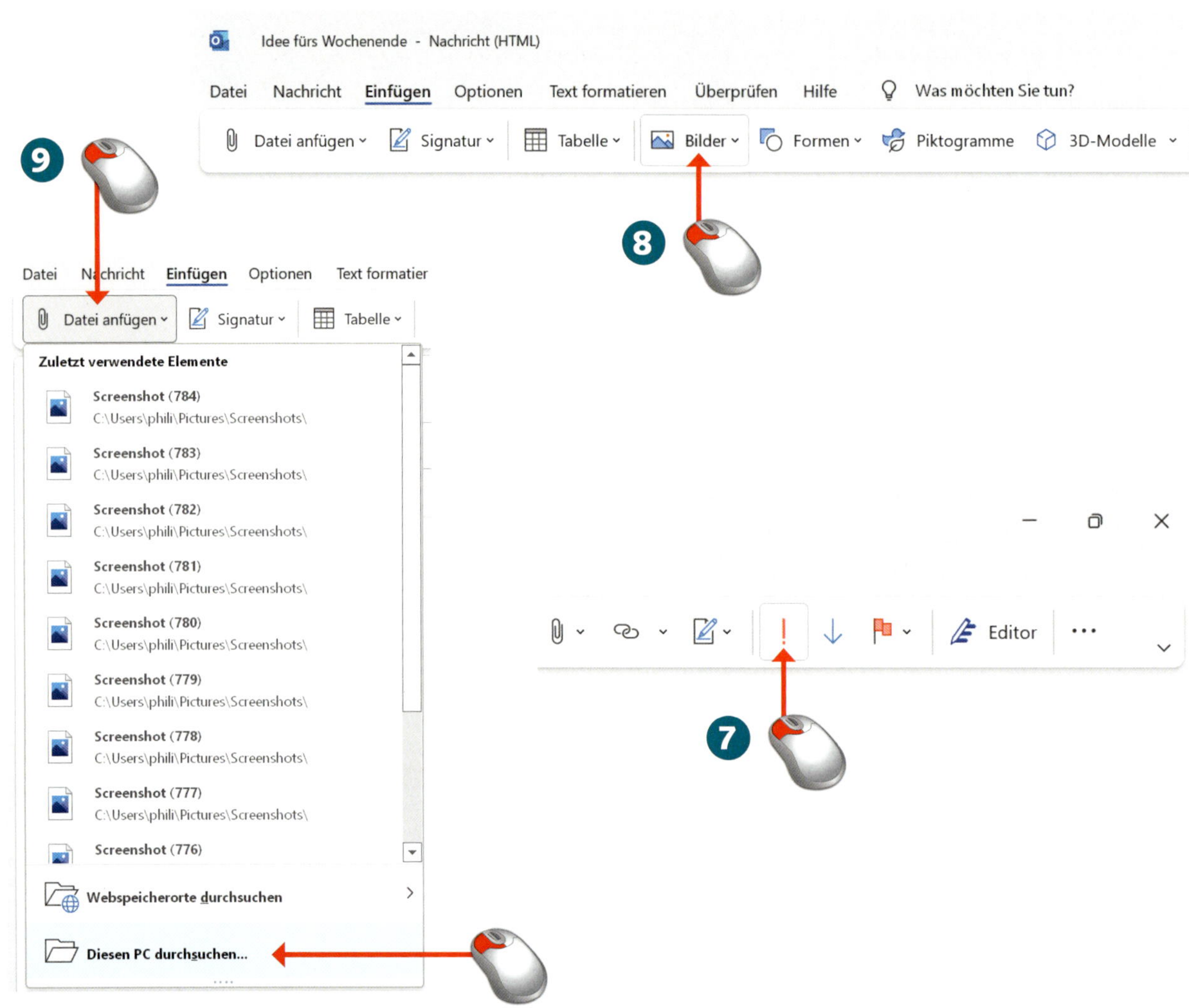

7. Auf der Registerkarte *Nachricht* lässt sich die Prioritätskennzeichnung erhöhen bzw. reduzieren.

8. Bei HTML-Mails wechseln Sie im Menüband zur Registerkarte *Einfügen*, um (wie in Word) Tabellen, Bilder oder andere Elemente einzufügen.

9. Um der Nachricht eine Datei anzuhängen, wählen Sie auf der Registerkarte *Einfügen* die Schaltfläche *Datei anfügen* und im Menü *Diesen PC durchsuchen*.

WISSEN

Eine E-Mail muss nicht nur Text enthalten. Auch Tabellen, Bilder und weitere Dateien lassen sich in eine E-Mail einfügen bzw. an diese anhängen. Achten Sie nur darauf, dass die E-Mail insgesamt nicht zu groß wird, sonst klappt es unter Umständen nicht mehr mit dem Senden. Ziehen Sie eine Datei (z. B. per Maus) in das Nachrichtenfenster, um diese Datei als Anlage einzufügen.

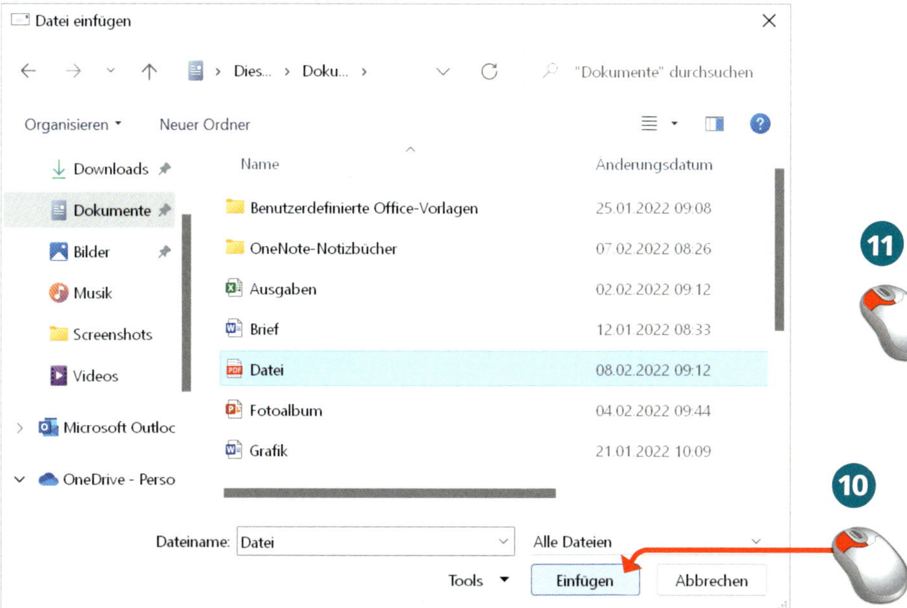

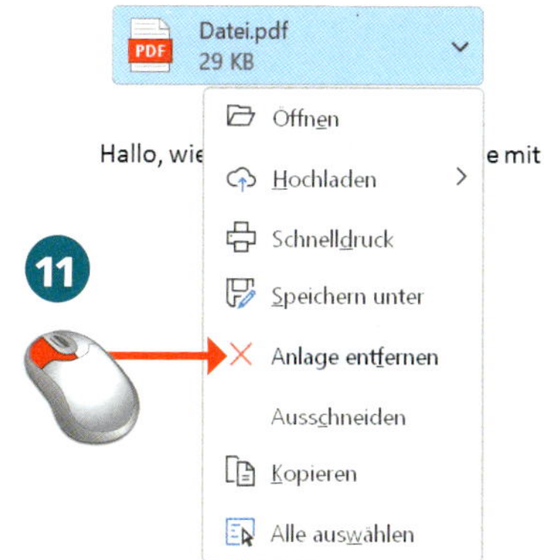

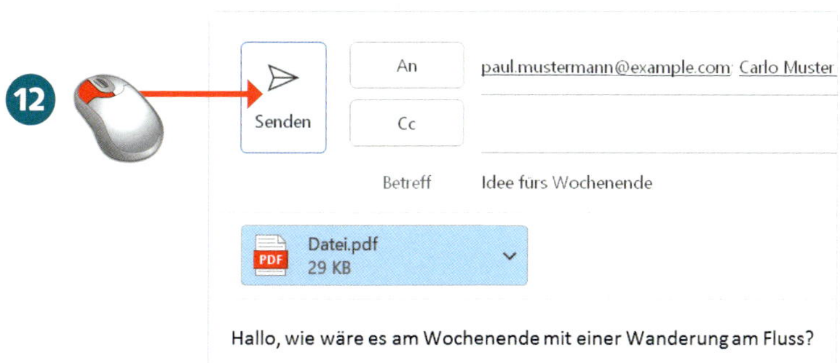

10 Markieren Sie die einzufügenden Dateien in diesem Dialogfeld, und wählen Sie die *Einfügen*-Schaltfläche.

11 Die eingefügten Dateien werden in einer separaten Zeile angezeigt. Einträge lassen sich über den Menübefehl *Anlage entfernen* aus der Anlage entfernen.

12 Übertragen Sie die fertige Nachricht mithilfe der *Senden*-Schaltfläche in den Postausgang oder an den Postausgangsserver.

Ende

HINWEIS

Große Anhänge laden Sie auf OneDrive hoch und fügen den Link über *Webspeicherorte durchsuchen* in die Mail ein (siehe Menü Schritt 9).

TIPP

Sind mehrere E-Mail-Konten in Outlook eingerichtet, lässt sich über die eingeblendete Schaltfläche *Von* wählen, über welches Konto die Nachricht versandt wird.

Start

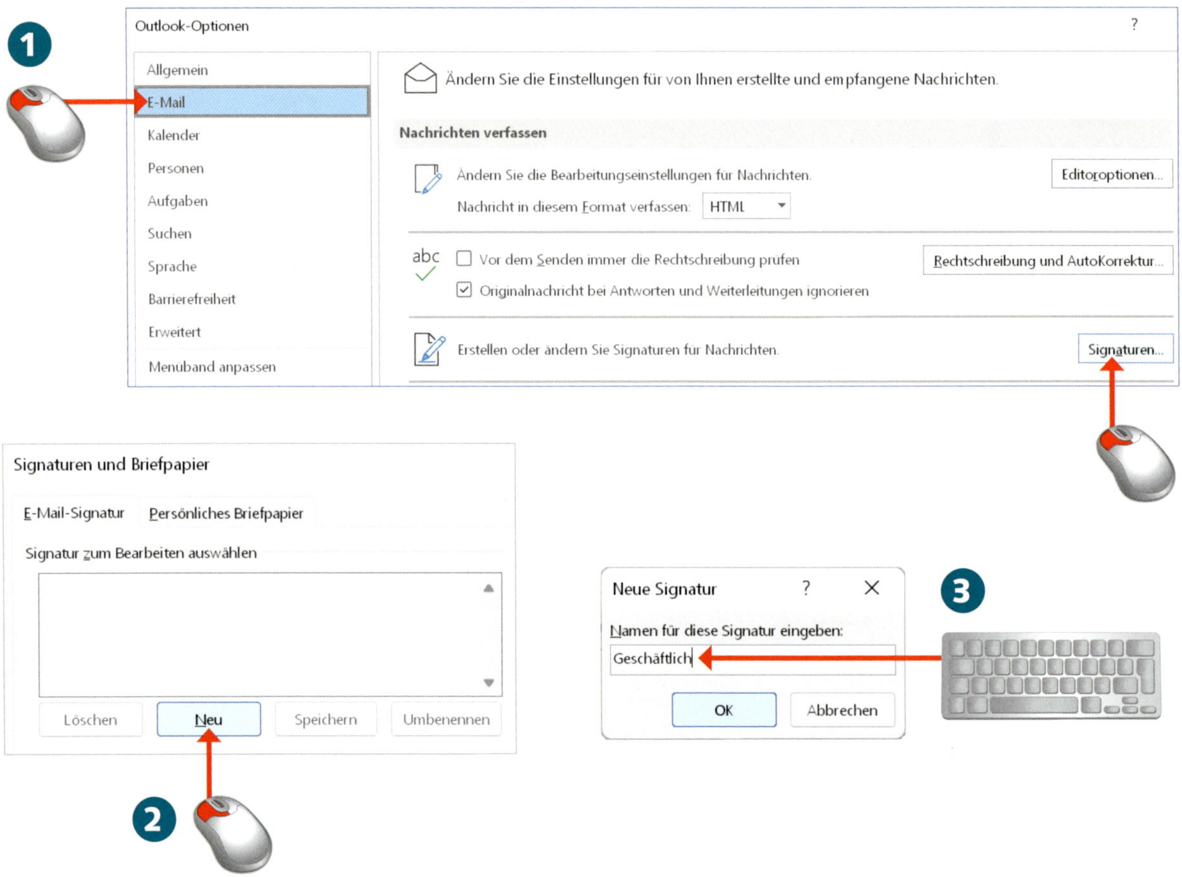

1. Um eine neue Signatur anzulegen, wählen Sie im Menüband *Datei/Optionen*. Entscheiden Sie sich in der Kategorie *E-Mail* der *Outlook-Optionen* für die Schaltfläche *Signaturen*.

2. Klicken Sie im Dialogfeld *Signaturen und Briefpapier* auf die Schaltfläche *Neu*.

3. Geben Sie der neuen Signatur zunächst eine sinnvolle Bezeichnung und bestätigen Sie mit *OK*.

WISSEN

Eine Signatur ist ein Textbaustein, den Sie einer E-Mail automatisch oder manuell anhängen können. In der Regel verwenden Sie die Signatur für Kontaktdaten. Aber auch Zitate und weitere Inhalte lassen sich in Signaturen einbauen.

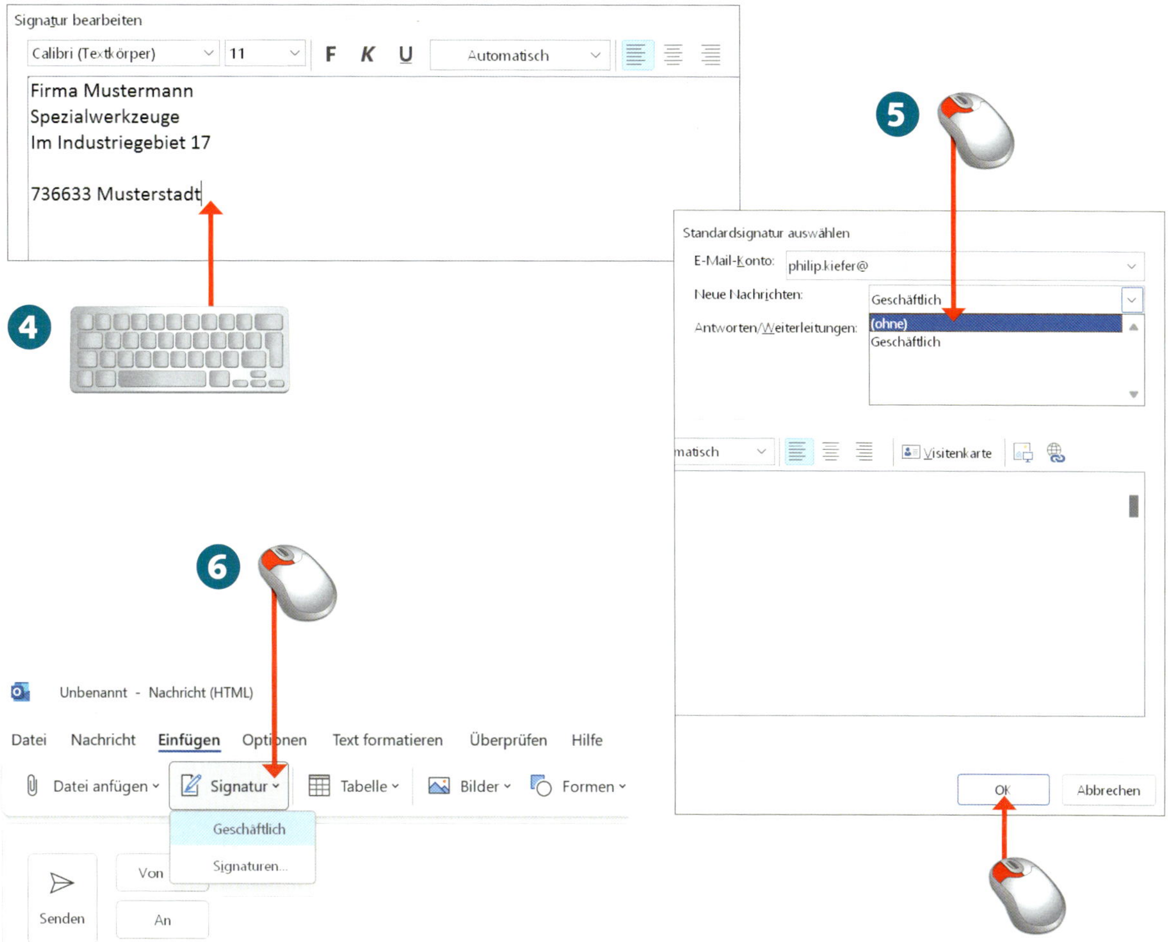

4 Erstellen Sie im Feld *Signatur bearbeiten* Ihre Signatur – so wie sie unten an Ihre E-Mail-Texte angehängt werden soll.

5 Im Menü *Neue Nachrichten* bestimmen Sie noch, ob eine Signatur automatisch in neue E-Mails eingefügt wird oder nicht. Bestätigen Sie mit *OK*.

6 Hier wird eine Signatur im Nachrichtenfenster manuell eingefügt, und zwar auf der Registerkarte *Einfügen* unter *Signatur*.

Ende

TIPP

Sie können mehrere Signaturen erstellen, z. B. eine für die Firma, eine für den Verein, eine private Signatur usw. Die Auswahl treffen Sie im Menü aus Schritt 6.

HINWEIS

Falls Sie in Outlook mehrere E-Mail-Konten eingerichtet haben, wählen Sie das Konto, dem Sie die Signatur zuordnen möchten, im Menü *E-Mail-Konto* im Fenster aus Schritt 5 aus.

Start

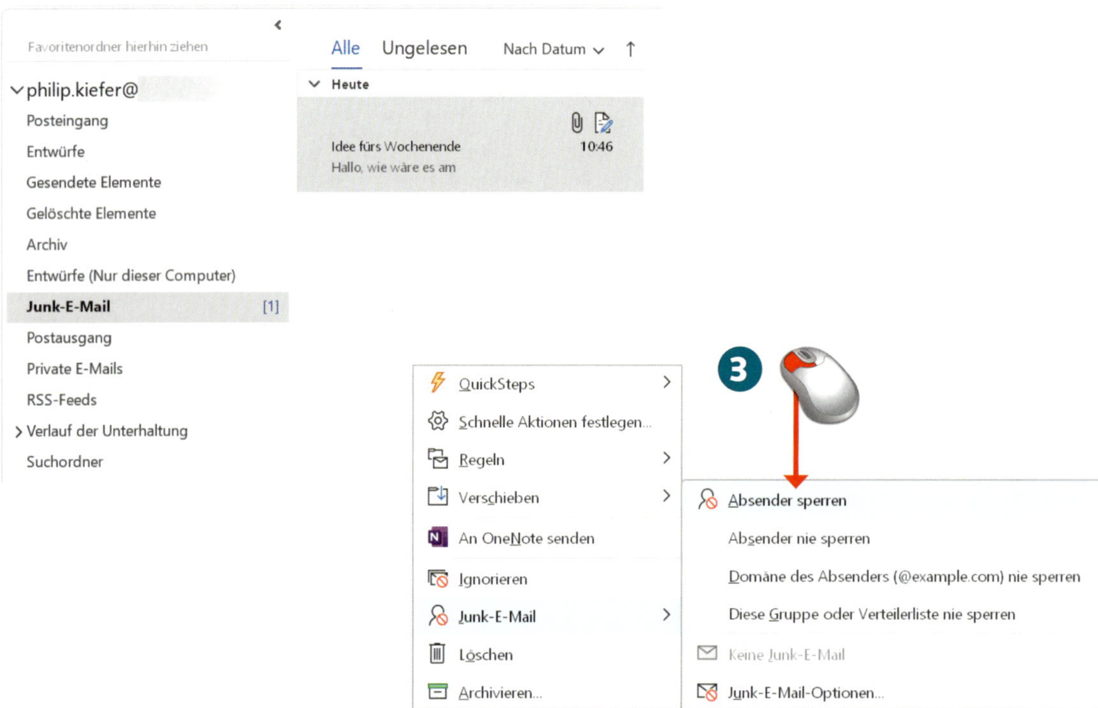

1. Bei eintreffenden Nachrichten werden bestimmte Inhalte, die eine Identifizierung per Web ermöglichen, blockiert. Es wird ggf. eine Warnung im Nachrichtenfenster gezeigt.

2. Als Spam erkannte Nachrichten werden in den Ordner *Junk-E-Mail* einsortiert.

3. Landet eine Junk-E-Mail doch einmal im Posteingang klicken Sie diese mit der rechten Maustaste an und wählen im Kontextmenü unter *Junk-E-Mail* den Eintrag *Absender sperren*.

WISSEN

Outlook besitzt Filterfunktionen, um unerwünscht eintreffenden Werbemüll (auch als Junk-E-Mail oder Spam bezeichnet) zu filtern. Über Kontextmenübefehle lässt sich der Absender markierter Spam-E-Mails blocken oder (bei Fehlalarm) zur Liste erwünschter Absender hinzufügen.

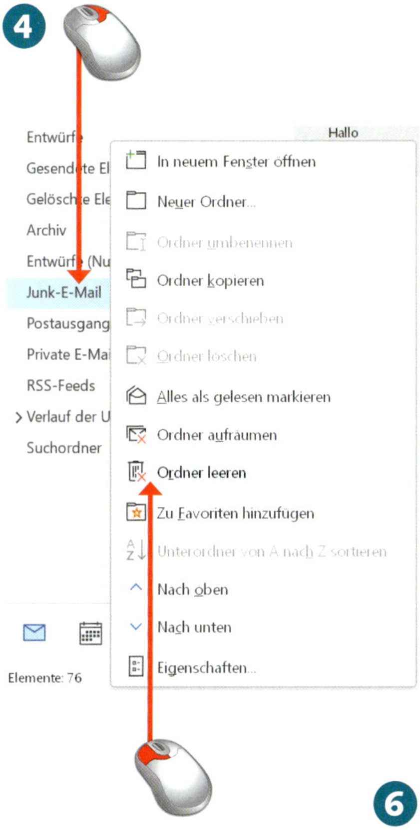

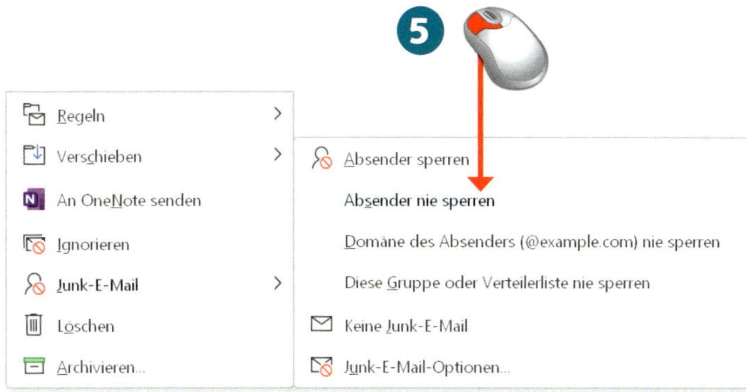

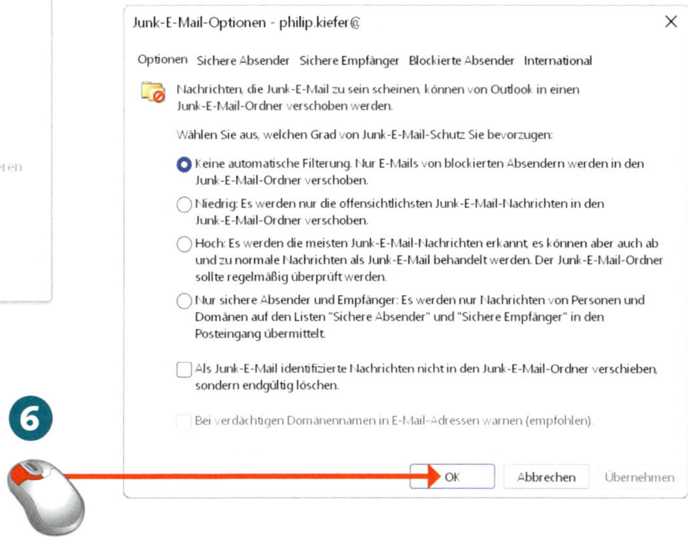

4 Mit dem Kontextmenübefehl *Ordner leeren* leeren Sie den Ordner *Junk-E-Mail*.

5 Oder wurde eine E-Mail fälschlicherweise als Spam-E-Mail erkannt? Dann klicken Sie die E-Mail mit der rechten Maustaste an und wählen im Kontextmenü *Junk-E-Mail/Absender nie sperren*.

6 Der Kontextmenübefehl *Junk-E-Mail-Optionen* (Schritt 5) öffnet ein Eigenschaftenfenster, auf dessen Registerkarte *Optionen* Sie den Filtergrad von Junk-Mails anpassen.

TIPP

Halten Sie beim Löschen einer Nachricht die ⇧-Taste gedrückt, wird die Nachricht – nach Bestätigung einer Sicherheitsabfrage – ohne Umweg endgültig gelöscht.

HINWEIS

Die Schaltfläche *Löschen* verschiebt markierte Phishing- und Spamnachrichten nur in den Ordner *Gelöschte Elemente*. Denken Sie daher an das Leeren dieses Ordners (siehe Seite 272).

7

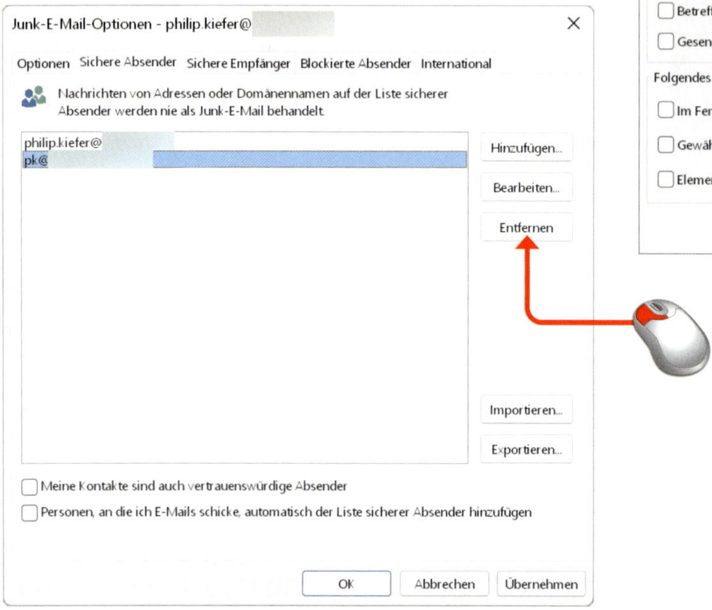

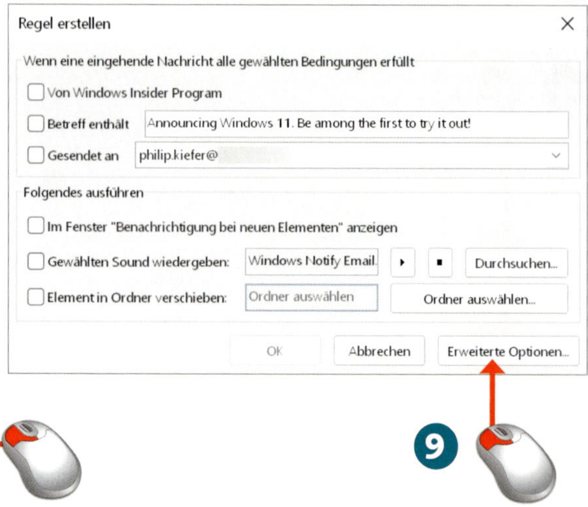

9

8

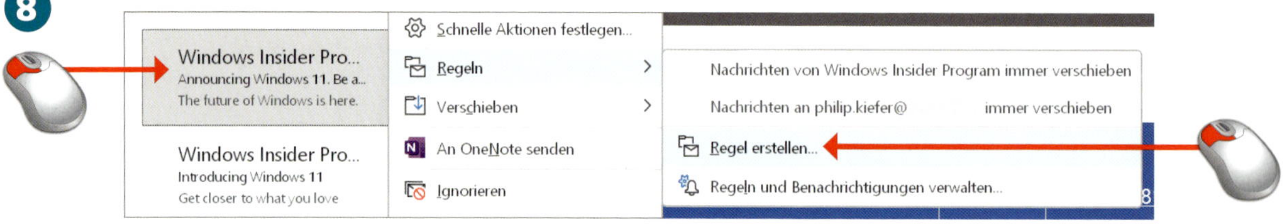

7 Auf den Registerkarten *Sichere Absender* und *Blockierte Absender* können Sie Einträge hinzufügen oder markieren und mit der *Entfernen*-Schaltfläche löschen.

8 Um eine Nachrichtenregel zu erstellen, wählen Sie im Kontextmenü einer Nachricht den Befehl *Regeln/Regel erstellen*.

9 Legen Sie die gewünschten Optionen für die Regel fest, und klicken Sie auf *OK*. Um mehr Optionen zu erhalten, wählen Sie die Schaltfläche *Erweiterte Optionen*.

WISSEN

Manche E-Mail-Postfächer bieten einen Spamfilter, der erkannte Werbung auf dem Server blockiert – es wird nur noch eine Benachrichtigung mit dem Nachrichtenbetreff übermittelt. Zudem lassen sich in Outlook Nachrichtenregeln zur Verwaltung von E-Mails einsetzen. Unterstützt Ihr E-Mail-Provider einen Spamfilter, aktivieren Sie diesen, um Spammails bereits auf dem Server auszufiltern.

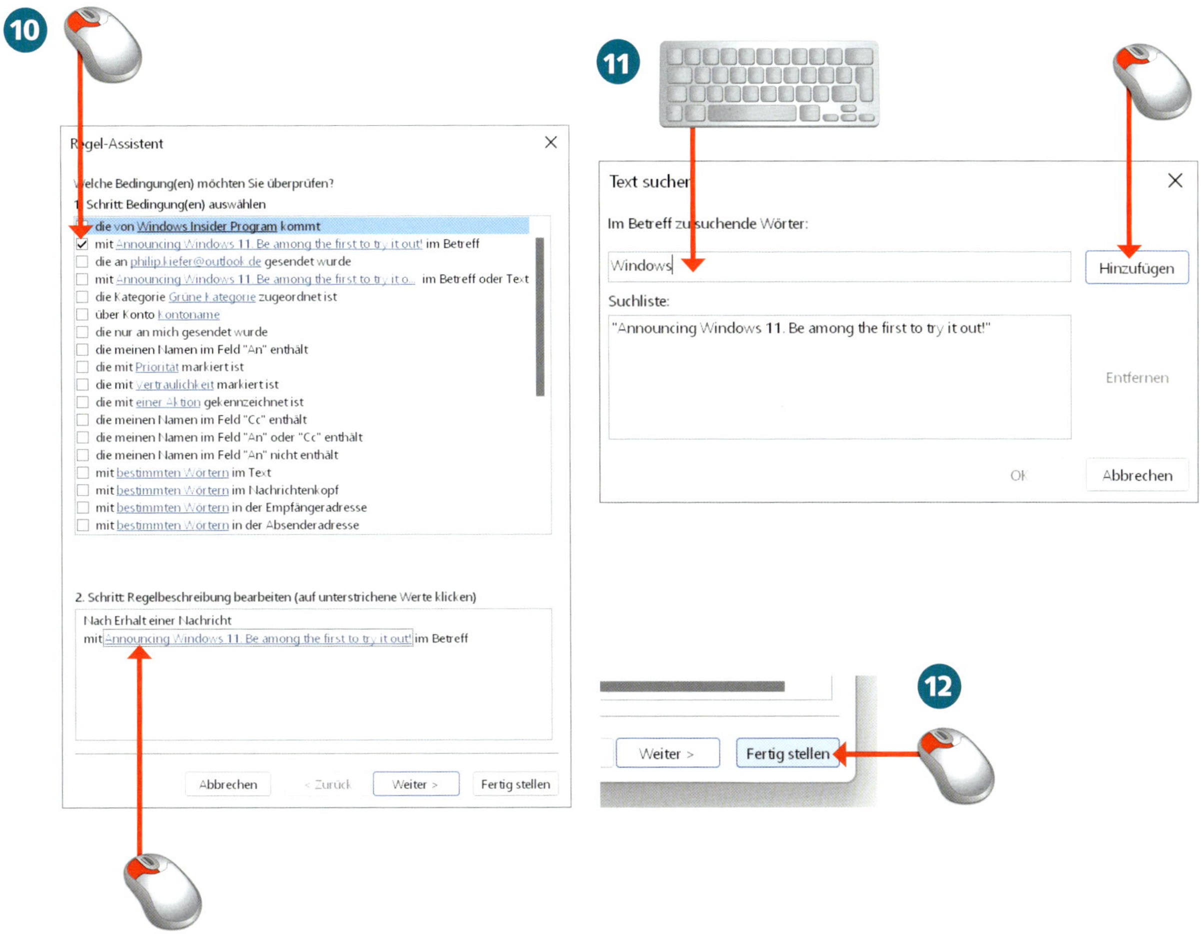

10 Markieren Sie im Regel-Assistenten das Kontrollkästchen der Bedingung, und wählen Sie im Feld *2. Schritt* der Regelbeschreibung den angezeigten Hyperlink.

11 Tippen Sie den Text der Regelbeschreibung in das Feld ein. Übernehmen Sie dies mit der *Hinzufügen*-Schaltfläche in die Filterliste, und klicken Sie auf *OK*.

12 Arbeiten Sie mithilfe der *Weiter*-Schaltfläche die Dialogfelder ab, und definieren Sie die gewünschten Bedingungen. Über *Fertig stellen* wird die Regeldefinition abgeschlossen.

Ende

HINWEIS

Über den Kontextmenübefehl *Regeln und Benachrichtigungen verwalten* lassen sich die Nachrichtenregeln einsehen, löschen und anwenden.

TIPP

Vermeiden Sie es, Ihre berufliche/private E-Mail-Adresse im Internet anzugeben, oder legen Sie sich für solche Fälle ggf. ein zweites E-Mail-Konto als »Spamfalle« zu.

Start

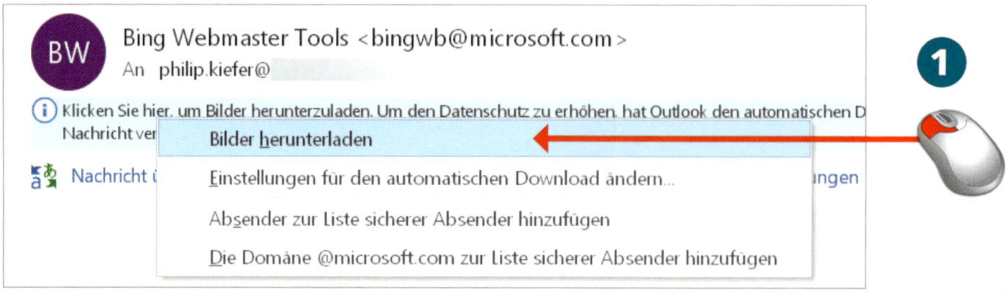

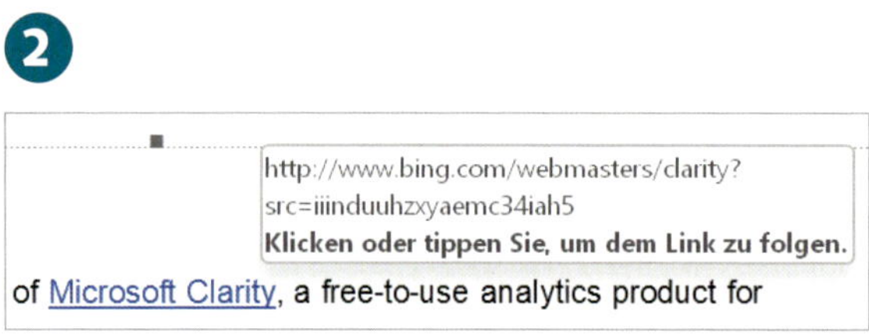

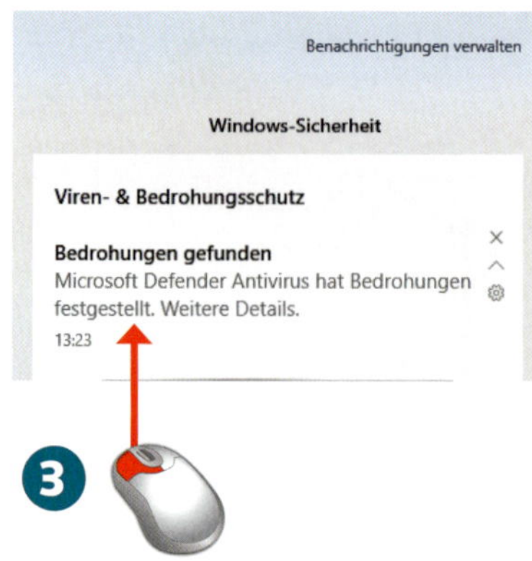

1. Das Blockieren von in Mails enthaltenen Bildern verhindert, dass der Absender den Mailabruf erkennt. Bilder blenden Sie durch Anklicken des entsprechenden Hinweises und die Menüwahl *Bilder herunterladen* ein.
2. Links in Mails können auf bedenkliche Webseiten verweisen. Zeigen Sie auf den Text des Hyperlinks, um zur Kontrolle eine QuickInfo mit der URL abzurufen.
3. Enthält eine E-Mail gefährliche Inhalte und Anlagen, schlägt ein aktueller Virenscanner meist Alarm. Lassen Sie die Anlage bzw. den Inhalt löschen.

WISSEN

E-Mails bergen die Gefahr, dass Schädlinge über Anhänge oder im HTML-Quelltext eingeschleust werden. Zudem kann der Absender an eingefügten Bildern ggf. erkennen, ob die Nachricht beim Empfänger gelesen wurde. Phishingmails bergen die Gefahr, dass vertrauliche Daten in falsche Hände gelangen. Verwenden Sie ein Virenschutzprogramm mit aktuellen Signaturen und E-Mail-Schutz, um Trojaner, Viren und andere Schädlinge beim Eintreffen zu erkennen.

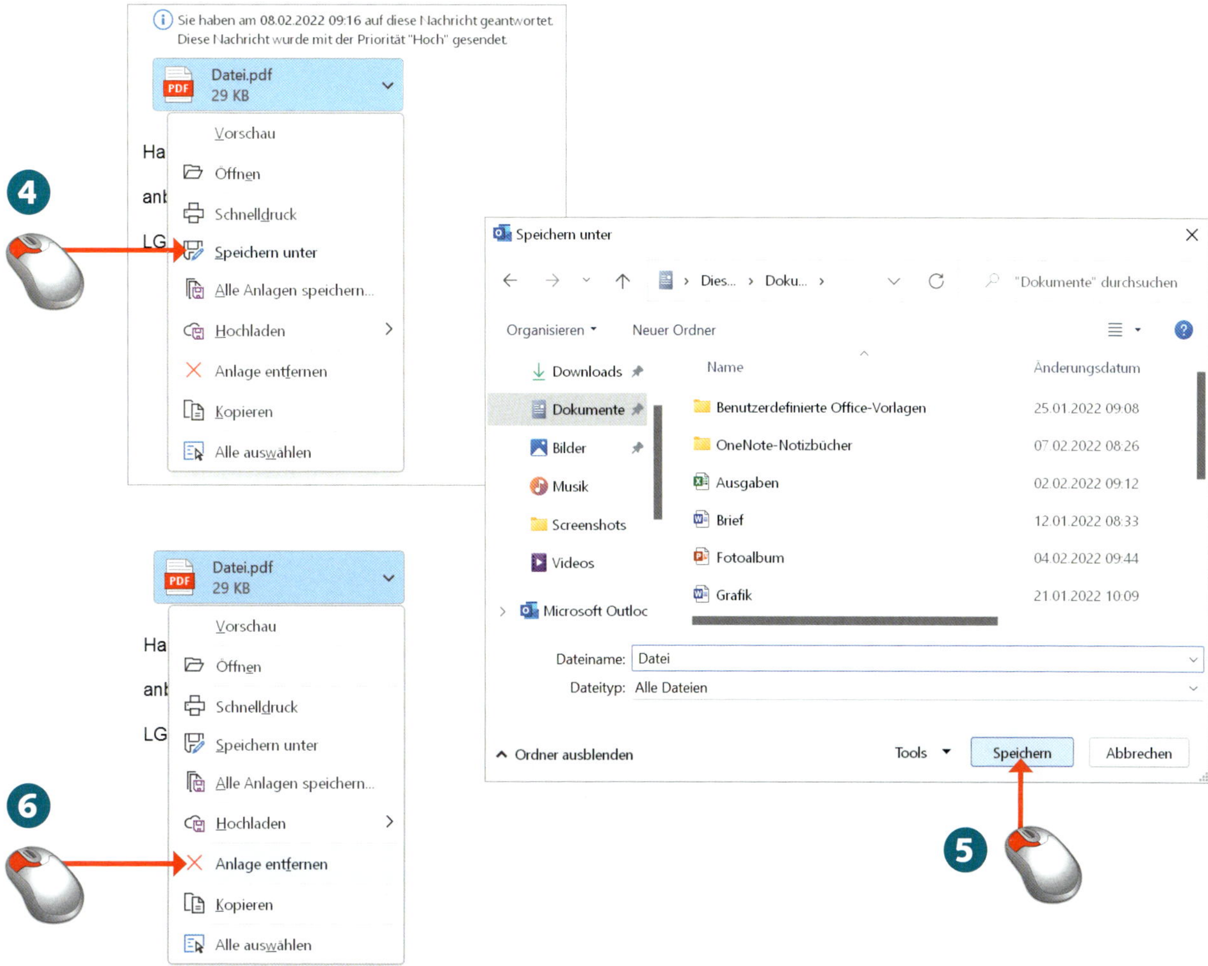

4 Enthält eine geöffnete Nachricht Anlagen, klicken Sie das zugehörige Menü an und wählen im Kontextmenü *Speichern unter* (bzw. *Alle Anlagen speichern*).

5 Legen Sie im Dialogfeld *Speichern unter* den Zielordner fest, und klicken Sie danach auf die *Speichern*-Schaltfläche.

6 Bei Bedarf löschen Sie die Anlage mit der Schaltfläche *Anlage entfernen* aus der E-Mail.

Ende

TIPP

Vermeiden Sie es am besten, Hyperlinks in E-Mails anzuklicken, um Webseiten zu öffnen. Tippen Sie bekannte Webadressen (z. B. der Bank) manuell ein, um zur richtigen Seite zu gelangen.

HINWEIS

Laden Sie große Dateien auf OneDrive hoch und versenden Sie einen Link auf diese Datei. Denn manche Postfächer verweigern die Annahme zu großer Mails.

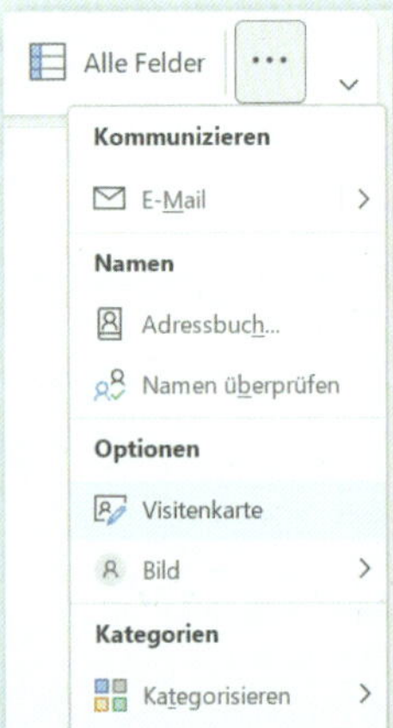
Alle Felder
Kommunizieren
E-Mail
Namen
Adressbuch...
Namen überprüfen
Optionen
Visitenkarte
Bild
Kategorien
Kategorisieren

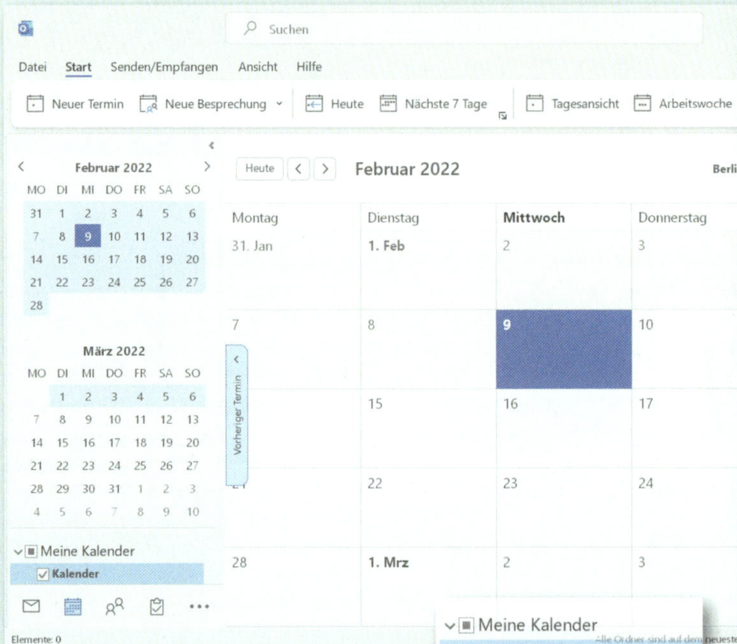
Suchen
Datei
Start
Senden/Empfangen
Ansicht
Hilfe
Neuer Termin
Neue Besprechung
Heute
Nächste 7 Tage
Tagesansicht
Arbeitswoche
Februar 2022
März 2022
Heute
Februar 2022
Berlin
Montag
Dienstag
Mittwoch
Donnerstag
31. Jan
1. Feb
1. Mrz
Vorheriger Termin
Meine Kalender
Kalender
Elemente: 0

Meine Kalender
Kalender
Deutsche Fei...
- philip.kiefer@...
Geburtstage
Private Termine
Geburtstagskalender
Andere Kalender

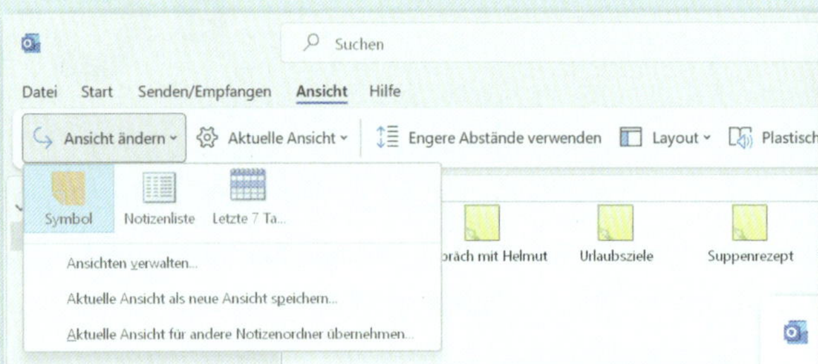
Suchen
Datei
Start
Senden/Empfangen
Ansicht
Hilfe
Ansicht ändern
Aktuelle Ansicht
Engere Abstände verwenden
Layout
Plastisch
Symbol
Notizenliste
Letzte 7 Ta...
Ansichten verwalten...
Aktuelle Ansicht als neue Ansicht speichern...
Aktuelle Ansicht für andere Notizenordner übernehmen...
Urlaubsziele
Suppenrezept

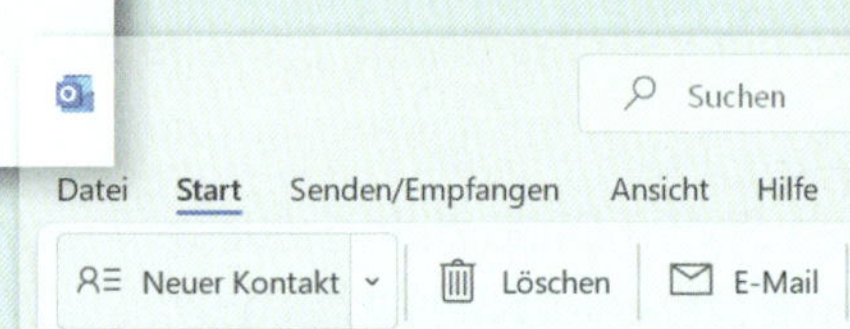
Suchen
Datei
Start
Senden/Empfangen
Ansicht
Hilfe
Neuer Kontakt
Löschen
E-Mail

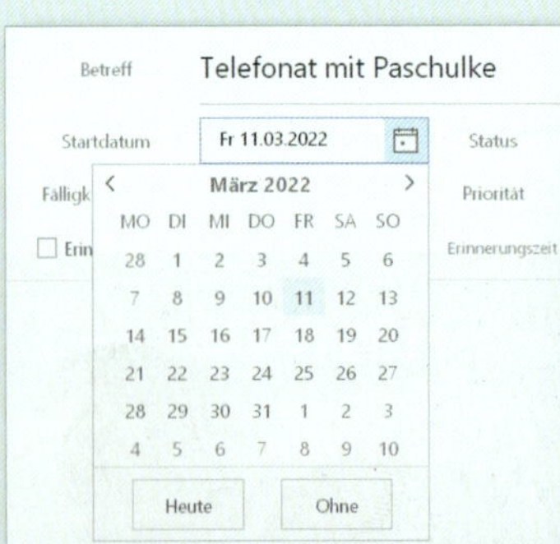
Betreff
Telefonat mit Paschulke
Startdatum
Fr 11.03.2022
Status
März 2022
Priorität
Erinnerungszeit
Heute
Ohne

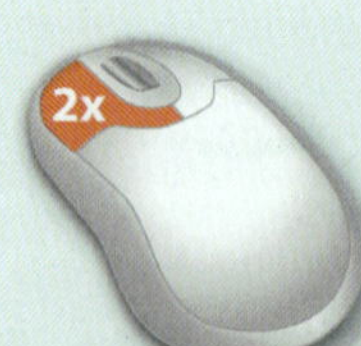
2x

9

Gut organisiert mit Outlook

Wie in Kapitel 8 bereits angeklungen ist, können Sie mit Outlook weitaus mehr anstellen als nur Ihre E-Mails zu verwalten. Organisieren Sie mit dem Programm Ihren gesamten beruflichen und privaten Alltag, um an anstehende Termine pünktlich erinnert zu werden, um rasch auf den Kontakt zuzugreifen, den Sie anrufen möchten, oder um Ihre Aufgaben zu verwalten. Die entsprechenden Anleitungen dazu erhalten Sie in diesem Kapitel.

Start

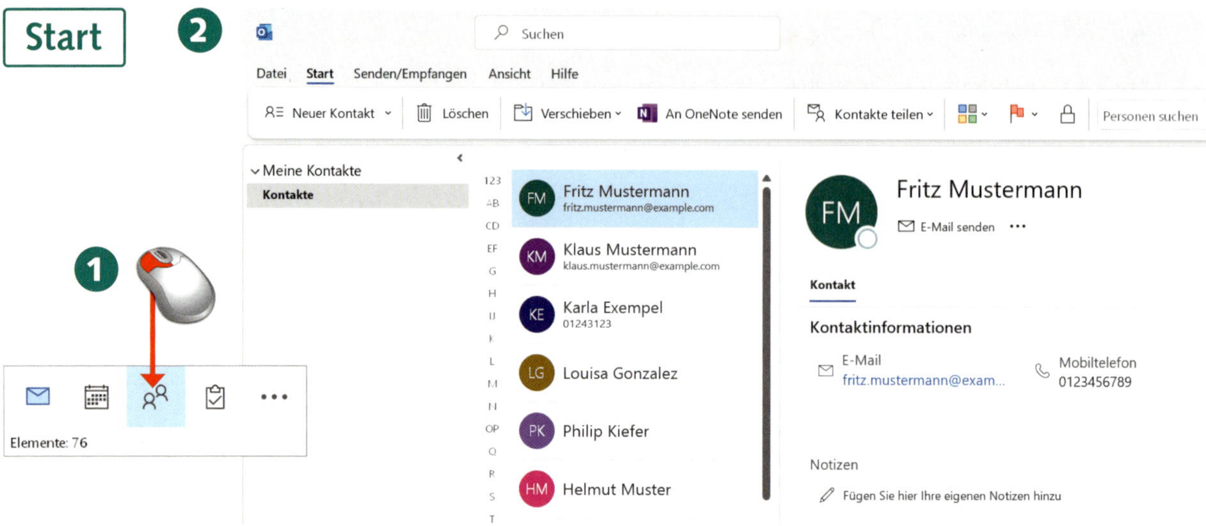

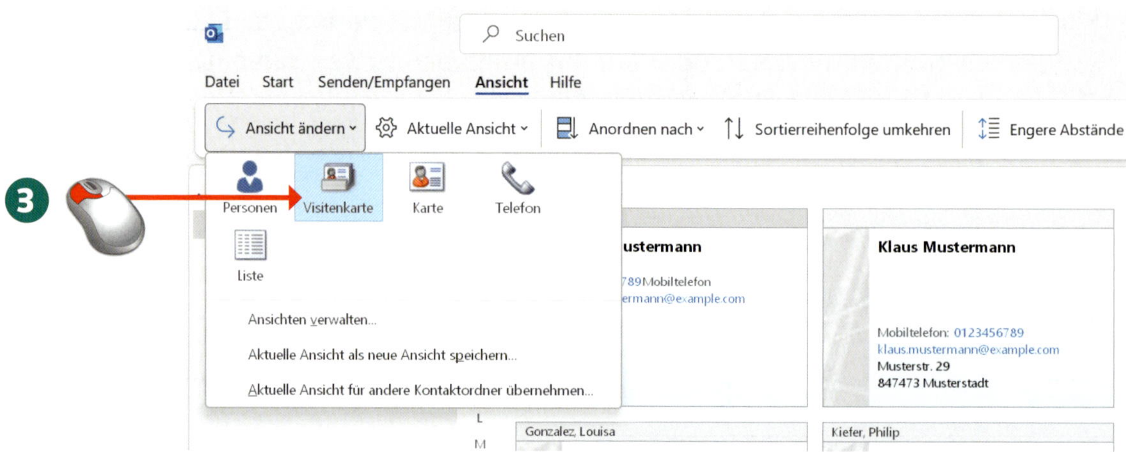

1. Um auf Kontakte zuzugreifen, wählen Sie im Ordnerbereich des Outlook-Fensters die Gruppenschaltfläche *Personen*.
2. Im Dokumentbereich zeigt Outlook dann die bereits angelegten Kontakte als Liste, Visitenkarten etc. an.
3. Über die Schaltfläche *Ansicht ändern* der Registerkarte *Ansicht* schalten Sie die Anzeige der Kontaktdaten im Dokumentfenster zwischen verschiedenen Modi um.

WISSEN

Outlook unterstützt die Verwaltung von Kontakten. In einer Art Adressbuch können Sie nicht nur einfache Adressen mit Anschrift und Telefonnummer aufnehmen. Die Funktion verwaltet zusätzlich die E-Mail-Adressen der eingetragenen Personen und ermöglicht Ihnen das Sammeln weiterer Informationen.

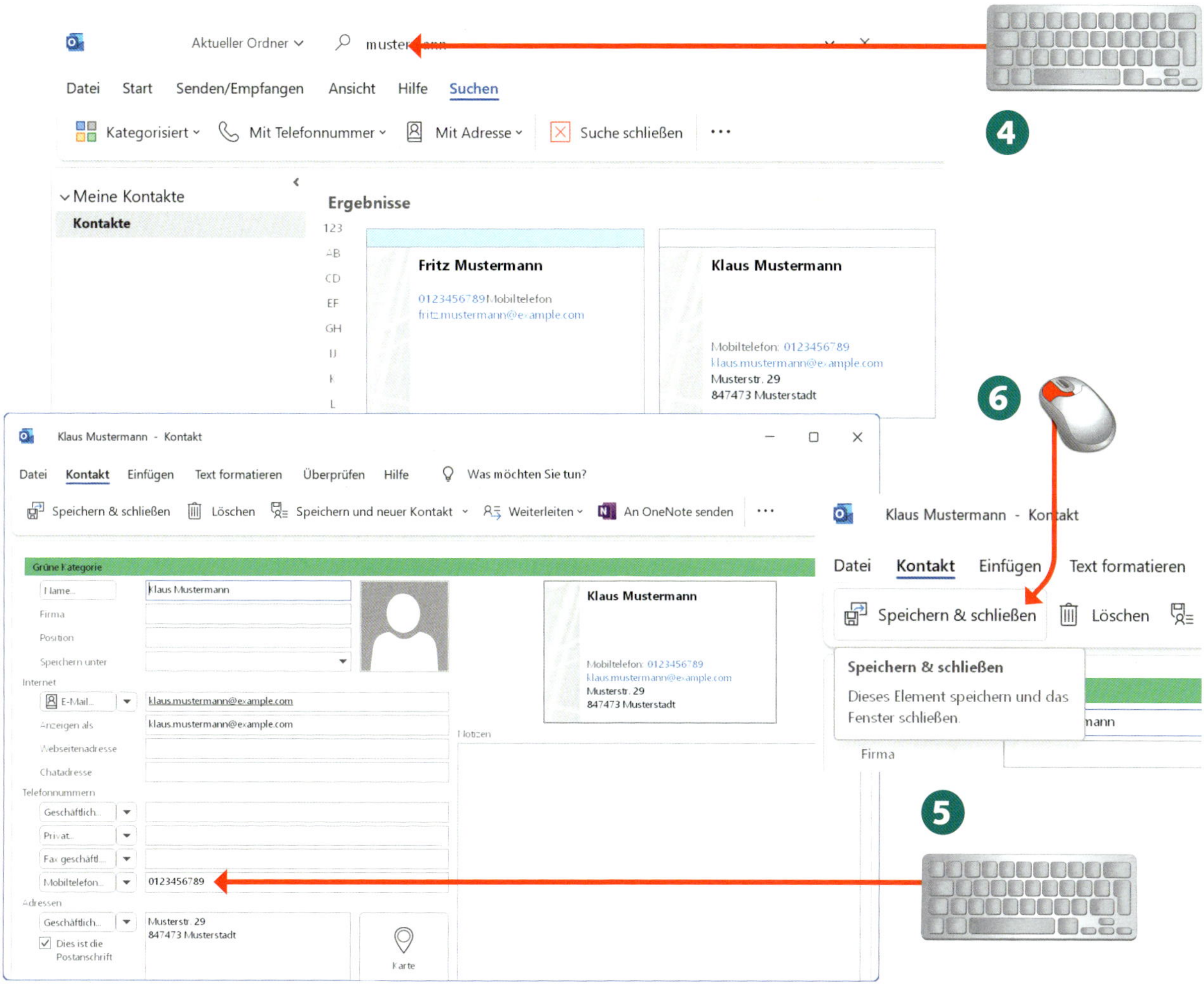

4 Tippen Sie in das Suchfeld den Anfang des Suchbegriffs ein, um nach einem Kontakt zu suchen. Über die Schaltfläche *Suche schließen* erscheinen wieder alle Kontakte.

5 Wählen Sie im Outlook-Fenster einen Adresseintrag etwa per Doppelklick an, erscheinen die Details zum Kontakt im hier gezeigten Fenster. Tragen Sie die Adress- und Kontaktdaten in die Felder ein.

6 Über die Schaltfläche *Speichern & schließen* sichern Sie Änderungen und beenden die Darstellung.

Ende

TIPP

In einigen Darstellungsmodi werden Schlagregister am Dokumentrand eingeblendet, über die Sie anhand von Anfangsbuchstaben auf Listeneinträge zugreifen.

HINWEIS

Wenn Sie eine Suche nach Kontakten starten, werden Ihnen im Menüband einige Filteroptionen angeboten, z. B. *Mit Telefonnummer* oder *Kategorisiert*.

Start

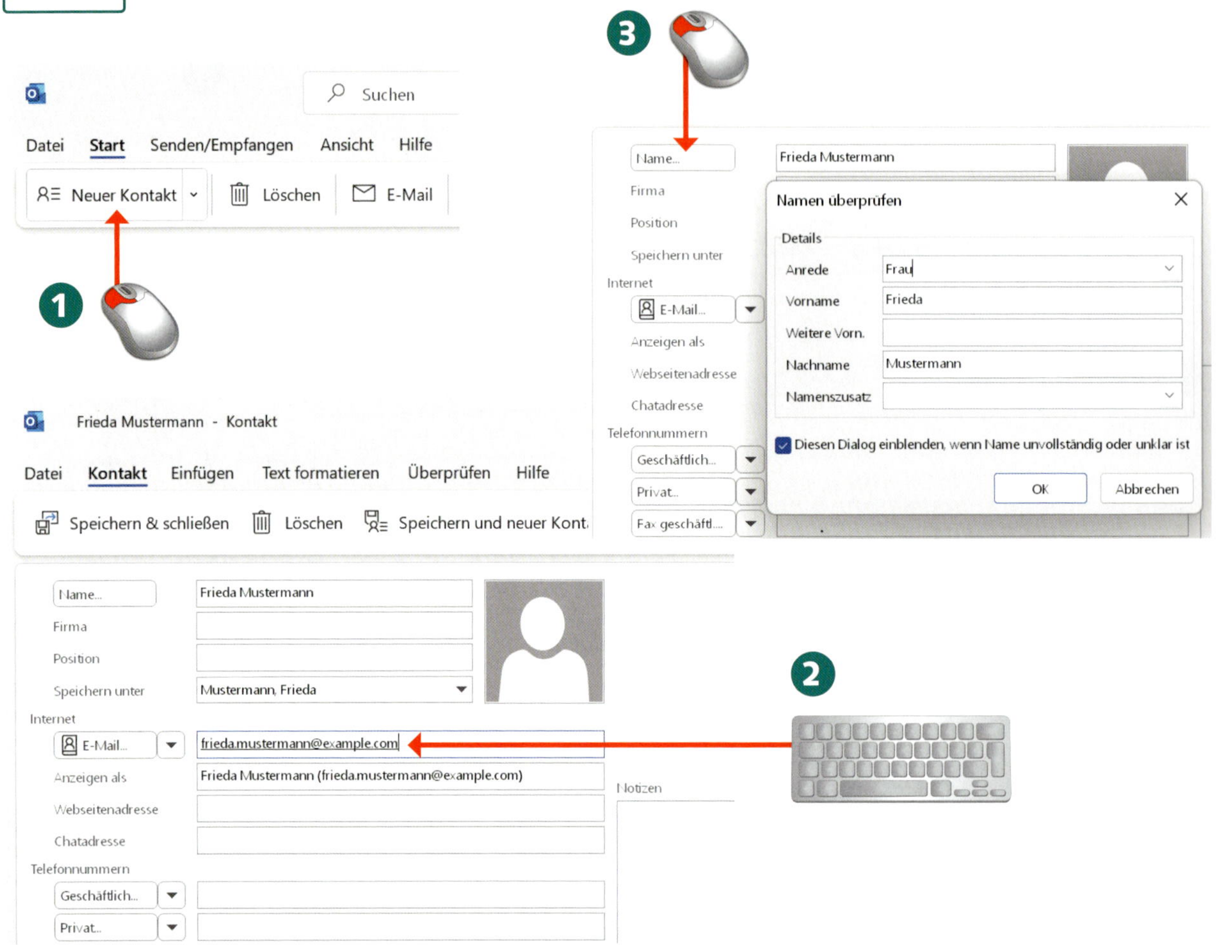

1. Ist im Ordnerbereich das Symbol *Personen* gewählt, reicht die Anwahl der Schaltfläche *Neuer Kontakt* auf der Registerkarte *Start* zum Anlegen neuer Kontakte.
2. Ergänzen Sie auf der geöffneten Registerkarte *Kontakt* die Felder mit den verfügbaren Kontaktdaten.
3. Beim Namensfeld wählen Sie die Schaltfläche *Name*, ergänzen die Anrede sowie ggf. weitere Felder im angezeigten Dialogfeld und schließen dieses über die *OK*-Schaltfläche.

WISSEN

Unter einem Kontakt erfassen Sie Adressen, Telefonnummern, E-Mail-Adressen und weitere Daten. Beim Anlegen neuer E-Mails können Sie die E-Mail-Adressen dieser Kontakte direkt übernehmen (siehe Seite 274/275).

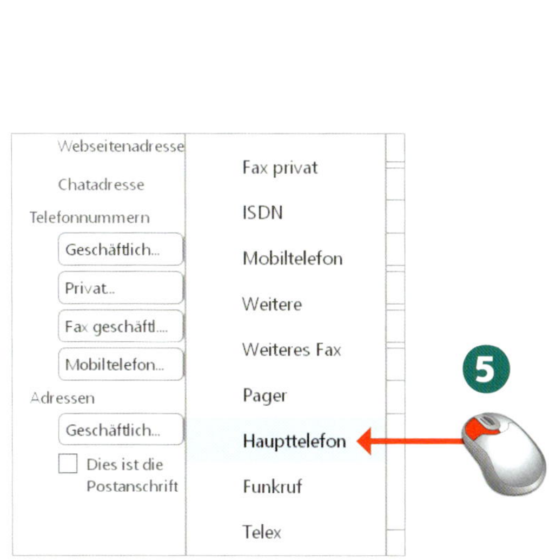

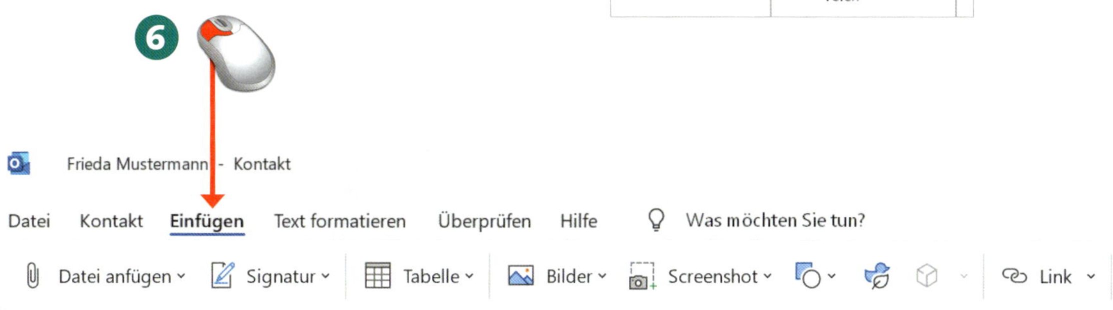

4 Bei einigen Feldern (z. B. *E-Mail*) können Sie über ein Listenfeld mehrere Datensätze wählen und so z. B. mehrere E-Mail-Adressen eintragen.

5 Bei Telefonnummern wird zwischen geschäftlichen und privaten Anschlüssen unterschieden. Ein Listenfeld ermöglicht Ihnen, mehrere Werte einzutragen.

6 Über die Elemente der Registerkarte *Einfügen* lassen sich Dateien, Visitenkarten, Tabellen, Bilder und weitere Elemente in das Feld *Notizen* des Kontaktes einfügen.

TIPP

Befinden Sie sich in der Outlook-Kontaktverwaltung, lässt sich mit der Tastenkombination Strg+N ein neuer leerer Kontakt anlegen.

HINWEIS

Bei Telefonnummern öffnet die Schaltfläche des betreffenden Feldes ein Dialogfeld zur komfortablen Eingabe der Daten (Schritt 5).

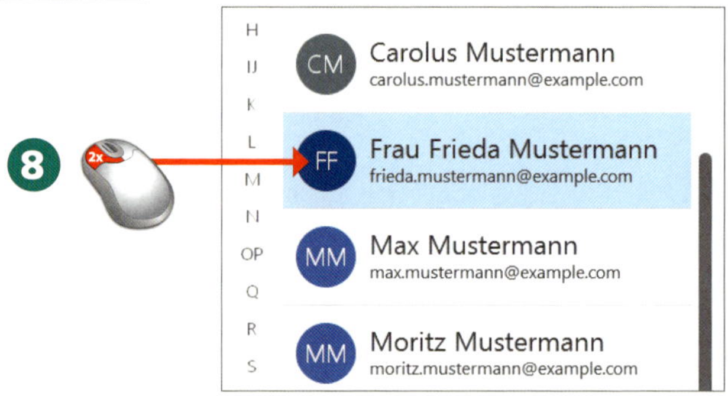

7 Wählen Sie auf der Registerkarte *Kontakt* die Schaltfläche *Speichern & schließen*, um neue (oder geänderte) Kontaktdaten zu sichern.

8 Um bestehende Kontaktdaten anzupassen, doppelklicken Sie im Outlook-Fenster auf den Kontakt.

9 Zum Ändern reicht es, das betreffende Feld anzuwählen und den Inhalt zu überschreiben. Bilder lassen sich ggf. über Kontextmenübefehle ändern bzw. löschen.

WISSEN

Auf der Registerkarte *Kontakt* finden Sie die Schaltflächen, um Kontakte zu löschen, zu speichern, farbig in Kategorien einzuordnen und vieles mehr. Zeigen Sie auf ein Element, liefert eine QuickInfo Hinweise auf dessen Funktion.

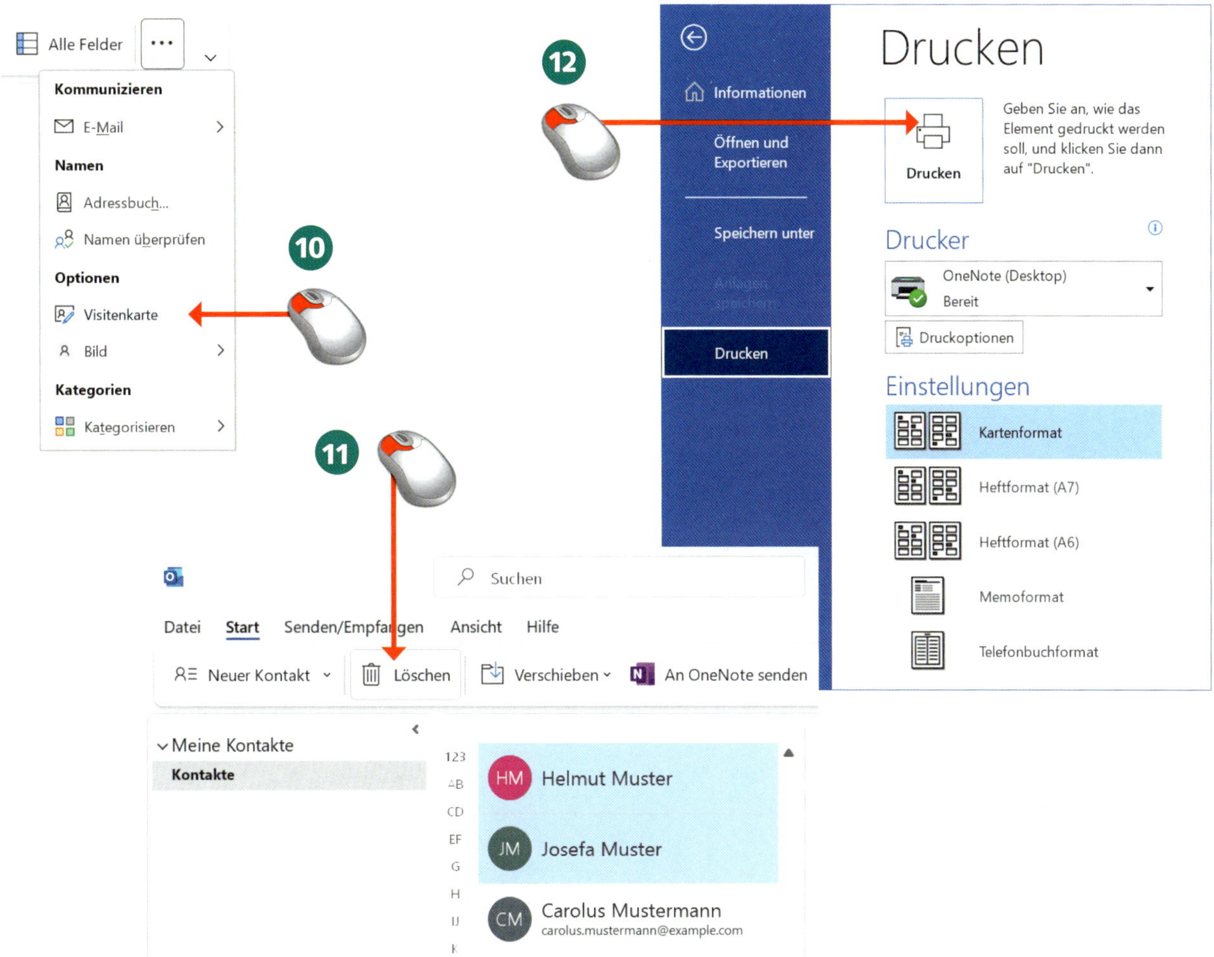

10 Über die Option *Visitenkarte* (im vereinfachten Menüband unter dem Symbol mit den drei Punkten, im klassischen Menüband in der Gruppe *Optionen* zu finden) öffnen Sie ein Dialogfeld zum Layouten einer Visitenkarte.

11 Nicht mehr benötigte Kontakte markieren Sie in der Outlook-Kontaktliste und wählen auf der Registerkarte *Start* die *Löschen*-Schaltfläche aus.

12 Der Befehl *Drucken* in der Backstage-Ansicht ermöglicht es Ihnen, die Optionen zum Ausdruck der Kontaktliste festzulegen und über die *Drucken*-Schaltfläche die Druckausgabe zu veranlassen.

Ende

TIPP

Über die Tastenkombination Strg+Z bzw. den Befehl *Rückgängig* der Symbolleiste für den Schnellzugriff können Sie Änderungen wieder zurücknehmen.

HINWEIS

Legen Sie einen Kontakt mit eigenen Daten an, lässt sich über die Schaltfläche *Visitenkarte* (Registerkarte *Kontakt*) eine Visitenkarte layouten und z. B. als Anlage an eine E-Mail anfügen.

Start

1

2

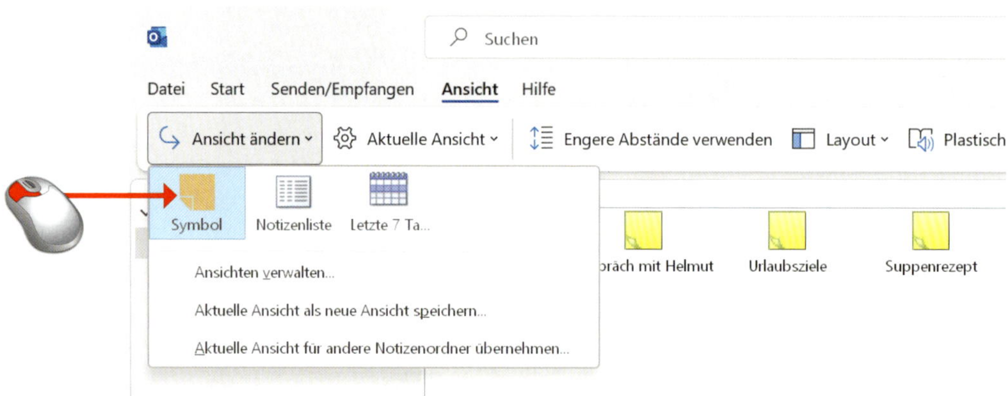

3

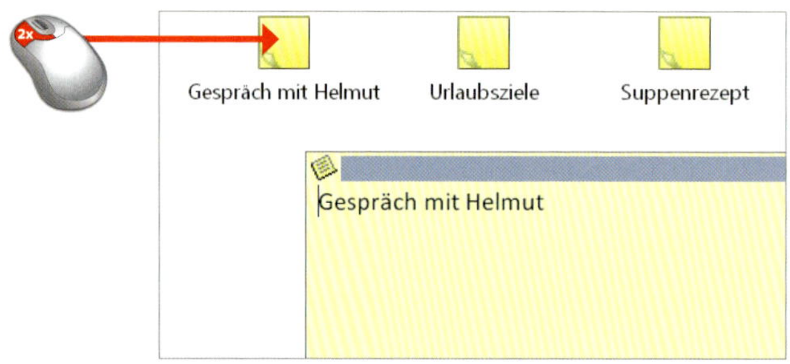

1. Zum Zugriff auf die Notizen wählen Sie im Ordnerbereich die Gruppe *Notizen* aus.

2. Outlook zeigt die bereits vorhandenen Notizen, und über die Schaltfläche *Ansicht ändern* der Registerkarte *Ansicht* lassen sich verschiedene Darstellungsmodi einstellen.

3. Doppelklicken Sie auf ein Notizensymbol im Dokumentfenster, öffnet sich die Notiz in einem separaten Fenster. Diese lässt sich über das Kreuzsymbol wieder schließen.

WISSEN

Über die Funktion *Notizen* verfassen Sie in Outlook kurze Texte und Gedankenstützen (ähnlich wie die Post-it-Haftnotizen). Die Notizen werden von Outlook bis zum Löschen gespeichert und lassen sich frei auf dem Desktop positionieren. Über das Suchfeld können Sie die Notizen nach Textbegriffen durchsuchen.

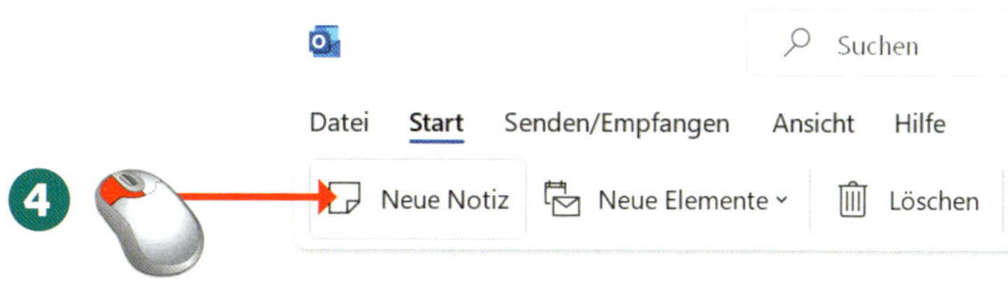

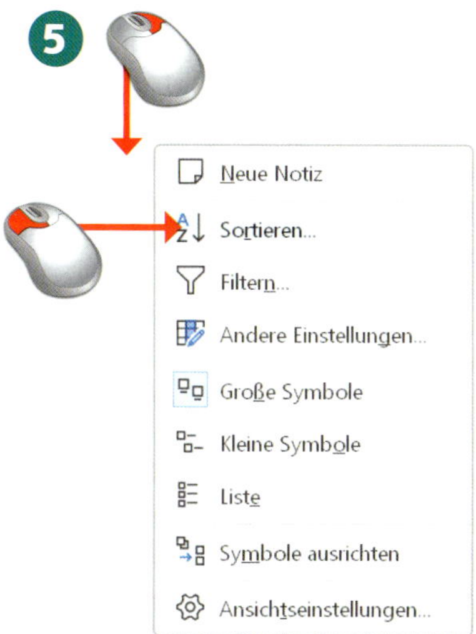

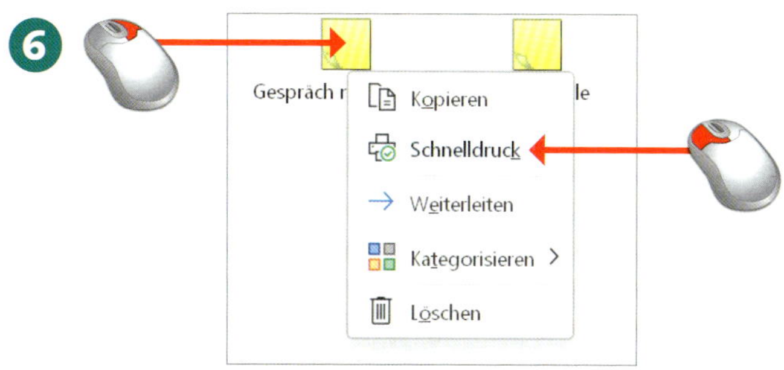

4 Die Schaltfläche *Neue Notiz* der Registerkarte *Start* erzeugt eine Notiz in einem Notizenfenster. Mit der *Löschen*-Schaltfläche wird eine markierte Notiz gelöscht.

5 Das Kontextmenü des Dokumentfensters enthält Befehle, um neue Notizen anzulegen, zu sortieren oder zu filtern.

6 Über das Kontextmenü eines Notizensymbols oder das Systemmenü des Notizenfensters speichern, löschen, drucken Sie Notizen oder ordnen Kategorien zu.

Ende

TIPP

In der Minivorschau des Taskleistensymbols blenden Sie verdeckte Notizen ein. Die Notizen verschwinden erst beim Beenden von Outlook, bleiben aber weiterhin gespeichert.

HINWEIS

Der farbige Hintergrund des Notizenfensters richtet sich nach der (in Schritt 6) zugeordneten Kategorie.

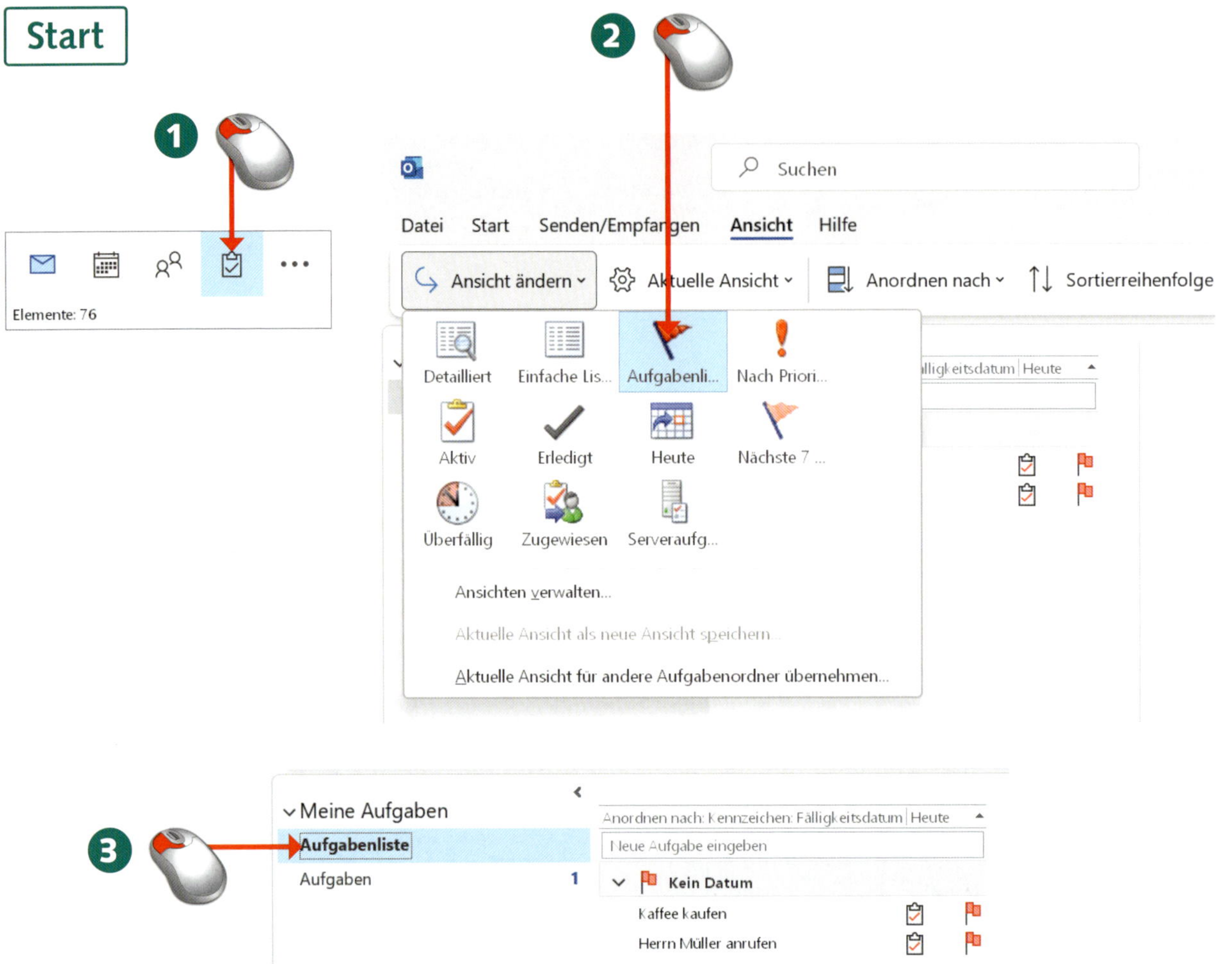

1. Zum Zugriff auf die Aufgaben und Vorgänge wählen Sie im Ordnerbereich das Gruppensymbol *Aufgaben*.
2. Die Schaltfläche *Ansicht ändern* der Registerkarte *Ansicht* ermöglicht es Ihnen, die Darstellung der Aufgabenliste zu ändern.
3. Über die Einträge der Rubrik *Meine Aufgaben* im Ordnerbereich greifen Sie auf die verschiedenen Kalender und Aufgabenlisten von Konten zu.

WISSEN

Im Büroalltag sind bestimmte Aufgaben zu erledigen (z. B. Dokumente termingerecht fertig stellen) oder Vorgänge zu verfolgen (z. B. E-Mail-Bearbeitung verfolgen etc.). Outlook unterstützt Sie dabei mit der Funktion *Aufgaben*.

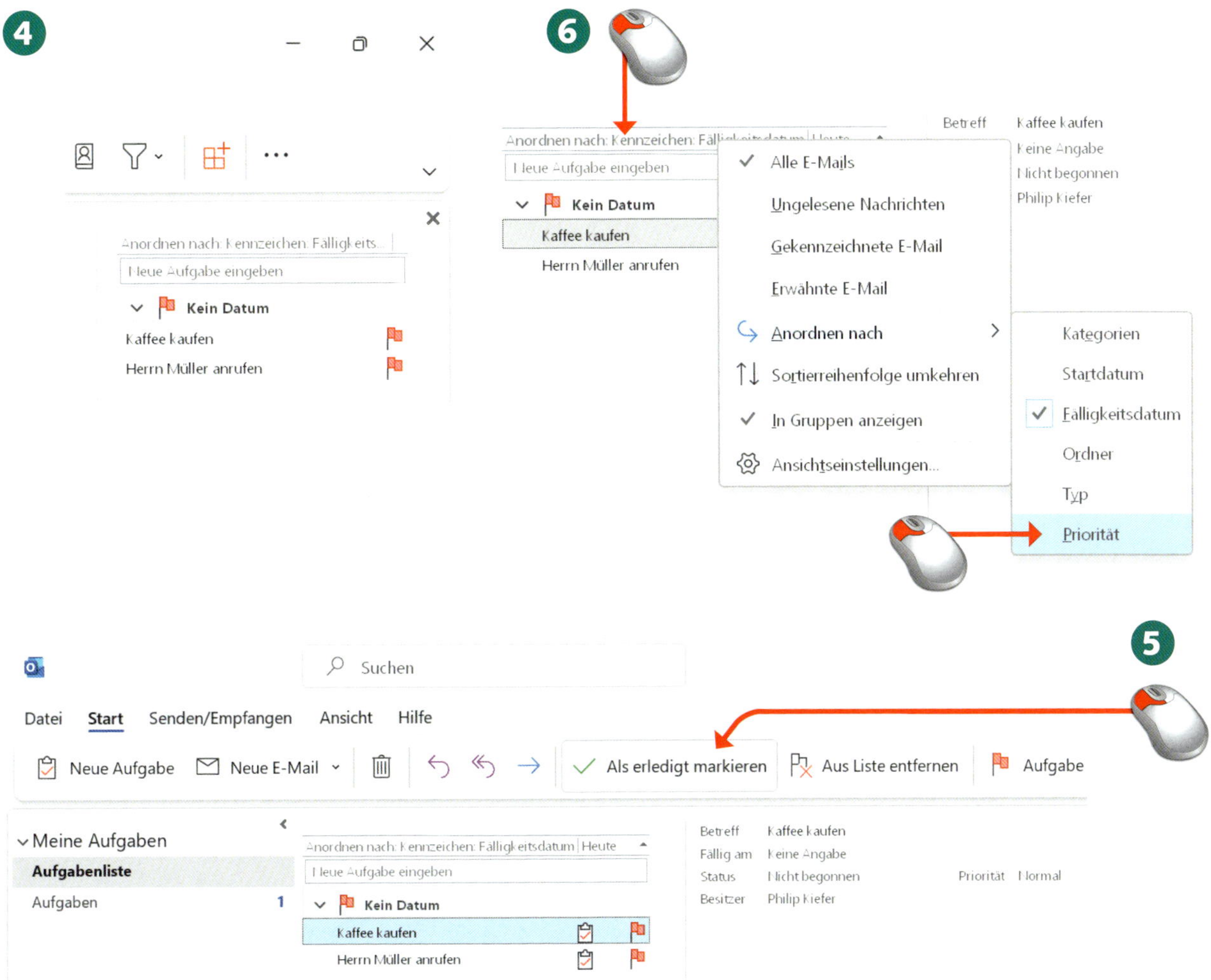

4 Ist die Aufgabenleiste am rechten Rand eingeblendet, werden anstehende Aufgaben (z. B. bei der E-Mail-Bearbeitung) in dieser Leiste aufgeführt.

5 Aufgaben lassen sich über die Registerkarte *Start* mit den entsprechenden Schaltflächen als »erledigt« kennzeichnen oder aus der Liste entfernen.

6 Das Menü *Anordnen nach* oberhalb der Aufgabenliste enthält Befehle zum Gruppieren und Sortieren der Liste.

Ende

TIPP

Lassen Sie sich die Vorgangsliste für die nächsten sieben Tage oder überfällige Aufgaben anzeigen (Schritt 2), um zu sehen, »wo es brennt«.

HINWEIS

Aufgaben erkennen Sie am Symbol . Vorgänge können sich auch auf andere Funktionen (z. B. zu erledigende E-Mails) beziehen und gehören zu überwachten Abläufen.

Start

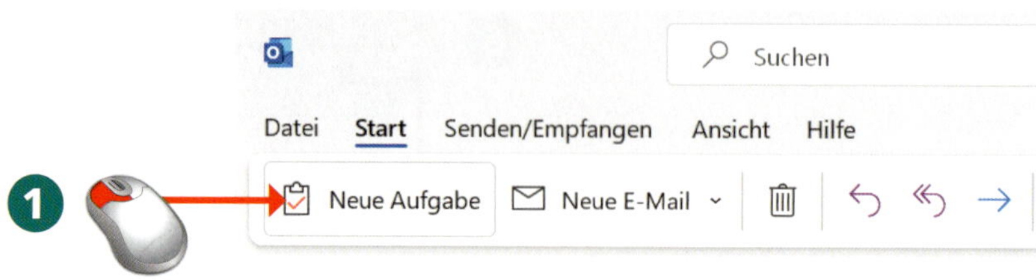

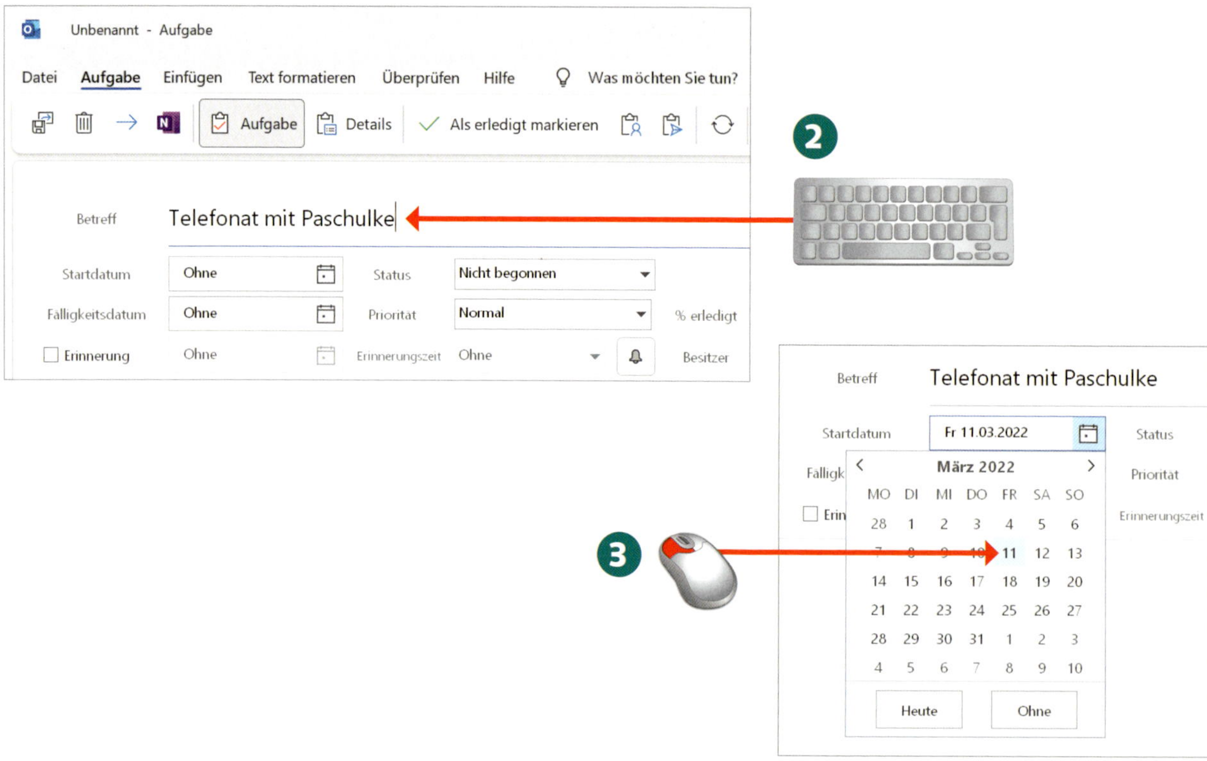

1. Wählen Sie die Schaltfläche *Neue Aufgabe* auf der Registerkarte *Start* oder die Tastenkombination [Strg]+[N], um das Aufgabenfenster zu öffnen.
2. Im Aufgabenfenster geben Sie den Betreff, einen Text und ggf. weitere Details der neuen Aufgabe ein.
3. Den Beginn oder die Fälligkeit legen Sie über die Schaltfläche der Felder *Startdatum* sowie *Fälligkeitsdatum* mithilfe des eingeblendeten Kalenderblatts fest.

WISSEN

Lassen Sie sich bei der Erledigung anstehender Vorgänge und Aufgaben von Microsoft Outlook unterstützen. Tragen Sie die Aufgaben in das Programm ein und informieren Sie sich über anstehende Vorgänge bzw. lassen Sie sich erinnern. Haben Sie eine Erinnerung eingerichtet, erscheint bei Fälligkeit ein entsprechendes Dialogfeld.

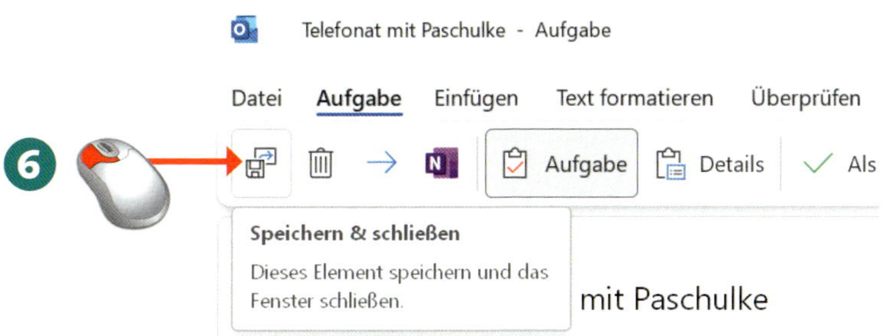

4 Über die Felder *Status* und *% erledigt* der Registerkarte *Aufgabe* des Aufgabenfensters lässt sich der Status mitsamt dem bereits geleisteten Aufwand für eine Aufgabe eintragen.

5 Um an zu erledigende Aufgaben erinnert zu werden, markieren Sie das Kontrollkästchen *Erinnerung* und legen das Datum sowie die Uhrzeit im Aufgabenfenster fest.

6 Sichern Sie die Änderungen über die *Speichern*-Schaltfläche.

Ende

TIPP

Verwenden Sie das Feld *Neue Aufgabe eingeben*, brauchen Sie nur den Betreff einzutippen, um die Aufgabe anzulegen.

TIPP

Ein Doppelklick auf eine bereits vorhandene Aufgabe öffnet ebenfalls das in Schritt 2 gezeigte Fenster, in dem Sie die Details der Aufgabe anpassen können.

Start

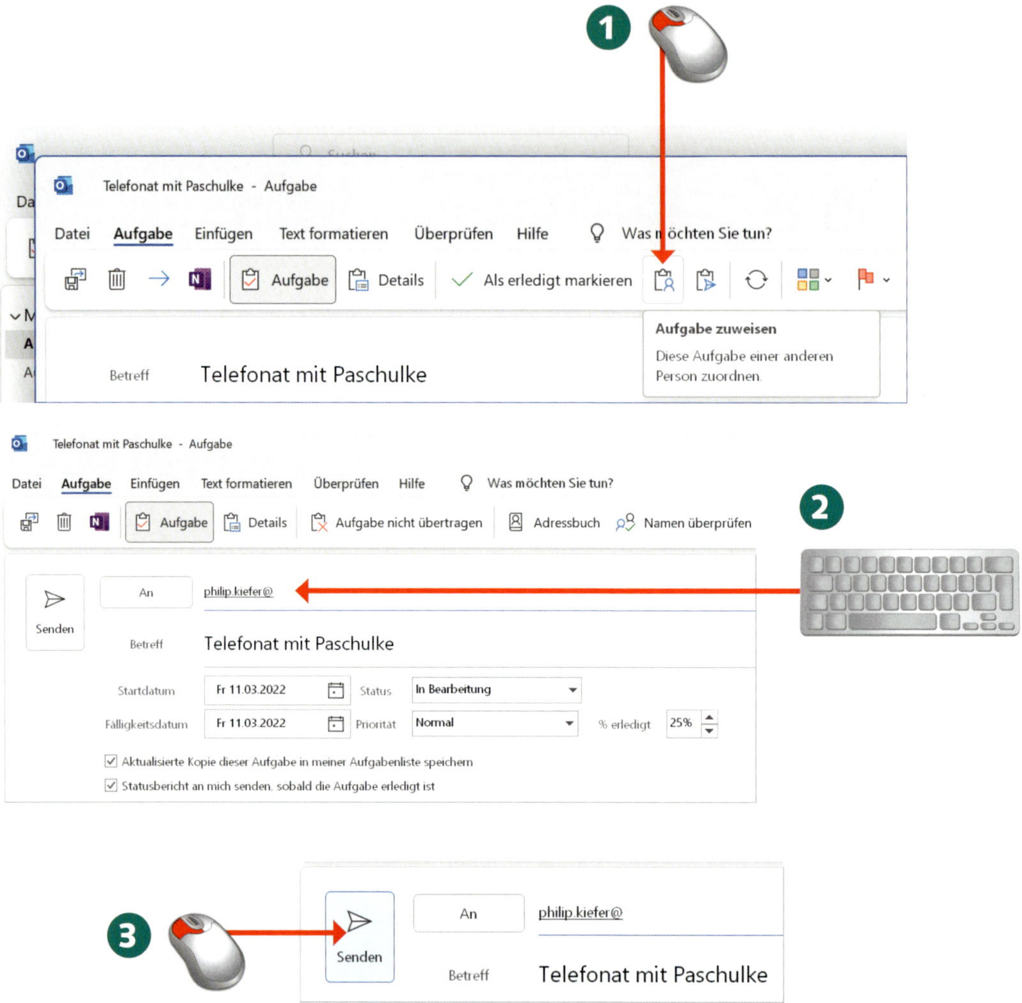

1. Zum Delegieren von Aufgaben wählen Sie im Detailfenster die Schaltfläche *Aufgabe zuweisen*, geben die Informationen sowie den Empfänger an und bestätigen mit *Senden*.
2. Passen Sie ggf. die Informationen der Aufgabe an. Geben Sie in die *An*-Zeile ein, welcher Person Sie die Aufgabe zuweisen möchten.
3. Klicken Sie schließlich auf die Schaltfläche *Senden*, um die Aufgabe zuzuweisen.

WISSEN

Sie können in Outlook Aufgaben an andere Outlook-Nutzer delegieren und hinsichtlich ihres Ausführungsgrads überwachen. Diejenige Person, die eine Aufgabe delegiert hat, wird über den jeweiligen Status informiert.

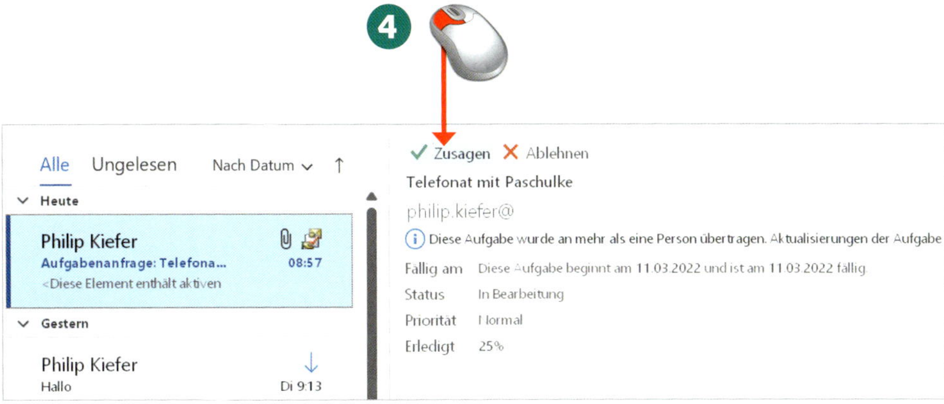

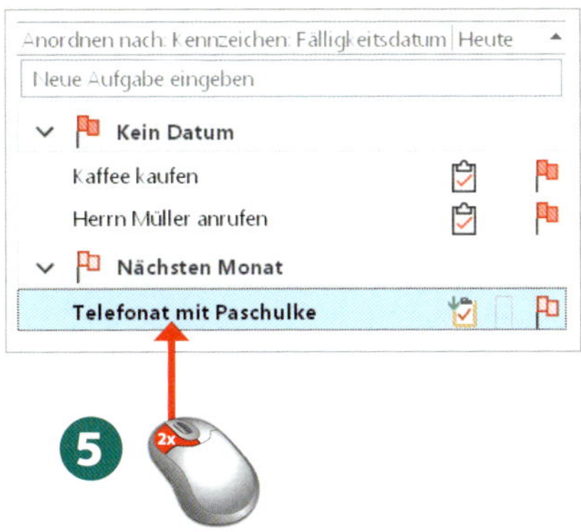

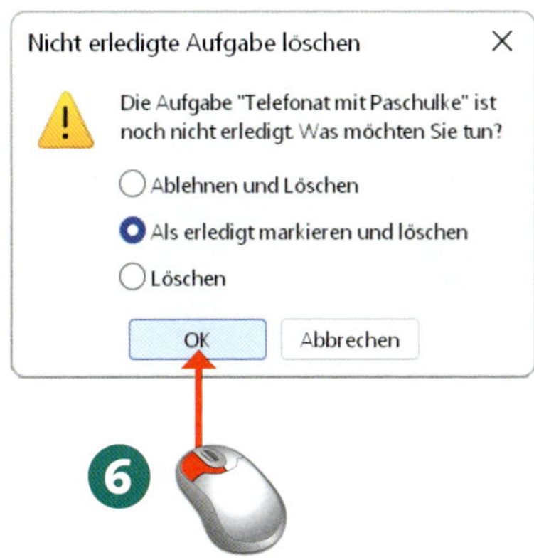

4 Der Empfänger erhält die Aufgabe per E-Mail und kann die Annahme im E-Mail-Fenster bestätigen oder ablehnen.

5 Ist die Zusage erfolgt, befindet sich die Aufgabe nun in der Liste der anderen Person und kann dort von dieser per Doppelklick aufgerufen und bearbeitet werden.

6 Möchte die Person, der die Aufgabe übertragen wurde, eine Aufgabe löschen, kann sie diese entweder *Als erledigt markieren und löschen* oder aber *Ablehnen und Löschen*.

Ende

TIPP

Kennzeichnen Sie wichtige Aufgaben mit hoher Priorität, damit diese möglichst zügig bearbeitet werden.

TIPP

Die Prozentangaben, die Sie im Feld *%erledigt* angeben, sind in der Regel nur Schätzungen, die Ihnen selbst und anderen einen Hinweis zum aktuellen Bearbeitungsstand liefern.

Start

1

2

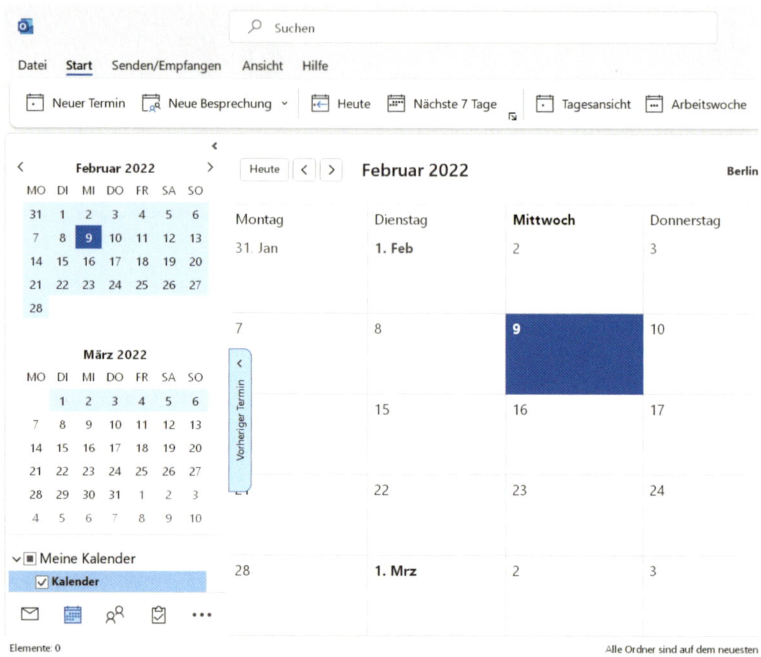

3

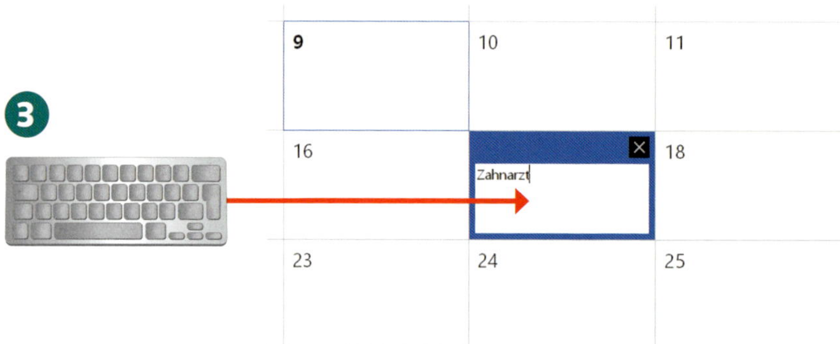

1. Wählen Sie im Ordnerbereich das Symbol *Kalender*, um Kalenderfunktionen einzusehen oder Termine zu koordinieren. Die Kalenderinfo wird bereits beim Zeigen eingeblendet.
2. Outlook zeigt links den Ordnerbereich (mit den Kalendern und dem Kalenderblatt) sowie die Terminübersicht im Anzeigebereich, standardmäßig in der Monatsansicht.
3. Um einen neuen Termin zu erstellen, klicken Sie mit der Maus in das Kalenderfeld mit dem entsprechenden Datum und tippen den Betreff des Termins ein. Bestätigen Sie mit der ↵-Taste.

WISSEN

Über den Kalender von Outlook verwalten Sie Ihre Termine. Auf der Registerkarte *Start* des Menübands lässt sich unter anderem zwischen der Tages-, Wochen- und Monatsansicht umschalten. Doppelklicken Sie auf einen Termin, um die Detailansicht aufzurufen und dort z. B. die Zeiten in einem Menü auszuwählen oder Zeitzonen anzupassen.

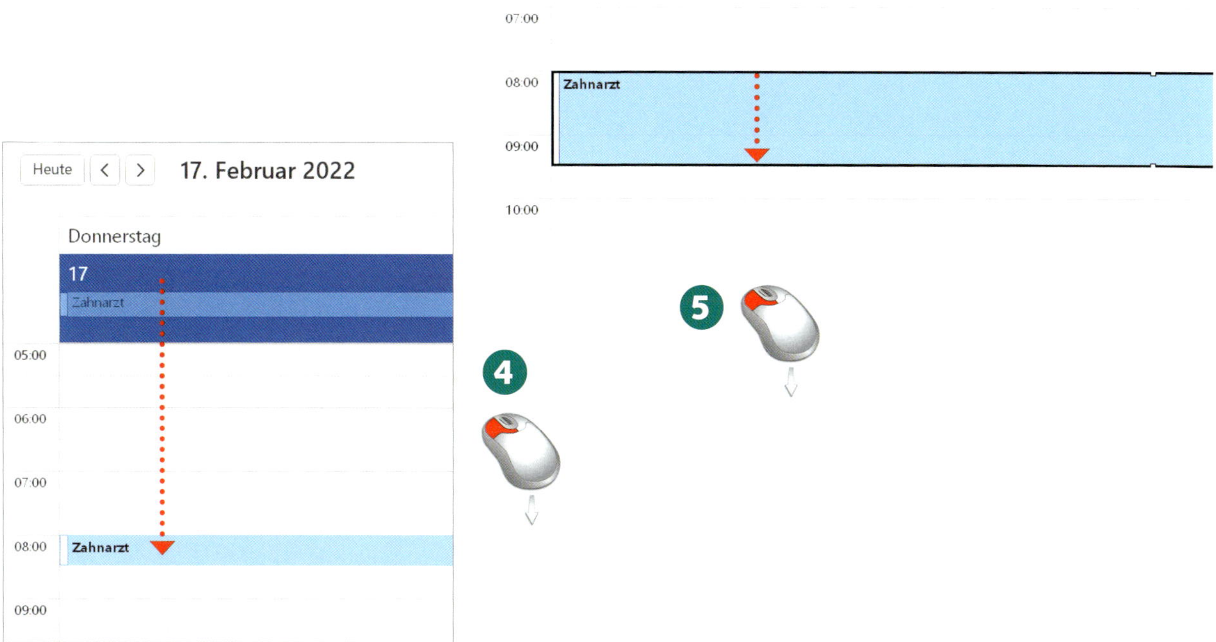

4 Durch Ziehen des oberen bzw. unteren Rands ändern Sie den Terminanfang bzw. das -ende. Termine verschieben Sie durch Ziehen des Termineintrags, hier z. B. in der Tagesansicht.

5 Um die Dauer eines Termins anzupassen, ziehen Sie dessen oberen oder unteren Rahmen bei gedrückter linker Maustaste nach unten bzw. oben.

6 Auf der Registerkarte *Termin* lässt sich ein markierter Termin löschen, oder Sie können die belegte Zeitspanne buchen. Auch die Terminerinnerung lässt sich anpassen.

TIPP

Klicken bzw. tippen Sie auf die Kopfzeile des Kalenderblatts, erscheint ein Menü der Monatsnamen. Geblättert wird durch Ziehen mit der Maus.

TIPP

Findet ein Termin ganztägig statt, etwa ein Geburtstag oder ein Seminartag? Dann aktivieren Sie im Detailfenster das Kontrollkästchen *Ganztägig*.

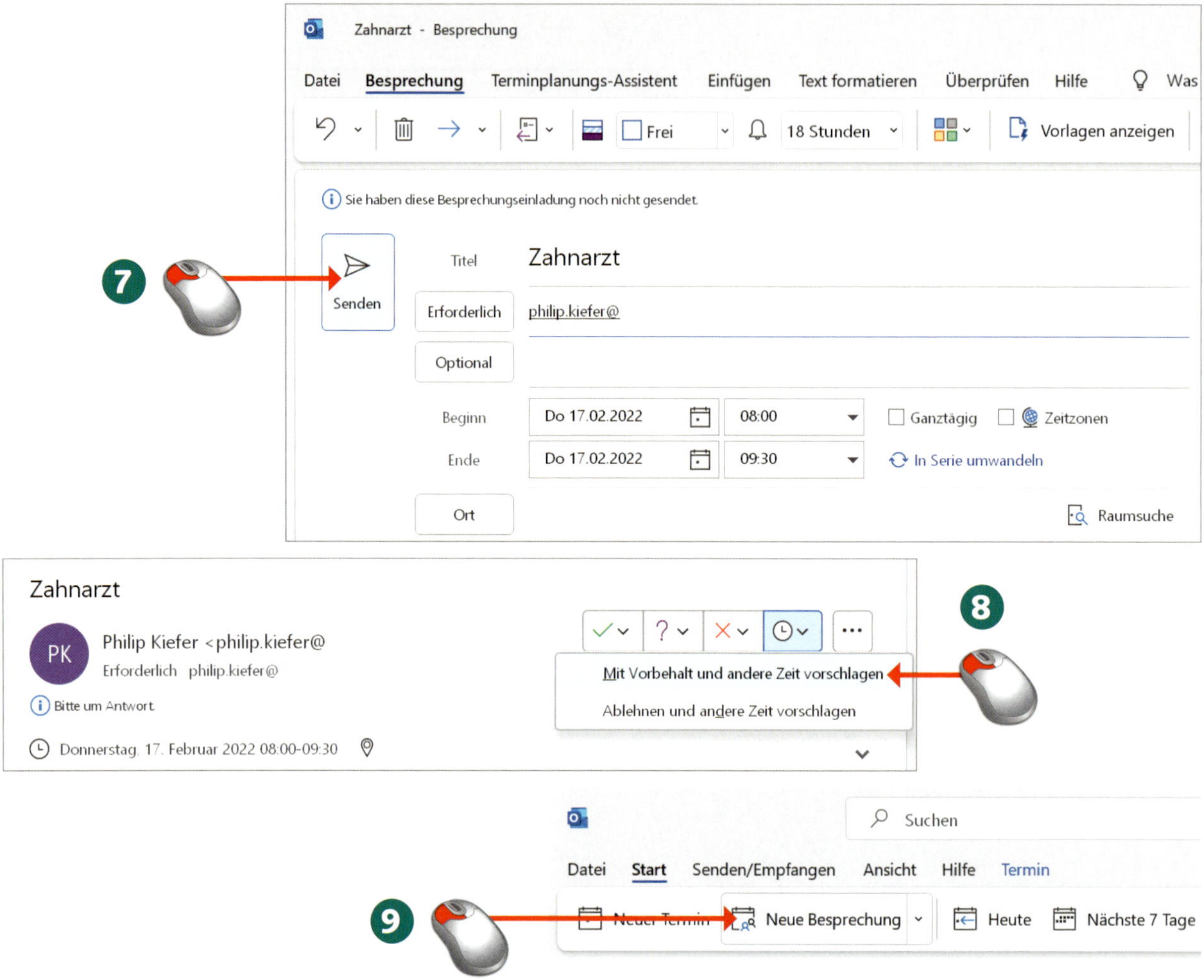

7 Über die Schaltfläche *Teilnehmer einladen* auf der Registerkarte *Termin* öffnen Sie ein Fenster, über dessen Schaltflächen *Erforderlich* und *Optional* Sie Teilnehmer hinzufügen und mit *Senden* zu einem Termin einladen.

8 Die eingeladenen Teilnehmer erhalten den Terminvorschlag per E-Mail und können zusagen, ablehnen, aber auch eine andere Zeit vorschlagen.

9 Termine mit mehreren Teilnehmern (»Besprechungen«) lassen sich auch direkt erstellen, indem Sie sich im Menüband unter *Start* für die Schaltfläche *Neue Besprechung* entscheiden.

WISSEN

Bei Bedarf laden Sie andere Teilnehmer zu einem Termin ein oder gleichen Ihre Kalender (privat, geschäftlich) miteinander ab. Über das Suchfeld des Hauptfensters suchen Sie direkt im geöffneten Kalender über ein Stichwort nach Terminen.

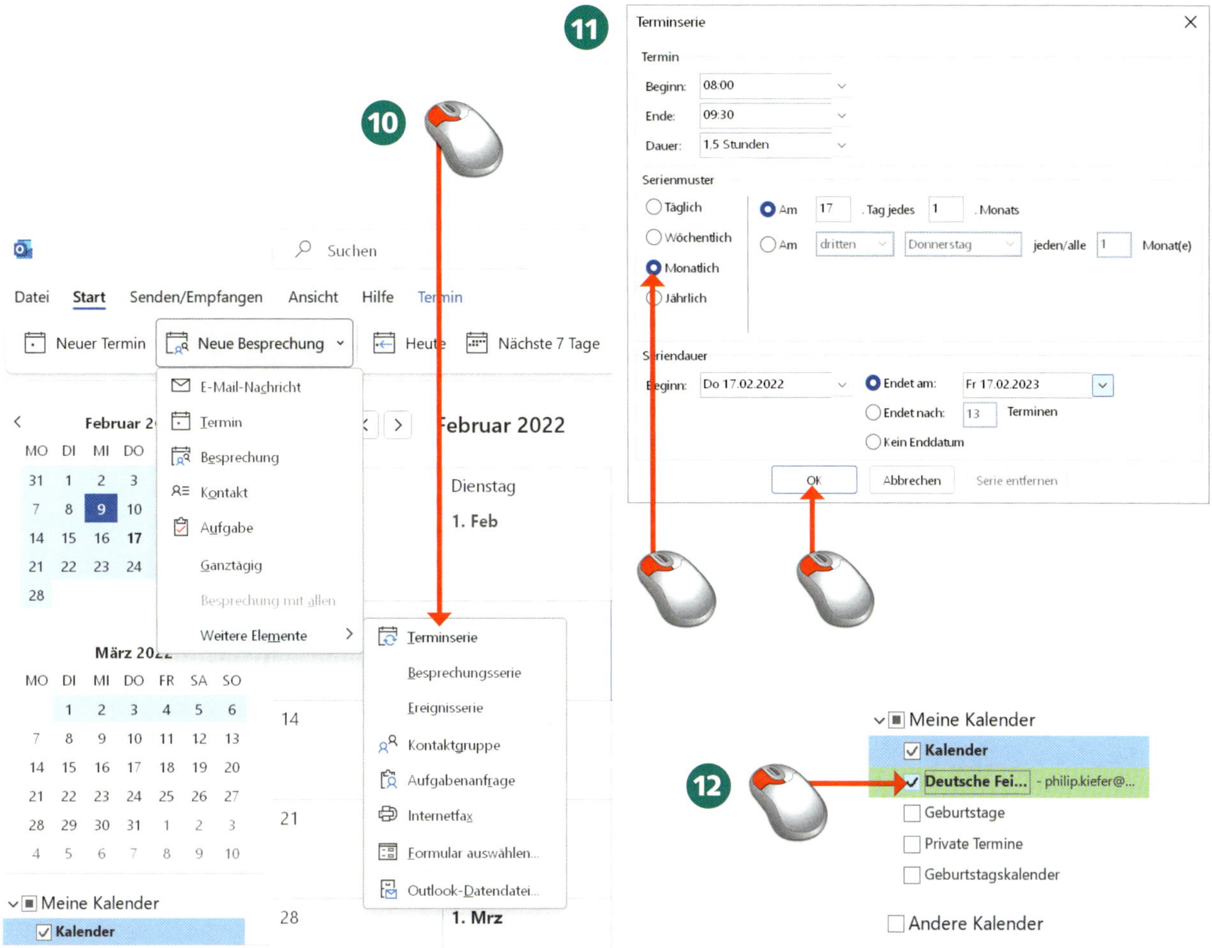

10 Auch Terminserien und weitere Elemente lassen sich direkt anlegen. Dazu wählen Sie unter dem zur Schaltfläche *Neue Besprechung* gehörenden Pfeil die entsprechende Option aus.

11 Um eine Terminserie festzulegen, bestimmen Sie im gleichlautenden Dialogfeld die Uhrzeiten, den Turnus sowie Start- und Enddatum. Bestätigen Sie mit *OK*.

12 Stehen mehrere Kalender zur Verfügung, lassen sich diese im Bereich links per Kontrollkästchen ein- bzw. ausblenden.

Ende

TIPP

Der Befehl *Drucken* in der Backstage-Ansicht (unter *Datei*) ermöglicht das Drucken des Terminplans.

HINWEIS

Um einen neuen Kalender zu erstellen, klicken Sie mit der rechten Maustaste auf *Meine Kalender* und wählen im Kontextmenü unter *Kalender hinzufügen* eine Option.

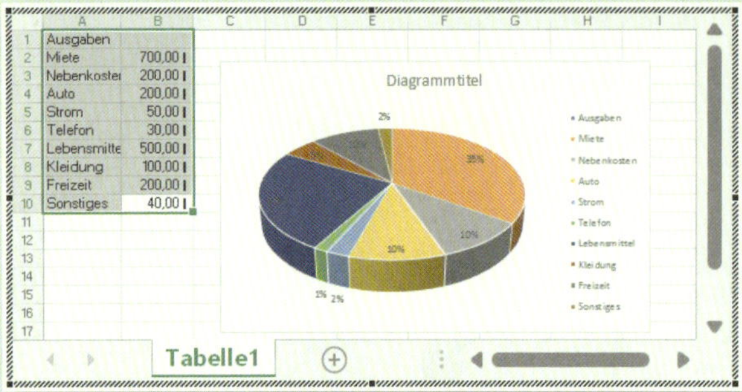
Ausgaben
Miete 700,00
Nebenkosten 200,00
Auto 200,00
Strom 50,00
Telefon 30,00
Lebensmittel 500,00
Kleidung 100,00
Freizeit 200,00
Sonstiges 40,00
Diagrammtitel
Tabelle1

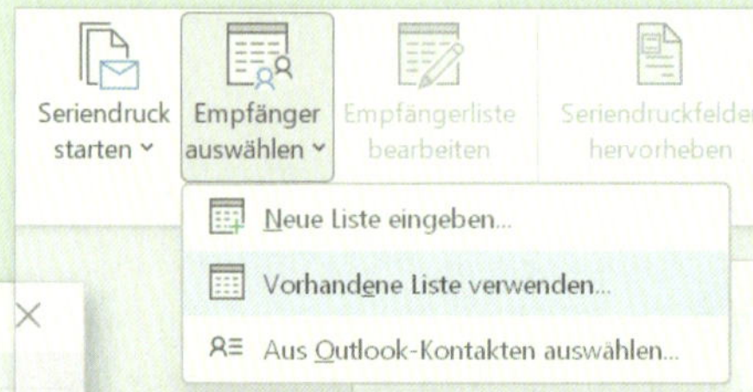
Seriendruck starten
Empfänger auswählen
Empfängerliste bearbeiten
Seriendruckfelder hervorheben
Neue Liste eingeben...
Vorhandene Liste verwenden...
Aus Outlook-Kontakten auswählen...

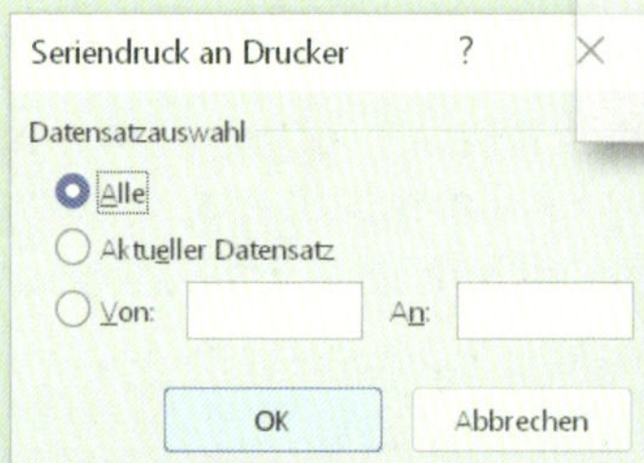
Seriendruck an Drucker
Datensatzauswahl
Alle
Aktueller Datensatz
Von:
An:
OK
Abbrechen

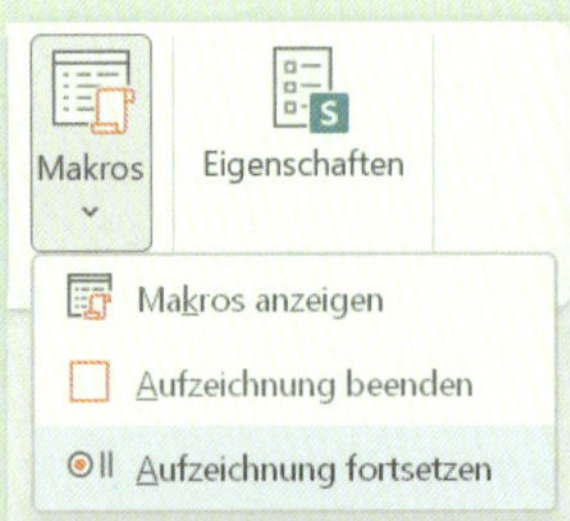
Makros
Eigenschaften
Makros anzeigen
Aufzeichnung beenden
Aufzeichnung fortsetzen

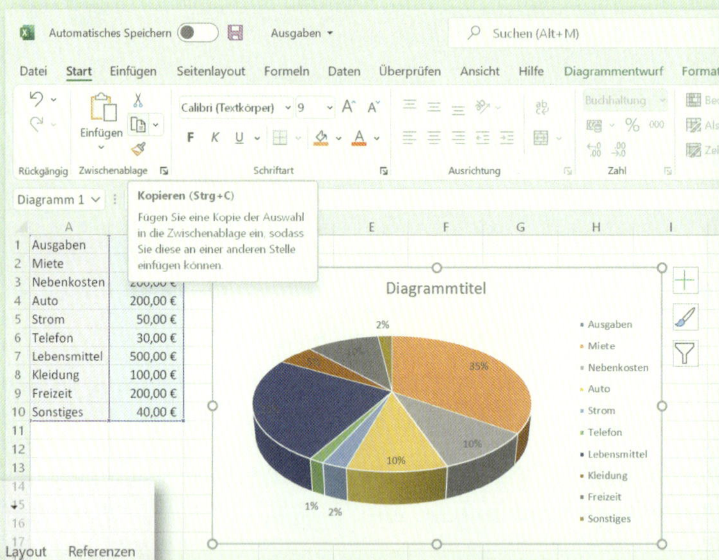
Automatisches Speichern
Ausgaben
Suchen (Alt+M)
Datei Start Einfügen Seitenlayout Formeln Daten Überprüfen Ansicht Hilfe Diagrammentwurf Format
Kopieren (Strg+C)
Fügen Sie eine Kopie der Auswahl in die Zwischenablage ein, sodass Sie diese an einer anderen Stelle einfügen können.
Diagramm 1
Ausgaben
Miete
Nebenkosten
Auto 200,00 €
Strom 50,00 €
Telefon 30,00 €
Lebensmittel 500,00 €
Kleidung 100,00 €
Freizeit 200,00 €
Sonstiges 40,00 €
Diagrammtitel

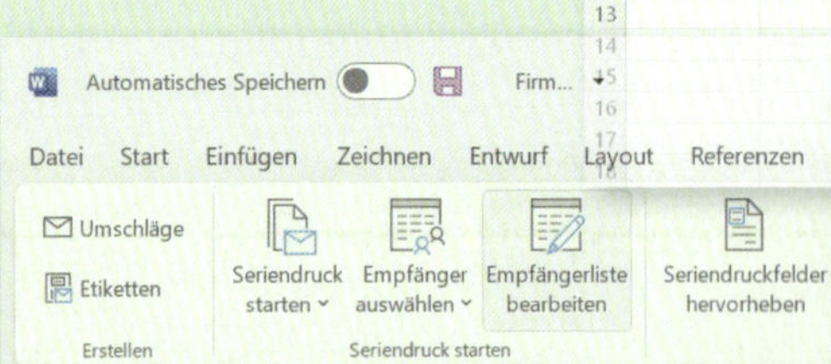
Automatisches Speichern
Datei Start Einfügen Zeichnen Entwurf Layout Referenzen
Umschläge
Etiketten
Erstellen
Seriendruck starten
Empfänger auswählen
Empfängerliste bearbeiten
Seriendruckfelder hervorheben
Seriendruck starten

10

Office für Fortgeschrittene

Sie haben sich in diesem Buch schon mit einer Menge Funktionen der Office-Programme vertraut gemacht. In diesem Kapitel folgen nun einige weitere Anleitungen für Sie als inzwischen fortgeschrittenen Office-Nutzer. Erfahren Sie, wie Sie Serienbriefe erstellen, wie Sie Daten zwischen einzelnen Office-Programmen austauschen und wie Sie mithilfe sogenannter Makros, kleiner Programme innerhalb eines Programms, Prozesse automatisieren können. Auch das Installieren und Verwalten von Add-ins wird vorgestellt sowie das Verschlüsseln von Office-Dateien mit einem Kennwort.

Start

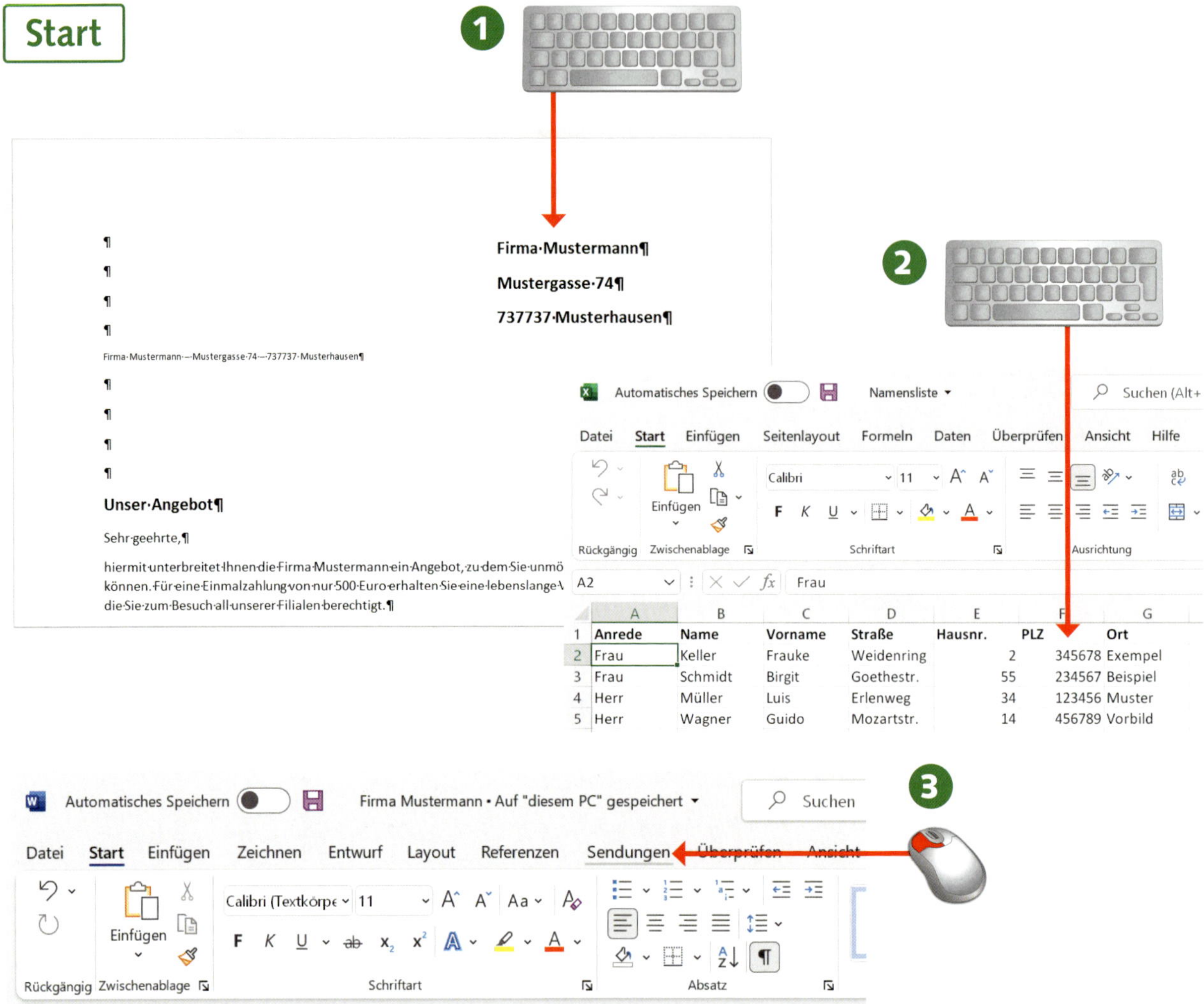

1. Erstellen Sie in Word den Text des Serienbriefs, lassen aber die Empfängeradresse sowie den Namen in der Anrede weg und speichern das Dokument in einer *.docx*-Datei.
2. Legen Sie, sofern noch nicht vorhanden, die Datenquelle mit den individualisierten Daten z. B. in Excel an und speichern Sie diese.
3. Nachdem Sie in Word den Textentwurf für den Serienbrief verfasst und geöffnet haben, wechseln Sie im Menüband zur Registerkarte *Sendungen*.

WISSEN

Serienbriefe ermöglichen Massenschreiben mit gleichlautendem Text, in den individuelle Informationen wie Empfänger oder Anrede eingefügt werden. Das Hauptdokument mit dem Basistext wird mittels einer Datenquelle (Steuerdatei) um die individualisierten Daten (z. B. Name, Adresse) ergänzt. Die Datenquelle kann als Word-Tabelle, als Excel-Tabelle oder als Tabelle in einer Access-Datenbank realisiert werden.

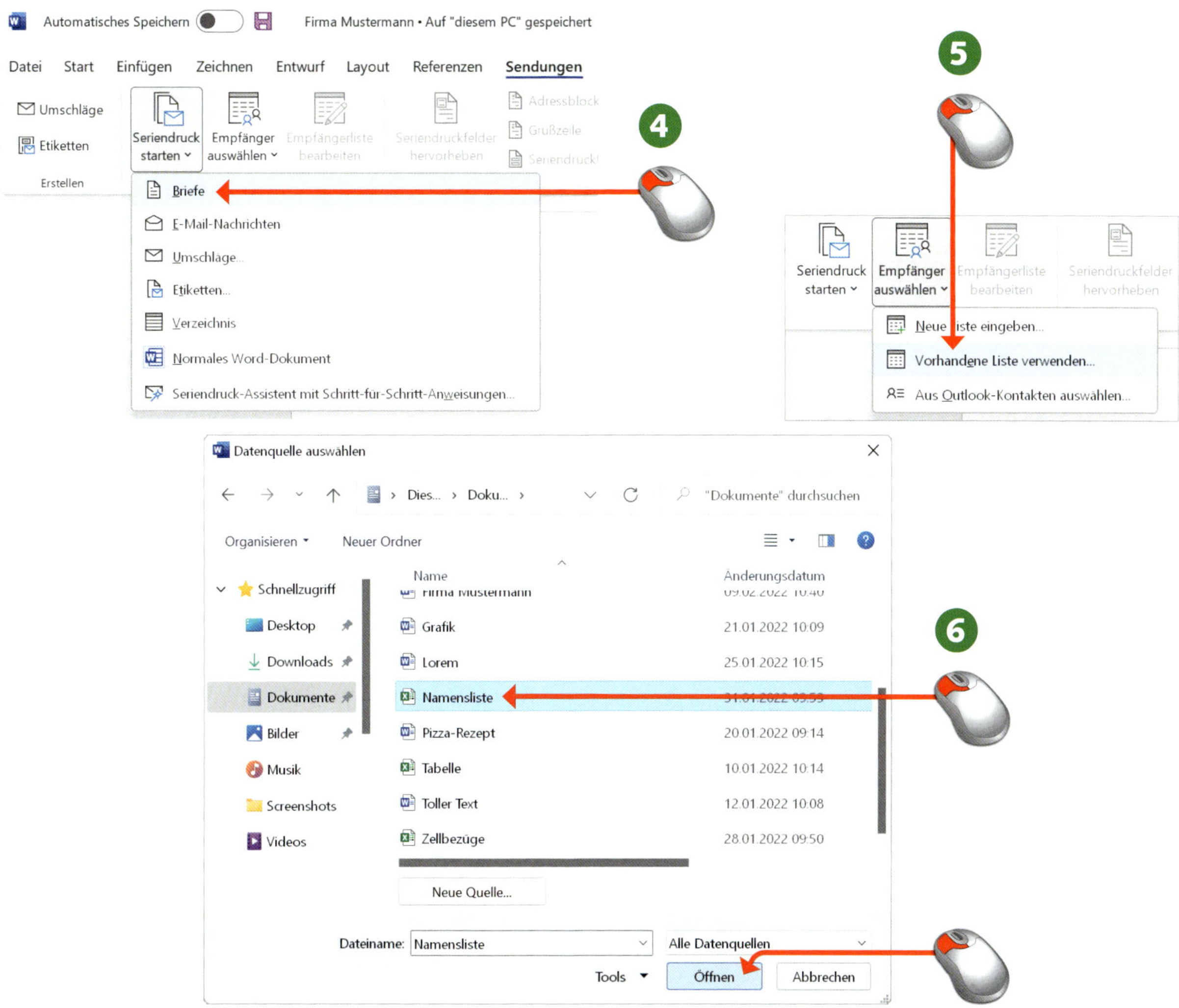

4 Wählen Sie auf der Registerkarte *Sendungen* des Menübands die Schaltfläche *Seriendruck starten* und im Menü den Befehl *Briefe*.

5 Wählen Sie im Menü der Schaltfläche *Empfänger auswählen* der Registerkarte *Sendungen* den gewünschten Befehl aus (z. B. *Vorhandene Liste verwenden*).

6 Navigieren Sie im Dialogfeld *Datenquelle auswählen* zum Ordner mit der Datenquelle, markieren Sie diese, und wählen Sie die *Öffnen*-Schaltfläche.

HINWEIS

Wie man einen Brieftext entwirft, können Sie in den Word-Kapiteln 2 und 3 nachlesen. Das Erstellen einer Adressliste wird in den Excel-Kapiteln 4 und 5 erläutert.

HINWEIS

Der Seriendruck-Assistent im Menü der Schaltfläche *Seriendruck starten* führt Sie zwar durch die Schritte zur Serienbrieferstellung, stellt aber nicht alle Optionen bereit.

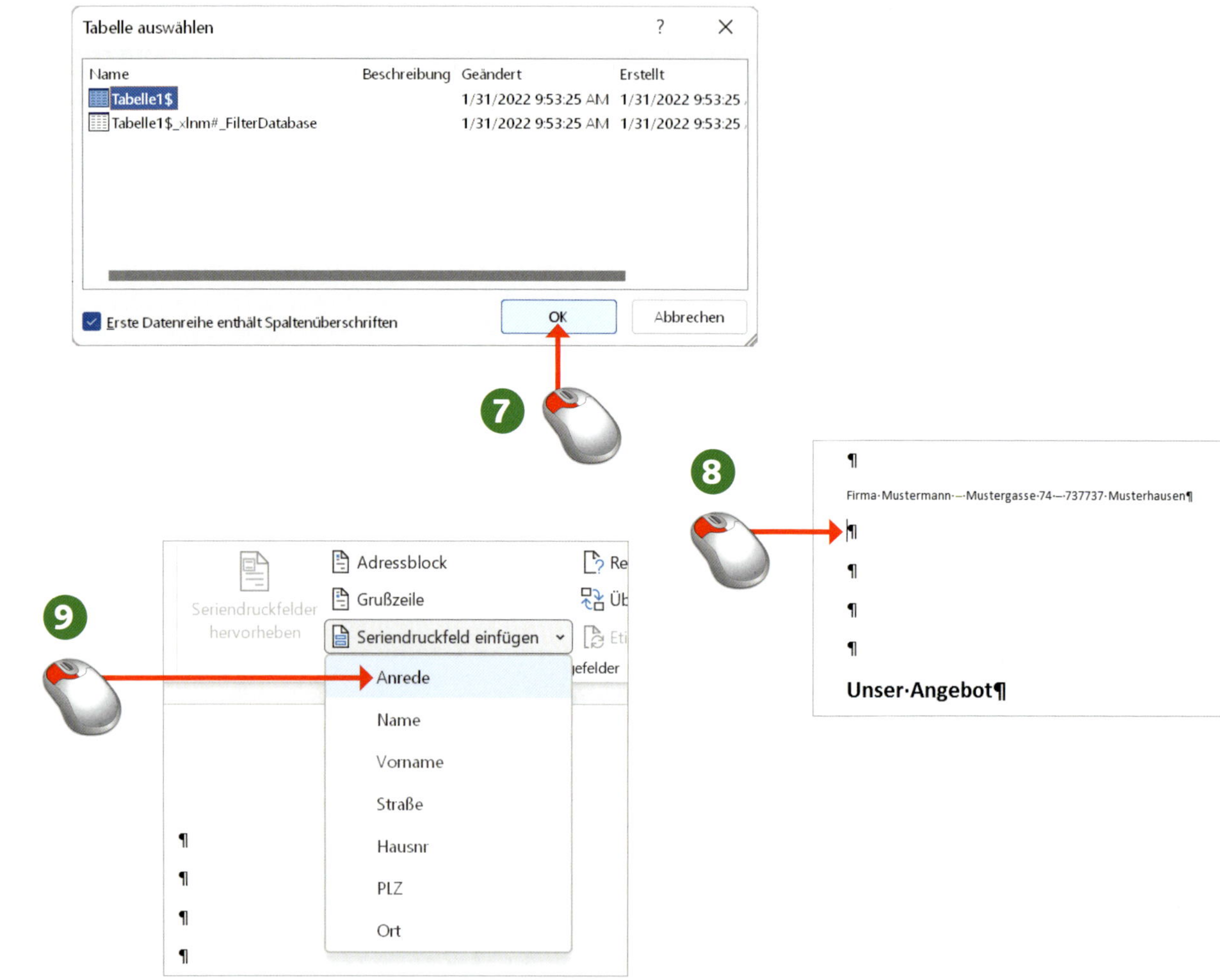

7 Je nach Datenquelle ist in Dialogfeldern die Tabelle mit den Adressdaten und/oder die Datenquelle zu markieren und über die *OK*-Schaltfläche zu bestätigen.

8 Markieren Sie im Text des Serienbriefentwurfs die Stelle, an der ein Seriendruckfeld einzufügen ist.

9 Öffnen Sie auf der Registerkarte *Sendungen* des Menübands das Menü der Schaltfläche *Seriendruckfeld einfügen*, und wählen Sie eines der angebotenen Felder aus.

WISSEN

Nachdem das Hauptdokument und die Steuerdatei in Word geladen sind, fügen Sie die Seriendruckfelder in den Textentwurf ein. Diese Felder werden beim Ausdruck mit den Daten der Datenquelle gefüllt. Bei Bedarf bearbeiten und filtern Sie die Liste der Seriendruckempfänger. Sie können auch direkt die Schaltfläche *Seriendruckfeld einfügen* anklicken. Dann öffnet sich ein Dialogfeld zur Auswahl und zum Einfügen der Felder.

10

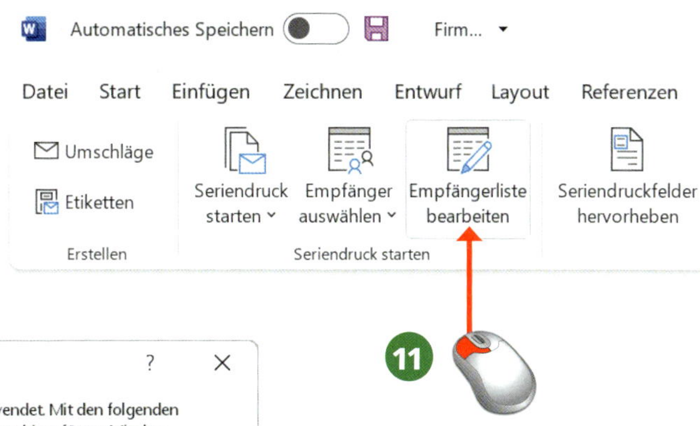

11

12
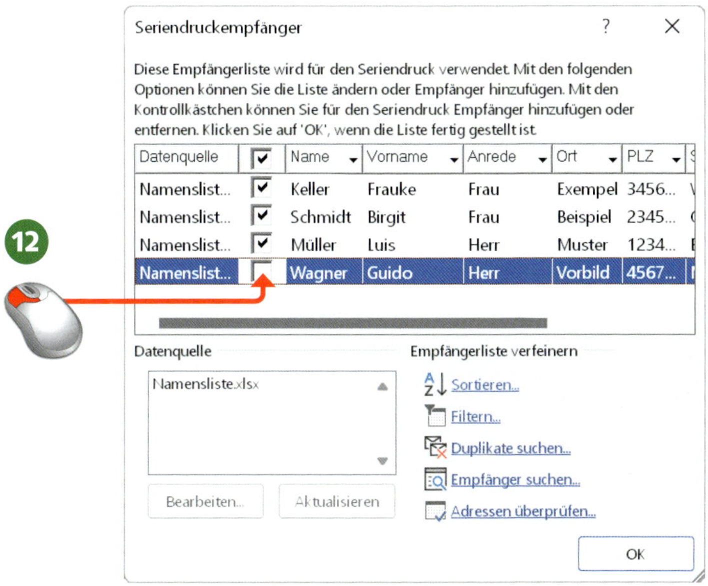

10 Wiederholen Sie die Schritte 8 und 9, bis alle Seriendruckfelder in den Serienbriefentwurf eingefügt sind. Leerzeichen müssen mit eingefügt werden.

11 Zum Filtern der Daten wählen Sie auf der Registerkarte *Sendungen* des Menübands die Schaltfläche *Empfängerliste bearbeiten*.

12 Löschen Sie im Dialogfeld die Kontrollkästchen der unerwünschten Datensätze, sortieren Sie die Daten oder legen Sie Filterkriterien über die Listenfelder der Kopfzeile fest.

HINWEIS

Die Schreibweise »geehrte(r)« passt für beide Anreden »Frau« und »Herr«. Sie sparen sich eine Wenn-Dann-Abfrage (siehe Seite 314).

TIPP

Die Schaltfläche *Seriendruckfelder hervorheben* der Registerkarte *Sendungen* bewirkt, dass die Felder im Text grau unterlegt und somit besser sichtbar werden.

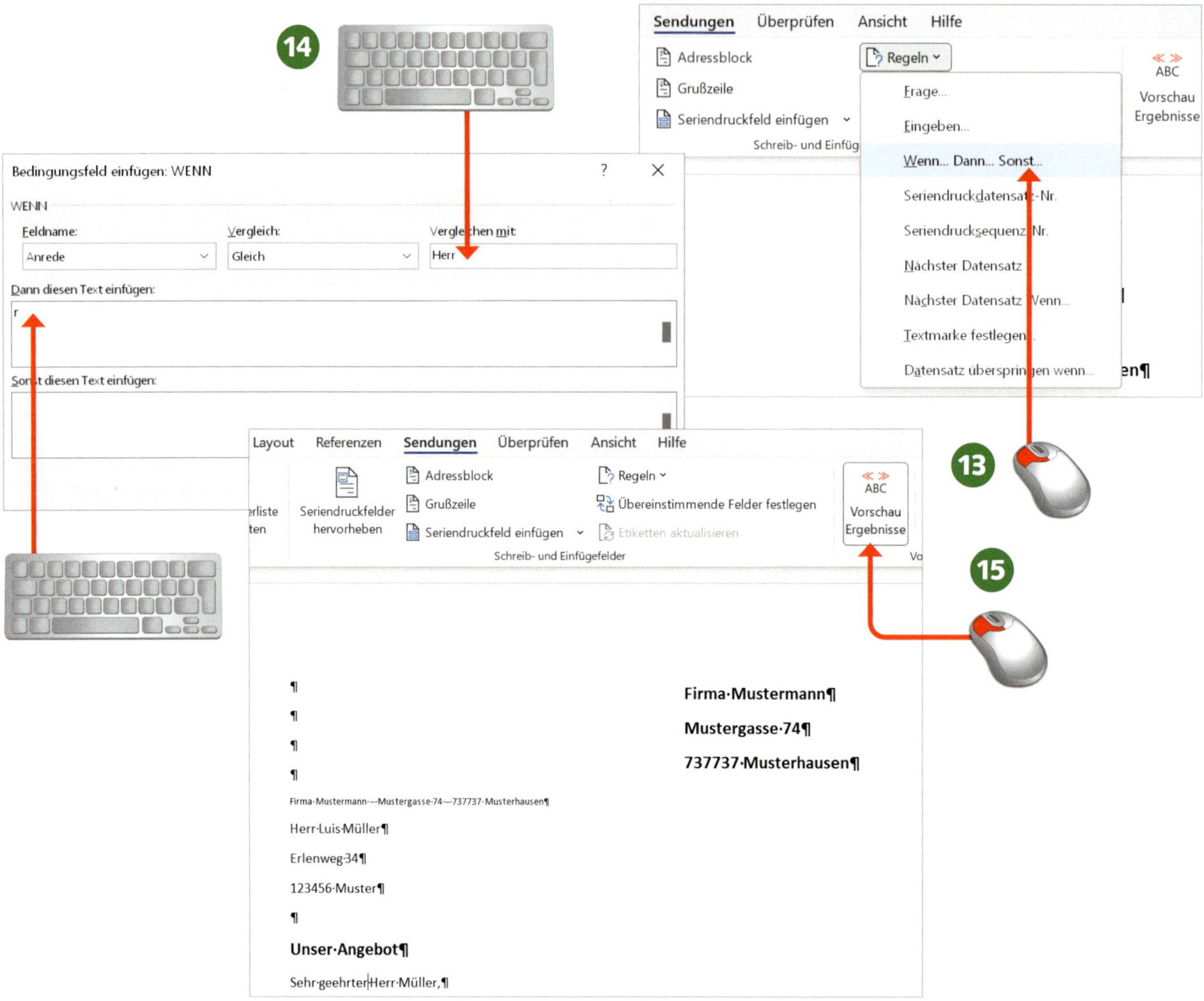

13 Mit dem Befehl *Wenn ... Dann ... Sonst* der Schaltfläche *Regeln* der Registerkarte *Sendungen* lässt sich an der Cursorposition Text hinzufügen, z. B. bei »geehrte« ein »r«.

14 Legen Sie in diesem Dialogfeld die abzuprüfende Regel (hier Anrede gleich »Herr«) sowie die einzufügenden Texte für den Wenn- und den Dann-Fall fest.

15 Zum Testen wählen Sie die Schaltfläche *Vorschau Ergebnisse* und blättern über die Schaltflächen der Navigationsleiste zwischen den Datensätzen der Steuerdatei.

WISSEN

Bei Bedarf lassen sich auch Bedingungsfelder (z. B. für eine persönliche Anrede) einfügen, und Sie können die Ergebnisse des Seriendrucks vor der eigentlichen Ausgabe auch testen. Der Befehl *Dokumente drucken* erzeugt die Serienbriefe für den Drucker, und Sie wählen im *Drucken*-Dialogfeld die Ausgabeoptionen.

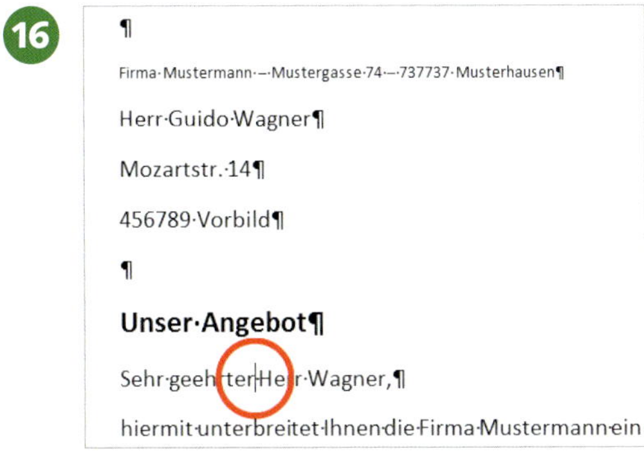

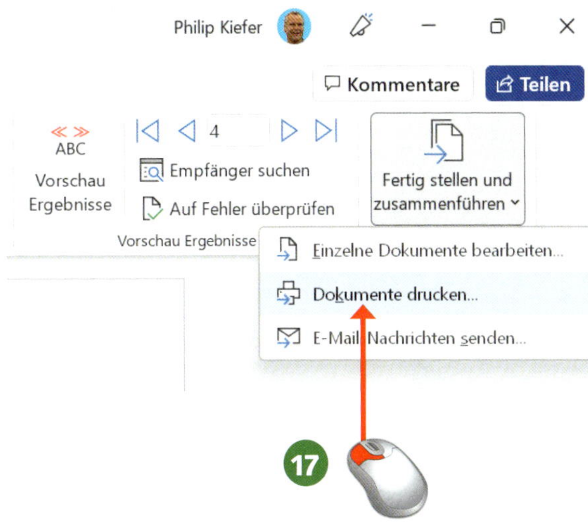

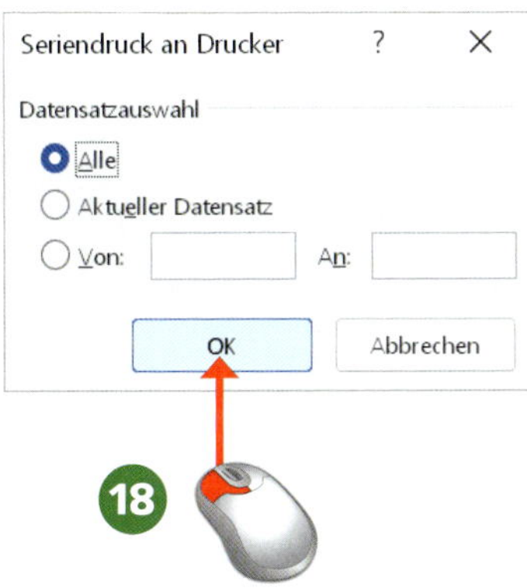

16 Beim Blättern durch die Datensätze werden Ihnen die Daten im Briefentwurf angezeigt.

17 Ist in der Vorschau alles okay? Dann wählen Sie auf der Registerkarte *Sendungen* die Schaltfläche *Fertig stellen und zusammenführen*. Klicken Sie auf *Dokumente drucken*.

18 Markieren Sie eine Option zur Datensatzauswahl und bestätigen Sie mit der *OK*-Schaltfläche, um den Seriendruck anzustoßen.

Ende

TIPP

Über die Navigationsschaltflächen  blättern Sie in Schritt 15 durch die Daten, um sich vor dem Drucken die Ergebnisse anzusehen.

HINWEIS

In Schritt 17 erzeugt der Befehl *Einzelne Dokumente bearbeiten* die Serienbriefe in Word. Sie können die Ergebnisse dann noch bearbeiten.

Start

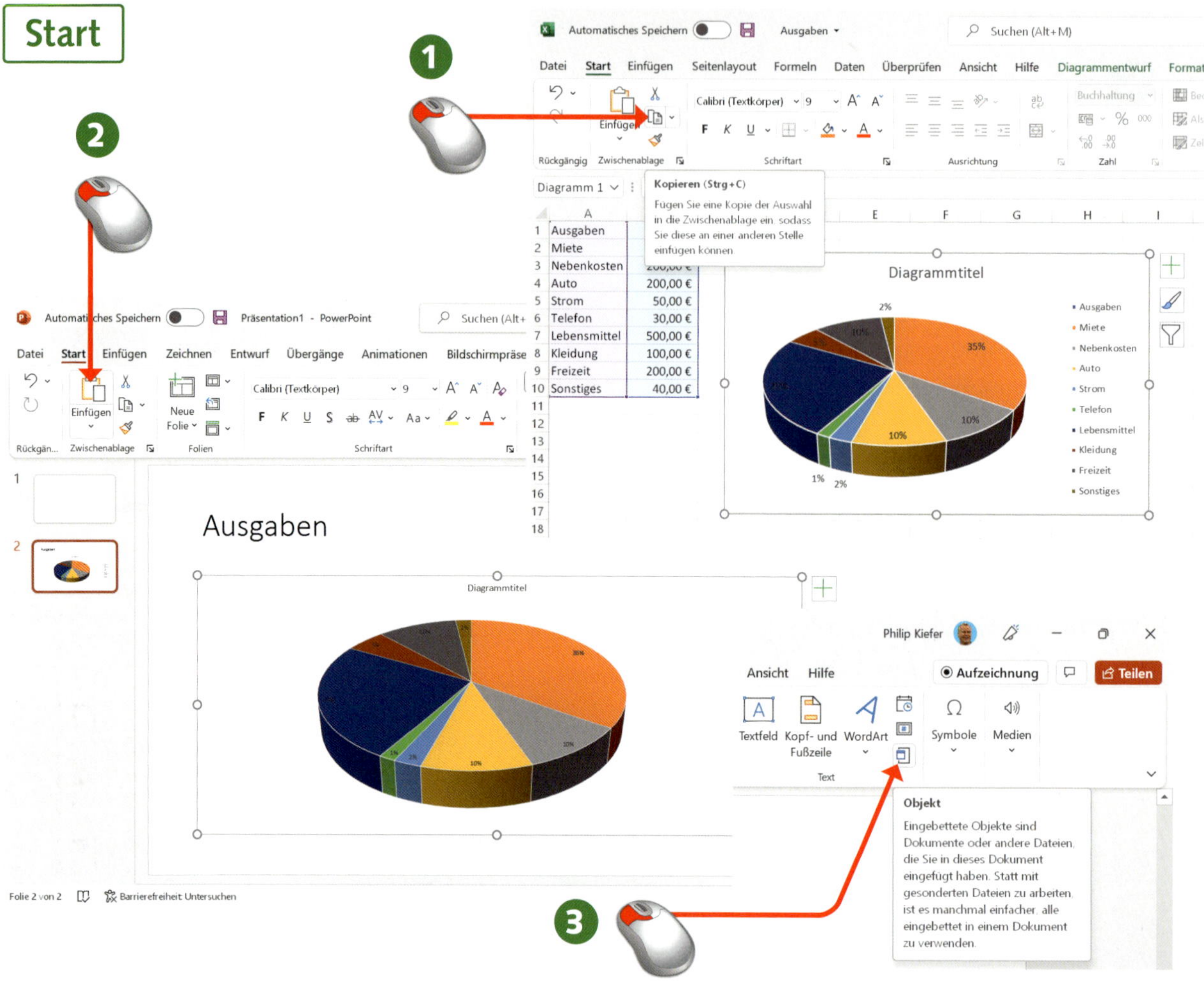

1 Um ein Excel-Diagramm in PowerPoint oder Word zu übernehmen, markieren Sie das Objekt in Excel und kopieren es in die Windows-Zwischenablage.

2 Wechseln Sie z. B. zum PowerPoint-Fenster, und fügen Sie das Diagramm aus der Zwischenablage in die aktuelle Folie ein. Passen Sie ggf. Position und Größe an.

3 Um in Word/PowerPoint z. B. eine Excel-Tabelle einzufügen, wählen Sie auf der Registerkarte *Einfügen* des Menübands die Schaltfläche *Objekt* der Gruppe *Text*.

WISSEN

Microsoft Office ermöglicht den Datenaustausch zwischen den einzelnen Anwendungen (z. B. eine Excel-Tabelle oder ein Diagramm in Word- oder PowerPoint-Dokumente einfügen). Dabei stehen sowohl die Zwischenablage als auch Objekte zum Übertragen zur Verfügung. Sollen die Daten nicht mehr bearbeitet werden, fügen Sie diese über die Zwischenablage ein. Um später Anpassungen vornehmen zu können, müssen die Daten als Objekt eingefügt werden.

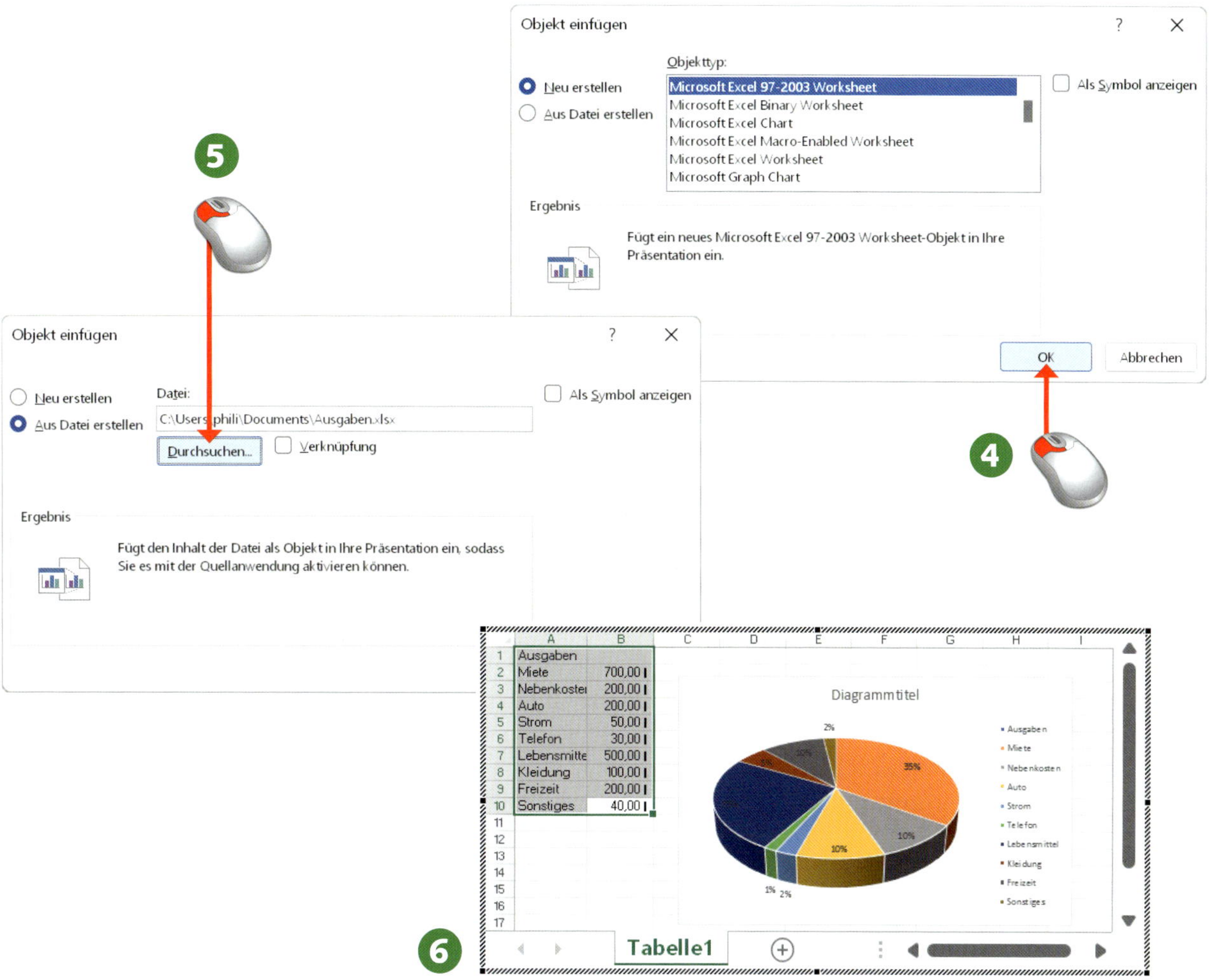

4 Bei aktivierter Option *Neu erstellen* im Dialogfeld *Objekt einfügen* wählen Sie unter *Objekttyp* ein Format in der Liste aus und bestätigen mit *OK*.

5 Bei aktivierter Option *Aus Datei erstellen* des Dialogfelds *Objekt einfügen* wählen Sie über die *Durchsuchen*-Schaltfläche eine Objektdatei aus und übernehmen diese in das Dokument.

6 Das eingefügte Objekt lässt sich im Dokument verschieben und in der Größe anpassen. Ein Doppelklick öffnet das Objekt zum Bearbeiten in der betreffenden Anwendung.

Ende

HINWEIS

Mit der Option *Neu erstellen* wird ein neues leeres Objekt in das aktuelle Dokument eingefügt. Sie müssen dann die Daten manuell eingeben.

TIPP

Markieren Sie das Kontrollkästchen *Verknüpfung* bei der Option *Aus Datei erstellen* im Dialogfeld *Objekt einfügen*. Dies reduziert die Größe der Dokumentdatei.

Start

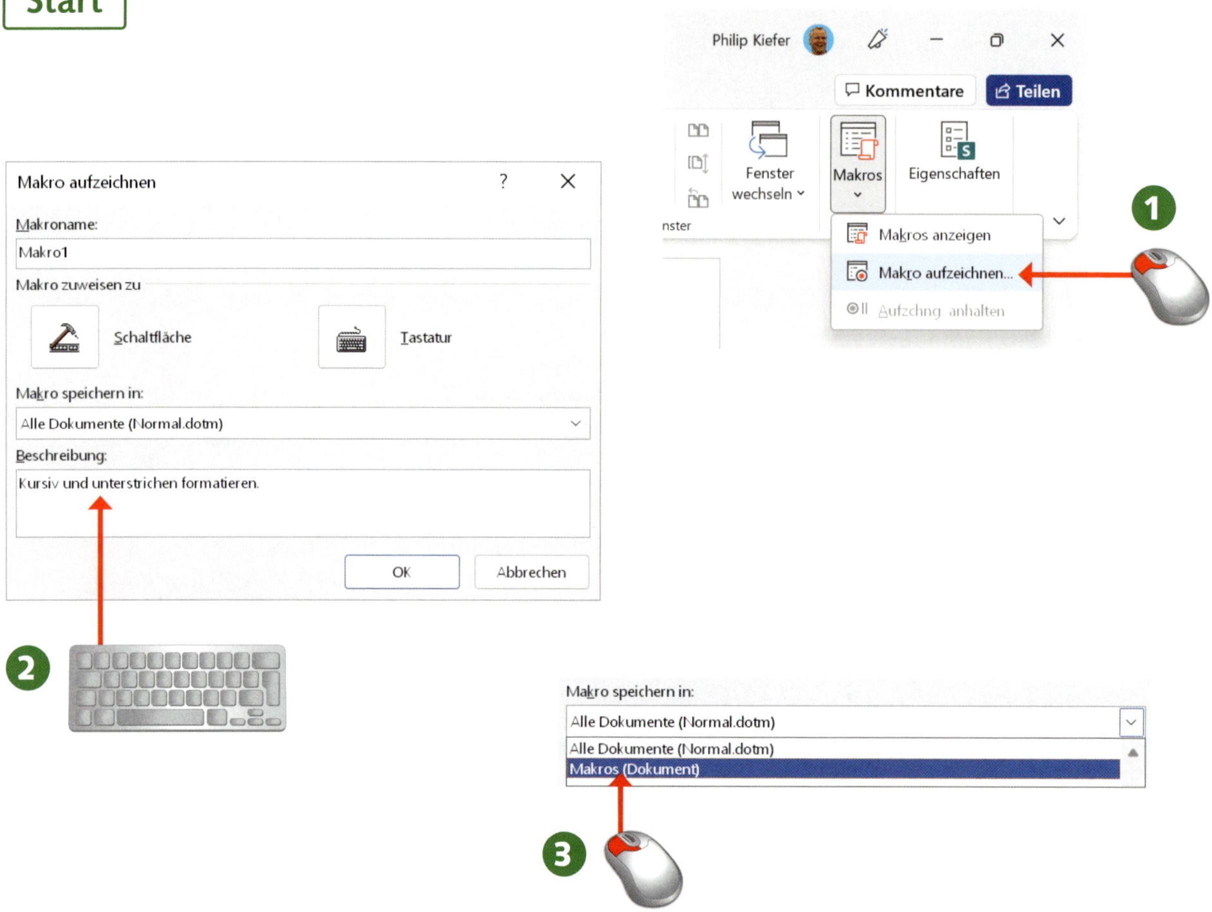

1. Um ein Makro z. B. in Word aufzuzeichnen, wählen Sie auf der Registerkarte *Ansicht* den unteren Teil der Schaltfläche *Makros* und dann den Befehl *Makro aufzeichnen*.
2. Passen Sie im Dialogfeld *Makro aufzeichnen* den Makronamen an, und tragen Sie ggf. eine kurze Beschreibung in das entsprechende Textfeld ein.
3. Legen Sie im Feld *Makro speichern in* das zum Speichern des Makros zu verwendende Dokument fest (*Normal.dotm* stellt das Makro für alle Word-Dokumente bereit).

WISSEN

Makros ermöglichen es, wiederkehrende Aufgaben oder Bearbeitungsschritte automatisch auszuführen und Office um neue Funktionen zu erweitern. Legen Sie Makros für häufig wiederkehrende Aufgaben an, und lassen Sie diese später auf »Knopfdruck« ausführen.

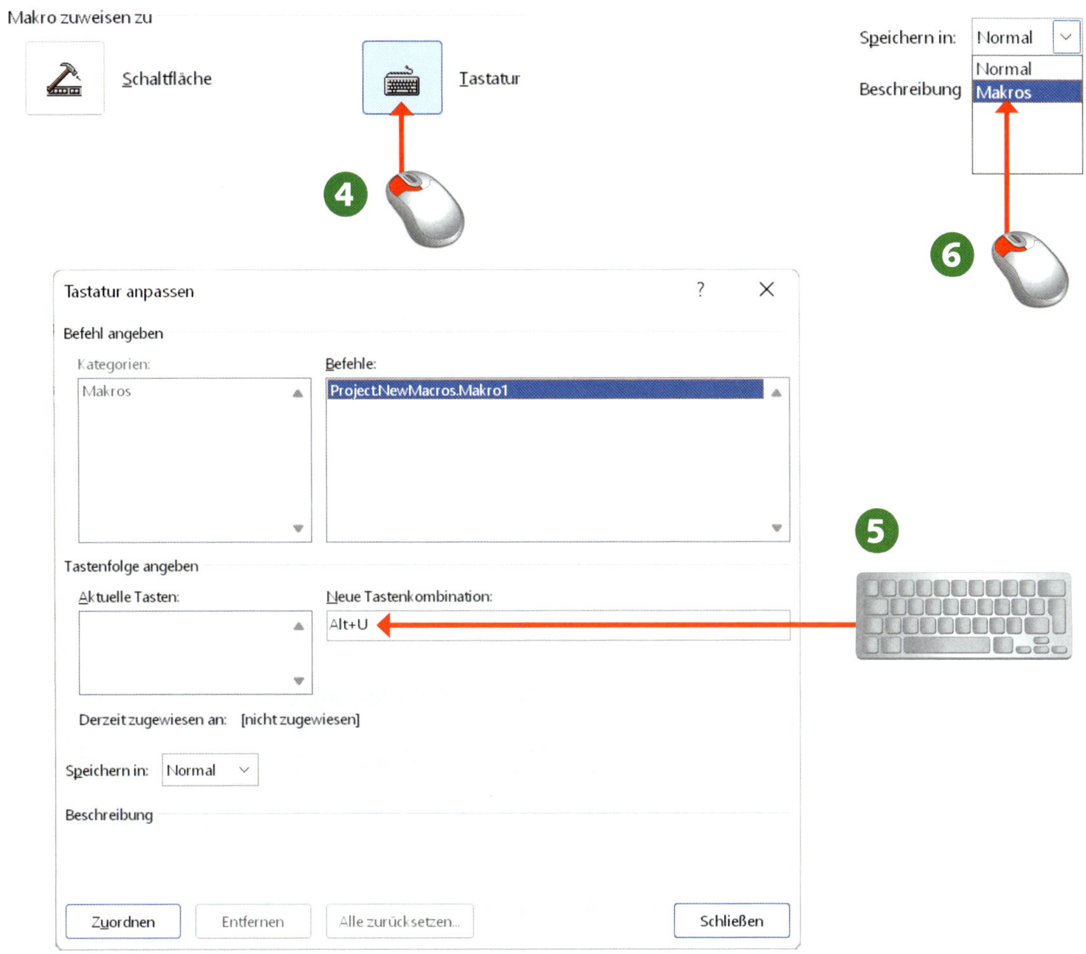

4. Um Makros später per Tastatur oder Schaltfläche aufzurufen, wählen Sie eine Schaltfläche in *Makro zuweisen zu* und befolgen die nächsten Schritte.

5. Wurde in Schritt 4 *Tastatur* gewählt, markieren Sie im Dialogfeld das Feld *Neue Tastenkombination* und drücken die gewünschte Tastenkombination (hier Alt+U).

6. Bei Bedarf wählen Sie über das Listenfeld *Speichern in*, in welchem Dokument die Tastenkombination gespeichert wird (*Normal.dotm*, hier nur als *Normal* bezeichnet, gilt für alle Word-Dokumente, *Makros* ist hier der Name des Dokuments).

HINWEIS

Achten Sie beim Zuweisen von Tastenfolgen an Makros darauf, dass diese noch nicht anderweitig belegt sind.

FACHWORT

Makros sind kleine Programme, deren Befehle (z. B. zur Textformatierung) ausgeführt werden können.

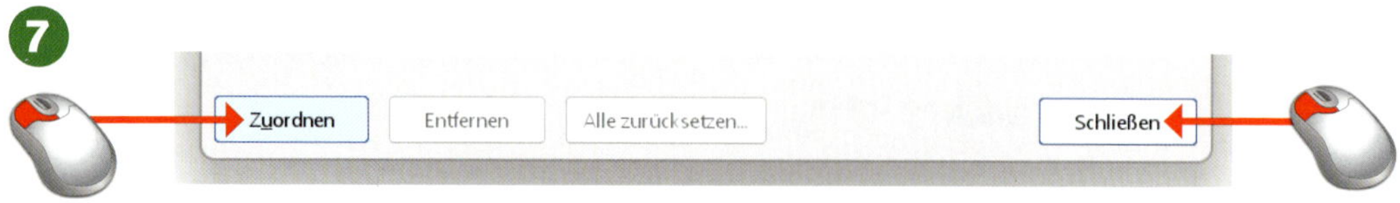

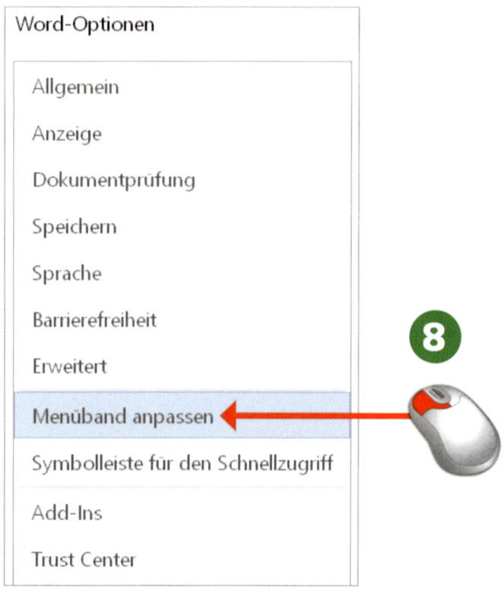

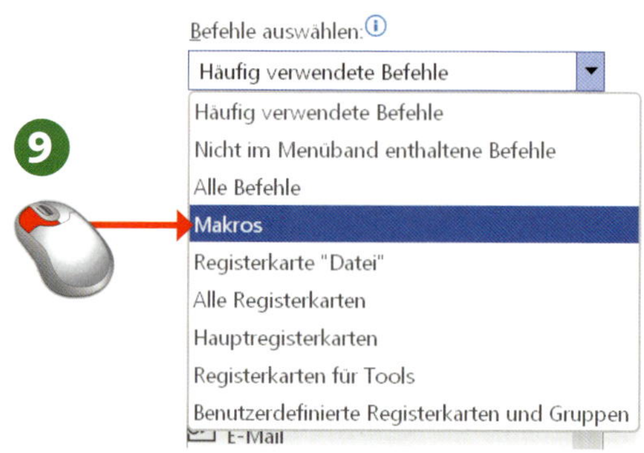

7 Klicken Sie auf die Schaltfläche *Zuordnen*, und verlassen Sie das Dialogfeld zur Tastaturzuordnung über die *Schließen*-Schaltfläche.

8 Wurde in Schritt 4 das Symbol *Schaltfläche* gewählt, öffnet sich das Dialogfeld *Word-Optionen*. Gehen Sie dort zur Kategorie *Menüband anpassen*.

9 Entscheiden Sie sich im Menü *Befehle auswählen* für den Eintrag *Makros*.

WISSEN

Makros werden in speziellen Makrodokumentdateien oder in der Word-*Normal.dotm* gespeichert. Zum komfortablen Zugriff auf Makros lassen sich diese einer Tastenkombination oder einer Schaltfläche des Menübands zuweisen. Schaltflächen zur Makroausführung lassen außer auf Registerkarten des Menübands auch in der ggf. eingeblendeten Symbolleiste für den Schnellzugriff einfügen.

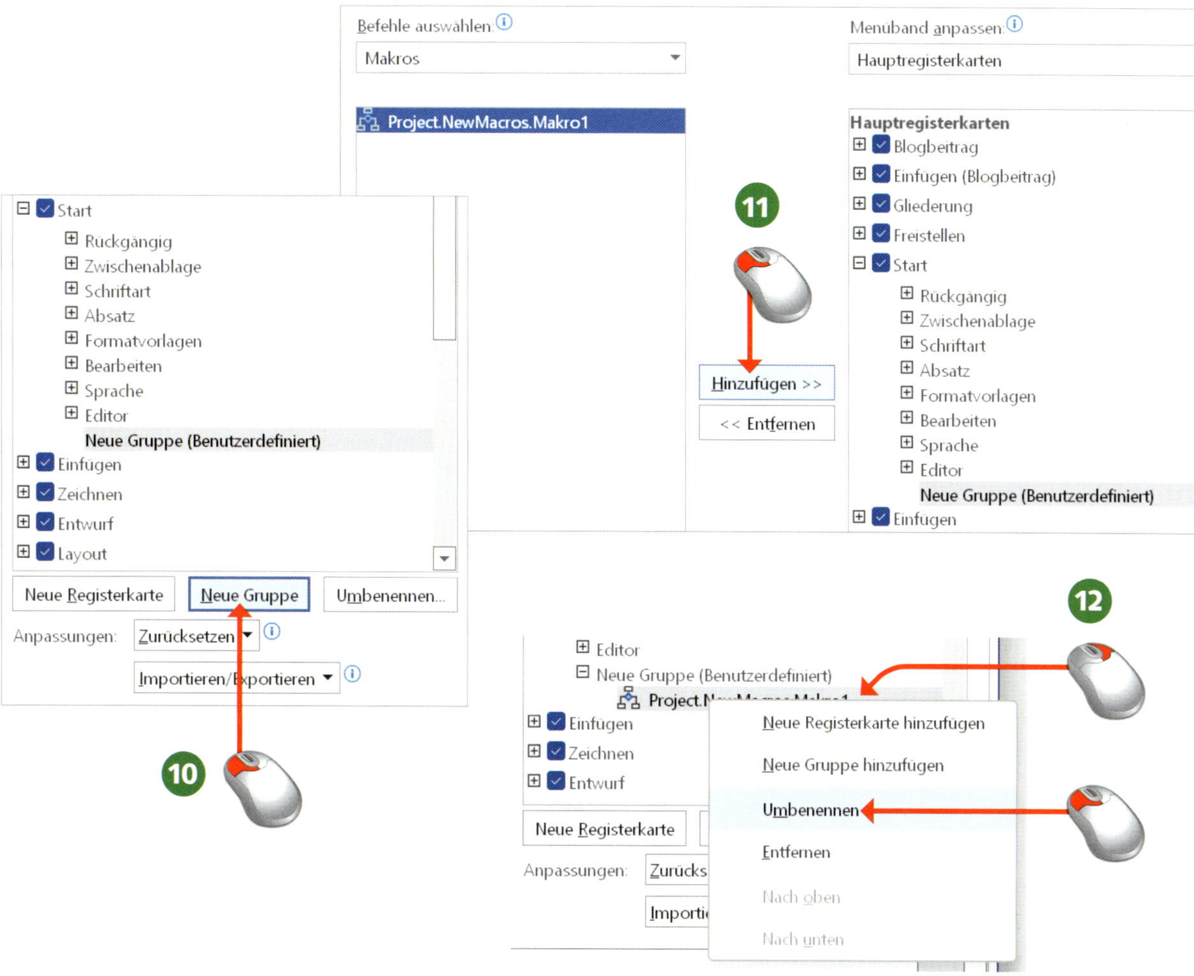

10 In der Registerkartenübersicht rechts wählen Sie eine Hauptregisterkarte (z. B. *Start*) aus und klicken auf *Neue Gruppe*, um eine Gruppe für das Makro zu erstellen.

11 Markieren Sie das Makro und klicken Sie auf die *Hinzufügen*-Schaltfläche, um es in die neue Gruppe zu übertragen.

12 Sie können das Makro sowie die Gruppe individuell benennen. Auch ein anderes Symbol lässt sich wählen. Klicken Sie den Eintrag dazu mit der rechten Maustaste an und wählen Sie *Umbenennen*.

TIPP

Beim späteren Speichern des Dokuments wählen Sie ein Makrodokumentformat (z. B. *Word Dokument mit Makros (*.docm)*, da andernfalls das Makro nicht mit gesichert wird.

HINWEIS

Das Listenfeld *Befehle auswählen* muss auf *Makros* eingestellt sein, um die Makros in der linken Liste anzuzeigen.

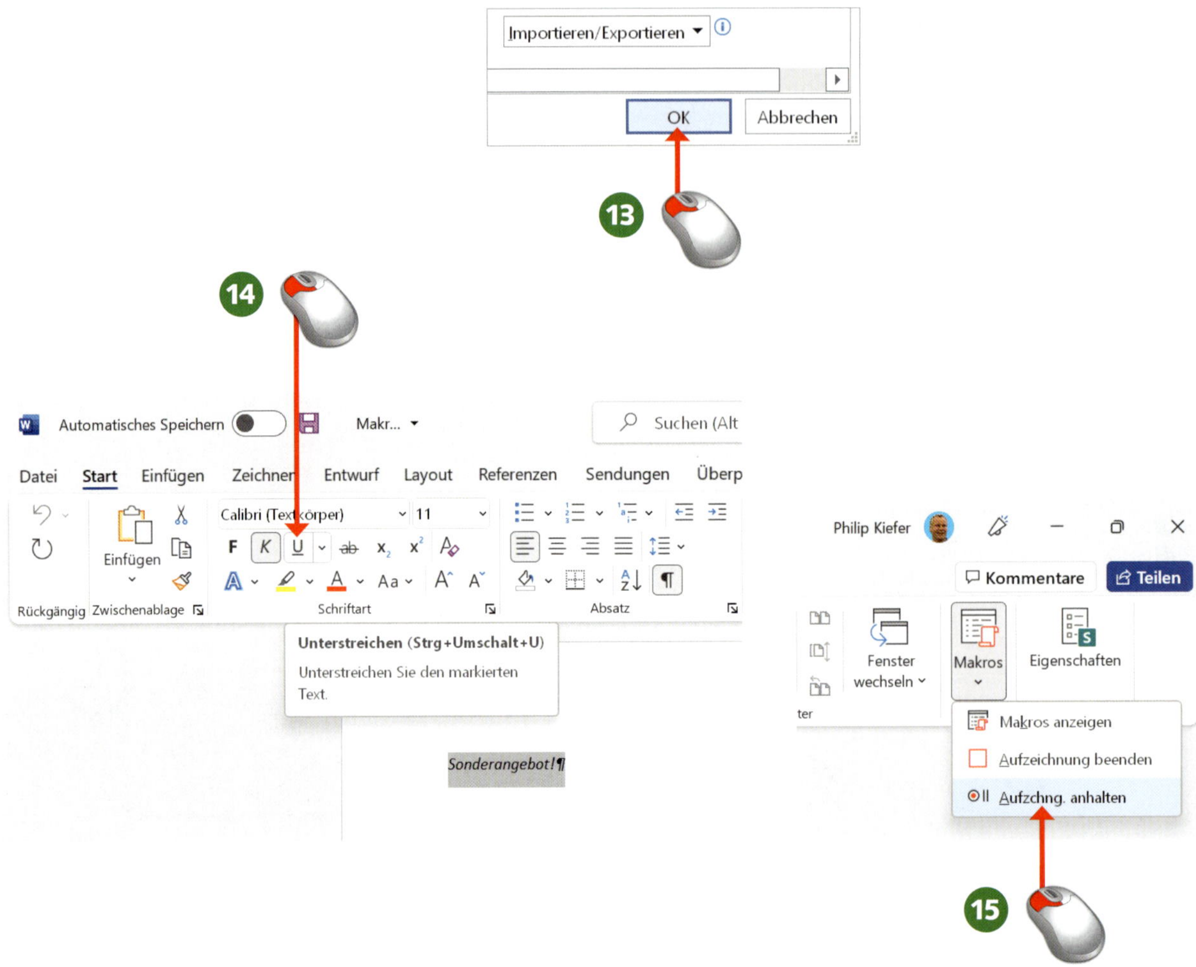

13 Sobald das Makro der Schaltfläche zugewiesen und diese ggf. umbenannt sowie mit einem Symbol versehen wurde, schließen Sie das Dialogfeld über die *OK*-Schaltfläche.

14 Führen Sie anschließend im (Word-)Fenster die aufzuzeichnenden Schritte aus. Hier wird ein vor der Aufzeichnung markierter Text kursiv und unterstrichen formatiert.

15 Die Aufzeichnung lässt sich auf der Registerkarte *Ansicht* über den Befehl *Aufzchng. anhalten* der Schaltfläche *Makros* vorübergehend unterbrechen.

WISSEN

Office-Anwendungen können Makros automatisch aufzeichnen. Der aufgezeichnete Programmcode lässt sich später bearbeiten. Überlegen Sie sich vor der Aufzeichnung eines Makros die Schrittfolge, um keine überflüssigen Befehle aufzuzeichnen.

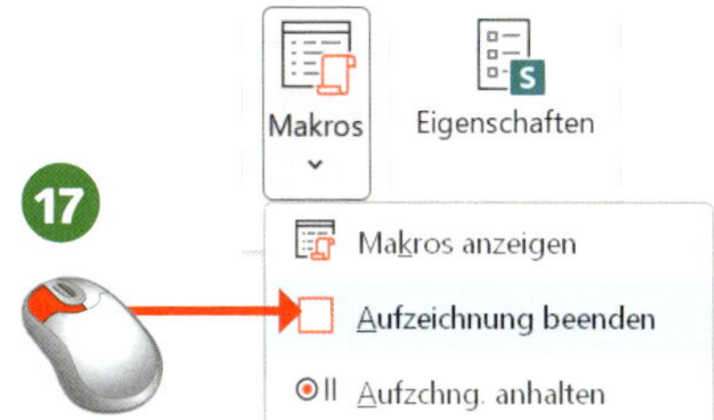

16 Setzen Sie die Aufzeichnung über den Befehl *Aufzeichnung fortsetzen* der Schaltfläche *Makros* auf der Registerkarte *Ansicht* wieder fort.

17 Sind die gewünschten Schritte aufgezeichnet, wählen Sie auf der Registerkarte *Ansicht* den Befehl *Aufzeichnung beenden* der Schaltfläche *Makros*.

18 Um das Makro bei Bedarf auszuführen, klicken Sie auf die erstellte Schaltfäche bzw. drücken die angelegte Tastenkombination.

Ende

HINWEIS

Das aufgezeichnete Makro wird gespeichert und lässt sich ausführen oder bearbeiten.

TIPP

Unterbrechen Sie die Makroaufzeichnung, falls ein vergessener Zwischenschritt erforderlich wird.

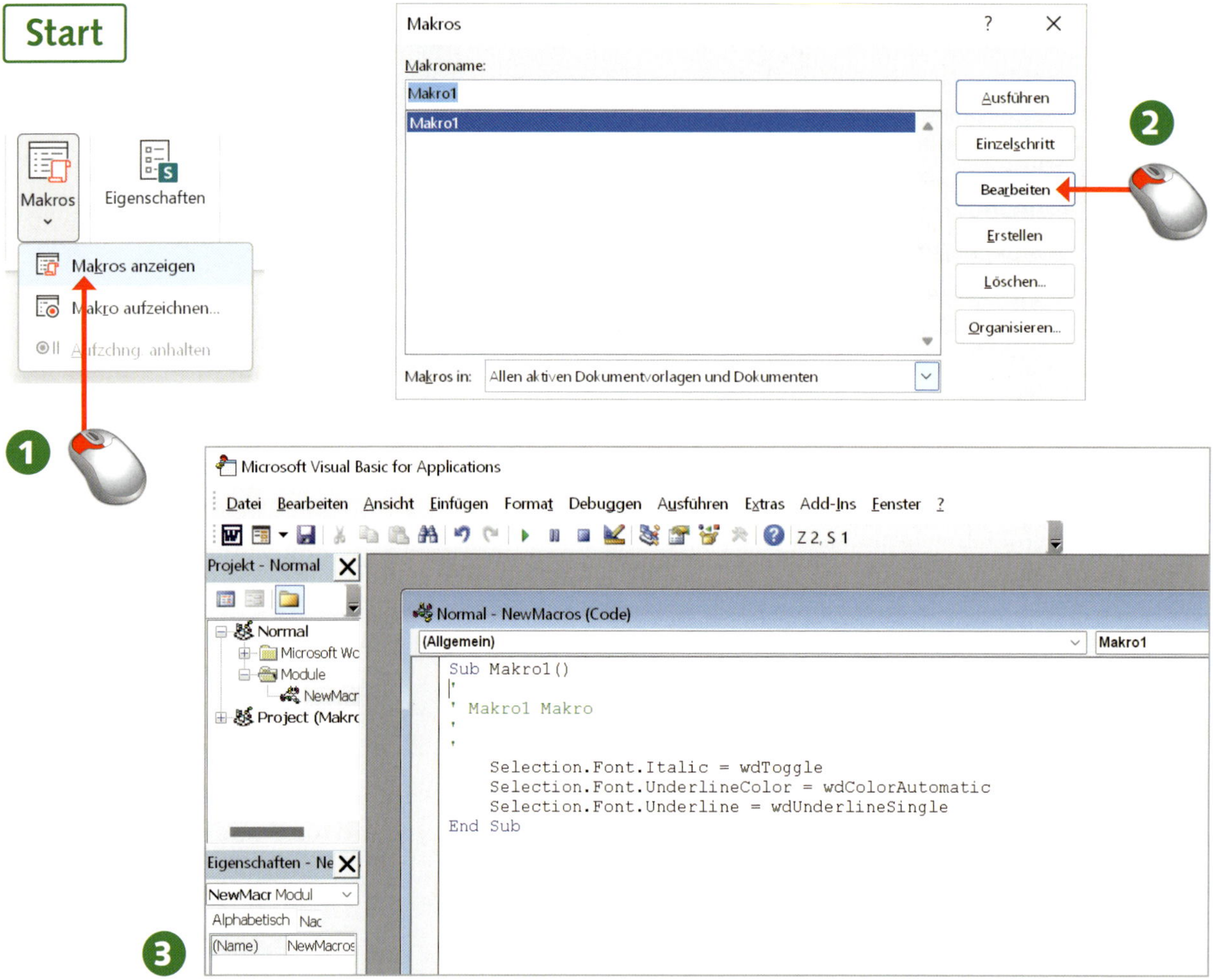

1. Um Makros zu inspizieren, auszuführen oder anzupassen, wählen Sie auf der Registerkarte *Ansicht* die Menüschaltfläche *Makros* und dann *Makros anzeigen*.

2. Im Dialogfeld *Makros* werden Ihre erstellten Makros aufgelistet, lassen sich auswählen und mithilfe der Schaltflächen ausführen, bearbeiten, erstellen und löschen.

3. Über die Schaltfläche *Bearbeiten* (Schritt 2) öffnen Sie das Fenster der VBA-Entwicklungsumgebung, in der Sie den Makrocode einsehen und ändern können.

WISSEN

Makros lassen sich über eine definierte Tastenfolge (Seite 307 ff.) oder eine Makroschaltfläche starten. Zudem können Sie Makros verwalten und bearbeiten. Nicht mehr benötigte Makros entfernen Sie im Dialogfeld *Makros* über die *Löschen*-Schaltfläche.

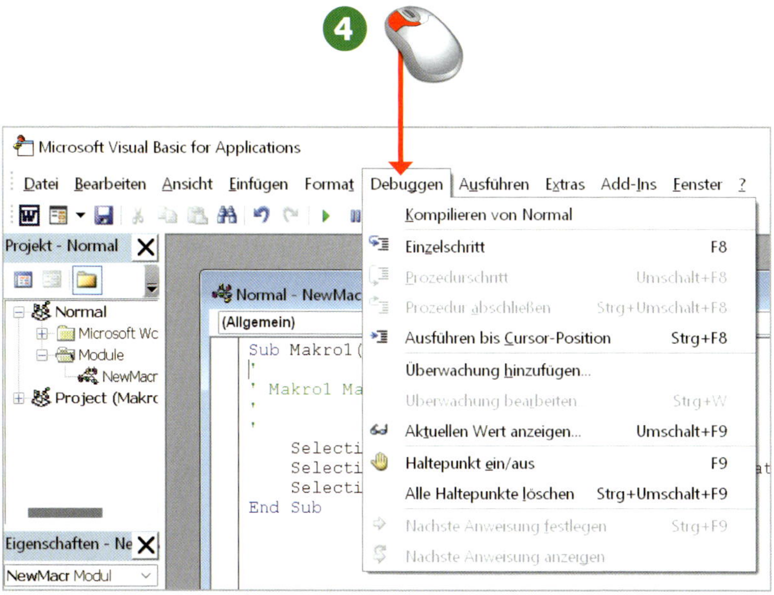

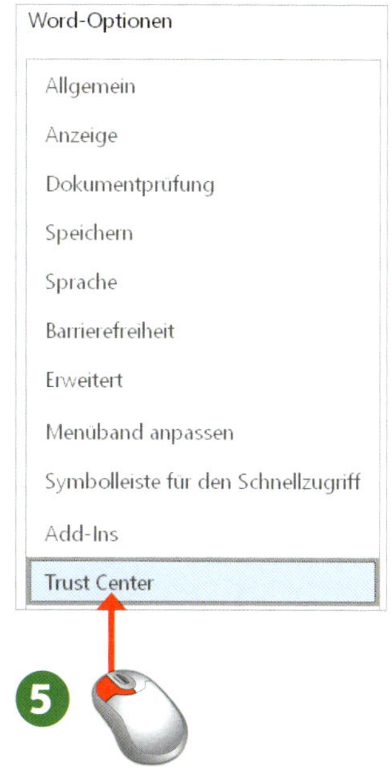

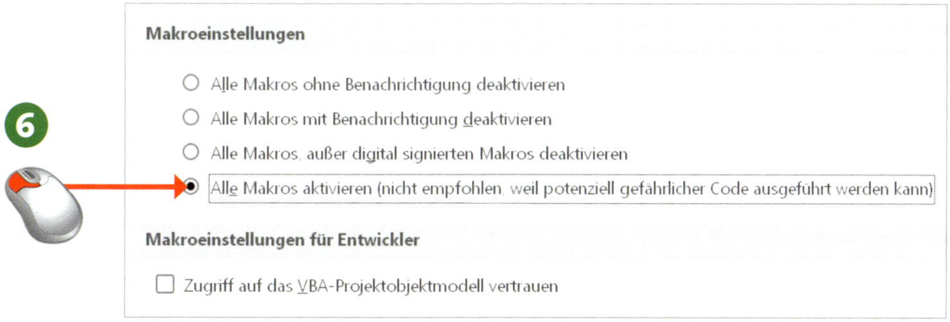

4 In der Symbolleiste und im Menü *Debuggen* finden Sie Schaltflächen und Befehle, um den Makrocode bei Bedarf (ggf. schrittweise) zum Testen auszuführen.

5 Wird ein Makro nicht ausgeführt, könnte es an den Einstellungen des Trust Centers liegen. Um diese anzupassen, rufen Sie die Word-Optionen auf und wählen die Kategorie *Trust Center*.

6 Passen Sie im Trust Center die Makrosicherheitseinstellungen an und bestätigen Sie mit *OK*.

Ende

TIPP

Über das Menü *Makros in* im Fenster aus Schritt 2 filtern Sie, welche Makrodateien berücksichtigt werden.

FACHWORT

Visual **B**asic for **A**pplications (VBA) ist die Programmiersprache, in der Makros erstellt werden.

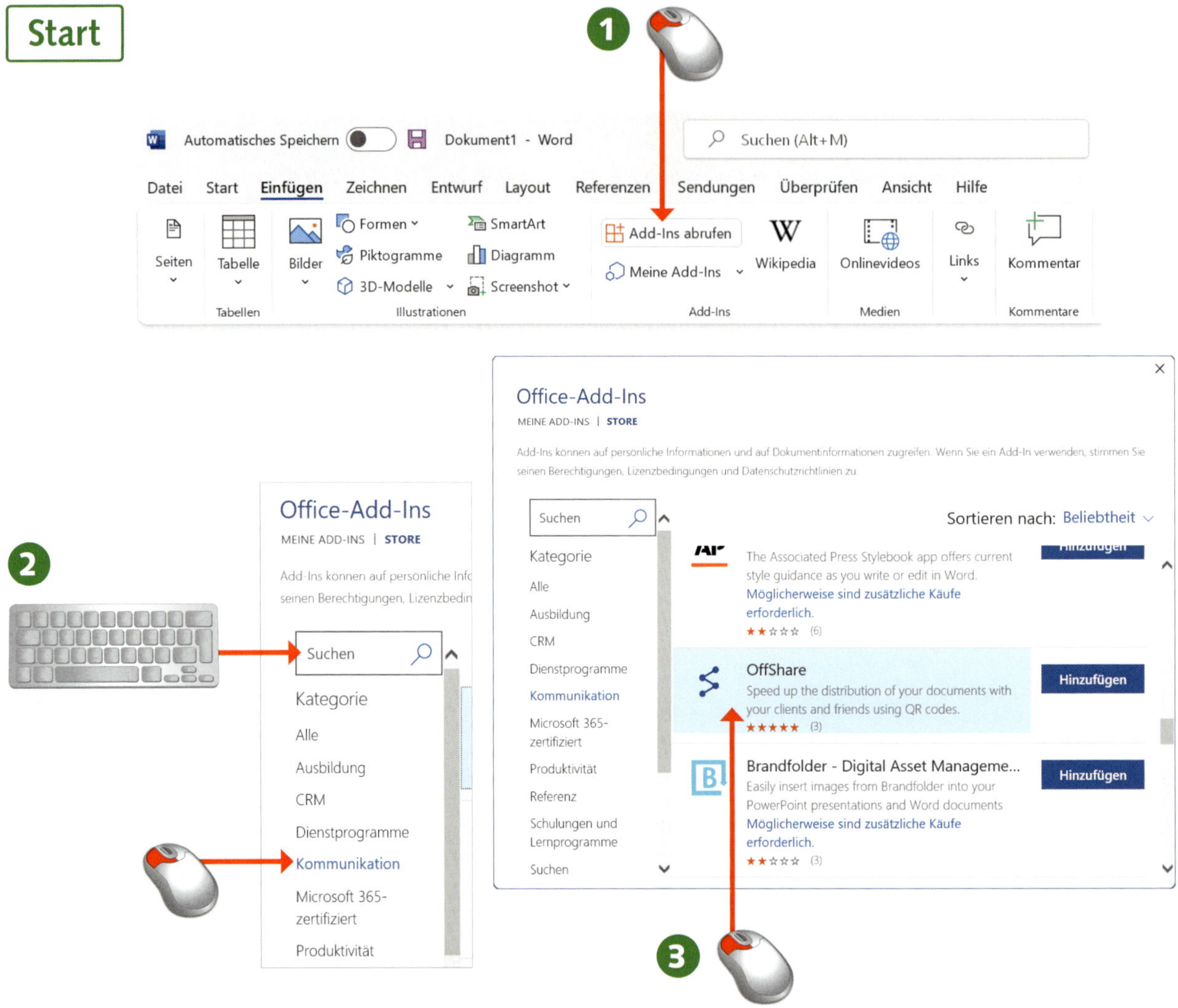

1. Um ein Add-in zu installieren, entscheiden Sie sich auf der Registerkarte *Einfügen* in der Gruppe *Add-Ins* für die Schaltfläche *Add-Ins abrufen*.
2. Entscheiden Sie sich im Store für eine Kategorie oder verwenden Sie das eingebaute Suchfeld für die Suche nach einem bestimmten Thema.
3. Stoßen Sie auf ein Add-in, das Sie installieren möchten, klicken Sie auf den entsprechenden Eintrag, um nähere Informationen zum Add-in abzurufen.

WISSEN

Mithilfe von Add-ins können Sie die Office-Programme um nützliche Funktionen erweitern. Über einen integrierten Store lassen sich zahlreiche Add-ins aus unterschiedlichen Kategorien beziehen, zum Teil komplett kostenlos.

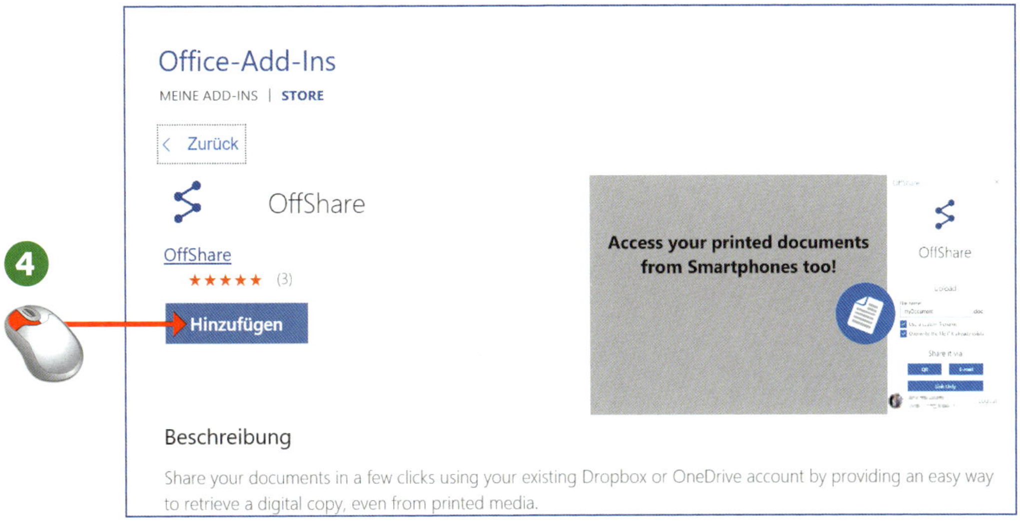

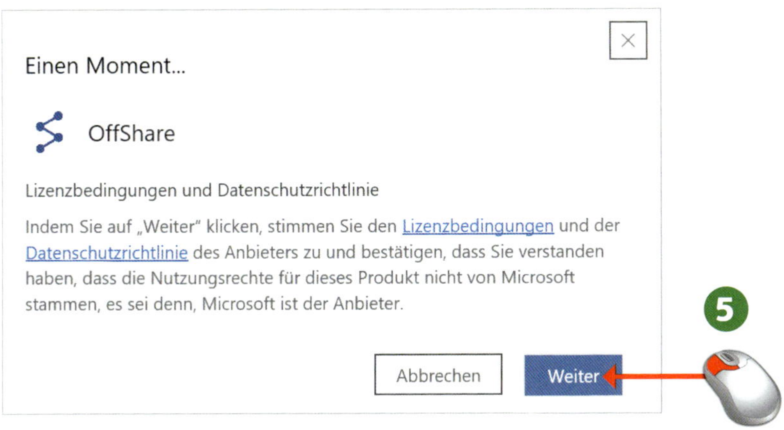

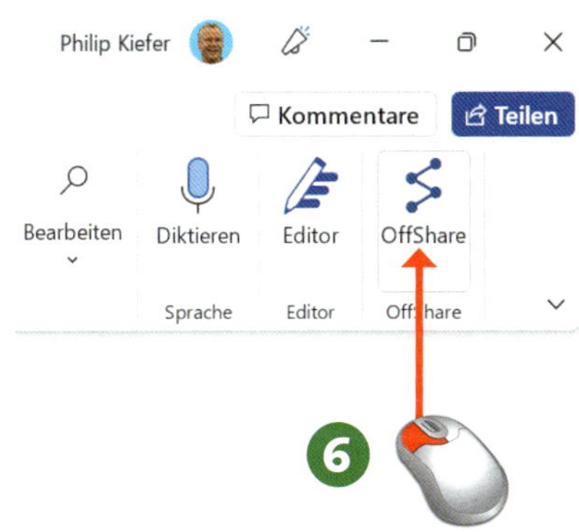

4 Sagen Ihnen auch die Details zu, klicken Sie auf die Schaltfläche *Hinzufügen*, um das Add-in zu installieren.

5 Bestätigen Sie noch die Lizenzbedingungen, indem Sie auf *Weiter* klicken.

6 Das Add-in steht nun mit seinen individuellen Funktionen im Office-Programm zur Verfügung.

Ende

TIPP

Beachten Sie vor der Installation eines Add-ins die Bewertungen durch andere Nutzer! Eine geringe Sternebewertung bei vergleichsweise hoher Bewertungsanzahl sollte zur Vorsicht mahnen.

HINWEIS

Bei einigen Add-ins, z. B. für die Übersetzung oder zum Nachschlagen, können Daten übers Internet versendet werden.

Start

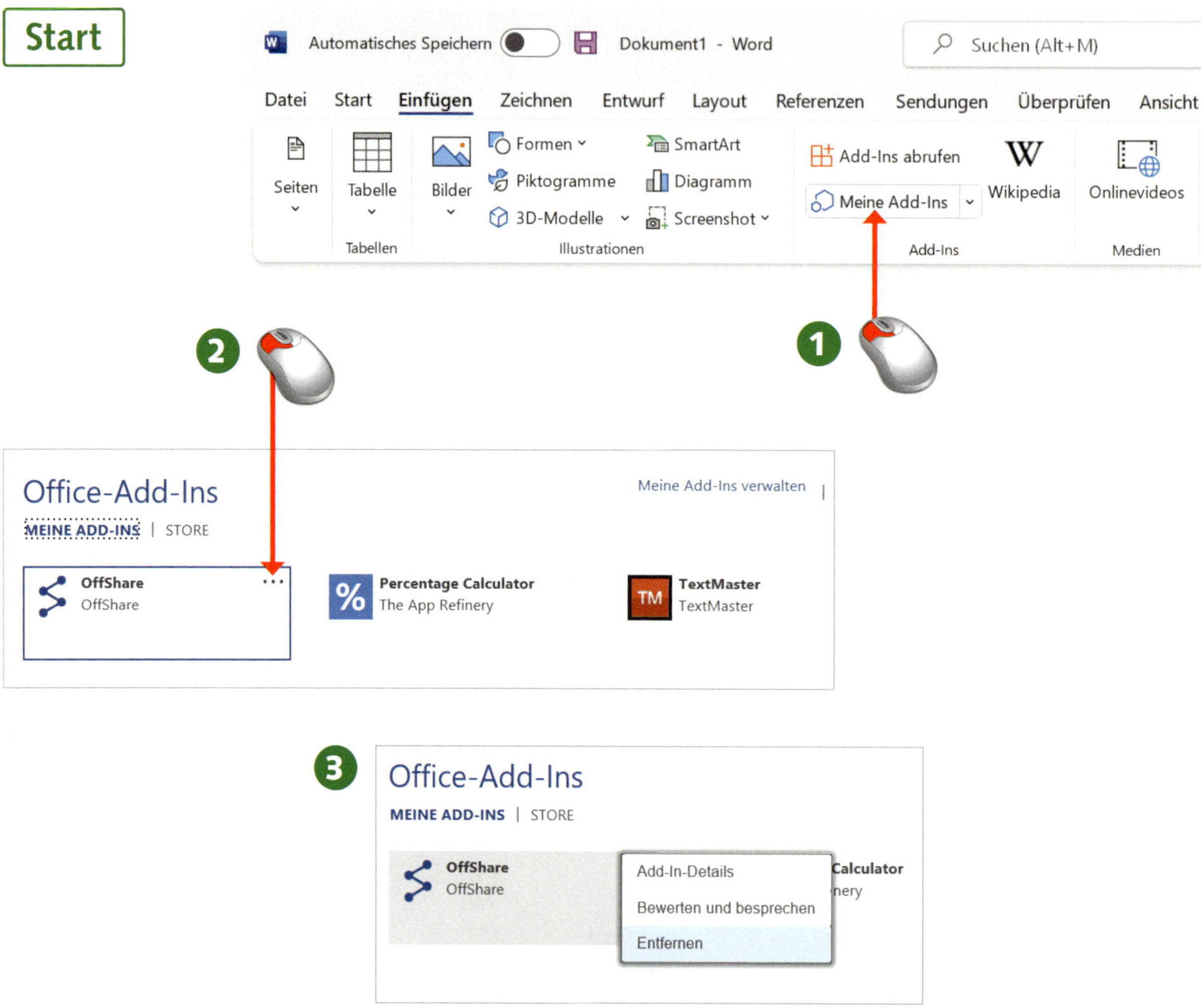

1. Um zu sehen, welche Add-ins Sie aus dem Store bezogen haben, wählen Sie auf der Registerkarte *Einfügen* die Schaltfläche *Meine Add-Ins*.
2. Um ein Add-in zu entfernen, bewegen Sie den Mauszeiger auf das Add-in und klicken auf die so eingeblendeten drei Punkte.
3. Entscheiden Sie sich im Menü für den Eintrag *Entfernen*. Bestätigen Sie im folgenden Rückfragefenster erneut mit *Entfernen*.

WISSEN

Welche Add-ins sind überhaupt installiert? Und wie werden Sie Add-ins wieder los, die Sie nicht mehr benötigen? Das Verwalten von Add-ins, und zwar nicht nur solcher, die aus dem integrierten Store stammen, wird Ihnen auf dieser Doppelseite vorgestellt.

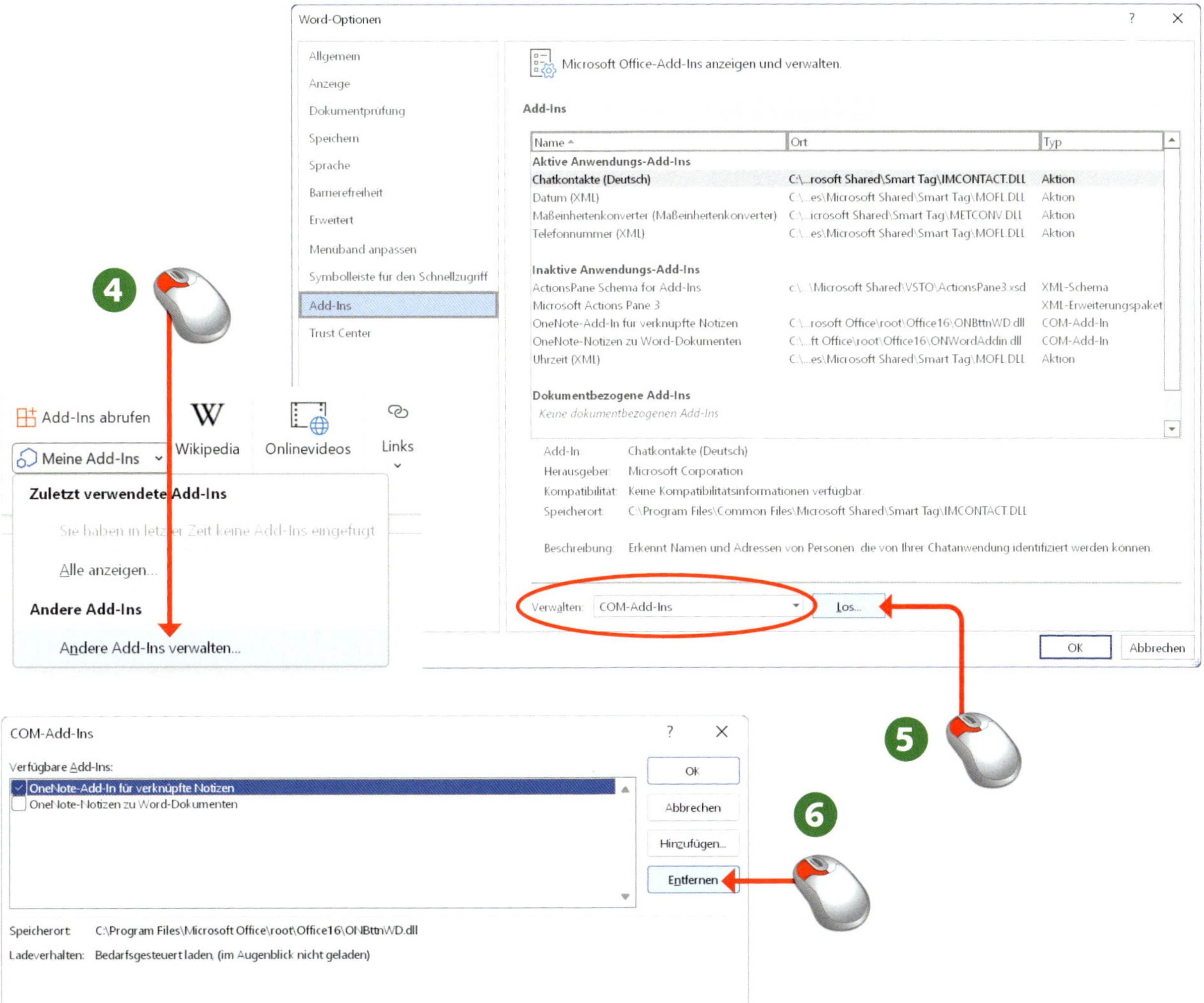

4 Add-ins, die nicht aus dem integrierten Store stammen, sehen Sie ein, indem Sie auf den zur Schaltfläche *Meine Add-Ins* gehörenden Pfeil klicken und *Andere Add-Ins verwalten* wählen.

5 Sie erhalten eine Übersicht über die installierten Add-ins. Zum Verwalten wählen Sie im Menü unten eine Kategorie und bestätigen mit *Los*.

6 Nun können Sie z. B. ein Add-in per Kontrollkästchen deaktivieren oder ein ausgewähltes Add-in mit der *Entfernen*-Schaltfläche löschen.

Ende

TIPP

Wenn Sie ein Add-in nicht mehr benötigen, entfernen Sie dieses am besten sofort, um keinen unnötigen Ballast in den Office-Programmen mitzuschleppen.

HINWEIS

Zum Fenster aus Schritt 5 kommen Sie, wenn Sie unter *Datei* den Eintrag *Optionen* wählen und sich in den Optionen des Office-Programms für die Kategorie *Add-Ins* entscheiden.

Start

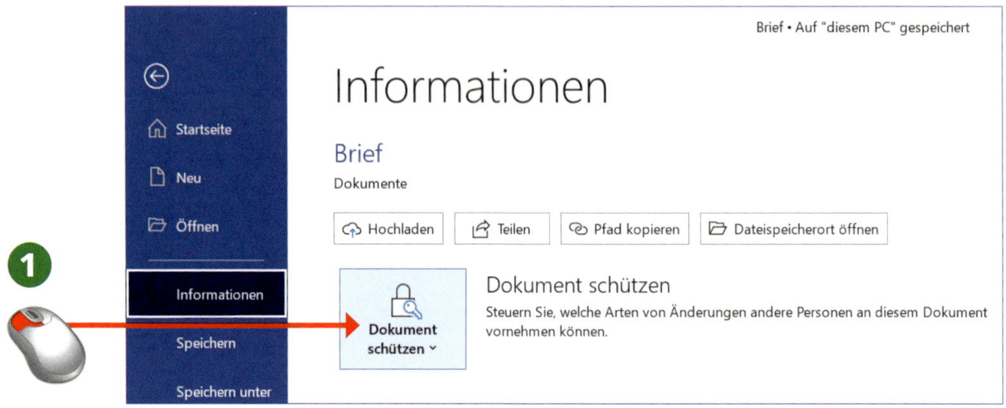

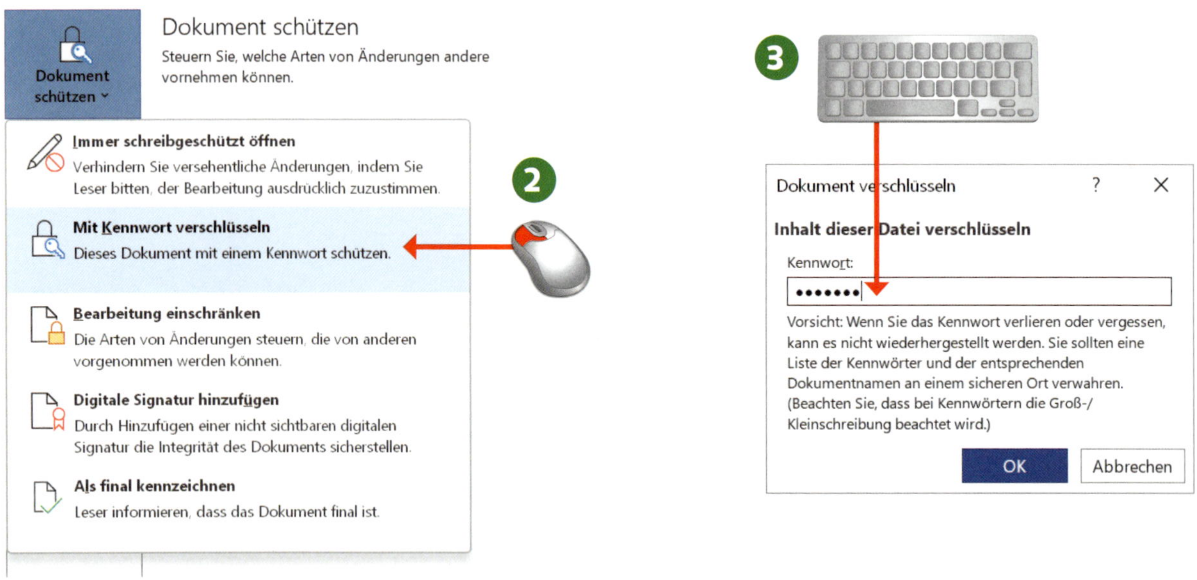

1. Wählen Sie in einem Office-Programm den Reiter *Datei* und klicken Sie in der Backstage-Ansicht unter *Informationen* auf die Schaltfläche *Dokument schützen* (bzw. *Arbeitsmappe schützen*, *Präsentation schützen*).
2. Entscheiden Sie sich im Menü für den Eintrag *Mit Kennwort verschlüsseln*.
3. Tippen Sie das von Ihnen gewünschte Passwort in das Eingabefeld ein.

WISSEN

Wenn Sie eine Office-Datei vor fremden Zugriffen schützen möchten, versehen Sie diese mit einem Kennwortschutz, wie es Ihnen auf dieser Doppelseite am Beispiel eines Word-Dokuments gezeigt wird.

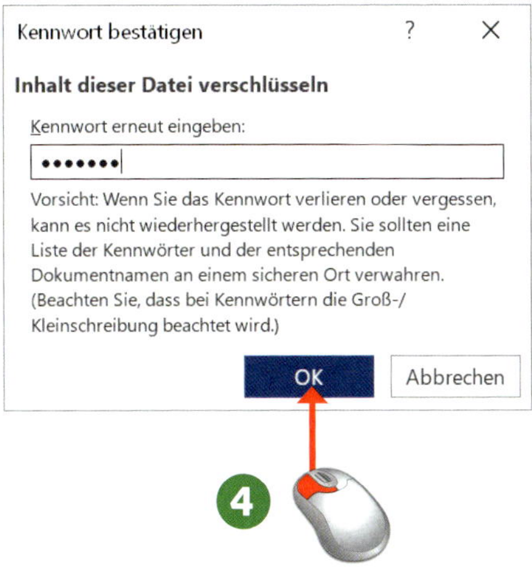

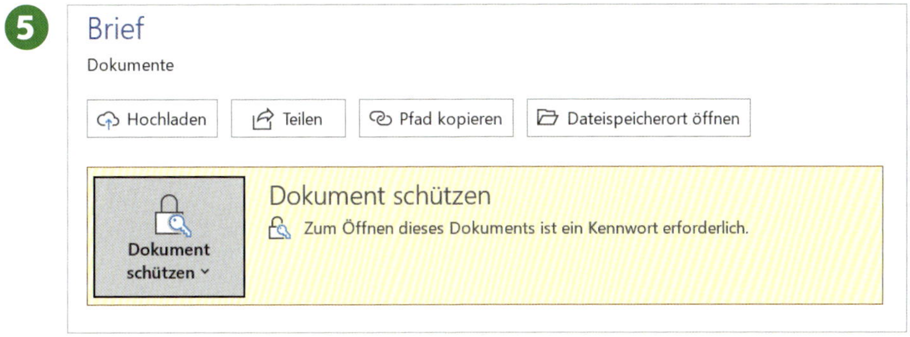

4 Wiederholen Sie die Passworteingabe und bestätigen Sie mit *OK*.

5 Durch eine farbliche Hervorhebung wird nun dargestellt, dass das Dokument mit einem Kennwort geschützt wurde.

6 Schließen Sie das Dokument und öffnen es erneut, müssen Sie das Kennwort eingeben und mit *OK* bestätigen, um Zugriff auf den Inhalt zu erhalten.

Ende

TIPP

Soll lediglich die Bearbeitung eines Word-Dokuments eingeschränkt werden? Dazu wählen Sie im Menü aus Schritt 2 den Eintrag *Bearbeitung einschränken*.

HINWEIS

Um einen Kennwortschutz wieder zu entfernen, wiederholen Sie die Schritte 1 und 2, löschen das Passwort aus dem Eingabefeld und bestätigen mit *OK*.

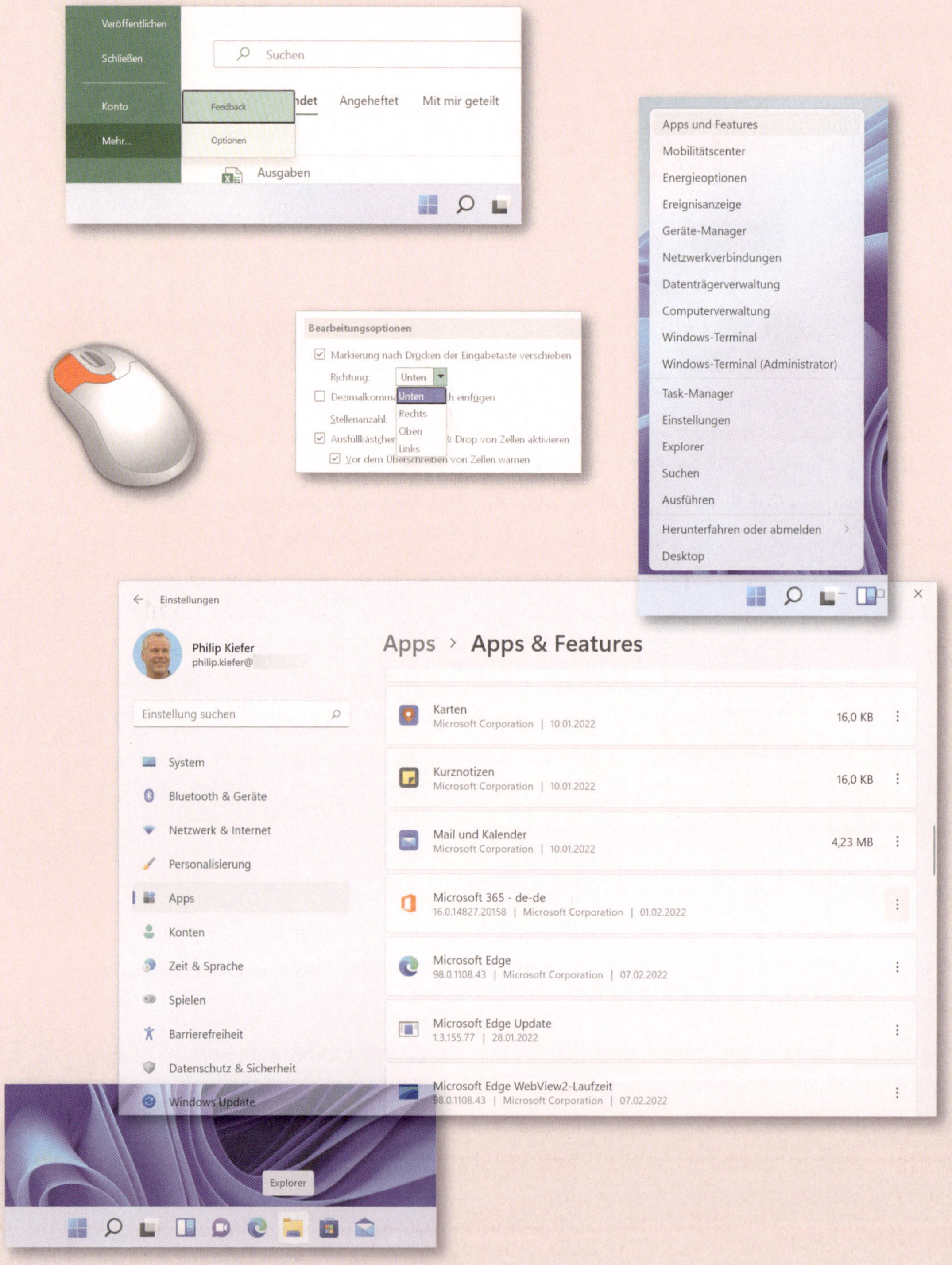
Veröffentlichen
Schließen
Konto
Mehr...
Feedback
Optionen
Suchen
Angeheftet
Mit mir geteilt
Ausgaben
Bearbeitungsoptionen
Markierung nach Drücken der Eingabetaste verschieben
Richtung:
Unten
Rechts
Oben
Links
Stellenanzahl:
Vor dem Überschreiben von Zellen warnen
Apps und Features
Mobilitätscenter
Energieoptionen
Ereignisanzeige
Geräte-Manager
Netzwerkverbindungen
Datenträgerverwaltung
Computerverwaltung
Windows-Terminal
Windows-Terminal (Administrator)
Task-Manager
Einstellungen
Explorer
Suchen
Ausführen
Herunterfahren oder abmelden
Desktop
Einstellungen
Philip Kiefer
Einstellung suchen
System
Bluetooth & Geräte
Netzwerk & Internet
Personalisierung
Apps
Konten
Zeit & Sprache
Spielen
Barrierefreiheit
Datenschutz & Sicherheit
Windows Update
Apps › Apps & Features
Karten
Microsoft Corporation | 10.01.2022
16,0 KB
Kurznotizen
Microsoft Corporation | 10.01.2022
16,0 KB
Mail und Kalender
Microsoft Corporation | 10.01.2022
4,23 MB
Microsoft 365 - de-de
16.0.14827.20158 | Microsoft Corporation | 01.02.2022
Microsoft Edge
98.0.1108.43 | Microsoft Corporation | 07.02.2022
Microsoft Edge Update
1.3.155.77 | 28.01.2022
Microsoft Edge WebView2-Laufzeit
98.0.1108.43 | Microsoft Corporation | 07.02.2022
Explorer

11 Microsoft Office anpassen

Lernen Sie zum Schluss noch einige spannende Anpassungsoptionen für die Office-Programme kennen. Ändern Sie in den Word-Optionen z. B. den Standardspeicherort oder definieren Sie AutoKorrektur-Ausnahmen. In den Excel-Optionen passen Sie etwa die Modi für die Arbeitsmappenberechnungen an oder erstellen benutzerdefinierte Listen. In den PowerPoint-Optionen können Sie die Einstellungen für die Dokumentprüfung definieren oder die Druckoptionen anpassen. Und in den Outlook-Optionen bestimmen Sie, wie E-Mails erstellt oder Kalender angezeigt werden sollen. Und vielleicht muss Office mal »repariert« werden? Auch dazu gibt es eine Anleitung in diesem Kapitel.

Start

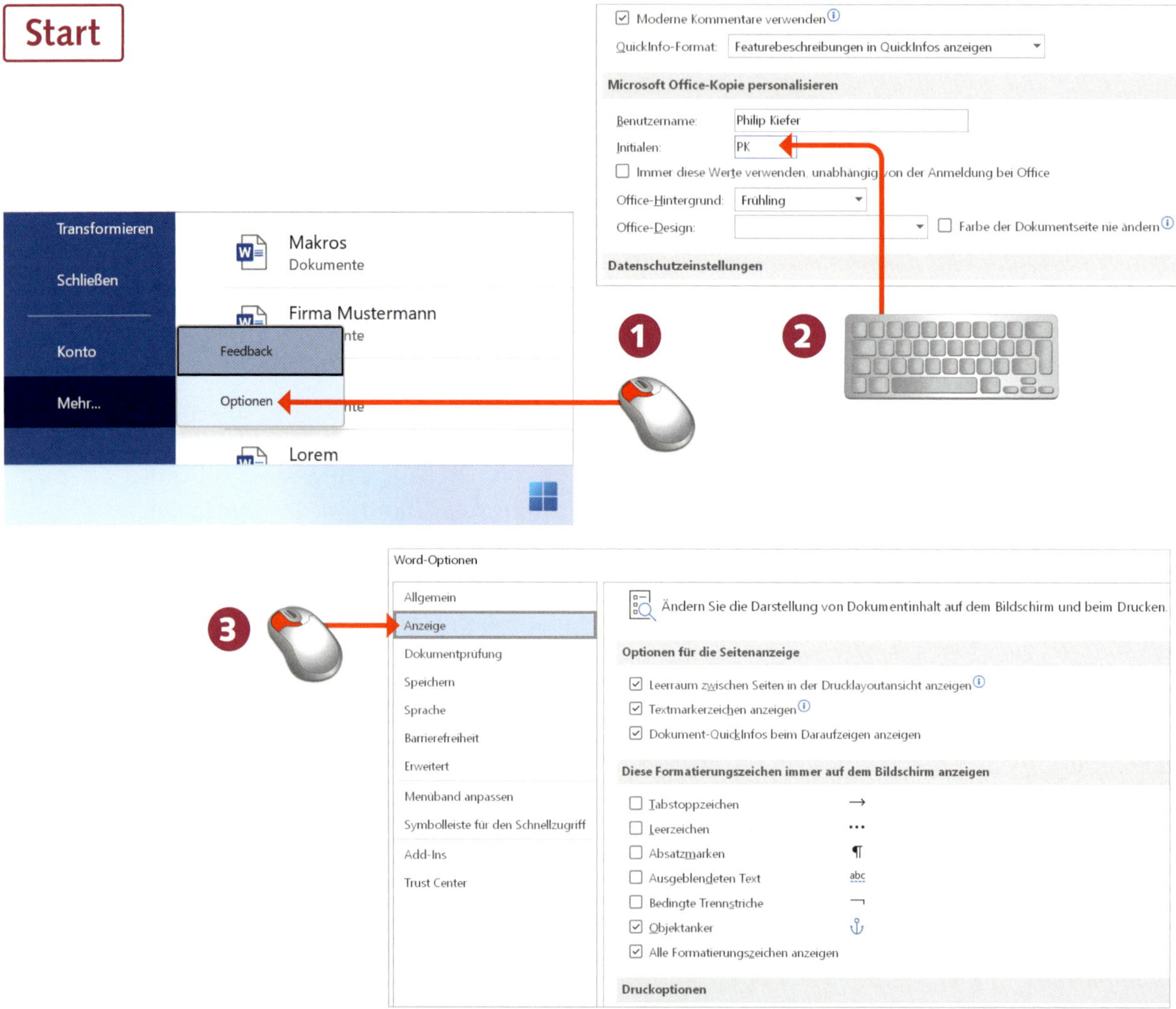

1. Zum Anpassen der Word-Optionen klicken Sie auf *Datei* und wählen im Menü der Backstage-Ansicht den Befehl *Optionen*.
2. Passen Sie im rechten Bereich in der Kategorie *Allgemein* die Benutzerkennung sowie einige Anzeigeoptionen an.
3. Über die Kategorie *Anzeige* geben Sie vor, ob bestimmte Steuerzeichen im Dokument angezeigt und Zeichnungen, Hintergründe etc. gedruckt werden sollen.

WISSEN

Über die Word-Optionen wird das Verhalten von Word sowie das Aussehen des Programmfensters beeinflusst. Wählen Sie im Dialogfeld *Word-Optionen* in der linken Spalte eine Kategorie, um auf die Einstellungen zuzugreifen. Zeigen Sie auf den Kreis mit dem *i* einer Einstellung, um Informationen zur Option abzurufen.

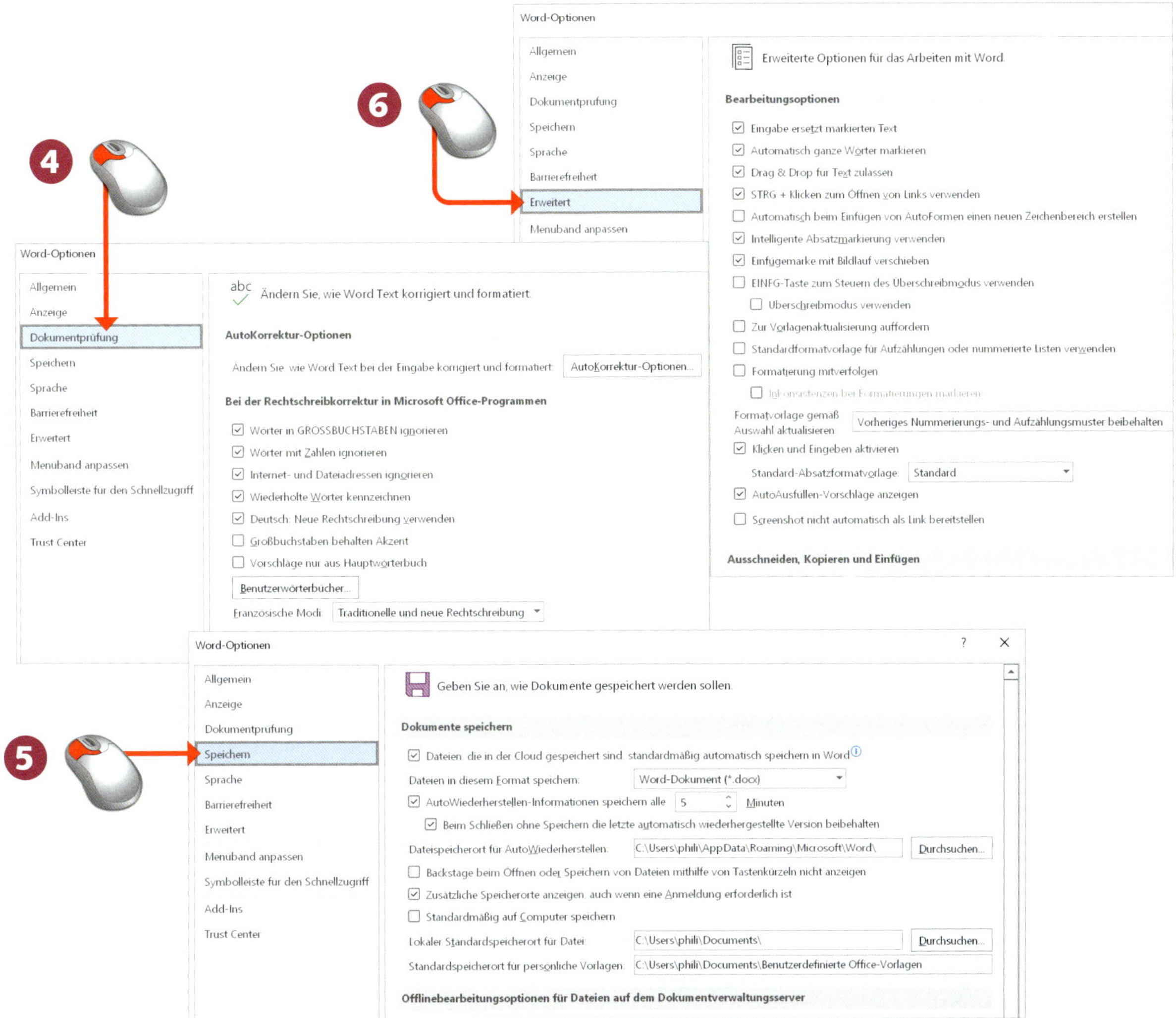

4 In der Kategorie *Dokumentprüfung* legen Sie fest, ob Word bereits während der Texteingabe eine Rechtschreibprüfung ausführen soll und welche Elemente dabei zu ignorieren sind.

5 Die Kategorie *Speichern* stellt z. B. Optionen zum Anpassen des Standardspeicherorts für Word-Dokumente bereit.

6 In der Kategorie *Erweitert* lassen sich über Kontrollkästchen die Markier- und Bearbeitungsoptionen etc. anpassen.

Ende

HINWEIS

Zum Zuweisen einer Dokumentvorlage wählen Sie in der Kategorie *Add-Ins* im Listenfeld *Verwalten* den Eintrag *Vorlagen* und dann die Schaltfläche *Los*.

TIPP

Die Schaltfläche *Benutzerwörterbücher* (Schritt 4) ermöglicht es Ihnen, fehlerhafte Einträge in Benutzerwörterbüchern zu korrigieren.

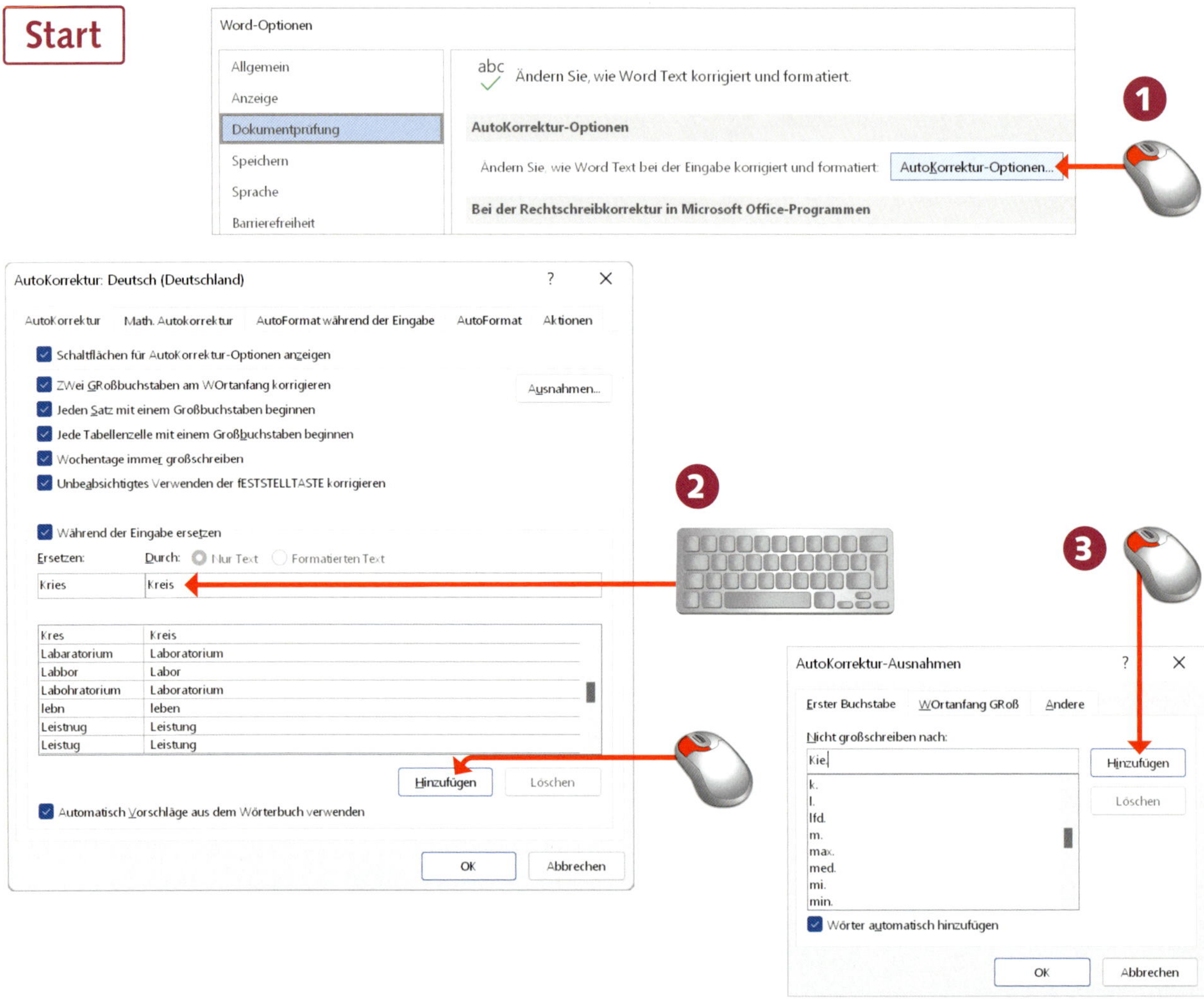

1. Zum Anpassen der AutoFormat-/AutoKorrektur-Optionen wählen Sie in den *Word-Optionen* die Kategorie *Dokumentprüfung* und dann *AutoKorrektur-Optionen*.
2. Auf der Registerkarte *AutoKorrektur* lassen sich während der Eingabe zu ersetzende Begriffe in eine Liste eintragen und Korrekturoptionen anpassen.
3. Die Schaltfläche *Ausnahmen* (Schritt 2) öffnet ein Dialogfeld mit drei Registerkarten, in die Sie AutoKorrektur-Ausnahmen eintragen können.

WISSEN

Die *AutoKorrektur* kann Tippfehler bei der Texteingabe automatisch korrigieren. Mit der Funktion *AutoFormat* besteht die Möglichkeit, automatische Textformatierungen (z. B. 1/2 bei der Eingabe in ½ umsetzen) vorzunehmen.

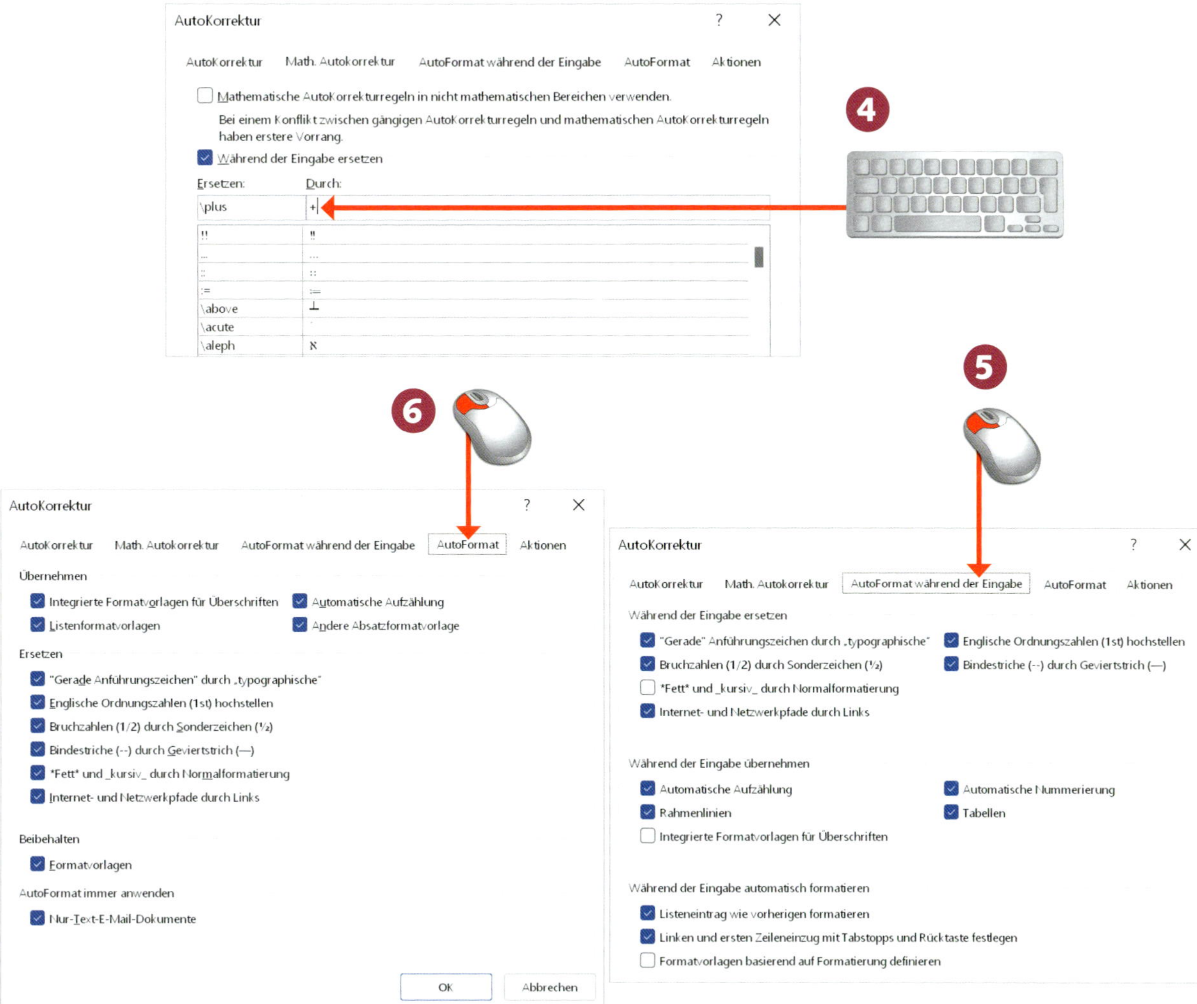

4 Auf der Registerkarte *Math. Autokorrektur* tragen Sie Kürzel ein, die bei der Eingabe automatisch in Formeln und mathematische Zeichen umgesetzt werden.

5 Die Registerkarte *AutoFormat während der Eingabe* steuert, ob Formatierungen bereits während der Eingabe erfolgen sollen und welche Formatierungen beizubehalten sind.

6 Die Optionen der Registerkarte *AutoFormat* steuern, ob Word Formatierungszeichen wie *Fett* oder Anführungszeichen automatisch in die Entsprechungen korrigieren darf.

Ende

TIPP

Korrigiert die *AutoKorrektur* fälschlicherweise einen eingetippten Begriff, können Sie die Korrektur mit der Tastenkombination Strg+Z sofort zurücknehmen.

HINWEIS

Werden häufig benutzte Abkürzungen durch die AutoKorrektur fälschlich »verbessert«, sollten Sie den Begriff bzw. die Schreibweise in die Ausnahmenliste aufnehmen.

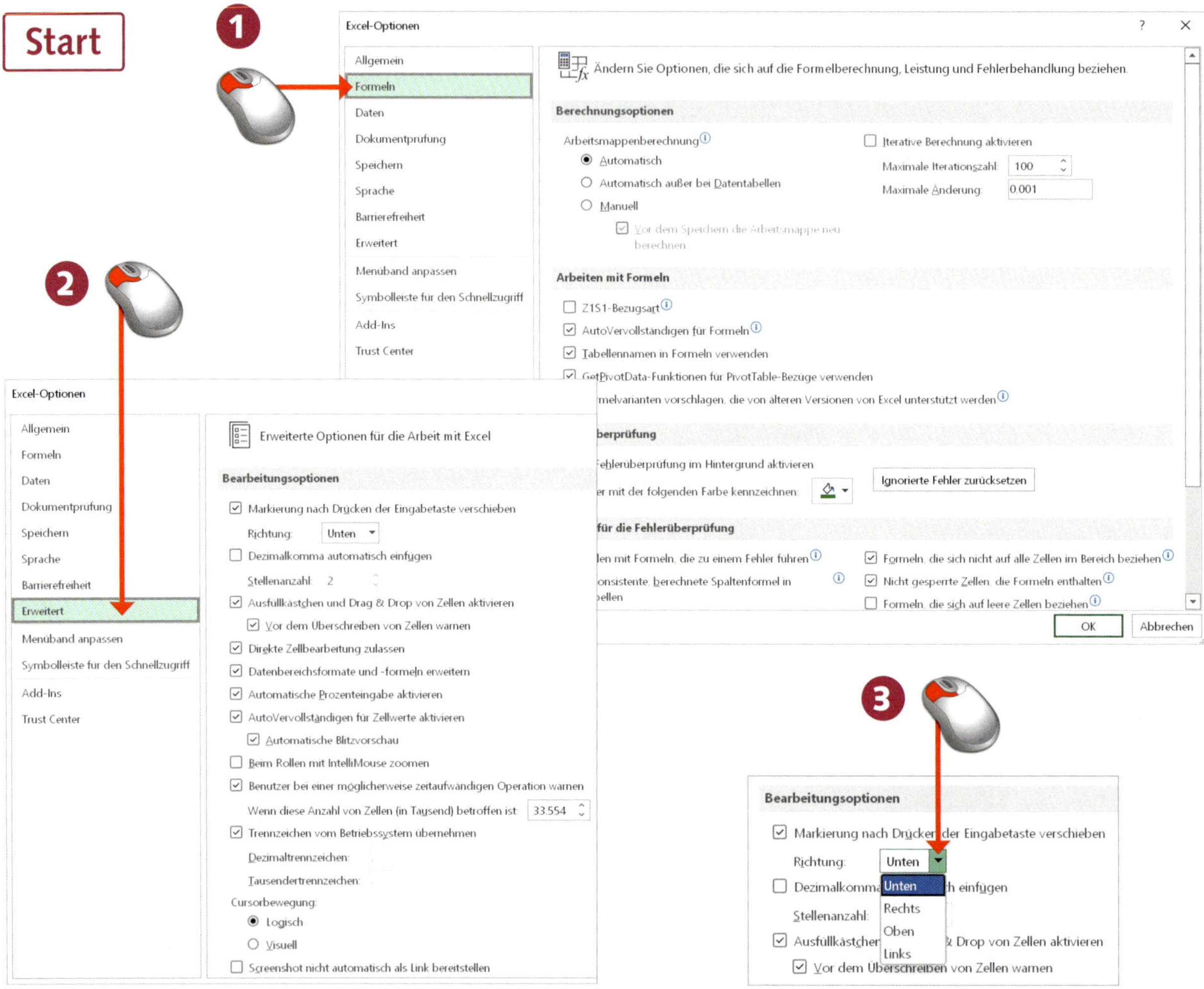

1. In der Kategorie *Formeln* der Excel-Optionen legen Sie die Modi für Arbeitsmappenberechnungen, Formeln und Fehlerüberprüfungen fest.

2. Die Kategorie *Erweitert* ermöglicht Ihnen, in der Gruppe *Bearbeitungsoptionen* Einstellungen zur Bearbeitung (z. B. direkte Zellbearbeitung zulassen) von Tabellen anzupassen.

3. Über das Listenfeld *Markierung nach Drücken der Eingabetaste verschieben* (Kategorie *Erweitert*) geben Sie die auszuwählende Folgezelle nach der Bestätigung von Zelleingaben über die ↵-Taste vor.

WISSEN

Wählen Sie in Excel *Datei* und dann den Befehl *Optionen* (siehe Seite 340). Im angezeigten Dialogfeld finden Sie neben einigen aus Microsoft Word bekannten Kategorien und Optionen (siehe Seite 334) spezielle Einstellungen für Excel-Tabellen.

4

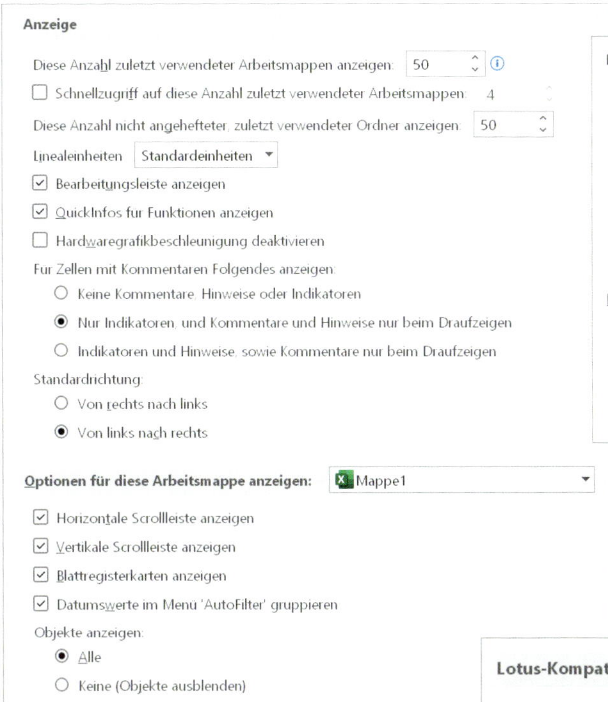

5

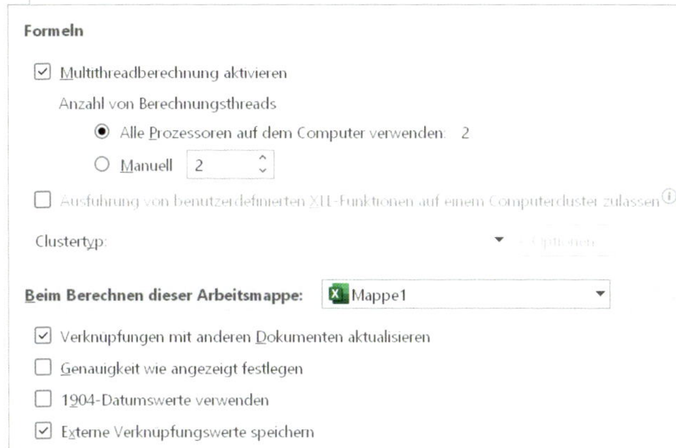

6

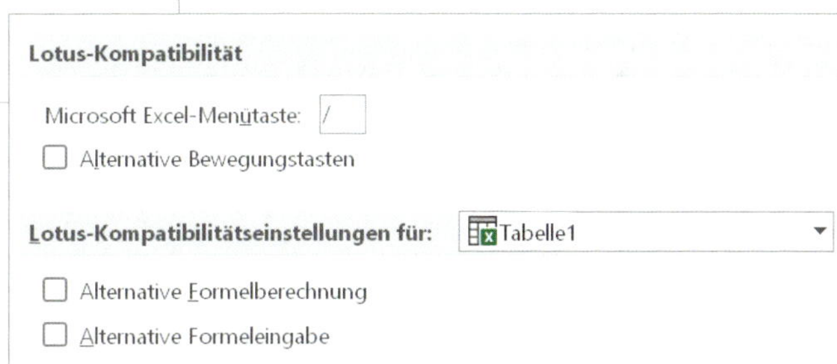

4 In den Abschnitten *Anzeige* und *Optionen für diese Arbeitsmappe anzeigen* der Kategorie *Erweitert* legen Sie fest, welche Elemente im Excel-Fenster eingeblendet werden sollen.

5 In den Abschnitten *Formeln* und *Beim Berechnen dieser Arbeitsmappe* der Kategorie *Erweitert* geben Sie an, wie viele Prozessoren bei Berechnungen zu verwenden (*Formeln*) oder ob externe Zellreferenzen zulässig sind.

6 In den beiden letzten Abschnitten der Kategorie *Erweitert* lässt sich die Kompatibilität mit Berechnungen des Tabellenkalkulationsprogramms Lotus 1-2-3 erzwingen.

Ende

TIPP

Bei umfangreichen Tabellen lässt sich die automatische Berechnung abschalten (Schritt 1). Drücken Sie dann die Funktionstaste F9, um eine Berechnung durchzuführen.

HINWEIS

In der *Z1S1-Bezugsart* (Schritt 1) werden Zellen über Nummern adressiert (statt A1 wird die Zelle als Z1S1 im Bezug angegeben).

Start

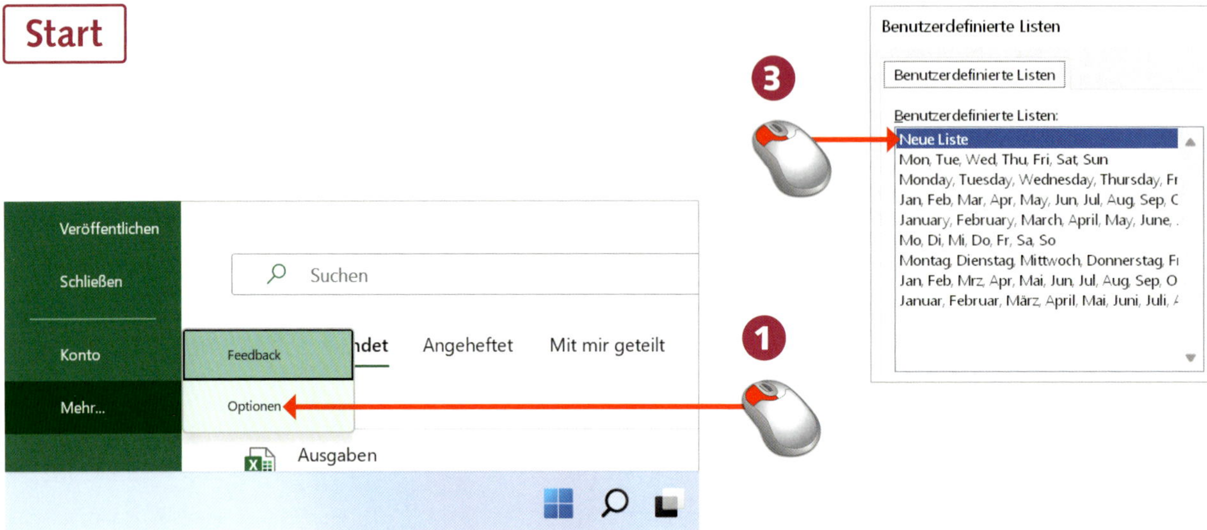

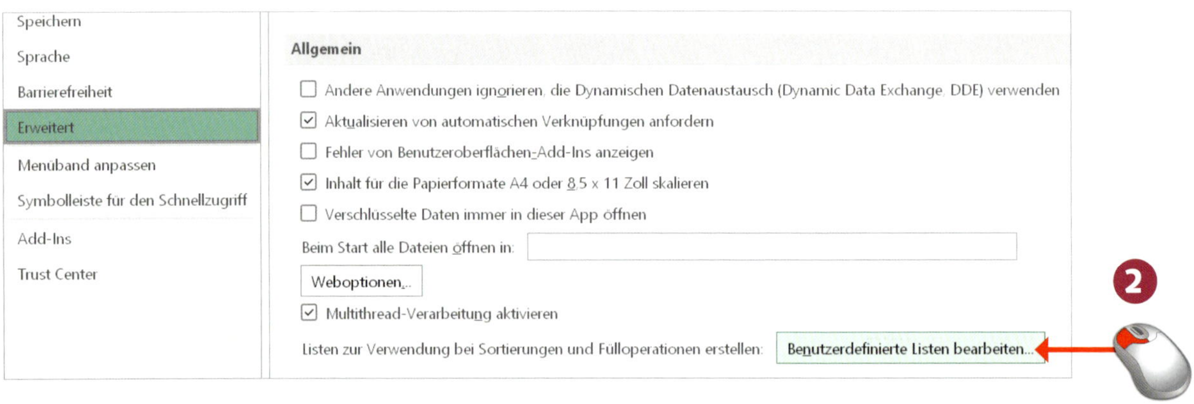

1. Zum Anlegen und Pflegen benutzerdefinierter Listen wechseln Sie im Menüband des Excel-Fensters zu *Datei* und wählen den Befehl *Optionen*.
2. Wählen Sie im Dialogfeld *Excel-Optionen* die Kategorie *Erweitert* und in der Gruppe *Allgemein* die Schaltfläche *Benutzerdefinierte Listen bearbeiten*.
3. Im Dialogfeld *Benutzerdefinierte Listen* soll in der gleichnamigen Spalte der Eintrag *Neue Liste* ausgewählt sein.

WISSEN

Die Excel-Funktion *AutoAusfüllen* (siehe Seite 160) verwendet u. a. Listen, um die Werte bestimmter Reihen (z. B. Wochentage) zu ermitteln. Sie können Listen mit eigenen Werten definieren, die von *AutoAusfüllen* verwendet werden können.

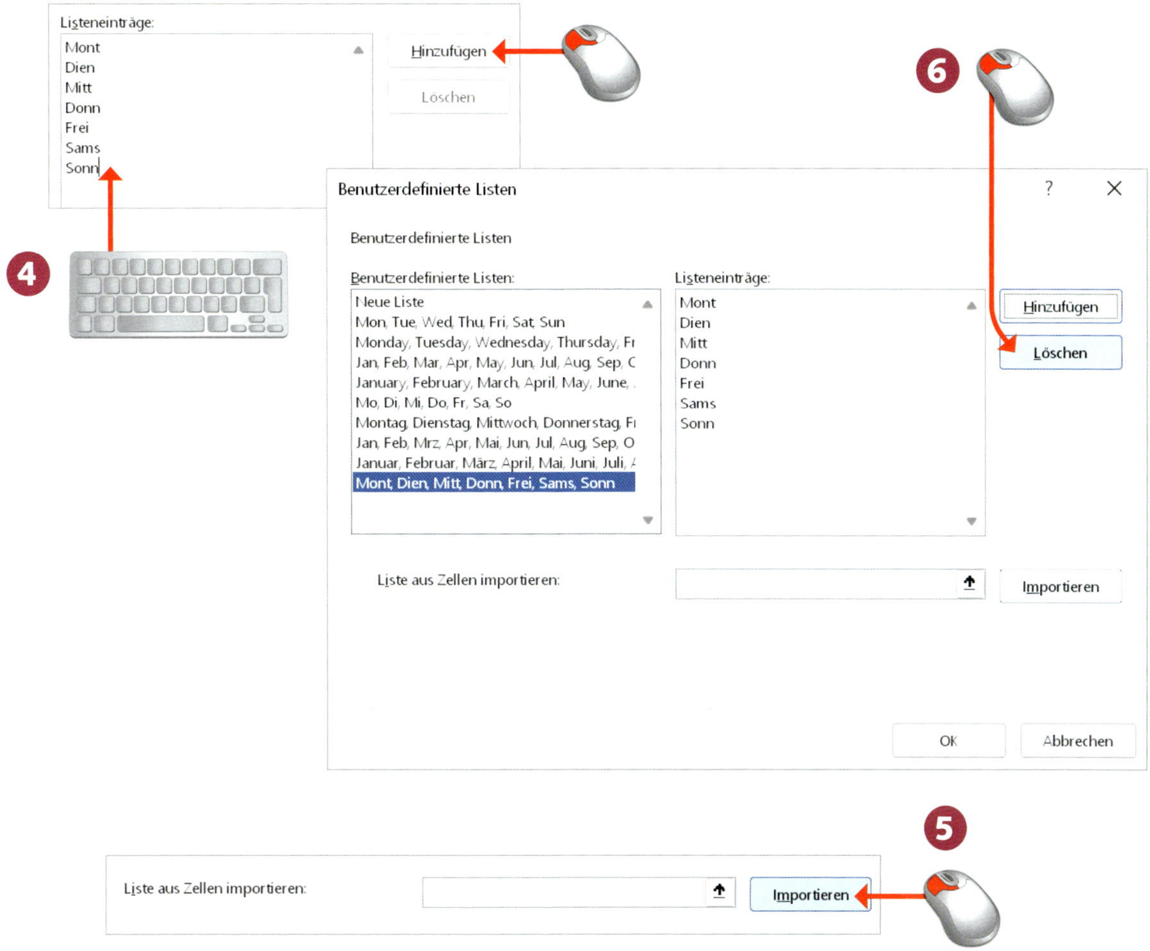

4 Tippen Sie die Werte der Liste in das Feld *Listeneinträge* ein. Drücken Sie nach jeder Eingabe die [↵]-Taste, und wählen Sie zum Abschluss die *Hinzufügen*-Schaltfläche.

5 In einer Tabelle vorliegende Listen lassen sich mit der Maus markieren und mit der *Importieren*-Schaltfläche in das Dialogfeld übernehmen.

6 Wählen Sie eine benutzerdefinierte Liste im linken Feld aus, lassen sich die Einträge im Feld *Listeneinträge* einsehen. Die Schaltfläche *Löschen* entfernt die komplette Liste.

Ende

TIPP

Zum Bearbeiten eines benutzerdefinierten Listeneintrags der aktuell gewählten Liste wählen Sie im Feld *Listeneinträge* den Begriff und korrigieren diesen.

HINWEIS

In Excel vordefinierte Listen (z. B. mit Wochentagen) lassen sich nicht bearbeiten oder löschen.

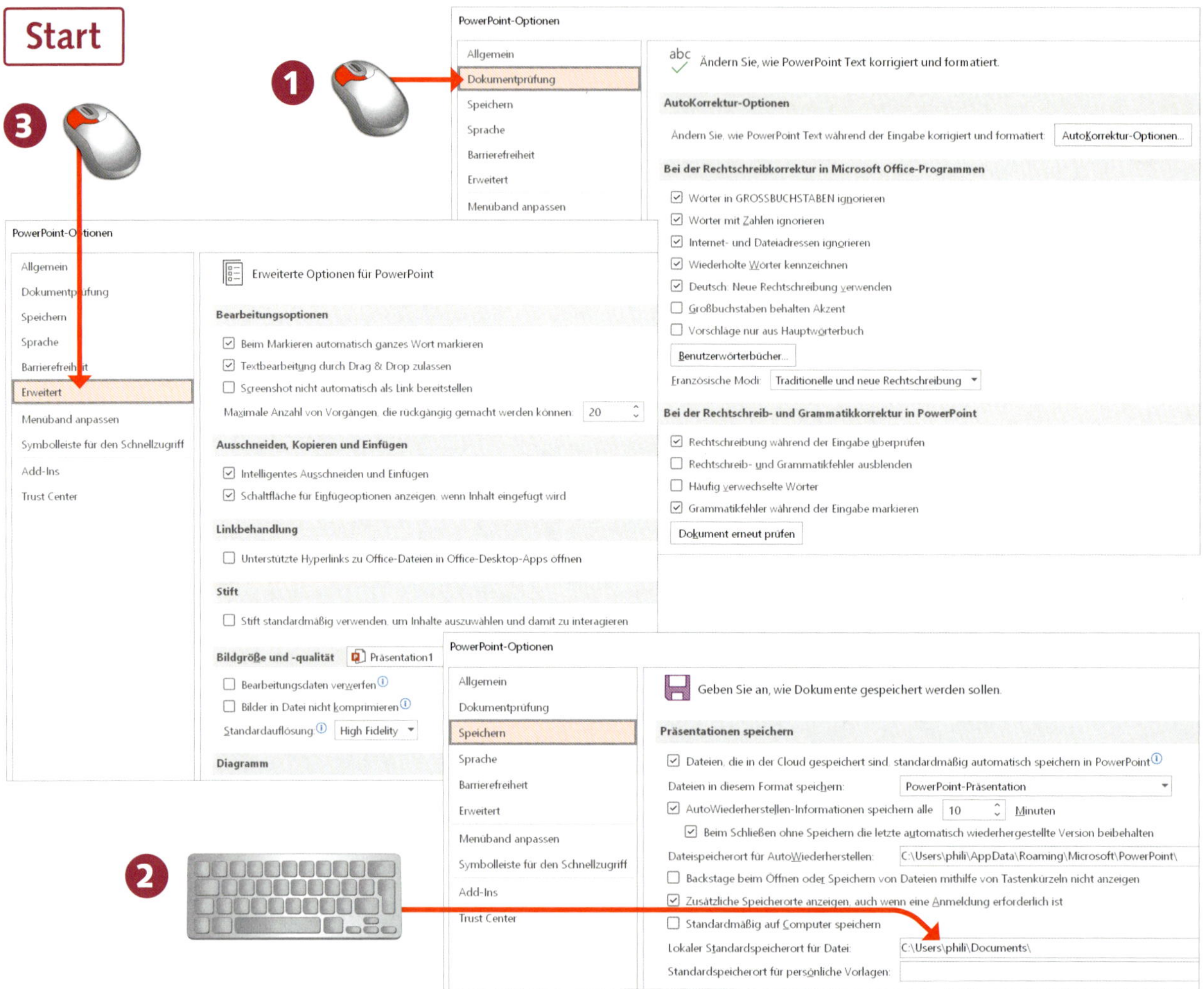

1. In den Kategorien *Allgemein* und *Dokumentprüfung* lassen sich die Office-Anwendungen (hier z. B. PowerPoint) personalisieren oder die Rechtschreibprüfung beeinflussen (siehe auch Seite 334).

2. In der Kategorie *Speichern* geben Sie den Standardspeicherort sowie das Format für Präsentationsdateien vor.

3. Wählen Sie die Kategorie *Erweitert*, um Bearbeitungs-, Anzeige- und Präsentationsoptionen über die betreffenden Kontrollkästchen einzustellen.

WISSEN

Auch bei PowerPoint lassen sich über das Dialogfeld *PowerPoint-Optionen* Anpassungen vornehmen. Der Aufruf erfolgt wie bei Word und Excel über den Menübefehl *Optionen* unter *Datei*.

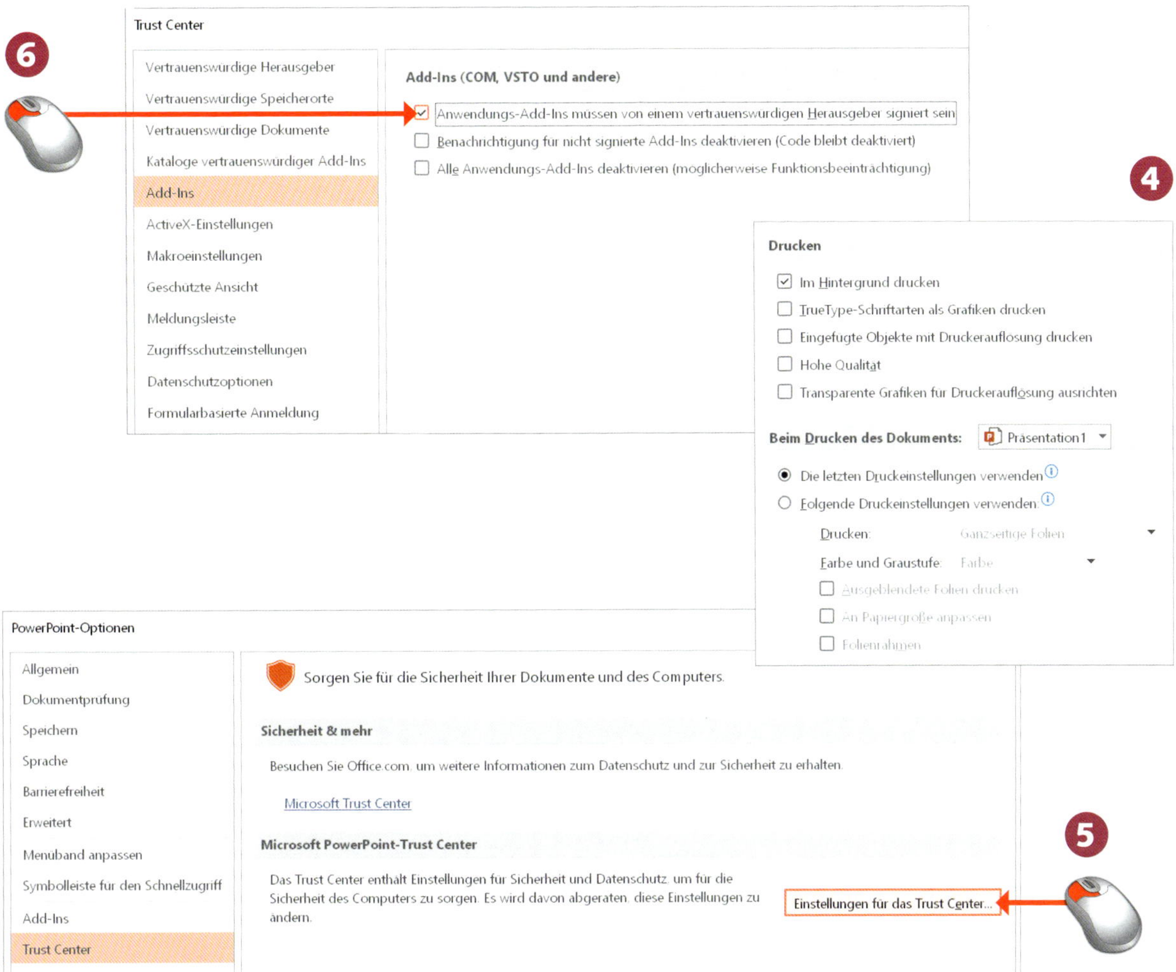

4 Blättern Sie über die Bildlaufleiste zum unteren Teil der Kategorie *Erweitert*, um die Druckoptionen für Präsentationen anzupassen.

5 Möchten Sie z. B. das Ausführen von Add-ins einschränken, wählen Sie die Kategorie *Trust Center* und dann *Einstellungen für das Trust Center*.

6 Anschließend wählen Sie links die Kategorie *Add-Ins* und bestimmen per Kontrollkästchen die gewünschte Sicherheitsoption.

Ende

TIPP

In der Kategorie *Erweitert* finden Sie Optionen, um auch ausgeblendete Folien zu drucken.

HINWEIS

In den einzelnen Kategorien des *Trust Centers* finden Sie noch weitere Sicherheitseinstellungen, denen Sie Beachtung schenken sollten.

HINWEIS

Setzen Sie die Option *Alle Makros mit Benachrichtigung deaktivieren*, um vor der Makroausführung gewarnt zu werden.

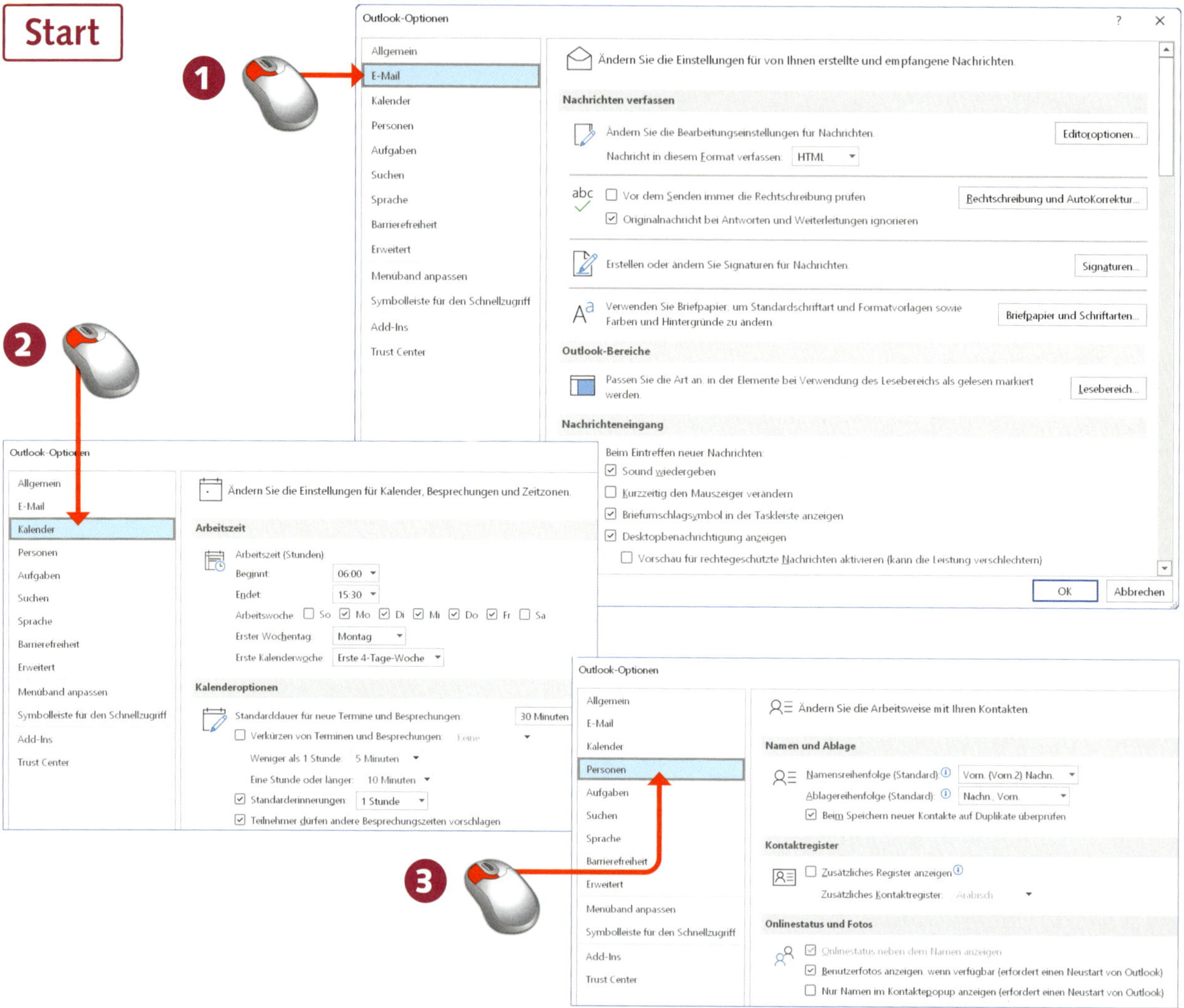

1. In der Kategorie *E-Mail* des Dialogfelds *Outlook-Optionen* legen Sie die Einstellungen für das Erstellen, Versenden und Bearbeiten von E-Mails fest.

2. Über die Kategorie *Kalender* lassen sich Arbeitszeiten, Kalender- und Anzeigeoptionen, Zeitzonen oder Einstellungen zur Ressourcenplanung festlegen.

3. Die Kategorie *Personen* zeigt die Optionen zur Ablage und zum Verknüpfen von Kontakten, des Onlinestatus etc. an.

WISSEN

In Outlook erhalten Sie unter *Datei* über den Menübefehl *Optionen* Zugriff auf das Eigenschaftenfenster mit den Optionen.

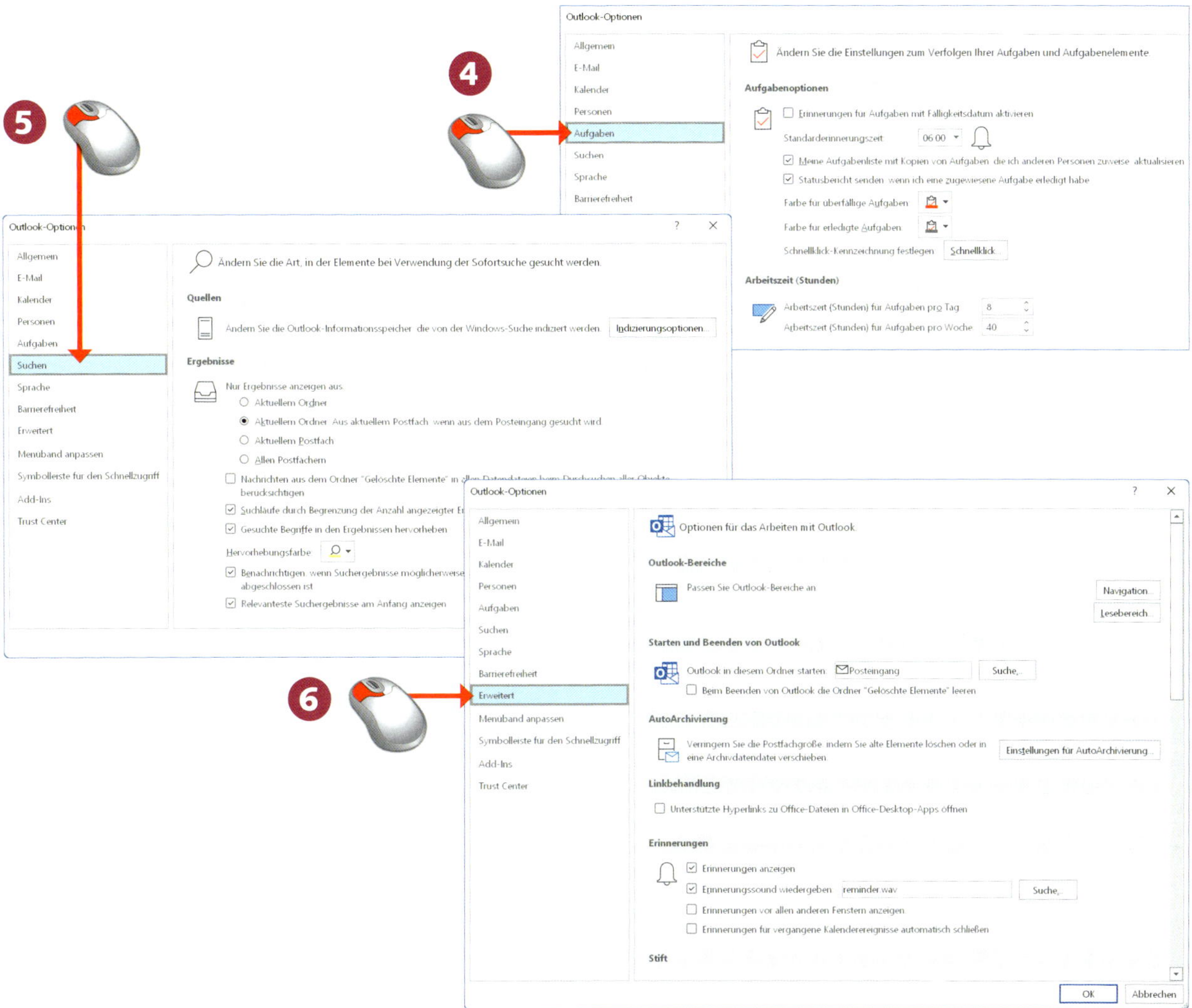

4 Über die Kategorie *Aufgaben* legen Sie die Aufgabenoptionen und die Arbeitszeit in Stunden zur Aufgabenbearbeitung fest.

5 In der Kategorie *Suchen* der *Outlook-Optionen* bestimmen Sie die Art der Indizierung und legen Suchoptionen fest.

6 Die Kategorie *Erweitert* der Outlook-Optionen ermöglicht es Ihnen, die Outlook-Bereiche, Einstellungen für Senden/Empfangen etc. anzupassen.

Ende

TIPP

Das Format *Nur Text* (Kategorie *E-Mail*, Gruppe *Nachrichten verfassen*) ist sehr effizient und sicher (es kann keine Schadfunktionen enthalten), allerdings auch ziemlich schmucklos.

HINWEIS

Die Schaltfläche *Senden/Empfangen* (Kategorie *Erweitert*) ermöglicht über ein Dialogfeld den Zugriff auf die E-Mail-Transferoptionen.

Start

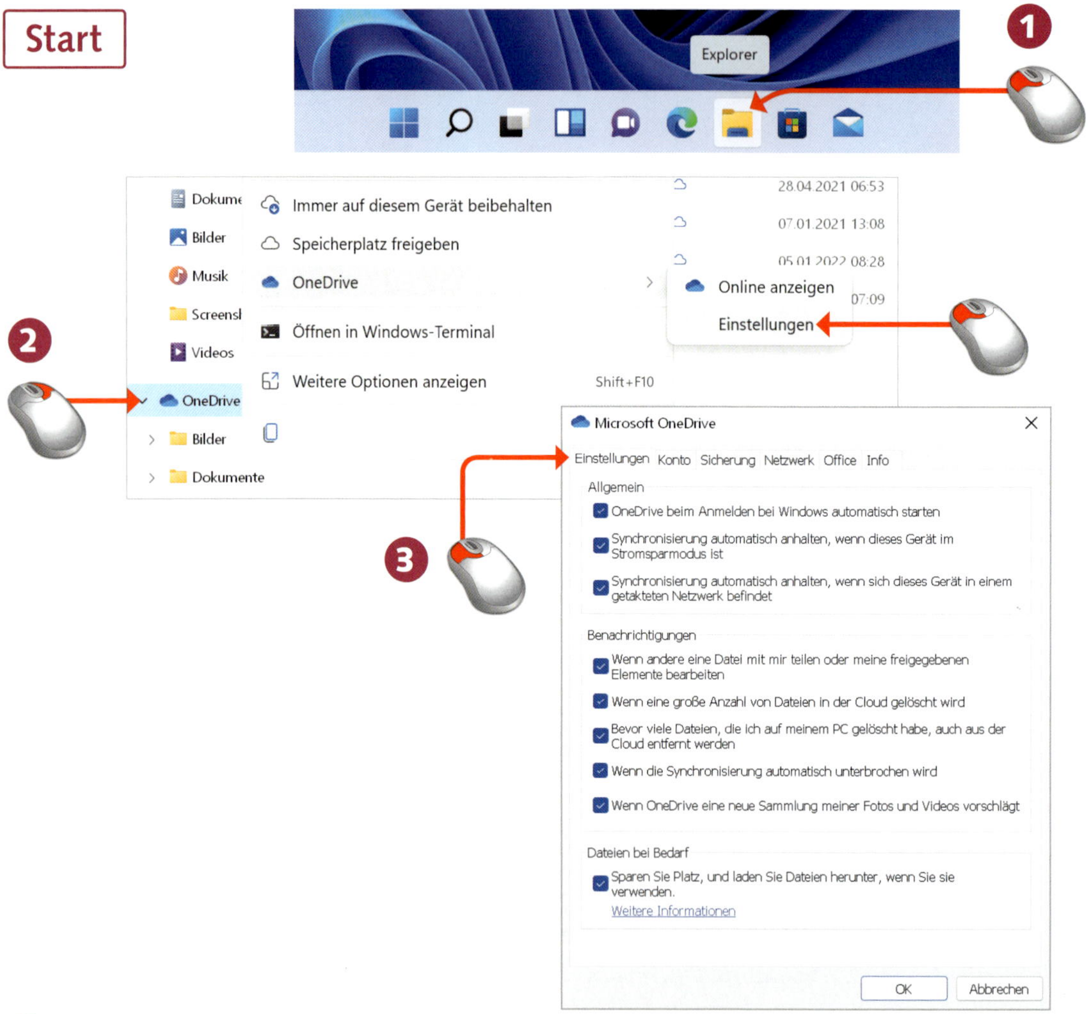

1. Rufen Sie den Windows-Explorer auf, z. B. per Mausklick auf das Ordnersymbol in der Taskleiste.

2. Klicken Sie im Ordnerfenster den Eintrag *OneDrive* zunächst mit der linken Maustaste an. Öffnen Sie dann per Rechtsklick das Kontextmenü und wählen darin *OneDrive/Einstellungen*.

3. Auf der Registerkarte *Einstellungen* passen Sie allgemeine Optionen (Verwendung von OneDrive, Benachrichtigungen) an.

WISSEN

OneDrive bietet Ihnen die Möglichkeit, Ihre in den einzelnen Office-Programmen erstellten Dateien in der Cloud zu speichern. Auf dieser Doppelseite erfahren Sie, wie Sie die OneDrive-Einstellungen anpassen können.

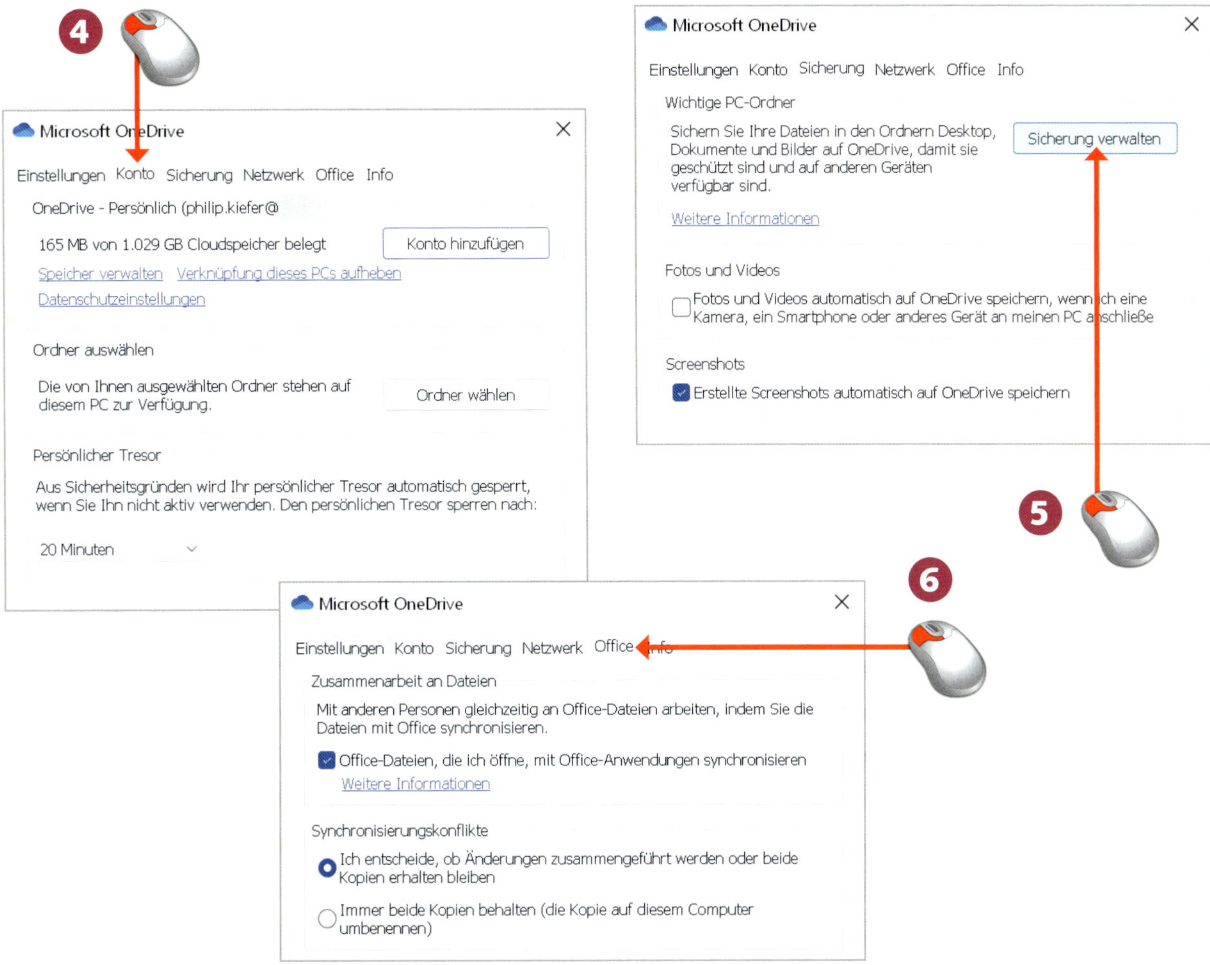

4 Auf der Registerkarte *Konto* haben Sie die Möglichkeit, OneDrive-Ordner auszuwählen und OneDrive-Konten hinzuzufügen.

5 Auf der Registerkarte *Sicherung* legen Sie über *Sicherung verwalten* und die Kontrollkästchen fest, welche Ordner/Dateien mit OneDrive synchronisiert werden.

6 Die Registerkarte *Office* ermöglicht Ihnen den Zugriff auf die Einstellungen für Zusammenarbeit und Synchronisationskonflikte. Schließen Sie das Eigenschaftenfenster über *OK*.

Ende

HINWEIS

Auf der Registerkarte *Netzwerk* legen Sie ggf. Begrenzungen für die Übertragungsgeschwindigkeit fest.

HINWEIS

Auf der Registerkarte *Info* wird Ihnen die OneDrive-Version angezeigt.

Start

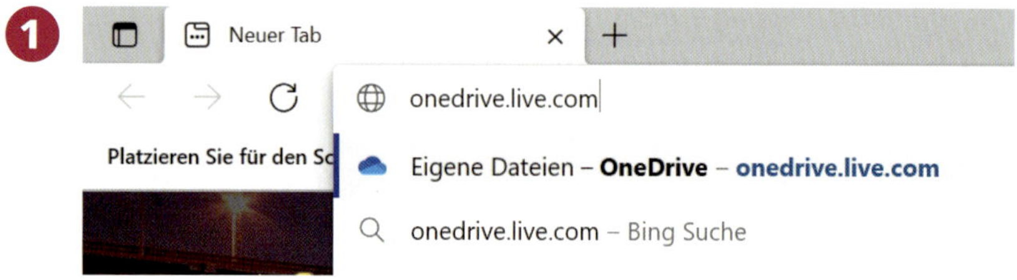

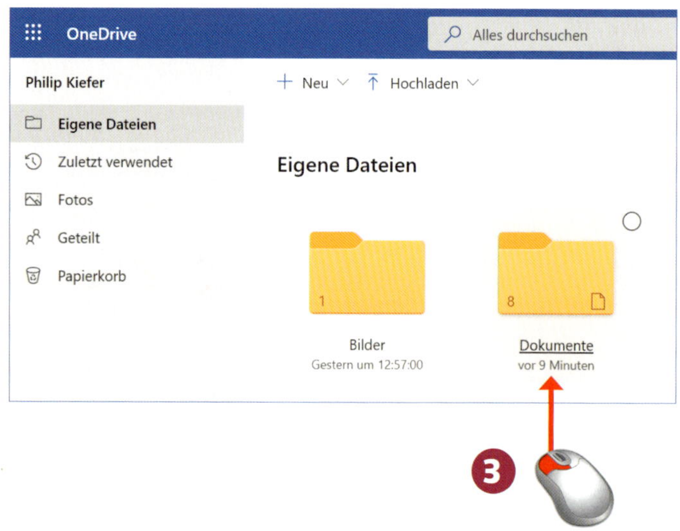

1. Öffnen Sie einen Webbrowser und rufen Sie über das Adressfeld des Browsers die Webadresse *onedrive.live.com* auf.
2. Melden Sie sich mit den zu Ihrem Microsoft-Konto gehörenden Zugangsdaten an (E-Mail-Adresse und Passwort).
3. Sie erhalten Zugriff auf die Ordner und Dateien, die auf dem OneDrive-Laufwerk gespeichert sind. Einen Ordner öffnen Sie per Mausklick darauf.

WISSEN

Verwenden Sie den OneDrive-Cloud-Speicher, können Sie auf Ihre Office-Dateien sowie weitere Dateien übers Internet zugreifen. Office-Dateien lassen sich in Web-Apps bearbeiten. Diese Doppelseite zeigt, wie Sie auf den OneDrive-Speicher in einem Browser zugreifen können, der sich nicht zwingend auf dem eigenen PC befinden muss.

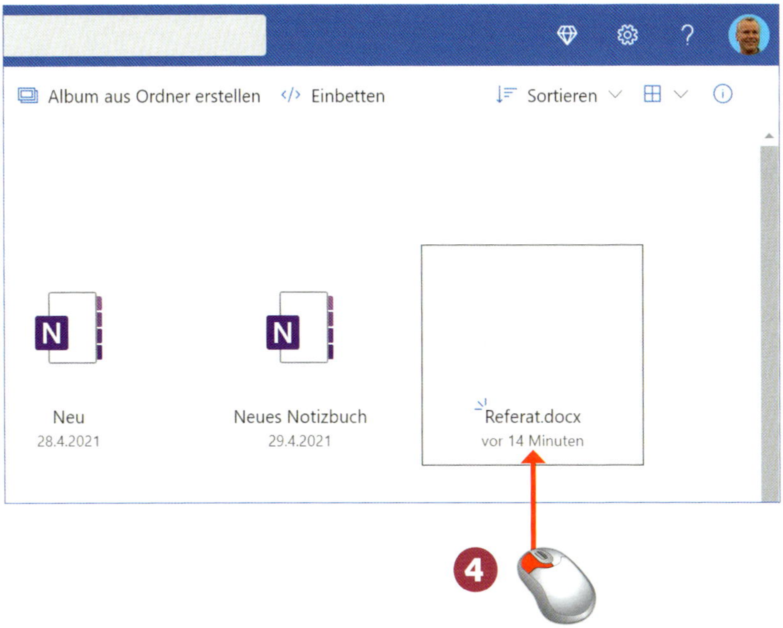

4 Möchten Sie ein Dokument in der dafür vorgesehenen Web-App öffnen, reicht ebenfalls ein einfacher Mausklick aus.

5 Für Verwaltungsoperationen bewegen Sie den Mauszeiger auf eine Datei und aktivieren das so eingeblendete Optionsfeld. Sie können auch mehrere Dateien gleichzeitig markieren.

6 Wählen Sie die gewünschte Option in der Optionsleiste aus, z. B. das *Herunterladen* einer oder mehrerer markierter Dateien auf den PC.

Ende

TIPP

Klicken Sie auf das App-Symbol links oben auf der OneDrive-Seite, erhalten Sie einen Katalog zur Auswahl von Web-Apps, die Sie im Internet nutzen können.

HINWEIS

Besonders dann, wenn Sie auf OneDrive auf fremden PCs zugreifen, loggen Sie sich nach der Nutzung aus. Klicken Sie dazu rechts oben auf der Seite auf Ihr Profilbild und dann auf *Abmelden*.

Start

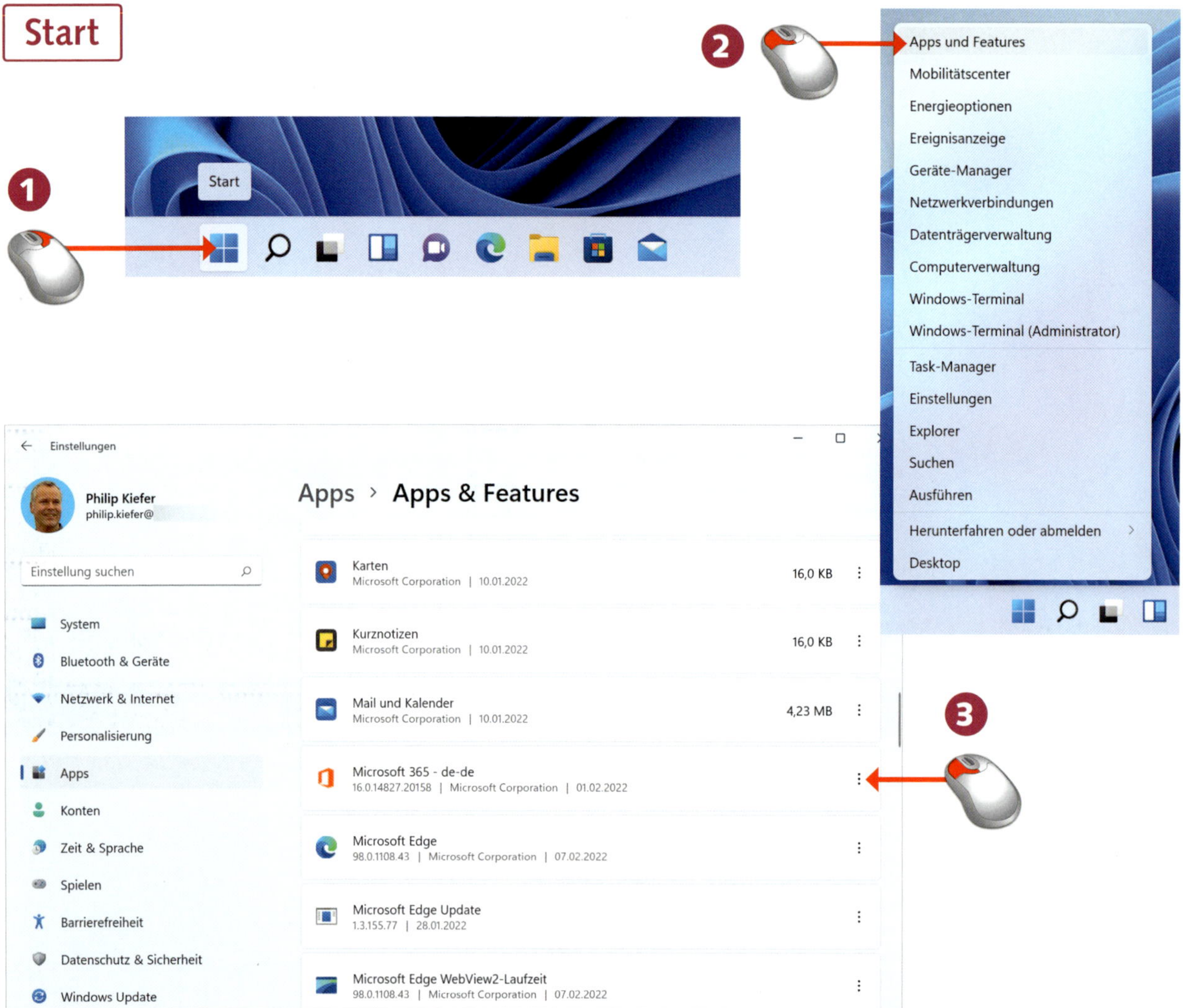

1. Office läuft nicht richtig und muss repariert werden? Dann klicken Sie mit der rechten Maustaste auf das Windows-Logo.
2. Wählen Sie im Kontextmenü des Windows-Logos den Eintrag *Apps und Features*.
3. Warten Sie einen Moment, bis alle installierten Apps aufgeführt werden. Klicken Sie dann beim Office-Eintrag auf das Symbol mit den drei Punkten.

WISSEN

Manchmal, wenn auch nur selten, kommt es vor, dass Office plötzlich nicht mehr richtig funktioniert, z. B. fehlt eine wichtige Schaltfläche. Führen Sie in diesem Fall eine Schnellreparatur durch, die das Problem in den meisten Fällen beheben wird.

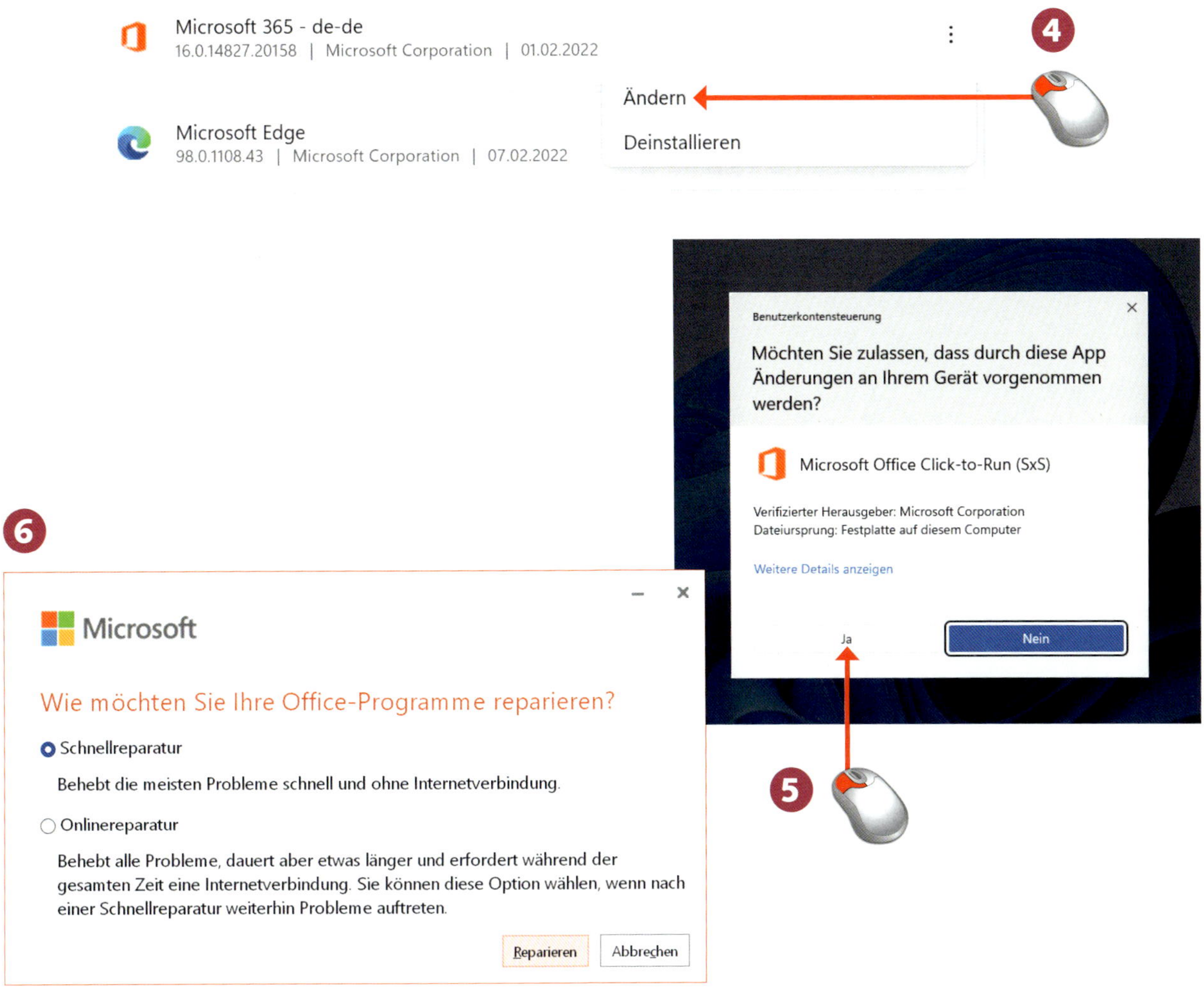

4 Entscheiden Sie sich im Menü für die Option *Ändern*.

5 Bestätigen Sie ggf. die anstehenden Änderungen in einem Fenster der Benutzerkontensteuerung mit *Ja*.

6 Wählen Sie in der Regel die *Schnellreparatur* und dann die *Reparieren*-Schaltfläche. Befolgen Sie die Anweisungen, und warten Sie auf das Reparaturende.

Ende

TIPP

Reicht die Schnellreparatur nicht aus, versuchen Sie es in Schritt 6 mit der *Onlinereparatur*.

FACHWORT

Ein Assistent ist ein Programm, das Sie durch einen Vorgang (z. B. Installation) führt und die benötigten Optionen abfragt.

#BEZUG! 172
#DIV/0! 172
#NAME! 172
#WERT! 172
@-Zeichen 42

A

Abmelden 349
Absatzabstand 82
Absatzformate 74, 76
Absatzmarke 48
Absatzmarke anzeigen 48
Absolute Zellbezüge 162
Access 13
Add-ins 326
Änderungen nachverfolgen 66
Animation einfügen/löschen 226
Anlage speichern 286
Arbeitsblätter 136
Arbeitsmappe 136
Arbeitsmappe drucken 194
Assistent 351
Aufgabe
- abrufen 298
- als erledigt kennzeichnen 302
- anlegen 300
- Arbeitsaufwand erfassen 300
- delegieren 302
- Erinnerung vereinbaren 300
- Outlook 298

Aufgabenleiste 256
Aufzählung 78
Ausfüllkästchen 161
AutoAusfüllen (Excel) 160
AutoFormat, Optionen 336
AutoKorrektur 62
- Ausnahmen festlegen 336
- Optionen 336
- verhindern 62

B

Backstage-Ansicht 20
Beamer 12
Bearbeitungsleiste 136
Benutzerwörterbuch korrigieren 334
Bildlaufleiste 48
Bild zuschneiden 92
Blattregister 136
Blattregister, Bereich vergrößern 138
Briefvorlage verwenden 110
Browser 348
Buchhaltungsformat 150

C

Clipart einfügen 88, 90
Cloud-Speicher 348
CSV-Format 203

D

Datenbeschriftungen 190
Design 34
Diagramm 182
- Achsenbeschriftung formatieren 186
- anpassen 184, 186
- erstellen 182

Diagrammfilter 192
Diagrammtitel 190
Diagrammtyp ändern 188
Dokument
- Ablage organisieren 30
- erneut laden 30
- neu anlegen 26
- öffnen 15
- Seiten nummerieren 118
- speichern 26
- vergleichen 70
- zuletzt geöffnetes 20

Dokumentvorlage erzeugen (Word) 110
Dokumentvorlage zuweisen 334
Drehmarke 105
Druckbereich festlegen (Excel) 194
Drucken 36
Drucken, Tabelle 194
Druckvorschau 36
- Excel 196
- Größe anpassen 36

E

Editor 60
Eigenschaftenfenster, Zellen formatieren 154
Einfügemarke 48
Einfügen/Verknüpfen von Bildern 88

Einzug, Text ... 82
E-Mail
  Anlage speichern ... 286
  Bcc-Feld (Outlook) ... 276
  Cc-Feld (Outlook) ... 276
  Sicherheit ... 286
  Signatur ... 280
  sofortiges Senden abschalten ... 344
E-Mail-Konto einrichten ... 262
Endnote ... 126
Erinnerung, Aufgaben/Termine ... 300
Ersetzen von Text ... 58
Eurozeichen ... 42
Excel ... 12, 152
  aktive Zelle ... 136
  Änderungen zurücknehmen ... 144
  Anwählen in Tabellen ... 142
  Arbeiten mit Namen ... 164
  AutoAusfüllen ... 160
  automatische Berechnung abschalten ... 338
  Berechnungen vornehmen ... 156
  Datenbeschriftungen anpassen ... 190
  Dateneingabe in Tabelle ... 140
  Daten importieren ... 202
  Diagramm erstellen ... 182
  Diagrammoptionen anpassen ... 192
  Diagrammtyp ändern ... 188
  drucken ... 194
  Eingabewert falsch angezeigt ... 150
  Fenster fixieren ... 198
  Formatvorlagen ... 154
  Formeln anzeigen ... 172
  Funktionen einfügen ... 168
  Funktionen verwenden ... 166
  Liste benutzerdefiniert sortieren ... 178
  Listen erstellen ... 174
  Listen filtern ... 180
  Listen sortieren ... 176
  Markieren in Tabellen ... 142
  Markieren per Tastatur ... 142
  Optionen ... 338
  Schnellanalyse ... 200
  Schriftgröße anpassen ... 152
  Seite einrichten ... 196
  Seitenumbruch in Tabelle ... 196
  Spaltenköpfe ... 136
  speichern ... 202
  starten ... 14
  Tabelle ausblenden ... 138
  Tabelle formatieren ... 150
  Tabelle hinzufügen/löschen ... 138
  Tabellenblätter sortieren ... 138
  Tabellenzellen automatisch füllen ... 160
  Tabelle schützen ... 138
  Tabelle umbenennen ... 138
  Text in Zelle abgeschnitten ... 170
  Textumbruch in Zelle ... 170
  Zahlenformate ... 154
  Zeilenköpfe ... 136
  Zeilen löschen/einfügen ... 144
  Zellbreite anpassen ... 136, 140
  Zellen kopieren/verschieben ... 146
  Zellschutz ... 198

F

Fehleranzeige in Zelle ... 170
Felder ... 120
  Indexeintrag einfügen ... 132
  in Text einfügen ... 120
  Wenn...Dann...Sonst ... 314
Filter ein-/ausschalten (Excel) ... 180
Folie ... 206
  3D-Effekte ... 220
  bearbeiten ... 214
  einfügen/löschen ... 214
  Inhalt formatieren ... 218
  markieren ... 224
  Objekt vergrößern ... 214
  Objekt verschieben/drehen ... 216
  Text einfügen ... 210
  wiedergeben ... 228
Folienanimation (PowerPoint) ... 226
Folienansicht (PowerPoint) ... 206
Foliendesign ... 212
Folieninhalte erstellen ... 210
Folienlayout ... 212
Foliennotizen ... 206
Folienübergang (PowerPoint) ... 224
Folienwechsel festlegen ... 224
Formatinspektor ... 114
Format löschen/kopieren ... 74

Formatvorlagen
anpassen/definieren ... 114
zuweisen ... 112
Formatvorlagen-Katalog ... 112
Formeln in Text einfügen ... 124
Formen
bearbeiten ... 98
einfügen ... 96
löschen ... 88
Fotoalbum erstellen (PowerPoint) ... 222
Freigabe ... 38
Funktionen ... 166
Argumente ... 168
einfügen (Tabelle) ... 168
schachteln (Tabelle) ... 168
Funktionstasten ... 42
Fußnote ... 126
Fußzeile einfügen ... 116

G

Gliederung ... 80
Gliederungsansicht (PowerPoint) ... 206
Grafik
aufhellen ... 94
drehen/bearbeiten ... 94
im Text bearbeiten ... 92
in Text positionieren ... 90
löschen ... 88
verknüpfen ... 88
von Text umfließen lassen ... 90
Grammatikprüfung ... 60
Gruppenschaltfläche ... 22
Gruppe (Registerkarte) ... 22
Gruppieren ... 99

H

Herunterladen von Dateien ... 349
Hilfe ... 40
Hintergrund ... 34

I

IMAP ... 263
Inhalte einfügen ... 58
Inhaltsverzeichnis anlegen ... 132

J

Junk-E-Mail ... 282

K

Kalender
Ansicht umschalten ... 304
mehrere verwenden ... 306
Katalog ... 23
Kennwortschutz ... 330
Kommentare ... 64
Kontakte
anlegen ... 292
Daten ändern ... 292
drucken ... 294
löschen ... 292, 294
Outlook ... 290
suchen ... 290
Kontexttool ... 22
Kontrollkästchen ... 251
Kopf-/Fußzeile bearbeiten ... 116
Kopfzeile
einfügen ... 116
Erste Seite anders ... 118
löschen ... 118

L

Lesebereich ... 257
Liste
benutzerdefiniert sortieren (Excel) ... 178
erstellen (Excel) ... 174
filtern (Excel) ... 180
sortieren (Excel) ... 176
Löschen, Grafik/Form/Clipart ... 88

M

Makro
auf Schaltfläche legen ... 320
ausführen ... 324
bearbeiten ... 324
erstellen (Word) ... 318
löschen ... 324
speichern ... 320
Tastenfolge zuweisen ... 318
Makroaufzeichnung ... 322
Makrosicherheit ... 342

Makrosicherheitseinstellungen ... 324
Markierung ... 54
  aufheben ... 54
  in Tabellen ... 142
Markup ... 69
Maustasten ... 44
Mauszeiger ... 48
Menüband ... 16
  ausblenden ... 18
  minimieren/einblenden ... 24
  Registerkarte ... 22
Microsoft 365 ... 12
Microsoft-Konto an-/abmelden ... 32
Microsoft Office reparieren ... 350
Microsoft Office 2021 ... 12

N

Nachricht
  allen antworten ... 274
  Anhang einfügen ... 278
  Anlage speichern ... 286
  auf ungelesen setzen ... 270
  beantworten ... 274
  Bilder fehlen ... 266
  Cc-/Bcc-Felder ... 276
  Design zuweisen ... 276
  direkt löschen ... 282
  drucken ... 272
  empfangen/versenden ... 266
  Erinnerung aktivieren ... 270
  lesen ... 266
  löschen ... 272
  neue erstellen ... 276
  sortieren ... 272
  Spameinstufung zurücknehmen ... 282
  Status ändern ... 270
  suchen ... 272
  verschieben ... 272
  verwalten (Outlook) ... 268
  weiterleiten ... 274
  Zur Verfolgung kennzeichnen ... 270
Nachrichtenliste ... 257
Nachrichtenliste, Symbole ... 268
Nachrichtenregeln ... 284
Nachverfolgung ... 67
Namen in Tabellen ... 164
Namens-Manager (Excel) ... 164
Normal.dotm ... 318
Notizbuch
  Änderungen zurücknehmen ... 242
  einfärben ... 236
  Elemente ... 236
  handschriftliche Eintragung ... 248
  Medieninhalte einfügen ... 244
  Seiten organisieren ... 238
  Seiten verschieben ... 238
  Sprachaufzeichnung ... 248
  Suchen in Seiten ... 250
  teilen ... 252
  Text formatieren ... 242
  Text in Seite eintragen ... 240
  zeichnen ... 248
Notizbuchabschnitte ... 234
Notizbuchbereich ... 234
Notizbuchfunktion ... 234
Notizen
  drucken ... 252
  erstellen/verwalten ... 296
  exportieren ... 252
  Kategorien zuordnen ... 250
  löschen ... 296
  senden ... 252
Notizencontainer ... 240
Nummerierungen ... 80

O

Objekt einfügen ... 316
Office ... 12
  Datenaustausch ... 316
  Dokumentformate ... 30
  Serienbrief erstellen ... 310
  Speichern in alten Formaten ... 342
  WordArt ... 104
  Zeichnen ... 96
Office-Design ... 34
Office-Hintergrund ... 34
Öffnen-Dialogfeld aufrufen ... 30
OneDrive ... 28, 38, 348
  anmelden ... 32
  Optionen ... 346

OneNote ... 13
- Änderungen zurücknehmen ... 242
- Aufgabenbereich einblenden ... 242
- Dateien einfügen ... 244
- handschriftliche Eintragung ... 248
- Notizbuchbereich ... 234
- Notizbuch erstellen ... 236
- Onlinegrafiken einfügen ... 246
- Optionen ... 252
- Seite anlegen ... 238
- starten ... 14
- Suche ... 250
- Text eintragen ... 240
- Übersicht ... 234

Onlinebilder einfügen ... 90
Onlineverbindung ... 32
Optionen
- anpassen ... 334
- Details abrufen ... 334

Ordnerbereich
- Arbeiten mit ... 258
- minimieren ... 256
- Outlook ... 256
- Reihenfolge Gruppen anpassen ... 258
- Verknüpfungen anlegen ... 260

Outlook ... 13
- Anlagen speichern ... 286
- Anzeigeoptionen ... 344
- arbeiten im Ordnerbereich ... 258
- Aufgaben ... 298
- Aufgabenbereich ... 256
- automatische Nachrichtenübermittlung ... 264
- Bcc-Feld ... 276
- Cc-Feld ... 276
- Dokumentbereich ... 256
- Einstellungen prüfen ... 264
- E-Mail-Konto einrichten ... 262
- Kompaktnavigation ... 258
- Kontakt anlegen ... 292
- Kontakte ... 290
- Kontakte löschen ... 294
- Kontoeinstellungen prüfen ... 264
- Nachricht beantworten ... 274
- Nachrichten empfangen/versenden ... 266
- Nachrichtenliste ... 268
- Nachrichtenregeln ... 284
- Nachrichtenstatus ändern ... 270
- Nachricht lesen ... 266
- Navigations-/Ordnerbereich ... 256
- Notizen erstellen/verwalten ... 296
- Optionen anpassen ... 344
- Signatur ... 280
- starten ... 14
- Terminverwaltung ... 304
- Übersicht ... 256
- Verknüpfungen ... 260
- Vorgänge ... 298

P

Passwort ... 331
PDF-Ausgabe ... 36
PDF-Dokument ... 36
Phishing ... 282
POP3 ... 263
Positionieren ... 54
PowerPoint ... 12, 206
- anpassen ... 342
- Excel-Diagramm einfügen ... 316
- Folie einfügen/löschen ... 214
- Folienanimation ... 226
- Folieninhalte erstellen ... 210
- Folieninhalt formatieren ... 218
- Folienübergang/-wechsel ... 224
- Formatoptionen ... 220
- Format zum Speichern ... 342
- Fotoalbum erstellen ... 222
- Objektposition anpassen ... 216
- Objekt vergrößern ... 214
- Präsentation drucken ... 230
- Präsentation erstellen ... 208
- Präsentation wiedergeben ... 228
- starten ... 14

Präsentation ... 12, 206
- 3D-Effekte in Folien ... 220
- erstellen ... 208
- exportieren ... 230
- Folie einfügen/löschen ... 214
- Folieninhalt formatieren ... 218
- Folienübergang/-wechsel ... 224, 226
- Handouts drucken ... 230

Objekt verschieben/drehen ... 216
wiedergeben ... 228
Publisher ... 13

Q

Querverweis ... 128
QuickInfo abrufen ... 40

R

Randsteller ... 83
Rechtschreibprüfung ... 60
Optionen ... 334
während der Eingabe ... 334
Registerkarte ... 22
Gruppe ... 22
Reihe ergänzen ... 160
Relative Zellbezüge ... 162

S

Schnellanalyse von Tabellen ... 200
Schnellbaustein ... 122
Schnellformatvorlagen ... 112
Schriftart auswählen ... 74
Schrifteffekte ... 76
Schriftfarbe ... 76
Schriftgrad ... 74
Schriftgröße ändern ... 74
Seitenbereich ... 234
Seitenrand ... 49
Seitenumbruch in Excel-Tabelle ... 196
Serienbrief
drucken ... 314
Hauptdokument ... 310
persönliche Anrede ... 314
Schritte zum Erstellen ... 310
Steuerdatei ... 310
Text erstellen ... 310
Seriendruck
Ausgabe testen ... 314
Datensätze auswählen ... 312
Empfänger auswählen ... 312
Seriendruckfelder ... 312
Signatur ... 280
SmartArt ... 102
SMTP ... 263
Sonderzeichen einfügen ... 120
Spaltenteiler ... 136, 140
Spam ... 282
Speichern auf OneDrive ... 28
Spur zum Vorgänger ... 172
Startprogramm für Dialogfelder ... 24
Statusleiste ... 16
Statusleiste anpassen ... 25
Stichwortverzeichnis anlegen ... 132
Store ... 326
Suche
im Text ... 58
in Hilfe ... 40
in Outlook ... 272
Suchen und Ersetzen ... 58
Summe berechnen ... 156
Symbolleiste ... 17
Symbolleiste für Schnellzugriff ... 16
Synonyme nachschlagen ... 62

T

Tabelle
ausblenden (Excel) ... 198
Berechnungen vornehmen ... 156
Datenbeschriftungen anpassen ... 190
Dateneingabe ... 140
Diagramm erstellen (Excel) ... 182
Diagrammoptionen anpassen (Excel) ... 192
Diagrammtyp ändern (Excel) ... 188
drucken (Excel) ... 194
Druckvorschau ... 196
ein-/ausblenden (Excel) ... 198
Fenster fixieren (Excel) ... 198
formatieren ... 150
Formeln anzeigen ... 172
Funktionen einfügen ... 168
in Textdokumenten ... 84
Liste benutzerdefiniert sortieren ... 178
Listen erstellen ... 174
Listen filtern ... 180
Listen sortieren ... 176
mehr Nachkommastellen ... 150
Namen zuweisen/verwenden ... 164
Rahmenlinien ... 86
Schnellanalyse(Excel) ... 200

Seitenumbruch einfügen (Excel) ... 196
Spalte/Zeile ausblenden (Excel) ... 198
speichern (Excel) ... 202
Text abgeschnitten ... 170
Texteingabe ... 86
Zeichenformate zuweisen ... 152
Zeilen löschen/einfügen ... 144
Zeilenumbruch einfügen ... 170
Zellbreite/-höhe anpassen ... 84
Zellen kopieren/verschieben ... 146
Zellen markieren ... 84, 142
Zellen schützen ... 154
Tabellenformatvorlage ... 87
Tabellenkalkulationsprogramm ... 12
Tabellenzellen
automatisch füllen ... 160
schattieren ... 86
Tastatur ... 42
Tastenkombination für Formate ... 74
Teilen ... 38
Termine
anlegen/löschen ... 304
Einladung erstellen ... 306
Erinnerung festlegen ... 304
suchen ... 306
Terminplan drucken ... 306
Terminserie vereinbaren ... 306
Terminverwaltung (Outlook) ... 304
Text
Absatzformate ... 76
Aufzählung zuweisen ... 78
Darstellungsmodi in Word ... 50
Einfügemarke positionieren ... 54
einrücken ... 82
Felder einfügen ... 120
fett/kursiv ... 74
formatieren ... 74
formatieren (PowerPoint) ... 218
Format kopieren ... 74
Formel einfügen ... 124
Grafik bearbeiten ... 92
Grafik einfügen ... 88
hoch-/tiefstellen ... 74
in Zelle abgeschnitten ... 170
markieren ... 54
Nummerierung zuweisen ... 80
SmartArt-Diagramme ... 104
Sonderzeichen einfügen ... 120
suchen ... 58
suchen/ersetzen ... 58
Tabelle einfügen ... 84
um 90 Grad drehen (PowerPoint) ... 218
WordArt-Schrifteffekte ... 104
Zeichenformate ... 76
Zeichen löschen ... 56
Zeilenabstand erhöhen ... 77
Textcursor ... 48
Textfeld ... 100
Textmarke ... 128
Textverarbeitungsprogramm ... 12
Titelleiste ... 16
Touchpad ... 44
Trojaner erkennen ... 286
Trust Center ... 342

U

Überarbeitungsbereich ... 68

V

Vergleichen ... 70
Verknüpfen/Einfügen ... 88
Verknüpfung erstellen ... 14
Viren erkennen ... 286
Virenschutzprogramm ... 286
Visual Basic for Applications (VBA) ... 324
Vollbild-Lesemodus ... 51
Vorgänge abrufen ... 298

W

Währungsformat ... 150
Web-App ... 13, 348
Wenn...Dann...Sonst-Feld ... 314
Werte kopieren (Excel) ... 160
Word ... 12
Absatzformate ... 76
Absatzmarke anzeigen ... 48
Anwendungsfenster ... 48
Aufzählungen ... 78
bedingter Trennstrich ... 120
Clipart einfügen ... 90
Darstellungsmodi für Text ... 50
Diagramm einfügen ... 106, 108

Dokumentvorlage zuweisen 334
eigene Dokumentvorlage 110
Excel-Diagramm einfügen 316
Excel-Tabelle einfügen 316
Felder einfügen 120
Formeln einfügen/löschen 124
Formen bearbeiten 98
Fuß-/Endnoten einfügen 126
Gliederungsansicht 50
Grafik drehen 94
Grafik einfügen 88
Hintergrund drucken 334
Kopf-/Fußzeile 116
Lineal einblenden 48
Makroaufzeichnung 322
Minisymbolleiste ausblenden 334
Nummerierungen 80
Onlinebilder einfügen 90
Optionen anpassen 334
Positionieren im Text 54
Screenshot einfügen 108
Seitenlayout 48
Seitenrand anpassen 49
Seitenumbruch einfügen 50
seitenweise blättern 48
Serienbrief erstellen 310
SmartArt 102
Speicherordner anpassen 334
starten 14
Stichwort festlegen 132
Tabellen einfügen 84
Texteingabe 52
Text einrücken 82
Text formatieren 74
Text korrigieren 56
Text markieren 54
Zeichenformate 76
Zeichen löschen 56
Zeichnen im Text 96
WordArt 104

X

XPS-Dokument 36
XPS-Viewer 36

Z

Zahlenformat (Excel) 150
Zeichenformate 74, 76
Zeichen löschen 56
Zeichnen
in Textdokumenten 96
mit SmartArt 102
Zeilenabstand 82
Zeilenabstandsoptionen 83
Zeilentrenner 136
Zeilenumbruch einfügen (Excel) 170
Zellbezug anzeigen 172
Zellbezüge 162
Zellen 85, 140
durch Ziehen verschieben 148
formatieren 154
kopieren/verschieben 146
Kopieroptionen 148
mit Namen versehen 164
mit Werten füllen 160
schützen (Excel) 198
Text abgeschnitten 170
Ziffern abgeschnitten 140
Zellformate 150, 154
Zellwert #### 140
Ziehmarke 89
Zirkelbezug 172
Zoomen 24
Zuletzt verwendete Dokumente 20
Zwischenablage 58